Karl Heinrich Marx

マルクス　資本論の思考

熊野純彦

せりか書房

マルクス　資本論の思考　目次

まえがき

永山則夫は一九六八年に、米軍基地から盗んだピストルで四人を射殺し、逮捕された。翌年の秋ごろから、獄中で『資本論』を読みはじめている。

永山は一九四九年に網走の母子家庭で生まれた。小中学校にもほとんど半分しか通学せず、義務教育を卒えたのちに、当時のいわゆる「金の卵」として東京で就職することになる。都会の孤独の果てに、見もしらない複数の人間をあやめ、拘置所にあった永山の目に飛びこんできたのは、まずはこういう一節であったはずである。

資本制的な生産様式が支配している社会の富はひとつの「とほうもない商品のあつまり」として現象し、個々の商品はその富の原基形態として現象している。私たちの探究は、それゆえ商品の分析からはじめられるのである。

よく知られている、『資本論』第一巻冒頭に置かれたことばである。なんの予備知識もなくこの一節を読んだとして、そのふたつの文がなにか明確なイメージをむすぶことは、まずありえない。とはいえ朝倉喬司も、永山則夫と『資本論』との出会いを問題として書いているように、引きつづく一段落はどうだろうか。

商品はさしあたり外的対象であって、その属性によってなんらかの種類の人間の欲求を満足させる事物である。この欲求の性質は、それがたとえば胃袋から生じようと空想から生じようと、ことがらをなんら変更するものではない。ここではまた物件がどのようにして人間の欲求を満足させるのかも問題ではない。つまり直接に生活手段すなわち享受の対象としてであるか、あるいは回り道をたどって生産手段としてであるのか、も問題とはならないのである。

この一節は言ってみれば「よく解らないなりに読んだとしても、読みかえしているうちに、紙背から何かがこちらに迫ってくるような、コトバの魔力がこめられた箇所」ではないか。「自分にだけみえる灰色の光」が、慣れしたしんできた街の光景を照らしだし、「すべてを商品という名の青白い凍結物にかえて、いっせいにこちらをふりむかせるような」気配が、一文の背後に感じられないだろうか。これまで見えないものだった世界のすがたはこのようなものであったかと、いきなり読者を納得させてしまう「コトバの不思議な発射口」が「ことがらをなんら変更するものではない」とか「問題とはならない」とかいった断言のうちには隠されているのではないか（朝倉、一九八二年、二四六頁）。

すくなくとも一見したところでは、周到なものとみえる定義、たしかな目くばり、引きつづく力強い断定、それらをつらぬく一種アイロニカルな調子、そのすべては、たとえば獄に繋がれた永山にとっても、あまりに強烈な媚薬であり、麻薬となったのではないだろうか。世界をつかむことばが、ここにある。ことばの力によって全世界を獲得しようとする思考の文体が、まちがいなくそこにはある。マルクスの『資本論』を読むことで私たちは現在もなお、ことばが世界をとらえるその瞬間に、まざまざと立ちあうことになるはずである。

さいきん政治思想史家の苅部直が、一九七二年に見田宗介によって書かれた一文を引きながら、とりあえずことなった文脈ではあるけれども、これは永山則夫の話ではない、「われわれのことだ」とあらためて書いている（苅部、二〇二二年、一六頁）。私たちはこんにちでもやはり、マルクスのことばにふれて世界がいわば暗くひらめく一瞬に立ちあうことになるだろう。

マルクスはその主著の第一巻のみを、みずからの手で公刊しえたにすぎない。その初版・序文でマルクスは、亡命先のロンドンからドイツ人読者に宛て、*De te fabula narratur!* きみについて、物語は語られている！と訴えていた。

そう、ひとごとではない。二一世紀の一〇年代を、この極東の列島に生きる私たちに対しても、マルクスのことばは世界の決定的なありかたをめぐって語りかけている。この件を本書では以下、すこしずつあきらかにしてゆきたいと思う。

本書における引用の方針をめぐって、ひとこと付けくわえておく。マルクス／エンゲルスからの引用については既存の翻訳を参照しているけれども、引用文はかならずしも邦訳どおりではない。

これはその他のテクストについても同様である。また、原語、原文を示すさいには、現在の正書法に拠っている。新メガ版（本書では、MEGA と標記）は原テクストの綴りを保存する方針を取っており、本書でもいくつかの文典は新メガに依拠しているとはいえ、新メガからの引用にさいしても原語の表記は旧版著作集（本書では、MEW と標記）の方針に準じている。このむねを念のため注記しておきたい。ちなみに頻出するマルクスの略号についてあらかじめしるしておくとするならば、W は Ware の略で「商品」を、G はおなじく Geld を省略して「貨幣」を示している。

＊

著者は、一〇代のすえから三〇代のはじめにかけ、一〇年以上にわたって、社会思想史研究会の末席につらなっていた。本書の原型は、その時期に学んだことがらにさかのぼる。研究会の中心であった、廣松渉が旅だってから、すでに二〇年の歳月が過ぎ去ろうとしている。

私事にわたることながら、ここにしるしてひとつの時代の記憶としたい。本書の刊行をもって、その記念にかえておく。

凡例

マルクス／エンゲルスからの引用については、本文中につぎの略号をもって註記する。

・（D.I.）K. Marx / F. Engels, *Die deutsche Ideologie*, Neuveröffentlichung des Abschnittes 1 des Bandes 1 mit text-kritischen Anmerkungen, hrsg. von Wataru Hiromatsu, Kawadeshobo-Shinsha Verlag, 1974.（『ドイツ・イデオロギー 第一篇』）

・（Gr.）K. Marx, *Grundrisse der Kritik der politischen Ökonomie*, Diez Verlag, 1974 = MEGA. Abt.II, Bd.1.（『経済学批判要綱』）

・（K. I, II, III）K. Marx, *Das Kapital*, Bd.1, 2, 3 = MEW. Bd. 23, 24, 25.（『資本論』）

・（Kr.）K. Marx, *Kritik der politischen Ökonomie*, in: MEW. Bd.13 = MEGA. Abt.II, Bd.2.（『経済学批判』）

・（Th.）K. Marx, *Theorien über den Mehrwert*, in: MEW. Bd.26 = MEGA. Abt.II, Bd.3.（『剰余価値学説史』）

・（MEGA.）*Karl Marx・Friedrich Engels Gesamtausgabe*, Diez Verlag.

・（MEW.）*Karl Marx・Friedrich Engels Werke*, Diez Verlag.

はじめに――同盟綱領・再読――

マルクスを読むとは世界を読むことである。マルクスの遺したテクストを読みとくことは、世界の現在を解きあかすことにほかならない。

そのように語りだすとすれば、それはすこしばかり奇妙に聞こえるだろうか。一九世紀に生き、その時代のなかで思考したひとりの人間が書きのこしたテクストを読解することが、現代の世界を解読することでもあると主張することは、世界をめぐる歴史的理解と現在的な認識とを欠落させた、たんなる時代錯誤的な断言にすぎないものと響くだろうか。

そうではない、とする了解が、一方ではひろがっているように思われる。なぜだろうか。ひとつには、世界そのものがふたたび「マルクス化」(1)しているからである。一九世紀以来、いくたびかの変容をへて、資本制はもういちど、始原的で暴力的なすがたをあらわにしつつある。資本の論理、際限のない価値増殖へと方向づけられた資本の剥きだしの論理は、近年いちじるしくそのすがたをふたたび顕在化させているともいってよい。

いまひとつの理由はこうである。資本は、二一世紀初頭の世界をいよいよ「じぶんのすがたに似せて」つくり変えつつある。一九世紀の古典期にあって、マルクスがはるかに見とおした資本制の動向は、二一世紀に入ってなお間もない現在にいたって、その洞察をなぞるかのごとく、実現されつつあるように見えるということである。

グローバリゼーションの原型

今日グローバリゼーションとも呼ばれているその動向は、たとえば同盟綱領（『コミューン主義者党宣言』[2]）のつぎのような一文のうちで、その基本的な傾動において、ほとんどあますところなく描きとられていたといってよい。引用しておこう。

みずからの生産物の販路をたえず拡大してゆく必要に駆られて、ブルジョアジーは全地球上を駆けまわる。いたるところにブルジョアジーは腰をおろし、いたるところですみかをもとめ、いたるところに結びつきを創出しなければならない。

ブルジョアジーは世界市場の開発をつうじて、あらゆる国々の生産と消費を全世界的なものとした。反動家たちを大いに嘆かせたように、ブルジョアジーは産業のあしもとから国民的な基盤を取りさってしまったのである。古来の国民的な産業のさまざまは滅ぼされ、なおも日び滅ぼされてゆく。それらの国民的産業は、あらたな産業によって押しのけられ、これらのあらたな産業を導入することが、すべての文明化された国民にとって死活問題となっている。それはもはや一国内の原料ではなく、遥かにとおい地域にぞくする原料を加工する産業であって、これらの産業の製品は、自国内ばかりではなく、あらゆる大陸で同時に消費されるのである。

（MEW. Bd.4, S.465f.）

宣言《マニフェスト》とは宣戦の布告《マニフェスト》でもある。それゆえことさらに「ブルジョアジー」とも名ざされている相手を、ここではむしろ資本と読みかえておこう。資本はたえず拡大し、資本は不断に「全地球上を」席巻してゆく。資本制はその本質からして、地表への拡大の動向と不可分なものである。世界のいたるところで結合を創設することこそが、資本の生命線であるからだ。資本制における生産と消費のシステムは、かくて「全世界的」なものとなる。資本によって資本制以前のいっさいのものが「滅ぼされ、なおも日び滅ぼされてゆく sind vernichtet worden und werden noch täglich vernichtet」。

マルクスは、鉄道網が一国内に張りめぐらされ、汽船が国々をむすびあわせて、電信システムがひとびとのあいだの距離を一挙に短縮しはじめた時代に、右の洞察を書きしるしていた。(3) 現在の私たちが目にしている、グローバリゼーションという運動は確実に、マルクスがとらえた視界の延長上にある。こんにち船舶にくわえて航空機が地球上の各地域をむすびつけ、原料と商品の流通は、文字どおり全世界におよびつつある。資本にとって未開の地は、いまやほとんど存在しない。付けくわえるならば、電信システムはその進化のはてに、今日では資本そのものの移動を瞬時のうちに可能にしている。金融恐慌は一瞬のうちに引きおこされ、またたく間に地表を覆うこともまた可能となったのである。

資本は、マルクスの時代以来、たえまなく地表のかたちを変更して、世界をつくり変え、現在でもたえず世界の光景を変容させつつある。かつては存在していたさまざまな差異が滅ぼされ、無化してゆくなかで、資本制そのものは内部にあらたな差異を創出し、不断に延命してゆく。マルクスを読むとは、したがってなお、世界の現在を読みとくことなのである。

資本という不断の運動

ここで、いっぽうひとつの疑問が起こりうることだろう。こうした動向は、なぜいまなお継続しつづけているのか、という疑問である。

同盟綱領が先だって説いているとおり、資本は「歴史上きわめて革命的な役割を演じて」いる。資本制は封建的で牧歌的な関係のさまざまを引き裂き、ひととひととの関係を赤裸々な利害の関係に置きかえた。人格の価値は交換価値へと転換され、あらゆる職業からその「後光 Heiligenschein」が剥ぎとられる。家族関係さえもがその感傷的なヴェールを脱ぎすて、純然たる金銭関係へと還元される (ebd., S.464f.)。すべての美しいものが踏みにじられ、あらゆる古いものが解体され、資本は一国の全域にわたって浸透してゆき、やがては世界を市場として形成しつづけるにいたる。資本制は、まさに世界を総体として覆いつくしつつあるのである。

こうした動向は、しかしなぜ止まることなく現在へと接続しているのだろうか。答えは形式的な意味では単純である。資本とは事物ではなく生成であり、不断に拡大してゆく運動そのものであるからだ。資本は運動し増殖することなくして、存続することができない。資本制は、だから不断の動揺と不安定のうちでこそ、安定している。この点についてもマルクスの見とおしは透徹したものだった。あるいはこの一点にあってこそ、マルクスの洞察はなおも世界の現在とつながりつづけている。ふたたび同盟綱領から引いておく。

ブルジョアジーは、生産用具を、かくて生産関係を、かくてまた社会的な諸関係の全体を、たえず変革せずに生存することができない。古い生産様式をそのままに維持することが、これに対して、これまでのすべての産業階級が生存する、第一の条件であったのだ。生産のたえまない変革、あらゆる社会状態の不断の動揺、永遠の不安定と変動、これこそが以前のいっさいの時代と区別されるブルジョアジー時代の特徴なのである。固定し、錆びついた関係のすべては、それがともなうふるく貴い考えや見かたとともに解体し、あらたに形成された関係はみな、固着するまもなく古びてしまう。（S.465）

歴史的には、すべての関係は固定化されることで制度となり、ながく維持可能な制度となることで安定してきた。旧来の諸関係を維持することこそが、資本制以前の生産関係にとってはその永続化につながってきたのである。これに対して資本制にあっては、資本そのものが、その「生存」のためにこそ世界の不断の更新、「変革」をもとめつづける。資本は「生産関係」を、したがってまた社会的な関係すべてを不断に変容させる。資本自体が時間の差異を産出して、現在を過去へと押しやってゆく。資本はかくてたえず生成し運動し、不断の生成と運動をつうじて拡大して、また増殖してゆくのである。「不断の動揺」、「永遠の不安定と変動 ewige Unsicherheit und Bewegung」のうちでこそ資本は作動し、循環して、資本制はかくて恒久的に存続する、かにみえる。

資本のこの運動を説明し、さまざまな資本のあいだの相互作用のいっさいを解明して、資本制をその総過程においてあきらかにすることが、マルクスの大著『資本論』の課題であった。マルクスを読むこと、とりわけ『資本論』全三巻を読みとくことは、現在の世界のなりたちを、その起源と歴史と現在とにおいて読みやぶることにほかならない。

「亡霊」を呼びさますために

よく知られているとおり、同盟綱領は或る「亡霊」について語りだすところから開始されていた。亡霊と名ざされたのは、コミューン主義そのものである。[4]「ひとつの亡霊が、ヨーロッパを彷徨っている――コミューン主義の亡霊が Ein Gespenst geht um in Europa — das Gespenst des Kommunismus」(S.461)。

この国では、いまやマルクスの名そのものが亡霊となりはじめているかのようである。いまこそしかしマルクスが読まれなければならない。ふたたび「マルクス化」する世界のなかで、すくなくともこの国ではマルクスの名が忘却されているとすれば、亡霊が呼びさまされなければならない。――「はじめに」では、すこしばかり限定的な視角からマルクスを読むことの必然性の一部にふれておいた。「序論」では、もうすこし原理的な観点から、マルクスを読むことの意味にふれてゆくことにする。

哲学的思考とは、世界の総体をとらえようとするこころみである。哲学は「獲得すべきひとつの世界を所有している」[5]。そのかぎりで現在において哲学的な思考を展開するいとなみは、マルクスを、『資本論』を読みとくこころみを避けることができない。以下につづく「序論」は、この間の消息にあらためてふれてゆくものとなるだろう。

註

（1）馬渕浩二、二〇一一年、参照。ただし馬渕が現代世界の「マルクス化」の中心にみとめているのは、とりあえずは「プロレタリア化」の進行のことである。なお、本書における註記の方針にかんしては、末尾の「参考文献」参照。

（2）ここで「同盟綱領」と呼んでいるのは、いわゆるマルクス／エンゲルス『共産党宣言』のこと。マルクス、エンゲルスの両名は、義人同盟以来の伝統をもつ共産主義者同盟の綱領の作成にあたった。いくつもの同盟内闘争と政治的妥協の産物として生まれたものが、現行の『宣言』である。『宣言』へといたるマルクスの軌跡をめぐって、城塚登の古典的研究（城塚、一九七〇年）参照。『宣言』の背景についてはまず、良知力の、これも古典的業績である、良知、一九六六年、第一論文、参照。さらには、良知、二〇〇九年を参照。『宣言』の背後にある歴史過程についてはまた、廣松『コレクション』第三巻所収の、廣松渉未完の論稿「『共産党宣言』の思想」参照。

（3）ハーヴェイ、二〇一一年、四五頁、参照。

（4）コミューン主義を「亡霊 Gespenst」にたとえることは、マルクス／エンゲルスにとくべつ特異なレトリックではなく、当時のヘーゲル左派出自の論者たちに、ひろく見られる語法のひとつである。良知力（二〇〇九年、二九七頁以下）は、M・シュティルナーやM・ヘスの場合を挙げている。その意味では、デリダ（二〇〇七年）の読解は、デリダによく見られる、誇張法にもとづくものであるといってよい。なお、デリダのマルクス論については、仲正昌樹、二〇〇〇年、のほか、小森謙一郎、二〇〇四年、をも参照。

（5）**Sie haben eine Welt zu gewinnen.** つうじょうは「かれら〔プロレタリアート〕の獲得するものは全

世界である」と訳される、同盟綱領末尾のことば（MEW. Bd.4, S.493）。「プロレタリアが、この革命で失うものは、鉄鎖のほかになにもない」の直後に置かれた一文。そのあとに登場する一句が、「万国のプロレタリアートよ、団結せよ！ *Proletarier aller Länder, vereinigt euch!*」

序論　資本論をどう読むか

哲学的思考の前提

マルクスを読むことは世界を読みとくことである。この「私」が他者たちとともに世界のうちで存在している、その存在のしかたを解きあかすことなのである。マルクスを読むこころみは、かくして世界の総体について思考するいとなみとべつのものではない。ここではまずこの件を、あらためて原理的な次元にもそくして確認しておくことからはじめよう。

人間が「世界のうちで‐他者たちとともに‐存在すること」を読みとくことは、なによりもまず哲学的思考と呼ばれるいとなみにあって、その第一の問題系をかたちづくるものにほかならない。マルクスを読むことは、かくして一般に哲学的思考の現在にとって不可避の課題となる。どうしてだろうか。

哲学的な思考は、無前提的な思考であること、じぶん自身以外のなにものも前提とはしない思考であることを宣言する。哲学的思考は、かくてまた第一の原理そのものにさかのぼり、その第一の原理から世界の総体を読みとくことを約束している。とはいえ、およそひとが思考するためには、ひとはまず生きていなければならない。であるとすれば、人間が世界のうちで生を紡ぐこと自体が哲学的な思考そのものの第一の前提である。哲学はこの第一の前提それ自体をとらえかえし、その前提へと遡行してゆかないかぎりでは、みずからを根源的で総体的ないとなみとして提示することができない。

ことの消息をめぐり、たとえば『ドイツ・イデオロギー』の著者たちはつぎのように書いていた。

基底稿の筆者はエンゲルスであると考証されているけれども、ここで引用しておこう。

　私たちは無前提的なドイツ人たちのもとで、つぎの件からはじめなければならない。およそ人間の生存にとっての第一の前提、したがっておよそ歴史というものにとっても第一の前提となるものを劃定する、ということである。それはつまり、歴史をつくるためには人間は生きていなければならないということだ。ところで生きることには、なにを措いてもまず、飲み食いすること、住居、被服、その他いくらかのことがらがぞくする。第一の歴史的行為は、だからこれらの欲求を充足させる手段の創出、すなわち物質的な生そのものの生産である。この件はしかも、一箇の歴史的行為、歴史全般の根本条件であって、それは、人間がいやしくも生命を維持するためには、数千年以前とおなじように、今日でも依然として毎日みたさなければならない条件なのである。（D.I., S.22）

無前提であるとは、なにものも前提しないことではない。「無前提的」であるとは思考にとってむしろ、思考それ自身が前提とすることがらへとさかのぼってゆくことである。[1] 生きている者のみが思考するかぎりでは、生きていることそれ自体が、思考するいとなみにとってもその前提にほかならない。いっさいの思考の前提は、かくしてまた「第一の歴史的行為 erste geschichtliche Tat」と一致する。すなわち「物質的な生そのものの生産」こそがそれである。

生きるとは、飲み食い、すまい、身にまとうことである。それらの「欲求を充足させる手段」をつくり出すことが「歴史をつくる」ことの前提であり、あわせてまた世界を思考することにとっても第一の前提となるのである。

「身体組織」という問題

人間が生きているとは、息を吸い、息を吐くことである。水を飲み、水を排出することである。ものを食べ、ものを排泄することである。呼吸をするためには大気が、水を飲むためには河川が、ものを食べるためには人間以外の生命が必要となる。この地上にはそして、風が吹き、水が流れ、生きものが生きている。風がどこから吹いてくるのか、川の水がどこから流れてくるのか、この私が知っている必要はない。風も水もみなもとをあかさずたえず到来し、風と水とが過ぎ去ってゆく大地を、植物がおおい、動物がいきかっている。

その意味では、文字どおり、せまい意味での生産が人間の生の第一の条件というわけではない。とはいえ川の水を手のひらで掬い、水の流れを植生のうちへと引きこみ、植物のたねを刈りとって口にし、地を走るものたちを捕えることは、ひろい意味では生産のはじまりであり、生産活動そのものである。ひとはそのようないとなみをいつでも前提とすることで、いっぽうでは歴史をつくり出し、たほう思考を紡ぎだしている。

こうしたことがらのすべては、さらにもうひとつの前提をともなっていると思われる。『ドイツ・イデオロギー』の著者たちもまた、ことがらを見うしなってはいない。ただし、ことの消息を説きあかす順序を考えあぐねていた形跡がある。さきに引いた一節のおそらくは異稿をなすものと考証されている部分から、執筆の過程で抹消された部分をもふくめて引用してみる。そのさい、横線で消されている文言については、〈　〉内に括っておくことにしよう。

人間の歴史いっさいにとって第一の前提となるものは、いうまでもなく生きている人間的な諸個体の生存である。〈これら諸個人の第一の歴史的行為、それによってかれらが動物から自己を区別する第一の歴史的行為は、かれらが思考することではない。かれらがじぶんの生活手段を生産しはじめることである。〉第一に確定されなければならないことのなりたちは、それゆえこれら諸個人の身体組織、ならびにその身体組織によって与えられる、かれらとその他の自然との関係なのである。（ebd., S.23）

このヴァージョンでは、基底稿の筆者であるエンゲルスは、「生きている人間的な諸個体の生存」を「第一の前提」として語りだす。抹消部分ではまた、思考ではなく生産が、考えることではなく、つくり出すことこそ、「第一の歴史的行為」であるむねが打ちだされている。この件についてここではくりかえして確認することはしない。注目しておく必要があるのは、異稿の文脈では明示的なしかたで「身体組織 die körperliche Organisation」の問題がとり出されていることである。人間の身体組織と人間の生産的活動とのあいだには、わかちがたいかかわりがある。(2) それればかりではない。人間が身体として存在していること、人間存在の身体性こそが、ここで問題のはじまりを告げている。しかも、身体性と時間性とがむすびあうかたちで、思考されるべき課題のありかを告知しているように思われる。

身体性の三つの帰結

人間的個体は、身体として存在している。人間であることの第一の前提は、飢え、渇き、他なるものに依存し、他なるものによってじぶんを維持するほかはないことである。身体としての人間はまた傷つきやすく、それ自身としては脆い存在にほかならない。ここからさしあたり、三つのことがらを引きだしてみることができる。

第一には、それゆえに人間は道具を制作し、道具を使用することで世界と関係する、ということである。手でたとえば穴を掘ろうとすれば、やがては爪が割れ、皮膚は破れて、手のひらと腕の力そのものがほどなく喪われてしまう。人間はだから道具を、たとえばシャベルをつくり出し、壊れやすい身体を保護し、あわせて手の負担を軽減しながら、その力を補完し強化してゆく。ベーム‐バヴェルクをあえて引くまでもなく、人間の生産活動とはそのそもそものはじまりから「迂回生産Produktionsumwege」にほかならない。道具をつくるということの回り道はそれ自体として、人間の生産活動に時間的な制約を負荷している。なにものかを生産することには、かならず時間が必要となる。そればかりではない。まず道具を制作し、つぎにその道具によって労働することは、時間というファクターをあらかじめ初期条件のうちに繰りいれることである。

第二に、人間は身体として存在することで、とうぜんまた空間的な存在者として存在している。特定の時点で個々の人間が存在する位置は、空間的な指定を受けている。そのことで空間的な限定を負っているといってよい。この限定を乗りこえようとするなら、つまり空間を踏破しようとするならば、人間はそれを時間的に横断しなければならない。歩行によるにせよ、なんらかの交通手段を創出し、それを利用するにせよ、空間的な隔たりはいつでも一定の時間のひろがりにおいて消去される。空間的な差異を無化するためひとは、時間的な差異を使用しなければならないのである。

カントは、空間は「集合体 Aggregat」であって「系列 Reihe」ではない、と語った。とはいえ、カントそのひとも見てとっていたとおり、空間の諸部分をとおり過ぎてゆくこと、空間の部分から部分へと移行して、それらを総合するはたらきはやはり「継起的」にのみ生起する。空間的な総合は、だから時間のなかで生起し、時間という系列の総合を前提とすることがらである。時間的差異を利用して、空間を踏破するいとなみなのである。

人間はたしかに、身体として存在していることで空間的に有限的な存在者であるといわなければならない。人間各人の身体は平均して、たかだか直径一メートル、高さ二メートルの円筒のなかに封じこめられている。人間の身体が存在する位置は、特定の時点では一定の円周の範囲にかぎられており、身体を携えているかぎりでの人間は同時に空間のほかの位置に存在することができない。人間はとりあえずその身体の占める、かぎられた位置にのみ存在し、空間中のあらゆる場所に遍在することができない。

第三にしかし人間は、身体として存在していることによって、あわせて時間的にも有限的な存在にほかならない。身体は痛み、疲れ、やがて病をえて、そして死んでゆくからである。時間は個々の人間の生にとって、決定的な意味で有限である。かりに類としての人間の生の時間が、個体としての人間的生の時間の総和からなるものであるならば、総計としての類の時間もまた有限で、そのかぎりでは稀少性をも帯びていることになるはずである。この点をめぐっては、もうすこし考えておく必要がある。

時間のエコノミー

限界革命以後の経済学にあっては、つうじょう価値論との関連で稀少性について語られる。或る資源が重要であるとはつまりその資源が稀少であることであり、経済学が解くべき問題は、かくて当の資源の最適配分にほかならないこととなる。稀少性の問題とは、したがって標準的にいえば、条件つき最大化問題という数学的パズルにほかならない。そこには一見したところ、なにひとつとして問題が存在しないかのようにみえる。

けれども稀少性という問題は、概念的にも哲学的にも困難をふくむ問題系の一部であるといってよい。ときにそう語られるとおり、稀少性とは「逆説的な」問題なのである。どうしてだろうか。すこしだけ考えてみる。

稀少性とは、欲求の対象となる存在者が相対的に限定されているということがらであろう。とはいえ稀少性は一方ではたんなる量的な有限性にかぎられた問題ではない。大気は有限であるけれども通常は稀少とはみなされず、土地は広大であってもときに稀少化される。大地に囲いをして境界をもうければ、鎖された土地そのものが稀少化する。自然に自生する穀類を独占するとき当の植生そのものが稀少財となりうる。稀少なものに対して排他的な占有を設定することが、稀少性をますます昂進させる。こうした占有はしたがって、「それが除去しようとするものを創出する」。かくて稀少性は「逆説的な問題」となるのである。[3] 稀少性は、こうしてまた偶発的（contingent）で自己言及的／自己準拠的（self-referential）なことがらである、ということになるだろう。そのかぎりでは、およそ存在者のいっさいが稀少でありうるのであって、他の存在者よりもとりわけて稀少でありうる存在者は、原理的な次元ではなにひとつとして存在しえない、と考えることもできる。

それでもやはり、人間的な生にとってそれ自体として稀少なものも存在する。それは世界のうちで存在する個々の存在者そのものではなく、むしろ、人間が世界のうちに存在することそれ自体にかかわる、いわばその生存の枠組みそれ自身であると考えることも可能だろう。そのような枠取りのひとつは、疑いもなく、人間にとっての時間そのものにほかならないはずである。

マルクスは、『一八五七 - 五八年の経済学草稿』、いわゆる『経済学批判要綱』のなかで、つぎのように書いていた。引用しておこう。

共同体的生産を前提としても、時間規定がいぜんとして本質的な意義を有しているのは当然である。社会が小麦や家畜などの生産に必要とする時間がすくなくなればなるほど、より多くの時間が、それ以外の物質的ならびに精神的な生産のために手にされるわけである。個々人にとっても、また社会全体にとっても、それが、享受の面でも行動の面でもすべての側面で発展することができるかどうかは、時間の節約にかかっている。時間のエコノミー、すべての経済は結局はそこへと解消されるのである。（Gr., S.89 = MEGA. Abt.II, Bd.1.1, S.103f.）

あらゆる経済にあって「時間規定」は、その組成にとって決定的な意味を有している。それは、来たるべきコミューンにあっても同様である、とマルクスは言う。人間と人間社会の全面的な発展は「時間の節約」にかかっている。いっさいの経済とは、究極的には「時間のエコノミー Ökonomie der Zeit」にほかならない。

ある種の論者たちは、『要綱』のマルクスのうちに「マルクスを超えるマルクス」を読みとろうとした。[4] 右に引いた一節はまた、多くの論者によって、「自由時間」論とのかかわりで重視されてきたテクストでもある。[5] ここでは、とはいえそういった問題に立ちいることはできない。私たちの関心を引くのはひとえに、マルクスが当該のテクストのうちで、時間のエコノミーが「第一の経済法則である」（ebd., S.89 = S.104）と主張している、そのことの消息である。資本はどのようなかたちで時間のエコノミーを貫徹するのか、時間のエコノミーを固有なしかたで実現することで、資本制は空間をいかに再編成し、世界をいかにつくり変えるにいたるのか。これが、マルクスの『資本論』が全三巻にわたって解きあかそうとする、枢要な問題系のすくなくともひとつにほかならないからである。

経済学批判の意味

マルクスを読むことは、人間が「世界のうちで‐他者たちとともに‐存在すること」を読みとくことであり、かくてまた世界の総体について思考することである。この「序論」の冒頭でも、そう語っておいた。本論へとすすんでゆくに先だって、いまいちどこの件について確認しておく必要がある。

哲学的な思考とは「世界のうちで‐他者たちとともに‐存在すること In-der-Welt-sein-mit-den-Andern」を総体としてとらえかえそうとするこころみである。現在にいたるまでしかし、そのうちに人間の生が置かれている「世界」そのものが、資本制の圧倒的な支配のもとにある。他者たちと「ともに在る」、当の共同存在それ自体のありようもまた、資本の基本的な統御から逃れでることができない。資本が生自身を侵食し、生そのものを枠づけている。それゆえに、「世界のうちで‐他者たちとともに‐存在すること」を総体的に思考しようとするとき、ひとは哲学的にもなお、現在にあってはやはり、資本制を問いかえす作業から目をそらすことができないはずである。

人間が生きているとは、息を吸い、息を吐くことであり、水を飲み、水を排出することである。さきほどの文脈では、この地上には風が吹き、水が流れ、風も水もしかし、みなもとをあかすことなくたえず到来している、とも語っておいた。水という「始原的なもの l'élémental」(6)すらも、とはいえ資本がすでに商品化に成功している。グローバル化した資本制の「最後のフロンティア」とはおそらくは「共有物」（コモンズ）なのである。(7)私たちの生を支配し、枠づけている資本の運動は、やがては大気をも商品化してゆくことだろう。

問題はひとつである。いま私たちは、なおどのような世界のうちに住まっているのか。人間たちの個々の生がその内部でいとなまれ、他者たちとの出会いがそのなかでありえている、この世界はいまなおどのような世界でありつづけているのか。その世界を枠づけている、すくなくとも主要な条件のひとつが資本制であるとして、私たちは現在それをどのようにとらえることができるのか。

抽象的な哲学的思考のこころみを繰りかえすだけでは、この問いに応えることができない。経済学一般にしても、おなじ問いに対してじゅうぶんな答えを与えることがかなわない。人間が「世界のうちで‐他者たちとともに‐存在すること」を総体的に理解しようとするいとなみの内部、すなわちすぐれて哲学的な思考の内側で、この世界を枠づける契機としての、資本制への問いを立てたとき、資本制をたんに自然現象として分析し、解明するこころみが、それに応答するものであるとは考えることができない。市場に対する批判的な問題関心と、歴史的な視点とを欠落させた経済学一般では、私たちの問いに対する回答を手にすることはできないだろう。[8]

応えることが可能なのは、あるいは私たちが答えを手さぐりするときに、いまもなお力づよい手がかりを与えるものは、経済学ではなく「経済学批判」、マルクスがそう語った意味での **Kritik der politischen Ökonomie** であると思われる。「経済学批判」とはそして、端的に「資本」と題されたマルクスの主著に対して、その副題として与えられた名称なのである。[9]

以下、本論では『資本論』全三巻をこのような視角から読みなおしてゆくことにしよう。あえてくりかえすなら、それは、私たちが現在なおそのうちで生を織りあげ、他者たちとかかわりあっている世界を、総体としてとらえかえすこころみにほかならない。

註

（1）この件については、本多謙三がいち早く論じていた。本多、一九七〇年、三三頁以下、参照。

（2）「身体組織」をめぐる問題にかんして、田中吉六の先駆的な着眼が知られている。田中、一九七八年、参照。また、城塚登、一九七三年、さらには、城塚、一九七九年、参照。
（3）ルーマン、一九八八年、一七九頁。また、中野敏男、一九九七年、参照。
（4）古くはたとえば、グールド、一九八〇年、最近では、ネグリ、二〇〇三年、参照。さかのぼっては、ロスドルスキー、一九七三－一九七四年、この国では、花崎皋平、一九七二年、植村邦彦、二〇〇一年、参照。ちなみに宇野弘蔵がその晩年、高弟たち（桜井毅、時永淑、日高普、渡辺寛など）を相手に語った自伝的回想によれば、並みいる俊秀たちのなかで、宇野ひとりが『要綱』に対して強い関心を示している（宇野、一九七三年、七三四、九九四頁）。
（5）典型的には、杉原四郎の先駆的な業績、たとえば、杉原『著作集』第一巻、三一八頁以下を参照。内田弘（二〇〇五年、四二頁）は、「自由時間」論こそが『要綱』の主題であるという。
（6）「始原的なもの」とは、とりあえずレヴィナスの概念。「始原的なものは、このように感覚作用をあふれ出てゆくのであるけれども、始原的なものが私の享受に対して呈示されるさいのその未確定なありかたにおいても、このことは示される。始原的なものが感覚作用をあふれ出してゆくことには、時間的な意味があるのだ。享受されることにおいて質はなにか或るものの質なのではない。私を支える大地の堅固さ、私の頭上にひろがる空の蒼さ、風のそよぎ、海の波浪、光の煌めきといったものは、なにかの実体にかかっているものではない。それらは、どこでもないところから到来する。どこでもないところから、存在しない「或るもの」から到来し、あらわれるなにものも存在しないのにあらわれ、かくしてまた、私がそのみなもとを所有することができずに、たえず到来する（*venir toujours*, **sans que je puisse** *posséder* **la source**）」このことによって、感受性と享受との未来が描かれるのである」（レヴィナス、二〇〇五年、二八一－二八二頁）。レヴィナスにおける「始原的なもの」にかんしては、熊野純彦、二〇一二年b、一五頁以下、参照。
（7）鶴見済、二〇一二年、一九四頁。

（8）「経済学がブルジョア的であるかぎり、すなわち、資本制的秩序を社会的生産の歴史的に過ぎ去る段階としてではなく、反対に社会的生産の絶対的で最終的なすがたとして考えるかぎりでは、経済学が科学でありうるのはただ、階級闘争がなお潜在的であるか、あるいはたんに個別的現象としてしかあらわれていないあいだだけのことである」（『資本論』第二版への「後記」K.I, S.19f.）。資本論体系は、これに対して、「いっさいの生成した形態を運動の流れのうちで」問題とする（ebd, S.28）。

（9）経済原論研究者のなかでは、吉田憲夫がこの点を過剰なまでに強調している。「マルクスの「経済学批判」とは、なによりも経済学という枠組それ自体の批判＝解体なのである。それは、〝ホモ・エコノミクスの人間学〟によって下支えされた経済学の対象の構造的な在り様そのものへの批判である。したがって、『資本論』もまた経済学の書などでは断じてないはずである」（吉田、一九九五年、一六頁）。この過剰さは、そして、正当な過剰さである。哲学畑では、大庭健、一九八二年、参照。大庭によれば、マルクスの「思想的営為」のもつべき意味が「時とともに「科学としての資本論」――「科学的社会主義」なる、まさに近代的世界観の地平上での（！）体系化によって次第に曖昧化され、〈批判〉の批判たる所以が次第に水増しされてしまった」のである。大庭がただちに付けくわえているとおり、「マルクス的批判の批判たる所以を哲学的に、近代的世界観の地平の対自化の作業と重ねつつ鮮明に復元・発展させせんとしてきたのは、言うまでもなく廣松の四肢構造論的認識分析からの物象化論的・事的世界観の哲学であった」（二一頁）。廣松渉の『資本論』解釈についてはただちにふれる機会があるだろう。大庭が提起した資本論読解の視角については、本書中ではまた、いわゆる「転形問題論争」とのかかわりで、ふたたびふれる機会があるはずである（Ⅲ・1・2のγ、参照）。大庭自身のその後の思考の展開にかんしては、大庭、二〇〇四年、等を参照。なおこの「序論」でふれた論点の一部について、熊野純彦、二〇〇三年、一三頁以下を参照。全体としてはまた、熊野、二〇一二年ａ、参照。物象化論登場の文脈をめぐって、熊野、二〇〇四年ａ、一〇三頁以下、参照。

第Ⅰ篇　資本の生成

Ⅰ・1　商品と価値

私たちが、現在もなおそのうちで生を紡いでいる世界は、基本的に資本制によって枠づけられている。みずからの生がその内部で可能となっている世界を総体としてとらえるためには、それゆえ資本制への問いを回避することができない。本書の「序論」で私たちは、まずはこの件を確認しておいたのであった。

資本制への問いは、それではいったいどこから開始されなければならないのだろうか。論点は、その出発点からしてすでに問題をはらみ、錯綜している。[1] ここではとはいえすくなくともいったんは、『資本論』そのものの体系構成法それ自体にしたがっておくことにしよう。

資本制とはなんであるかを理解するためには、資本とはなにかを知らなければならない。資本とはなにかを把握する前提として私たちは、貨幣とはなんであるかを認識しておく必要がある。貨幣とはどのようにしてなりたつものであるのかを了解するにさいしては、そもそも商品（Ware）とはなにかが劃定されていなければならないはずである。マルクスはかくて商品の分析からその経済学批判を開始する。[2]『資本論』の思考を跡づけてゆく私たちのみちゆきもまた、とりあえずはおなじ地点から出発しなければならない。

『資本論』冒頭部をめぐって

よく知られているように、マルクスは『資本論』第一巻の本文の冒頭部で、つぎのように探究のはじまりをしるしづけている。「まえがき」に引いたおなじ箇所を、やはり引用しておこう。

> 資本制的な生産様式が支配している社会の富はひとつの「とほうもない商品のあつまり」として現象し、個々の商品はその富の原基形態として現象している。私たちの探究は、それゆえ商品の分析からはじめられるのである。（K.I, S.49）

そもそも『資本論』全三巻が問題とするところは、「資本制的な生産様式」のありかたそのものであり、あわせてまた「それに呼応する生産関係ならびに交通関係」（「第一版・序文」vgl. ebd., S.12）のありかにほかならない。ここではしたがって、資本制的生産様式がどのようなものであるかは、なお未知なままである。おなじ「序文」は、「ブルジョア社会にとっては、労働生産物の商品形態、あるいは商品の価値形態が、経済的な細胞形態（die ökonomische Zellenform）である」（ebd.）と語っているけれども、商品が「価値形態」をとるはこびは、むしろこれから主題とされることがらであると言わなければならない。——とはいえ、ここですでに知られていること、あるいは自明なものとして前提とされている事情が、すくなくともふたつある。

ひとつは、資本制的な生産様式が支配的におこなわれている社会にあっては、その「富」が「商品のあつまり」としてあらわれ、そのあつまりが「とほうもない ungeheuer」ものであることである。(3) ちなみにカントによれば、なんらかの対象はその量が対象の概念を破壊するほどのものとなるとき「とほうもない」と呼ばれる。そのとほうもない商品のあつまりのなかで、ひとつひとつの商品が、その「原基形態 Elementarform」をかたちづくっている。これは、なにを意味するのだろうか。

マルクスは主著の書きだしでひとつの経験を前提としている。まずは怪物じみて「とほうもない」規模で商品が集積したさまを、読者が目のまえにしているしだいを想定しているのである。『経済学批判』では、その光景がつぎのように描きとられる。

> ロンドンのもっともにぎやかな通りには、商店がくびすを接して立ちならび、ショーウィンドーには世界のあらゆる富が、インドのショール、アメリカのレヴォルバー、中国の陶磁器、パリのコルセット、ロシアの毛皮製品、熱帯地方の香料がきらびやかに輝いている。だがこれらすべての現世の享楽品はそのひたいに宿命的な白い紙片を貼付され、その紙片にはアラビア文字が、ポンド、シリング、ペンスという、ラコニアふうの文字とともに書きこまれている。これこそが、流通にあらわれている商品のすがたなのである。
>
> （Kr., S.69 = MEGA. Abt.II, Bd.2, S.158）

一八四八年、最初の世界革命が勃発する。その後、マルクスは亡命者となり、日々の明け暮れをロンドンでつないでいる。よく知られているように、『資本論』とその草稿は、この資本制のみやこで書きつがれた。その「もっともにぎやかな通り」には「世界のあらゆる富」があつまっている。それは、イギリスの首都を代表する光景のひとつにほかならなかったはずである。世界中の富が、この資本制の先進国のまさしく中心部に集結していたのである。

「商品のあつまり」の背後にあるもの

　冒頭に引いた引用から読みとられるもうひとつのことがらがある。富が商品のあつまり「として現象する **erscheint als**」といわれているかぎり、問題となっている社会構成体の富をかたちづくるものはその本質にあっては商品のあつまりではない、と著者のマルクスが考えていることである。ちなみに、『経済学批判』における対応部分は、「一見したところブルジョア的富はひとつのとほうもない商品のあつまりとして現象し、個々の商品はその富の原基的な現存在として現象している」(ebd., S.15 = S.107) となっている。『資本論』が、注記して参照をもとめる (K.I, S.49 Anm.1) 原型にあっては、「一見したところ」という限定が、ことの消息をよりあきらかに示している。「一見したところ **Auf den ersten Blick**」「現象」する、という限定は、読みすごされてよい留保ではない。

　とほうもない商品のあつまりは、それ自体としては富の本質ではない。そこでは「きらびやかに輝いている」商品は、その全体がとほうもないものであり、そのひとつひとつが目眩い光を発していることで、なにごとかを覆いかくしている。それでは、商品がにぎやかに陳列されているショーウィンドーの背後で、さしあたり見とおされてはいないことがらとはなんだろうか。

　たとえば「パリのコルセット」はドーヴァー海峡をこえ、「アメリカのレヴォルバー」なら大西洋をわたり、「インドのショール」や「中国の陶磁器」ならば数世紀まえに拓かれた航路をたどって、ロンドンの通りにそのすがたをあらわしている。陶磁器は中国のながい歴史をきざみこみ、レヴォルバーは新大陸の技術をふくむ。「毛皮製品」を生んだのは寒冷地ロシアの生活であって、「香料」の生産を可能にしたのは熱帯の特異な植生にほかならない。それぞれの物品は時間の堆積を前提とし、その背景には空間の差異もひかえている。物品からは、それらがしかし市場にならぶかぎりでそのような差異が消去される。商品のうちには時間と空間との差異があらわれない。商品はすべて同時的に市場のうちに存在しているからである。商品はことごとく共時的なものとしてあらわれることでたがいに同一空間のうちで区別され、同等な空間のなかで差異を有することをつうじて単一の次元に参入している。つまり、いっさいの商品、インドのショールから熱帯地方の香料にいたるまでの物品は価格をもち、貨幣と直接に交換されるのである。

そうであるかぎり、ある時点のたとえばロンドンの市場で、世界中の「富」があつめられている光景は、なにかとてつもない錯覚を生むものではないだろうか。そこにあらわれているのはむしろヴェールをかぶせられている世界、霧に蓋われた「夢幻境 Nebelregion」(K.I, S.86) なのではないか。商品という、一見ありふれた存在が私たちになにか奇妙な夢を、醒めてみられたまぼろしを見させているとすれば、どうなのだろう。

ややさきを急ぎすぎたきらいがあるかもしれない。『資本論』冒頭部の文脈へと立ちかえり、マルクスの叙述をもうすこしだけあとづけてみよう。

使用価値としての商品

はじめに引用した一段落につづけてマルクスは書いている。これも「まえがき」に引いたところであるけれども、ふたたび引用しておく。

> 商品はさしあたり外的対象であって、その属性によってなんらかの種類の人間の欲求を満足させる事物である。この欲求の性質は、それがたとえば胃袋から生じようと空想から生じようと、ことがらをなんら変更するものではない。ここではまた物件がどのようにして人間の欲求を満足させるのかも問題ではない。つまり直接に生活手段すなわち享受の対象としてであるか、あるいは回り道をたどって生産手段としてであるのか、も問題とはならないのである。
>
> (ebd., S.49)

商品は「欲求 Bedürfnis」を満足させることで使用価値となる。つまり「事物の有用性が事物を使用価値とする」(S.50)。たとえばパンは「胃袋」を満たすことで「享受」の対象となる。ハンマーなら——ハイデガーふうにいえばそれによって釘を打ちつけることで——適所性をえて、住まいを建てるために使用される。その場合ならばハンマーは、「生産手段」として間接的に人間の「必要《ベドュルフニス》」、つまり風雨をしのぎ地上に住まうという欲求を満足させることになる。ここで充足されるべき欲求は、たんなる「空想」から発生したものであっても、当面はすこしもかまわない。限界革命のにない手のひとり、メンガーであるなら、お守り、魔法の杖、惚れ薬などを、あげて想像財と名づけることになるだろう。(4) たほう、住居を新築することは多くのばあい目のまえの必要や欲求に応じるものではない。むしろ先慮にもとづく需求（メンガー）に対応するふるまいとなるはずである。

外的な対象である商品は、事物としてのその属性によって欲求を満足させる。あるいは、事物の「有用性」（効用）をつうじて、商品は「使用価値 Gebrauchswert」となる。経済学的にいえば、使用価値としての商品についてこれいじょう立ちいるべきことがらはなにもない、かにみえよう。『資本論』の商品論は、ただし、ふたつの重要な留保を付けくわえている。ここでもすこしだけ立ちいっておく必要があるだろう。

第一には、「事物の多様な使用方法を発見すること」がそれじたい一箇の「歴史的な行為」であることだ（S.49f.）。どのような植物が食用に向き、どの樹木の実なら生のままで食べられるのか。米なら煮ることで、小麦ならば粉にしてパンを焼くことによって食品となる。それぞれの調理法が、時間の沈殿のなかで忘却された、起源なき起源を有している。自然事物を利用する多様な方法は、事物のさまざまな属性の覆いをとって発見する《エント・デッケン》、歴史的な行為の堆積によって可能となったものにほかならない。ひとは有用物を使用するそのつど歴史を反復し（ハイデガーふうに語るなら）事物を使用価値として存在させて《ザイン・ラッセン》いるというべきなのである。この点がマルクスの注意するいまひとつの観点とむすびあうこととなるだろう。つまり「使用価値」は第二には「ただ使用もしくは消費においてのみ現実化する」（S.50）という論点がそれである。

使用価値は使用されることで「現実化する sich verwirklicht」。商品はたんに可能性として使用価値であるにすぎない。事物はたほう消費されたときすでに商品ではない。商品とはただ使用価値となる過程のなかで、商品として生成しつつあるものなのだ。商品とはほんとうはものではない。すこしだけ先ばしりしていえば、商品とは運動であり、関係である。

商品は、しかも、その所有者のもとでは使用価値ではない。このことによって、商品に可能性として帰属する使用価値は、「同時に素材的なにない手」となる。なんのにない手となるのだろうか。「交換価値 Tauschwert」のにない手となるのである（ebd.）。

交換価値と価値

交換価値とはとりあえず、「或る一種類の使用価値が他の種類の使用価値と交換される量的関係」としてあらわれるものである。交換価値は、すなわち、一定の「割合」「としてさしあたり現象する erscheint zunächst als」（ebd.）。

たとえば一クォーターの小麦なら、それは他のさまざまな商品、たとえば靴墨や絹や金等と交換される。そのばあい交換される比率、つまり相手の商品量は、それぞれにことなっている。だから小麦は複数の交換価値を有しているのであり、唯一の交換価値をそなえているのではない。しかしと、マルクスは付けくわえる。

しかし、x量の靴墨もy量の絹もz量の金そのほかも、一クォーターの小麦の交換価値なのであるから、x量の靴墨やy量の絹やz量の金等は、たがいに置きかえることのできる、または相互にひとしい大きさの交換価値でなければならない。かくして帰結するのは、第一には、同一の商品の妥当な交換価値であるならば、それはひとつのおなじものを表現しているということである。第二にはしかし、交換価値は総じてたんなる表現様式、交換価値とは区別可能な或る内実の「現象形態」でしかありえないということなのである。(S.51)

靴墨も絹も金も、すべて同一量(一クォーター)の小麦とそれぞれにことなった量(x、y、z)で交換され、しかもおのおのの比率は「妥当な」ものである、とする。その場合、そのつどの交換価値が「表現する」のは、おなじものでなければならない。その同一のものとは、一定量の小麦が有する「価値 Wert」であり、一クォーターの小麦が示すそのときどきの交換価値は、すべてこのおなじもの、すなわち価値の「現象形態 Erscheinungsform」にほかならないことになる。かくて、商品が有する「二要因」とは使用価値と交換価値ではない。むしろ使用価値と価値であるしだいとなるだろう。ここには、とはいえ、なお立ちどまって考えておくべきことがらが存在するはずなのである。ことがらをすこしだけさかのぼって考えなおしておく。

交換のアポリア——交換と価値

ふたつの商品、たとえば小麦と絹とを考えてみる。一方でその両者が端的にひとしいものであるならば、交換は無意味である。他方、両者がまったくことなったものであるかぎり、交換は不可能となる。交換とは等置することであるからだ。したがって交換とは一面ではことなったものどうしの交換でなければならない。同一のものなら交換される必要がないからである。交換は他面では、ひとしいもののあいだの交換である。ことなったものであるかぎり、たがいに置き換えられることができないからだ[5]。

ことなったものについても、ひとしいもののあいだにあっても、かくて交換は成立しない。この形式的なアポリアは、実際にはしかしあらかじめ解消されている。たとえば小麦と絹とは、一方は食べるものであり、他方は身につけるものであるから、使用価値においてことなっている。両者はしかし、その価値にあってはひとしい。ここで小麦の所有者にとっては（たとえば必要量を超えて小麦を所有しているがゆえに）小麦はそれ自体としては使用価値ではなく、おなじように絹の所有者自身に対して絹は使用価値をもたない。しかし、たがいにとって相手の所有物は使用価値をそなえており、じぶんにとって使用価値を有するものと交換が可能であるかぎりで、みずからの手もとにあるものは価値を帯びている。逆にいえば、じぶんの商品が使用価値を有していることは、それが他の商品と交換されることで、つまりその商品が価値を有しているしだいがあかされることで、同時に証明されることになる。

それでは、この価値とはどのようなものなのか。あるいは価値はなにからなるのだろうか。――使用価値であるならば、それは商品の自然的な属性に依存している。価値もまた、その自然的属性でありうるのだろうか。

ふたつのことなった商品が、だが相互にひとしいものとして交換される場合には、そのふたつの商品、たとえば、一クォーターの小麦と一ツェントナーの鉄とのそれぞれのうちに、「おなじ量の共通なもの ein Gemeinsames von derselben Größe」が、存在していなければならない。その共通なもの、ふたつの商品がともにそれへと「還元」される「第三のもの」は、小麦そのものでも鉄それ自体でもありえないのだから、この共通なものはかくてまた、商品の「自然的な属性」ではありえない。交換価値としての商品は、だから「使用価値の一原子もふくんではいない」（S.51f.）。それでは使用価値がそれを表現する、「価値」そのものとはなにか。

価値と、労働の二重性

価値は商品の自然的属性ではない。商品の価値には、使用価値のかけらも入りこんではいない。そのように説いたあとで、マルクスはつづけて書いている。

　そこで商品体の使用価値を度外視するとすれば、商品体になお残るものは、ただ労働生産物という属性だけである。しかしながら私たちにとってはまた、労働生産物も手のなかですがたを変えている。労働生産物の使用価値を捨象するならば、それを使用価値としている、物体的な成分や形態も捨象することになる。それはもはや机や家や糸や、その他の有用物ではない。労働生産物の感覚的な性状のすべては消しさられている。それはまた、もはや指物労働や建築労働や紡績労働や、その他の一定の生産的労働の生産物でもない。労働生産物の有用性とともに、労働生産物に表示されている労働の有用な性格も消えさり、したがってまたこれらの労働のさまざまな具体的形態も消失している。それらの労働は、もはやたがいに区別されることも

なくことごとく同等の人間労働に、つまり抽象的人間労働に還元されているのである。（S.52）

商品の自然的な性質が脱落することにより、「商品体」の使用価値も「度外視」される。目のまえの「労働生産物」は、いまや机でも家でも糸でもなく、具体的で有用な労働の産物でもない。使用価値を生産するのが具体的に有用な個々の労働であるとするなら、価値を生むものは「同等の人間労働」あるいは「抽象的人間労働 abstrakt menschliche Arbeit」にほかならない。具体的商品のさまざまに「共通した社会的実体」の「結晶 Kristalle」として、さまざまな商品は「価値――商品価値」となる（ebd.）。

マルクスは、ここでただちに、「価値を形成する実体 Substanz」とは労働、抽象的な人間労働であり、その量を測るのは労働の「継続時間」つまり時間的持続の幅である、と説いてゆく（S.53）。マルクスが一見ごくあっさりと通りすぎたかに見えるこの論法こそが、いわゆるマルクス価値論における〈蒸留法〉として、くりかえし問題とされてきた論点にほかならない。

マルクスが節をかえて、商品の二要因に対応する「労働の二重の性格」を論じて、たしかにいったんはそう述べているように、この抽象的人間労働を「人間の脳や筋肉や、神経や手などの生産的支出」（S.58）のことであると理解することができるだろうか。そのうえで価値としての商品とは、「区別のない人間的労働が、すなわちその支出の形態にはかかわりのない、人間的労働力の支出がたんに凝固したもの bloße Gallerte」（S.52）と語っておいてすむのだろうか。要するに、ここでは、人間の生理的活動が価値の「実体」として問題となっているのだろうか。[6]

一見したところ、そのとおりであるように見える。すくなくとも当面のマルクスのテクストは、そのようにも読まれうるかに思われる。問題は、とはいえ、その先にある。あるいはむしろ、そのてまえにあるのである。

「社会的実体」の意味するもの

ヘーゲルが、その哲学の「真の生誕地であって、その秘密である」『精神現象学』（『経済学・哲学草稿』MEGA. Abt.I, Bd.2, S.401）のなかでも、すでに、「個別的な人間がその個別的な労働にあって、あらかじめ普遍的な労働を意識することなく遂行している」と説いていた。その意味で、ヘーゲルの「人倫的（sittlich）実体」とは「普遍的な仕事」であり、「万人の、また各人の行為」にほかならない。人倫的であるとは、ここではおおよそ社会的であることとひとしく、したがってヘーゲルの語る人倫的実体とは社会的な実体のことを意味しているのであって、その内実は社会的な諸関係のことであるといってよい。ヘーゲルの視角はいうまでもなく、近代市民社会を「欲求の体系」と呼ぶ、『法哲学綱要』へと引きつがれてゆく。

とりあえずマルクスも「社会的」な実体について語っていたことに注意しておく必要がある。量としての人間労働について語るさいにもマルクスは、あくまで「社会的平均労働力」をとり上げていること、したがって問題となる労働の継続時間も「ひとつの商品においてただ平均的に必要な、または社会的に必要な労働時間 gesellschaftliche notwendige Arbeitszeit」（K.I, S.53）として問題とされているしだいが注意されなければならない。社会的な実体であるなら、それはふつうの意味での実体ではない。むしろ関係である。社会的に必要な労働時間が問題となるなら、商品の価値を形成するものは、投下された労働そのものではない。それは、かえって、資本制が支配する社会にあって、当の社会の編成を決定する関係の総体を前提としながら、「一箇の社会的な過程をつうじて、生産者の背後で確定される durch einen gesellschaftlichen Prozeß hinter dem Rücken der Produzenten festgesetzt」（ebd., S.59）労働と労働時間との社会的配分がもたらす、ひとつの構造的な効果にほかならない。価値の実体とされる人間労働とは、関係の別名なのである。

いまのところはやや結論を先どりもするかたちで、そのように考えてもなお、いわゆる〈蒸留法〉には当面は消しさることができない論理的難点がある。それは具体的で有用な労働と、抽象的人間労働とをつなぐ枢要な論点を、マルクスがここでいったん消去してしまっているところから生じる難点にほかならない。――マルクスそのひとがこう書いていた。引用しておこう。

ある事物は、価値であることなく、使用価値でありうる。それは、人間にとってその効用が労働をつうじて媒介されていない場合である。たとえば空気や処女地や、自然の草原や野生の樹木などがそうである。ある事物はたほう商品となることなく、有用であり、人間労働の生産物であることができる。みずからの生産物でじぶん自身の欲求を満足させる者は、使用価値をつくるのはたしかであるとはいえ、商品はつくらない。商品を生産するためには、その者は、たんに使用価値を生産するだけではなく、他者に対する使用価値を、つまり社会的使用価値を生産しなければならないのである。（S.55）

マルクスが大気や大地を「価値であることなく」使用価値とはなりうるものの一例として挙げていることの意味については、とりあえず別箇の論脈で考えてゆくことにしよう。当面の問題はべつにある。

「他者に対する使用価値」

ここでとり上げておく必要があるのは、商品とは「社会的使用価値」でなければならず、商品とはすなわち「他者に対する fürs andre」使用価値であるとする認定である。それは、逆にいえば、商品として生産された生産物であっても、つねに商品となるとはかぎらない、ということである。

商品が使用価値であり、かくしてまた商品となるにさいしては他者こそが主導権を握っている。エンゲルスが右の一節を補足して書きくわえているように、「商品となるためには（Um Ware zu werden）生産物は、それが使用価値として役だつ他者へと交換によって移されなければならない」（ebd.）とはいえ、その交換がつねになりたつとはかぎらないからである。

かくして商品は交換されなければその価値を実現しないが、同時にまた価値を実現しなければ、使用価値としても実現されることがない。その間の消息を、とりあえず商品とは「過程的な存在[7]」であると語ってもよい。いわゆる商品とは商品へ生成してゆく（Ware zu werden）存在なのである。より正確にいえば、たとえ在庫というかたちにおいてであれ、商品とはつねに動的な存在であって、どのような場合でも可能性にあっては運動のうちにある。商品が運動のうちにあるという事情が一方で、やがて商品流通をめぐっていくつかの制約条件を商品に課することになるだろう。そのおなじ性格が、他方でやがては資本そのものへと転移されてゆくことになるはずである。――資本もまたつねに動的な存在であり、どのような場合でも、可能性が可能性として現実化されている状態にある。資本はすなわち運動し、生成しつづけているのである（本書、Ⅱ・2・1参照）。

この項で確認してきた、価値をめぐるマルクスの暫定的な分析にあっては、使用価値が捨象されるとともに、「他者に対する使用価値」という側面も同時に度外視されていた。この件は、いわゆる〈蒸留法〉と、抽象的人間労働の規定をめぐってひとつの論理的空隙をかたちづくっている。[8]使用価値である生産物は、それが他者に対する使用価値であるがゆえに商品となる。そのように商品となることで、生産物をつくり出す具体的な労働が、同時に抽象的な人間労働である。その背後にあるものは、交換によってなかだちされた関係の総体にほかならない。

商品の価値は、こうして、ふたたび関係のなかで考察しなおされなければならない。使用価値をともなうそのすがたで、交換関係のうちであらためて分析される必要がある。私たちもいまや第一篇第一章第三節の「価値形態または交換価値 Die Wertform oder der Tauschwert」へとすすんでゆくべきだろう。[9]

註

（1）『一八五七‐五八年の経済学草稿』（いわゆる『経済学批判要綱』）の段階では、「生産一般」が、探究の着手点として設定されていた。「商品」から分析が開始されるのは、『経済学批判』（一八五九年）以来の体系構成法である。『資本論』形成史については、やや古いが、今日でも、経済学史学会（編）、一九六七年、第2部の諸論文がふまえられなければならないだろう。比較的あたらしいものとしては、服部文男・佐藤金三郎（編）、二〇〇〇年、所収の諸論稿を参照。

（2）宇野弘蔵のいわゆる『旧原論』の一節を参照。「しかしあらゆるものが商品化するということは、単に生産物が商品として交換されるということではない。商品が商品によって生産されることであって、それは実は資本の生産過程に外ならない。ところが資本なる概念は貨幣を明らかにすることなくしては理解されないし、貨幣は商品を前提としないでは解明されない。そこでこの篇では、先ず個々の商品から出発して、あらゆるものが商品化してゆく過程において、展開される商品、貨幣、資本の流通諸形態の発展を明らかにする。この形態的発展が明らかになって始めてあらゆるものを商品化する資本の生産過程を明らかにすることが出来るのである」（宇野『著作集』第一巻、一五頁）。ここでの宇野の主張は、いうまでもなく、一方では宇野原論における「流通論」の独立化と関連している。他方では、商品を生産する商品とは「労働力商品」にほかならないかぎり、労働価値説の「論証」が占めるべき位置を、固有のいみでの生産論へと移動させる視角とも関連してゆくわけである。

（3）ungeheuerという語について、大川正彦が注意している。大川、二〇〇四年、五四頁以下、参照。大川の注目すべきマルクス論の視角については、ほかに、大川、二〇〇九年、を参照。ちなみに民俗学者の大月隆寛がこんなことを書いている。「「都市」とは、そのような身体の大きさを超えてゆかざるを得ない仕掛けが、自身のあずかり知らない場所のそこここで無数に仕掛けられてゆく状態である。大量に作られる均質な「もの」は、その「もの」が「量」として形作る世界でまた新たな意味を不断に付与され、僕たちの生活世界を編み上げてゆく。マルクスはこの新たに開かれてゆく「世界」を読み解こうとした時、眼の前の「もの」の向こうに集積され、複合されている関係を透視しようとすることから始めた。今さらながらの誤解を恐れずに言えば、この心意気は未だ圧倒的に正しい」（大月、一九九二年、五七頁）。

（4）メンガー、一九九九年、六頁。ちなみに、エンゲルスが『資本論』第三巻への「序文」のなかで、

「ジェボンズ＝メンガーの使用価値＝限界効用説」に言及している（K.III, S.17）。

（5）「交換」をめぐる問題については、とりあえず、佐々木雄大、二〇〇四年、参照。

（6）この問題を提起したのが、いうまでもなく廣松渉の物象化論的マルクス解釈にほかならない。とりあえずは、廣松『著作集』第一〇巻、二〇二頁以下、参照。

（7）宇野弘蔵のいわゆる宇野原論の説きかたでは、商品とは「これから価値になり、使用価値になるものであるともいえるが、それも売れてみなければ実は価値にも、使用価値にもならないという過程的な存在」ということになる（宇野『著作集』第一巻、二九頁）。小幡道昭はこれに対して、その原論の出発点から商品を在庫として考える方向をとる（小幡、二〇〇九年、二〇、六六頁、参照）。

（8）この件を、降旗節雄がはやくから指摘していた。降旗、一九六五年、八五頁、参照。

（9）マルクスが、第二節「商品のうちで表示された労働の二重の性格」において立ちいって論じていながら、ここで私たちがふれるところがなかった論点がある。ひとつは、マルクスが、労働にあって人間に可能なことがらは「素材の形態を変化させること」だけであり、したがって労働は使用価値の唯一の源泉ではないと説き、また労働そのものにおいても「人間はつねに自然力に支えられている unterstützt von Naturkräfte」と主張していることである（K.I, S.57f.）。私たちはかつてこの論点のうちに、マルクスにおけるアリストテレス受容の一端をもみとめたことがある（熊野純彦、二〇〇六年、一〇四頁）。よりひろく問題をとらえた最近の論稿として、神崎繁、二〇一二年、参照。マルクスが、ここでペティを引いて説くところであるとおり、「労働は素材的な富の父であり、土地はその母」なのである（ebd., S.58）。この問題については、べつの文脈であらためてふれることがあるだろう。

ここでふれなかったもうひとつの論点は、いわゆる「複雑労働」の「単純労働」への「還元 Reduktion」という問題である。この件についても、さしあたり、森田成也、二〇〇九年、二五三頁以下、参照。

Ⅰ・2　価値形態論

Ⅰ・2・1　価値形態（1）

価値形態論の課題

商品は、まずは鉄やリンネルや小麦などという「自然形態 Naturalform」をまとってこの世へと生まれでる。商品はたほう商品であるかぎりで、すなわち「商品という形態」を有するかぎりでは、同時に価値のにない手でなければならない（K.I, S.62）。

それゆえ、商品は「二重の形態を、すなわち自然形態と価値形態（Wertform）を所有する」（ebd.）ことになる。だが商品は、どのようにしてこの二重の形態を有することができるのだろうか。この間の消息を解きあかすことが、いわゆる価値形態論の課題となるだろう。

価値形態論を展開するにあたりマルクスは、あらためて以下のように書いていた。価値形態論の出発点と課題とを示す一節である。ややながく引用しておこう。

商品の価値対象性は、マダム・クィックリーとはことなって、どうやって摑まえてよいものやら分からない。商品体にぞくする、感覚的に粗雑な対象性とは正反対に、商品の価値対象性には、自然素材の一原子も入りこんでいないはずである。だから個々の商品をどのように捏ねくりまわしてみても価値物としてはあいかわらず捕まえようがないのである。私たちがしかしながら、さまざまな商品が価値対象性を所有するのは、ただそれらが、人間労働というおなじ単位を表現するものであるかぎりにおいてのことであり、したがって商品の価値対象性は純粋に社会的なものであるしだいを想起しておくならば、価値対象性は商品と商品との社会的関係のうちにのみ現象しうるというはこびもおのずと理解されるところである。私たちもじっさいのところ、諸商品の交換価値あるいは交換関係から出発して、そこに隠されている価値を追跡したのであった。私たちはいまやふたたび、価値のこの現象形態へと立ちかえっておかなければならない。（ebd.）

商品が価値である消息は「どうやって摑まえてよいものやら分からない」しろものである。そうここでマルクスはいう。さきにはマルクスは、さまざまな具体的商品に「共通した社会的実体」の「結晶」として諸商品は「価値——商品価値」となると説いてゆく文脈ですでに、価値とは、「亡霊のような対象性 **gespenstige Gegenständlichkeit**」（S.52）を示すものであるしだいに注意していた。価値のとらえがたさについて、マルクスそのひとはじゅうぶん意識的なのである。右に引いた一節でマルクスは、前節における暫定的議論を読みおえただけで、価値の実体や量についてすでに決定的な知見を獲得したかのように誤解している読者に「冷水を浴びせるかのよう(1)」である。
ともあれマルクスは、ここで価値の「現象形態」すなわち「交換価値あるいは交換関係」に立ちもどることを宣言する。いわゆる価値形態論の出発点である。それでは価値形態論はなにを終着点として想定するものであったのか。

価値形態論が確認してゆくにいたるのは、さまざまな商品のあいだの「価値関係」は「価値表現」の発展をふくんでいるはこびにほかならない。かくして、そのもっとも単純で目につかないすがたから「光まばゆい貨幣形態」への展開をたどることが、いわゆる価値形態論の課題となる。問題はつまり「この貨幣形態の生成 **Genesis dieser Geldform**」を説きあかすことで、同時に「貨幣の謎」を解きあかすことなのである（S.62）。それでは、価値関係のもっとも単純で目につかないすがたとは、どのようなものだろうか。マルクスはそれを、「単純な、個別的な、または偶然的な価値形態」と呼んでいた。『資本論』本文の展開にそって、価値形態の発展をいったんは跡づけてゆくことにしよう。

第一形態——単純な価値形態

マルクスの挙げる、単純で個別的な価値形態とは、つぎのようなものである。まずはマルクスの例示するとおりのしかたで引いておく（S.63）。

x量の商品A＝y量の商品B　またはx量の商品Aはy量の商品Bにあたいする

（二〇エレのリンネル＝一着の上着　または二〇エレのリンネルは一着の上着にあたいする）

よく知られているようにマルクスは、「いっさいの価値形態の秘密は、この単純な価値形態のうちにひそんでいる」という（ebd.）。ということは、「貨幣の謎」もまたこの第一形態のなかに隠されているにちがいない。私たちもマルクスにならって、しばらくはこの単純な形態のもとに立ちとどまっておくことにしよう。

しばしば指摘されているとおり、マルクスがここで「等号＝」を導入していることは、ことがらの理解にとっては、ミスリーディングなものであった。[2]「あたいする」という表現に、当面の問題のすべてがむしろかかっているからである。

リンネルと上着はまったくべつの使用価値を有している。両者のあいだには端的な差異がある。したがって第一に、両者を無条件に等置する等号は、絶対に無意味である。第二には、リンネルはここでみずからの価値を、じぶんとは他なるもの、つまり上着によって表現している。リンネルはリンネル自身の価値を表示することができない。「リンネルの価値はただ相対的にのみ、すなわちべつの商品でしか表現されることができない」。上着はたんにリンネルの価値表現の「材料」としてはたらいているにすぎない。[3]リンネルと上着のあいだで、両者の差異を超えた同一性がなりたつとすれば、その同一性あるいはひとしさはひとえに、前者が後者に「あたいする」ということのなりたちのうちに存するにすぎない。

そのばあい第一の商品の価値は相対的価値として表現されており、リンネルは「相対的価値形態

relative Wertform」にある。これに対して第二の商品は「等価物」として機能しているのであって、上着は「等価形態 Äquivalentform」にある。両者はリンネルと上着との価値関係にあってなりたつ一箇の価値表現のなかで、たがいに条件づけあっている「不可分な契機」であるいっぽうで同時にしかし「たがいに排除しあい、あるいは対立しあう両端すなわち両極」にほかならない。両者のあいだには互換的ではない関係、つまり非対称性が存在する。この非対称性が商品と貨幣のあいだの非対称性へと感染してゆく。等号が隠蔽してしまうのは、この非対称性、つまり貨幣の謎なのである。貨幣で商品を買うことはできるが、商品で貨幣を購買することはできない。第一形態で端的な対称性がなりたつなら、貨幣のこの謎はそもそも存在しないことになる（vgl. ebd.）。

リンネルはただ価値としてのみ、等価物としての上着に関係することができる。たほう上着は、ひとえに価値物としてだけリンネルと等置される。商品と商品とのあいだの価値関係にあっては、「商品の価値性格は、他の一商品に対するそれ自身の関係によってあらわれる」。リンネルが価値であることは、ただこのような「回り道 Umweg」を介して表現されるほかはない（S.65）。上着は、手でつかめるその「自然形態」のままに価値をあらわしており、リンネルは上着の自然形態のうちでみずからの価値を表現する。「このようにしてリンネルは、みずからの自然形態とはことなった価値形態を受けとることになる」のである（S.66）。

等価形態の謎――貨幣の謎

こうして、とマルクスは書いている。第一形態をめぐって、相対的価値形態の量規定へ立ちいるに先だって、つまり純粋な形態規定をいったんは閉じるにさいしての、小括にあたる一節である。やはり引用しておく。

こうして価値関係を媒介とすることで、商品Ｂの自然形態が商品Ａの価値形態となる。あるいは、商品Ｂの身体は商品Ａの価値鏡となるのである。商品Ａが価値体としての、人間労働の物質化したものである、商品Ｂに関係することによって、商品Ａは使用価値Ｂをじぶん自身の価値表現の材料とする。商品Ａの価値は、このようにして商品Ｂの使用価値において表現されて、相対的価値の形態を所有するにいたるのである。（S.67）

マルクスは「価値鏡 Wertspiegel」という比喩をもち出したこの箇所に、有名な註をつけている。人間は「私は私である」というフィヒテ的な哲学者として生まれてくるわけではないから、他者にじぶんを映してみることで、みずからを認識するほかはない、人間ペテロは人間パウロと関係することによって「はじめて人間としてのじぶん自身に関係する」。その意味では商品も人間もおなじことである、とする註である（ebd., Anm.）。ここには、通りすがりのようなかたちにおいてであれマルクスの人間観の一端もまたあらわれているといってよい。

ともあれ、なにか或る商品が等価物であること、あるいは当の商品の自然形態が他の商品の価値形態となることには、なにかしら謎めいたことがらがある。等価形態にある商品は「他の商品との直接的な交換可能性の形態 die Form ihrer unmittelbaren Austauschbarkeit」（S.70）にある、と言われるかぎりで、その謎は貨幣の謎へと接続してゆく謎にほかならない。現実の商品交換で直接的交換可能性を保証されているのは貨幣にかぎられるからだ。いいかえるなら、商品が等価形態となる秘密が解かれるなら、貨幣の謎はすくなくともその原基形態においては消失するはずである。貨幣の謎とはたんに商品の謎なのである（vgl. S.108）。

謎はひたすら、「使用価値がその反対物である価値の現象形態となる」こと、つまり上着の「自然形態が価値形態となる」ことのうちにある。この *quidproquo*〔取りかえ〕はしかしひとえに「価値関係」のなかでだけ謎として生起する。すなわち、任意の一商品Aが他の商品Bに対して関係する場合にのみ「取りかえ」が生起するのである（S.70f.）。一商品の自然的な存在が価値であること、逆にリンネルが上着にあたいすることは、たしかに一箇の謎である。とはいえ価値存在の背後には、むしろ関係がある。関係のなかでこそ、価値が生成する。

商品には、使用価値と価値との対立がふくまれている、とさきにマルクスは主張していた。この「外的な対立」がいまやふたつの商品のあいだの「内的な対立」に転化している。いいかえれば、「一商品の単純な価値形態は、その商品にふくまれている使用価値と価値との対立の単純な現象形態」なのである（S.75f.）。この現象形態の背後にある生成と関係が読みとかれなければならない。

使用価値が事物の「自然的属性」であるのに対して、価値は事物の「一箇の超自然的な属性 **eine übernatürliche Eigenschaft**」であるかにみえる。だが、その超自然的属性が示すものは「純粋に社会的な或るもの」なのである。単純で個別的な価値形態の表現するものは、それが「或る社会的関係」をはらむことを暗示している（S.71）。どうしてだろうか。

註

（1）廣松渉（編）、一九八六年、二七頁。

（2）宇野弘蔵の指摘にさかのぼるこの論点については、とりあえず日高普、一九九四年、四三頁以下を参照。また、大庭健、一九九三年、参照。

（3）宇野弘蔵が言うようにたしかに「リンネルの二〇ヤールが一着の上着に値するという表現は、上着の所有者には関係なくたんにリンネルの所有者によってあたえられているにすぎない」（宇野『著作集』第三巻、二九四頁）。第一の単純な価値形態における問題は、とはいえ、リンネル所有者の欲望にあるのでも、一方による交換とその比率の宣言にあるのでもない。宇野が、ただちにつづけて書いているように、「上着の所有者にとっては、欲しさえすればただちに上着一着をもって二〇ヤールのリンネルと交換しうる地位をあたえられたこと」にある。ここで問題はつまり、交換の具体的なありかたにではなく、交換そのものの原理的な非対称性にあることになる。

商品のフェティッシュ的性格

マルクスは、商品の価値形態を説いたそのあとで、「商品のフェティッシュ的性格とその秘密 Der Fetischcharakter der Ware und sein Geheimnis」と題した節を置いている。『資本論』第一巻第一篇第一章第四節として、ひろく知られた一節である。くりかえし引用されるその冒頭部を、ここでも引証しておく必要がある。

商品は一見したところ、自明で瑣末なものであるかに見える。商品を分析してみると、それがきわめて奇妙なものであって、形而上学的な小理屈や、神学的なつぶやきに満ちたものだということがあきらかとなる。商品が使用価値であるかぎりでは、商品にはいささかも神秘的なところがない。私がいま商品を、その属性をつうじ人間のさまざまな欲求を満足させるものであるという観点から考察しても、あるいはまた商品がそれらの属性を、人間労働の生産物としてはじめて獲得するという観点から考察してみても、おなじことである。人間がじぶんの活動をつうじて、自然素材のかたちを人間にとって有用なしかたで変化させるということは、判りきったところである。材木のかたちは、たとえば材木で机をつくれば変化させられる。それにもかかわらず机はあいかわらず材木であり、ごくふつうの感覚的事物なのである。ところが、机が商品として立ちあらわれると、ただちに感覚的に超感覚的な事物へと変換するのだ。

（K.I, S.85）

商品は、ふつうに考えればありふれたものである。一方でロンドンの通りには、世界のさまざまな富があふれかえっている。他方ではひとがたとえば材木のかたちを変えて、机を製作し、有用なもの、使用価値とすることについても、一応なんのふしぎもないところである。かたちが変化しても材木はなお材木であって、「ごくふつうの感覚的事物」なのだ。それでも、おなじ机が商品として登場するや、それはすぐさま「感覚的に超感覚的な事物 ein sinnlich übersinnliches Ding」となる。[1] 商品、たとえば机は、手でつかむことのできるその自然形態において、目で見ることもかなわない価値形態となる。分析してみるなら商品は「形而上学的な小理屈や、神学的なつぶやきに満ちた」ものであるというほかはない。

感覚的な事物としての机はその四本の足で床のうえに立っている。そこには「いささかも神秘的なところがない」。だが商品となった机は「他のすべての商品に対してあたまで立っており」、その「木製のあたま」からは驚くべき妄想が繰りひろげられる。机がかってに踊りだすよりも、はるかに奇怪な妄想が、である（ebd.）。

マルクスの叙述は、価値形態論をおえたそのあとで、商品のフェティシズムがなりたつしだいを説くはこびとなっている。論述の順番を前後させることになるけれども、ここでさきまわりして、商品のフェティッシュ的性格をめぐってマルクスの説くところを、あらかじめもうすこしだけ立ちいっておく必要がある。

Quidproquo としてのフェティシズム

マルクスがフェティッシュ的な性格について語りだしているのは商品についてであって、とくに貨幣にかんしてでも、とりわけて資本をめぐってでもないことに、じゅうぶん注意しておく必要がある。(2) 生産物がたがいに交換されて商品となり、商品そのものが価値となることにおいて、すでに「取りかえ *Quidproquo*」が生起している。前項の末尾で見ておいたように、第一の、単純な価値形態にあっては、使用価値が「その反対物である価値の現象形態」となっているのであった。自然形態が価値形態となること、そのこと自体のうちにフェティシズムの原基形態がある。(3) 問題はとはいえそればかりではない。あるいは単純な価値形態に収斂する問題ばかりではない。

労働生産物は、それが労働生産物であるかぎりでは、すこしも謎めいたところをふくんでいないし、なんら神秘的なことがらをもはらんではいない。労働生産物が商品形態を取るときに生まれてくるこの「謎のような性格」は、それではいったいどこから生じるのか。マルクスは自問し、自答する。「あきらかにこの形態そのものからである」(S.86)。価値形態論における第二形態を問題としてゆくまえに、ここでもさきまわりして、当面の問題に対するマルクスの答えから見ておくことにしよう。

> 商品形態の秘密に満ちたありかたは、したがって、ただたんにつぎの件のうちにある。すなわち商品形態は人間に対して、人間自身の労働の社会的な性格を労働生産物そのものの対象的性格として反映させ、かくてまた、総労働に対する生産者たちの社会的関係も、諸対象が有する、生産者の外部に現実存在する社会的な関係として反映させるということである。このような *Quidproquo* をつうじて労働生産物は商品となり、感覚的に超感覚的な事物、あるいは社会的な事物となるのである。（ebd.）

感覚的に超感覚的な事物とは「社会的な事物」であり、その背後にあるものは「社会的な関係」にほかならない。その社会的関係を商品関係そのものが覆いかくすことによって、人間的な労働にぞくする「社会的な性格」が「労働生産物そのものの対象的性格」として映しだされる。すなわち、生産者自身が商品生産社会の内部で「総労働」に対して有する関係、その社会的な寄与分が、対象的なかたちを取った労働生産物それ自体の社会的関係であるかのように映現するのである。これは関係に帰属する性格の関係の項への転移であり、関係のなかで生成する性格が、存在のしかたへと移行することにほかならない。それはいずれにせよ一箇の「置きかえ」であり、倒錯である。ここで「さまざまな事物の関係という幻影的な形態 die phantasmagorische Form」であらわれているものは、「人間自身の特定の社会的関係」（ebd.）であるにすぎないからである。ただし背後にあるものは、当の社会関係の総体にほかならない。

商品にまとわりつくフェティシズムに似たものを探すとすれば、ひとは霧に蓋われた「夢幻境

Nebelregion」に、「宗教的世界」に逃げこむほかはない（ebd.）。それは――若きマルクスが、或る論争の脈絡で、ヘーゲルを踏みながら使用したことばをつかうならば――「顚倒した世界」である。[4]ただし、その総体において顚倒された世界が問題なのである。

第一形態から第二形態（拡大された価値形態）へ

置きかえと転移、倒錯と顚倒を、単純な第一形態がすでにはらんでいた。ことがらを商品関係の全体にかんして見はるかしてみるためには、ここで、第二形態、拡大された価値形態へとすすんでおく必要がある。そこでは関係が、その総体においてあらわれてくるからである。

単純な価値形態にあっては、使用価値と価値とのあいだの「内的な対立」が、ひとつの「外的な対立」によって、つまりふたつの「商品の関係」によって表現されていた。マルクスの当面の説明によれば、そこではただ、相対的価値形態にある商品Aの価値が「それ自身の使用価値」から区別されただけであって、まだ「他のすべての商品との商品Aの質的な同等性と量的な比率」は示されてはいない。かくして「一見しただけでも、単純な価値形態、すなわち一連のメタモルフォーゼをへてはじめて価格形態にまで成熟するこの萌芽形態（Keimform）の不十分さはあきらかである」、とマルクスはいう（S.76）。

第一形態から第二形態への展開は、とはいえそもそも歴史的な順序を追ったものではない。第一の単純な価値形態は、むしろ第二の価値形態――マルクスの名づけかたによれば「全体的な、あるいは展開された価値形態」――の一契機と考えられなければならない。[5]商品は「使用価値もしくは使用対象であるともに「価値」である」。「単純な価値形態の全体」を問題としながらマルクスは、「商品は、孤立して考察される場合にはこの形態をけっして所有することがない」と語っていた（S.75）。けれどもじつのところ、単純な価値形態そのものが拡大された価値形態の一項であることによって、かえって単純な価値形態となることができるのである。

マルクスの挙げる「全体的な、あるいは展開された価値形態」とは、つぎのようなものである。ここでもマルクスの例示するとおりのものを引いておく（S.77）。

a量の商品A＝u量の商品B　または＝v量の商品C　または＝w量の商品D　または＝x量の商品E　または＝等々

（二〇エレのリンネル＝一着の上着　または＝一〇ポンドの茶　または＝四〇ポンドのコーヒー　または＝一クォーターの小麦　または＝二オンスの金　または＝一／二トンの鉄　または＝等々）

第一形態では、他のひとつの商品との関係のうちにのみ立っていた特定の商品が、この第二形態では、他のいっさいの商品との関係に置かれている。つづけて、この第二形態にかんするマルクスの認定を引く。

一商品の価値、たとえばリンネルの価値は、いまでは商品世界の無数の他の要素で表現されている。他の商品体はいずれもリンネル価値の鏡となっているのである。かくてこの価値そのものがはじめて真に、区別を欠いた人間労働の凝固物として現象する。というのも、このリンネル価値を形成する労働がここでは明示的に、他のどのような人間労働もそれに同等のものとして妥当する労働として呈示されているからである。つまり、他のいかなる人間労働も、それがどのような自然形態を有していようと、かくてそれが上着や小麦や鉄や金等のどれに対象化されていようと、すべてこの労働と同等のものとして妥当するとされているのである。(S.77)

リンネルはここで「商品世界」にぞくする他のいっさいの要素によって表現される。その要素の数はしかも「無数」であり、いってみれば無限である。無限に存在する商品体すなわち使用価値が、リンネルの価値を映しだす鏡となっている。それらの商品はすべて、リンネルのうちにふくまれている労働と「同等のものとして妥当する gleichgilt」。かくしていまやリンネルは、たとえば上着といった「ただひとつのほかの商品種類に対してではなく、商品世界に対して社会的な関係に立っている」のである(ebd.)。

ここであらわれている系列は、しかし「けっして完結することがない」。その等式の列は、あらたな商品の登場によって「いくらでも継続され、引きのばされることができる」(S.78)。かくて第二形態、拡大された価値形態は、それ自体としてふたたび不十分なものであるほかはない。そこに存在するのは、いわば無数の使用価値の差異のたわむれであって、「中心のない関係の体系」(6)であるにすぎないからである。

第三形態（一般的価値形態）から第四形態（貨幣形態）へ

第二形態は「二〇エレのリンネル＝一着の上着」、「二〇エレのリンネル＝一〇ポンドの茶」等の総和からなるにすぎない。それぞれは「逆関係をとるならば」、「一着の上着＝二〇エレのリンネル」、「一〇ポンドの茶＝二〇エレのリンネル」等々をふくんでいる。かくて第二形態の「逆関係 Rückbeziehung」を表現すれば、つぎの第三形態が与えられることだろう（S.79）。

一着の上着	＝	二〇エレのリンネル
一〇ポンドの茶	＝	
四〇ポンドのコーヒー	＝	
一クォーターの小麦	＝	
二オンスの金	＝	
一／二トンの鉄	＝	
x量の商品A	＝	
等々の商品	＝	

さまざまな商品は、ここでは、それぞれの価値をひとつの商品によって「単純に」、しかも唯一の商品を単位として「統一的に」表現している（ebd.）。こうして諸商品の「価値対象性」は、その

「全面的な社会的関係」によってのみ表現されうるはこびとなる。リンネルは、しかもこのばあい商品世界から除外され、「一般的等価物 das allgemeine Äquivalent」という性格を、ほかのすべての商品から押しつけられることになったのだ[7](S.81)。いいかえれば「ひとつの商品、リンネルが他のいっさいの商品との直接的交換可能性の形態、あるいは直接的に社会的な形態に置かれているのは、他のあらゆる商品がこの形態を取っていないからであり、またそのかぎりにおいてのことなのである」(S.82)。

さらに、この一般的等価物の形態を、特定の商品つまり「金」が「歴史的に勝ちとった」ときには、直接的な一般的交換可能性は金の自然形態に集中し、かくて「価値形態」から「貨幣形態 Geldform」が、第四形態として生まれるにいたる。すなわち以下のとおりである(S.83f.)。

二〇エレのリンネル	＝	二オンスの金
一着の上着	＝	
一〇ポンドの茶	＝	
四〇ポンドのコーヒー	＝	
一クォーターの小麦	＝	
一／二トンの鉄	＝	
x量の商品A	＝	

金が、かくて「貨幣商品」となる。その瞬間に第四形態は、はじめて第三形態から区別される。「あるいは一般的価値形態は貨幣形態へと転化しているのである」。金がすでに貨幣商品として機能している場合、金による一商品の単純な価値表現、たとえば「二〇エレのリンネル＝二オンスの金」はすでにして「価格形態 Preisform」にほかならないわけである（S.84）。

註

（1）マルクスはここで商品とは「感覚的であるとともに超感覚的である」ものとも、「感覚的であるにもかかわらず超感覚的である」ものとも語っていない。「感覚的に超感覚的 sensible insensible, sensiblement suprasensible」と語っているのだ。この間の消息にデリダが注目するのは、やはり、それなりの読解であると言うべきだろう（デリダ、二〇〇七年、三一三頁）。

（2）宇野弘蔵は、ここで引用した一節を問題とし、「われわれはマルクスが強調しているような神秘的性格を商品そのものには大して感じないように思う」と語っていた（宇野『著作集』第四巻、四三八頁）。現在の宇野学派における代表的な一般向けの原理論文献でも、商品のフェティシズムのあつかいはゼロであり、伊藤誠が「貨幣の謎を解く」と題している一節にかんしても同様である（伊藤、一九八九年、二七頁以下）。ただし、宇野学派において、高橋洋児は例外的にフェティシズムそのものを主題化している（高橋、一九八一年、参照）。それは高橋が、経済学批判における認識批判的視角を重視していることと関連することだろう（この件については、高橋、一九八四年、をも参照）。なお伊藤も、より最近の一般向けの『資本論』解説書では、商品のフェティッシュ的性格について、ひとこと注意を喚起している（伊藤、二〇〇六年、六四・六五頁）。もうひとりの例外を挙げておくなら、永谷清であろうか。ちなみに、永谷によるなら、「この「置き換え」（廣松訳では錯認）の結果、商品が価値をまるで自然属性としてもっているかのように現れる現象を、マルクスは商品の物神性 Fetischcharakter と呼んだ。

このよく知られよく論じられる文章について、誰も的確に指摘できていないことがある。それはこの文には、商品形態の物神性の問題と資本の生産過程における物神性の問題とが一緒に混同されて論じられているという点である」（永谷、一九九七年、五五頁）。

（3）マルクス最初期の諸論稿の用語法には、フェティシズムにかかわる、いくつかの注目すべき用例がある。「フェティッシュを崇める者 Fetischdiener」は「それがじぶんたちの手で創りだした神々（Götter ihres Händwerks）であることを忘れる」（「出版の自由と州議会議事の公表とについての討論」MEW. Bd.1, S.42）。「フェティシズムは、欲望を超えて人間を高めるどころか、それはむしろ「感性的欲望の宗教 die Religion der sinnlichen Begierde」なのである」（「歴史法学派の哲学的宣言」ebd., S.91）。「キューバの未開人たちは黄金をスペイン人たちのフェティッシュであると考えた。〔中略〕キューバの未開人たちがライン州身分議会に出席したとするならば、かれらは木材を、ライン州人たちのフェティッシュと考えるのではないだろうか？」（「木材窃盗取締法にかんする討論」S.147）。

（4）「プロイセンの最新の検閲訓令に対する見解」。「他方にしたがうならば不法であるものが、一方にしたがえば法である。政府の法は、すでに、政府が法とするものの反対物となっているのだ。／このような弁証法に新訓令もまた陥っている」（MEW. Bd.1, S.15）。

（5）廣松渉『資本論の哲学』における価値形態論がふくむ主要提題のひとつ（廣松『著作集』第一二巻、一四四頁）。のちに見るように、たとえば宇野学派においてそうであるように、価値形態論の展開を純粋な論理的展開とみることも、また行きすぎの面をもつ。そのような視点からのみ価値形態論の進展を整理するとき、第二形態から第三形態への進展——いわゆる「逆転」——には「論理的に」不完全な側面があるようにみえる。そこで宇野学派の一部では、第二形態そのものの複線化がこころみられる場合がある。簡単には、降旗節雄、一九七六年、一〇五頁以下、参照。全商品所有者を「価値表現のパターン」によって「リンネル・グループ」と「コーヒー・グループ」のふたつの群に分け、論理的展開を再整理しようとする山口重克の原論体系を参照（山口、一九八五年、二二頁以下）。そもそも、マルクスが『資本論』

第一巻の「第二版への後記」でも説いているとおり、「叙述のしかた」は「研究のしかた」と区別されなければならないいっぽう、マルクスの叙述があたかも「ア・プリオリな構成」を示すものであるかに見えるにしても（K.I, S.27）、ことがらがまったく論理的な経過を追うものであるかのように考えるとすれば、そのこと自体が一箇の倒錯にほかならない。

（6）一時期の柄谷行人の表現（柄谷、一九七八年、二九頁）。柄谷によれば、第二形態から第三形態への移行にかんするマルクスの叙述は「実は転倒している」。拡大した価値形態は、貨幣形態を非中心化したときに見いだされるからである。おなじく一時期の高橋順一の価値形態論解釈は、ソシュールとマルクスを交叉させて思考する柄谷の理解に依存していた。高橋、一九八六年、四三頁以下、参照。

（7）この点に注目したのが、今村仁司による「第三項排除」論へいたるマルクス解釈である。とりあえずは、今村、一九八二年、四四頁以下、また、今村、一九八五年、一四五頁以下参照。註（6）でも言及した高橋順一の価値形態論解釈は、その後この今村解釈の影響下に置かれることになる。高橋、一九八八年、一三三頁以下、参照。今村最晩年の価値形態論の理解は、今村、二〇〇五年、一八八頁以下に示されている。これについてはとりあえず、熊野純彦、二〇〇八年、参照。

価値形態論における歴史性と論理性

価値形態論は右にみたように、単純な価値形態（第一形態）から出発しながら、拡大された価値形態（第二形態）、一般的価値形態（第三形態）を論理的に分析したうえで、一般的等価物が金へと歴史的に限定されてゆく経緯を踏まえることで、貨幣形態（第四形態）へといたる生成（ゲネジス）のみちゆきを辿ってきたことになる。明示的な意味では、とはいえ「歴史的・現実的生成」と語りうるのは最後の「局面」だけであるといってもよい(1)。けれどもたほうマルクスは、第一形態は歴史的にも、散発的で偶然的な商品交換に対応しており、第二形態は特定の労働生産物たとえば家畜が「もはや例外的にではなく、すでに慣習的に、他のさまざまな商品と交換されるようになる」段階で、じっさいにあらわれるとも説いていた（K.I, S.80）。「交換過程」論にあってマルクスはまた、遊牧民族が貨幣形態を最初に発展させたのは、かれらの全財産が「可動的で、かくして直接に譲渡可能なかたちを取っている」からであって、さらには遊牧民族自身がたえず他の共同体との「接触 Kontakt」を余儀なくされているからである、と主張するはこびとなる（ebd., S.103f.）。貨幣制度一般が当初は「べつべつの共同体のあいだでの生産物交換」の内部で、あるいはその接触面で発展するのである（vgl. K.III, S.329）。

マルクスの価値形態論を、げんざい歴史過程とも照合しながら、現実の貨幣のゲネジスとも考えあわせるかたちで読むとすれば、それはどのようにして可能だろうか。いわゆる「フェティシズム」論ならびに「交換過程」論と読みあわせることとならんで、ここではしかしそれに先だち、周辺的なテクストを参照するところからはじめよう。[2]

そもそもマルクスそのひとが、第一形態の定式化このかた、リンネルと上着という例示をつかいつづけていたことに、価値形態論をめぐる議論が不必要に紛糾してきた原因のひとつがあるようにも思われる。それではなぜ、マルクスはこの場面で「リンネル」という例に固執しているかに見えるのだろうか。

マルクスの生地はトリーアである。伝記的研究によれば、トリーアではプロイセン時代のはじめまで、フランス語も多く話されていた。マルクスが『哲学の貧困』をフランス語で執筆することができたのは、トリーアのこの伝統のおかげである。トリーアの地ではまた、いわゆる関税同盟以前に森がつぎつぎと開墾され、ブドウ畑へとすがたを変えた。『ライン新聞』時代のマルクスの論説のいくらかは、こうした事情を背景にしている。なによりそして、トリーアの主要産品のひとつが、リンネルであったのである。[3] リンネルと上着をとりあえずの例としたことは、とはいえ価値形態論をめぐる論理性と歴史性の交錯にかかわって、いくつかの誤解を生むことになったように思われる。どのような場面であれ上着にはつうじょう、リンネルとの「直接的交換可能性」がそなわってなどいないからである。であるとするなら、マルクスがいったいどのような具体的な場面を第一形態と重ねあわせて考えていたのかが、紛糾のたねとならざるをえないはずである。

『資本と労働』におけるマルクスの例解

ここでは、J・モストの『資本と労働』(邦訳『資本論入門』)を参考に、価値形態論の問題場面を考えなおしてみよう。(4) モストの一書は、資本論入門として書かれたものであるけれども、とくにその「商品と貨幣」の部分はマルクスがほとんどぜんぶ書きかえている。当該箇所で、実質上の第一著者、マルクスが挙げているのはシベリアの狩猟民族という事例であって、ことのなりたちを理解するためには、こちらのほうがかえって適切なのである。マルクスは説いている。すこしだけていねいに引用してみよう。

生産がひとえに自家需要に向けられているかぎりは、交換はごく稀に、しかも交換者たちが余剰分を有しているあれこれの対象について生じるだけである。たとえば毛皮が塩と、しかもはじめはまったく偶然的なさまざまな比率で交換される。この取引がたびたび繰りかえされるだけでも交換の比率はしだいにこまかに決められるようになり、一枚の毛皮は決まった量の塩とのみ交換されるようになる。生産物の交換にあって、このもっとも未発展な段階では、交換者それぞれにとって、相手の所有する財貨が等価物として役だっている。すなわち、それ自体としてじぶんの生産した財貨と交換可能であるばかりではなく、みずから自身の財貨の価値を見えるようにする鏡でもあるかのような、価値物として役にたっているのである。

この段階でも見られる商品交換のありかたを、相対的価値形態にたつ商品を保持している者の側から分析したものが、『資本論』における第一形態、すなわち単純な価値形態である。この場面では私たちとしてはいま引いたテクストを、「一枚の毛皮＝ｘ量の塩」あるいは「一枚の毛皮はｘ量の塩にあたいする」というかたちで読んでおくことにする。

とはいえ、前項でも確認しておいたとおり、この単純な価値形態はじつは第二形態、つまり拡大した価値形態の一契機としてのみ存在している。したがって、価値形態論の本論として読むかぎりにおいては、「偶然的」で「未発展な段階」という例解は、カッコに入れておく必要がある。交換そのものの起源はここではまだ問題ではない。あるいはむしろ個別的なかたちで偶発的に生起する交換なら、それは交換の起源とはならず、すくなくとも商品交換の始原を解くものとはなりえないことだろう。ここではむしろ、より全面的な交換の場面が想定されなければならないはずである。

この件を留保したうえで、マルクスの書きしるしているところをなお辿っておこう。マルクスはつづけて説いている。引用がかさなるけれども、これも引証しておこう。

交換のそのつぎに高い段階を私たちは今日でもなお、たとえばシベリアの狩猟民族のもとで見ることができる。かれらが提供するのは、交換向けのほとんど唯一の財貨、すなわち毛皮である。ナイフ、武器、ブランデー、塩などといった、かれらに提供される他者たちのすべての商品が、かれらにとってはさながらに、かれら自身の財貨のさまざまな等価物として役だっている。このように、毛皮の価値が受けとる表現がさまざまであることは、毛皮の価値を毛皮の使用価値から引き剥がして表象することを習慣づけるいっぽう、同量の価値をたえず増加してゆく多数で多様な等価物で測ることも必要となるけっか、その価値の大きさの表現が確定するようになるのである。

このようにして、毛皮の「価値」が明確なすがたをあらわしてくるのと同時に、さまざまな財貨が「高い程度で商品という性格」をそなえてくるようになるとマルクスは認定する。この段階を、さきほどとおなじように相対的価値形態にたつ商品を所持する者の側から見たものが、第二形態、すなわち拡大した価値形態であるというはこびとなるはずである。以下しばらく、この例解にそくして論点を考えなおしてみることにしよう。

「共同体の果てるところ」

ここで重要な点が、とりあえず二つある。第一には、『資本と労働』にあってのマルクスの設例が、交換過程論におけるマルクスの重要な視角へと接続するものであることである。よく知られているとおり、マルクスの説くところは、こうである。「商品交換は、共同体の果てるところで、共同体が外部の共同体、または外部の共同体の成員と接触する地点で開始される（Der Warenaustausch beginnt, wo die Gemeinwesen enden, an den Punkten ihres Kontakts mit fremden Gemeinwesen oder Gliedern fremder Gemeinwesen）。とはいえしかし事物がひとたび対外的な共同生活で商品となるならば、それは反作用的に内部的共同生活でも商品となるのである」（K.I, S.102）。

これはマルクスにおける決定的認識である。商品と貨幣とはそもそも、共同体にとって外生的であり、外部的・異他的（fremd）である。『資本と労働』にあってのマルクスの例解では、ナイフ、武器、ブランデー、塩等々といった物品が、とりわけシベリアの狩猟民族の共同体にとっては、その外部から持ちこまれた財貨をあらわしている。これらの産品がいわば内生的な労働生産物である毛皮と交換されることで、狩猟民族の「内部的共同生活」つまり共同体の内部でも、毛皮が商品となり、やがては原生的な貨幣となるのである。

ここで、第二形態すなわち拡大された価値形態を目下の事例にそくして、しかも『資本論』本文とはすこしことなるかたちで示しなおしておくことにする。たとえばつぎのようになるだろう。

毛皮一枚 ＝ナイフv量
　　　　 ＝ライフルw量
　　　　 ＝ブランデーx量
　　　　 ＝塩y量
　　　　 ＝或る商品z量

重要な点は第二に、第二形態をこの場面で設定するならば、いわゆる「逆転」の問題もまた自然なかたちで解決される、ということにある。この第二形態は、狩猟民族の側から見た、ことがらの全体を示している。『資本と労働』のマルクスが、さきほど引いた一文の直後に書いているとおり、

「今度はこの取引を、外部の商品所持者の側から観察してみる」。かれらのおのおのは、シベリアの狩人に対して、じぶんの財貨を毛皮で表現しなければならない。こうして「毛皮が一般的等価物となる」。つまり、第二形態は第三形態へと逆転するわけである。他の共同体と接触する境界面で、まずは外部の共同体の成員にとって一般的等価物となった商品は、やがて原生的な共同体の内部でも「反作用的」に、あるいは「逆関係」をたどり一般的等価物となるだろう。一方で共同体の外部の者は毛皮によってみずからの商品の価値を表現しなければならず、他方では共同体の内部の者も、その外生的商品をかならず毛皮との交換をつうじて入手しなければならないとき、当の一般的等価物はすでに原型的貨幣として機能することとなるはずである。すなわち、第四形態、貨幣形態が成立する場面にほかならない。

労働生産物の商品への転化と、商品の貨幣への転化

シベリアに入りこんだ異郷の者たちは、大量のナイフやライフル、ブランデーを持ちこんだことだろう。それらの物品はそれが過剰であることにおいて、かれらにとって当面は使用価値を有していない。ヨーロッパ人にとっての財貨は「他者にとっての」、ここではシベリアの狩猟民族にとっての使用価値なのである。だからこそヨーロッパ人たちはそれらの財貨を、じぶんを満足させる使用価値をもつ物品と交換しようとする。この「商品交換が商品を価値としてたがいに関係させ、商品を価値として実現する」。それゆえ——と、交換過程論でマルクスは説く——「商品は、使用価値として実現されうるまえに価値として実現されなければならない」（K.I, S.100）。

商品の使用価値は「生産者の手にあるよりも消費者の手にあるほうが大きい」。使用価値は消費にあってはじめて実現されるからであり、使用価値は生産者の手中では「ただ潜勢的なかたちで存在している」にすぎないからである（vgl. K.III, S.290 Anm.）。

それゆえたほう商品は、「みずからを価値として実現しうるまえに、じぶんを使用価値として実証（bewähren）しなければならない」。共同体内部で剰余を生みだしている毛皮が、共同体の外部から来訪した者たち、他者、ここではヨーロッパ人たちにとっても有用であるのかどうか、すなわち動物をとらえ、皮を製作したじぶんたちの「有用労働」が「他者たちにとって有用なかたちで支出されている」かどうかを、狩猟民族自身は決定することができない。それを「証明することができるのは、ひとり交換だけである」（K.I, S.100f.）。ここにアポリアあるいは循環がある。

とはいえ、ゲーテとともにマルクスも語っているように「はじめに業ありき Im Anfang war die Tat」。使用価値として実現されると同時に価値として実現され、価値として実現されることで使用価値として実証される商品が、社会的行為そのものによって決定される。かれらはたんに「じぶんたちの商品を一般的等価物としてのべつの或るひとつの商品に対立させ、それに関係させる」。特定の商品が、ここでは毛皮が一般的等価物となる。ほかのいっさいの商品が一定の商品を排除して、この排除された商品はその「自然形態」において「等価形態」となる。かくして毛皮、「この商品は――貨幣として生成する」（ebd., S.101）のである。

こうして『資本論』のマルクスはつづけて説きあかしている。引用しておこう。

貨幣結晶は、種類のことなる労働生産物がじっさいにたがいに等置され、かくしてじっさいに商品に転化される交換過程にあって、その必然的な産物である。交換の歴史的拡大と深化とは、商品の本性のうちにまどろんでいる使用価値と価値との対立を展開してゆく。この対立を交易のために外的に呈示しようとする欲求は、商品価値の自立的形態へ向かってすすみ、商品と貨幣への商品の二重化をつうじて最終的にこの形態に到達するまで、すこしも休止しようとしない。それゆえ、労働生産物の商品への転化が遂行されるのとおなじ程度で、商品の貨幣への転化も遂行されるのである。(S.101f.)

労働生産物の商品への「転化」が進行して、多種多様な商品の交換が実現してゆくほどに、商品交換の「拡大と深化」そのものが「貨幣結晶 Geldkristall」を分泌する。貨幣は、ここで商品価値が使用価値から分離して、使用価値との対立において自立した形態にほかならないがゆえに、労働生産物の商品への転化と「商品の貨幣への転化」とは同時に、不可逆的に進行してゆく。こうして交換が反復し、持続し、恒常化してゆくとともに、共同体とその外部との界面で生起した変化は、共同体内部へと浸透してゆくことだろう。共同体自体がその外部と接触し、接触面から感染がはじまる。商品と貨幣は共同体の体内を冒してゆく。共同体の外部から到来するもの、「他者の使用対象に対する欲求」がしだいに固定してゆくにつれて交換は不断に反復され、外部との交易は共同体の内部的な生そのものにとってすら不可欠の条件となる。かくて商品交換に全面的に感染したところでは、「労働生産物のすくなくとも一部分は、はじめから交換を目的として生産されなければならなくなる」(S.103)。他者のための使用価値の生産という倒錯あるいは本末転倒が全面化したときに、流動的な状態に置かれていた原生的な一般的等価物もまた固定化し、貨幣結晶となる。かくて生産物は商品化し、特定の商品は貨幣へと転化するのだ。

第三に、これまで回避してきた論点でもある、最後の問題が残る。交換の比率という論点、労働時間による価値の表現という問題がそれにほかならない。

「かれらはそれとは知らずに、それをおこなう」

ここで議論をもういちど立てなおしておく必要がある。商品のフェティッシュ的な性格を論じた一節、『資本論』第一巻第一篇第一章第四節に立ちかえってみよう。

前項で見ておいたとおり、商品形態にフェティシズムがまとわりつく秘密は、人間自身の労働の社会的性格を、労働生産物の社会的性格として反映させるところに存立している。具体的で私的な労働が、抽象的で社会的な性格を有しているしだいは、交換の過程にあってはじめてあらわれる。つまり「私的な労働のさまざま」が、交換によって実現される諸関係によって「はじめてじっさいに社会的総労働の諸環として実証される」のである(S.87)。

交換にさいして「生産物を交換する者たちが第一にじっさいの関心をいだくのは、じぶんの生産物と引きかえに他者のどれだけの生産物が得られるのか、つまり生産物がどのような比率で交換されるかという問題である」(S.89)。それでは、交換する者たちはじぶんたちの労働生産物がひとしく人間労働の産物であることをみとめて、生産物を生みだすのに支出された労働時間を――スミスの「一匹のビーバー」と「二頭のシカ」の流儀で（Sm., p.47）――計算し、交換の比率を決定するのだろうか。そのようなことはありえない。ことがらはむしろ逆である。

> 人間が、かれらの労働生産物をたがいに価値として関係させるのは、これらのものがかれらにとって一様な人間労働のたんに事象的な外皮とみとめられるからではない。逆である。かれらはじぶんたちの異種のさまざまな生産物を、たがいに交換において価値として等置することによって、かれらの種々ことなった労働を、たがいに人間労働として等置するのである。かれらはそれとは知らずに、それをおこなう。だから、価値のひたいに、価値とはなんであるかが書きこまれているわけではない。価値はむしろ、それぞれの労働生産物を一箇の社会的な象形文字とするのである。（K.I, S.88）

労働生産物が「価値」としてたがいに関係させられるときに、生産物があらかじめ「人間労働のたんに事象的な外皮」としてあらわれているなどということはありえない。「逆である」。価値として「等置」されることによる、いわば構造的効果が「人間労働として」の等置なのである。「かれらはそれとは知らずに、それをおこなう Sie wissen das nicht, aber sie tun es」。交換される商品は、かくて「一箇の社会的な象形文字」となる。――交換の比率ははじめまったく「偶然的」である。やがて商人が「じぶんの運動そのものによって等価性を確立する」ことになるだろう（K.III, S.342）。交換比率がなりたつのも、そのかぎりでむしろ事後的な一効果にほかならない。それでは、しかし問題のこの場面で交換する者たちの背後ではたらいて、みずからを貫徹する社会的メカニズムは存在しないのだろうか。いっさいは、ひたすら事後的な習慣的固定化の問題に帰着する、と語ることで、すべては決着するにいたるのだろうか。

価値法則と単純商品生産

よく知られているように、『経済学批判』におけるマルクスは価値法則――商品の価値は、そこにふくまれている社会的に必要な労働時間によって規定され、商品は、その労働時間の量に応じて交換される――が資本制的社会にあってはじめて実現されると考えていた。ひとつの理由は、こうである。一商品にふくまれている労働時間は、「それを生産するのに必要な労働時間、すなわち所与の一般的生産諸条件のもとで、おなじ商品をもうひとつ生産するために必要な労働時間」であって（Kr., S.19 = MEGA. Abt.II, Bd.2, S.111）、しかも価値を労働時間で測るためには、「あいことなる労働そのものが、無差別で一様な単純労働」に、要するに「質的には同一で、それゆえ量的にのみ区別される労働」に還元されていなければならない。これは「社会的生産過程で日々おこなわれている抽象」であり、「ブルジョア社会における労働」にあってこそ単純労働が圧倒的多数を占めているという現実を前提することがらである（ebd., S.18 = S.110f.）。

のちに見るように、これに対して『資本論』のマルクスは、資本制的社会にあって、価値法則はそのままでは妥当せず、資本制的商品の交換は生産価格によって規制される、と考えるにいたる。そのような問題の脈絡のなかで、価値法則がいったんはそこで定立されうる場面として、いわゆる単純商品生産の問題が浮上してくるはこびとなるだろう。単純商品生産とは、かんたんにいえば、みずから所有する生産手段をもちいてみずから労働して商品を生産する段階のことである。

私たちとしては、『資本論』冒頭部で導入された商品がいわゆる単純商品生産社会の商品であると、積極的には考えない。[5] また一般に、単純商品生産社会が歴史的なかたちで特定の時代にひろく成立していたと考える根拠も存在しないように思われる。とはいえ単純商品生産モデルに定位した価値法則の（論証ではなく）例解が、さきほどから問題としている場面を照射することになる。

マルクスは『経済学批判・基底稿』において、「交換価値」を規定して、それはさしあたり「必需的な諸使用価値のうち交換に出されるべく規定されている余剰」のことであると説き、「この余剰は余剰そのものと交換される」と書いていた。余剰とはこのばあい「直接的な必要を超える使用価値」のことである（MEGA. Abt.II, Bd.2, S.43 = Gr., S.899）。交換とはそのとき余剰どうしの交換のことであり、しかも暗黙のうちにいわば絶対的余剰相互の交換と想定されていることとなるだろう。この前提そのものが再考されなければならない。[6]

「相対的余剰」モデル

絶対的余剰とは廃棄することも可能な剰余のことであり、消費を超えて消尽されることも可能な余剰のことである。これに対して、原生的な共同体の内部で自給自足的なエコノミーがいとなまれているとして、そのような生産状態のなかでなおも相対的剰余となりうるもの、交換に提供しうるものが存在するしだいを想定することができる。

くだんのシベリアの狩猟民族に対してマルクス版の「ロビンソン物語 Robinsonaden」を当てはめてみることにしよう。生存ぎりぎりの生活をいとなんでいる、極北の地の民族の一員もまた、「さまざまな種類の欲求」を満たさなければならない。したがってかれは、「道具をつくり、家具をこしらえ」、犬を馴らし、漁労に携わり、また狩をする必要がある。つまり、さまざまな「有用労働」をおこない、それぞれの具体的な有用労働にじぶんの「時間」を精確に配分してゆかなければならないのである（vgl. K.I, S.90f.）。労働時間のうちにはまた動物を仕留め、毛皮を製作する生産活動に分配される時間部分も算入されているはずだろう。そのようなシベリア狩猟民族の一員にとって――あるいは適当な変更をくわえれば、当該狩猟民族の一共同体にとって――廃棄可能という意味での絶対的剰余は基本的に存在しない。それでも問題の毛皮は、必要に応じて交換に供することもできる相対的な余剰をかたちづくっているものと想定することは許される。

動物を狩り、その毛皮を作製するために、「社会的に平均して」たとえば五労働日を要する、としよう。その場合もしも狩猟民族の一員、あるいはその共同体が、毛皮一枚を一労働日にあたいするにすぎない生産物と交換したとすれば、共同体の一員あるいは共同体の全体にとっては、四労働日に相当する労働時間が空費されてしまうことになる。かれ、もしくはかれらが生存ぎりぎりの条件下で生産と消費をいとなんでいるという想定のもとでは、そのような交換の反復は生存そのものを不可能とすることだろう。だから、交換の反復は、ごく雑駁にいって、おおむね労働時間が相等な生産物とその量を均衡点あるいは重心として、交換比率をその前後に収束させてゆくはこびとなるはずである。かくして当面の場面では、あの「価値法則」が当事者たちの意識するところを超えて貫徹するしだいとなるだろう。「かれらはそれとは知らずに、それをおこなう」。必要な変更をくわえればそれは、過剰な綿織物が生産されているときに、特定部門に過剰な社会的労働が支出されているものと見なされるにいたる経緯とも、ひとしいはこびとなるはずである（vgl. K.III, S.649）。

ここで例解してみたことがらは、いうまでもなく条件のさまざまを捨象したうえでの一箇の思考実験にすぎない。とはいえ交換過程論の検討をへて、商品論をいったん閉じてゆくこの場所では、以上の示唆でとりあえず充分であるとしよう。私たちは以下では『資本論』の叙述に立ちもどり、貨幣としての貨幣がすでに成立している場面からあらためて考察を再開してゆく必要がある。

註

（1）廣松渉（編）、一九八六年、四四頁。すでにふれたとおり、宇野学派には一般に論理主義的傾向が存在する。とはいえ、総じて「資本主義社会の全体像を論理的に必然的なものとして復元すること」を原論の目標に掲げること（たとえば小林弥六、一九七六年、一九二頁）は、やはりある種の倒錯をも招きかねないものではないだろうか。いわゆる純粋資本主義論との関係において、正統派との論争というかたちで学派主流の立場を示したものとしては、宇野弘蔵の一文、『著作集』第四巻、二六頁以下を、学派のおそらくは一時期の共通理解をあらわす論稿としては、降旗節雄、一九六四年、を参照。

（2）価値形態論と交換過程論との関係をどう考えるかは、それじたいマルクス商品論解釈の一論点であった。問題の発端のひとつは、価値形態論における商品所有者の「欲求」をどう考えるか、という点にある。宇野弘蔵は、単純な価値形態にあって、特定の商品が等価形態に置かれる理由は、相対的価値形態にたつ商品の所有者の欲求を欠落させては探りあてることができないと考えた。久留間鮫造とのあいだで論争となった論点のひとつである。さしあたりは、久留間、一九五七年、四四頁以下、参照。宇野の回答については、宇野『著作集』第三巻、四六八頁以下、参照。

（3）以上、的場昭弘、一九八六年、三二、二一、二九頁、をそれぞれ参照。ただし、リカードにも、a piece of cloth be now of the value of two pieces of linen という設例がある（Rc., p.12）。

（4）以下の引用は、モスト／マルクス、二〇〇九年、三八頁以下によるが訳文は同一ではない。『資本と労働』における所論をめぐる以下の解釈については、吉田憲夫、一九九五年、一三三頁以下、参照。

（5）冒頭商品を単純商品生産社会の商品と考える解釈は、ベーム‐バヴェルクの批判に応えた、ヒルファーディングの所論に由来する。戦前の日本のマルクス学者（たとえば河上肇）の解釈はおおむねこのヒルファーディング説にしたがっていた。この間の消息については、宇野弘蔵（編）、一九六七年、一〇五頁以下を参照。手近なところではたとえば向坂逸郎の所説を参照（向坂、一九六二年、二九一頁以下）。冒頭商品をむしろ積極的に資本制的商品からの抽象と理解する立場からの単純商品説に対する批判としてはまず、宇野『著作集』第三巻、二〇七頁以下、参照。宇野学派内部でもたとえば鎌倉孝夫は一種の折衷説を採っている。「冒頭商品は資本主義に現存する商品ではあるが、しかし資本主義的関係のもっとも単純で、しかも基本的性格を示すものとして有る。資本主義における社会関係が、商品関係をもって成立していること、そこに商品をもって体系を出発する根拠がある」（鎌倉、一九七〇年、二二七‐二二八頁）。なお森嶋通夫は、ヒックス『価値と資本』にもみとめられるような、生産の瞬間性（無時間性）の前提をもって単純商品生産の指標としている（森嶋『著作集』第四巻、三三一頁以下、参照。また一五八頁以下をも参照）。

（6）以下の議論は、廣松渉の「単純商品」論のロジック、とくに「相対的剰余」概念に依拠している（廣松『コレクション』第四巻、九頁以下）。廣松の単純商品論については、宇野学派の山口重克から「一種の循環論証」であるとの批判が提出された（山口、一九九六年、八三頁以下）。反論としては、吉田憲夫、一九九五年、九九頁以下、参照。ちなみに一般に廣松理論と宇野理論の対論の意義については総じて、日山紀彦、二〇〇六年、一四一頁以下、参照。

I・3　貨幣と資本

I・3・1　商品流通

ミダス王の呪い

アリストテレスによれば、たとえば靴にはふたつの使いかたがありうる。ひとつは履いて用だてることであり、もうひとつはそれをパンと交換することである。(1)

かりにパンが（たとえば極端な物不足のなかで）ひろく直接的な交換可能性のそなわった一般的等価物となっている場合なら、パンは限定的な情況のなかで事実じょう貨幣として機能することができる。パンは、しかし通常は一般的等価物とはならず、貨幣商品としても適合的ではない。パンは食用に供されることで消失し、消費されずに蓄積される場合にはカビが生えて、使用価値も交換価値も喪失してしまうからである。

そうした面からするならば、「金銀は生まれつき貨幣というわけではないにしても、貨幣は生まれつき金銀である」。貴金属の自然的な性質が貨幣の果たすべきさまざまな機能に適しているからだ。

金銀は、そのどのような部分をとっても、おなじ均等な質を有している。貨幣商品は、「純粋に量的な区別が可能なもの、すなわち任意に分割することができ、その諸部分からふたたび合成することのできるもの」でなければならない。「金銀は、ところで、このような属性を生来そなえているのである」（K.I, S.104）。

マルクスは、そこで、貨幣としての貨幣を問題とするにあたって、簡単にするために、以下では基本的に金を「貨幣商品」として前提とする（ebd., S.109）という。私たちもおおむね、このマルクスの認定にしたがっておくことにする。

かくして貨幣商品、ここでは金の「使用価値」は二重となる。金はあいかわらず虫歯の充填にも使われるし、奢侈品の材料としても使用される。金はいまやしかしそうした通常の使用価値のほかに、「その特種な社会的機能から生じる、ひとつの形式的な使用価値」をそなえることになる。他の商品はすべて、それぞれに「特殊な商品」であるにすぎない。金だけが、しかし「一般的商品 die allgemeine Ware」となるのである（S.104）。

アリストテレスにしたがうならば、たとえば食物と酒類との交換は、有用なものと有用なものが交換されるにすぎないかぎりで、「自然に反した」ものではない。しかし交換がポリスとポリスとのあいだで恒常的なものとなるにつれて、「貨幣の使用」が一般的となる。そのように認定するとき、アリストテレスは基本的には貨幣の存在を反自然的なものとみなしていたことになるだろう。

貨幣は一方では「富や財」をつくりなすものだから、それじたい有用なものと考えられている。それればかりかある種のひとびとは富をしばしば「貨幣の総量」とみなしているのである。貨幣は、だが他方では、「まったく無意味なもの」「自然的にはなにものでもないもの」とも思われている。なぜなら――とアリストテレスはつづける――大量の貨幣を手にしていながら、必用な食糧にこと欠くことも、しばしばありうるからだ。ふれるもののいっさいを金に替えてしまったといわれるミダス王は、パンをも金に変えてしまい、やがては飢えて死んだ。「飢えのために死んでしまうことになるようなものが富であるのは、奇妙である」(2)。あくまで名目的なものとしての貨幣（ノミスマ）は、それ自体として有用なものではない。にもかかわらず、貨幣は、「将来の交換のための、いわば保障」となるのである(3)。

ミダス王の呪いは、遠い古代の説話ではない。蓄財欲が貨幣への欲望となったとき、貨幣欲求はやがて資本を不可避なものとし、世界を資本の色に染めあげることになるからである。ミダス王の呪いは解けても、資本制の呪縛はこんにちなお解かれていない。――ここではしかしさきを急がず、ふたたび『資本論』本文に立ちかえることにしよう。さしあたりは、貨幣としての貨幣がになう、さまざまな機能が問題となるはずである。

貨幣形態と価格形態

いまマルクスとともに、金を貨幣商品として前提とするならば、ことがらはとりあえずこうなるだろう。引用しておく。

ある商品の金による価値表現――x量の商品A＝y量の貨幣商品――とは、その商品の貨幣形態またはその商品の価格である。単独の等式、たとえば一トンの鉄＝二オンスの金といったもので、いまでは鉄の価値を社会的に妥当するかたちで表示するのに十分である。この等式はもはや、他の商品の価値等式とならんで列をつくって行進する必要がない。というのも、等価物商品である金は、すでに貨幣の性格をそなえているからである。それゆえ、さまざまな商品の一般的な相対的価値形態はいまではふたたび、その最初の、単純な、または個別的な相対的価値形態のすがたを有している。他面では、展開された相対的価値表現、または多くの相対的価値表現の無限の列は、貨幣商品の独自な相対的価値形態となるのである。(S.110)

たとえば等式「一トンの鉄＝二オンスの金」は、一定量の一商品と特定量の他の商品とを等置したものであるから、それ自体としては価値形態論におけるいわゆる第一形態とひとしい。とはいえ金が貨幣商品となるならば、(かつての度量標準でいうならば)一オンスとは三ポンド一七シリング一〇ペンス二分の一のことであるから、おなじ等式は金による鉄の「価値表現」であると同時に、当の商品の「貨幣形態」あるいは端的にいえばその「価格」となる。かたちのうえでは単純な価値形態とひとしいこの等式は、したがっていまや第二形態へと展開してゆくことがない。

引用の最後の一文は、どういう意味だろうか。マルクスはつづけて書いている。しかしこの無限の列は「いまでは諸商品価格のうちで社会的に与えられている」。日びの物価表を逆に読めばよい。そこでは「貨幣の価値の大きさがありとあらゆる商品であらわされている」。しかし「貨幣は、これに対していかなる価格をも有していない Geld hat dagegen keinen Preis」(ebd.)。貨幣は、かくてはじめて貨幣となる。他の商品のすべてから排除されるという関係において、貨幣として生成するのである。

ポンドはがんらい金の重量を示している。金の重量が「価格の度量標準」となる。ことの背後には、貨幣としての金が「価値尺度」となる事情が先行しているはずである（vgl. S.113）。さまざまな商品は貨幣により「通約可能 kommensurabel」となるのではなく、価値としてそれじたい通約可能であるがゆえに、すべての商品は同一の一商品によって計られるからである。かくして「価値尺度としての貨幣」が問題となるだろう（S.109）。

貨幣形態の観念性と、価値尺度としての貨幣

貨幣商品としての金の第一の機能は、とマルクスは書く。「商品世界にその価値表現の材料を提供すること、またはさまざまな商品価値を同名の大きさ、すなわち質的におなじで量的に比較の可能な大きさとして表示することである」。かくて金は「価値の一般的尺度」となり、この機能によってはじめて金という一般的商品は「貨幣」となる（S.109）。

商品の「貨幣形態」あるいは商品の「価格」は、「たんに観念的な、あるいは表象された形態 **nur ideelle oder vorgestellte Form**」である。一トンの鉄は、いっぽうでは「手でつかめる実在的な」形態をそなえている。それが商品の「物体的な形態」にほかならない。鉄は、黒びかりし、重く、冷たい。鉄の価格は、しかし「金との同等性」によって、いわばあたまのなかにだけある「金との関係」によって示される。商品ここでは鉄の価値を表現するためにひとは、「ただ表象されたにすぎない、

すなわち観念的な金」を用いればよい。要するに、価格をしるした紙片を貼りつけておけばよいのである。金はどうしてここでは表象されただけであり、観念的なものにすぎないのか。「商品の番人」はまだその商品を金に換えたわけではなく、また値札をつけるにさいしては「現実の金の一片」も必要とはしていないからである。「価値尺度というその機能にあって、金はそれゆえただ表象されただけの、すなわち観念的な貨幣として役だっている」（S.110f.）。――値札をつけるには、貨幣を手中にしている必要はない。金はその現実的な不在にあっても、観念的‐非現実的には価値尺度機能を果たすものとして現前することができるのだ。

それぞれの商品は、その価格が決まれば、すべて「a量の商品＝x量の金、b量の商品＝z量の金、c量の商品＝y量の金」といったかたちでその価値が表示される。ここで、x、z、yは一定量の金をあらわしているから、かくて「商品価値」は「さまざまな大きさの表象された金量」へと転化しており、商品の多様性はことごとく「同名の量すなわち金量に転化されている」ことになる（S.112）。

こののちマルクスは、金の価値変動と価格変動とのかかわり、また金属貨幣における「貨幣名」と「重量名」との乖離等の現象を分析してみせているが、ここでは立ちいらない。ただし一点だけふれておけば、とくに後者の歴史的傾向とともに、ポンドやターレルやフランは金の重量との関係をはなれ、貨幣がそこから生まれてきた「価値関係のあらゆる痕跡 jede Spur des Wertverhältnisses」が消去されてゆく。かくて「名称」はもはやことがらにとって「まったく外的」なものとなり、貨幣名は「ヤコブ」のような符丁となる。ヤコブと名づけられたひとが、どのような人間であるかは、そのなまえを聞いただけではまったくわからない（S.115）。金銀が価値尺度として併用されていた時代、銀貨の名称はその重量（匁）の刻印を帯びていた。そののちに、一円は純金二分（七五〇ミリグラム）と定められたけれども、今日ではその痕跡すらも窺われない。

かくして貨幣はたんなる商品フェティッシュであることを超えて、貨幣フェティッシュとなる途の第一歩を刻みはじめる。つまり、貨幣にはそれ自体として価値がある、とするフェティシズムの成立である。

「すべては売り物」

貨幣は価値関係の痕跡を消去する。貨幣としての貨幣はつまり、みずからの起源を抹消してゆくのだ。かくて現出するものは、私たちにとっても日々に親しいひとつの光景にほかならない。

価格形態は、しかしながら、価値量と価格との、すなわち価値量とそれ自身の貨幣表現とのあいだに量的な不一致の可能性をゆるすばかりではない。価格形態はひとつの質的な矛盾を、すなわち貨幣はひとえに商品の価値形態にすぎないにもかかわらず、価格がおよそ価値表現ではない、という矛盾を宿すことができる。それ自体としては商品ではないもの、たとえば良心や名誉などは、それを所持する者が貨幣とひきかえに得ることのできるものであり、こうしてその価格をつうじて商品形態を受けとることができる。ある事物はそれゆえ価値を有することなくして、形式的に価格をそなえることができるのである。ここで価格表現は、数学上のある種の量のように想像的なものとなる。他面では想像的な価格形態、たとえば未開墾地——そこには人間労働が対象化されていないのですこしも価値がないのだ——の価格のようなものも、ある現実の価値関係、あるいはそれから派生した関係を隠していることがありうるはこびともなるのである。（S.117）

価格形態は、貨幣商品と一般商品それぞれの価値の変動によって「量的」な変動にさらされる。そればかりではない。価格形態はまた「質的」矛盾をはらみうるものなのだ。「良心や名誉」が売り買いされる。「未開墾地」に価格がつけられる。「想像的《イマギネール》」な価格が世を跋扈する。掛けあわせるとマイナス一になる虚数《イマジナリー・ナンバー》めいた商品が世界を蔽ってゆく。

スミスを読んだうえでカントは、こんなことを説いていた。「目的の王国」においてすべてのものは「価格」を有するか、「尊厳 Würde」をそなえている。価格をもつものなら、その「等価物」によって置きかえられ、なにものによっても代置されないものが尊厳をともなっている。——カントのおもわくとはことなって、尊厳もしかし売り買いされるのだ。

つまりこういうことなのである。若きマルクスは憤懣やるかたなく書いている。「類の関係さえ、男女の関係その他でさえ商売の対象となる！　女性が売買されるのだ！」（「ユダヤ人問題によせて」MEW. Bd.1, S.375）どうしてそのようなことが起こりうるのだろうか。経済学研究をすすめながら、やや冷静になってマルクスは説く。「一般的商品としての貨幣」とは「社会の、物象化されたきずな *versachlichtes Band der Gesellschaft*」であり、「一般的な売春」であって、つまりは「諸関係の解体」

「一般的な効用関係」だからである（「七冊のノートへの索引」MEGA. Abt.II, Bd.2, S.13 = Gr., S.866）。かくして、「すべては売り物」となる。

いっさいは売り物である。すべては売りに出される。ただし、売りに出されたすべてが買われるとはかぎらない。商品となることと、商品がじっさいに売れるかどうかは独立の問題であり、商品所有者にとっては、いのちにかかわる本質的な問題となる。

商品は「現実に鉄であると同時に現実に金であることはできない」。価格が表現する観念的な金が現実的な金となるためにはもちろん商品が販売されなければならないのである。「価格形態は、貨幣とひきかえに商品を手ばなすことの可能性と、この譲渡の必然性とをふくんでいる」。商品は貨幣と交換されて、はじめてその価格を実現する。しかしそもそも金が想像的なかたちで価格を表現できたのはなぜか。「金が観念的な価値尺度として機能するのはただ、それがあらかじめ交換過程で貨幣商品として駆けまわっているからこそである」。こうして、マルクスは書いている。「観念的な価値尺度のうちでは、硬い貨幣が待ちぶせしている」（K.I, S.118）。

論点はかくて流通過程へと移行し、流通手段としての貨幣の機能こそが問題となる。ことの本性からすれば、貨幣がじっさいに通流している事態のほうが貨幣の価値尺度機能を裏うちしている。そこではまた、貨幣をたんなる価値尺度ととらえるさいには蔽われてしまう、ある非対称性があらわれてくることだろう。

商品のメタモルフォーゼ——「命がけの跳躍」

商品とは他者のための使用価値であり、商品所有者にとっての使用価値ではない。その商品が、交換過程を介してそれをもとめる者の手におちる。その意味で交換過程とは「社会的な物質代謝 **gesellschaftlicher Stoffwechsel**」の過程にほかならない。マルクスはこの過程を「商品の形態変換あるいはメタモルフォーゼ」として考察する（S.119）。

たとえばリンネル所有者が商品市場にむかい、二〇エレのリンネルを二ポンド・スターリングと交換し、この貨幣をおなじ値段の聖書と交換した、とする。そのばあい商品の交換過程は「対立しつつたがいに補いあうふたつのメタモルフォーゼ――商品の貨幣への転化と貨幣から商品へのその再転化」をふくむ。前者は「売り」であって、後者が「買い」である。リンネル所有者は、ここで「買うために売る」ことになる。かくして商品の交換過程は、「商品―貨幣―商品」（W―G―W）というメタモルフォーゼにほかならない（S.119f.）。

商品の売りつまりW―G（商品を手ばなし、貨幣を手にいれること）には、商品の買いすなわちG―W（貨幣を譲渡して、商品を入手すること）が対応している。その意味では商品交換は対称的な過程であるかにみえる。しかし、そうではないのだ。そこに存在しているのは非対称的な関係であって、関係のこの非対称性によって「商品を貨幣と置き換えうること」は「偶然性」にさらされている。しかも、たほうこの偶然性を「貨幣の超越論的力 *Transzendentale Macht des Gelds*」が覆いかくしているのである。貨幣の超越論的な力が「購買と販売の分離」を可能としながら、同時にそれを隠蔽しているのだ（MEGA. Abt.II, Bd.2, S.11 ＝ Gr., S.863）。

どうしてだろうか。貨幣の謎を解きあかしておくためには、ここですこしだけ立ちどまって考えておく必要がある。

関係が非対称的となるのは第一に、W―Gつまり売りとは「商品の命がけの跳躍 *Salto mortale*」だからである。商品は他者のための使用価値でなければならない。商品が他者にとって使用価値であることは貨幣との交換そのものによってあかされる。商品が売られることで商品の生産に「支出された労働」が「社会的に有用」であったことも証明される。ことばをかえれば「その労働が社会的分業の一環として確証される」のである（K.I, S.120f.）。

「商品は貨幣を愛しもとめる」。とはいえ、シェークスピアもいうとおり「まことの恋がなめらかにすすむためしはない」[4]（ebd., S.122）。分業体制という見わたしがたく広大で、厚みをもった織物が、しかもリンネル織工が布をつくりあげる背後で、たえず織りあげられているからである（vgl. S.121）。「分業は労働生産物を商品に転化させて、そのことで労働生産物の貨幣への転化を必然的なものとする。分業は同時にまた、この聖変化（Transsubstantiation）が成功するかどうかを偶然的なことがらとする」のである（S.122）。

「セーの法則」はなりたつか？

したがって、いわゆるセーの法則――売り買いは対称的で相補的であるのだから、供給は必然的に需要をつくり出す、とする〈販路説〉――ほどに「ばかげたものはほかにない」（S.127）。商品はザリガニが脱皮するように、聖ヒエロニムスが原罪を免れるために性器を切断したように、つらい思いをして聖変化をとげ、貨幣に転化する（vgl. S.118）。聖変化をへて手にした貨幣をただちに手ばなす義務はない。「だれも、じぶんが売ったからといって、すぐに買わなければならないなどということはない」。一方で貨幣は流動性のゆえに選好され保蔵される。[5] 他方で大量の商品が倉庫で眠りつづける。売りと買いという、相補的で「内的な統一」が外的な対立において運動する」。この対立が「ある地点まですすめば、統一は暴力的にみずからを妥当させる――恐慌によって、である」(S.127f.)。

関係の非対称性のうちに恐慌、つまり非合理的な過程の非合理的な解消[6]が、あくまでとりあえずは可能性として内在している。問題はここで、価値形態論から継続する論点と接続していることになるだろう。じっさいマルクスは「恐慌によって」暴力的な統一が貫徹されてゆくと説いたあとに、つづけてこう書いている。

> 商品に内在する使用価値と価値との対立、私的労働が同時に直接に社会的な労働として呈示されなければならないという対立、特殊な具体的労働が同時にひとえに抽象的一般的労働としてのみみとめられるという対立、物件の人格化と人格の物象化という対立――この内在的矛盾は、商品のメタモルフォーゼのさまざまな対立にあって、その発展した運動形態を受けとるのだ。それゆえこれらの形態は、恐慌の可能性を、しかしひとり可能性だけをふくんでいるのである。この可能性が現実性へと発展するためには、単純な商品流通の立場からはまだまったく現実存在しない諸関係の全範囲を必要とする。(S.128)

商品そのものにふくまれていた「使用価値と価値との対立」は、商品と貨幣との対立として外部化された。相対的価値形態と等価形態との非対称性は、そのけっか商品と貨幣との非対称性、売りと買いとの非対称性へと転移してゆくことになる。そこで現出するひとつの光景が「物件の人格化と人格の物象化 Personalisierung der Sache und Versachlichung der Personen」にほかならない。ちなみにこれが、物象化という語が『資本論』にじっさいに登場する代表的な文脈である。

リカードへといたる古典経済学は売り＝買いとみなし、セーの法則をみとめることで、対称的な関係を見いだした。マルクスはかえって売りと買いとのあいだに非対称性、抹消不能な差異をさしあたり発見する。その非対称性は「相対的価値形態と等価形態という非対称的な対極関係」に由来している。この非対称性が貨幣へと感染して、非対称性に汚染された貨幣はしかし、非対称的関係そのものを覆いかくす。かくして、「古典経済学が対称的関係とみなしているところに、マルクスは根源的な非対称性を見出している」といってよい[7]。

流通過程の全体

ここではいったん、過程の「正常な進行」を前提としておくことにしよう。交換においては商品と貨幣との「持ち手変換あるいは場所変換」がおこなわれる。そのかぎりで正常なばあい「売りは買いであり、W—Gは同時にG—Wである」(S.122f.)。リンネル所有者にとってその商品の生涯は、あらたなWつまり聖書が入手された段階で閉じられる。さらにそこで聖書の売り手は、聖書と交換で手にいれた二ポンド・スターリング貨幣をウィスキーに替えるとしよう。そのばあいW—G—W

（リンネル―貨幣―聖書）の「最終相面」は、同時にまたW―G―W（聖書―貨幣―ウィスキー）の「第一相面」である（S.124f.）。

かくして一商品のメタモルフォーゼの全体は「四つの極と三人の登場人物」を前提とし、商品のメタモルフォーゼの運動は「一箇の循環 ein Kreislauf」をかたちづくっている。運動は、商品形態（リンネル）から商品形態（ウィスキー）へと回帰する。商品はこのメタモルフォーゼをへて、非使用価値から使用価値へと変化し、貨幣は最初は「固い価値結晶」としてあらわれながら、最後に「商品のたんなる等価形態として融解してしまう」。かくして「この総過程は商品流通としてあらわれる」のである（S.125f.）。

したがって、以下のとおりのような事情となるだろう。本項の最後に、ながく引用を採っておくことにする。

一面からいえばここで、商品交換が直接的生産物交換の個人的ならびに局地的な制限を突破して、人間労働の物質代謝を発展させるさまが見られる。他面では、行為する諸人格によっては統御不可能な、社会的な自然連関のひとつの全体圏が発展してくる。織職がリンネルを売ることができるのは、農民がすでに小麦を売っているからこそであり、酒好きが聖書を売ることができるのは、織職がリンネルをすでに売っているからこそであって、ウィスキー屋が蒸留酒を売ることができるのは、べつのひとが永遠のいのちの水〔聖書のこと〕をすでに売っているからこそである、等々なのである。

流通過程はそれゆえにまた、直接的生産物交換のように、使用価値の場所転換または持ち手変換によって消えてしまうものではない。貨幣がさいごに一商品のメタモルフォーゼの系列から脱落するからといって、貨幣はそれで消失してしまうのでもない。貨幣はつねに商品が空けた流通場所に沈殿する。たとえばリンネルのメタモルフォーゼの総体、つまりリンネル―貨幣―聖書にあっては、まずリンネルが流通から脱落し、貨幣がその場所を占め、つぎには聖書が流通から脱落して、貨幣がその場所を占めてゆく。商品による商品の補完は、同時に第三の手に貨幣商品をにぎらせる。流通はたえず貨幣を発汗しているのである。（S.126f.）

商品流通は「個人的ならびに局地的な制限」を打ちやぶる。それはいわば「社会的な自然連関 gesellschaftliche Naturzusammenhänge」、つまりあくまでも社会的なものでありながら、同時にまた抗いがたく自然的なものとしてあらわれる連関なのである。その結果として成立する「全体圏」はもはやそのつど行為する者たちの統御を超えている。

それればかりではない。商品流通は「たえず貨幣を発汗している schwitzt beständig Geld aus」。商品はつねに運動する。運動することで商品として生成する。とはいえいったん購買された商品が消費されたのちには、たとえば食品であれば一部はものとして排泄され、ほかの一部はゴミとして排出される。――商品は商品となる運動のうちにある。商品の運動は、しかし最終的には商品ではないものへといたりつくことを運命づけられているのである。

商品は運動のはじまりにはなお使用価値ではなく、運動の果てにはもはや使用価値ではないものとして流通から脱落する。流通の過程でいったんは商品が占めていた「その場所」を、つぎつぎと貨幣が占めてゆく。商品流通を、それゆえに、こんどは貨幣通流という視点からとらえなおしておく必要があるはずである。

註

(1) アリストテレス『政治学』第一巻第九章。アリストテレスの貨幣論について、とりあえず、岩田靖夫、一九八五年、二八六頁註を参照。アリストテレスの経済思想一般については、さらに、岩田、二〇一〇年、一八九頁以下をも参照。
(2) アリストテレス、同前。
(3) アリストテレス『ニコマコス倫理学』第五巻第五章。
(4) the course of true love never does run smooth（『真夏の夜の夢』第一幕第一場）。
(5) ケインズのいう Liquidity-preference.「保蔵」は Hoarding. ケインズ、一九九一年、一七四頁。ケインズも「セーの法則」を明示的に否定した（同書、一八頁以下）。有効需要こそ問題となるゆえんである。ただし、この面でケインズはマルクスの業績の意味を正当に評価してはいない。この件をふくめてケインズとマルクスの関係については、ハワード／キング、一九九八年、一三六頁以下、また、富塚良三・井村喜代子（編）、一九九〇年、三八四頁以下、参照（この項の執筆者は廣田精孝）。
(6) いいかえるなら、こうである。「恐慌はいわば、常に不安定な資本主義を不合理な形で合理化するものなのだ」（ハーヴェイ、二〇一二年、九八頁）。
(7)「教える立場」と「売る立場」を強調していた時期の、柄谷行人の解釈である。柄谷、一九八六年、九四 - 九五頁。

I・3・2　信用取引

商品流通と貨幣通流

マルクスは、ひとつの商品のメタモルフォーゼの全体が「四つの極と三人の登場人物」を前提としていると説いていた。マルクスがリンネル、聖書としているおのおの商品を記号で置きかえ、それぞれに添え字を付して（W^1、W^2）一般的なかたちでその全体をここで図示しておこう。(1)

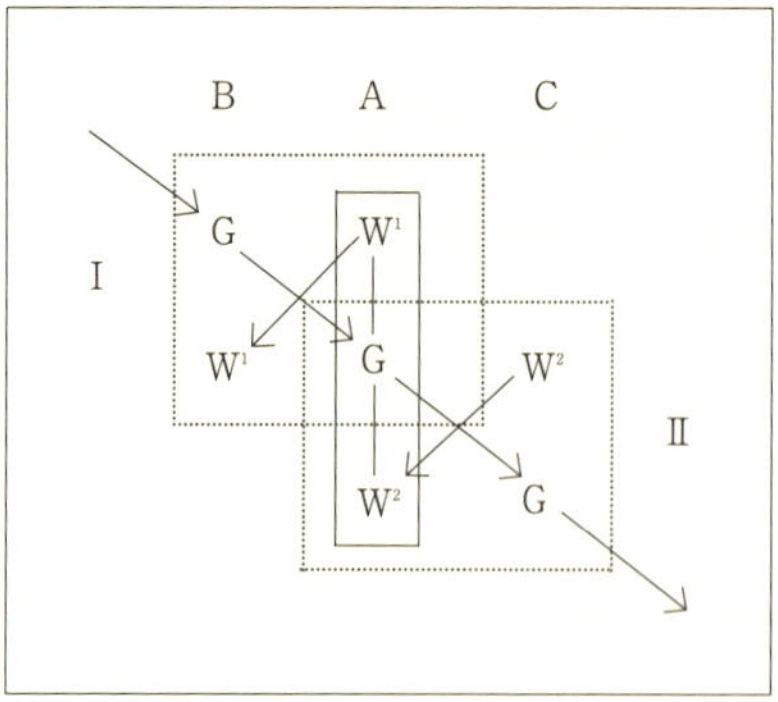

商品所有者Aは商品W^1をBに販売する。その結果W^1はBの手にうつり、Bの手もとにあった貨幣GがAの手におちる。Aはその貨幣Gで商品所有者Cから商品W^2を購買する。Aにとって第一の行為つまり売りがIにより、第二の行為つまり買いがIIによって示される。それぞれ、破線で囲まれた部分である。実線で囲んだ部分が商品流通W—G—Wをあらわしていることになる。商品のこの流通過程は「貨幣の循環を排除する」。貨幣はむしろ、その出発点からたえず遠ざかって、出発点に回帰してくることがない。このことが貨幣の「通流 Umlauf」である。貨幣は「購買手段」として機能することで商品を流通させ、商品の流通とともに貨幣

は通流する（K.I, S.128f.）。かくて貨幣は「流通手段」として、つねに流通（Zirkulation）の相面に棲みつき、「たえずそのなかを駆けまわっている」のである（ebd., S.131）。

商品は運動しなければならない。運動をやめた商品は死筋の在庫であるか、消費の対象となる。商品は貨幣と場所を取りかえると同時に「流通から脱落して消費に入る」からである。さきにふれておいたとおり、商品とは最終的には廃棄物となりうるものでもある。

これに対して、貨幣はつねに流通部面にとどまり、運動を継続する。貨幣の運動はたんに商品の運動、「商品流通の表現」にすぎないにもかかわらず、「逆に商品流通がひとえに貨幣運動の結果として現象する」のである（S.129f.）。

商品には、添え字（1、2、…、n）がつく。貨幣Gには添え字がつかない。貨幣をいくら見てみても、その貨幣に転化した商品の素性はわからない。「貨幣はだから排泄物でありうる **Geld mag daher Dreck sein**」。じっさい貨幣とは、価値の転移であり物質代謝である、商品流通が分泌しつづける排出物である。「とはいえ、糞尿《ドレック》は貨幣ではない」（S.124）。貨幣の生命は、それが他者たちによって無限に受けとられつづけることにこそあるからである。[2] 貨幣には、色彩も臭気もついていない。かつて一ローマ皇帝が喝破したとおり、[3] 貨幣は「臭わない *non olet*」（S.125）。

商品流通の表層、市場の表面では、つねに貨幣のみが通流する。貨幣とは価値の表現であり、諸商品の等質性の表現である。くわえて、W―G―Wという行為の系列は原理的には無限に継続することができる。その系列と過程のなかで貨幣Gはつねにおなじものでありつづけ、等質的なものでありつづける。G…Gの系列は、その背後に無限な商品の差異を残して、しかしその差異を抹消しながら、それじたい無限に継続する。一面では「多数の、同時的な、したがって空間的に並行する（gleichzeitige und daher räumlich nebeneinander laufende）一方的な商品のメタモルフォーゼ」（S.131）だけが存在する。他面で、それらすべての表層で、単一の流通手段として貨幣が通流しているのである。

この貨幣の通流こそが商品世界あるいは商品空間を均一化する。商品空間を均一化し等質化することで同時にまた、商品が流通してゆく時間を無限に延長し、時間そのものをも単線化し、等質化してゆくことになるだろう。

貨幣の名目と実質との分離過程

ここには、とはいえ一箇の詐術がある。あるいはすくなくとも、避けがたい乖離過程が、称号と実体との、名目と実質との「分離過程」がある。

鋳貨と地金とは、ただかたちがちがうだけである。だから「鋳造所を出た道はたほうでは同時に坩堝にむかうみちゆきなのである」（S.139）。そこでは、しかし、なにが生起しているのだろうか。『経済学批判』から、皮肉な、しょうしょう下品で、しかも衒学的な名文を引いておく。

貨幣の通流は、しかしながら外界の運動であって、ソヴリン金貨は臭わないにしても、いかがわしい仲間とまじってうろつきまわる。鋳貨は、あらゆる種類の手や小銭入れやポケットや財布や胴巻きや袋や小箱や大箱と擦れあって身をすり減らし、あちこちに金の原子をくっつけ、そうして世渡りするうちに磨りへり、ますますその内的な実質を喪失してゆく。鋳貨は使われることで使いへらされる。〔中略〕かくて、商品は流通のなかに足を踏みいれた第一歩で、流通から脱落するのに対し、鋳貨は流通のなかを二、三歩あゆめば、それがもっているよりも多くの金属の純分を代理表象するのである。流通速度が同一で不変なら、鋳貨がながく通流すればするほど、また同一の時間内にその流通が活発になればなるほどに、鋳貨としての鋳貨のありかたは、それだけますますその金または銀としてのありかたから乖離してゆく。残存するのは偉大なる名称の影なのである。鋳貨の身体はもはやひとつの影にすぎない。鋳貨は最初は過程によって重みをくわえたが、いまや過程によって軽くなる。だが個々の購買や販売のいずれにあっても、もとの金量として通用しつづけるのである。ソヴリン硬貨は、仮象のソヴリン硬貨として、仮象の金として適法な金片の機能を果たしつづけるのだ。ほかの存在者たちは外界との摩擦によって理想主義を失うのに、鋳貨は実践によって理想化され、その金や銀の身体の、たんなる仮象としてのありかたに転化される。流通過程そのものによってひきおこされる金属貨幣のこのような第二の観念化、あるいはその名目的な実質と実在的な実質との分断は、一方では政府、他方では私的な山師によって、さまざまなしかたで貨幣変造に利用しつくされるのだ。(Kr., S.88f. = MEGA. Abt. II, Bd.2, S.175f.)

貨幣、とくに「鋳貨」は、「使われることで使いへらされる Indem sie benutzt wird, wird sie abgenutzt」。ただちに流通から脱落する商品に対して、鋳貨は通流しつづけることで「それがもっているよりも多くの金属の純分を代理表象《フォアシュテレン》」することになる。さいごに残されるのは「偉大なる名称

の影 *magni nominis umbra*」にほかならない。「鋳貨の身体」とは、そこでは「もはやひとつの影にすぎない」。鋳貨は、それが通流し、無数の人間がそれを受けわたしてゆくことで「過程によって重みをくわえた」にもかかわらず、その同一の過程を反復することで「軽くなる」。それとは関係なく一枚のソヴリン硬貨は「仮象のソヴリン硬貨として、仮象の金として」もとの金量として通用しつづけるのである。

反復によって生成した差異が、反復そのもののうちで仮象へと解消される。こうして「流通過程そのものによって」金属貨幣には、いわば「観念化 Idealisierung」が生じることになる。

当面の文脈は、金鋳貨が「たんなる記号または象徴」となり、かくしてまた紙幣の登場へとつながってゆくしだい、たんなる「価値記号」となってゆく事情を描きとってゆくものである。この間の消息については、『資本論』本文では叙述が整理され、簡略化されてゆく。ここではなおしばらく『資本論』第一巻のテクストにかえて、『経済学批判』における、やや錯綜しているとはいえ、独特な説得力をそなえた議論の脈絡にしたがっておこう。

鋳貨から紙幣へ

たとえば或る金鋳貨がもはや五分の一オンスの重量しかもたないのに、流通では四分の一オンスとして通用する場合、その貨幣は差分の「二〇分の一オンスの金についてはたんなる記号、または象徴」となっている。「しかし、どのような事物であれ、じぶん自身の象徴ではありえない」。或るものが象徴であるとは、それがじぶんとはべつの他の或るもののかわりとなっているしだいを前提とするからだ。一方で、絵に描かれたぶどうは現実のぶどうの象徴ではなく仮象のぶどうである。だがそれ以上に他方、痩せおとろえた馬が肥えた馬の象徴ではありえないのとおなじように「軽いソヴリン金貨は完全量目のソヴリン金貨の象徴ではありえない」。通流過程において不可避的に生起するこういった目減りに対応するために、第一に登場するのは、貨幣が頻繁に流通し、したがって金がもっとも急速に摩滅する流通の範囲に対して、小額の鋳貨を導入することである。かくして「金は、金のありかたから分断された象徴的なありかた、つまり銀または銅というありかたを獲得することになる」（ebd., S.91 = S.178）。

銀貨も銅貨も、しかし金貨と同様に摩滅する。いったん *quidproquo*〔置きかえ〕が通用するなら、あとはおなじことである。かくして、「紙券のような相対的に無価値なものが、金貨幣の象徴として機能しうる」ことになる。額面を印刷されたただの紙片が金貨の身代わりとなる。「貨幣の鋳貨名」が、その実体から決定的に分離して、それ自体としては無価値な紙幣となる。貨幣はかくてさいごに「たんなる価値記号」へと「昇華」する（S.93f. = S.179f.）。――シャミッソーが描くところの、ペーター・シュレミールは、富を手にするためにその影を売ってしまった。金は、シュレミールとはことなって「じぶんの影で買う」のである（S.95 = S.181）。

かくして「価値記号の流通では、現実的な貨幣流通の法則のすべてが逆立ちしてあらわれる。金は価値をもつから流通するのに、紙券は流通するから価値をもつ **Während das Gold zirkuliert, weil es Wert hat, hat das Papier Wert, weil es zirkuliert**」（S.100 = S.186）。

この国で、ある時期にもてはやされた貨幣論は、マルクスのこの論点をたんに水膨れさせたものにすぎないように見える。(4) ふしぎなことに、論者はしかも、マルクスが明確に言明したことがらにもとづいて、マルクスの貨幣論に対して異をたてていたかに思える。

貨幣の物質的定在と機能的定在

ここで『資本論』本文の文脈にもどろう。貨幣の通流そのものが鋳貨の実質純分を名目純分から引き剥がし、貴金属としてのそのありかた、「金属定在」を「機能的な定在 ihr funktionelles Dasein」から分離する（K.I, S140）。とはいえ問題は、なぜ金は「それ自身のたんに無価値な記号」によって置きかえられることができるのか、である。

マルクスの答えは、こうである。すでに『経済学批判』における議論の原型を見てきたこの時点では、とくに理解に困難なところはないだろう。

> 金貨がたんなる鋳貨あるいは流通手段であるのは、ひとえに、それが現実的に通流しているあいだだけである。いっぽう、ひとつひとつの金通貨には当てはまらないことがらが、紙幣によって置きかえられる最小量の金には当てはまる。この最小量の金はいつでも流通部面に棲みこみ、ひきつづき流通手段として機能し、したがってただこの機能のにない手としてのみ存在する。その運動は、このように、ひたすら商品のメタモルフォーゼW―G―Wの相対立する諸過程が継続的に相互に変換することのみを呈示している。その過程のうちでは、商品に対してその価値形態がその向こうに立ちあらわれると、ただちにまた消失してしまうのである。商品

の交換価値を自立的に表示することは、ここではただ移ろいゆく契機であるにすぎない。それはすぐにまた、他の商品によって置きかえられる。それゆえ、貨幣のたんに象徴的な現実存在であっても、貨幣をたえずひとつの手からべつの手へと遠ざけてゆく過程にあっては、それで十分なのである。（ebd., S.142f.）

紙幣が置きかえるのは「最小量の金」であって、その運動は、たんに「W—G—Wの相対立する諸過程が継続的に相互に変換すること」をあらわすだけである。ここで貨幣はそれじたい「移ろいゆく契機」にすぎない。したがってここでは、「貨幣の機能的定在が、いわばその物質的定在を吸収する Sein funktionelles Dasein absorbiert sozusagen sein materielles」（S.143）はこびとなるのである。

ただし、「それで十分」であるのは、ここで問題となっているのはひたすら、その強制的通用力が国家権力を背景とすることで保障された「国家紙幣」[5]であるからでもある。いわゆる「信用貨幣」をめぐる問題はなお問われていない。後者を問うためには、ここではまだすこしもあきらかにされていない、さまざまな関係が解きあかされる必要がある（vgl. S.141）。本書では第Ⅲ篇にいたってはじめて、問題を考察するための準備がととのえられてゆくことになるだろう。

とはいえ紙幣の通流は、実質上はすでに一箇の信の問題をはらむ。紙幣のやりとりは、時間を先どりする信用を前提とせざるをえないからだ。つまり、不定の他者たちもまた、私がいま手にしている紙幣を受けとることに対する信である。過去をもとでとしながら、現在の延長上に未来を担保としてゆくことが、およそエコノミーをめぐって信が問題となる場面の原型ともなるだろう。

信用とはその意味で典型的に時間論的な現象にほかならない。貨幣の通流は無限な時間の等質性を保証する。等質な時間の無限性という仮象が崩壊し、未来がもはや現在の延長上に立ちあらわれるのを止めるとき、時間の蝶番が外れて、信用の危機が生起し、恐慌が到来する。この間の消息については、マルクスの当面の叙述にそっても、あらかじめかんたんにふれておくことができるはずである。

当面の場面で信用をめぐる論点へとすすむためには、貨幣の「支払手段」という機能を問題としておく必要がある。そのためには、しかし先だって、いわゆる「貨幣蓄蔵 Schatzbildung」の相面をかえり見ておかなければならない。貨幣を蓄積することは、ここで見てきた流通象面のいわば背面として、とりあえずは対極的な性格を示すことになるだろう。その相面は、とはいえやがて、商品流通と貨幣通流をあらたな段階と形態で展開するための不可避の前提ともなってゆくはずである。つまり貨幣蓄蔵が、とりあえず信用取引を、支払手段としての貨幣を可能とするはこびとなるはずなのである。

自己目的としての貨幣——蓄蔵貨幣

貨幣は流通局面では、いわば交換を媒介する移ろいゆく契機であって、他のもののための手段にほかならない。貨幣の獲得はしかし、たほうで自己目的ともなってゆく。貨幣の無限な蓄蔵がそれ自身として追求される場面である。

この節の最初でも見ておいたように、すでにアリストテレスがそのような貨幣フェティシズムをミダス王のすがたのうちにみとめていた。「商品流通そのものの最初の発展とともに」と、マルクスは書いている。「商品が転化した姿態」つまり貨幣をやがてまた商品へと転化する「商品の金の蛹」として保持する「必要と情熱」が生まれる。「貨幣はかくて蓄蔵貨幣へと化石化し **Das Geld versteinert damit zum Schatz**」、商品の所持者はべつの商品を入手するためではなく、貨幣を入手するために商品を販売することになる。かくてまた「商品の売り手は貨幣蓄蔵者となる」のである（S.144）。

ふたたび『経済学批判』から引く。貨幣蓄蔵という現象を説く直前の一節である。そこではすでに当の現象が或る倒錯をはらむゆえんが描きとられているのである。説きかたは、『資本論』本文の整理された叙述とはことなるけれども、問題の焦点はより感覚的に鮮明なかたちで説きだされているように思われる。

このようにすべての商品はただ表象された貨幣であるにすぎないのであるから、貨幣のみが唯一の現実的な商品である。交換価値の、一般的な社会的労働の、抽象的な富の自立的なありかたをただ表象しているにすぎない諸商品とは反対に、金は抽象的な富が物質的になったありかたである。使用価値の面からいうなら、いかなる商品も特殊な欲求に対するその関連をつうじて素材的な富のただひとつの契機を表現するにすぎず、富のたんに個別化された一面を表現するにすぎない。しかし貨幣は、どのような欲求の対象にも直接に置換可能であるかぎりは、いかなる欲求をもみたすことになる。〔中略〕金は個体としての一般的な富である。流通の媒介者としてのすがたでは、金はありとあらゆる冷遇すらこうむって、果てはたんなる象徴的な紙切れにまで薄くされてしまった。だが貨幣としては、金にはその金色の栄光が返還される。金は奴隷から主人となる。それはたんなる手伝いから、諸商品の神となるのである。

(Kr., S.102f. = MEGA. Abt.II, Bd.2, S.188f.)

貨幣を自己目的とするなら、商品はすべて、貨幣に置きかえられるべき可能性、「ただ表象された貨幣」にすぎない。かくして「貨幣のみが唯一の現実的な商品」となる。それぞれの商品は特定の使用価値であるにとどまるのに対し、貨幣はいっさいの「欲求」に応じる諸商品に「直接に置換可能」であるからだ。こうして、「金は個体としての一般的な富」である。貨幣としての貨幣へと立ちもどることで、金はふたたび金色に光りかがやく。金は「諸商品の神 Gott der Waren」となるのである。

「プロテスタンティズムの倫理」と「イスラエルの神」

使用価値は流通から脱落し、消費されること、「つまり無化される」ことで使用価値となる。金が貨幣となるとき、その使用価値は「交換価値のにない手であること」であって、金貨幣として交換価値は「不滅の形態」を獲得する。かくて、「貨幣として不動化された金または銀が、蓄蔵貨幣」なのである(ebd., S.105 = S.190)。

ヴェーバーの「プロテスタンティズムの倫理と資本主義の精神」を先どりするかのように、マルクスは説いている。「貨幣蓄蔵者はさらに、その禁欲主義（Asketismus）が、精力的な勤勉とむすびついているかぎり、宗教上は本質的にプロテスタントであり、さらにピューリタンである」（S.108 = S. 193）。『資本論』でも、マルクスは書くことになる。「商品生産者の一般的な社会的生産関係は、生産物に対してそれを商品として、かくて価値としてふるまう」ことにある。その理由のゆえに、「商品生産者の社会にとって、抽象的な人間に対する礼拝をともなうキリスト教が、とりわけそのブルジョア的な発展にあっては、プロテスタンティズムと理神論などが、もっとも適合的な宗教の形態」なのである（K.I, S.93）。

すべては神から発し、あらゆるものは神へ戻ってゆく。おなじように、いっさいのものが「売れるものとなり、買えるものとなる」。すべてのものは、それが商品であろうとなかろうと、「貨幣へと転化する」。この「錬金術」に抵抗しうるものはなにもない（ebd., S.145）。

この認識には、ヘーゲル左派の一員であった時代の、マルクスの宗教批判の影がかすかに揺曳していることだろう。よく知られているように、「ユダヤ人問題によせて」で、じっさいマルクスはこう書いていた(6)。

貨幣とはイスラエルの嫉妬ぶかい神であって、そのまえでは他のどのような神も存続をゆるされない。貨幣は人間のすべての神々を卑しめ——そして神々を商人に変える。貨幣は、普遍的な、それじしん自立的に構成された、いっさいのものの価値である。貨幣は、だから全世界から、つまり人間界と自然から、その固有の価値を収奪してしまった。貨幣とは、人間の労働とありかたとが人間にとって疎遠となった存在であり、この疎遠な存在が人間を支配し、人間はこれを礼拝するのである。（MEW. Bd.1, S.374f.）

貨幣とはなにか。この問いに対して「人間の労働とありかたとが人間にとって疎遠となった存在 das dem Menschen entfremdete Wesen seiner Arbeit und seines Daseins」である、と答えることを、マルクスはいまや留保することだろう。だが、全面的に展開した商品交換社会としての資本制が「全世界から、つまり人間界と自然から、その固有の価値を収奪してしまった」ことについては、『資本論』のマルクスもやはりためらうことなく肯定するはずである。

いっさいが貨幣へと転化することによって、「貨幣蓄蔵への衝動」には「その本性からして際限がない《マースロース》」。貨幣そのものには原理的に「制限がない《シュランケンロース》」からだ（K.I, S.147）。無限な貨幣蓄積へとむかうことにおいて、貨幣蓄蔵者は、資本家となる一歩てまえまで歩みをすすめる。資本もまた、無限の運動であり、無限な増殖へとむかう衝動であるからである。ただし貨幣蓄蔵者は「錯乱した資本家 der verrückte Kapitalist」であるのに対して、資本家は「合理的な貨幣蓄蔵者 der rationelle Schatzbildner」なのである（ebd., S.168）。

貨幣を蓄蔵する者は、とはいえたんに錯乱しているのではない。貨幣の蓄蔵は一方では高利資本を可能とする。他方でそれは商人資本において一般的な慣習、すなわち掛け売りを可能とするのである。掛け売りという慣習が一般化したところで、貨幣には重要な一機能が付けくわわる。「支払手段」という役割が、そのあらたな機能にほかならない。

「支払手段」としての貨幣

商品流通の単純な場面、たとえば二〇エレのリンネル所持者がそれを二ポンド・スターリングと交換する場合を、もういちど考えてみる。そこでは一方の極に商品があり、他方の極に貨幣が存在する。二〇エレのリンネルは二ポンドにあたいし、二ポンド・スターリング貨幣は、リンネル二〇エレの等価物なのだから、ここでは価値のひとしい商品と貨幣商品とがたがいに向かいあい、両者それぞれの所有者が、おなじ空間のなかで同時に相対している。「商品流通の発展につれて、にもかかわらず、商品の譲渡が、商品価格の実現から時間的に分離されるような事情が発展する」(S.149)。どうしてだろうか。

たとえば或る商品の生産には、より長い時間がかかり、べつの商品を生産するためには短い時間しか必要とされない。生産に長期を要する商品の生産者は、じっさいに商品をつくり上げ、それを販売するまえに、べつの商品を――生活手段としてであれ生産手段としてであれ――入手する必要がある。あるいはまた或る種の商品は季節にむすびつけられ、べつの種類の商品であるなら季節を問わずに生産される。前者の生産者なら収穫のまえに別種の商品を入手しなければならない。あるいはまた、ひとつの商品はそれが生まれた故郷にひらかれた市場で売りにだされて、もうひとつの商品の場合は「遠くはなれた市場まで旅をしなければならない」。たとえばまた、前払いされる家賃なら、一定期間が過ぎたあとにはじめて「買い手はその商品の使用価値をじっさいに受けとることになる」。事情が逆である場合なら「それゆえ買い手は商品を、その代価を支払うまえに買うことになる」（ebd.）。

商品の所持者は、このような場合、現在そこに存在する商品を売り、購買者は「貨幣のたんなる代表者」しかも「将来の貨幣の代表者」として、要するに未来の支払いを先どりして商品を入手することになる。「売り手は債権者となり、買い手は債務者となる。ここでは商品のメタモルフォーゼあるいは商品の価値形態の展開が変化しているのだから、貨幣もまたべつの機能を獲得することになる。貨幣は支払手段となるのだ」（ebd.）。――貨幣はつまり、債権・債務を決済するさいの支払手段として機能する。商品流通という面からするなら、そこには決定的な変化が生じている。「商品は貨幣に転化するまえに使用価値に転化する。その商品の第一のメタモルフォーゼの遂行は、事後的にはじめて帰結する」（S.150）からである。

資本制の「錬金術」とその危機

いわゆる信用貨幣は「支払手段としての貨幣の機能から直接に発生する」（S.153）。さきほどマルクスは、貨幣通流の発展とともにすべてのものは、それが商品であろうとなかろうと、貨幣へ転化することを指摘し、それを「錬金術」とも呼んでいた。資本制の錬金術が本格的に登場するのは、とはいえ、信用貨幣が登場したあとのことである。貨幣の支払手段としての機能が、この信用貨幣を準備し、したがって発達した資本制における第二の錬金術を準備する。なぜだろうか。

ここで錬金術が成立するのは、「発達した資本制社会の下では、すべての主体が、原理的には、私的に貨幣を製造することができる。すなわちすべての主体が、自ら貨幣の発行を行うことができる」からである。[7] 債権債務の証書である手形を発行して、それと引きかえに商品を入手するとき、買い手は到来する未来の時間において現金化される証書をみずから発行し、事実じょうは貨幣を製造していることになるのである。これは、たしかに驚嘆にあたいする錬金術であるけれども、そのなりたちを解きあかすためにはやはり、本書の第Ⅲ篇へいたる、なお遙かなみちゆきが必要となることだろう。

ただしこの錬金術がもたらしうる危機については、すでにあきらかである。ヘーゲル用語をちらつかせながらマルクスが説くところによれば、「支払手段としての貨幣は媒介されない矛盾をふくんでいる」。債権と債務が相殺されるかぎりでは、貨幣はたんなる観念的な価値尺度として機能するにすぎない。だが、現実的な支払いにさいしては、貨幣こそが「絶対的商品」となるからである。この矛盾は「貨幣恐慌」において「爆発」する（S.151f.）。ここで、みたび『経済学批判』の論脈に立ちもどって、対応する箇所を引用しておこう。

> 貨幣が、このように富がそこで排他的にやどるありかたとしてそのすがたをあらわすのは、たとえば重金主義の場合のように、すべての素材的な富がたんに表象のなかで価値を減少させ、価値を喪失する場合ではなく、それらの富が現実に価値を減少させ価値を喪失する場合である。これが貨幣恐慌とよばれる世界市場恐慌の特殊な契機である。こうした瞬間に唯一の富として叫びもとめられる最高善は貨幣、現金であって、これとならんでは、他のすべての商品はそれらが使用価値であるというまさにその理由から、無用なものとして、下らないもの、がらくた

として、またはわがマルティン・ルター博士のいわゆる、たんなる華美と飽食としてあらわれる。信用主義から重金主義へのこの突然の転化は、じっさいのパニックに理論上の恐怖を付けくわえる。そして流通当事者たちは、かれら自身の諸関係の底知れぬ秘密のまえで震えあがるのである。(Kr., S.122f. = MEGA. Abt.II, Bd.2, S.208)

支払いの連鎖が破綻し、信用のつながりが絶たれ、いまや貨幣こそが「最高善 *summum bonum*」であり、「現金」だけがいっさいである。この「突然の転化」によってひとびとは「かれら自身の諸関係の、見とおしがたい秘密 undurchdringliches Geheimnis ihrer eigenen Verhältnisse」を知るのである。——『資本論』は書いている。繁栄の時代ならば「商品こそは貨幣」なのであった。「いまや世界市場には、ただ貨幣だけが商品だ! という声が響きわたる」にいたる(K.I, S.152)。たんなる貨幣蓄蔵は資本制の発展とともに消失してゆく。しかし、支払手段の「準備金」というかたちでの貨幣蓄蔵はいよいよ増大してゆく(ebd., S.156)。この件によって、資本が自己運動する条件がととのえられてゆくとともに、資本制をみまう構造的な危機もまた準備される。ことの消息を分析するためには、なおいくつもの準備が必要となるだろう。(8)

註

(1) 吉田憲夫、一九九五年、一八四頁の図に若干の変更をくわえて作成した。

(2)「貨幣という形式の妥当性(流通可能性)」は、「それだけで、無限の未来への参照を前提にしている」。つまり、「貨幣は、ただ、貨幣を媒介とするコミュニケーション——売ること/支払うこと——

が終わることなく無限に接続することによってのみ、つまり自身に後続する無限の未来を先取りして前提することによってのみ、可能となる」のである（大澤真幸、一九九六年、五二頁）。

（3）Vgl. MEW. Bd.6, S.162.

（4）たとえば岩井克人の貨幣論参照。ただし、以下のような時間論的な観点はそれなりに興味深いものではあろう。「貨幣が今ここで貨幣であるとしたならば、それは結局、つぎのような因果の連鎖の結果にほかならないのである。貨幣が今まで貨幣として使われてきたという事実によって、貨幣が今から無限の未来まで貨幣として使われていくことが期待され、貨幣が今から無限の未来まで貨幣として使われていくというこの期待によって、貨幣がじっさいに今ここで貨幣として使われる。〔中略〕／ここでは、日常的な意味での時間の先後関係がまさに宙づりにされ、因果の連鎖が無限の円環をなしている。じっさい、この円環が大きく一巡すると、現在が現在として成立し、時間が一歩先へと動いていくことになる。過去と未来との分水嶺としての現在が、それまでの現在を過去へと送りこみながら、未来にむかってつき進んでいく。貨幣が貨幣となることが、時間を時間として生みだしているといってもよいだろう」。つづけて、岩井は結論づけている。「貨幣とは時間なのである」（岩井、一九九三年、一九〇‐一九一頁）。

（5）ここで「国家紙幣 Staatspapiergeld」がなにを指すのかは、ただちには分明でない。とりあえず、小幡道昭、二〇一三年、六〇頁以下、参照。

（6）ほかならぬこの論稿が、ラビの家系に生まれたマルクスがユダヤ教の歴史についてほとんど無知であったことを示してしまっていることを、的場昭弘、一九九二年、二四二頁以下が指摘している。影響力のあった平田清明の所論（一九六九年、一九四頁以下）については、田川建三（一九七一年、一六九頁以下）の批判参照。

（7）大澤真幸、一九九一年、一七頁。また、大澤、一九九八年、一〇四頁以下、参照。

（8）貨幣としての貨幣をめぐるマルクスの分析は、このあと「世界貨幣 Weltgeld」にふれて閉じることになるが、ここではふれない。ちなみに宇野原論では、新旧の版で世界貨幣の位置づけをめぐり揺れがある。いわゆる『旧原論』では世界貨幣は基本的には「国際的商品交換」における「支払手段」として規定されるに止まっていたのに対し（宇野『著作集』第一巻、六九頁）、『新原論』では、世界貨幣の問題が註へと移されるいっぽうで、世界貨幣がことなる流通圏を媒介する手段である面に着目されて、「商品が共同体と共同体との間に発生したのと同様に、資本もまた流通市場と流通市場との間に発生する」という注目すべき視点が示される（『著作集』第二巻、三〇頁・註）。

宇野弘蔵を中心とする学派内部での布置からするならば、世界貨幣をめぐる問題は、いわゆる世界資本主義論との関係でも、争点を形成しうる。鈴木鴻一郎を中心にまとめられた原論体系では、この点から『資本論』がたんに国内的流通部面に対し「その外部を世界市場として規定している」ことをめぐって批判される（鈴木（編）、一九六〇年、七四頁以下）。岩田弘、二〇〇六年、二八〇頁以下をも参照。一般に世界資本主義論者たちに対する宇野学派中枢からの反応にかんしては、大内力の『体系』第一巻、一四一頁以下、参照。同世代の多くが世界資本主義論の波をかぶったなかで、世界資本主義論に一貫して違和感をもちつづけた者の回想としては、山口重克、一九九六年、二〇〇頁以下がある。

よく知られているとおり、岩田世界資本主義論は、たんなる経済学理論として提起されたものではない。世界認識と革命論としての世界資本主義論については、吉本隆明が早い時期からすでに批判していた（吉本『著作集』第一三巻、三三二頁）。なおまた現時点における整理と認定としては、長崎浩、二〇一二年、一八四頁以下、参照。

Ⅰ・3・3　資本形態

商品流通と資本の成立

マルクスは、「貨幣の資本への転化」と題された章を、つぎのように書きはじめている。念のため引用しておこう。

> 商品流通は資本の出発点である。商品生産と、発達した商品流通すなわち商業とは、資本が成立するための歴史的な前提をかたちづくっている。世界貿易と世界市場が、一六世紀に資本の近代的生活史を拓くのである。
>
> 商品流通の素材的な内容や、さまざまな使用価値の交換を度外視して、ひたすらこの過程が生みだす経済的な諸形態のみを考察するとすれば、私たちはこの過程の最後の産物として貨幣を見いだすことになる。商品流通のこの最後の産物が、資本の最初の現象形態なのである。
>
> （K.I, S.161）

商品流通が一般化したところではじめて、近代的な意味での資本がなりたつ。資本は「現象形態Erscheinungsform」（注意すべきは、とりあえずこれもまたあくまで現象形態としての規定であることだ）

としてはまず、商品流通から生まれる貨幣としてあらわれるのである。

商品流通の直接的な形態はW—G—Wすなわち「買うために売る」であった。この形態に並行して、「G—W—Gという形態、貨幣の商品への転化と商品の貨幣への再転化つまり売るために買う」があらわれるならば、そこで貨幣はG…Gという「運動」を示すことで「資本へと転化」し、「すでにその使命からすれば資本」なのである（ebd., S.162）。貨幣は自己運動することで、資本へと転化する。資本となった貨幣とは、なによりもまず無限な自己運動そのものにほかならない。

W—G—WとG—W—Gを区別するものは流通段階における順序の逆転である。後者にあっては、貨幣は「ただ前貸しされるだけ nur vorgeschossen」、すなわちたんに投資されるにすぎない。見てきたとおり、前者にあって貨幣はその出発点には回帰せず、循環しない。これに対して後者では、開始点へと貨幣が「還流」しなければならないのである（S.163f.）。

単純な商品流通はまた添え字をつけてW^1—G—W^2とも表記することができる。過程のはじまりとおわりはともに商品であり、「おなじ価値量の商品」であるけれども、両者は「質的にちがう使用価値、たとえば穀類と衣服」となる。流通G—W—Gは、これに対して「同義反復」にも見える。過程の出発点と到達点とが、質的にひとしいからだ。「両極」はしたがって「量的な区別」によって内容をもたなければならない。「この過程の完全な形態は、それゆえG—W—G′であり、そこではG′＝G＋⊿Gである」。この「増加分」が「剰余価値（surplus value）」と呼ばれる。貨幣のかたちで投資された価値は流通のなかで価値量を変化させ、より以上の価値を付けくわえる。すなわち、「剰余価値を付加し、あるいは価値増殖する setzt einen Mehrwert zu oder verwertet sich」。この価値増殖の「運動が貨幣を資本に転化させる」のである（S.164f.）。資本となった貨幣は、なによりもまず自己運動するものにほかならない。そればかりではない。資本としての貨幣とは、第一義的に価値の自己増殖の運動なのである。

資本の自己運動

通常の商品流通なら、「最終目的」としての「消費」をもっておわる。これに対して、貨幣蓄蔵を原型とし、貨幣蓄蔵への動機に感染した資本の運動においては、「はじまりもおわりも、おなじもの」つまり貨幣であり、「すでにこのことによっても運動には際限がない」。単純な商品流通ならば、商品流通そのものの外部に目的を有する。流通自体は使用価値の取得と欲求の充足のための手段にすぎない。「資本としての貨幣の流通は、これに反して自己目的（Selbstzweck）である。価値の増殖はひとりこの不断に更新される運動のうちにのみ存在するからである。資本の運動には、それゆえに限度がない[1]」のである（S.166f.）。価値が、かくして「一箇の自動的な主体 ein automatisches Subjekt」に転化する。価値はつまり「それが価値であるがゆえに価値を生む」という「オカルト的な質」を受けとることになるのである（S.169）。

資本のフェティシズムの始原がここにある。資本は、つまり、自己増殖する自己運動的な主体であるとみなされるにいたるのである。

すでに商品は運動することによって商品であった。この運動が商品流通であり、貨幣がその運動を媒介する。そのけっか、貨幣には際限のないものという仮象がまとわりつくことになった。いまや運動という、商品に発して貨幣が体現した性格が、資本そのものの固有性となる。――『経済学批判・基底稿』から引こう。「貨幣自身の生命力は、ひとえにこうした無限の過程にある。つまり貨幣が使用価値から区別されて、それだけで妥当する価値としてじぶんを保持するのは、ひたすら、貨幣が交換過程それ自体をつうじて、たえずじぶんを倍増してゆくことによってだけである。能動的価値は剰余価値を定立する価値だけなのである」（MEGA. Abt.II, Bd.2, S.81 = Gr., S.936）。

貨幣にあらわれた価値が、こうして資本となる。価値は「過程をすすみつつある」貨幣となり、価値となることで、資本である。資本としての貨幣は流通から出てきて、流通へと入ってゆき、流通のなかで増殖して回帰してくる。それゆえ、と『資本論』のマルクスは書いている。「G—G′、貨幣を生む貨幣――money which begets money――、これが資本の最初の通訳、すなわち重商主義者たちの口から洩れでた資本の描写なのである」（K.I, S.170）。

「資本の一般的定式」と「その矛盾」

つづけてマルクスは説いている。いわゆる「資本の一般的定式」を与える一節である。

売るために買うこと、あるいはより完全なかたちでいえば、より高く売るために買うこと、G—W—G′は、たしかにただ資本の一種類にのみ、つまり商人資本にだけ特有な形態であるかのように見える。とはいえ産業資本もまた、商品に転化して、商品の販売によってより多くの貨幣に再転化する貨幣である。買いと売りの中間で、つまり流通部面の外部でおこなわれるかもしれない行為は、この運動形態をすこしも変更するものではない。さいごに利子生み資本では、流通G―W―G′が短縮され、媒介を欠いたその結果として、いわば簡潔体でG―G′として、より多くの貨幣にひとしい貨幣、それ自身よりも大きい価値としてあらわれる。

じっさいしたがってG―W―G′は、直接に流通部面にあらわれているがままの資本の一般的な定式なのである。(ebd.)

G―W―G′は、それがG′＝G＋⊿Gであるかぎり、「より高く売るために買う」にほかならない。これは、ただ「商人資本」だけに当てはまる形態ではない。「流通部門」の内部でのみ見るかぎりでは、産業資本もまたおなじ操作をしているだけである。「利子生み資本」すなわちG―G′もまた、いわばその「簡潔体 Lapidarstil」にすぎない。G―W―G′は、かくして「資本の一般的な定式」、ただし流通部面から見るかぎりでの一般定式にほかならないことになる。

マルクスはこのあとただちに節をあらためて、この「一般的定式の矛盾」を指摘してゆく。そもそもG―Wつまり貨幣から商品への転化も、W―Gすなわち商品の貨幣への再転化も、それが単純な商品流通のなかでおこなわれるなら、たんなる「形態変換」であって、価値量の変化をまったくふくんでいないはずである。それゆえ「その純粋なすがたにあっては、商品交換は等価物どうしの交換であり、したがって価値をふやす手段ではない」のである(S.172f.)。

等価物ではないものが交換されたとしても、一方には利得が生まれるにしても、他方には損失が生じるのだから、やはり価値が増殖することはない。かくて「等価物どうしが交換されるとすれば剰余価値は生まれないし、非等価物どうしが交換されるとしても、やはり剰余価値は生まれない。流通あるいは商品交換はまったく価値を創造しないのだ」（S.177f.）。それにもかかわらず、資本の一般的定式がなりたつためには、ほかならぬ商品交換から剰余価値が生成する必要がある。価値と価値のあいだのこの差異、剰余は、いったいなにに由来するのか。

剰余価値は、流通過程から発生することができない。だが、とマルクスは自問する。「剰余価値は流通からではないとすれば、いったいほかのどこから発生することができるというのだろうか」。「資本はしたがって流通から発生することができないし、また流通から発生しないことも同様に不可能である。資本は流通から発生しなければならないと同時に、流通のなかで発生してはならないのである」（S.179f.）。「貨幣の資本への転化」は商品交換の法則、すなわち等価交換の法則にしたがって生起しなければならない。資本の形成は流通部門でおこなわれなければならず、流通の法則、等価物どうしの交換という法則にしたがって生起しなければならない。とはいえ、等価交換からは価値は増殖しない。資本はしかし増殖しないかぎりでは資本ではない。だから資本の生成は、流通部門で生起することはありえないようにみえる。「これが問題の条件である」。ヘーゲル『法哲学綱要』「序文」を想起しながら、マルクスは節をむすぶ。*Hic Rhodus, hic salta!* ここがロードスだ、ここで跳べ！（S.180f.）

つぎの節は「労働力の売買」という表題をもつ。マルクスの解法は、よく知られているとおり、労働力の商品化に問題の解決をもとめるものとなるのであった。マルクスの当面の行論が産業資本の成立へと論点を収斂させてゆくものであって、それゆえ「商業資本と高利資本」という「大洪水以前の antediluvianisch」資本のすがたを、さしあたりは参照しないものであったからである（S.178）。マルクスがたほうでは「歴史的に資本は土地所有に対して、どこでも最初はまず貨幣のかたちで、貨幣財産として、商人資本および高利資本として相対する」（S.161）と考えていたとしても、このことにかわりはない(2)。

マルクスの解法を確認しておくまえに、ここですこし立ちいっておくべきことがらがある。流通形態としての資本形態から、どのようにして剰余価値が発生するのかを、ここであらかじめ簡単に確認しておく必要がある。それはつまり、商人資本と金貸資本は、いったいどのような差異を利用するのかを劃定しておくことにひとしい。

流通形態としての資本形態

単純商品流通と、流通形態としての資本とのあいだには、一般にどのような相違があるのだろうか。マルクスが両者の差異を導入する場面で注目するのは、W—G—Wという順序とG—W—Gという順序との流通段階の逆転であった。前者たとえばリンネル—貨幣—聖書を考えてみれば、そこで生起しているのは、商品の持ち手変換といういわば一箇の「空間的運動」である。この空間的な運動そのものも、それが運動であるかぎりでは時間を前提としてはじめてなりたつ。とりわけリンネルと聖書との直接的な交換であるならば、交換相手がただちに見つかるとはかぎらないのであるから、時間的な契機は不可欠なものともなるだろう。しかしここでは貨幣があいだに立つことで、時間的な差異は原理的には最小化することが可能なかたちとなっている。

これに対して、資本は、それが商品と貨幣の運動を基礎としながらメタモルフォーゼを遂行するものであるかぎりで、避けがたく資本そのものとして「時間的な運動の形態」となるほかはない。(3)空間的運動を基礎にする場合であっても、流通形態としての資本はかならず時間を媒介としてのみその運動をうちに吸収するのだ。このような視点から、経済原論ふうにいえば、「商人資本」「金貸資本」「産業資本」という資本の三つの形態として展開されるもののうちで、とりわけマルクスがここでは考慮のそとに置いた前二者を考えなおしてみよう。(4)

商人資本と金貸資本・再考

まず商人資本はどのようにして⊿Gを、つまり資本の増殖分を獲得することができるのか。それはひとことでいえば「安く買って、高く売る」ことによってであると言われる。ただし、それだけであるならば、商人資本はまぎれもなく詐術を弄しているしだいとなり、いずれにせよ恒常的な存立をゆるされないことになるだろう。流通過程にあってはつねに等価物どうしが交換され、不等価交換は存在しないとするならば、商人資本がそれを正当なしかたで利用する差異が存在し、しかも商人資本は帰結にあってその差異を抹消しているはずである。

商人資本が価値増殖する場合に、商人資本はまず端的に時間的な差異を利用することができる。つまりたんに「安く買って、高く売る」のではなく「安いときに買って、高いときに売る」わけである。現在でもこの操作は株取引にあって言ってみれば定石であるけれども、ここでは措く。ともあれこれがもっとも単純な商人資本の増殖形式にほかならない。もうひとつの、よりリスクの高い源泉は空間的な差異の利用であるといってよいだろう。かんたんに言うなら「安い場所で買って、高い場所で売る」という増殖形式である。歴史的に有名な例を挙げれば、たとえばかつて西インド諸島のひとびとは、それほどは高価でもなかった貴金属を「粗野なスペイン人にもよく見える形に仕上げて目のまえにちらちらさせ」、こうして拡散するとともに稀少化された金銀によって世界市場の様相が一変することになる。ポルトガル人たちが大航海に出たころには、アジアでは銀のほうが金よりも乏しく、ヨーロッパ市場で安価であがなった銀を、アジアの各地で金と香料とに交換することが、ポルトガルに莫大な富をもたらした。(5)

この最後の件については、すこし考えておく必要がある。後者の空間的な差異の利用は、時間を条件として、時間的な繰りのべ作用のなかで空間的な差異を横断しながら、それを消去するものである。商人資本はここで、或る流通圏で安く買った商品をべつの流通圏で高く売ることによって、価値増殖を反復するはこびとなるけれども、そこでは空間的差異が時間的差異によって横断され、消去されているわけである。商品交換そのものが共同体と共同体とのあいだで発生したのとおなじように、問題の場面ではたしかにことなる流通圏のあいだの差異から、つまり流通圏と流通圏とのあいだで資本が、とりわけ商人資本が生成しているといってよいだろう。(6)

それでは金貸資本あるいは高利資本の場合はどうだろうか。こちらについては、より事情が込みいっている。――『資本論』は註をつけて、こう書いていた。引用しておく。

「貨幣を貨幣と交換するものはない」、メルシエ・ド・ラ・リヴィエールは重商主義者たちにむかってこう叫んでいる（『自然的および本質的秩序』、四八六頁）。とくに職業上から「商業」や「投機」を論じている一著作には、つぎのように書かれている。「すべて商業は、種類のちがうものたちの交換である。そして利益」（商人にとっての？）「はまさにこの種類の相違から生じる。パン一ポンドをパン一ポンドと交換しても……なんの利益もないだろう。……それだから、商業と、ただ貨幣 対 貨幣の交換でしかない賭博との有益な対照……」（T・コーベト『個人の富の原因と様式の研究。あるいは商業と投機の原理の説明』ロンドン、一八四一年、五頁）。コーベトは、G—Gすなわち貨幣を貨幣と交換することは、ただ商業資本だけではなく、あらゆる資本の特徴的な流通形態であることは分かっていないとはいえ、すくなくとも、この形態が商業の一種である投機と賭博とに共通であることはみとめている。（K.I, S.165 Anm.）

たしかに「貨幣を貨幣と交換すること」には、どこかしら奇妙なところがあるだろう。これが、だがすべての資本の「特徴的な流通形態」である。「商業」は一面において「投機 Spekulation」であり「賭博 Spiel」であった。時間的差異を利用するなら、同時に時間的劣化が避けがたいところである。空間的差異を利用する操作は、往復のリスクを計算に入れなくてはなりたたない。空間的差異を時間的な差異によって抹消することには、この二重のリスクが絡んでくることだろう。そればかりではない。とくに金貸資本は、イスラム経済圏では、それが投機と賭博であるがゆえに禁止されていたのである。(7)

西欧のキリスト教圏でも宗教改革以前には、利子をとって金銭を貸すことは批難されるべきなりわいであった。ところがたほう宗教改革以前であっても、ヨーロッパの大富豪はしばしば金融業者であり、金貸資本を代表する者である。かれらはしかもシェークスピア描くところのシャイロックのように「唾を吐きかけられ、野良犬のごとく足蹴にされる」対象ではなく、名望家とも呼ばれる存在であった。ここには、マルクスが資本の一般的定式の「矛盾」と呼んだものとはべつの意味で一箇の矛盾が、あるいは逆説が存在している。

メディチ家の「錬金術」

マルクスが指摘しているように、ギリシアやローマにあってもそうであったとおり[8]、貨幣取引業はまず、国際的な交易から発展する（vgl. K.III, S.329f.）。一二世紀から一四世紀へとかけて、ヴェネツィアやジェノヴァに成立した信用組合や銀行は、むしろ高利の支配や貨幣取引の独占からの解放を意図し、信用組合や銀行の創設に参与した商人たちは「それらの国の一流の人物」でもあったのである（ebd., S.615）。

たとえば、ルネサンスのパトロンとして知られるメディチ家は銀行家であったけれども、利子をとることなく、両替業務により巨万の富を獲得した。かれらはただ等価交換をするだけで、地域による為替レートのちがいと為替手形の利用によって、つまり空間的な差異と時間的な差異とを十二分に利用しつくすことで、実質的には半年で七パーセントにもおよぶ利潤をあげていたのである[9]。金貸資本もまたことなる流通圏のあいだの差異から生まれ、流通圏と流通圏のあいだから金融資本として成立したといってよい。金融資本もまた空間的な差異と時間的な差異を利用することで利潤を獲得する。であるとすればむしろ産業資本そのものについても、それが空間的差異と時間的差異とをどのように利用するのかが、明示的に問われなければならないはこびともなるはずである。(10)

「労働力商品」の成立

ここで『資本論』の文脈に立ちかえっておこう。商品交換の規則をまもりながら、すなわち等価交換というかたちをとりながら資本（ここでは産業資本）は剰余価値を実現しなければならない。そのために資本は、とくべつな「使用価値」をそなえた商品に、つまり「その現実の消費そのものが労働の対象化（Vergegenständlichung）であり、したがって価値創造であるような一商品」と市場で邂逅する必要がある。マルクスの所論としてよく知られているように、いわゆる労働力商品こそがその商品にほかならない（K.I, S.181）。

労働力（Arbeitskraft）また労働能力（Arbeitsvermögen）とは、人間の心身のうちに存在し、「なんらかの種類の使用価値を生産するときに」作動する、能力の総体のことである。そのような労働力が商品となるためには、労働力を所持する者が、それを「自由に処分する」はこびが可能でなければならず、したがってじぶんの労働能力、みずからの「一身《ペルゾーン》」の自由な所有者でなければならないのであって、しかも当の者は「つねにただ一定の時間をかぎってのみ労働力を売る」のでなければならない。貨幣を所持する者と労働力を所有する者は市場で出会い、相互に「対等な商品所持者」として関係を取りむすぶ。両者はともに「法的に平等な人格《ペルゾーネン》」である。経済的にいっても両者のちがいはただ、一方が売り手であり、他方は買い手であるということのほかになにもない（ebd.,

S.181f.)。——ただし、一方は一身以外に売るものはなにももたず、他方の手もとには生産手段、たとえば「原料や労働用具等々」があり、あるいは労働力とともにそれらを購入することの可能な貨幣がある（S.183）。後者が資本の人格的代表者、つまり資本家となるために、貨幣が資本に転化しなければならない。

したがって、とマルクスは書いている。よく知られた箇所を引く。

貨幣が資本に転化するために、貨幣所持者はしたがって、商品市場で自由な労働者に出会わなければならない。自由とは二重の意味であって、つまりは自由な人格としてみずからの労働力をじぶんの商品として処分できるという意味と、他面では労働力のほかには商品として売るものをなにひとつ有しておらず、みずからの労働力の実現のために必要ないっさいの物件から解きはなたれており、自由であるという意味なのである。（ebd.）

有名な「二重の意味での自由 frei in dem Doppelsinn」をめぐる一節である。マルクスがつづけて急いで付けくわえているとおり、「自然」が一方の側に資本家を、他方の側には労働者を生みだすわけではない。「この関係は自然史的関係ではなく、同様にまた歴史上のあらゆる時代に共通な社会的な関係でもない」。関係自体がむしろ「先行する歴史的な発展の結果」なのであり、「多くの過去の社会的な生産構成体の没落の産物」なのである。ここでは「ひとつの歴史的な条件が、ひとつの世界史を包括している」。貨幣の資本への転化が告げるものは「社会的な生産過程のひとつの劃期」

にほかならない（S.183f.）。この劃期は、どのように成立したのか。この件に対してはのちに、マルクスが「本源的蓄積」論のなかで詳細な叙述を与えてゆくはこびとなるはずである。

労働力商品の特殊性

労働力はかくて商品であるから、商品であるかぎりではたとえばその「価値」の規定にさいして特殊な面はない。つまり労働力の価値もまた「労働力のうちで対象化されている、一定量の社会的平均労働」をあらわしているだけである。労働力の価値は、その面からいえば、労働力の「再生産に必要な労働時間」によって規定されている。労働力の再生産に必要な労働時間は、労働力を所有する者が生をつなぎとめてゆくうえで必要なもののすべて、つまり「生活手段の生産に必要な労働時間」によって制約される。いいかえれば労働力の価値は、「労働力の所有者の維持のために必要な生活手段の価値」にほかならない（S.185）。

ただし労働力商品の場合、この価値は一意的にさだまるものではない。食物や被服、住居の必要は、自然的条件に依存する。その他のさまざまな欲求の質と量、その範囲も「歴史的な産物」なのであって、おおむね「一国の文化段階」によって規定される（ebd.）。そればかりではない。「労働力の所有者は死を免れない」。労働力はまるごと再生産されなければならず、労働力の再生産に必要な生活手段の「総額」には、労働者の子どもの生活手段を購入する貨幣もふくまれている。労働力商品の再生産はこうして二重の意味での再生産であって、「かくしてこの独特な商品所持者の種族が、商品市場で永久化」される（S.185f.）。階層あるいは階級の固定化である。

商品としての労働力の特殊性は、しかしそれに止まらない。マルクスは書いている。

この特種な商品、労働力に特有な性質は、買い手と売り手とが契約をむすんでも、この商品の使用価値はまだ現実的には買い手の手には移っていない、という事情をともなう。労働力の価値はほかのどのような商品の価値ともおなじように、労働力が流通に入るまえから決定されていた。労働力の生産のためには一定量の社会的労働が支出されていたからであるが、しかしその使用価値は事後的におこなわれる力の発現にあってはじめてなりたつのである。力の譲渡と、その現実的な発現すなわちその使用価値としての現存在は、したがって、時間的にいって分離している。（S.188）

そのような場合に、買い手の貨幣は支払手段として機能することは、すでに見ておいたところである。資本制のもとでは、賃金の支払いはたいていの場合は後払いであるから、労働者は労働力の使用価値を資本に前貸ししていることになる。資本は労働力をいわば信用買いしているのだ。これが信用取引であることは、とマルクスは皮肉な調子で説いている。たとえば、企業の倒産によって「賃金の損失がときとして生じる」ことによってもあきらかだろう（ebd.）。

問題は、とはいえそればかりではない。労働力の「使用価値」が実現するのは、その「力の発現Kraftäußerung」においてであり、労働力の「外化《オイセルング》」はいつでも「事後的」である。労働力の購買者は、だからいったん買いいれた労働力を、その事前にさだまった――「流通に入るまえから決定されていた」——価値を充填する時間を超えて、なおも使用しつづけることができる。力の「譲渡Veräußerung」とその「現実的な発現《オイセルング》」が「したがって、時間的にいって分離している」ことが、労働時間の分離そのものを可能とするだろう。この件が資本に、剰余価値の取得を、とりあえずは絶対的剰余価値の獲得を可能とすることになるはずである。「労働力の消費過程は、同時に、商品の生産過程であり、また剰余価値の生産過程である」ことの消息がやがて説かれることになるだろう。そのためには「隠された生産の場所」に、No admittance except on business〔無用の者、立ちいるべからず〕と書かれたその場所に立ちいらなければならない（S.189）。

マルクスは皮肉をこめて書いている。「労働力の売買」はたんなる商品交換であって、その部面は「天賦の人権の真の楽園」でもあった。「そこを支配しているのはひとり、自由、平等、所有、そしてベンサムである」（ebd.）。これから辿られるのは、したがって楽園喪失の物語、エデンの園からの追放の物語となる。そこではまた、楽園があらかじめ失われ、たんに夢みられていたにすぎないしだいもあかされてゆくはずである。

註

（1） maßlos. ヘーゲルの論理学では存在論の末尾に「度量Maß」が登場し、das Maßloseが説かれたのちに「本質の生成」が論じられる。この間の消息にかんがみて、武市健人は、その展開を『資本論』における「貨幣の資本への転化」章へと対応させたことがある（武市、一九四七年、五五九頁以下）。ヘーゲル論理学体系と資本論体系との対照のこころみについては、武市、一九五〇年、二四四頁にも別解が見られる。宇野弘蔵も、ヘーゲルのいわゆる小論理学の目次に原論体系との対照を書きこんでおり

(宇野、二〇〇八年、口絵)、「転化」が対照される位置も武市のそれと一致するところからみて、こうした議論の影響がちいさなものではなかったことを窺わせる。櫻井毅の「解説」によるならば、書きこみは『原論』出版前後のものらしい(同、三四五頁)。とはいえ遊部久蔵がはやくから指摘していたように、こうした当てはめは、どのみち「マルクスの思想とはかなりへだたりがある」といわなければならない(遊部、二〇〇〇年、九七頁)。哲学畑では梯明秀がこのような「ヘーゲル『論理学』からのアナロギー」(梯、一九五九年、一二五九頁)に対し批判的であった。ちなみに、武市の黒田寛一宛て書簡を参照(黒田、一九九三年、四四一頁以下)。なお、宇野の使用した邦訳は松村一人訳。

(2) だからたとえば宇野弘蔵の『新原論』(宇野『著作集』第二巻)では「商品」「貨幣」とならんで「資本」となっている部分にあたる章が、日高普の概説では端的に「産業資本」となっている(日高、一九八八年、六九頁以下)。のちに註記するように、宇野学派の内部では、資本形態(形式)論の展開がすすみ、商人資本もマルクスとは別様にとらえられるようになったが、ある意味では一時期の柄谷行人の所論も、そうした宇野派的な動向の延長線上にあった。「商人資本に関する省察が、資本一般の性質を明らかにする」(柄谷、一九七八年、五二頁)とする柄谷の立場は、たとえば菅孝行から「柄谷に「読解」されたマルクスにおいてとりあげられるのは、歴史的段階性を捨象しても一般論として成り立つ利潤の発生根拠であり、それゆえに柄谷は、商人資本における利潤の発生に着目し、マルクスが労働力の商品化に見ようとした重要性を、商品一般の問題へと解体しようと試みるのである」(菅、一九八二年a、二二五頁)と批判された。両者のあいだにあったものは、当時の思考の動向における「形式化」へとむかう方向と「具体的なもの」へとむかう方向との対立でもあった。じっさい菅の場合は価値形態論をも、菅がその当時強調してやまなかった身体論として読もうとする志向を示している(菅、一九八二年b、二四二頁以下)。さらに、菅、一九八三年、一一四頁以下、参照。菅が問題としていた柄谷の特異な文体について、さいきん英文学者の阿部公彦が分析している(阿部、二〇一一年、一三七頁以下)。

(3) 宇野弘蔵の『経済学方法論』における用語法による。宇野『著作集』第九巻、一四三頁。なお単純商品流通からも時間的契機を消去できない点については、降旗節雄、一九六五年、一三七頁参照。
(4) この三つの資本形態を併置して、産業資本を導出するのは、宇野原論以来の理論構成であるけれども(宇野『著作集』第一巻、七一頁以下)、この導出法を価値形態論のそれと対比しながらより論理的なものへと整理しようとするこころみも、かつて宇野学派の内部に存在した。たとえば、小林弥六のもの(小林、一九六九年、二四四頁以下)を参照。また、小幡道昭、二〇一三年、一三六頁以下、参照。
(5) 松井透、二〇〇一年、七五頁以下、中澤勝三、一九九一年、六四頁参照。この間の消息について、それぞれ、廣松渉、一九九三年、九三頁、一四八頁をも参照。
(6) 前項の註(8)参照。この件については伊藤誠も注意している。伊藤『著作集』第二巻、一二一頁以下。また、伊藤、一九八九年、四三頁以下、参照。註(2)にしるしたように、柄谷行人の「商人資本」理解の原型ともなる議論である。
(7) バーキルッ=サドル、一九九三年、三九八頁以下、中沢新一、二〇〇二年、五四頁以下、参照。
(8) ギリシアについては、ポランニー、二〇〇五年、二三九頁以下、参照。
(9) 大澤真幸、一九九一年、四二頁以下。大澤がここで参照しているのは、高階秀爾によるイタリア・ルネサンスの背景の紹介である(高階、一九七九年)。より立ちいった分析としては、大澤、二〇〇七年、三一二頁以下も参照。一般的背景にかんしては、河野健二、一九八〇年、一三一頁以下、参照。
(10) 註(2)でも言及した一時期の柄谷行人の所論についても、その主要な論点はむしろこちらにあった。「資本家は、すでにより安くつくられているにもかかわらず、生産物を既存の価値体系のなかにおくりこむ。つまり、潜在的には労働力の価値も、生産物の価値も相対的に下げられているのだが、このことはただちには顕在化しないのである。だから、現存する体系とポテンシャルな体系が、ここに存在する。したがって、われわれは産業資本もまた、二つの異なるシステムの中間から剰余価値を得ることを見出すのである」(柄谷、一九七八年、六五頁)。

第Ⅱ篇　資本の運動

Ⅱ・1　生産の過程

Ⅱ・1・1　労働過程

労働過程論の位置と意味

　これまでマルクスとともに私たちは、商品交換から貨幣が析出されてくるしだいを辿り、貨幣が資本へと転化するはこびを跡づけてきたことになる。商品流通から生成してきた（産業）資本は、労働力という特殊な商品を市場に見いだし、それを所有者（労働者）から購入することで、生産を開始する。『資本論』の構成でいえば、ここまでの考察が第一部「資本の生産過程」の第一篇「商品」と第二篇「貨幣の資本への転化」にあたるのであった。

　これまでの展開を「資本の生成」と名づけて、第Ⅰ篇として独立させておいたことで私たちは、マルクスの議論を再構成する基軸としては、いわゆる宇野原論、すなわち宇野弘蔵の原理論体系における「流通論」の独立という体系構成上の方策に、形式上はしたがったことになる。第一巻は、じっさい直接的な生産過程を主題化するとはいうものの、その第一篇、第二篇の商品・貨幣論は、むしろ全三巻の序論とでもいうべき位置にあるからである。(1) 資本論体系の問題構成にしたがえば、つづく第三篇は「絶対的剰余価値の生産」と題されて、狭義の資本制的生産をめぐる考察が、以下ではじめて主題的に展開されるはこびとなるだろう。

資本制的な生産過程そのものへと立ちいるに先だち、マルクスはよく知られているとおり、いったんは生産一般のありかたを「労働過程 Arbeitsprozeß」の名のもとに分析している。労働過程とは「特定の社会的形態のいっさいとかかわりなく」考察された、「使用価値」の生産過程にほかならない（K.I, S.192）。私たちも、その分析にふくまれるいくつかの論点を確認することからはじめておくことにしよう。

マルクスの規定によれば、「労働力の使用が労働そのものである」（ebd.）。初歩的な事項をあえてしるしておくなら、「労働 Arbeit」と「労働力 Arbeitskraft」とをこのように差異化しておくことが、以下で展開される剰余価値生産の解明のために不可欠な区別を設定することになる。

前者すなわち労働について、『資本論』はつぎのようなしかたで一般的に説いている。これも有名な箇所であるけれども、念のため引用しておく。

> 労働はさしあたり、人間と自然とのあいだの一過程である。この過程で人間は、自然とみずからとの物質代謝をじぶん自身の行為によって媒介し、規制し、統御する。人間は自然素材に対してじじしん一箇の自然力として相対するのである。人間は、自然素材をじぶん自身の生活のために使用可能な形態で獲得するために、みずからの身体性にそなわっている自然力を、すな

わち腕や脚、あたまや手を作動させる。人間はこの運動によって、じぶんの外部にある自然にはたらきかけてそれを変化させ、そうすることで同時にみずから自身の自然を変化させるのである。〔中略〕クモは織匠の作業にも似た作業をおこなうし、ミツバチならばその蜜房の構造によって多くの人間の大工を赤面させる。とはいえ最悪の大工であっても最良のミツバチにあらかじめ優っている点は、大工は蜜房を蠟で築くにさきだって、すでにあたまのなかで築きあげているということにある。労働過程のおわりには、そのはじまりですでに労働者の表象のうちに存在していた、だから観念的にはすでに存在していた結果が登場してくるのである。労働者は、自然的なものの形態変化を引きおこすばかりではない。労働者は自然的なもののうちに、同時にみずからの目的を現実化するのである。(S.192f.)

労働はさしあたり、「人間と自然とのあいだの一過程」、自然と人間とのあいだでの「物質代謝Stoffwechsel」である。人間はいわば自然の贈与を受けることなくして、生存することができない。世界における人間の生存の第一の条件は自然そのものの豊かさ、その多産性である。人間はしかもたいていの場合「自然素材」をそのままのかたちで使用するのではなく、「じぶん自身の生活のために使用可能な形態」でそれを獲得しなければならない。すなわち人間は自然を加工して、みずからにとって使用価値をもつものとして形成しなければならないのである。このような意味での「有用労働」は、いってみれば「永遠の自然必然性」にほかならない(vgl. S.57)。

ここまではよい、としよう。たとえば採集経済にあっても、自然に自生している植物を刈りとることは、すでに一種の労働である。そのようにして刈りとられた植物の実が、たとえば焼き、あるいは蒸し、または粉に挽かなければ食用とならないならば、そういった加工のいっさいもまた労働であり、それは人間の生の必然であるとともに、自然の必然にほかならない。その必然性によって強いられ人間が各種の労働をおこなうとき、人間は自然そのものに対して、みずからも「自然力 Naturmacht」として相対する。しかもさしあたりは「みずからの身体性」そのものが可能とする「自然力 Naturkräfte」として対峙している。

穂を刈りとるためには、上腕の適度な力を植物の茎にくわえねばならず、畑を拓くためには根張った大木を大地から切りはなさなければならない。ひとはまた、自然力を利用して、自然素材の「形態変化」を惹きおこし、自然力によって自然素材に相対する。人間はたとえば火を熾し、釜のなかの水温を上げ、植物の実を調理するのである。

問題は、このさきにある。経済原論という言説のなかではおおむね通りすぎられ、あるいは本質的には問題とされることもなく肯定的にとり上げられるにすぎない論点が、じつは多様な諸問題がそこで交錯し、分岐して、輻輳する主題系をひらくものにほかならない。ひとことでいえば、労働過程の目的意識的なありかた(2)という論点がそれである。

「制作的存在論」あるいは「現前の形而上学」？

若きマルクスは、「ビーバーは毛皮つきの大工で、大工は毛皮のないビーバー」だとして、両者をへだてるものはなにか、と問うていた。私がなにをして生活するかはじぶんの自由の一部である。

そればかりではない。どのように生活するか、つまり私が自由なことをおこなうばかりではなく、それを自由におこなうことも私の自由の一部なのである（MEW. Bd.1, S.62f.）。

右にみた『資本論』からの引用ではマルクスは、「最良のミツバチ」と「最悪の大工」とをくらべて、後者は家を「すでにあたまのなかで」構築しており、人間の労働においては、結果は「観念的にはすでに存在していた schon ideell vorhanden war」ものにすぎないと説いている。労働者は、つまり「自然的なもの」のかたちを変更することで「同時にみずからの目的を現実化する」とマルクスが語っているかぎりでは、一見したところその労働過程論の第一のポイントは、この合目的的活動として生産過程を描きとるところにあるかに見える。しかしそうなのだろうか。あるいはそれだけのことなのだろうか。

もしもそれだけのことであるならば——もしくは「さしあたり zunächst」というマルクスの限定を読みおとしてしまうなら——、労働をめぐってマルクスが説くところは、たんなる俗流プラトン主義であるにすぎない。それはつまり、「あらかじめ心《プシュケー》のなかにあるイデアを現前化させることを目的《テロス》として、自然素材《ヒュレー》に働きかけること」を主張するものであったにすぎない。ハイデガーならそれを制作的存在論と呼び、デリダならば現前の形而上学そのものと名ざすことだろう[3]。

哲学史観を示すものとしてはあまり精度の高い装置ではない、ハイデガーなりデリダなりの概念的構成にもとづく批判はいま措いておくとして、ことがらとしてはなにが問題なのだろうか。よく知られた、労働過程の当面の描写から抜けおちてゆく事情は、どのようなものなのか。さしあたりこの件を問うておく必要がある。

「合目的的活動としての労働」？

問題は、ひとつには、「自然的なもの」における人間の「目的」の実現という労働のとらえかたが、或る特定のタイプの活動を労働一般のモデルとして過度に強調する結果になるということである。たとえば、狩猟＝採集経済をめぐってはいくつかの誤解が存在するとされるけれども、[4]そのうちの主要なもののひとつは、狩猟という経済的活動に対する過剰な評価である。実際には多くの狩猟＝採集経済において、採集活動のほうが安定的に食糧を提供するし、物質的な生活という面では狩猟活動は「副次的な役割」を占めるにすぎない。だが社会的な表象あるいはイデオロギーの面では、当事者のあいだでも観察者にとっても狩猟活動がむしろより高い価値づけを与えられることになる。[5]採取された植物にくらべて、仕留められた動物の肉とその解体とが興奮をともなうこと等をべつとしても、狩猟については一般的に、冷静で計画的な目的遂行活動という側面がその実態以上に帰属させられるからだ。狩猟は狩猟＝採集経済に依存する集団の多くにあって男性の活動とされており、典型的な労働にはかくて〈男性的なもの〉というしるしづけが刻印されることになるだろう。[6]

経済原論的な観点からいえば、このような問題系そのものは原論体系それ自体の外部となることだろう。それは、すくなくとももしかし経済学批判にとっては、経済学の外部へと開かれて、市場の外部へとつながる「開口部」[7]のひとつとなるはずである。

問題は、第二にはこうである。先だって問題としておいたように、マルクスはたしかに、労働において「人間は自然素材に対してじしん一箇の自然力として相対する」と書いていた。それ自体としては正当なこの認識と、合目的活動という生産の観念がむすびあうとき、マルクスのもう一方の視点、つまり労働にあって人間に可能なことがらは「素材を変化させること」だけであり、さらにまた労働そのものにおいても「人間はつねに自然力に支えられて」いる（vgl. K.I, S.57f. 本書、五三頁、註（9）参照）、とする視角が見おとされがちになるということである。

マルクス自身はべつの面では、この間の消息に対してもじゅうぶんに目をくばっていた。たとえば「生産期間」と「労働期間」を区別して、後者はつねに前者の一部であるが、「逆に、資本が生産過程にあるすべての期間が、かならずしも労働期間であるとはかぎらない」と注記するとき、マルクスは人間の目的志向的活動に対する制約的条件となる、自然過程の一面に対して配慮している。たとえば、ぶどう液の発酵過程や、生産物の乾燥過程、漂白過程などへの注目がそれである（vgl. K.II, S.241）。労働過程にあっても、合目的的活動による目的追求は自然過程を追いこすことができないのである。

第三に、そして当面はさいごの問題として、目的意識的な活動の強調は当然のことながら、明示的な目的に対してなんらかの意味で外部にあることがらを、見えにくいものとする。労働過程論のなかでもマルクスが強調するとおり、労働はその「素材的要素」を消費するかぎりむしろそれ自体としてひとつの「消費過程」である（K.I, S.198）。ただし――『経済学批判要綱』における分析の脈絡にしたがうならば――たんなる個人的な消費とは区別される、「生産的な消費 *produktive Konsumtion*」のプロセスなのである。それは、主体の能力の消費であるとともに、労働をくわえられるものの消費となるとはいえ、結果として産出されるものは一箇の生産物にほかならない（Gr., S.12 = MEGA. Abt.

II, Bd.I.1, S.27)。
　ここには、とはいえ、もうすこし考えておくべきことがらがあるように思われる。あと三点ほど論点を付けくわえておく。

破壊としての生産、排泄物の生産、労働過程論における「他者」の捨象

　ことの消息の根底に存在するのは、なにものかの制作はかならずなにごとかの破壊である事情である。制作はまず、1　素材のかたちを変更することであるかぎり、素材そのものに対しては破壊的に作用する。容器としてかたどられた土はもとのかたちを喪失しており、焼きあげられた容器はその成分を変容させている。この件は、とはいえ、それ自体としてはトリヴィアルな事態であるにすぎない。制作としての労働はつぎに、2　かならず廃棄物をもつくり出す。労働過程論でもふれられるとおり、それは第一に、生産にさいして使用される手段にかんして帰結する。生産の手段は労働という物質代謝のために役だつだけではない。それらはさらに「自然的物質代謝の破壊力」にさらされる。「鉄は錆びつき、木は腐食する」のだ（K.I, S.198）。それればかりではない。労働過程はかならず「排泄物 Extrementen」をも生産する。たとえば一一五ポンドの綿花を紡ぐさいには一五ポンドの「脱落」が生じ、devil's dust〔綿くず〕が生まれる可能性がある。マンチェスターの機械製造工場では「鉄くず」の山が毎日ふたたび製鉄所へと送りかえされる（vgl. ebd., S.219f.）。
　廃棄物は、たんなる廃棄物ではなく、破壊過程としての生産過程に不可避的にともなう、目的に対して外的な産物となる。もっともたとえば家畜の飼育では、家畜の排泄物が同時に「肥料製造の手段」となることもあるとはいえ（S.197）、労働の排泄物が自然過程の自浄作用をはるかに超えた、質と量をともなう場合には、ことは深刻な問題をエコノミーの外部へと帰結するものとなるだろう。

右にみたことがらが示しているのは、「使用価値を制作するための合目的的な活動 zweckmäßige Tätigkeit zur Herstellung von Gebrauchswerten」（S.198）として労働をとらえるさい、その過程に対して他なるもの、その外部となることの消息にほかならない。[8]

3

労働過程論は、だがしかし、「さしあたり」はいまひとつ決定的な意味で他なるもの、他者の存在を排除している。それは労働がどのような段階にあっても、顕在的あるいは非顕在的に他者との「協働 Zusammenwirken」として遂行されるしだいを、労働過程論は明示的には問うところがないからである。

とくに、労働過程論の視界――「特定の社会的形態のいっさいとかかわりなく」考察された使用価値の生産過程――には端的におさまりきらないことがらがある。それは、労働過程が商品生産の過程である場合は、生産物をつくり出す過程が商品を生産する結果とはならないことがありうるという事情である。商品生産は潜在的には全社会的な協働の一環として遂行されるものであるがゆえに、それは結果的には他者のための使用価値ではないもの、つまり商品とはなりえないものを生産する可能性がある。そのばあい労働過程は端的に素材のたんなる消費の過程となるのであり、じっさい製造されたものはやがて廃棄物として処理され、結局は破壊されることになるだろう。商品がたとえそれ自体としては有用なものであったとしても、その量が過剰であり、その質が時間作用の浸食にさらされやすいものであるならば、やはり結局は廃棄物となり、その定在形態は最終的には抹消されるはこびとなるはずである。

労働過程論におけるいくつかの区別について

以上でみたことがらのすべては、いったん措いておくことにしよう。それでもなお、労働過程論でマルクスは後論のために不可欠ないくつかの区別を設定しており、また注目にあたいする視角のいくつかを示している。本節の最後にこの件についてかんたんに確認しておく必要がある。

マルクスによれば、労働過程は「労働そのもの」、労働の「対象」およびその「手段」という契機からなっている。たとえば「土地 Erde」は、そこを流れる水とともに最初から人間労働の一般的な対象として存在している。また労働によって「大地 Erdganze」との直接的な結合から引きはなされるにすぎないもののいっさいなら「自然によって目のまえに見いだされる労働対象」である。たとえば水から分離される魚、原始林で伐採される木、鉱脈から剥ぎとられる鉱石である。これに対して、労働対象がすでに「いわば、過去の労働によって濾過されて」いるばあいマルクスはとくにそれを「原料」と呼ぶ（S.193）。

これに反して、労働者による労働対象へのはたらきかけにさいし、その媒介として役だつ「さまざまな事物の複合体」が「労働手段」と呼ばれる。原初的には、もちろん人間の身体器官それ自体が労働手段であるけれども、人間はやがて手の延長としての「自然的なもの」をじぶんの「活動の器官」として利用する。道具の使用がそれである。「土地」はそこで人間にとって「根源的な食糧庫」であるばかりでなく、同時にまた人間の「労働手段の根源的な武器庫」となる。さまざまな石器、木や骨や貝殻でつくられたもののほかに、人類史にあってすでに永く「飼育された動物」すなわちすでに労働をくわえられた動物が重要な労働手段となっている（S.194）。ひろい意味での労働手段にはまた、およそ労働過程がおこなわれるために必要な「対象的条件のすべて」もふくまれる。土地はこの意味でも重要な一般的労働手段であって、またあらかじめ労働がくわえられたもの、たとえば「作業用の建物、運河や道路」もまたそうである（S.195）。こうして、とマルクスは労働過程の総体をまとめている。引用しておこう。

> 労働過程にあってはこうして、人間の活動が労働手段をつうじて、ひとつのまえもって企図された、労働対象の変化を惹きおこす。その過程は生産物のうちでは消失しているのだ。その生産物は或る使用価値であり、形態変化をつうじて人間の欲求に適合するようにされた自然の素材である。労働は、その対象とむすびあわされた。労働は対象化されており、対象は労働をくわえられている。〔中略〕労働者は紡いだのであり、生産物は紡がれたものなのである。
> この過程の全体をその帰結である生産物の視点からみるならば、ふたつのもの、労働手段と労働対象とは生産手段として現象し、労働そのものは生産的労働として現象するのである。
> （S.195f.）

労働過程をつうじて、労働は「対象化」される。かくして対象は「労働をくわえられ」、加工されたことになる。こうして「労働者は紡いだのであり、生産物は紡がれたものなのである Er hat gesponnen, und das Produkt ist ein Gespinst」。

さきに区別された労働手段と労働対象とはあらためて「生産手段」として一括されて、労働それ自体と対立させられる。労働そのものは、それが「或る使用価値」を生産し、自然素材を「人間の欲求に適合するように」変容させるとき、それじしん「生産的労働」となるのである。

マルクスは以上をいわば総論的なまえおきとしたうえで、価値増殖過程の分析へすすんでゆく。その分析を追うことで私たちも、『資本論』第一巻の問題領域における枢要な部分へ立ちいってゆくはこびとなるはずである。

註

（1）石塚良次、一九八六年b、四〇三頁。

（2）たとえば伊藤誠は、一般向けの教科書のなかで「働くことの意味」と題する章を置き、その脈絡の内部に労働過程論を位置づけて、労働過程論のうちに「マルクスの唯物論の基礎」にある「人間の精神的活動性の重視」をみる（伊藤、一九八九年、五四頁）。あるいはまた、小幡道昭の原論体系では、「不測の事態に備えて」「活性化する、人間に特有な目的意識的な活動」こそが「労働」であると定義される（小幡、二〇〇九年、一〇三頁）。さかのぼっては、内田義彦による労働過程論の「ふくらませ」かたも参照（内田、一九六六年、八五頁以下）。最近では、大西広が、労働過程論を迂回生産論の一部としても読みといている（大西、二〇一二年、七頁以下）。いずれも重要な視点であるけれども、そこで総じてかえりみられていないことがらは、目的意識性なる視点にはらまれている問題群であるといってよい。

（3）山崎カヲル、一九八三年、参照。

（4）例をあげるなら、「まったくの生存経済」「例外的なばあいでなければ、乏しい余暇」「不断の食物探し」「経済的剰余の欠如」「最大限人数による最大限エネルギー」等々、といった描像がそれである（サーリンズ、一九八四年、一〇頁）。サーリンズの訳者、山内昶の論著を参照（山内、一九九二年、一三〇頁以下）。

（5）山崎カヲル（編訳）、一九八〇年、八頁以下、参照。

（6）家事労働一般の位置づけを問いなおすのが、マルクス主義フェミニズムの潮流である。クーン／ウォルプ（編）、一九八四年、所収の諸論文、とくに、P・スミス「家事労働とマルクスの価値理論」参照。この国では、論集訳者のひとり上野千鶴子の仕事に代表されることはいうまでもない。簡単には、上野、一九八五年a、参照。主著が増補されたものとしては、上野、二〇〇九年を参照。狩猟文化におけるイデオロギー的な表象の問題について、上野、一九八六年、一〇‐一一頁、上野における人類学受容の様相にかんしては、ほかに、上野、一九八五年b、六六頁以下、参照。千田有紀の整理によると、上野理論の特色は、一、家事労働の搾取に着目して、市場の外部に注目しつつ労働概念の「男性性」をあきらかにすること、二、男性による家事労働の搾取を、その女性支配の物質的な基礎と位置づけること、三、家事労働を生産労働として位置づけ、再生産様式として意味づけること、四、かくて近代社会を「家父長制と資本制の二元論」によってとらえることにある（千田（編）、二〇一一年、一九頁以下）。資本論読解の次元では、ほかに、青柳和身の大著（青柳、二〇一〇年）参照。

（7）小幡道昭による原論の用語。小幡、二〇〇九年、のほかに、小幡、二〇一〇年を参照。これに対しては、山口重克の批判（山口、二〇一〇年）が、おなじ論集に収められている。小幡の論稿はそののち、小幡、二〇一二年、に他の批判的論攷とともに収録された。ことの消息が、宇野学派の現在的な布置の一様相を示していよう。

（8）こうしたことの消息は、かつて今村仁司が労働の「非対象化的」な側面として主題化しようとしたことがらと関連するものであるかもしれない。今村、一九八一年、二一四頁以下、ならびに、今村、一九八三年、一七〇頁以下を参照。

Ⅱ・1・2　増殖過程

α　価値形成過程の分析

労働過程と価値形成過程との統一

マルクスは労働過程論をむすぶにあたって、「労働過程は、それが資本家による労働力の消費過程（Konsumtionsprozeß der Arbeitskraft durch Kapitalisten）として生起する場合、そこでふたつの特有な現象を示すことになる」と説いて、つぎのように書いている。引用しておく。

労働者は資本家の統御のもとで労働し、資本家に労働者の労働はぞくしている。資本家は、労働が秩序ただしくおこなわれ、生産手段が合目的的に使用され、かくして原料がむだにされず、労働用具が大切にされるよう、いいかえれば労働におけるその使用によってやむをえない範囲でのみ損傷されるにすぎないように監視している。

第二にたほう生産物は資本家の所有物であって、直接生産者である労働者の所有物とはならないのである。（K.I, S.199f.）

第一の「現象」は、労働過程の資本による「統御」にかかわる。それは、資本による労働の包摂として、やがて以下、段階を追って主題化されることになるだろう。段階をたどるごとに、労働はその意味を変容させてゆくことになるはずである。

第二の特有な点について、マルクスはさらに説明を付けくわえている。資本は労働力に対して、たとえばその「一日分の価値」にあたる貨幣を支払う。つまりその日いちにち分の労働力の消耗が補填され、翌日も同等な労働力が再生産されるのが可能となるかぎりでの労賃を、労働力の対価として与えるのである。一日だけ賃借りした馬についてその一日の使用が賃借りした者の自由であるように、労働力という「商品の買い手には商品の使用がぞくする」。資本家の作業場には、一方ではそれ自体としては動かず「死んでいる」生産手段があり、資本は他方でその生産要素に、おなじく資本にとっては生産要素であるにすぎない労働を「生きている酵素 lebendiger Gärungsstoff」として付けくわえるのである。資本家の立場からすれば、そのかぎりで労働過程は、一方ではじぶんの生産手段の生産的消費であり、他方では労働力という「みずからが買いとった商品の消費」でしかないのだから、「この過程の生産物がかれにぞくするのは、かくてちょうど、資本家のワインケラーのなかの発酵過程の産物がかれのものであるのと、まったくおなじ」なのである（ebd., S.200）。

「事物のあいだの過程」

労働過程は、資本による「労働力の消費過程」としてあらわれる場合は、資本家の立場からするならば、「事物のあいだの過程 Prozeß zwischen Dingen」であって、資本が購入して、資本にぞくするものとものとのあいだに生起する一プロセスであるにすぎない（ebd.）。あえていえば、かくて労働過程は事象の過程として物象化してあらわれる。これはしかし、一箇の「取りかえquidproquo」であり、錯覚にすぎない。それが錯覚であるかぎりで、錯覚から帰結することがらと、当の錯覚そのものが由来するところが解明される必要がある。

私たちはいまマルクスとともにその長いみちのりの出発点に立ったことになるだろう。これからたどられることになるのは、すなわち「価値増殖過程」とその秘密にほかならない。つまり、資本の自己運動が事物と事物とのあいだに生起する運動としてあらわれるプロセスと、その背後にある関係と構造、ただちには見とおしがたいシステムと存在体制とにほかならないのである。

資本が特定の生産手段と一定の労働力を消費して、一例として長靴を生産する、としよう。そのばあい生産物は「或る使用価値」であるが、使用価値は資本にとっては「それ自身のために愛されるqu'on aime pour lui-même」ものではない。たとえば長靴は資本家にとっては使用価値ではない。資本にとって商品は、たんにそれが「交換価値の物質的基体、そのにない手」となるかぎりで生産されるものにすぎないからだ。そのさい資本は、生産された商品の価値が、その生産のために必要な商品（生産手段と労働力）の「価値総額」、すなわちそれぞれの市場で投資された「価格総額」を上回るものであることを欲望している。資本とは運動であり、価値増殖にむかう不断の生成でありつづけなければならないからである。したがって資本はただ「使用価値」を生産しようとするわけではない。資本は「商品」を生産しようとする。いいかえれば「ただ使用価値を、ではなく価値を、たんに価値を、ばかりではなく剰余価値もまた」生産しようとするのである（S.200f.）。――ここで問題となっているのは商品の生産である。ところで商品とは「使用価値と価値との統一」であった。かくして「商品の生産過程も労働過程と価値形成過程（Wertbildungsprozeß）との統一でなければならない」（S.201）。生産過程はかくて価値形成過程としても考察されねばならないのである。

　商品の生産過程が価値形成過程として考察される場合、第一に問題となるのは、生産過程の果実として資本の所有物となって、その手中に帰する「生産物のうちに対象化されている労働」の量を「計算すること」である（ebd.）。この計算はどのようにしてなされるのだろうか。否それ以前に、そういった計算がいったい可能なのだろうか。すこし考えておく必要がある。

綿糸生産という設例

　マルクスの設例にならって、生産物が「糸」とくに綿糸であるとしよう。そのさい、どのような商品の価値も、使用価値としての、その商品を生産するのに「社会的に必要な労働時間」によって規定されていることを前提とする。この件は、とうぜんまた資本が購入する生産手段（原料と労働用具）と労働力についても妥当し、しかもそれぞれの市場におけるすべての交換はその価値どおりにおこなわれ、当の価値をそのつどの価格が表示しているものとする（vgl. S.201ff.）。

　以上の前提と想定のもとに、『資本論』の設例を整理してみよう。綿糸の原料は綿花であり、一〇ポンド（ここでは量の単位）の綿糸の生産には同量の綿花が必要であって、そのばあい綿糸生産における綿花の損耗分はかりにゼロとする。綿花から綿糸を紡ぐためには労働用具としては紡錘のみが必要であり、綿糸一〇ポンドを生産するとき紡錘四分の一が摩耗する（つまり綿糸を四〇ポンド生産するごとに紡錘一個を入れかえなければならない）。さらに、綿糸一〇ポンドを紡ぐには六時間の労働が必要であるとしよう。いまそれぞれの市場価格（前提により価値と一致している）に適当な数値を充てると、以下のような「計算」がなりたつ。(1) ただし、ここでは六時間労働に対して支払われる労賃が、一日分の労働力の価値（労働力の日価値）と一致しているものとする。

生産の条件
　綿花（10ポンド）　＋紡錘（1/4個）　＋労働（6時間）　＝綿糸（10ポンド）
市場の価格
　綿花（10シリング）＋紡錘（2シリング）＋労働力（3シリング）＝綿糸（15シリング）
労働の時間
　綿花（20時間）　＋紡錘（4時間）　＋労働（6時間）　＝綿糸（30時間）

二〇労働時間を吸収しているとされる綿花一〇ポンドの価格が一〇シリングとされているので、前提によって（二〇時間÷一〇＝二時間）、金一シリングが表示するのは二労働時間である。それゆえ、三〇労働時間を対象化している綿糸一〇ポンドの価値は、価格で表現するならば、（三〇÷二＝一五により）一五シリングとなる。

計算結果はかくて「生産物のうちに対象化されている労働」の量は「三〇労働時間」であって、その貨幣表現（価格）は「一五シリング」であるというものとなるだろう。ちなみに、市場の価格として示したものは投下された資本総額であるがゆえに、この設例では（一五シリング＝一五シリングであるから）剰余価値は生じていない。

「計算」を可能にするもの

さて、さきの問いにもどろう。計算はどのようにしてなされるのか、そもそもそういった計算が可能なのか、が問題であった。算出は右のようになされた。しかしそのような計算はだれにとって可能であったのだろうか。

がんらい、労働者がそのような計算をおこなうことはありえない。かれもしくはかの女は資本家ではなく、労働者であるかれ／かの女にとって問題となるのは、作業場に綿花が準備され、紡錘がそなえられており、じぶんに日給三シリングが支払われるということだけである。

資本家が右のような計算をじっさいに遂行することも不可能である。労働過程論ですでに言われていたとおり、「生産物は、生産手段としてあらたな労働過程に入ることによって、それゆえ生産物という性格を喪失する」のであって、生産手段となった生産物は「ただ生きている労働の対象的な要因として機能するにすぎない」からである。つまりたとえば紡錘が「過去の労働の生産物であるということはどうでもよいこと gleichgültig」なのだ。――その件が問われる場合があるとするなら、それはひとえに用具に欠陥があるときである。つまり、「切れないナイフや切れがちな糸などが刃物屋のAとか蠟引工のEをまざまざと想いおこさせる」にすぎない(2)。一般的には生産手段のうちでは「その使用属性が過ぎ去った労働に媒介されていることは消失している」のである（S.197）。

生産過程は、商品のうちでは消え去って、痕跡すらとどめていない。商品の生産のために「労働力が支出されたこと」は、生産過程が終了したのちには「その商品が価値を有しているという物的な性質（dingliche Eigenschaft）としてあらわれる」（K.II, S.385）。生産過程そのものすら、資本を運用する者にとっては物的な過程にほかならなかったのである。

資本家は、こうして問題の計算をおこなうことができない。たほう資本家はその計算をおこなうことができなければならないのだ。このような計算が不可能であるなら、資本家は資本を投資し、それを回収する（さらには増殖させる）ことすらかなわないからである。それでは、現に生起しているのはどのようなことがらなのだろうか。

答えはかんたんである。資本家はただそれぞれの局面で、価格つまり貨幣額を計算しているだけである。資本家は（当面の設例でいえば）ただ、綿花に一〇シリング、紡錘に二シリングを、さらに労働力に三シリングを支払っているだけなのである。過程が消失し、それぞれが一定の労働時間を社会的に平均して必要とする生産物である、という事情が消失してもなお、その結果はのこっている。問題はこの過程と結果との *quidproquo* なのである。[3] この過程と結果との取りちがえこそが資本の立場をかたちづくることになる。すなわち、資本が購入し、資本にぞくする事物と事物とのあいだで生起する相互作用の過程のみを問題とする立場にほかならない。じっさいにここで計算を遂行している分析者は、ひとえにこの資本の立場、もう一度そう語っておくならば、物象化された立場を事後的に分析してみせているにすぎない。

「紡錘と綿花とが静かに並んでいることがなく、紡績過程で結合され、その結合によってそれらの使用形態が変化させられて」両者は綿糸へ転化する。これが綿花を原料とし、紡錘を用具として、綿糸が生産されることにほかならない。そうであるとして、綿花と紡錘が綿糸に転化することは、「それらの価値にはすこしも影響しない」。つまりここでは、綿花と紡錘が「単純な交換」によって綿糸という等価物と取りかえられたことと、まったくひとしい（K.I, S.202）。

資本そのものにとっては交換と生産とのあいだに区別はない。交換は事物と事物との相互関係であり、生産もまた事物と事物とのあいだの交互作用にすぎないからだ。

その資本の立場に立つかぎりで、問題の計算が右のようなかたちで可能となる。とはいえ、その背景にあるものは、個々の資本家には知られていない、背後で進行している社会的過程、すなわち綿糸が紡ぎだされる背後で同時に織りあげられている全社会的な分業の体制、当事者たちにとっては不可視なままでありつづける構造なのである。

労働過程にあっては一般に「労働はたえず不安定的な形態から存在の形態へ（aus der Form der Unruhe in die des Seins）、運動の形態から対象性の形態へと転換される」（ebd., S.204）。価値形成過程としての商品生産過程にあっては、その転換過程がさらに価値増殖過程をも可能にすることになるだろう。どうしてだろうか。つぎに、この件が問われなければならない。すなわち、たんなる価値形成過程を超えて、価値増殖過程が分析されなければならないのである。

註

（1）吉田憲夫、一九九五年、二六五頁の表を参考に作成。

（2）ちなみにハイデガーは、「もっとも身近な周囲世界たとえば手工業者の仕事の世界」を問題として、「利用される原料にあってその原料の製作者、あるいは「供給者」が、良く「役だつ」あるいは役だたない者として出会われる」と書いている。労働過程論には、ほかにもハイデガーの周囲世界分析を先どりする視角のいくつかがあるように思われる。
（3）吉田憲夫、一九九五年、二五八‐二五九頁、参照。

β　価値増殖過程の分析

付加される価値部分を分析する前提

綿糸の価値は、その生産に必要な労働時間を〈計算〉することで測られる。その価値量には、右でみたように、綿花や紡錘の生産に充てられる「時間的にも空間的にも分離された der Zeit und dem Raum nach getrennt」さまざまな労働過程における労働時間もふくまれている（K.I, S.202）。

前提により、資本家自身はそれらを「市場で価値どおりに」購入するだけであるから（ebd., S.201）、資本家にはこれらの過ぎ去った労働の過程は問題ではなく、過程ののこした痕跡で<u>あ</u>る<u>結</u>果だけが問題である。とはいえ資本家の立場から分析する者にとっては、それらの多様な労働過程は、綿糸の生産という「一箇同一の労働過程がたがいに継起する、あいことなる局面」とみなすことができる。綿糸生産の現場には、先行する時間過程が重畳して織りこまれて、それ自体として独特な時間過程が進行している。先行する過ぎ去った労働時間、たとえば紡錘を制作するための時間は、その価値を変化させず、すでに「過去完了形 Plusquamperfektum」にあるのだから、価値増殖の過程が問題となる場合には、綿糸製造工場で経過する時間のみが問われることになるだろう（S.202）。

ここで事態が正常に進行するために、ふたつのことがらが前提とされなければならない。ひとつは、綿花や紡錘が綿糸という商品の生産のために「現実に役だっている」ということである。そうでなければ、先ほどの計算自体が成立しない。第二には、過程の全体にわたって「与えられた社会的生産条件のもとで必要な労働時間のみが用いられた」ということである。前提にしたがえば、一ポンドの綿糸を紡ぐためには一ポンドの綿花だけが消費されなければならず、資本家は鉄の紡錘に替えて、たとえば「金無垢の紡錘」を使用してはならない（S.203）。

このような前提のもとでは、前項の設例にあって確認されたとおり、綿糸の価値のうちで「生産手段」（綿花と紡錘）が示しているのは、貨幣表現で一二シリング、価値としては二労働日が「物質化されたもの Materiatur」にほかならない。いまや問題となるものは、「紡績工の労働そのものが綿花に付けくわえる、価値部分」となる。そのさい、紡績工の労働が「価値形成的」なものであるかぎり、つまり「価値の源泉」であるかぎりで、綿花栽培者や紡錘製造工の労働と「すこしも差異を有していない」。さきに多様な労働過程を、綿糸の生産という一箇同一の労働過程のあいことなる局面とみなすことができたのは、ひとえにこの「同一性 Identität」によってなのである。その同一性、差異を貫通する同一性は、とはいえ、それぞれの労働過程が社会的な分業の一環として妥当しており、しかも労働過程のそれぞれが「社会的平均労働」であることによって裏うちされている。ことばをかえるなら、そのように複雑に重畳し、見とおしがたく沈殿した時間の重み（ならびに空間のひろがり）により高度に媒介されているのである（vgl. S.203f.）。

資本家のとまどいと繰り言

以上をあらためて前提として、前項とおなじ設例にもどる。マルクス自身の説くところを引用しておこう。

ここで、生産物である一〇ポンドの糸の総価値を見なおしてみよう。一〇ポンドの糸には、二1/2労働日が対象化されている。二日分の労働は綿花と紡錘量とにふくまれており、1/2日分の労働は紡績過程のあいだに吸収されている。おなじ労働時間は、一五シリングの金量であらわされる。一〇ポンドの糸の価値に相当する価値は、したがって一五シリングとなり、一ポンドの糸の価格は一シリング六ペンスとなるのである。

われらが資本家は「おや」と思う。生産物の価値は、前貸しされた資本の価値にひとしい。前貸しされた価値は増殖しておらず、剰余価値を生んでいない。貨幣は、だから資本に転化してはいないのだ。（S.205）

前提をいまいちど確認しておく。労働力の売買の局面では、労働力の「日価値」は三シリングと想定され、この三シリングには六労働時間が体現されており、「したがって労働者の日びの生活手段の平均額を生産するため」にもおなじだけの労働量が必要とされることになる（ebd.）。この件をも前提としたうえでの、一〇ポンドの綿糸の「総価値」の内訳については、設例にそくして、前項で一覧しておいたとおりである。そこでは投下された貨幣量は一五シリングであり、回収されるべき貨幣量も一五シリングであった。そこで、資本家は「「おや」と思う」。資本は増殖しなければならない。投下された資本は「剰余価値」を生まなければならない。かくて投資された貨幣は「資本に転化」する。そのすべてが、ここでは生起していない。資本家はとまどう。

マルクスはここでしばらくは資本家の繰り言につきあってゆく。そうだった。「地獄への途はさまざまな善き意図によって舗装されている Der Weg zur Hölle ist jedoch mit guten Absichten gepflastert」のであった。じぶんは騙し打ちに遭ったのだ。まず、じぶんの「節欲」のことを考えてくれ。紡績工が綿糸を紡いだ？　しかし紡績工だって、じぶんが準備してやった生産手段で糸を製造したのだ。じぶんは「皮まで売ってしまって、もはや革になめされるよりほかにはなんの希望もない」（vgl. S.191）素寒貧どもに仕事を与え、そのうえ貨幣まで与えたのだ。そればかりではない。じぶんだって労働したではないか？　じぶんは「監視」をしたし、さらに「総監督」としてはたらいたのである（S.206f.）。

剰余価値生産の基礎

もちろん、資本家は「この長たらしい繰り言で私たちをからかったのだ」。そのようなつまらない言い抜けやごまかしなら、資本家がそのために雇っている「経済学の教授」たちが――とマルクスは言う――いくらでも準備してくれるのである（S.207）。

問題のポイントはほんらい、「労働力にふくまれている過去の労働と、労働力が給付しうる、生きている労働」とは「ふたつのまったくことなる量である」という点にある。前者は労働力の日価値をかたちづくるものであり、労働力自身を再生産するために一日に必要な生活手段の価値によって規定されている。それはいわば「労働力の毎日の維持費」である。後者は、これに対して「労働力の毎日の支出」なのであって、両者はまったく一致しない。「前者は労働力の交換価値を規定して、後者は労働力の使用価値を形成している」。労働力を買いいれるものは、価値法則にしたがって労働力の価値を正確に支払わなければならない。前提によれば、それは三シリングである。かくして、ひとしいものがひとしいものと交換され、等価交換の原則は順守されるのである（S.207）。

しかし労働力をいったん一日分だけ購入した者は、その使用価値を一労働日のあいだだけ自由に消費することができる。「労働者を二四時間だけ生かしておくために半労働日が必要であるということは、かれが丸いちにち労働することをだんじて妨げはしない」。労働力の価値は、その維持費によって定まる。労働力によって価値を増殖するためには、労働力の毎日の支出を増やせばいいだけのことである。「労働力の価値と、労働過程における労働力の価値増殖は、したがってふたつのことなった量なのである」（S.208）。

労働力には、かくてふたつの使用価値がありうる。ひとつは、それが有用な労働をおこないうるということである。資本は、具体的には長靴や綿糸を製造しなければならない。労働力は、だからそのような使用価値を生産するために、「有用な形態で支出されなければならない」。労働力には、しかし第二に「この商品に独自な使用価値」がある。それはつまり労働力が「価値の源泉」であり、しかも、労働力自身が有する価値「より以上の価値 mehr Wert, als」の源泉であるということだ。

そのような意味で価値の源泉である労働力が剰余価値（Mehrwert）をつくり出す（S.208）。資本はここでなにも不正をはたらいているわけではない。資本家は、むしろ「商品交換の永遠の法則」にしたがって行動している。労働力の売り手は、労働力の価値を実現して、その使用価値を引きわたす。すなわち二四時間分の生活資料を買いもとめるに足るだけの貨幣と引きかえに、資本家による労働力の使用に同意する。この点では他のどのような商品の売り手とも同様なのである。手ばなされた使用価値、「つまり労働そのものはその売り手のものではない。それは、売られた油の使用価値が油商人のものではないのとおなじことである」（ebd.）。

それだけではない。労働力は、およそ力や能力が一般にそうであるように、可能性においてのみ存在するものである。労働力が現実化するとき、それは労働そのものとなる。労働力はしたがって可能性において価値どおり買いとられ、現実にそれが使用されることで価値以上のものを、つまり剰余価値を産出することになる。――こうしてマルクスは書いている。引用しておこう。

> 労働力は、丸いちにち活動し、労働することができるにもかかわらず、労働力の一日の維持には半労働日しかかからないという事情、かくして、労働力の使用が一日につくり出す価値が労働力自身の日価値の二倍だという事情は買い手にとってとくべつな幸運ではあるけれども、けっして売り手に対する不法ではない。（ebd.）

それはたしかに「とくべつな幸運 ein besondres Glück」である。労働力の可能性を現実に利用することは、とはいえすこしも「不法ではない kein Unrecht」のである。

貨幣の資本への転化の成功

ここで前項における設例に適切な変更をくわえておこう。以前の設例とのことなりは、労働者が今回はいちにち六時間ではなく、一二時間はたらく点にある。ちなみに『資本論』執筆当時に有効であった一八五〇年の工場法では、一労働日＝一〇時間、週六日労働制が標榜されていたが、それに先行する時期における一般的な労働日は一二時間である。労働時間の延長に応じて、原料の量は倍となり、紡績の磨滅も二倍となる。また、労働時間が六時間である場合と一二時間である場合とでは、価格変動はないものとする。以上を前提としてふたたび設例を整理してみよう。(1)

生産の条件
綿花（20ポンド）　＋紡錘（1/2個）　＋労働（12時間）　＝綿糸（20ポンド）

市場の価格
綿花（20シリング）＋紡錘（4シリング）＋労働力（3シリング）＝綿糸（27シリング）

労働の時間
綿花（40時間）　＋紡錘（8時間）　＋労働（12時間）　＝綿糸（60時間）

前提によって金一シリングは二労働時間をあらわす。したがって生産物である綿糸二〇ポンドは六〇労働時間を体現しているがゆえに（六〇÷二＝三〇によって）、この事例では綿糸二〇ポンドの価格は三〇シリングとなる。ここではなにが起こっているのだろうか。

この設例では、資本は生産手段ならびに労働力に二七シリングを投下（「前貸し」）して、しかも等価交換という商品交換の原則を侵害することなく、一方では生産手段を生産的に消費し、他方でおなじく購入した商品である労働力の使用価値を消費することで、（三〇シリング－二七シリング＝三シリングだから）三シリングの剰余価値を取得したことになる。「かくて、二七シリングは三〇シリングへと転化した。それは、三シリングの剰余価値を付けくわえた。手品はついに成功した。貨幣は資本に転化したのである Geld ist in Kapital verwandelt」（S.208f.）。

資本制的生産過程の成立

ここで問題の条件を想いおこしておこう。貨幣の資本への転化は、商品交換の法則、つまり等価交換の法則にしたがって生起しなければならなかった。資本の形成は流通部門でおこなわれなければならず、流通の法則、等価物どうしの交換という法則にしたがって生起しなければならない。とはいえ、等価交換からは価値は増殖せず、資本はしかし増殖しないかぎりでは資本ではない。だから資本の生成は、流通部門で生起することはありえないようにみえる。だが流通部門以外のいったいどこで貨幣は資本へと転化するというのだろうか。これが問題であった（本書、一三〇頁参照）。

マルクスの回答はこうである。引用しておく。

問題のすべての条件は解決されており、そのうえ商品交換の法則はすこしも侵害されてはいない。等価物が等価物と交換された。資本家は買い手としてどの商品に対しても、つまり綿花にも紡錘量にも労働力にも、価値どおりに支払っている。つぎに資本家は、商品の買い手ならだれでもするようにした。資本家は、これらの商品の使用価値を消費したのである。労働力の消費過程、それは同時に商品の生産過程であって、三〇シリングという価値のある二〇ポンドの糸という生産物を生みだした。かくて資本家は市場に帰って、以前ならば商品を買ったのであるが、今度は商品を売る。かれは糸一ポンドを一シリング六ペンスで、つまりその価値よりも一ペニーも高くも安くもなく売るのである。それでも資本家ははじめにじぶんが流通に投げいれたよりも三シリング多く、流通からとり出すことになる。この経過の全体、資本家の貨幣の資本への転化は流通部門のなかで生起し、またそこでは生起しない。流通の媒介によって、というのは、商品市場で労働力を買うことを条件とするからである。流通では生起しない、というのは、流通は生産部門でおこなわれる価値増殖過程を、たんに準備するだけだからなのである。（S.209）

かくて「可能世界のうちで最善の世界にあっては、いっさいが最善の状態に tout pour le mieux dans le meilleur des mondes possibles」ある。価値増殖とは「或る一定の点を超えて」延長された価値形成過程であるにすぎない。その一点とは「資本によって支払われた労働力の価値」をしめす一点にほかならない(2)（ebd.）。こうしてマルクスは結論づける。「労働過程と価値形成過程の統一として、生産過程は商品の生産過程である。労働過程と価値増殖との統一としては、それは資本制的生産過程であり、商品生産の資本制的形態なのである」（S.211）。

註

（1）吉田憲夫、一九九五年、二七二頁の表を参考に作成。

（2）よく知られているとおり、宇野弘蔵は『資本論』では労働過程に当たる部分を「労働＝生産過程」として拡充し、そこに労働価値説が「論証」される場面をみとめようとした。そのさい、まず「価値形成過程」では「個々の生産過程の生産物が資本の生産物として社会的に流通する過程」のうちに、労働者が賃金によって労働生産物としての生活資料を資本から「買戻す」ことが注目され、この生活資料の価値規定を基軸として、他のいっさいの生産物が価値規定を受けることを示そうとする（宇野『著作集』第一巻、九四頁以下）。鈴木鴻一郎を中心として編成された原論体系では、この関係が逆になる（鈴木（編）、一九六〇年、一一一頁以下）他、宇野学派の内部でも理解は一様ではない。ちなみに柄谷行人が、NAMいらい強調する視点（柄谷、二〇〇〇年、参照）、すなわち産業資本の特性を、「労働者が資本の下で自らが作ったものを買いもどすシステム」にあるとする視角は、基本的に宇野原論体系のそれと一致している（柄谷、二〇一〇年、二八二頁以下）。

γ　不変資本と可変資本

投入 - 産出の連立方程式

前項までの考察は、マルクスにならって、綿糸生産に例をもとめるものであった。いま、綿糸の原料となる綿花をあらためて例にとり、綿花は鉄と石炭を生産手段として生産され、鉄と石炭は、おのおのまた鉄と石炭を生産手段としているものとする。それぞれの社会的に平均的な技術により各生産物単位量あたりに必要な生産要素の投入量が、以下のとおりの関係にあるとしよう。

石炭 1/4 kg＋鉄 1/6 kg＋労働 1/3 時間　→ 石炭１kg
石炭 1/2 kg＋鉄 1/3 kg＋労働 1/3 時間　→ 鉄１kg
石炭 5/4 kg＋鉄 1/2 kg＋労働２時間　→ 綿花１kg

ここで、石炭、鉄、綿花各一キロに対象化されているとされる労働量をt^1、t^2、t^3時間とすると、右から、労働時間を単位とする三つの方程式がえられる。

$$t^1 = 1/4\,t^1 + 1/6\,t^2 + 1/3 \quad (1)$$
$$t^2 = 1/2\,t^1 + 1/3\,t^2 + 1/3 \quad (2)$$
$$t^3 = 5/4\,t^1 + 1/2\,t^2 + 2 \quad (3)$$

これを連立方程式として解けば、$t^1 = 2/3$, $t^2 = 1$, $t^3 = 10/3$となる。以上を、全社会の生産部面がｎ個にわかれ、ｎ種の生産物が生産されているという想定のもとで一般化しても、時間ｔにかかわる未知数はｎ個、連立方程式の数もｎ個となり、一義的な解が得られることが知られている。(1)

さてそのとおりであるとして、このような計算はいったいなにをしていることになり、こうした数式の背後にあるものは、元来なんであることになるのだろうか。右のような連立方程式を立て、それを解くことに意味があるのは、生産条件のそれぞれを加算してゆくことが有意味である場合にかぎられる。生産条件（つまり、生産手段と「生きた労働」と）を加算してゆくことが可能となるためにはまず、労働そのものが価値を保存し、あるいは転移するという発想自体が有意味なものでなければならないはずである。その件をめぐって、いますこし考えておく必要がある。

当面の問題にかかわってマルクスはこう書いていた。引用しておく。

> 労働過程のさまざまな要因は、それぞれにことなった関与を、生産物価値の形成にさいしておこなっている。
>
> 労働者は、その労働の特定の内容や目的や技術的性格を度外視するならば、一定量の労働を付けくわえることで労働対象にあらたな価値を付けくわえる。他面では私たちは、消費された生産手段の価値を、ふたたび生産物価値の成分として見いだす。たとえば綿花や紡錘の価値を糸の価値のうちに、である。生産手段の価値はしたがって、生産物に転移されることによって保存されるのである。この転移が生起するのは、生産手段が生産物へと転化するあいだに、であり、すなわち労働過程にあってのことである。それは労働によって媒介されている。しかしどのようにしてだろうか。（K.I, S.214）

一方では労働者の労働が「労働対象にあらたな価値を付けくわえる」。労働過程のうちで消費される生産手段の価値（の一部）は他方ふたたび「生産物価値の成分」として再現される。生産手段が生産物へ「転化 Verwandlung」するとき、同時にこの「転移 Übertragen」が生じる、とマルクスはいう。じっさい、「しかしどのようにして」こうしたことがらが生じるというのだろうか。

「転移」という問題

問題は、とりあえずまず「転移 Übertragung」という発想にある。ごく素朴なところから、考えなおしておく必要がある。

たとえばいま、漆器をつくるとしよう。原料は適度な大きさの木片がひとつ、すでに溶かれた漆の原液が一皿、鑿と刷毛とが労働用具であるとする。木片を刳りぬき、汁椀のかたちにととのえ、その表面に漆原液をなんどか重ねぬりしてゆく、としよう。汁椀のかたちに成形されるさい木片の相当部分は切屑としてむだになるから、物質片としてのたとえば重量はむしろ著しく減少する。漆をその表面にむだなく塗りつければ、漆液はたしかに汁椀の表面に付着し、移転する。それでは鑿や刷毛についてはどうだろうか。ていねいに掘りとられた椀のおもてには、すでに鋭利な鑿のあとはまったく残されていない。漆器の表面に刷毛の一部が付着していれば、それはむしろ、失敗した作品であろう。

いうまでもなく、問題の転移がこのような物理的過程をさしているのではないことはあきらかだろう。しかしまた、文字どおり価値なるものの移転がおこるというのも、考えてみればひどく神秘的なできごとではないだろうか。

　以下、しばらくマルクスの叙述を追ってゆく。労働者は「おなじ時間に二重のしかたで doppelt in derselben Zeit」労働するわけではない。汁椀に漆液を刷毛で塗りつける作業と、漆の価値が保存され転移される仕事とはべつの労働ではない。あるいは一方では「綿花に価値を付けくわえ」、他方では「綿花のもとの価値を保存し」、また紡錘の価値を綿糸へと「転移させる」ために二重の労働をおこなうわけではない。労働する者はただ「あらたな価値を付けくわえること」によって、「もとの価値を保存する」（ebd.）。

　新価値の付加と、すでに存在するものの価値の保存とは、とはいえ、いっぽうではまったくことなった「結果」である。労働者は、同一の時間には、ただひとつの労働をする、たとえば椀に漆を塗ったり、綿糸を紡いだりするだけであるとするなら、このように結果が二重化していることは、ただその労働の「二面性」からのみ説明されうることだろう。労働はつまり、そのひとつの属性によって「価値を創造し」、いまひとつの属性をつうじて「価値を保存、または転移」していることになる（ebd.）。

　漆器工は、ただ器に漆を塗る。紡績工はたんに紡ぎ、織物工はひたすら織り、鍛冶工はひとえに鉄を鍛える。それぞれの労働者はただそのようにして「労働時間を、したがってまた価値を」付けくわえるだけである。労働する者が労働によって価値を付加するのは、その労働が漆器をつくり、綿糸を紡ぎ、織物を織ることによってではない。おなじ労働者がそのいずれの作業に従事しても、その者はおなじくあらたな価値を付けくわえるからである。したがって、労働する者が価値を付けくわえるのは、その労働が「抽象的な社会的労働一般」であることによってであり、また労働者が「一定の価値量」を付加するのは、その労働が「一定時間継続する」からである（S.215f.）。
そのさい同時に生産手段の価値が保存され、転移される。どのようにして、と問うまえにまず、この場合なにが条件となるかを問題にしておくことができる。その条件を明確にしてゆくことが、じつは同時に「いかにして」をあきらかにしてゆくことになるはずである。

「転移の条件」をめぐって

マルクスは、答えてつぎのように書いている。引用してみる。

> 価値形成過程の考察にあってあきらかになったことは、ところで、或る使用価値があらたな使用価値の生産のために合目的的に消費されるかぎりで、消費された使用価値の制作に必要な労働時間は、あらたな使用価値の制作に必要な労働時間の一部をかたちづくっており、かくてそれは消費された生産手段からあらたな生産物に転移される労働時間である、というはこびである。労働者が、したがって、消費された生産手段の価値を保存し、またはそれを価値成分として生産物へと転移するのは、労働者が労働一般を付けくわえることによってではない。この付加された労働に特殊な有用な性格、その特種に生産的な形態によってなのである。このような合目的的活動として、つまり紡ぐことや織ることや鍛えることとして労働は、そのたんなる接触により生産手段を死者たちから甦らせ、それを活気づけて労働過程の諸要因とし、それと

結合して生産物となる。（S.215）

綿花はむだなく目的にあわせて綿糸へと転化されなければならない。紡錘はその本来の使用目的にしたがって労働用具として使用され、綿糸を紡ぐために用いられなければならない。綿花はそのすがたを変え、紡錘はその過程で磨滅するけれども、それが「合目的的に消費される zweckgemäß vernutzt wird」かぎりで、それらの生産手段の生産過程は時間的にも空間的にも分離されたものでありながら、綿花と紡錘を制作するために消費された労働時間は綿糸の「制作に必要な労働時間」の一部となり、かくてその価値は綿糸へと「転移」される。綿糸という当面の最終生産物は、それらの生産手段（の一部）を「結合」したものであり、原料と労働用具とはその生産物（の一部）として「死者たちから」復活させられるのである。それぞれの労働には、おのおのに「特殊（besonder）な有用な性格」、「特種に（spezifisch）生産的な形態」があることによって、それぞれが「合目的的活動」となる。

生産手段の価値が生産物に転移されるのは、労働自体が合目的的な活動であることを条件とする。労働そのものが合目的的であるのは、ここではそれが正常に商品を生産するはたらきであることに依存する。生産物が商品となるためには、それを製作する活動が、社会的に平均した強度において遂行された、有用な労働であることが必要である。つまり、全社会的な連関において、有効に消費された労働力の結果であるしだいを条件とするのである。

かくてはじめて、生産手段の価値は生産物のなかで保存され、生産手段を制作するために必要であった労働時間もまた生産物の価値のうちへと算入されることになるはずである。いうところの、「計算」が可能になり、「加算」が意味をもつのも、生産の社会的関連から帰結する構造的な効果を前提とすることがらにほかならない。

生産手段の区別とその「合算」

たとえば「機関を熱するために使用される石炭」や「車軸に塗られる油」などは、生産物が制作されたあとには「痕跡を残すこともなく消失する verschwindet spurlos」。いっぽう「染料やその他の補助材料」は生産物の性質の一部としてかたちを変え再現するとはいえ、それらもまた原料のかたちでは消失する。「本来の労働手段」はそうではない。用具や機械や、容器や工場の建物が労働過程で役だつことになるのは「明日もまた昨日とまったくおなじかたちで労働過程に入ってゆく」かぎりでのことである。これらの労働手段はある日「作業場に入ってきて」、一定期間のあいだ生産過程で使用され、やがては「がらくた小屋に追放される」。その間に、機械や容器はその使用価値のいっさいを労働過程で消費されていることになる。「たとえばある紡績機械が一〇年で寿命をおえたとすれば、一〇年間の労働過程のあいだに機械の価値の全体はその一〇年間の生産物に移ってしまって」いる。「どのような人間でも日び二四時間ずつ死んでゆく Jeder Mensch stirbt täglich um 24 Stunden ab」。おなじように用具も機械も、容器も工場も死んでゆく。平均余命は人間についても機械にかんしても、経験から知られている。人間にかんしては生命保険会社が、機械をめぐっては工場の会計担当者がそれを計算することだろう。先ほどの〈加算〉において、生産手段の一部で問題となっていたものは、具体的な〈計算〉においてはこの減価償却の問題にすぎない（S.218）。

労働力に支払われる貨幣と、生産手段の目減りに応じて積算される貨幣額とが合算されるのは、そのかぎりではやはり両者のあいだに生起する過程、つまり生産過程が「事物のあいだの過程」であって、資本が購入して、資本にぞくするものとものとのあいだに生起する一プロセスであるからにほかならない。

生産的労働が生産手段をあらたな生産物、あらたな使用価値の「形成要素」へと転化する。この「転生」は、しかし「いわば現実の労働の背後で gleichsam hinter dem Rücken der wirklichen Arbeit」生起する。漆器工はただ器に漆を塗り、紡績工はたんに紡いで、織物工はひたすら織り、鍛冶工はひとえに鉄を鍛えるだけだからである。

したがって、とマルクスはつづけて書いている。引用しておこう。

> したがって価値を付けくわえながら価値を保存するということは、活動している労働力の、生きている労働力の、一箇の天資なのである。この天資は労働力にとってなんら費用もかさまず、しかも資本家には現にある資本価値の保存という多大な利益をもたらすことになる。景気が良いあいだならば、資本家は利殖に没頭しきって、労働のこの無償の贈与が目に入らない。労働過程の暴力的な中断すなわち恐慌が、資本家にこの贈与を痛切なかたちで注意させることになるのである。（S.221）

なぜここでも「恐慌」なのか。過剰生産によってもたらされる生産恐慌であるなら、その到来とともに高価な生産手段のすべては無価値となり、原料のいっさいは倉庫で自然過程にゆだねられ、あるいは腐食し、あるいは腐敗してゆくことになるからである。それまで資本は、労働の「無償の贈与 Gratisgabe」に気づかない。資本の視点からすれば、すべては「事物のあいだの過程」にすぎないからだ。

「不変資本」と「可変資本」

おなじように資本の視点から、資本そのものがふたつの部分に区別される。「不変資本 konstantes Kapital」と「可変資本 variables Kapital」とにである（S.223f., vgl. K.III, S.154f.）。

生産手段の価値は、労働過程をつうじて保存され、生産物へと転化される。それはつまり、「生産手段すなわち原料や補助材料や労働手段に転換される資本部分は生産過程でその価値を変えない」ということである。この資本部分が「不変資本部分」あるいは簡単には不変資本と呼ばれる。

これに対して「労働力に転換された資本部分」は、生産過程でその価値を変じる。それはつまり剰余価値を生産し、その剰余価値そのものも可変的なものでありうる。この資本部分はしたがって「ひとつの不変量からたえずひとつの可変量へと転化してゆく」。資本のこの部分が「可変資本部分」、おなじく簡略化して可変資本と名づけられる。

これはなにを意味するのだろうか。マルクスはかんたんに結論づけている。「おなじ資本成分が、それが労働過程の立場からは客体的な要因と主体的な要因（objektive und subjektive Faktoren）として、つまり生産手段と労働力として区別されるが、価値増殖過程の立場にたつならば不変資本と可変資本として区別されるのである」（K.I, S.224）。

不変資本と可変資本という区別ならば、しかしまだ労働過程の現場の痕跡をのこしている。それがたとえ、生産を「事物のあいだの過程」としてとらえ、事物どうしの相互作用による価値増殖をのみ欲望する資本の視点からする区別であったとしても、である。この区別は、しかしやがて区別の基準「そのものが隠蔽されることによって[2]」固定資本と流動資本として差異化されてゆくことになるだろう。

不変資本と可変資本という差異は、それでもなお、生産過程における機能の差異化と、価値増殖過程にあっての変動の分化にもとづくものだった。あらたな差異化は、これに対して資本の回転というまったく別種の基準によって立つものとなるはずである。この件についてはやがて主題化されるはこびとなるだろう。

註

（1）がんらいのかたちでは、置塩、一九七七年、一二二頁。ここでは伊藤誠の整理を参照。伊藤『著作集』第二巻、一六〇頁以下。

（2）吉田、一九九五年、二八三頁。なお、リカードの表現では fixed and circulating capital であるが（e.g. Rc., p.18）、fixed capital が不変資本をさすのか、固定資本を示すのかはなおあいまいである。

Ⅱ・1・3　剰余価値

α　絶対的剰余価値

剰余価値率の規定

マルクスは資本の全体をCであらわし、不変資本をcで、可変資本をvで表現する。その整理によればつまり、資本Cはふたつの部分にわかれ、生産手段に支出される資本額cと、労働力に支出される資本額vとに区分されることになる。cは不変資本に転化される価値部分をあらわし、vは可変資本に転化される価値部分をあらわす（この前後については、vgl. K.I, S.226f.）。

だから資本の初期状態はC＝c＋vであって、マルクスの設例によると、たとえば「前貸し資本五〇〇ポンド（C）＝四一〇ポンド（c）＋九〇ポンド（v）」である。生産過程の最後には商品が生産物として登場するが、その資本の全体をC′とし、剰余価値をmとして、C′＝c＋v＋m、設例でC′は「四一〇ポンド（C）＋九〇ポンド（v）＋九〇ポンド（m）」となる。元金五〇〇ポンドが五九〇ポンドへ増殖しているが、この差額九〇ポンドがm、すなわち「剰余価値」にほかならない。

以上の設例につづけて、マルクスは書いている。引用しておこう。

私たちがじっさいにはすでに知っているとおり、剰余価値とはただvすなわち労働力に転換される資本部分に生じる価値変化の結果にすぎない。したがって、v＋m＝v＋⊿v（v＋vの増加分）である。ところが現実の価値変化も、また価値が変化する割合も、総資本の可変成分が増大するので前貸し資本もまた増大するということによってあいまいにされるのである。前貸し資本は五〇〇であったが、それが五九〇となる。そこで過程を純粋に分析するためには、生産物価値のうちたんに不変資本価値がふたたび現象するにすぎない部分をまったく捨象すること、つまり不変資本cをゼロにひとしいとすることが要求される。かくしてまた、可変量と不変量とで演算され、不変量はただ加法あるいは減法によって可変量と結合されている場合の数学の一法則を適用するしだいが要求されるのである。（ebd., S.228）

剰余価値（Mehrwert）を生むものは、ただみずからの価値以上の（mehr als）価値（Wert）を産出する労働力だけである。したがって、剰余価値の変化を問題とするときには、不変資本cは一定であり、簡単には0であると置かれてよい。ところが資本家の立場からすると、価値増殖過程で生起しているのはたんにCのC′への変化（増加）であるところから、この間の消息が「あいまいにされ」、蔽われてしまう。本書では第Ⅲ篇で見てゆくとおり、この資本の立場からは、剰余価値ではなく利潤が問題となることになるだろう。

さきの設例でかりに不変資本部分をゼロと置くと、生産物価値c＋v＋mはv＋mに簡略化される。さらに剰余価値＝九〇ポンドを得るためには、価値生産物＝一八〇ポンドから可変資本＝九〇ポンドを減じなければならない。このばあいm＝九〇ポンドは剰余価値の絶対量をあらわしている。可変資本が増殖した割合が問題となるならば、それは、あきらかに「可変資本に対する剰余価値の比率」によって与えられる。すなわち m/v であって、設例では90／90＝100％である。この比率をマルクスは「剰余価値率 Rate des Mehrwerts」と呼ぶ（S.229f.）。おなじように、資本の立場からはやがて利潤率が問われるはこびとなるはずである。

「必要労働」と「剰余労働」

剰余価値とは、価値増殖過程から生まれてくるものであった。価値増殖過程とは価値形成過程を或る一点を超えて延長したものにすぎない。価値形成過程としての労働過程の一部分では、だから労働者は「みずからの労働力の日価値」（以前の設例ではたとえば三シリング）、すなわち「じぶん自身の維持、または不断の再生産に必要な生活手段を得るために」必要なだけの価値を生産するにすぎない。労働過程のうちでこの時間部分が「必要労働時間」と呼ばれ、そこで支出された労働が「必要労働 notwendige Arbeit」と呼ばれる。

労働過程においてこの一点を超えて労働がなされ、したがってたんなる価値形成過程が価値増殖過程へと転化した以後の時間、つまり「労働者が必要労働の限界を越えて労苦する、労働過程の第二の期間」、要するに労働者が剰余価値を形成する時間が、これに対して「労働日」のなかで「剰余労働時間」と称され、この時間に支出された労働が「剰余労働 Mehrarbeit」と名づけられる[1]（S.230f.）。

必要労働時間と剰余労働時間とはいっても、それはいわば機能的な区別であって実体的な区別とはなりえない、というしだいに注意しておく必要がある。さきにマルクスは労働力商品の価値は、自然的に規定されるだけではなく、文化的・歴史的にも規定されるはこびに注意していた。問題はそればかりではない。後論を先どりすることになるけれども、労働過程が、たとえば巨大な機械を使用しておこなわれる大工場における協業のかたちを取るものであるとすれば、たとえ労働が基本的に単純労働に還元されていることを前提とするにしても、価値形成の総体に対する労働者のおののいわば寄与分は原理的にいって計測不能であって(なにが総体としての労働者集団の寄与分であり、どこまでが個別労働者の寄与分なのかを劃定することはできないからだ)、また労働者総体における必要労働と剰余労働との差異化も、それ自体としてまた機能的に変動するからである。

とはいえ、「可変資本の価値」はそれによって購買される「労働力の価値」とひとしく、労働力の価値は「労働日の必要部分」を規定し、たほう剰余価値は「労働日の超過部分」によって規定されているのだから、剰余価値率とは同時に必要労働に対する剰余労働の比率である。「剰余価値率は、かくて」とマルクスはいう、「資本による労働力の搾取の度合い」に対して「正確な表現」を与えるものなのである(S.232f.)。

三つのことがらに注意しておく。資本による剰余価値の取得を、『資本論』は、「労働力の搾取Exploitation」(S.309)とも「労働の搾取 Ausbeutung」(S.409)とも呼ぶ。マルクスは、しかし、搾取を「収奪」一般とは区別していた。ここでさしあたり搾取という表現には、倫理主義的な意味あいはない。(2)

搾取とは、あくまで「資本制的生産に特有で、それを特徴づけている顚倒 Verkehrung」、「死んだ労働と生きている労働」との、つまり「価値と価値創造力との関係の逆転 Verrückung」の表現である（vgl. S.329）。搾取は個別的な不法行為なのではない。構造的な顚倒であり、*quidproquo* の帰結にほかならない。

もうひとつ、注意すべきことがらがある。のちにふれるはこびとなるとおり、資本による労働の搾取率でもある剰余価値率は、やがてはより隠蔽されて、剰余価値の総資本に対する比率である、利潤率へと転化することになる。そのばあい百分比の基礎となるのが可変資本ではなく、不変資本部分をもふくめた総資本となることから、利潤率はとうぜん剰余価値率にくらべて低いものとして計算されざるをえない。

この件と関連して、さいごにもう一点だけ注意しておこう。右では必要労働時間と剰余労働時間との差異は、機能的な区別であって実体的な区別ではない、と言っておいた。それにもかかわらず、数理経済学者たちが「マルクスの基本定理」と名づけ、その成立を〈証明〉してもみせたように、利潤率が正の数であるときには、搾取は必然的に存在するのである(3)。

「労働日」の規定

ところでマルクスによれば、「生産物のうち、剰余価値をあらわしている部分」が「剰余生産物 Mehrprodukt」と呼ばれる。剰余価値率とおなじように、「剰余生産物の高さ」もまた、総生産物の残余に対する比率ではなく、必要労働に対応する生産物部分に対する、剰余労働に相応する剰余生産物の比率をつうじて規定される。この相対量によって「富の高さ」は測られるのである。それゆえマルクスは、剰余生産物をケネーの用語で produit net とも置きかえている（S.243）。

その間の消息はともあれ、労働者にとって問題は労働時間の長さである。一日の全労働時間を、これまでもいくたびか使用してきた用語で「労働日 Arbeitstag」と呼ぶ。

一労働日は、かくて「必要労働と剰余労働との合計」からなっている（S.244）。いまやこの労働日が問題となる。

「労働日の限界をめぐる闘争」

これまでの前提は、労働力がその価値どおりに売買される、というものだった。すべての商品と同様、労働力の価値もまたその再生産に必要な労働時間によって規定される。いままでの設例ではその労働時間はおおむね六時間と想定されていた。したがって、労働者の労働日における「必要部分」は六時間であり、それは「ほかの事情がかわらないかぎり、一箇の与えられた量」である。「しかしこのことでは、労働日そのものの長さはまだ与えられていない」（S.245）。

労働日の長さは「剰余労働の長さ、または持続時間とともに変動する」。それはつまり「不変量ではなく、可変量」なのである（S.246）。剰余労働とは剰余価値を産出する労働である。資本の目的は剰余価値の不断の獲得にあるかぎり、剰余労働時間の延長が、さしあたり個々の資本にとっては絶対的な利益となることだろう。

それでも労働日には「最大限度」があり、その限度は二重に規定されている。第一に労働力には「肉体的」な限界がある。馬ですら、毎日八時間しか労働することができない。人間も一日のある時間は「休み、眠らなければならない」。さらに人間は「食うとか、身を清めるとか、衣服を着る」といった欲求も充足させなければならない。第二に人間はさらに、「精神的および社会的」な欲求をも満たさなければならない。それは「一般的な文化水準」によって規定されており、いわば「社会慣習的 moralisch」な限界である（S.246）。

資本はしかし労働力をその日価値で購買している。一労働日のあいだ、労働力の使用価値は資本に帰属する。「資本には、ところで、ただひとつの生の衝動があるだけである。すなわち、じぶんを価値増殖し、剰余価値を創造して、みずからの不変部分、つまり生産手段で、可能なかぎり多量な過剰労働を吸収しようとする衝動である」。生産手段として、不変なかたちをとった資本は「死んだ労働」からなっている。「この労働は、ヴァンパイアのように、ただ生きている労働の吸収によってだけ活気づいて、しかもそれを吸収すればするほどに活気づく」（S.247）。資本には、できることなら、一日まる二四時間の労働を領有しようとする「内在的衝動」すらそなわっているのである（vgl. S.271）。じっさいあとで見るとおり、一方では交替制が一日二四時間の労働体制を可能とし、他方では巨大機械の稼働が労働時間の連続性を必要とする。

資本がここで盾に取るのは「商品交換の法則」である。購入された商品からは、その商品が労働力商品であれ、購買者はその最大の使用価値を消費する権利があるのだ。労働者がこれに対抗するさいの根拠も、まずは商品交換の法則にほかならない。労働者は「労働日の法外な延長」がじぶんの価値の再生産を不可能にするしだいを主張する。「労働力の価値」を目減りさせる使用はゆるされない。労働者はかくて「標準労働日 Normalarbeitstag」を要求する。——「労働者の声」は、とはいえ資本には届かない。資本を人格的に代表する資本家が、たとえ「模範市民」であろうと「動物虐待防止協会の会員」であろうと、あるいは「聖者の聞こえ」高き者であろうと、事情は、ここではすこしもかわるところがない。いっさいは、「生産過程の疾風怒濤（Sturm und Drang）のうちで沈黙させられる」のである（S.247-249）。

見られるとおり、とマルクスは書いている。引用しておこう。

見られるとおり、ひどく弾力性のある、さまざまな制限はまったく度外視するにせよ、商品交換そのものの性質から労働日の限界は、したがって剰余労働の限界もあきらかとはならないのである。資本家が、労働日を可能なかぎり延長して、できれば一労働日を二労働日にでもしようとするとき、資本家は買い手としてのみずからの権利を主張する。いっぽう売られた商品の特種な本性には、買い手によるその消費に対する制限がふくまれている。労働者が労働日を一定の正常な長さに制限しようとする場合には、労働者は売り手としてのじぶんの権利を主張するのだ。ここではかくて、一箇のアンチノミーが存在する。つまり、どちらもひとしく商品交換の法則によって保障されている権利 対 権利である。同等な権利と権利とのあいだでは、力がことを決するはこびとなる。（S.249）

ここで争われているのはふたつの正しさ《レヒト》、あるいは権利であり、ことは要するに「権利《レヒト》 対 権利」の争いである。アンチノミーを議論によって解消することはできない。(4) 問題を決するものは、したがって、「力 Gewalt」であることになるだろう。ここにあらわれるのは、総資本 対 総労働の対決、「労働日の限界をめぐる闘争」にほかならない（ebd.）。

剰余労働の歴史的諸形態

資本が剰余労働を「発見」したわけではない。どのような社会構成体にあっても、労働者は必要な労働時間のほかに「余分な労働時間」をくわえて、生産手段の所有者のための生活手段をも生産しなければならない。

たとえば、古代でも「交換価値をその独立した貨幣のすがたで」獲得しようとする場合、つまり金銀の生産にあっては恐るべき「過剰労働」があらわれる。現場では死へと強制される労働こそが、その「公認の形態」となる。諸民族が資本制に引きこまれるようになると、そこでは奴隷制や農奴制といった「野蛮な残虐」のうえに「文明化された残虐」が加重される。たとえばアメリカ合衆国南部で、綿花の輸出が死活問題となると、黒人に過剰労働を強いること、「ところによっては、黒人の生命を七年間の労働で消費しきってしまうことが、計算のうえに立って計算する方式の要因」となったのである（S.249f.）。

資本制的な生産にあっては、「剰余労働と必要労働とは融合している」。これに対して賦役であるならば、そうではない。たとえば、ワラキアの農民の必要労働は、ボヤールのための剰余労働とは「空間的に分離」されている。一方は自身の耕地で、他方は領主の耕地でおこなわれるからである。そこでは、したがって、「労働時間のふたつの部分も独立にならんで存在している」（S.251）。

資本制のもとで両者が融合していることで生じるのは、一般には過剰労働の全面化である。リービヒを註に引いてマルクスが確認しているように、そこでただちに結果したのは、たとえば徴兵のさいにあきらかとなった、兵士の平均身長の低下である。フランスでは、大革命以前は歩兵の最低身長は一六五センチメートルであったが、一八一八年制定の法では一五七センチとなり、三二年のそれではさらに一センチきり下げられている。それでもなお、半数以上の徴兵該当者が身長の不足と虚弱のゆえに不合格なのである。有機体について、その繁栄の度合いを証明する平均尺度の伸長が押しとどめられるとすれば、ことは有機体レベルでの過酷な条件にかかわる。その条件が「自然的な事情によるものであろうと、社会的な事情によるものであろうと」（リービヒ）、ここではことがらを変更するものではない（S.253 u. Anm.）。

エンゲルス『イギリスにおける労働者の状態』

資本制的生産は、労働日の際限ない延長への衝動としてあらわれる。それは「絶対的剰余価値（der absolute Mehrwert）の生産」の過程である。(5) マルクスは、以下まず、工場法の適用外に置かれている手工業や家内制工業、さらに農業や鉄道業にあって、労働日の延長が剥きだしの資本の衝動を示すことを指摘してゆく（第三節「搾取に対する法的制限を欠くイギリスの産業部門」）。つづいて、一日二四時間をとおして生産過程を遂行させようとする、資本の内的傾向が描きだされる（第四節「昼間労働および夜間労働　交替制」）。最後に、総資本と総労働とのあいだで展開された「標準労働日をめぐる闘争」が、歴史的な推移を追って、一四世紀中葉から一八六四年のイギリスの工場立法ならびに他国へのその影響にいたるまでたどられてゆく（第五節から第七節）。

マルクスの叙述は、たとえばのちに問題とする、資本の本源的な蓄積過程をめぐる描写もそうであるように、歴史に対する憤怒に満ちている。経済原論の教科書等ではかんたんに通りすぎられてしまうことの多い、(6) こういった歴史的叙述は、ある意味では『資本論』中の白眉にほかならない。マルクスを読む、とりわけ『資本論』を読むとは、過酷な歴史過程への激烈な憤怒を、マルクスと共有することでもある。私たちは、あとですこしだけマルクス自身の叙述を紹介しておくことにしたい。そのまえにしかし、マルクスの描写がその前提としている仕事、マルクス自身がくりかえし参照をもとめる先行業績にふれておく。若きエンゲルスの『イギリスにおける労働者の状態』がそれである。(7)

エンゲルスはバルメン（現在のヴッパータール）で、工場主（綿工場）のむすことして生まれた。一八四二年、エンゲルスはマンチェスターにある「エルメン・アンド・エンゲルス商会」に修行に出る。二年間におよぶ実態調査をふまえて書かれたのが、『イギリスにおける労働者の状態』（一八四五年）であった。

マンチェスターは当時のイギリスの綿工業の中心地であり、いうまでもなく綿工業は産業革命という激震の震源地にほかならない。当時のイギリスはすでに「世界の工場」と呼ばれ、その繁栄はドーヴァー海峡のかなたでもひろく知られている。とはいえ繁栄の裏面、労働者の窮状はイギリス以外のヨーロッパの諸国ではほとんど知られていなかった。

ある階層の健康状態を端的に表現する指標があるとすれば、そのひとつは、たとえば平均余命である。エンゲルスの報告によれば、一八四〇年のリヴァプールでは、上流階級（紳士階級、自由職等々gentry, proffesional men etc.）の平均期待余命は三五歳、商人および比較的めぐまれた手工業者の場合は二二歳であった。これに対して「労働者、日雇い人夫ならびに被雇用階級一般」のそれはわずか一五歳である。平均寿命のこの異様なまでの短縮に対しては、いうまでもなく労働者階級における乳幼児死亡率の高さが統計的に有意なしかたで影響しており、乳幼児の死亡率の高さにはかれらの劣悪な生育・生活環境が影を落としている（MEW. Bd.2, S.336）。

しかし、そればかりではない。生き延びた幼児もまた、ただちに過酷な労働へと追いやられるのだ。若きエンゲルスは、激しい怒りとともに書いている。

> 九歳になる工場労働者の子どもは、困苦欠乏と有為転変の境遇のなかで育ち、湿気と寒さと、衣類や住宅にもこと欠くなかで育つので、もっとも健康な生活環境のうちで育まれた子どもであるならそなえている労働能力など、とうてい持っていようもない。子どもは九歳ともなると工場へと追いやられ、まいにち六時間半（以前は八時間、もっとまえには一二時間ないし一四時間、それどころか一六時間も）一三歳になるまではたらき、一三歳から一八歳までは、一二時間はたらく。（ebd., S.374）

労働者は、労働力を売ることでしか生を繋ぎとめることができない。その労働者の子弟が、「労働能力 Arbeitsvermögen」そのものすら剥奪された状態に置かれる。かれらは、はたらきはじめてもなお劣悪な生活環境から逃れることができない。「身体を衰弱させるさまざまな原因は作用しつづけている」。そのうえになお、とエンゲルスは皮肉に付けくわえる。「労働までがくわわるのである」(ebd.)。

この工場主のむすこは書きつける。「けれども、どのような事情があるにしても、子どもの肉体的ならびに精神的発達のためにまるごと捧げられなければならない、子どもの時間を、情け知らずのブルジョアジーの貪欲の犠牲に供し、工場主諸侯の利益のために搾取する目的で、子どもから学校と戸外の大気を奪いとることは、どうしても許しがたいところである」(S.375)。

エンゲルスが見ていた問題は複合的である。『資本論』もふれてゆくように(K.I, S.449 Anm.)、工場主は休憩時間にすら機械の掃除を労働者に命じている。さまざまな労働災害が労働者をおそう回数は、機械が巨大化するとともに増大する。くわえて、数えあげるのも一仕事となる疾病までも待ちうけている。その結果はこうだ。「たんにブルジョアジーの財布を膨らませるためにだけ、女性は不妊にされ、子どものからだは不完全なものとされて、男性は虚弱にされ、手足は押しつぶされ、全世代が虚弱と不治の病を伝染されて、そして破滅するのだ!」(MEW. Bd.2, S.388)。

マルクスの報告例(1)——マッチ製造業と婦人服製造業の場合

『資本論』におけるマルクスの材料が当時の工場調査官の膨大な報告等から取捨選択されていることはよく知られている。いくつかの実例を挙げておこう。

まず「搾取の法的制限のないイギリスの諸産業部門」についてはこうである。さしあたりマッチ製造の場合を見てみよう。

マッチ製造業は一八三三年、リンを直接に軸木につけることの発明からはじまった。すでに一八四五年にウィーンの一医師が、マッチ製造工に特有な「開口不能症 Mundsperre」を発見している。労働者の半分は、一三歳未満の子どもと一八歳未満の少年である。一八六三年の調査対象となった労働者のうち、一〇人は八歳、五人はたった六歳であった。かれらは、一二時間から一四、五時間にもおよぶ日び変化する労働日、それにともなう夜間労働をおこない、食事すらたいていは「リン毒の充満した作業室そのもののなかで」不規則に摂取される。「ダンテも、こんな工場では、じぶんの凄惨きわまる地獄の想像もこれには及ぶまいと思うことだろう」(K.I, S.261)。

壁紙工場の繁忙期(一〇月はじめと四月のすえ)には、しばしばほとんど中断もなく労働が午前六時から夜の一〇時あるいは深夜までつづく。一三歳未満の子どもであっても、一二時間から一六時間におよぶ労働時間のあいだ、昼食すらもあてがわれない(ebd., S.261-263)。

ロンドンのパン職人の労働はふつう、夜の一一時にはじまる。その後こね粉を下に敷いたこね板のうえで数時間の睡眠をとり、そのあとで四時間の激しく絶え間もない労働が七五度から九〇度もの室温になるパン焼き場ではじまる。やがて休む間もなく待っているのは、パンの配達である(S.264f. Anm.)。パン職人が、だから四二歳まで生きることは稀である(S.266)。

アイルランドをはなれ、海峡の向こう側、スコットランドでは、観光がさかんな季節には、機関手たちは四〇時間から五〇時間もはたらきつづける。その結果、「ある大きな鉄道事故が数百の乗客をあの世へと輸送した in die andre Welt expendiert」(S.267f.)。

婦人服を製造する女工の場合をとってみよう。若いむすめたちは、平均して一六時間半、社交の季節にはしばしば三〇時間たえまなく労働し、気を失いそうになるとシェリー酒やポートワインやコーヒーを与えられる。一八六三年六月最終週に「たんなる過度労働からの死」として報じられた、メアリ・アン・ウォークリは「エリズという、やさしい名の婦人」に搾取されていた。メアリは六〇人のむすめたちとともに「必要な空気容積の三分の一も与えないような一室に、三〇人ずつ入り、二六時間やすみもなく労働して、夜は、ひとつの寝室をいくつかの板壁で仕切った、息づまる穴のひとつで、一台のベッドにふたりずつ寝ていた」のである。一医師の検死報告は、メアリの死因を「長い労働時間」と「換気の悪い寝室」であるとした。これはしかもロンドンでも良いほうにぞくする、婦人服製造工場のひとつで起こった事例なのである。私たちの「白色奴隷は」と、自由貿易論者の機関紙は書いていた。「墓に入るまでこき使われ、疲れはてて声もなく死んでゆくのだ」(S.269f.)。

マルクスの報告例（2）――昼間労働と夜間労働

ついでマルクスは、労働交替の制度を問題としはじめるに先だって、こう書いている。引用してみよう。

不変資本、生産手段は、価値増殖過程の立場からみるならば、ただ労働を吸収するために、そして労働の一滴ごとにそれ相当の量の剰余労働を吸収するために存在するにすぎない。生産手段がそうしないかぎりでは、そのたんなる存在は資本家にとっては消極的な損失である。というのも、生産手段が休止しているあいだは、それはむだな資本前貸しをあらわしているからである。この損失は、その中断によって作業の再開のために追加支出が必要ともなれば、積極的なものとなる。自然日の限界を越えて夜間にまで食いこむ労働日の延長は、ただ緩和剤として作用するだけであり、労働の生き血をもとめるヴァンパイアの渇きをどうにか鎮めるだけである。だから、一日まる二四時間の労働をわがものとすることこそが、資本制的生産の内在的衝動なのである。(S.271)

生産手段、この不変資本は、それだけでは死んでいる。それが蘇えるのは、「労働の一滴ごとに **mit jedem Tropfen Arbeit**」剰余価値を吸収することによってなのである。資本はかくて吸血鬼のように「労働の生き血」をもとめ、昼夜を問わずに彷徨いあるく。かくて発見されたのが労働交替の制度、つまり「昼間くい尽くされる労働力と、夜間くい尽くされる労働力との交替」という劃期的な制度なのである(ebd.)。

夜間労働は一般的にいっても有害なものでありうる。これをべつとしても、少年たちを昼夜交替ではたらかせることは、労働日の「法外な延長」を招く(S.273)。その教育効果もまた、恐るべきものである。

一二歳の少年は証言する。「イングランドには住んでいない。そんな国があるとは思うが、以前はそんなことはちっとも知らなかった」。一五歳の少年の信仰は、こうである。「神さまは、おとこをつくった。おとこは、おんなをつくった」。それでもときどきは教会に出かけるという、同年の少年は言った。「悪魔は良いひとだ。かれがどこに住んでいるのかは知らない。キリストは悪い奴だったChrist was a wicked man」。一〇歳の少女のばあい「GodをDogとつづって、女王の名も知らなかった」（S.274 Anm.）。

それでも、とある製鋼製鉄工場にとっては、児童の夜間労働の禁止は「不可能事である。それは会社の工場を休止させることとひとしい」そうである（S.277）。溶鉱炉の火を消さずにおくことはたしかに「燃料の浪費」であるが、火を落としてしまえば「時間の損失」となる。かくて「労働者の生命材料が浪費される」（S.278）。時間といのちが交換されるのだ。

「標準労働日のための闘争」

これらのすべては、現在は過ぎ去ってしまった光景であるといえるだろうか。むしろいまもなおこの国のいたるところで過重労働がくりかえされ、世界のどこかで児童労働がくりかえされているのではないだろうか。ホラティウスを引いて、マルクスが説いているとおり、「なまえを替えれば、物語はきみについて語られている *Mutato nomine de te fabula narratur !*」（S.282）のではないか。

なぜ、このような不法が罷りとおるのか。どのような株式投資であっても「いつかは雷が落ちる」ことをだれもが知りながら、一般に「わが亡きあとに洪水は来たれ Après moi le déluge !」こそがいっさいの資本のあいことばであり、資本制そのものの標語にほかならないからである（S.285）。しかも罪は個々の資本家にあるのではない。「自由競争が、資本制的生産の内在的な諸法則を、個々の資本家に対しては外的な強制法則として作用させる」（S.286）だけのことだからである。

そうした動向のなかで「標準労働日の制定は、資本家と労働者との何世紀にもわたる闘争の結果である」（S.286）。標準労働日とは「長い期間にわたって、資本家階級と労働者階級とのあいだで、多かれすくなかれ隠然とおこなわれてきた内戦の産物」なのである（S.316）。

まずは「受救貧民 paupers」のために「恐怖の家」、救貧院がつくられる。労働は一二時間を超えることはなかった（S.292）。やがて世界の風景そのものが一変する。「資本のたましいが一七七〇年にはまだ夢に描いていた、受救貧民のための「恐怖の家 Haus des Schreckens」が、数年後には、マニュファクチュア労働者自身のための巨大な「救貧院」として聳えたった。それは工場と呼ばれた。そしてこのたびは、理想は現実のまえに色あせたのであった **Und diesmal erblaßte das Ideal vor der Wirklichkeit**」（S.293）。

「労働力の平等な搾取こそが、資本の第一の人権となる」日がやってくる（S.309）。人権という語の意味が変容したのではない。人権とは市民の権利であって、市民とはもちろんブルジョアジーの別名にほかならなかったからである。

マルクスの報告例（3）――絹工場の場合

その過程で生起したことがらとしてマルクスが書きとめている事例を、ひとつだけ引いておく。労働日の標準化をめぐるせめぎ合いのなかでも、「プロレタリアの子どもに対する特別な領主権」を主張してやまない工場主たちがいた。絹工場主である。

一八三三年に、かれらは叫んだ。「もし、何歳の子どもであれ、一日に一〇時間ずつはたらかせてよいという自由をじぶんたちから奪うなら、それはじぶんたちの工場を休止させることだ」。絹工場主たちはかくてじっさい一〇年のあいだ、椅子に乗せてもらわなければそもそも労働もできないような「ちいさな子どもの血から、毎日一〇時間ずつ絹を紡ぎとること」を妨げられなかった。一八四四年の立法は、一一歳未満の児童について工場主たちの「自由」を制限したが、一一歳から一三歳までの子どもについては、毎日一〇時間はたらかせる「特権」を保証した。就学義務すらも免除されたのである。その理由は、こうである。「織物の繊細さのためには指の柔らかさが必要であって、この柔らかさはただ早くから工場に入ることによってのみ確保できるものなのである」。

かくて「しなやかな指」を確保するために「子どもたちはみな屠殺された wurden die Kinder ganz geschlachtet」。この「不埒」は、そして、マルクスが『資本論』を執筆している時点まで継続することになる。つまり、標準労働日をめぐる永年の闘争、たびかさなる工場法の改正を潜りぬけて、生き延びることになったのだ（以上、S.309-311）。

労働者にとって「じぶんの労働力を売ることがかれの自由である時間とは、労働者がそれを売ることを強制されている時間」なのである。かつてエンゲルスが書いていたように、ヴァンパイアは「まだ搾取される一片の肉、一筋の腱、一滴の血でもあるあいだには」（vgl. MEW. Bd.7, S.233）、労働者を攫んではなさない。「売りわたすことのできない人権」の「派手な目録」などはいらない。必要なのは「法によって制限された労働日という控えめな大憲章 *Magna Charta*」なのである（K.I, S.319f.）。マルクスが一節をそうむすんでいるとおりに、である。

註

（1）マルクスが注記しているように（S.231 Anm.）、ここでとりあえず「必要労働時間」ということばに両義性が生じている。それは、かつては一商品の生産に「社会的に必要な」労働時間という意味で使われ、ここではあらためて、労働力商品の「生産に必要な」労働時間という意味で使用されればじめているからである。こうした二義性を「完全に回避すること」は、マルクスの付記するとおり不可能なのである。ちなみに、「総資本」という語の両義性も文脈上あきらかだろう。

（2）この件を、滝澤克己も注意していた。「「搾取」という言葉の響きに釣られて、私たちの考察に、倫理的その他、純経済面のそれとは領域を異にする観点を混入してくることのないよう」しなければならないのである（滝澤『著作集』第九巻、一七八頁）。

（3）森嶋通夫『マルクスの経済学』（森嶋『著作集』第七巻）の主要な業績であるとされる。『価値・搾取・成長』（『著作集』第八巻）をも参照。ただし正確にいえば、利潤率が正のとき搾取が存在するのを最初に証明したのは置塩信雄であり、森嶋が証明したのはその逆、つまり搾取が存在するときには、正の利潤率をともなう価格が存在することである。この間の消息については、森嶋『著作集』第八巻、三八頁以下とともに、根井雅弘（編）、二〇一一年、二二三頁をも参照（執筆者は荒川章義）。ちなみにロールズが、搾取と完全競争の両立可能性にふれている（ロールズ、二〇一〇年、四一一頁・原註）。ただし、川本隆史の認定からしても、ロールズが『資本論』全三巻を通読した形跡はない（川本、一九九七年、二一一頁）。

（4）このアンチノミーについては、山本耕一が「コード内在的な矛盾と社会構造の変動」という視角から、社会哲学的に論じている（山本、一九八六年a）。

（5）『資本論』第一部第三篇は「絶対的剰余価値の生産」と題されているが、当の第三篇をつうじて、マルクスは「絶対的剰余価値」という概念になんの説明も与えていない。この概念があきらかにされるのは、第四篇「相対的剰余価値の生産」に入ってから、相対的剰余価値との対比をつうじて「労働日の延長によって生産される剰余価値」と規定されることによってである（K.I, S.334）。

（6）ただし宇野弘蔵自身は、『資本論入門』で、本源的蓄積章について、こう書いている。「この章も他の歴史的諸章と同じく、簡単に紹介することはできないので、たんに項目をあげるにとどめるが、とくにこの章はぜひ『資本論』自身で読んでいただきたい」（宇野『著作集』第六巻、二四五頁）。非政治的とも静観的ともいわれる宇野理論の、ある種の背景を窺わせる発言であるといってよい。

（7）同書執筆前後のエンゲルスをめぐる伝記的事実ならびに同書の意味については、廣松渉の古典的エンゲルス研究『エンゲルス論 第一部』を参照（廣松『著作集』第九巻、二一二頁以下）。

β　相対的剰余価値

a　諸概念の規定

相対的剰余価値の概念

労働日は必要労働時間と剰余労働時間との加算からなっていた。いま労働日の長さが与えられているならば、労働力の価値が一定であるという条件のもとでは、剰余労働と剰余労働時間の大きさも同時にまた所与である。この条件のもとで剰余労働時間を延長しようとすれば、ひとつには労働者の賃金を労働力の価値以下に引きさげるほかはない。

この方法は、現実的には「重要な役割」を果たすであろうが、その他の商品とおなじように労働力商品も「その価値どおりに売買される」という等価交換の前提により、ここでは排除されている。いまひとつには必要労働時間そのものを短縮する方途がありうるけれども、そのためには労働力の価値自体が引きさげられるほかはない。

たとえば労働日が一二時間からなるとして、必要労働時間一〇時間が一〇分の一だけ縮減して、九時間になれば、剰余労働時間は二時間から三時間に延長される。そのためには「労働力の価値が現実に一〇分の一だけ下がるほかはない」(K.I, S.332f.)。かくしてかならず、「剰余労働の延長には、必要労働の短縮が対応することになる。すなわち、それまでは労働者がじっさいにはみずから自身のために費やしてきた、労働時間の一部分が、資本家のための労働時間に転化することになるのである。変化するものは、労働日の長さではなく、必要労働と剰余労働への労働日の分割であろう」(ebd., S.331f.)。

労働日の「延長」によって生産される剰余価値が、「絶対的剰余価値」であった。これに対して、「必要労働時間の短縮と、それに対応する労働日の両成分の大きさの割合の変化から生じる」剰余価値が「相対的剰余価値 relativer Mehrwert」と呼ばれる。だが、「労働力の生産力を高めて、そうすることで労働力の価値を引きさげ、かくて、労働日のうちでこの価値の再生産にとって必要な部分を短縮するためには、資本は労働過程の技術的および社会的条件を、したがって生産様式そのものを変革しなければならない」(S.334)。

生産様式の「変革 umwälzen」は、しかしどのようにして必要労働時間を短縮することになるのだろうか。この件を考えておく必要がある。

技術革新の意図せざる結果——必要生活手段の価値の低下

労働力の価値は、その所有者つまり労働者に必要な生活手段の価値に依存する。労働力の価値を引きさげるためには、それゆえ、「労働力の価値を規定する生産物」が生産される産業部門においてなんらかの技術革新がおこり、そのけっか、当該の部門で「生産力の上昇」が可能とならなければならない。この生産力の上昇は、かならずしも一商品の生産現場そのものでおこる必要はない。一商品の価値はその商品にとっての生産手段にふくまれている労働量によっても規定されているから、たとえば革や蠟や糸などの価格が下がることでも長靴の価値が下落する。「だから必要生活手段を生産するための不変資本の素材的な要素、つまり労働手段や労働材料を提供する諸産業の生産性が上がり、それに応じてさまざまな商品が安価になれば、このこともまた労働力の価値を低くする」ことになる（ebd.）。

たとえば、とマルクスは書いている。引用しておく。

たとえばシャツは必要生活手段であるけれども、多くの生活手段のひとつであるにすぎない。それが安価になることは、ただシャツのための労働者の支出を減じるだけである。ところが、必要生活手段の総計は、みなそれぞれが別箇の産業の生産物であるまったくのところさまざまな商品からなっており、そのような商品ひとつひとつの価値はいつでも労働力の価値の一可除部分をかたちづくっている。この価値はその再生産に必要な労働時間が減少するにつれて低下するのであり、その労働時間全体の短縮は、あのさまざまに特殊な生産部門のすべてにおける労働時間の短縮にひとしい。〔中略〕あるひとりの資本家が労働の生産力を高めることにより、たとえばシャツを安価にするとしても、かれの念頭にはだんじて、労働力の価値を引きさげ、それだけ必要労働時間を減らすという目的が必然的にあるわけではないとはいえ、その資本家が結局はこの結果に寄与するかぎりでは、かれは一般的な剰余価値率を高めることに寄与するのである。（S.334f.）

個々の「必要生活手段」を生産する現場で生産性が上がり、かくてまたたとえばシャツの値段が下がったとしても、それはそれだけのことである。とはいえ、必要生活手段の「総計」はそうした数多くの多様な生活手段からなるのであるから、一生産部門における「労働時間の短縮」は結局のところいっさいの生産部門における労働時間の短縮に、つまり労働力の価値の低下につながるものとなる。

たとえばシャツを安価に生産することに成功した資本家自身はそうした「目的」を意識しているわけではない。それでも一資本における技術革新の成功は「一般的な剰余価値率」の上昇に対して寄与する。だから「資本の一般的な必然的な傾向は、その現象形態から区別されなければならない」（S.335）のである。

ちなみに、個別資本が労働力の価値の低下を直接的な目的とすることができず、つまりはそれを意図することができないしだいには、もうひとつの原因がある。マルクスは、労働力の価値を規定する生産物について、それは「慣習的な生活手段の範囲にぞくするか、あるいはそれに替わりうるもの」であると語っていた。つまり社会的‐文化的慣習の範囲で必要生活手段に算入されず、必要生活手段を生産するための生産手段も提供しない生産部門（たとえば奢侈品を製造する部門）では、かりにそこで技術革新が生起して、生産力が上昇しても、労働力の価値には影響を与えないということである（vgl. S.334）。

とはいえ慣習は変化し、必要生活手段の範囲もまた拡大し、あるいは縮小する。それを決するのは、結局は一方で流通の場面であり[1]、他方では資本間の競争であるということになるだろう。このふたつの局面については、あくまで資本の生産場面を問題としている当面の文脈では立ちいることができない。

技術革新をみちびく意図――「特別剰余価値」の取得

おなじく「競争という強制法則」にかかわる事情であるがゆえに、ある意味では、ここでは立ちいるのに適当ではないことがらにかかわるにしても、相対的剰余価値の生産を「推進する動機」を理解するため、この箇所でふれることのできる消息がある。それはつまり剰余価値の取得をめぐる個別資本間の競争であって、具体的には「特別剰余価値 Extramehrwert」を取得するための競争である（S.335f.）。

一時間労働の価値が六ペンス（半シリング）であるとすれば、一労働日（一二労働時間とする）には六シリングの価値が生産される。目下の生産諸条件と労働の生産力のもとでは、一労働日にはちょうど一二個の商品が製造されるものとする。商品各一個の生産にさいして消費される生産手段の価値は六ペンスであるとすれば、生産手段の価値と、労働によって付加される価値とが、いずれも六ペンスであるから、商品一個の価値は一シリングの価格によって表現される。

いまとある工場において、労働の生産力を二倍にすることに成功したものとする。したがって、一労働日にはおなじ商品が、一二個ではなく、二四個も製造されることになった、としてみよう。その場合には、生産手段の価値はあいかわらず六ペンスで変化しないとしても、労働が付けくわえる価値は三ペンスとなるから、一個の商品の価値は九ペンスへと下落する（以上、vgl. S.335f.）。するど、どのようなことがらが生起するにいたるのか。テクストを引用しておく。

この商品の個別的な価値は、いまではその社会的な価値を下まわっていることになる。すなわちこの商品には、社会的に平均的な条件のもとで生産される同種商品の大群とくらべると、よりすくない労働時間しかかかっていない。一個は平均では一シリングであり、いいかえれば二時間の社会的労働をあらわしている。変化した生産様式のもとでは、一個は九ペンスにしかならない。つまりは一労働時間半しかふくんではいないのだ。ひとつの商品の現実的な価値は、とはいえその個別的な価値ではなく、その社会的な価値なのである。すなわちこの現実の価値は、個々の場合に当の商品に生産者がじっさいに費やす労働時間によって計られるのではなく、その商品の生産に社会的に必要な労働時間によって測られるということである。あらたな方法をもちいる資本家が、したがって、じぶんの商品を一シリングというその社会的な価値で販売すれば、その資本家は当の商品をその個別的な価値よりも三ペンス高く売ることになり、かくて三ペンスの特別剰余価値を実現するのである。（S.336）

競争という「超越論的」審級

商品の価値とはその「社会的な価値 gesellschaftlicher Wert」であり、社会的な価値は「商品の生産に社会的に必要な労働時間」によって決定される。技術革新に成功し、「あらたな方法」により同一の商品を生産する個別資本は、その商品の社会的な価値と「個別的な価値」とのあいだに一箇の時間的な差異を導入したことになる。この差異つまり社会的価値と個別的価値とのあいだの差分から、当の個別資本は「特別剰余価値」を取得することになるのである。

市場の規模もまた不変であるとすれば、現実にはもちろん当の個別資本は、新商品を「その個別的価値よりは高価に、社会的価値よりは安価に」販売することだろう。設例では、先進的な資本家は、たとえば一個一〇ペンスで商品を売るにしても、なお一個ごとに一ペンスの特別剰余価値を手にすることができる（ebd.）。

この場合でも剰余価値の増大は「必要労働時間の短縮と、それに対応する剰余労働時間の延長」から生じている。かくて「改良された生産様式をもちいる資本家は、他の同業資本家とくらべて、一労働日中のより大きい一部分を剰余労働として領有する」ことになる。「競争という強制法則」によって競走相手たちもまた「あらたな生産様式の採用」に踏みきらざるをえない。最後に、そして「生産力の上昇」が必要生活手段を生産する部門をとらえたとき、「一般的剰余価値率」がその影響を受けることになるだろう。かくして「商品を安価にするため、さらには商品を安価にすることで労働者そのものを安価なものとするために、労働の生産力を高めようとすることは、資本の内在的衝動であり、不断の傾向となる」（S.336-338）。

資本にとっては商品の「絶対的価値」は「それ自体としては、またそれだけならばどうでもよい **an und für sich gleichgültig**」。資本の目ざすところは、より大きな剰余価値（つまり、資本にとっては利潤）を獲得することである。そのかぎりで、「ひたすら交換価値の生産にだけ関心をいだいている資本家が、どうしてたえず商品の交換価値を引きさげようと努力するのか」が、一箇の謎となる。いまやしかし謎は解かれた。商品をより安価にしようとする努力は、結局のところ「商品にふくまれている剰余価値を増大させる」（S.338f.）。かくて商品をより安価に製造することが、逆説的にも資本の内在的衝動となるのである。

その内在的な衝動を生みだす要因は、とりあえずは競争という超越的な原因である。[2] 競争という法則が、資本制そのものを構成する超越論的審級にほかならないしだいについては、やがてあきらかとなることだろう。しかし当面の論脈ではまず、「相対的剰余価値の、さまざまに特殊な生産方法」（S.340）が、問題とされなければならない。マルクスの叙述を追って私たちもまた、生産現場の編成それ自体を、単純な協業から機械制大工業にいたるまでたどってゆく必要がある。

註

（1）吉田憲夫はこんな例を挙げている。「ある万年筆が、生産過程において労働手段として記帳用に供されるか、労働力の再生産過程において子供の落書き用に供されるかは（製品の差別化によってある程度の基準化は可能であるとはいえ）、所詮は生産過程のみで決定しうることではない」（吉田、一九九五年、二九五頁）。

（2）特別剰余価値という問題の位置づけをめぐっては、原論研究者のあいだでも理解が分かれている。たとえば特別剰余価値を相対的剰余価値一般から厳密に区別して、前者を「市場価値」論にぞくする論点として考えなおそうとする解釈がある（典型的には、向坂逸郎、一九六二年、二三一頁、以下）。これに対して、宇野弘蔵は特別剰余価値とは「いわば社会全体が利得するところを個人的利得とするものであると考える。問題は、つまり、「社会的な生産力の増進が、例えば種子の改良とか、労働方法の変化とかによって行われる場合のように、比較的容易に同種の産業経営で実現されるのであれば、こういう特別の形をとらないで、相対的剰余価値の生産となるのであるが、機械その他の生産施設の変更を要するという場合には、一定の期間は新しい方法も普及しえないという点にある。この特別の剰余価値も、かかる場合に、その方法を新しく採用することのできた資本家に特別の剰余価値として得られるのであって、従来の方法の改良に要する費用と関連するものと考えざるをえないのである」（宇野『著作集』第二巻、二七四頁）。なお、森田成也、二〇〇八年、三〇三頁以下、参照。

b　工場制手工業《マニュファクチュア》

「協働」の一般的概念

マルクスは『賃労働と資本』のなかで、つぎのように書いている。きわめて有名でひろく知られた箇所ではあるけれども、やはり引用しておこう。

生産にあって人間は、自然に対してばかりではなく、相互にもはたらきかける。人間は一定の様式で協働し、活動をたがいに交換しあうことによってのみ、生産するのである。生産するためには、人間は相互に一定の関連および関係に入りこみ、この社会的な関連と関係のうちにおいてだけ、自然に対するはたらきかけ、すなわち生産がおこなわれることになる。

（MEW. Bd.6, S.407）

ここでは「生産」一般が「協働 **Zusammenwirken**」という位相でとらえられている。(1) 生産活動にあって、人間は「自然に対して」はたらきかける。それればかりではない。生産にさいして人間は「相互にも」はたらきかけるのである。(2) 自然へはたらきかけること、つまり労働は、人間がたがいにはたらきかけあうこと、すなわち「協働」にほかならない。生産とはそれじたい「自然に対するはたらきかけ」であって、そのはたらきかけは、しかもつねに人間相互の「一定の関連および関係」すなわち「社会的な関連と関係」の内部で遂行されるほかはない。生産とは、その意味で、**Verhalten-Verhältnis zur Natur und zueinander** なのである。

マルクスがつづけて説いているように、この「関連と関係」のありかたは、「物質的生産手段」が変化し変容するにつれ、変化し変動する。物質的な生産手段によって「生産力」の程度は規定されるから、結局は「生産関係」は、生産力の段階と強度に応じて変容することになるはずである（vgl. ebd., S.408）。当面の『資本論』の文脈では、この生産関係のありかたが、とりわけ資本制とともに登場した生産諸力に応じた、主要には生産現場での関係編成のそれとして、問題とされてゆくことになるだろう。

資本制と「協業」

資本制的生産の開始は、一個別資本が相当数の労働者を「同時に gleichzeitig」はたらかせるようになることを条件とする。同時とは、ことばをかえれば「おなじ空間中で in demselben Raum」ということであり、相当数の労働者が、同一の時間的現在において、ひとつの空間のなかで「おなじ種類の商品の生産のために、おなじ資本家の指揮のもとに」労働するということが、まずは資本制的生産様式をしるしづけるものであるといってよい。そのけっか資本制的生産は、「労働過程」そのものの「規模を拡大し、量的にかなり大きな規模で生産物を供給する」ことになるのである（K.I, S.341）。

　この量的変化は、ひとつの質的変容を生む。いくたびか確認してきたように、商品の価値を規定するのは、社会的に平均的な労働時間であった。とはいえ「どの産業部門でも、個別労働者、たとえばペーターやパウルは多かれすくなかれ平均労働者とはことなっている」。つまり「個別的偏差」を有している。ところが、相当数の労働者を雇用して、同一の時空間で労働させることによって、このような偏差あるいは「誤差」が抹消されてしまうのだ。社会的に平均的な労働時間という抽象は、まずは生産現場における関係編成のうちにその具体的で現実的な根拠を獲得することになる（vgl. ebd., S.341f.）。それればかりではない。「価値増殖一般の法則」もまた「個々の生産者にとっては、かれが資本家として生産し、多数の労働者を同時に充用して、かくてはじめから社会的平均労働を作動させるようになったときに、はじめてかんぜんに実現される」（S.343）のである。

まず問題となる関係編成は「協業 Kooperation」である。マルクスによれば、「おなじ生産過程で、あるいはことなっているとはいえ関連のあるいくつかの生産過程で、多くのひとびとが計画的に相互にならび、相互とともに労働する労働の形態」が協業と呼ばれる（S.344）。

たとえば重い荷物を揚げる、クランクをまわす、障害物を除去するといった作業が「多数の手」によって遂行される場合でも、それらの作業はそれぞれに一種の共同作業である。ここで問題としている協業は、とはいえそうした作業にみられる「社会的な潜勢力」ともことなっている。ここでは、「結合労働」がもたらす効果は、「個別労働」ではほとんど生みだすことのできないものとなる。問題は「それ自体として、またそれだけで集団力でなければならない生産力の創造」なのである（S.345）。

たいていの生産現場にあっては、多くの労働者があつめられたこと自体から結果する「社会的な接触」そのものが「競争心や活力（animal spirits）」を生む。「一二人がいっしょになって、一四四時間の同時的な一労働日に供給する総生産物は、各人が一二時間ずつ労働する一二人の個別労働者、または、ひきつづき一二日のあいだ労働するひとりの労働者が供給する総生産物よりも、はるかに大きい」のだ（ebd.）。

問題は、しかしそればかりではない。協業にあって労働者は「相互にならび、相互とともに労働する neben und miteinander arbeiten」のだった。協働としての労働のこの形態、すなわち空間的な併存と共存《ネーベン・ウント・ミットアインアンダー》が、いわば生産現場の空間と時間とを再編するのである。ことがらを、もうすこし詳しくみておく必要がある。

協業による空間と時間の再編

たとえば個別的に作業する職人たちと、協業というしかたで労働する労働者とのあいだで、労働様式には差異がみられないとしよう。それでも協業は「労働過程の対象的諸条件にひとつの革命を引きおこす」。たとえば、二〇人の職人ひとりひとりが作業するためには、二〇個の作業場をつくらなければならない。これに対して二〇人のたとえば織工が二〇台の織機で労働する一室は、空間的に拡大されるとはいえ、その作成のために必要となる労働は、時間的には縮小されることだろう。

多数の労働者たちが時間的現在を共有しながら、おなじ空間ではたらく結果また、建物や、原料等のための倉庫や、「多くのひとびとに同時に、または交替に役だつ、容器や用具や装置」、つまり生産手段の一部が労働過程で共同に使用されて、かくして結局は節約される。生産手段の節約は、そして、生産される商品をより安価なものとし、他方では労働力商品の価値をも下落させることだろう（以上、vgl. S.343f.）。

これらはとりあえず、すべてある種の事実問題（*quid facti*）にほかならない。協業はしかし原理的なかたちでも空間と時間を再編する。いわば権利問題（*quid juris*）としても、協業は労働過程にあらたな次元をみちびき入れるのである。

たとえば、煉瓦を足場の下から上まではこぶために、煉瓦積み工が多くの手で列をつくる、としてみよう。煉瓦積み工のそれぞれはおなじ作業を遂行するにもかかわらず、個々の作業は「ひとつの全体作業の連続的な諸部分」、すなわち、煉瓦が労働過程で通過する「べつべつの局面」をかたちづくる。そのことで「全体労働者 Gesamtarbeiter」の、たとえば二四本の手は、足場をそれぞれ昇降しながら煉瓦をはこぶ、一二人のべつべつの労働者よりはるかに迅速に作業を遂行する。そこで生起しているのは、どのようなことのなりたちだろうか。

テクストに立ちかえっておこう。いますでにふれておいた例示の部分を省略し、マルクスの説明を引用する。

> 多くのひとびとがおなじ作業か、あるいは同種の作業を同時にたがいとともに遂行するにもかかわらず、各人の個別労働が、総労働の部分として労働過程そのもののあいことなる局面を示していて、これらの局面を労働対象が、協業の結果としていっそう速く通過することがありうる。〔中略〕労働対象が同一の空間をより短い時間で通過するのである。たほうでは、たとえばひとつの建物がいくつものことなった方面から同時に着工される場合には、協業者たちは、おなじこと、あるいは同種の作業を遂行しているにもかかわらず労働の結合が生じる。一四四時間の一結合労働日は、空間的に多方面から労働対象に着手する。結合労働者または全体労働者は、まえにもうしろにも目と手をそなえており、ある程度まで全面性を有しているからだ。そのような一結合労働日は、それよりも一面的なしかたでじぶんたちの仕事に着手しなければならない、多かれすくなかれ個々別々な労働者の一二個の一二労働日にくらべて、より迅速に

総生産物を送りだす。(S.346)

協業は一方では、ひとつ、あるいは同種の労働過程を時間的に分割し、それを空間的に並置する。たとえば煉瓦積み工のように、である。そのけっか労働対象が「同一の空間をより短い時間で通過する durchläuft denselben Raum in kürzerer Zeit」。他方で協業は、時間的に継続して継起しうる、複数あるいは異種の労働過程を、同時に、つまり同一の現在において同一の空間のうちで並行して遂行させる。かくして、たとえば建物という「生産物のあいことなる空間部分がおなじ時間に成熟する In derselben Zeit reifen verschiedene Raumteile des Produkts」(ebd.)。

協業は一方で時間的な差異を空間的に統合し、他方で空間的な差異を時間的に同一化する。協業は、かくて労働現場の空間と時間を再編するのだ。さらに決定的な変化が、とはいえマニュファクチュアの登場とともにあらわれる。つぎに、マルクスの分析を追って、ことのこの消息をたどっておかなければならない。

マニュファクチュアの登場

協業には、それを指揮する者が必要となる。「単独のヴァイオリン演奏者はじぶん自身を指揮するけれども、ひとつのオーケストラは指揮者を必要とする」(S.350)。ただし資本家は産業の「指揮者」であるから資本家なのではない。「かれは、資本家だから産業の司令官となる」(S.352)。ことの消息がより明確になるのは「分業にもとづく協業 auf Teilung der Arbeit beruhende Kooperation」

(S.356)、つまり工場制手工業、いわゆるマニュファクチュアが登場することによってなのである。——分業、すなわちTeilung der Arbeitとは、スミスのdivision of labourの直訳にほかならない。スミスがすでに着目した工場制手工業とともに、分業をめぐる問題一般もまた登場してくることになる。

マルクスが念頭においているのは、一六世紀なかばから一八世紀の後半におよぶ「本来のマニュファクチュア時代」(S.356)と呼ばれるもののことである。マルクスはマニュファクチュアの二重の起源を問題として、複雑ではあるけれども単一な生産過程が、単純で複数的な労働過程へと分解されてゆく類型と、もともと単純な労働過程が、単一な複合的生産過程へと統合されてゆく類型とを考えている(「異種的なマニュファクチュア」と「有機的なマニュファクチュア」)(vgl. S.362ff.)。ここでは、主として前者について考えてみる。

後者については、スミスを驚かせ、スミスを介しカントやヘーゲルの目を瞠らせた「ピン製造業」のことを想いうかべておけばよい。スミスを引用してみる。「ひとりは針金を引きだして、ひとりはこれをまっすぐにし、第三の者はそれを切って、第四の者がこれをとがらせ、第五の者はあたまをうけるために上部を研いでいる」。わずか一〇名の労働者が一日に四八〇〇〇本ものピンを製造するのである(Sm., p.4f.)。

異種的な工場制手工業の例として、ここではたとえば馬車を製造するマニュファクチュアを考えてみよう(vgl. K.I, S.356ff.)。当面は、マルクスが具体的に説くところをなるべくそのまま再現しておきたい。

馬車製造業の場合

馬車とはその当時、馬を動力とする車輛であると同時に、いわば〈移動する部屋〉であるから、馬車の製作には、馬具工から画工にいたるまでの諸技術が必要となる。車工、馬具工、指物工、ろくろ工、レース工、ガラス工、画工、塗工、メッキ工、等々のすべての技術が結集し、多数の生産工程が絡みあってはじめて、一台の馬車が製造されるわけである。ちなみに、機関車ともなると、五千以上の独立部分からなっているよしであるけれども、これはすでに機械制大工業の産物としてしかありえないので、ここでは実例として適切でない（vgl. ebd., S.362）。べつの面では（のちにふれるとおり）マルクスはくりかえし鉄道の事例に言及しているのであるけれども、ここではむしろ、もうひとつ異種的なマニュファクチュアの例を挙げておけば、たとえば時計製造業となるだろう。

時計の場合ならば、地板工、ゼンマイ製造工、文字盤製造工、天府ゼンマイ製造工、穴石・紅玉爪石製造工、指針製造工、側製造工、ネジ製造工、メッキ工、歯車製造工（さらに真鍮輪と鋼輪に区分される）、カナ製造工、日の裏装置工、**acheveur de pignon**（歯車をカナにとりつけたり、切子を磨いたりする）、ホゾ製造工、**planteur de finissage**（仕上工）、**finisseur de barillet**（歯を刻んだり、孔を適当な大きさにしたりする）、制動装置製造工、等を必要とするよしである。これはこれで、質的に区別される、たいへんな数の作業工程をふくんでいよう（vgl. S.362f.）。

馬車の事例にもどる。馬車製造の工程は、もともとひとりの職人が馬車をつくっていた場合なら、線的で単一な時間のなかで、一列にならんで系列化されていたことだろう。線的な時間であるぶん、しかし半面では、その時間のなかには、ゆたかに多様な工程と、身体運動が分散されて実現されており、時間自体の濃淡、強弱もさまざまでありえたはずである。「馬車にメッキすることはたしかに、馬車がつくられてからでなければできない。しかしたくさんの馬車が同時につくられるなら、或るものが生産過程のまえのほうの段階をとおっているあいだに、いつでもほかのどれかがメッキされていることが可能である」（S.356）。こうして、ひとつであった時間が分解され、製造工程としては複数化された時間が並行して走ってゆくことになる。その結果もたらされるものは、かえって労働過程そのものの単純化にほかならない。時間の複線化が身体運動それ自体の単線化を、それぞれに分散し、並行的に進行する工程のおのおのについて強いることになるのである。

マルクスによれば、マニュファクチュアの第一類型、異種的マニュファクチュアは「さまざまな手作業をおなじ手工業者に、一箇の時間的系列の経過を追って（in einer zeitlichen Reihenfolge）作業するのを止めさせ、それらの作業のおのおのをたがいに引きはなし、孤立させ、空間的に並べ（räumlich nebeneinander gestellt）、それぞれの作業をべつべつの手工業者に割りあて、すべての作業がいっしょに、協業者たちにより同時におこなわれるようにする」（S.357）。つまり時間が空間化されるわけである。この時間の空間化、空間化された時間、ベルクソンふうにいえば、le temps spatialisé が、それ自体、初期的な資本が発動させる時間化作用の効果にほかならない。第二類型つまり有機的マニュファクチュアについてもその帰するところはひとしい。「その特殊な出発点がどれであろうと、その最終のすがたはおなじもの、すなわち、人間をその諸器官とする、一箇の生産機械 ein Produktionsmechanismus」、あるいは生産メカニズムなのである（S.358）。

このメカニズムの成立によって、個々の作業は「よりすくない時間で」(S.359) おこなわれる。まさしく、マニュファクチュアにおける〈時間のエコノミー〉の成立である。そればかりではない。時間そのものが、いわば濃度と強度を増してゆく。時間がまさに絞りとられ、搾りとられる。時と時のあいだが、文字どおりの時‐間 (entre-temps) が消去されてしまうのだ。どうしてだろうか。また、その効果として、なにがもたらされるのであろうか。

マニュファクチュアにおける空間の再編と時間の支配

がんらいの手工業者なら、作業の部分過程を順次に、時間の流れにあわせて継起的に遂行するのであるから、そのさい用具をとり替えたり、場所を移ったりすることが必要となる。それは手工業者にとって、その労働日の、いわば「気孔 Poren」をかたちづくることになるだろう。ところが、一日じゅうおなじ作業を継続しているなら、そのすきまが「圧縮」される。すきまのこの圧縮 (sich verdichten) は、時間の濃度が増大《ジッヒ・フェルディヒテン》することにほかならない。かくて帰結するのは、労働の「強度」の増大である。「空間的分離」の短縮であり、「時間」の隙間を消去しさることである (vgl. S.360ff.)。その結果は労働の縮減となる。

この過程のなかで実現されるのは、やはり〈時間のエコノミー〉であることになるだろう。マルクスの認定を引用する。

> 一定量の材料、たとえば製紙マニュファクチュアのぼろとか製針マニュファクチュアの針金

とかの一定量をとってみれば、それは、その最終のすがたとなるまでに、いろいろな部分労働者の手のなかで、さまざまな生産局面の時間的な順列を経過してゆく。これに対して、作業場をひとつの総体的メカニズムとしてみれば、原料はそのすべての生産局面で同時に見いだされる。いろいろな細部労働者が結合されてなりたっている、全体的労働者は、道具で武装されたかれの多数の手のなかで、ひとつの部分では針金をつくり、同時にべつの手や道具では、針金をまっすぐにのばしており、さらにべつの手ではそれを切ったり、尖らせたりしている。さまざまな段階的過程が、時間的継起から空間的な並置へと変換される。だからこそおなじ時間幅のなかでより多くの完成品が供給されるのである。その同時性は、たしかに総過程の一般的な協業的な形式から生じるものだ。だがしかし、マニュファクチュアは、ただ協業の既存の諸条件を見いだすだけではない。その一部分を、手工業的活動の分解によってはじめて創造するのだ。他面ではマニュファクチュアは、労働過程のこのような社会的組織をひとえに、同一の細部作業におなじ労働者を釘づけすることによってのみ達成するのである。(S.364f.)

ここで生起しているのは、第一に「さまざまな生産局面の時間的な順列 eine zeitliche Stufenfolge von Produktionsphasen」の解体である。原料が、そのすべての生産局面で「同時に」見いだされる。スミスの原文を反復してマルクスは語っている。そこではいわば「全体的労働者」が、「道具で武装された」多数の手をもって、同時に針金をつくり、同時に針金をまっすぐにのばして、さらにべつの手ではそれを切り、それを尖らせる。すなわち、「さまざまな段階的過程が、時間的継起から空間的な並置へと変換される Aus einem zeitlichen Nacheinander sind die verschiedenen Stufenprozesse in ein räumliches Nebeneinander verwandelt」。だからこそ「おなじ時間の幅のなかで」、より多くの商品が生産されることとなる。――ここで問題となっている「同時性」とは、空間の形式であると同時に、時間の形式にほかならない。それはつまり、空間化され、空間化されることで凝縮された時間の形式なのである。

マニュファクチュアから機械制大工業へ

マニュファクチュアが生じたのは、たしかに「一般的な協業的な形式」からである。とはいえ、マニュファクチュアは同時に、単純な協業においては前提とされていた「手工業的な活動」のありかたを「分解」してしまう。手工業的活動を分解し破壊することによって、マニュファクチュアは同時にまた、「同一の細部作業におなじ労働者を釘づけする」のである。

マニュファクチュアの段階にあってすでに、小規模な手工業的生産過程においては「時間的継起 zeitliches Nacheinander」であったものが「空間的な並置 räumliches Nebeneinander」へと変換される。ここで「同時性」、つまりそれじたい空間化された時間は資本の時間化作用の効果であるとともに、それ自身とてつもない強度をともなう時間のかたちを組織してゆく。

マニュファクチュアとは、いわば前駆的な近代資本であるにすぎない。しかし、そこにあらわれているのは、それじたい生産メカニズム（Produktionsmechanismus）、生産機械《プロドゥクツィオーンスメハニスムス》であり、それはやがてそのまま機械制大工場を可能とする社会的機構にほかならない。

かくて、つぎに問題とされなければならないのは、機械と大工場をめぐるマルクスの分析であるはこびとなるだろう。項をあらためて、『資本論』の説くところをなお跡づけておく。

註

（1）この問題については、山本耕一の古典的な研究がある。山本、一九八九年、参照。

（2）一八九一年版をとる。MEW本文は"In der Produktion beziehen sich die Menschen nicht allein auf die Natur"（生産にあって人間は、自然に対して関係するばかりではない）。一八九一年版では"In der Produktion wirken die Menschen nicht allein auf die Natur, sondern auch auf einander". この一文については、山本啓、一九八〇年、一七八頁以下、参照。

c　機械と大工場

マニュファクチュアと資本と機械

マニュファクチュア時代に「特種的な機械 Maschinerie」は、とマルクスは書いている、「多数の部分労働者が結合された全体労働者そのものである」。それは、ほんらいの機械ではない。とはいえ労働者はそこで「機械の一部分のような規則性をもって作用すること」を強制されるのである（K.I, S.369）(1)。

マニュファクチュア的分業をしるしづけるものは、「部分労働者は商品を生産しない」ということであり、それはすでに「ひとりの資本家の手のなかに生産手段が集中していること」を前提している

(ebd., S.376)。マニュファクチュア以前の協業のさまざまな形態は、労働様式を根本的に変更するものではないが、マニュファクチュアはそれを根底的に変容させ、「個人的労働力の根幹をとらえる」(S.381)。その意味で、マニュファクチュアには、消去することのできない資本制の刻印がきざみこまれ、傷痕は抹消不能なものとなる。マニュファクチュアとして展開された分業は、労働者の額に「かれが資本の所有であることをしめす焼印を押す」のである。マニュファクチュアは労働者の身体動作を一面的なものとし、「部分労働者」としてしまうからである。この過程は「科学(Wissenschaft)を独立の生産能力として労働から切りはなし、それに資本への奉仕を強要する大工業にあって完了する」(S.382)。マニュファクチュアが一方で科学を、他方では「機械 Maschinen」そのものを生みだしたのである(2)(vgl. S.390)。

機械制大工業を問題とし、まず「機械の発達」を論じるにさいしてマルクスは、ミルを引いて、以下のように書きはじめている。引用しておこう。

ジョン・スチュアート・ミルは、その著書『経済学原理』のなかでつぎのように語っている。「すべてこれまでなされた機械の発明が、だれであれ、だれか人間の毎日の労苦を軽減したかどうかは疑問である」。

だが、このようなことはけっして、資本制的に使用される機械の目的ではないのだ。その他の労働の生産力の発展がどれもそうであるとおり、機械は商品を安価にすべきもの、労働日のうち労働者がじぶん自身のために必要とする部分を短縮し、かれが資本家に無償で与えるべつの部分を延長するべきものである。機械とは、剰余価値を生産するための手段なのである。

（S.391）

機械は人間を幸福にするためにつくられたものではない。機械の目的は、ただ「剰余価値を生産するための手段」となることのうちにある。

このような視点から、以下マルクスは、機械の意味、機械を商品生産へと導入することの意義を、原理的にも歴史的にも跡づけてゆくことになるだろう。その主要な論点のいくつかにかぎってしばらく追ってゆくことにしたい。

本来の意味での「機械」とその意義

人間の活動にあって、一般になにごとのはじまりをもって劃期とするかは、それじたい哲学的にも興味のある、重要な問題である。当面の場面でいえばたとえば機械をたんなる「道具 Werkzeug」と区別するものはなんだろうか。あるいは「なにをもって労働手段は道具から機械に転化されるのか」（ebd.）。そこにはたんに量的な意味しかないのだろうか。あるいは、質的に決定的ななにものかが、そこでは生起しているのだろうか。

労働過程論の文脈でも確認しておいたとおり、人間にとって最初の道具は、みずからの身体そのものである。身体はもちろんたんなる道具ではなく、たとえば可動範囲に手を伸ばしてものを摑むとき、私はことさらに四肢のひとつを道具として意識しているわけではないとしても、一例を挙げれば、大地を踏みしめ、土を均すとき、足の裏は当人にとっても端的に道具として意識されることが可能だろう（たとえば麦踏みの場面）(3)。みずからの足裏をもちいるかわりに、たとえば木片を組みあわせて槌を作製して、それを地面に叩きつければ、槌は身体の一部、ここでは足の裏を代替する道具となる。そこでは決定的といえるなにごとかが生起しているだろうか。

ここで道具が、身体に対して、その器官を代替するだけの機能を果たしているにすぎないならば、ある意味で決定的な要因はなにもない。道具はしかし、A・ゲーレンの用語をつかうならば、身体機能をつねに過剰に代替する。シャベルはそれだけで手のひらによって加えられる力を凌駕して土にはたらきかけ、槌ならば足の裏ではとうてい及ばない重量を大地に負荷する。道具が身体の器官を代理するときに、それは原理的にかならず身体機能に対する過剰代替となるかぎりでは、道具がもたらすものはすでにたんに量的なものではない。それはつねに質的な変容を世界と人間との関係にもたらし、そのかぎりで道具一般の制作が人間にとって決定的なものなのである(4)。

それでは機械はどうだろうか。ある種の論者がそのように説いているように、道具とは「単純な」機械であって、機械とは「合成された」道具にすぎないのだろうか。ことがらは原理的にも、また歴史的にも考えられなければならない（S.391f.）。

すべて発達した機械なら――とマルクスはいう――それは「三つの本質的にあいことなる部分」からなっている。つまり「原動機、伝動機構、さいごに道具機または作業機」がそれである。原動機は水車や風車のように自然力に依存するものであることも、蒸気機関のようにみずからの動力を生みだすものであることもある。伝動機構は、それじたい複雑な機構群から構成され、運動を調整し、必要に応じて変化させ、それを道具機に伝達し、分配する。最後に道具機とは、「以前に労働者が類似した道具で遂行していたのとおなじ作業をじぶんの道具で遂行する」メカニズムである。

決定的な変容は最後のものとともにあらわれる。それはもともとの道具を人間の手から切りはなし、ひとつの機構へと委ねる。そのことで道具は、人間の身体器官が課する制限から解放されて、機械の一部となる。道具を機構のうちに取りこむことで、機械はほんらいの意味で機械となるのである（以上、vgl. S.393f.）。

最後の点を、もうすこし考えてみる。たとえば紡ぎ車の場合、労働者の足は、ただ原動力としてはたらくだけであり、紡錘を操作し、糸を撚る手が「ほんらいの紡績作業」を遂行する。後者を、「産業革命がとらえる」。人間の四肢がただ動力として作動する場面では、それを自然の力（風力、水力、動物等々）で代替することはむしろたやすく、それはいかなる産業革命も引きおこさない。人間がたんに動力として道具機にはたらきかける段階にいたってはじめて、動力と人間の身体とのむすびつきが切断されて、風や水、やがては蒸気がそれに取ってかわる（S.395f.）。

かくてはじめてワットの蒸気機関が意味をもつ。それは「石炭と水を食って、じぶんでじぶんの動力を生みだし、その力がまったく人間の制御に服しており、可動的であるとともに移動の手段であり、都市的であって、水車のように田園的ではなく、水車のように生産を田園地帯に分散させず、都市に集中することを可能とし、その技術的適用という点で普遍的であり、その所在地にかんしては局所的な事情に制約されることの比較的にすくない原動機」だったからである（S.398）。

機械制大工業の諸帰結

機械の体系によって、生産の過程はより連続的なものとなり、「自動原理」がより貫徹したものとなる。その典型としてマルクスは、近代的製紙業を挙げている。

紙の生産は、かつてドイツでは手工業生産の典型を、一七世紀のオランダや一八世紀のフランスではマニュファクチュアの典型を、中国やインドでは『資本論』執筆の時点でなお「ふたつのことなる古代アジア的形態」を示していた。イギリスのそれが、そして、「自動的製造」をげんざい示している。

そう主張して、マルクスはつぎのように書く。引用しておこう。

ただ伝動機の媒介によって、ひとつの中央自動装置からそれぞれの運動を受けとるだけの、さまざまな作業機の編成された体系として、機械経営は、そのもっとも発展したすがたを所有することになる。個々の機械にかわり、ここではひとつの機械的な怪物があらわれ、その身体は工場の建物いっぱいとなり、その悪魔的な力は、はじめはその巨大な手足の荘重ともいえるほどに落ち着いた動きで隠されているが、やがてはその無数の固有の労働器官の熱狂的な旋回舞踏となって爆発するのだ。（S.402）

工場に「機械的な怪物 ein mechanisches Ungeheuer」があらわれる。建物じゅうにそのからだをひろげた怪物が「悪魔的な力」を爆発させ生産を開始すると、ただちにまた、さまざまな関係が爆破され、世界の光景が一変してしまう。

機械制大工場は「生産様式の変革」を引きおこす。ひとつの産業部面の変革はさらに、他の産業部面でのそれを連続的に引きおこす。たとえば機械紡績は機械織布を必要とし、その両者は漂白や染色における「機械的・化学的革命」を要求した。たほう綿紡績の変容は、原料の生産そのものを変更させ、やがては大規模な木綿生産を可能とする。工業は農業に影響し、両者の革命は「社会的生産過程の一般的条件、すなわち交通・運輸機関」へと革命の火を点じた。河川汽船や鉄道や海洋汽船や電信体系が、しだいに大工場に適合的なものとなる。そのすべては膨大な鉄量を必要とし、巨大な鉄需要は巨大な機械をふたたび要求するものとなった。かくして「機械によって機械を生産する」ことがはじまり、かくしてはじめて大工業は「それにふさわしい技術的基礎をつくり出して、みずからの足で立つ」ことになったのである（S.404f.）。

すべては巨大化する。機械旋盤はふつうの足踏み旋盤の「巨大な再生」であり、平削機は巨大な鉄製の大工道具である。ロンドンの造船所で合板を切断する道具は「巨大なかみそり」であって、蒸気ハンマーはふつうのハンマーが巨大化したものではあるけれど、「このあたまは雷神でも振ることができない」（S.406）。

がんらい協業や分業から生じる生産力は「資本にとって一文の費用もかからない」「社会的労働の自然力」であった。いまや科学が、資本の利用する自然力のひとつとなる。自然法則を利用するには、それがいったん発見されれば「一文の費用もかからない」からである（S.407）。

ただし自然科学が発見した法則を生産現場で利用するためには「非常に高価で大仕掛けな装置」

が必要となる。だから、機械制大工業にあっては、手工業やマニュファクチュアにくらべて、その労働手段については、「比較にならないほどその価値が膨れあがっている」のである（S.408）。

とはいえ、機械は、生産物を形成する要素としては、そのつど全面的に労働過程に参入し、「価値形成要素」としてはきわめて部分的に価値増殖過程に参与する。きわめて部分的にというのはそれまでの生産手段とくらべて巨大な機械ほどはるかに寿命がながく、耐久力があるからだ。かくして「大工業にあってはじめて人間は、みずからの過去の労働のすでに対象化されている労働の生産物を、大規模に自然力とおなじようにロハで（gleich einer Naturkraft umsonst）作用させるようになる」（S.409）のである。

機械経営による労働過程の変容

機械の発明が、しかしただちに資本によるその利用につながるとはかぎらない。たとえば掘削機を導入するかどうかは、労働力商品の価値水準によって左右される。鉱山で女性や一〇歳未満の子どもの労働が禁止されるまでは、「はだかの女性や少女たちを、しばしば男どもといっしょにして、炭鉱やその他の鉱山で使用すること」が、資本にとってはその採算ばかりでなく、そのうえ「道徳律 Moralkodex」にもかなっていたので、婦人労働と児童労働が禁止されてはじめて「資本は機械に手を伸ばした」のである（S.415）。

ことはしかし入り組んでいる。機械はいっぽう、「筋力のない労働者」を充用するための手段ともなる。だからこそ婦人・児童労働は、機械の資本制的充用の最初のことばだったのだ！　かくして

「資本家のための強制労働」が子どもの遊びに取ってかわり、家庭内のこまごまとした器用仕事とも取ってかわったのである(S.416)。

機械は労働者の家族全員を労働市場へと投げこむ。「成人男子の労働力の価値を、かれの全家族のあいだに分割する。だから、機械は成人男子の労働力を減価させる」。機械はこうして「搾取領域」を拡張するとともに「搾取度」をも拡大するのである。以前なら成年男子労働者は、「自由に」みずからの労働力を売った。いまやかれは「妻子を売る」ようになる。おとこは「奴隷商人となったのだ」(S.417f.)。――とはいえ「親の権力の乱用」が「資本による未熟な労働力の直接・間接の搾取」を生んだ、その原因なのではない。機械制大工場というかたちをとった資本制的な生産様式が、親が権力を乱用することを可能とする条件となったのである。資本制の内部における「古い家族制度の崩壊」がどれほど厭うべきものと映じるにせよ、機械制大工場は、女性や子どもに決定的な役割を割りあてることで、「家族や両性の関係の、より高い形態のためのあらたな経済的基礎」を創出している(S.514)。ことのこの消息にもマルクスの視界がおよんでいることにかんしても、いちおう注意しておく必要があるだろう。

それればかりではない。機械は一方では労働時間を短縮するもっとも有力な手段である。機械は、他方しかし「資本のにない手」としては「労働日をいっさいの自然的限界を越えて延長するためのもっとも強力な手段」となる(S.425)。ひとつだけ理由を挙げるなら、機械の物質的損耗は、機械を使用することによっても使用しないことによっても生じ、第一の損耗は使用に正比例し、後者の損耗は使用に反比例するからだ。機械は使用しておくほうが「自然力」から守られ、くわえてまた

「社会習慣上の」損耗にそなえることもできるのである。機械は、つまり、陳腐化するまえに使いきられる必要があるからである（S.426）。

機械制大工場の風景

機械はかくて労働をまず外延的に強化する。すなわち労働時間を延長させる可能性がある。機械はたほうまた労働を内包的にも強化する。つまり労働の強度（Intensität）もまた昂進する。なぜだろうか。マニュファクチュアによる時間と空間の再編を問題としたおりに、私たちはすでに労働時間の「気孔」について問題としておいた。機械制大工業は、この気孔をますます「濃密に充填」し、労働を「濃縮」し、「圧縮」してゆく（S.432f.）。

一八四四年の下院における文書による陳述をマルクスは引いている。引用しておこう。

> 工場での諸工程に従事するひとびとの労働は、このような作業が開始されたときにくらべると、いまでは三倍になっている。機械が、数百万の人間の腱や筋肉にかかわる仕事をしてきたことは疑いないが、とはいえまた機械は、その恐ろしい運動により支配されるひとびとの労働を、驚くほど（prodigiously）増加させてもきたのである。……四〇番手の糸を紡ぐために、一対のミュール紡績機につき一二時間いったりきたりする運動は、一八一五年は八マイルの距離を歩きとおすことをふくんでいた。一八三二年には、おなじ番手の紡績のために一対のミュール機につき一二時間に歩行する距離は二〇マイルとなり、またしばしばもっと長かった。一八二五年

には、ミュール機一台につき紡績工は一二時間に八二〇回の糸張りをしなければならなかったから、合計すれば一二時間で一六四〇回となった。一八三二年には紡績工はその一二時間労働日のあいだに、ミュール機一台につき二四〇〇回、合計四八〇〇回の糸張りをしなければならなかったのである。(S.435f.)

理由は単純である。機械の「速度が増したから」なのである(S.436)。労働日が短縮されたからといってそれだけですむとはかぎらない。労働日の短縮はときに「労働力そのものを破壊するほどの労働の強度」を生むからである(S.439)。

労働する身体の資本への従属

べつの面を見てみよう。機械による労働は、労働者がみずからの身体運動を「自動装置の一様な連続的な運動」に合わせることに早くから習熟することを必要とする。しかし機械はたほうでは、労働者を、マニュファクチュアにあってはそうであったように、一定の部署へと固定する必要性を減じてゆく。単純労働が支配的となり、工場の全運動はむしろ機械から出発するのだから、資本はたえず人員交替をおこなうことができる(S.443f.)。

機械はかくて労働者を、幼少期から「ひとつの部分機械の部分」とする。かくしてまた労働者は「工場」に、結局は資本に「救いようもなく」従属することになる。「マニュファクチュアでは労働者たちはひとつの生きているメカニズムの手足となっている。工場では、ひとつの死んだ機構《メカニスムス》が労働者から独立して存在しているのであり、かれらはこの機構に生きている付属品として合体されるのである」（S.445）。

機械の「一様な動き」へと労働者が技術的にも従属してゆくことは、工場内に「ひとつの兵営的な規律」をつくり出す（S.446f.）[5]。ここではしかし、「工場労働がおこなわれる場合の物質的な条件」を問題とするマルクスの文言だけを引いておこう。

> 四季の移りかわりにも似た規則正しさでその産業死傷報告を生みだしている、密集した機械設備のなかでの生命の危険はべつとして、人工的に高められた湿度や、原料のくずでいっぱいになった空気や、耳をも聾するばかりの騒音などによって、すべての感覚器官は一様に傷つけられる。工場制度のもとではじめて温室的に成熟した社会的な生産手段の節約は、資本の手のなかで同時に、作業時における労働者の生活条件、すなわち空間や空気や光線の組織的な収奪となり、また労働者の慰安設備などはまったく論外であるとして、生命に危険な、または健康に有害な生産過程の諸事情に対して人体を保護する手段を収奪することになる。フーリエが、工場を「緩和された徒刑場」と呼んでいるのは不当だろうか。（S.448f.）

すでに見たように、マルクスは剰余労働時間について、その「収奪」とは語らない。とくべつな限定とともに「搾取」と呼ぶだけである。マルクスがここではしかし「収奪 Raub」ということばを使っていることに注意しよう。問題は「緩和された徒刑場」における「空間や空気や光線」の、すなわち人間的存在にとっての最低限の条件の「組織的な収奪」なのである。

こうしたすべては、たしかに機械が生みだしたものではない。たとえばまた、技術革新によって多数の労働者が工場から叩きだされたにしても、かれらの生活条件が奪われたことに対して、技術革新そのものに責任を問うことはできない。「裏面のないメダルなどいったいどこにあるというのだろう！」これこそ経済学的弁護論（ökonomische Apologetik）の眼目なのだ！　経済学者たちにとっては、かくして「機械の資本制的充用が現実にどのようなありさまであるかを暴露する者は、およそ機械一般の充用を欲しない者であり、社会進歩の敵なのである」（S.465）。

近代科学・自然・機械制大工業

『資本論』本文は、ここからさらに、「まずは労働者が土地から追いだされ、それから羊がやってきた」（S.453f.）あとの歴史過程、「労働手段が労働者を打ちころす」（S.455）光景をまえにしての、労働者と機械との闘争を追ってゆくが、ここではその叙述をたどることはやめておく。[6] 本項の最後に、「大工場と農業」を問題とする一節から、マルクスのテクストを一箇所引いておこう。

資本制的生産は、それによって大中心地に集積される都市人口がますます優勢になるにつれて、一方で社会の歴史的動力を集積するが、他方では人間と土地とのあいだの物質代謝を撹乱する。すなわち、人間が食料や衣料のかたちで消費する土壌成分が土地に帰ることを、つまり土地の豊饒さが持続する永遠的な自然条件を撹乱するのである。したがってそれはまた同時に、都市労働者の肉体的健康をも、農村労働者の精神生活をも破壊する。〔中略〕資本制的な農業のどのような進歩も、ただ労働者から収奪するための技術の進歩であるばかりではない。それは同時に、土地から収奪するための技術の進歩であって、一定期間の土地の多産性を高めるいかなる進歩も、同時にこの多産性の不断の源泉を破壊することの進歩なのである。（S.528f.）

資本制的生産は自然と人間のあいだの「物質代謝」そのものを「攪乱する」。「永遠的な自然条件」すらも攪乱するのである。資本制の進歩は、農業についていえば、「土地から収奪するための」進歩であるほかはない。資本制の運動は、自然の「多産性（Fruchtbarkeit）の不断の源泉を破壊すること」へといたりうる。[7] その運動は、そしていうまでもなく、今日にいたるまで止まっていない。資本制は、食糧生産という、人間的生の基盤を掘りくずし、現在もなお掘りくずしつづけている。資本制と自然の豊饒《フルヒトバールカイト》さが対立しているのである。

マルクスの批判的な視線は近代科学そのものにまで及んでいた。[8] 一八六一年から六三年にかけての草稿群のひとつで、マルクスは書きとめている。「自然の諸動因の応用――いくらかはその資本との合体――は生産過程の独立した一要因としての科学の発展と重なってくる。生産過程が科学の応用となるなら、逆に科学は生産過程の一要因に、いうなればその一函数になる wird umgekehrt die Wissenschaft zu einem Faktor, so zu sagen zu einer Funktion des Produktionsprozesses」（MEGA. Abt.II, Bd.3.6, S.2060）。

マルクスはもとより、すこしも産業主義者ではない。生産力主義者でもありえない。また、科学的社会主義というかつての標語とはうらはらに、マルクスは科学主義者でもないのである。

註

（1）マルクスはつづけて、「マニュファクチュア内部での分業と社会内部での分業」（第四節）を論じている。前者は「個別的分業」、後者は「一般的分業」と呼ばれる。『ドイツ・イデオロギー』で展開された分業論へと連接するこの論点については、ここでは立ちいらない。望月清司の古典的な研究を参照（望月、一九七三年、一五五頁、以下）。

（2）この両側面を、さいきん山本義隆がていねいに跡づけている。山本、二〇〇七年、参照。

（3）廣松渉が挙げた例（廣松『著作集』第一六巻、二五九頁以下、参照）。

（4）この論点については、河本英夫、一九八八年、参照。

（5）フーコー的なdisciplineとの関連については、檜垣立哉、二〇一二年、六六頁以下、フーコー的なdisciplineと資本制との関係をめぐって、星野智、二〇〇〇年、一九七頁以下、disciplineそのものにかんしては、佐々木中、二〇一一年、五一頁以下、と手塚博、二〇一一年、一〇四頁以下、参照。宇野学派の若手がフーコーを論じたものとして、大黒弘慈、二〇一一年、参照。

（6）「協業」から「機械制大工場」へいたるまでの叙述をめぐる先駆的な業績に山本耕一、一九八六年b、がある。さいきん話題となったものとしては、ポストン、二〇一二年、五一六頁以下、参照。

（7）マルクスの背後には、ここでもリービヒの研究がある。マルクスとリービヒとの関係については、やはり椎名重明の古典的な研究（椎名、一九七六年）参照。また、椎名、一九八三年、をも参照。問題について、現在的には、長島誠一、二〇一〇年、八一頁以下、参照。

（8）この問題についてかんたんには、佐々木力の旧稿（佐々木、一九八三年）を参照。佐々木のマルクス科学論として、佐々木、一九八五年、三三頁以下、および、佐々木、一九九七年、三頁以下、をも参照。

γ　資本の蓄積過程

a　労働の「包摂」

生産的労働の再規定

資本制的な生産過程を問題とするに先だってマルクスが、「労働過程」一般のありかたを問題としていたしだいについては、すでにふれておいたところである。労働過程は、そこではまず、人間と自然とのあいだの物質代謝としていわば歴史貫通的様相にあって考察された。労働過程論におけるマルクスの考察はまた、労働過程を「純粋に個人的過程」(K.I, S.531) としてとりあえずはとらえるものであったともいってよい。

労働過程論を読みとくにさいし、私たちはその視界の限界についてもふれておいた。いまやその限界が、当面の論脈にそくしてマルクス自身によって再考されるはこびとなるだろう。

マルクスはまず、労働過程そのものが「協業的な性格」を強めてゆくにつれ、「生産的労働の概念も、この労働のにない手である生産的労働者の概念も拡張される」しだいに注目する。労働過程が個人的なものであるかぎりで、個々の労働過程にあって「あたまの労働と手の労働」とが統一されている。協業の開始はこのふたつを分離させ、のちには敵対させるようになる。その結果、「およそ生産物は、個人的生産者の直接的生産物からひとつの社会的な生産物に、ひとりの全体的労働者の共同的な生産物、すなわち結合された労働要員の共同的生産物に転化する。その要員の構成員は、労働対象の取りあつかいに対してより近くあるいはより遠く関与している」。生産的な労働はもはや「じしん手を下すこと」をかならずしも要求しない。「全体的労働者の器官」として、その「部分的機能」のどれかひとつを果たすだけでひとは「生産的に労働すること」ができるのである（ebd.）。

資本制的な生産過程のもとでは、いっぽうしかし生産的労働の概念は「狭隘化する」ことになる。労働者の生産的な労働は、第一義的にはじぶんのためのものではもはやなく、資本のためのものとなる。「資本制的生産」は商品を生産するものである。すなわち他者にとっての使用価値を生産するものでなければならない。それればかりではない。資本制的な生産とは「本質的に剰余価値の生産」である。労働者はなにかを生産するというだけでは十分ではない。かれ／かの女は剰余価値を生産しなければならないのだ。かくて「生産的であるのはひとり、資本家のために剰余価値を生産する労働者、つまりは資本の自己増殖（Selbstverwertung des Kapitals）に役だつ労働者だけ」なのである（S.532）。

マルクスはここでつづけて、やや奇妙ともみえる例を挙げている。引用してみよう。

物質的生産の部面の外部にぞくするものから、ひとつ実例を挙げることが許されるならば、学校教師が生産的労働者であるのは、その教師がただ子どものあたまに労働をくわえるだけではなく、企業家を富ませるための労働にじぶん自身をこき使う場合である。この企業家がみずからの資本をソーセージ工場に投じないで教育工場に投じたということは、すこしもこの関係を変えるものではない。それゆえ生産的労働者の概念はだんじて、たんに活動と有用効果との関係、労働者と労働生産物との関係を包括するだけではない。労働者に対して、資本の直接的な増殖手段の焼印を押す、一箇の特種に社会的な、歴史的に成立した生産関係をも包括するのである。(ebd.)

マルクスがここでなぜわざわざ「物質的生産の部面の外部」にある例を挙げたのかについては、すこし分かりにくいところがある。経済学者のあいだで、じっさいこのテクストをめぐって議論があったこともよく知られているところである。現実の歴史過程と引きあわせるなら、論点は「学校教師」が代表するいわゆる中間層の問題ともなるだろうし、また現在にまで継続する第三次産業、とりわけサーヴィス業の位置づけという問題系とも連接するものとなることだろう。ここでしかし「教育工場 Lehrfabrik」という語[1]に文字どおりの意味で着目するならば、論点は、やがてアルチュセールが主題系として彫琢していった、国家のイデオロギー装置の問題群へとつながるものとなるはずである。[2]教育過程では通常は、現在の「生産関係」が社会的・歴史的に「特種」であるしだいが否認されることだろう。だが、イデオロギーとは「否認をつうじて差異を押しつける」、すなわち差異の不在というかたちで差異を強要するものなのだ。[3]

資本による労働の「包摂」

資本は、労働者からその労働力を商品として買いいれる。そのさい労働力商品は、他のすべての商品とおなじように、その再生産のために社会的に必要とされている労働時間によって、その価値を規定されている。労働者が、ただみずからの労働力の価値の等価だけを生産した時点を超えて、労働が継続されることで、すなわち労働日が必要労働時間を越えて延長されることによって、「絶対的剰余価値」が生産されるのであった。絶対的剰余価値の問題と労働日をめぐる闘争は、かならずしも過ぎ去った時間にぞくする、かつての〈未開の資本制〉の一エピソードなのではない。「それは資本制的システムの一般的な基礎をかたちづくっており、また相対的剰余価値の生産の出発点をも形成している」(ebd.) のである。

相対的剰余価値の生産にあっては、労働日は最初からふたつの部分に、すなわち必要労働時間と剰余労働時間とに分かれている。剰余労働時間を延長するためには、「労賃の等価」をより短時間で生産する方法を導入して、必要労働にあたる部分を相対的に短縮するほかはない。「絶対的剰余価値の生産は、ただ労働日の長さだけを問題とする。相対的剰余価値の生産は、労働の技術的諸過程と社会的諸編成 (die gesellschaftlichen Gruppierungen) を徹底的に革命的に転換する」(S.532f.)。

ここで生まれるものはなんだろうか。マルクスは、段落をかえて、しかしつづけて書いている。「相対的剰余価値の生産はしたがって、ひとつの特種な資本制的生産様式を前提として基礎に置くものであって、当の生産様式は、そのさまざまな方法、手段、条件そのものとともに、最初はまず資本のもとへの労働の形式的包摂 (die formelle Subsumtion) を基礎として自然発生的に生まれて、形成されてゆく。この形式的な包摂にかわって、資本のもとへの実質的包摂が立ちあらわれるのである」(S.533)。相対的剰余価値の生産にあってこそ、「労働の資本のもとへの実質的包摂 die reelle

Subsumtion」があらわれる。

前項での叙述を補足するため、一八六一‐一八六三年草稿の一節を引いておこう。草稿は「工場制度において完全に組織される資本の専制的支配と軍隊的規律」を問題とし、つぎのように書いていた。

> この形態においてもっとも決定的なかたちで、したがって、労働の社会的生産力から、また労働そのものから生まれる労働の社会的条件が、たんに労働にとって疎遠な、資本にぞくする諸力として現象するばかりではない。個々の労働者に対して、資本の利益のために敵対的かつ圧倒的に立ちむかう諸力として現象するのである。（MEGA. Abt.II, Bd.3.6, S.2057f.）

この「形態」とは機械のことである。機械制大工場にあってこそ、資本は「圧倒的」な力で労働を監視し、労働者の一挙手一投足に規律を強制する。労働はかくて、資本のもとに実質的にも包摂されるのである。この間の消息を確認したうえで、私たちはここではさらにマルクスにしたがい、労賃をめぐる問題を見てゆく必要がある。

労賃についての一般的観念

右にみた包摂関係が、奴隷制度から区別されるのは、その関係が、等価交換の原則をまもって、労働賃金つまり労賃をなかだちとするものだからである。それでは労賃（Arbeitslohn）とはなにか？

労賃をめぐる一般的な理解が、第一に解体されなければならない。

マルクスはまず資本制社会の「表面では auf der Oberfläche」、「労働者の賃金は労働の価格として、つまり一定量の労働に対して支払われる一定量の貨幣として現象する」（S.557）という。マルクスがここで、表面では現象する（erscheint）と語っていることに注意しておく必要がある。マルクスの認定によれば、労賃は労働の価格ではほんとうはなく、労働の価値に対して支払われる貨幣ではないのである。どうしてだろうか。

資本制社会の、あるいは「ブルジョア的 bürgerlich」社会（市民社会）（ebd.）で一般に承認されている観念は、まず形式的矛盾をふくんでいる。労働が商品として市場で販売され、それを資本が購入するというなら、労働は「売られるまえに存在して」いなければならない。だが、もし労働者が労働に「独立の存在を与えることができるとすれば、労働者が売るものは商品であって労働ではない」（S.558）。

この点はいま措くとして、もしかりに「貨幣すなわち対象化された労働」と「生きている労働」とが直接に交換されるなら、価値法則が破棄されるか、あるいは資本制そのものが廃棄されることになる。等価交換という価値法則が維持されるべきなら、対象化された一二時間労働と生きた一二時間労働が等価交換されることになるが、かくて資本は剰余価値（利潤）を放棄することになり、資本制生産は廃棄されることとなるだろう。資本制生産を維持するために、生きた一二時間労働がいいかえればそれ以下の対象化された労働（貨幣）と交換されるならば、価値法則が破棄されることになる（vgl. ebd.）。

こうして労賃をめぐる一般的な観念はなりたちようもないはずである。それでは、労働の対価と表象されているものの実相はなにか。また、労賃をめぐる幻想が織りあげられているとするなら、その源泉はどこにあるのか。

マルクスの区別――労働と「労働者」、労働と「労働力」

それでは、現象の背後でじっさいに生起していることがら、それが、一般的には、いってみればイデオロギー的な観念で蔽われていることがらはなにか。マルクスは「労働」と「労働力」の区別という持論を繰りかえすかたちで書いている。引用しておこう。

> 貨幣所持者に対して商品市場で直截に向かいあうことになるのは、じっさいのところ労働ではない。労働者なのである。労働者が売るものは、かれの労働力である。労働者の労働が現実に開始されるとただちに、労働はすでに労働者にぞくすることを止めており、かくしてもはや労働者によって売られることはできない。労働は価値の実体であり、その内在的尺度であるとはいえ、それ自身は価値をもっていないのである。
>
> 「労働の価値」という表現にあっては、価値概念はまったく解消されてしまっている。そればかりではない。その反対物に顚倒されているのである。それはひとつの想像的な表現なのであって、たとえば土地の価値といったものなのだ。このような想像的表現は生産関係そのものから生じる。それらは、本質的な諸関係が現象する形態をあらわすカテゴリーである。現象で

は事物がしばしば顚倒してあらわれる。この件は、ありとあらゆる科学でかなりよく知られているところである。経済学をのぞくなら、ということなのだ。(S.559)

「土地の価値」が「想像的な表現」にほかならないしだいについては、後論をも俟って解明されなければならない(本書、Ⅲ・2・1参照)。この件はいま措くとして、「貨幣所持者」すなわち将来の、あるいは可能的な資本家が市場で出会うことになるのは「労働者」であって、労働ではない。労働者が「商品市場」で売ることになるのは「労働力」であって、やはり労働ではない。そもそも労働の価値という表現が「顚倒 verkehrt」された「想像的 imaginär」な表現なのである。つまり乗ずると-1になる虚数《イマジナリー・ナンバー》のような表現なのだ。マルクスは、皮肉をこめて付けくわえている。——経済学者以外の科学者なら、そのようなたんなる「現象」に惑わされることもないだろう。

労賃という、仮象の源泉

マルクスは「そこでさしあたり、労働力の価値と価格が、労賃というそれらの転化形態に、どのようにあらわれるのか見とどけてみよう」という(S.561)。これまですでに確認されているところを、以前とおなじ設例の範囲でふりかえってみよう。

一労働日は一二時間、労働日の日価値は貨幣表現で三シリングである、とする。そのさい、この三シリングには六時間の労働が対象化されているものとしよう。すなわち三シリングであらわされるこの労働力の一日分を再生産するためには、六時間分の労働が必要である、ということである。

労働者はみずからの労働力を三シリングでその価値どおりに売って、そののち資本に包摂されて、そのもとで一二時間はたらく。資本の側からいいかえるなら、資本は労働力をその価値どおりに三シリングで一日ぶん買いとって、その使用価値を一二時間にわたって、生産手段とともに生産的に消費することで、生産物を六シリングでふたたび流通に投入する。

ここで労働と労働力を区別しないとすれば、なにが起こるのだろうか。両者を区別しないとき、最初にみたとおり労賃とは労働の価値あるいは価格とみなされる。そのとき「一二時間の労働が三シリングの価値を有するとする定式」が生じる（ebd.）。ところで一二時間の労働の価値生産物は六シリングであった。「獲得されるのは、かくて一見してばかげた帰結である。すなわち、六シリングという価値を創造する労働は、三シリングという価値を有している、というのである」（S.562f.）。

さらにひとが見るとおり、とマルクスはつづけている。引用しておく。

> さらにひとが見るところであるが、一労働日の支払部分、すなわち六時間の価値をあらわしている三シリングという価値は、支払われない六時間をふくむ一二時間の一労働日全体の価値または価格として現象している。すなわち、労賃という形態は、労働日が必要労働と剰余労働とに分かれて、支払労働と不払労働とに分かれることの痕跡のいっさいを消去するのである。すべての労働が支払労働として現象するということだ。賦役であるならば、賦役民がじぶんのためにおこなう労働と、かれが領主のためにおこなう強制労働とは、空間的にも時間的にも、はっきりと感覚的に区別される。奴隷労働ならば、労働日のうち奴隷がかれ自身の生活手段を

補填するために労働する部分であっても、主人のための労働として現象する。奴隷のあらゆる労働が、不払労働として現象するのだ。賃労働にあっては、これとは反対に、剰余労働あるいは不払労働であってさえも、支払われたものとして現象する。（S.562）

労働日は「必要労働」と「剰余労働」をふくむ。両者は、それぞれ「支払労働と不払労働 **bezahlte und unbezahlte Arbeit**」に対応している。「労賃という形態」が、その「痕跡のいっさい」を抹消する。

賦役労働においては、空間的・時間的な分離が、必要労働と剰余労働の区別をいわば可視化していた。奴隷労働にあっては、主人と奴隷という「所有関係」が両者の差異を消去している。「賃労働」においては、あらかじめ生じている労働の差異化がふたたび無化されるのは「貨幣関係」によってなのである（ebd.）。

すでに見たように、資本制は、とりわけ機械制大工業へといたって、労働現場の時間と空間とを徹底的に支配し、再編する。その労働過程の現場のなかで労働者それぞれの労働時間も相互に融合し、必要労働時間と剰余労働時間との境界もまた融解してしまう。労働力は、一方では労働市場で貨幣によって購われ、労働力が生みだした商品は他方で商品市場へと弾きだされることによって、その価値を実現する。価値を価格として実現するとき、価値と剰余価値のあいだの差異はまったくその痕跡を抹消されている。貨幣はすべての差異をふくみこみ、消去し、来歴を抹消するからだ。貨幣は、だから「臭わない *non olet*」。マルクスがそう語っていたとおりである。(4)

そのことによってまた、生産過程は流通過程へと形式的には呑みこまれてしまう。かくして生産過程に、それがあたかも流通過程（の一部）であるかのような外観が与えられるはこびとなるのである。この件は、とはいえ、流通過程そのものをあらためて主題化するさいに再考しておくほうが適当だろう。(5)

註

(1) かつて『自動車絶望工場』で、この国における、機械制大工場の労働現場の現在を描いた鎌田慧（鎌田、一九七三年）が、日本資本主義のアジア進出を問題とする（鎌田、一九八四年b）のと並行して、『教育工場の子どもたち』（鎌田、一九八四年a）という本をまとめていることは、なにほどかは象徴的なことがらである。

(2) アルチュセール、二〇一〇年、一六五頁以下。今村仁司、一九九七年、二七八頁以下、参照。

(3) 市田良彦、二〇一〇年、一二〇頁、参照。

(4) 『資本論』は第六篇「労賃」にあって、「労働力の価値または価格の労賃への転化」（第一七章）をこのように論じたのちに、つづけて「時間賃金 Zeitlohn」（第一八章）、「出来高賃金 Stücklohn」（第一九章）、「労賃の国民的相違」（第二〇章）を論じてゆくが、ここでは立ちいらない。

(5) 宇野弘蔵は、その原論のなかで「労賃」から資本の蓄積過程へとすすむ構成を避け、労賃の問題から、ただちに資本の流通過程を問題とする方途を取っている。「剰余価値は、労働力の価値にあたる部分と共に労働者の労働によって生産せられたものであって、資本家の労働によるものではない。ただ資本の生産過程ではこの労働者の労働が可変資本としての労働力によって行われるのである。労働賃銀なる形態は、この点を隠蔽する」。生産費用としての労賃という観念によって「資本の生産過程における剰余価値の生産は、まったくその根拠を見失われる。それと同時に資本の生産過程は、資本の本来の形態規定としての流通過程のうちに行われるものとなるのである」(宇野『著作集』第一巻、一三四頁)。

b　蓄積の諸様相

蓄積論の位置と「単純再生産」の意味

マルクスは『資本論』全三巻のうち、その首巻をみずからの手で公刊しえたにすぎない。『資本論』第一巻は全七篇からなり、最後の篇は「資本の蓄積過程 Akkumulationsprozeß des Kapitals」と題されている。第七篇でマルクスは、資本の不断の運動のなかで資本‐賃労働関係が再生産され、拡大再生産されてゆく過程を問題とする。(1)

資本として機能する価値量の運動は、一定の貨幣額が市場において生産手段と労働力へ転化する「流通部面」にはじまる。運動の第二の局面、すなわち「生産過程」が終了すると、一定量の剰余価値をふくんだ商品が生まれるが、この商品がふたたび流通部面に投げこまれなければならない。商品はいまいちど貨幣となり、その貨幣はあらためて資本へと転化する。この継続的かつ反復的な「循環」が資本の流通をかたちづくる(K.I, S.589)。

資本の蓄積とは、この反復的循環において「剰余価値が資本として充用されること、または剰余価値が資本へと再転化すること」にほかならない(vgl. ebd., S.605)。剰余価値は、じっさいには、のちに見るように、利潤や利子や商業利潤や地代などへと事後的に差異化し、分化することになるけれども、とうめん資本の蓄積過程を問題とする場面ではこの件にかんしては論じられない。これらのすべては剰余価値の「転化形態」であるとはいえ、しばらくは剰余価値のすべては産業資本のもとに止まるものとして、純粋な蓄積過程が抽出されるわけである（S.589）。

あらゆる社会は消費を停止することができない。消費はしかも、連続的な過程として生起する。ひとは今日も渇き、明日も飢えるからである。したがってすべての社会は広義の生産も止めることができず、生産もまた連続的でなければならない。生産が連続的なものであるかぎりで、いっさいの「社会的生産過程」は「同時に再生産過程 Reproduktionsprozeß」である。そこではまた「生産の諸条件は同時に再生産の諸条件」なのである（S.591）。

資本は生産‐再生産を反復することによって、しかし差異を生む。つまり剰余価値もまた生産‐再生産される。反復によって周期的に回帰し、とはいえ増加して回帰する（revenir）資本価値として剰余価値は、資本の立場からすれば「資本から生じる収入 Revenue」というかたちを取ることになる。いまこの収入が、資本の人格化である資本家にとって「消費財源」として役だつだけであり、周期的に回帰するものが周期的に立ち去るものにすぎないとすれば、生起するのは「単純再生産」である。すなわち、同規模でおなじ構成で反復的に回帰する再生産であるほかはない。

ところがマルクスによれば、この連続的な反復ですら、「あらたないくつかの性格を刻印する」のである（S.592）。その性格のうち第一に問題とされるものが、いわゆる「領有法則の転回」にほかならない。市民社会の原則を資本制そのものが蹂躙してゆく。よく知られている『資本論』の所論を、それでもやはりあらためて辿っておくことにしよう。

労働‐資本関係そのものの再生産

次項で見てゆくとおり、資本制の成立はその背後に一箇の拭いがたい原罪をかかえている。簡単にいえば、資本制は暴力的に開始され、資本の始原には歴史の血痕がこびりついているということだ。ここではしかし当面この消息は措いておくことにしよう。すなわち、最初の資本は自己労働によって獲得されたものだとしておく。また資本はまだ価値増殖を目ざさず、資本家は収入のすべてを浪費するけっか、単純再生産のみが可能となっている、としよう。

とすれば、ほかの事情が変わらないとすれば——つまりは、いかなる搾取も収奪もおこなわれていないとするなら——、資本元本は（資本による）生産と（資本家による）消費の反復により減額してゆき、やがては消失するはずである。元金が自己消費によって縮小してゆくかぎりで、同規模の生産を反復的に継続するためにすら、剰余価値が資本として再投資されているはずなのである。

まずマルクスの設例を紹介しておこう。テクストを引く。

> 一〇〇〇ポンドの資本で周期的に生産される剰余価値、たとえば毎年に生産される剰余価値が二〇〇ポンドであって、この剰余価値が各年に消費される、としよう。その場合この過程が五年くりかえされたあとでは消費された剰余価値の総額は五×二〇〇だということ、いいかえるなら最初に前貸しされた資本価値一〇〇〇ポンドにひとしいしだいはあきらかである。もし一年間の剰余価値が一部分のみ、たとえば半分だけ消費されるとするなら、生産過程が一〇年

繰りかえされたのちにおなじ結果が生じることだろう。一〇×一〇〇＝一〇〇〇だからである。一般的にいうなら、前貸し資本価値を年ごとに消費される剰余価値で除すれば、最初の前貸し資本が資本家によって食いつくされ、消えてなくなるまでに経過する年数または再生産周期の数が出てくるわけである。（S.594）

すると、どうなるのか。どのような場合であっても、一定の年数が経過すれば、資本家が「取得した資本価値は、おなじ年数のあいだに等価なしに領有した」つまり対価の支払いがおこなわれずに取得された「剰余価値の総額にひとしく、かれが消費した価値額は最初の資本価値とひとしい」ことになる。そのばあい元本は「価値の一原子すら kein Wertatom」のこしていない。したがっておよそ蓄積がなされなかったとしても、生産過程が連続するだけで、すなわち単純再生産にあってすら、いずれは「どのような資本であれ、必然的に、蓄積された資本、あるいは資本化された剰余価値へと」転化する。それは「等価なしで領有された価値」、「他者の不払労働の物質化」となるのである。資本がたとえば労働者に対して、労働力の価値どおりに労賃を支払いつづけたとしても、その支払われる貨幣は、もともと労働者の剰余労働によって生産された価値がかたちを変えたものであるにすぎない（S.595）。

単純再生産であれ、それがおよそ継続可能であるためには剰余価値の生産を条件とする。かくて単純再生産が再生産するものはたんなる商品ではなく、剰余価値であり、たんなる剰余価値ですらなく、「資本制的生産」の「出発点」である。この出発点そのものが、資本制的な生産の結果として

「たえず繰りかえし生産され、永遠化され」る。資本制では「かんたんに言えば労働者が賃金労働者」として前提され、その前提が生産されて、再生産される。この生産 - 再生産こそが「資本制的生産の必要条件 das *sine qua non*」にほかならない（S.595f.）。

労働者は、生産現場では「生産的消費」をおこない商品を生産するほかに、労働力の対価として支払われた貨幣によって生活し、つまりはそれによって必要生活手段を購入する。この局面は労働者の「個人的消費」である（S.596）。それでは、この個人的消費にあって労働者は、資本の軛から解放されるのだろうか。そうではない、とマルクスはいう。労働者による個人的消費すら「資本の生産及び再生産の一契機」なのであり、階級としての労働者の「維持と再生産」それ自体が「資本の再生産のための恒常的条件」となるからである。労働者はたしかにじぶんのために飲み、じぶんのために食うだろう。しかし「たとえば役畜の食うものは役畜自身が享受するからといって、役畜のおこなう消費が生産過程にとって一箇の必然的な契機であることに、なんら変更はない」。ことはそれと同様なのである（S.597f.）。

かくして、「労働者階級は直接的な生産過程の外部でも、生命のない労働用具とおなじように資本の付属物」にすぎない。労働者はたしかにたんなる奴隷、資本制の奴隷ではない。しかし「ローマの奴隷は鎖によって、賃金労働者は見えない糸によって **Der römische Sklave war durch Ketten, der Lohnarbeiter ist durch unsichtbare Fäden**」、やはりそれぞれ所有者に繋がれているのだ（S.598f.）。

ここから帰結するのは、どのようなことがらか。マルクスの結論をみじかく引いておこう。

こうして資本制的生産過程は、関連のなかで考察されるなら、あるいは再生産過程としては、ただ商品を生産するものではない。剰余価値を生産するだけのものでもない。それは資本関係そのものを、つまり一方の側には資本家を、他方の側には賃金労働者を、生産し再生産するのである。（S.604）

資本制的生産過程が「生産し再生産する」ものは、資本制的関係そのものにほかならない。単純再生産、つまり剰余価値がすべて消費される場合であっても、資本制的生産関係それ自体は不断に生産‐再生産されてゆく。

ここで出発点とした単純再生産の設例は、とはいえ一箇のフィクションであるにすぎない。資本はつねに生成し、運動し、資本の生成‐運動は価値増殖過程をふくむからである。右で確認されたことがらは、それゆえ、拡大再生産の場面にそくして、あらためてその意味が問われなければならないだろう。拡大再生産をも視野におさめてゆくことで、問題は「領有法則の転回」にあることが明確となるはずである。

「資本によって資本を生む」

マルクスは「拡大された規模での資本制的生産過程」を、つまりかんたんに言って拡大再生産を問題とするにあたり、あらためてつぎのように書いている。「これまでは、どのようにして剰余価値が資本から生じるかを考察しなければならなかった。いまや考察されなければならないのは、どのようにして資本が剰余価値から生じるか、である」。資本は拡大再生産をおこない、そのことで剰余価値は資本へと追加され、それじしん資本に転化する。拡大再生産の問題とは、すなわち「資本の蓄積」の問題とひとしい（S.605）。

いま資本によって拡大再生産がおこなわれる、とする。そのばあい投資も拡大されなければならないが、その財源の一部は可変資本として、労働力を雇用するために投下される。資本は、そこで剰余価値により、これまで雇用していた労働力を超える労働力を購買することになる。労働者の側からいえば、これは、労働者自身が、さらにあらたな労働力を充当するための財源を資本に対して提供したしだいにほかならない。

かつてアブラハムはイサクを生み、イサクはヤコブを生んだ云々といわれる。最初の資本投下は一〇、〇〇〇ポンドであり、その資本が二〇〇〇ポンドの剰余価値を生み、それが「ふたたび資本化され」、以下同様であるとしよう（S.607）。

ちなみに、ここではやはりまだ最初の資本は自己労働の果実だとしておこう。だが、とマルクスはつづける。

二〇〇〇ポンドの追加資本については、事情はまったくべつである。私たちはその発生過程をかんぜんに精確に知っている。それは剰余価値が資本化されたものなのだ。それは最初から、他者の不払労働から生まれたものではない、価値のほんの一原子すらもふくんでいない。追加労働力がそれに合体される生産手段も、追加労働力が維持されるための生活手段も、剰余生産物、つまり資本家階級が年ごとに労働者階級から取りあげる貢物の、構成要素以外のなにものでもない。（S.608）

労働力が剰余労働によって生産する「剰余生産物」が、ここでは「貢物 Tribut」と呼ばれている。「追加資本」とはこの貢物、すなわち収奪物の集積なのである。資本は、この剰余生産物の一部である「追加労働力」を買いもとめて、かくて生産を拡大することだろう。かりにその価格が充分なものであり、労働力は価値どおり支払われ、「等価と等価とが交換される」としても、「それはなお、古くから征服者がやっているやりかたと変わらない」。つまり、被征服者から収奪した貨幣によって、被征服者から商品を買っているにすぎない。かつてインカ帝国を征服したスペイン人たちが、インカから奪いとった黄金によって、インカのひとびとの生産物を買いとったように、である。「これが、すなわち「資本によって資本を生む **Kapital durch Kapital erzeugen**」とも呼ばれていること」にほかならない（S.608）。

「領有法則は転回する」

かくて、領有法則は転回する。資本元本を資本家は、自己労働によって取得したものとしよう。そのように前提としたところでなお、追加資本のすべては、最初の資本が生んだ「剰余価値が資本化されたもの」にすぎないのであって、そのけっか「過去の不払労働の所有が、現在では、生きている不払労働をますます大規模にいま領有するための、ただひとつの条件として現象する」。蓄積が蓄積を生み、蓄積が資本を拡大し、拡大された資本によってふたたび資本が拡大されるのだ。

　労働力の売買は、その価値どおりにおこなわれるものとする。そのかぎりで、商品交換の法則、等価交換の原則は破られてはいない。しかし「あきらかに、商品生産と商品流通とにもとづく領有法則または私有の法則は、自身に固有なその避けがたい弁証法をつうじてその正反対のものに転化する」。領有法則（Gesetz der Aneignung）は転回する（umschlagen）。所有の原則は所有の剥奪の原則へと転回するのである（以上、S.609）。

　貨幣が資本へと転化したとき、貨幣は一方で生産手段に、他方では労働力へとすがたを変えた。そこで生起したものは一箇の交換過程であり、それは「商品生産の経済的な諸法則とも、そこから派生する所有権とも、もっとも厳格なかたちで一致していた」（S.611）。だが「商品生産がそれ自身の内在的な諸法則にしたがい、資本制的生産へと成長してゆくのとおなじ程度に、商品生産の所有法則は資本制的な領有の法則へと変転する」（S.613）のである。[2] ――ロック的とされる所有の理念はすでに解体している。資本制的な生産様式を前提とするかぎりで、理念はむしろあらかじめ腐食していたのだ。

　このような歴史的な転回が、それじしん自然的な経過として現象するのはなぜだろうか。労働力そのものが、資本に剰余価値を付加する。それは、いわば「労働の自然力」である。その自然力が「資本の自己維持力 Selbsterhaltungskraft」として現象する。剰余価値の不断の領有が、かくして資本の「恒常的な自己増殖」としてあらわれる。つまり、ここで歴史過程を自然化する *quidproquo*

は「労働の力のいっさいが資本の力として投射される」ことによるのであり、それは「商品の価値形態が、ことごとく貨幣の形態として投射されるのとおなじなのである」（S.633f.）。

資本の構成

マルクスの考察はさらに、資本制による蓄積の一般的法則へとすすむ。それに先だち『資本論』は、重要な区別を導入することになる。

定義を与える、よく知られた部分を問題としておこう。引用してみる。

> 資本の構成は二重の意味でつかまれなければならない。価値の面からみれば、資本の構成は資本が不変資本または生産手段の価値と、可変資本または労働力の価値すなわち労賃の総額とに分かれる比率によって規定される。生産過程で機能する素材の面からいうなら、それぞれの資本は生産手段と生きている労働力とに分かれている。この構成は、一方における充用される生産手段の量と、他方にあってはその充用のために必要な労働量との比率によって規定されているのである。（S.640）

「資本の構成 Zusammensetzung」は二重の意味で語られる、とマルクスは指摘している。一方は「資本の価値構成」であり、他方は「資本の技術的構成」と呼ばれる。よく知られているとおりマルクスは、「資本の価値構成を、それが資本の技術的構成によって規定されて、その変化を反映しているかぎりでは、資本の有機的構成（organische Zusammensetzung des Kapitals）と呼ぶ」（S.640）。ただ単純に資本の構成と称される場合にはこの最後のもの、すなわち有機的構成のことなのである（vgl. K.III, S.154f.）。

マルクスは以下しばらく、資本の構成には大きな変化がなく、しかし拡大再生産が進行してゆく場合を想定して、議論をすすめてゆく。私たちとしても、マルクスの想定にしたがっておくことにしておきたい。

資本制の「人口法則」

ここでは有名な「相対的過剰人口」の形成という視角を中心に、ごくかんたんに論点をまとめておこう。『資本論』第一巻のなかでももっとも〈古典的〉とされる議論のひとつであり、一時期は、ほとんど〈死せる犬〉めいて取りあつかわれてきた問題系である。おなじその主題系は、とはいえいままた資本制の現在との関係で、現実を照射するものとなっているように思われる。

さて、資本の増大は可変資本をも増大させる。資本の拡大は生産の拡張となって、当然また労働需要をも肥大化させることになる。それは、いったん「賃金上昇」（K.I, S.641）すらもたらしうるけれども、結局は、一方の極により巨大な、あるいは集中した資本を、他方の極に「より多くの賃労働者を」再生産するものにほかならない。つまり「資本の蓄積とはプロレタリアートの増殖」なのである（ebd., S.642）。

右にみたことがらについては、資本の構成に大きな変化がないはこびが想定されている。ところがじっさいには、拡大再生産と歩調をあわせて、つうじょう資本の有機的構成そのものが高まってゆく。その結果、どうなるか。労働力を調達するために充当される資本部分、つまり可変資本は、資本の総体が増大したからといって、それに比例して増加するわけではない。くわえてまた、資本の増大とともに「競争と信用」が発展して、資本の集中を生む（vgl. S.655）。資本の集中はしかも限定的な場面でも資本制にとって不可避なのであって、資本の集中が存在しなかったならば「世界はまだ鉄道なしでいたことだろう」。集中は資本の構成を変革する。鉄道の敷設を考えてみれば判明であるように、それは「可変部分の犠牲においてその不変部分を大きくする」ことであって、かくして「労働に対する相対的な需要は減少する」。しかもそうした変革は、つねに拡大され促進されるのである（S.656）。

「要するに一方では、蓄積の進行中に形成される追加資本は、その大きさにくらべればますますすくない労働者を引きよせることになる。他方では、周期的にあらたな構成で再生産される、古い資本は、それまで使用していた労働者をますます多く弾きだす」ようになる（S.657）。そのけっか生みだされるのが、いわゆる相対的過剰人口にほかならない。つまり「労働者人口は、それ自身が生みだす資本蓄積につれて、ますます大量にそれ自身の相対的過剰化（relative Überzähligmachung）の手段を生みだす」。これが「資本制的な生産様式に特有な人口法則」である（S.660）。

かくて弾きだされ、沈殿してゆくものが、「自由に利用されうる産業予備軍 eine disponible industrielle Reservearmee」であって、それは例外的な事態にみえながら、じつのところ「資本制的生産様式の一箇の存在条件」となるものにほかならない（S.661）。この過剰が存在しなければ資本は剰余を安定して生産することができず、かくて不断の価値増殖過程としての資本の運動は連続的なものとなることができないからである。

「受救貧民」について

マルクスは相対的過剰人口を、「流動的 flüssig」なもの、「潜在的 latent」なそれ、「停滞的 stockend」な過剰人口に分けている（S.670）。流動的過剰人口は産業の中心につねに生じ、たえず吸収され、また弾きだされる。潜在的過剰人口は具体的には農村部に存在しつづける。停滞的過剰人口は現役労働者の一群であるとはいえ、その就業はきわめて不規則的なものとなり、低賃金と長時間労働を前提として「資本の固有な搾取部門」（S.672）に充当される。今日でいえば、たとえば各種フリーターがそのような境遇に置かれていよう。しかし、そればかりではない。

> 最後に、相対的過剰人口のいちばん底の沈殿物が住んでいるのは、受救貧民の領域である。浮浪者や犯罪者や売春婦など、簡単にいえば本来のルンペンプロレタリアートをべつにすれば、この社会層は三つの部類からなっている。第一は労働能力のあるものである。イギリスの受救貧民の統計にざっと目をとおしただけでも、その数が恐慌のたびに膨張し、景気の回復ごとに収縮することがわかる。第二には孤児や貧児である。かれらは産業予備軍の候補で、たとえば一八六〇年のような大興隆期には急速に現役労働者軍に編入される。第三には堕落したもの、零落したもの、労働能力のないものである。（S.673）

ここでマルクスの、たとえば「ルンペンプロレタリアート」に向けられた視線のうちに[3]——たとえばまた、エンゲルスの「歴史なき民」[4]へのそれとならんで——どこか酷薄な心情を読みとることは、現在ならばむしろたやすいところであるかもしれない。「受救貧民 Pauperismus」の問題は、マルクスの論述のなかでも現在的な関心を惹かない部分のひとつに数えあげられることも多いことだろう。しかし、そうなのだろうか。

右に引用した部分につづけて、マルクスが第三の部類、つまり「堕落したもの、零落したもの、労働能力のないもの」に数えているのは、たとえば、技術革新から零れおちたもの、老齢労働者、「危険な機械や、鉱山採掘や、化学工場とともにその数を増す産業犠牲者 die Opfer der Industrie」であった（ebd.）。マルクスがここで見ている問題は、おしなべて過ぎ去ってはいない。たとえば、原子力発電所では、今日でもなおさまざまな産業犠牲者が雇用されて、炉心に近く危険な、しかし最終的には人力で当たるほかはない作業に従事して、日び避けがたく、より深刻な産業犠牲者ともなってゆく。一般的に資本制は、たえずさまざまな外部を内部化して、資本制のうちに繰りいれることで存続してゆくが、資本制の存続は同時にまた、その内部に差異のさまざまをあらたに生産しつづけ、その差異をあらためて内部化することで資本制は延命してゆく。資本が反復的に産出する差異は、そして当然のことながら差別を組織することで、それじたい定常化することだろう。

マルクスはさらに、長大な頁数を充てて、「資本制的蓄積の一般的法則」に歴史的・現在的考察をくわえ、その「例解」を与えている。ここではその叙述には立ちいらず、本章のさいごにむしろ、資本制的蓄積の原型にふれておこう。マルクスが「いわゆる本源的蓄積 sogenannte ursprüngliche Akkumulation」と呼んだ歴史的事象がそれである。

註

（1）『資本論』第一巻の最終篇は、一方で同時に第二巻への移行規定をふくむべきこと、他方ではまたマルクスそのひとの構想に変化が見られるところからして、解釈をめぐって議論があるところである。とりあえず、鎌倉孝夫、一九七〇年、三二一頁以下の整理を参照。

（2）この領有法則の転回をもって、資本論体系の基礎的視座にすえるのが、平田清明のマルクス解釈であった。それはフランス語版資本論を再発掘し、本源的蓄積論と資本制的蓄積論との関連をあらためて問うところに成立したものである。平田、一九七一年、三七九頁以下、参照。疎外論的な色彩の濃厚な平田解釈に対して、物象化論の立場から所有問題を問うたのが浅見克彦である。とくに「領有法則の転回」の問題については、浅見、一九八六年、一一六頁以下、参照。

（3）竹中労が、戦後上野界隈の、「トンボリ」「地見屋」から「バタ屋」にいたるまで活写して、「ルン・プロと蔑視される人々はかくのごとく労働している。「独立した創造的事業に無能」では決してないのである」と書いている（竹中、一九九九年、二四四‐二四五頁）。窮民革命論へと連接するモチーフにほかならない（竹中労・平岡正明、一九七三年、参照）。吉本隆明が（太田竜をふくめて）「三バカ」と呼んだこの革命論に対する同時代的批判の典型は、黒木龍思（現在の笠井潔）、一九七二年、にみられる。好意的な回顧的評価としては、足立正生、二〇〇三年、四〇九‐四一〇頁、参照。

（4）この問題をめぐっては、やはり良知力の業績を挙げておくべきだろう。良知、一九七八年、参照。良知が三八頁で引くエンゲルスのテクストは、つぎのもの。「ヘーゲルがそう語っているように、歴史の歩みによって情け容赦なく踏みつぶされた民族のこれらのなれの果て、これらの民族の残り屑は、完全に根だやしにされ、民族ではなくなってしまうまでは、いつまでも反革命の狂信的なにない手であろう。およそかれらの全存在が、偉大な歴史的革命に対するひとつの異議申し立てなのである」（MEW. Bd.6, S.172）。汎スラヴ主義のにない手たちは、エンゲルスによれば、「じぶんたちの歴史をもったことが一度もない」（ebd., S.275）、歴史も未来もない民族なのである。これに対して、四八年革命における「ルン・プロ」の位置については、良知、一九八五年、増谷英樹、一九八七年、参照。

c　資本制の原罪

「アダムのリンゴ」の物語

資本制はそもそもどのようにして開始されたのだろうか。資本制の条件が、一方では資本に転化しうる貨幣と生産手段を独占した少数者の形成と、他方では〈二重の意味で自由な〉多数者の排出とを条件とするならば、その形成と排出の過程が同時に問われなければならない。

前項で私たちは、マルクスとともに、資本制的な蓄積の諸相を問題とした。とはいえ「資本制的生産」は「商品生産者たちの手のなかにかなり大量の資本と労働力とが存在することを前提とする」以上、この「資本制的蓄積に先行する「本源的」蓄積」（K.I, S.741）が問われざるをえない(1)。

マルクスは、皮肉な調子でつぎのように書きはじめる。引用しておく。

この本源的な蓄積が経済学で演じる役割は、原罪が神学で演じる役割とほぼおなじである。アダムがリンゴをかじって、そこで人類のうえに罪が落ちた。この罪の起源は、それが過去の物語として語られることによって説明される。ずっとむかしの或るときに、一方には勤勉で、賢明で、わけても倹約なエリートがいて、他方に怠けもので、あらゆる持ちものを、またそれ以上を使いはたしてしまうクズどもがいた。ともかく神学上の原罪の伝説は私たちに、どうして人間がひたいに汗して食べるよう定められたかを語ってくれる。いっぽう経済学上の原罪の物語は、どうしてすこしもそんなことをする必要のないひとびとが存在するかをあかしてくれるのである。(ebd.)

資本制の「原罪」をめぐるこうした物語は、いうまでもなく「陳腐な子どもだまし fade Kinderei」であって、「現実の歴史では、よく知られているとおり、征服や圧政や強盗殺人、要するに暴力が、大きな役割を演じている」(S.742)。

この歴史の一端をおもにイギリスにそくして、「自由な労働者」の形成、すなわち「生産者と生産手段との歴史的分離過程」として問題とするものが、『資本論』第一巻末尾の本源的蓄積論の課題にほかならない。それは、したがってとりあえずは「資本の前史 Vorgeschichte」という意味をもつことになるだろう(ebd.)。——「生産者たちを賃金労働者へ転化させる歴史的運動」は、一面では農奴制や中世的ギルドからの「解放」である。「そして私たちのブルジョア的歴史学者にとっては、ひとりこの面のみが存在する」。その歴史的な動向は他面では、「血と火との文字(Zügen von Blut und Feuer)で人類の年代記に書きこまれる」収奪の歴史であったのだ(S.743)。

「独立自営農民層」の解体

イギリスの農奴制は一四世紀のおわりごろに、ほとんどすがたを消していた。一五世紀になってかわりにあらわれたのは、人口の多数を占める「自由な自営農民」、いわゆるヨーマンリーであったとマルクスはみる（S.744f.）。

一六世紀の前半にかけて、ところが、フランドル地方で羊毛マニュファクチュアが興隆し、イギリスでも農地の牧羊地化がすすみ（vgl. S.746f.）、一七五〇年には、ヨーマンリーはほとんどすがたを消して、借地農業者と農村賃労働者への二極分解がすすんだ。かくして、農民の多くは土地から駆逐され、大量のプロレタリアートが生みだされる。マルクスが問題とするのは、この農業革命の「暴力的な槓杆」（S.751）にほかならない。

並行してすすんでいたのは、教会領の強奪や国有地の横領である。より重要なものは「共同地Gemeindeeigentum」の暴力的な詐取であった。共同地は「古代ゲルマン的制度」であって、封建制下でもなお存続していたのである。これは一五世紀すえにはじまり、一六世紀にもつづけられ、一八世紀についに合法化される。「共同地囲い込み法案」とは、地主が共有地を私有地としてじぶんに贈与するための法令であった（S.752f.）。最後の仕上げは、いわゆる「地所の清掃」つまり「土地からの人間の掃き捨て」である（S.756）。

一九世紀に「支配的であった方法の実例」としてマルクスが挙げるのは、サザランド女公の場合である。この人物は経済につうじており、住民がすでに一五、〇〇〇人に減少していた全州を牧羊場に変えることを決意した。一八一四年から一八二〇年にかけて、当地の住民、約三千戸の家族が根だやしにされる。兵士が動員され、村落は焼きはらわれた。「一老婦は小屋を去ることを拒否し、その火炎につつまれて焼け死んだ」。かくて女公は「いつともないむかしより氏族（Clan）のものとなっていた七九四、〇〇〇エーカーの土地をわがものとした」のである（S.757f.）。

一六世紀になるとすでに、農村から大量に弾きだされてきたプロレタリアが当時のマニュファクチュアによっても吸収されず、「かれらは群れをなして乞食となり、盗賊となり、浮浪人となって」いる。かれらを待ちうけることになったのは、一六世紀の全体をつうじ西ヨーロッパ総体を覆った「浮浪に対する血の立法 Blutgesetzgebung」（S.762）にほかならない。

「浮浪に対する血の立法」の継続

イギリスではこの「浮浪」に対抗する当の立法はヘンリー七世治下にはじまる。すこし引用しておく。ヘンリー八世にかかわる記述からである。

ヘンリー八世。一五三〇年。老齢で労働能力のない乞食には、乞食免許が与えられる。これに対して、強健な浮浪人には鞭うちと拘禁とが与えられる。かれらは荷車のうしろに繋がれて、からだから血が出るまで鞭うたれ、それから宣誓をして、じぶんの出生地か最近三年間の居住地にもどり「仕事につく」（to put himself to labour）ようにしなければならない。なんという残酷な皮肉だろう！　ヘンリー八世の二七年には以前の法規がくりかえされるけれども、だがあらたな補足によってより厳格にされる。さいど浮浪罪で逮捕されると鞭うちがくりかえされて、耳をはんぶん切りとられるが、累犯三度目には当人は重罪犯人であって、公共の敵であるとして死刑に処せられることになるのである。（S.762f.）

エドワード六世治下、一五四七年には、浮浪人はじぶんを告発した者の奴隷となることが定められた。主人には、鞭と鎖とで奴隷を強制的に労働させる権利がある。奴隷が一四日のあいだ仕事をはなれれば終身奴隷の宣告をうけ、ひたいか背中にSの焼印を押され、逃亡三回におよべば、国家への反逆者として処刑される。主人は奴隷を「パンと水と薄いスープと、かれにふさわしいと思われるくず肉」で養わなければならないが、たほう奴隷を、他の動産や家畜とおなじように売ることも遺贈することもできる。浮浪人が三日ぶらついていたことがわかれば、出生地に送りかえされ、灼熱の鏝で胸にV字を焼きつけられ、鎖でつながれて、労役に就かせられる（S.763）。

エリザベス女王の治世のもと、一五七二年には、鑑札をもたずに浮浪している一四歳以上の乞食は、鞭うたれたうえに、左の耳たぶに焼き印を押されることになった。再犯者の場合、かれ／かの女が一八歳以上なら、二年のあいだかれらを使おうとする者が出てこなければ処刑されるいっぽう、三回の累犯の場合にはただちに国家への反逆者として処刑される（S.764）。

ジェームズ一世が即位したのちは、こうだ。放浪者に対して治安判事には、初犯ならば六か月、再犯となると二年のあいだ投獄する権限が与えられる。矯正不可能な浮浪者は、ひだり肩にR字を焼きつけられ、ふたたび放浪して逮捕されれば、容赦なく死刑に処せられる（S.764f.）。

もうこれ以上は、いいだろう。ともあれ、「暴力的に土地を収奪され、追いはらわれ浮浪人にされた農村民は、奇怪な恐ろしい法律によって、賃労働の制度に必要な訓練を受けるために鞭うたれ、焼印を押され、拷問された」のだ（S.765）。

本源的蓄積の外部的要因

これが「血の立法」の内実であった。マルクスは、当面の総括を与えている。資本制にとって、人口が両極化し、生産手段が集中するだけでは充分でない。二重の意味で自由な労働者が集積されるだけでも十分ではない。資本制の進展につれて、「教育や伝統や慣習によって、この生産様式の諸要素を自明な自然法則（selbstverständliche Naturgesetze）としてみとめる」層が、つまり無抵抗な労働者階級が必要となってくる。そのけっか「労働者に対する資本家の支配」が確定されるまでは、資本はさまざまな局面において「国家権力を必要とし、利用する」。この件が、いわゆる本源的蓄積にあって「一箇の本質的契機」なのである（S.765f.）。

マルクスはつぎに、資本家たちの出自を問題としてゆく。論点はとくに「産業資本家の生成」（S.777）にあるが、それをめぐる分析を、これ以上おうことはしない。ただしマルクスがここでも純然たる経済的条件よりも、むしろ国家権力との関係、すなわち「植民制度」や「国債制度」、また「租税制度」や「保護貿易」をとり上げているしだいに注意しておくべきだろう。マルクスは、そのさい、国際的なひろがりをじゅうぶん見わたして、奴隷貿易と、インドネシアやアメリカにおける奴隷制にもとくべつな関心を払っている。(4) 北アメリカにおける「原住民の掃滅と奴隷化」、さらには「アフリカの商業的黒人狩猟場への転化」は、「資本制的生産の時代の曙光」であり、「このような牧歌的な過程が本源的蓄積の主要契機」なのである。マルクスによれば、「暴力は、古い社会があらたな社会をはらんだときに、いつでもその助産婦となる。暴力とはそれ自身が一箇の経済的な潜勢力 eine ökonomische Potenz」にほかならない（S.779）。

たとえば、リヴァプールは資本制のみやこであったばかりではない。それ以前にリヴァプールは奴隷貿易の主要港であった。「奴隷貿易は、本源的蓄積のリヴァプール的方法をかたちづくっている」（S.787）。つづけてマルクスは書いていた。

> 綿工業はイギリスには児童奴隷制をもちこんだが、それは同時に、以前は多かれすくなかれ家父長制的であった、合衆国の奴隷経済を商業的搾取制度へと転化させるための原動力を与えた。一般に、ヨーロッパでの賃金労働者の隠された奴隷制は、新世界での文句なしの奴隷制を足場として必要としたのである。（ebd.）

資本制の開始そのものに、外部的契機が密接にからんでいる。マルクスはこの点について十分に自覚的であったように思われる。ただちに見ることになるとおり、資本制はそもそも、つねにその外部を必要とする。ともあれ外部的要因をも巻きこみながら「資本は、あたまから爪先まで、毛穴という毛穴から血と汚物とを滴らせながら生まれでてくるのだ」（S.788）。

マルクスの本源的蓄積論の、末尾ちかくから引用しておく。『資本論』第一巻ではおそらく確実に――あるいは『資本論』全三巻の全体をつうじてさえ――もっとも有名な一節である。

生産手段の集中も労働の社会化も、それが当の資本制的な外皮とは調和できなくなる一点に到達する。そこで外皮は爆破される。資本制的な私有の最期を告げる鐘が鳴る。収奪者が収奪される。(S.791)

「資本制的な私有の最期を告げる鐘が鳴る」の原文は Die Stunde des kapitalistischen Privateigentums schlägt, つづけて「収奪者が収奪される」のそれは Die Expropriateurs werden expropriiert である。ここでマルクスはむしろ詩人に立ちかえって語っていよう。詩の意味を解く愚を犯すことはやめておく。直後に説かれる、いわゆる「否定の否定」としての「個体的所有」論にもここでは立ちいらない。[5]『資本論』第一巻の、ほぼ末尾に置かれた本源的蓄積論の意味についてのみ、あらためてもうすこしだけ考えておきたい。[6]

本源的蓄積の歴史過程

第一に考えなおされる必要があるのは、本源的蓄積の歴史過程そのものをめぐる評価についてである。マルクスは、トーマス・モアの「羊が人間を食いつくす Schafe die Menschen auffressen」奇妙な国に言及していた(K.I, S.747 Anm.)。羊は非常におとなしく、小食であったが、いまや大食になり「人間さえも食いつくす *homines devorent ipsos*」といわれる国のことである。[7] とはいえ、イギリスにおける歴史過程にかぎっても、本源的蓄積はそれほどまでに暴力的な過程であったのか。

この件については宇野弘蔵を中心とする学派内部からも異論が提出されたことがある。ヨーマンリーによって敷きつめられた状態という、マルクスの前提的認識にまず問題がある。一六世紀当時のイギリスの農民はすでに多様化していたのであり、問題とされる共有地の収奪についても、暴力によるものであるよりも「貧しさや無知」に起因するものと見るべきではないか、と主張する見解がそれである。(8)

さらにさかのぼれば、いわゆる大塚史学、つまり大塚久雄によるイギリス経済史研究にあって、本源的蓄積過程の本質はむしろ、小生産者の自生的な発展による資本と労働への差異化であって、「中産的生産者層の両極分解」こそが「産業資本の歴史的形成の端緒をなすもの」である、(9) とするとらえかたが提出されている。ことは実証的な歴史研究にかかわるかぎり、ここでは立ちいることができない。ただし、こうした理解がマルクスのいう fade Kinderei へと後退する可能性については、じゅうぶん注意されてよいところである。

第二に、それではイギリス以外の歴史過程については、どうだろうか。本源的蓄積論を展開するにあたり、マルクスは、「私たちがだからこそ例に取る、イギリスにおいてのみ本源的蓄積は古典的な形式（klassische Form）をそなえている」（K.I, S.744）と書いていた。マルクス自身が、ドイツ語版とは独立の学術的な価値があるとみとめた、フランス語版資本論では、一文の表現にすこし変更がくわえられた以外に、内容的にも加筆がなされている。引用しておく。

本源的蓄積がすでに根底的な様式で遂行されているのは、ただイギリスにあってのみである。

イギリスが、したがって必然的に、私たちの研究においては第一の役割を演じることになるだろう。とはいえ西ヨーロッパの他のすべての国も、同一の運動を経過する。環境によってその運動は地方的な色彩を変え、あるいはより狭い範囲にとどまったり、あるいはそれほどまでに強調的な性格を示さなかったり、あるいはまたことなった継起の順序をたどったりするにせよ、である。（MEGA. Abt.II, Bd.7, p.634）

ドイツ語版の「古典的な形式」という表現が「根底的な様式 une manière radicale」と置きかえられたほかにも、前後の表現が入れかえられ、本源的蓄積の単線的な性格がより強調されるものとなっている。

マルクスの世界史的視野はもとより広大なものだった。『資本論』第一巻はたとえば商品流通論にあって、ことのついでに極東の島国にふれ、「ヨーロッパによって強制された外国貿易が、日本で現物地代から貨幣地代への転化をともなうなら、日本の模範的農業もそれでおしまいである」（K.I, S.155）と書いている。この記述と、本源的蓄積論の展開にもとづいて、戦前のマルクス主義者たちは、いわゆる公債制度と地租改正とをもって「資本の原始蓄積の有力なる槓桿」[10]と見なし、さらに「隷農制的＝半隷農制的従属関係の再編成」[11]とみとめた。こういった、かなり図式的で公式主義的な把握は、徳川期の村落についても戦前の農村にかんしても、ひどく一面的な理解にもとづくものであった可能性もあるだろう。[12]

研究史上の経緯からして、より大きな意味をもったのは、その後のマルクス自身による、ロシア研究の進展をどのように評価するか、である。それはマルクスの世界史像の転換をともなうものであり、したがってまたあらゆる地域でイギリスを範例とした本源的蓄積の歴史過程と「同一の運動を経過する parcourent le même mouvement」と断定した理解にも変化が起こった可能性が高い。この件は、ナロードニキへのマルクス／エンゲルスの評価とも連動させるかたちでなお論じられる余地があるだろう。(13)

「原罪」か「現在」か

第三に、もっとも重要な論点として考えておきたいのは、資本の本源的蓄積過程が資本制の原罪であるとは、どのような意味なのか、という問題である。マルクスは本源的蓄積が遠くさかのぼる過去の問題ではないしだいを、一方では強調していた。他方でマルクスは、本源的蓄積を資本制の前史とも呼んでいる。それはしかし、たんなる前史なのだろうか。

本源的蓄積の過程こそが資本制の原罪であるとして、しかし「原罪はつねに現罪である(14)」のではないか。つまり本源的蓄積の暴力性は資本制それ自体の暴力性なのではないだろうか。それは一方では差異を抹消する暴力であり、他方では差異を産出しつつ回収する暴力なのではないか。

資本の本源的蓄積とは、ことばをかえれば、資本制の外部にあるものを暴力的に資本制の内部へと囲いこむ運動である。そうであるとすれば、資本制はむしろ継続的に、また不断に本源的蓄積を遂行しつづけている、と考える余地がある。よく知られているように、たとえばローザ・ルクセンブルクがかつて問題を先鋭に提起した。

ローザによれば、「非資本制的環境のない資本蓄積」(15)は考えることができない。すなわち資本制はかならずその外部をじぶんの内部へと編入することで運動しつづける、ということである。ローザの見るところでは、「工場、鉱山、農場」といった資本制の内部での資本蓄積のほかに、資本制にはもうひとつの蓄積形態がある。それは資本制と非資本制との関係、資本制の内部と外部との関係にかかわっているものなのである。資本制はむしろ、外部との境界にあってこそ暴力的な蓄積を継続する。ルクセンブルクの蓄積論から引用しておく。

資本蓄積のもうひとつの側面は、資本制と非資本制的生産様式との関係にかかわっている。それは、国際的舞台でそのすがたをあらわしはじめる。その支配的方法は、植民地政策、国際的借款制度、戦争である。そこでは、暴力、詐欺、抑圧、略奪が、それらを隠蔽しようとするいかなるこころみもなく公然とおこなわれる。そして、このような政治的暴力と勢力争いとの絡みあいの内部に経済過程の厳格な法則を発見するのは、骨の折れるところなのである。(16)

マルクスが本源的蓄積の過程の特徴として挙げたいくつかのことがら、たとえば農村住民からの掠奪、植民地主義的な搾取政策、共有地の囲いこみ(くわえて社会的な共有資産の私有化)、金融と信用の国際的システムの利用、さらに人身売買(とくに女性)をつうじた奴隷制の隠微な継続すら、私たちの時代にとっても、過ぎ去った前史ではない。(17)加速するグローバリズムは、むしろこれらのいっさいをも加速させている。〈略奪による蓄積〉はけっして未開の資本制にのみ固有なことがらではありえない。

ドイツ革命に殉じて散った、女性革命家がつとに見てとっていたとおり、資本は「全地球の生産手段と労働力」「全地帯の自然的財宝」(18)を巻きこんで運動をつづけ、つねに外部を内部へと編入するとともにあらたな外部をつくり出して、内部を差異化させて内なる外部をも産出しつづけるものだからである。資本の本源的蓄積とはそのかぎりで、資本の生成とともにくりかえし回帰し、資本制の運動とともに不断に反復する「原罪 Sündenfall」にほかならない。

註

(1)「本源的蓄積」論は、いわゆる経済原論の教科書ではあまり立ちいられることがない論点である。たとえば、小幡道昭、二〇〇九年、一五八頁の記述を参照。哲学畑では廣松渉が、「本源的蓄積」論をめぐる体系構成上の問題を整理しながら、そのイデオロギー批判的側面を強調する（廣松（編）、一九八六年、二九九頁以下）。近年ではまた馬渕浩二が、ローザ・ルクセンブルク以来の論点（後論を参照）も再検討しながら、「現在としての原初的蓄積」を問題とする（馬渕、二〇一二年、七三頁以下）。

(2) ゲルマン時代、耕地には「最初は個別所有権は存在せず、個別的用益権が存在しただけであり、このことが共同体への土地の復帰や割替を可能に」していた（ミッタイス、一九七一年、三五頁）。

(3) こういった「地所の清掃 Cleaning of Estates」「人間の掃き捨て Wegfegung der Menschen」が資本制にあって反復されることは、この国では成田をめぐってよく知られている。羽田にもしかし、かつて帝国海軍の飛行場であった地所を米軍が接収するにさいして同様のできごとが生起したことは、ほとんど問題ともならず、やがて忘却された。この件については朝倉喬司が、「裏ビデオの女王」田口ゆかりの生い立ちとからめて、とり上げたことがある（朝倉、一九八六年、一九七頁以下）。国家と資本制による空間支配は、空間からの人間の物理的排除と不可分なのである。

（4）廣松渉（編）、一九八六年、三〇六頁、参照。

（5）これも前項・註（2）で言及した平田清明のマルクス理解の基本的論点であることは言うまでもない。ここでは、論点をめぐって、資本論各国語版を比較検討した氏の研究に、あらためて注目しておく必要があるかもしれない。平田、一九七一年、四八二頁以下、参照。

（6）マルクスは本源的蓄積論を開始するにあたって、「資本の蓄積は剰余価値を前提とし、剰余価値は資本制的な生産を前提とするが、資本制的生産はまた商品生産者たちの手のなかにかなり大量の資本と労働力とが存在することを前提とする」と書いていた（K.I, S.741）。本項の冒頭で後半部だけ引用しておいた文言である。マルクスはここに fehlerhafter Kreislauf をみとめる。長原豊が、ふつうは「悪循環」と訳される fehlerhafter Kreislauf を「瑕疵ある循環」と訳したうえ、独特の「原罪——本源的蓄積」論を展開している（長原、二〇〇八年、二一二頁以下、参照）。長原の同書は、全体が宇野弘蔵とその学派の徹底的な論判ともなっており、全体として参照を望む。

（7）マルクスの叙述とモアのテクストとの関係を、モア『ユートピア』のラテン語原文にさかのぼり検討したものとして、福留久大、一九七八年、参照。

（8）鈴木鴻一郎による異論（鈴木、一九六八年）。鈴木は論文の冒頭で、宇野弘蔵（編）、一九六七年bでも本源的蓄積の暴力性について「「研究」はおろか疑問さえも提出されていない」ことを指摘する。なお鈴木論文が収められた論集は、鈴木自身が編者となった「宇野弘蔵先生古稀記念」論集であった。

（9）大塚久雄『欧州経済史』（大塚『著作集』第四巻、一一四頁）。この点とも関連して、大塚は宇野弘蔵の『経済政策論 上巻』について批判的書評を書いていた（大塚『著作集』第四巻、四一〇頁以下）。宇野は戦後の再版にあたり「再刊に際して」を付加、応答している（宇野『著作集』第七巻、二五一頁以下）。大塚の宇野批判を支える歴史研究は、その後、「農村の織元と都市の織元」（大塚『著作集』第三巻、三五五頁以下）という大塚の代表的論文としてまとめられた。大塚の宇野弘蔵批判の性格についてては、馬場宏二、二〇一〇年、大塚史学の批判的再検討にかんしては、中野敏男、二〇〇一年、二二頁以下を、それぞれ参照。
（10）野呂榮太郎『日本資本主義発達史』（野呂『全集』上巻、六二頁）。
（11）山田盛太郎『日本資本主義分析』（山田『著作集』第二巻、一六〇頁）。戦前の講座派の歴史学者・社会科学者の業績については、内田芳明がヴェーバー的な研究視点を交錯させながら、整理している。内田、一九七二年、参照。
（12）大谷瑞郎、一九七八年、参照。大谷は「ともあれ、改正後の新地租や小作料が「封建的」であり、農地改革にいたるまで日本に封建的土地所有が存在したなどという主張は、論拠のない放言にすぎない」と結論づける。
（13）ロシア観の変化による世界史像の変容という問題をめぐっては第一に、山之内靖、一九六九年、二三八頁以下、参照。淡路憲治、一九七一年、二五七頁以下は、問題を後進国革命論の文脈でとらえた。これらの研究を承け、和田春樹、一九七五年、一一七頁以下は、ロシア側資料も駆使して、マルクス／エンゲルスの「人民の意志」党支持の経緯をあきらかにしている。なお山之内はその後、初期マルクスへと回帰し（山之内、二〇〇四年）、淡路はさらに先進国革命論を問題とし（淡路、一九八一年）、和田の場合、同書の「はしがき」にも見られる、韓国・朝鮮問題への関心を深めていった。こうした研究の総括をめぐっては、山本啓、一九八三年、参照。
（14）平田清明の表現。平田、一九七一年、四二三頁。
（15）ルクセンブルク、二〇〇一年、七〇頁。
（16）ルクセンブルク、前掲書、二〇七 - 二〇八頁。
（17）ハーヴェイ、二〇一一年、四五四頁。
（18）ルクセンブルク、前掲書、七一頁。

Ⅱ・2　流通の過程

Ⅱ・2・1　資本循環

α　貨幣資本の循環

生産過程と流通過程

前章までの考察にあって、マルクスとともに私たちは、資本の直接的生産過程を主題としてきたことになる。資本とは、そこでは、貨幣（G）、生産要素（生産手段Pmおよび労働力A）、ならびに商品（W）という三つのすがたを遍歴し、つぎつぎにメタモルフォーゼをかさねてゆく、自己運動する価値増殖体としてあらわれたのであった。

『資本論』の巻別構成にそくしていうならば、私たちはこうしてようやく、その第一巻の所論をたどりおえたことになるだろう。つまり、マルクスそのひとが生前にみずから公刊した首巻のみを跡づけるはこびとなったということである。

マルクスは、『資本論』第一巻にあって考察された資本の生産過程において、資本がその流通過程を「正常なしかたで」経由するしだいを前提としていた（vgl. K.I, S.589f.）。エンゲルスが編集した『資本論』第二巻は「資本の流通過程 Zirkulationsprozeß des Kapitals」と題されている。ここではじめて、資本の直接的生産過程にあっては所与のものとして前提とされていた、流通過程が主題化されることになるのである。

第二巻の考察は、とはいえ、たんに資本の流通のありかたのみを問題とするものではない。それはかえって、資本の生産過程をも包摂したかぎりでの流通過程を主題とするものにほかならない。すなわち以下では、資本は、生産過程と流通過程をうちにふくむ、その再生産過程の総体において問われてゆくことになるだろう。

資本（産業資本）は、貨幣、生産要素、商品の三つの形態を通過し、自己増殖する運動体であると語っておいた。資本の運動はつまり、生産過程をPで表示するとすれば、簡略に表記して、G—W…P…W′—G′という過程をたどる。この運動が反復されることに注目するならば、資本の価値増殖過程は、以下のように表示されるはずである。[1]

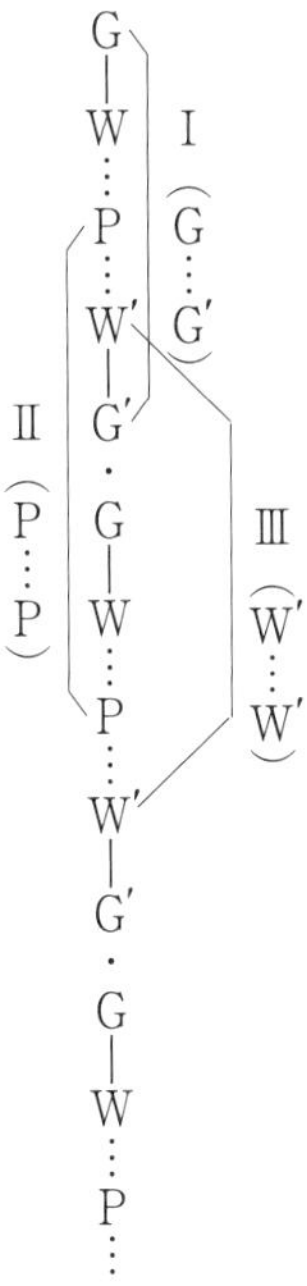

右図でⅠは「貨幣資本 Geldkapital」の循環を、Ⅱは「生産資本」の、Ⅲは「商品資本」のそれを示している。三つの循環のうちGではじまりG′でおわる過程は、さきほどは資本一般の循環過程を表示するものとして簡略化されて示されたけれども、そのおなじ過程は、同時にP…PならびにW′…W′を、すなわち生産資本および商品資本の循環をも包摂する総過程としては、資本の運動のなかでとらえられた「貨幣資本」固有の運動をあらわしているわけである。

本項では以下、この貨幣資本の運動が問題とされることになる。その運動をたどるに先だって、しかし資本をその運動において問題とすることの意味について、あらかじめすこしだけ考えておく必要がある。

流通過程論の意味

資本は、そもそも、なぜその流通過程においてあらためて問題とされなければならないのだろうか。理由は、さしあたり三つあるものと考えられる。

ひとつには、直接的生産過程にあって問題とされた価値増殖過程は、ほんとうは流通過程に媒介されることによって価値増殖過程として実現されるからである。資本が価値を増殖するためには、剰余価値を付加されて生産された商品が貨幣へと転化しなければならない。つまりW′—G′というメタモルフォーゼがじっさいに終了しなければならない。ところで、一般に商品の貨幣への転化、すなわち売りW—Gとは「商品の命がけの跳躍」であった。この *salto mortale* を潜ることなしに、資本は自己を増殖し、かくて資本として不断に生成し、かくてまた存在しつづけることができない。

第二に、資本の流通過程においてこそ、一方では資本と労働者の関係が、他方では個別資本相互の関係があらためて問題となるからだ。個別資本が生産する商品は一面では他の個別資本が購入し（生産される商品がそれじたい生産手段である場合）、他面では消費者としての労働者によって購買される（商品が生活手段である場合）。後者についていえば、労働者は、資本循環過程のはじまり、G―Wにあっては労働力の販売者として資本に相対し、その過程のおわり、W′―G′においては、今度はふたたび資本に対して商品の購入者として対峙することになる。

第三に、流通過程を考察することにおいてはじめて、資本はその運動過程にあって十全なすがたであらわれる。それではしかし、さかのぼってそもそも「運動」とはなんだろうか。

アリストテレスは「運動」（キネーシス）とは「可能的になにかであるものが、あくまでその当の可能態（デュナミス）としての資格にあって完全に現実化されているありかた（エンテレケイア）」であると語った。[2] つまりその可能性において或るものとなりうるものが、しかしあくまでも可能性というしかたにおいて現実態（エネルゲイア）にある、すなわち現実的なありかたをしている、ということである。たとえば石や木材は、その可能性にあっては家（の一部）である。つまり可能態においては家（の一部）をかたちづくる。とはいえ、石や木材がそのまま放置されているかぎりでは、その可能性はいまだ現実化されていない。これに対して、いったん建築作業が開始され、石や木材が建材となると、その「家となりうる」可能性自体が現実化されている状態となり、現実態にあるはこびとなるだろう。

マルクスが「運動」や「可能性」や「現実性」について語るとき、おそらくつよく意識しているアリストテレスの所論は、資本、ならびにその形態と要素とにかんして考えるとき、重要な意味をもつ。たとえば貨幣はそれ自体としては資本ではない。一定の貨幣量は、それが資本の運動のなかに置かれるとき、はじめて資本となるのだ。たんなる蓄蔵貨幣は資本ではない。貨幣は貨幣資本として運動のうちで機能するとき、そのときにかぎって資本の一相面として、すなわち貨幣資本としてあらわれる。

おなじように、労働力は、それが労働者のもとであくまで可能性としてとどまっているかぎりでは、どのような意味でも資本ではなく、生産手段もそれが放置されているかぎりではなんら資本ではない。両者は資本の運動のなかに包摂されるときに、その場合にはじめておなじく資本の循環の一局面として、すなわち生産資本として機能する。

同様にまた商品は、それが生産され、市場に登場したすがたにおいては、いまだ資本ではない。商品は、流通過程のなかで販売され、その価値の可能性が現実性へと移行する運動のなかでこそ、一箇の資本の形姿として認定される。その意味では、さきに確認したとおり（本書、四三頁）、商品もじつはたんなる「もの」ではない。資本、商品資本としての商品もまた一箇の過程であり、その背後にある関係であって、たえず生成と運動の様相のもとにある。

以上を確認したうえで、本項では以下まず、貨幣資本についてその循環を問題としてゆくことにしよう。貨幣資本としての資本は、それ自身のうちに三つの段階をふくんでいる。そのそれぞれを簡単にたどっておく必要がある。

貨幣資本の循環――第一段階　G―W

貨幣資本の循環は、G―W…P…W′―G′と標記されるものであった。当の範式のうちで、G―Wつまり貨幣の商品への転化が、その第一段階をかたちづくっている。さしあたりこの第一段階を問題としておこう。ここで範式中にあらわれるPは、あらためて「生産資本という形態または状態」にある資本、かんたんには「生産資本」をあらわしているものとする（vgl. K.II, S.34）。

G―Wとは、資本の側からいえば、貨幣とひきかえに「商品市場」から生産手段Pmを、「労働力市場」からは労働力商品Aを購入する過程である。かくして商品生産についてその「物的要因ならびに人的要因 sachliche und persönliche Faktoren」が、それぞれの市場から調達される。かくてG―WはG―PmならびにG―Aに分かれることになるから、その過程はより詳しく表記するならば、G―W$<^{\text{A}}_{\text{Pm}}$と示すことができるだろう（ebd., S.32）。

G―W$<^{\text{A}}_{\text{Pm}}$が完了したけっか生成するものは、それ自体はもはや貨幣資本ではない。むしろ生産資本Pである。ここでPの「価値」はA＋Pmの価値であり、さかのぼればAとPmとに転化したGの価値にひとしい。逆にいえば、生成したPの側からみるなら、貨幣資本とは、みずからと価値のひとしい資本、たんに「貨幣状態または貨幣形態にある」資本価値にすぎず、つまりは貨幣資本であるにすぎない。ことばをかえれば、G―Wとは、資本の循環過程の内部で考えるなら、「貨幣形態から生産的形態への資本価値の転化」であり、かんたんに言って「貨幣資本から生産資本への転化」なのである（S.34）。

ここで、とはいえ、注意すべきことがらがある。それは、貨幣であることと資本であることとの差異と同一性とにかかわる消息にほかならない。

マルクスはつぎのように説いている。テクストを引用しておく。

> 貨幣資本として、資本は、さまざまな貨幣機能を、当面の場面では一般的購買手段と一般的支払手段との機能を遂行することのできる状態にある。〔中略〕この能力は、貨幣資本が資本であるところから生じるものではない。それが生じるのは、貨幣資本が貨幣であることからなのである。
>
> 他面からいえば、貨幣状態にある資本価値は、貨幣機能をおこなうことができるだけで、他のどのような機能もおこなうことができない。この貨幣機能を資本機能にするものは、資本の運動のなかでの貨幣機能の特定の役割であって、かくてまた貨幣機能があらわれる段階と資本の循環の他の諸段階との関連である。たとえば当面の場合でいうならば、貨幣が諸商品に転換され、それらの商品の結合されたものが生産資本の自然形態をかたちづくるのであって、したがってこの結合は潜在的には、つまり可能性からすれば、すでに資本制的生産過程の諸結果をそれ自身のうちに蔵しているのである。(ebd.)

貨幣資本は、それが貨幣資本であることで、生産手段と労働力とを購買することができる。労働力にはそれが支出されたあとで、つまり労働がすでに終了したのちに労賃が支払われるかぎりでは、そこで貨幣は支払手段としても機能する。生産手段にかんしても、それがたとえば注文生産である場合は同様である。つまり貨幣はG―AでもG―Pmでも、購買手段としてばかりでなく支払手段として機能している。この機能は、とはいえ、貨幣が資本であることで遂行しうる機能ではない。むしろ資本が貨幣であることによって果たすことのできる機能にほかならない。

その意味では、資本はそれが「前貸し」される、つまり投資される場合は、かならず貨幣資本という形態で市場に登場しなければならない。マルクスがすでに『資本論』第一巻で、「あらたな資本はどれも、最初に舞台にあらわれるのは、つまり市場に、商品市場や労働市場や貨幣市場にすがたをあらわすのは、あいかわらずやはり貨幣としてであり、一定の期間を経て資本に転化すべき貨幣としてである」(K.I, S.161)と説いていたとおりである。

第二にたほう、貨幣はたんなる貨幣であるかぎりでは資本ではない。貨幣としての貨幣であれば、それはただ「貨幣機能」を遂行しうるだけである。貨幣が資本である、あるいは資本となるのは、それが生産手段と労働力に転化するかぎりで、すなわち生産資本へと転換されるかぎりでのことにすぎない。つまり貨幣は、あくまで「資本制的生産過程」の諸段階との関係において、その運動のなかで「潜在的に latent」あるいはその「可能性から der Möglichkeit nach」して資本、貨幣資本であるほかはない。

貨幣関係と資本関係

貨幣が資本となるためには、貨幣資本が生産資本へと転化しなければならない。貨幣資本が生産資本に転換するために不可欠な条件は、貨幣によって労働力が購買されうることである。つまり、ここでは、そもそも「労働力が商品としてあらわれるということこそが特徴的なことがら」なのである（K.II, S.36）。

G—Aでは、貨幣所持者（資本家）と労働力所持者（労働者）は、たんなる買い手と売り手として関係するかに見える。つまり両者はたんに「貨幣関係」のうちにあるだけであるかに見える。とはいえここで買い手ははじめから同時に「生産手段の保持者」としても立ちあらわれるのであって、「だから、資本家と賃金労働者の階級関係は、両者がG—A（労働者から見るならA—G）という行為で相対してあらわれる瞬間に、すでに存在しているのであり、あらかじめ前提とされているのである」。要するに「資本関係」が、そのつどすでに存在している。資本という関係が「貨幣の本性」によって与えられるのではない。むしろ資本関係が存在していることではじめて、たんなる「貨幣機能」が「資本機能」へと転化することが可能となるのだ（ebd., S.36f.）。

要するに、G—Wという第一段階の根底にあるのは「分配 Verteilung」の事実である。それは、しかも消費手段の分配という、普通の意味での分配ではない。背後にあるのは「生産要素そのものの分配」つまり原初的な不平等であって、それを生んだものは、すでに見てきたとおり資本の本源的蓄積過程、かの暴力的な歴史経過にほかならない（vgl. S.38）。

貨幣資本の循環——第二段階　Pの機能

貨幣資本の循環にあって、その第一段階はG—Wであり、より詳しくいえばG—W$<^{A}_{Pm}$であった。

その第一段階の直接の結果は、とはいえ、資本の「流通の中断」である。G―W…P…W′における破線は、この中断をあらわしている。貨幣資本が生産資本へと転化することによって、資本価値は一箇の「自然形態 Naturalform」を身につける。つまり生産手段と労働力へと転換する。

この両者はしかしそのままのかたちではもはや流通を継続することができない（たとえば、資本が労働力を転売することはできない）。資本は「消費に、すなわち生産的消費に入らなければならない」。要するに生産過程へと入る必要があるのである（S.40）。

運動という様態が、ここでも決定的な意味をもつ。すなわち、生産過程にある資本、生産資本にあっても、それぞれの要素はただ運動のなかでのみ、おのおのの意味を有することになる。

生産手段と労働力は、めいめいが剰余価値の生産にあって演じる役割におうじて「不変資本」と「可変資本」と呼ばれることについては、すでに見ておいた。労働力と生産手段は、とはいえたんなる労働力と生産手段として資本となるのではない。それらはたんに資本関係のうちでだけ、それぞれ可変資本と不変資本として生成するのである。引用してみよう。

> 労働力はただ、その売り手としての賃金労働者の手のなかでのみ商品であるとすれば、それは逆に、ひとえにその買い手であって、その一時的な使用権をもっている資本家の手のなかでのみ資本となる。生産手段そのものは、労働力が生産資本の人的存在形態として生産手段へと合体されるものとなった瞬間、そこではじめて生産資本の対象的なすがた、または生産資本となる。だから、人間の労働力は生まれつき資本なのではないし、生産手段もまたそうではない

のだ。(S.42f.)

資本制的生産関係のもとで労働力は商品である。労働力商品が資本となるのは、ただ資本関係のうちに入ることによってである。同様にまた労働用具、生産手段一般はそれ自体としては資本ではない。それらもまた資本関係のなかで労働力と合体されることで資本となる。マルクスは簡明に説いている。かさねて引いておこう。

> 生産手段は、ひとえに歴史的に発展した特定の諸条件のもとでのみこの独自な社会的性格を受けとるのである。それはちょうど、ただそのような条件のもとでだけ、貴金属に貨幣という社会的性格が刻印され、さらにまた貨幣に対して貨幣資本という社会的性格が刻印されるのと同様なのである。(S.43)

貨幣資本の循環――第三段階　W′―G′

生産資本Pが流通過程を中断し、価値増殖過程を開始して、さらにその過程を終了させることで商品が生産される。この商品は「はじめから市場のために生産されたものであり、売られなければならず、貨幣に転化されなければならない」。商品は、つまり商品資本としてW―Gの過程を通過しなければならないが、このW―G、それ自体としてはすべての商品流通に共通するこの過程を、同時に「一箇の資本機能」とするものはなんだろうか(S.43f.)。

貨幣資本の循環の第三段階としてのW—Gにあって、Wが資本として機能することができるのはひとえに、その商品が「資本性格を帯びて」生産過程から出現するかぎりにおいてのことである。つまりWがたんなるWではなくW′であって、剰余価値をふくんでいること、すなわちW＋w＝W′であるかぎりでのことなのである（S.44f.）。

wは価値の増加分を示し、このwもまたW—Gの過程にあって貨幣へと転化しなければならない。かくしてはじめて、GはG′として生成する。G…G′となること、つまり、W′—G′を実現することではじめて、商品形態の貨幣形態への転化は貨幣資本の流通の一局面としての「商品資本の転化」（S.45）となる。こうして、G—W…P…W′—G′という循環は、より詳しい形態として表記すれば、G—W$\left\langle\begin{matrix}Pm\\A\end{matrix}\right.$…P…（W＋w）—（G＋g）となるだろう。資本は貨幣資本として、第一段階では価値Gを流通に投入して、等価W（PmとA）を引きあげた。今度はW＋wを流通に投げいれ、等価G＋gを引きあげることになる（S.46）。

第三段階のW—Gは、剰余価値にとって「商品形態から貨幣形態への最初の転化」である。資本価値にとってはしかし「その最初の貨幣形態への復帰または再転化 Rückkehr oder Rückverwandlung」にほかならない（S.47）。本項で問題とした資本の循環は、その「出発形態も終結形態も貨幣資本（G）の形態であるからこそ、循環過程のこの形態は私たちによって貨幣資本の循環と呼ばれる」。変化したのは価値の形態ではない。たんにその「大きさ」なのである（S.49）。ただしその結果は重大である。G′は「資本関係として存在する」。つまり貨幣はもはやたんに貨幣としてあらわれるのではなく、「貨幣資本として定立されている」。Gは価値を増殖する価値という *quidproquo* において、

「G′のもうひとつの部分に対する関係」、つまりは増殖した貨幣との関係にあって「資本として定立されて」いるのである（S.50）。

註

（1）Vgl. K.II, S.67. マルクスの図をもとにして、岡崎次郎、一九七六年、一四四頁、ならびに須藤修、一九八六年a、三六五頁を参照して作成。

（2）アリストテレス『自然学』第三巻第一章。

β　生産資本の循環

貨幣資本循環の総過程

貨幣資本の「総運動」は

G—W…P…W′—G′、あるいは、G—W<PmA…P…W′（W＋w）—G′（G＋g）

としてあらわれる。この総循環のなかで資本価値は、流通段階にあっては、貨幣資本と商品資本の形態をとり、生産段階においては生産資本という形態をまとう。これらの諸形態を遍歴する資本は「産業資本」にほかならない（K.II, S.56）。

資本の循環は、一方ではその諸段階が連続的に経過することで「正常に進行する」。たとえば最終段階W′—G′の停滞は、売れない商品の堆積による流通の中断を意味する。他方で循環そのものが、一定の期間、個々の循環段階に「資本が固定すること」（ebd.）を必然的なものとする。たとえば「糸を紡ぐまえに、それを売ることはできない Das Garn kann nicht verkauft werden, ehe es gesponnen」（S.59）からである。

この循環が貨幣資本の循環であるのは、「貨幣資本である産業資本」が、その出発点と帰着点とをかたちづくっているからである。ここでは生産資本Pは流通の中断をなしていながら、同時にまた流通の媒介となっている。そこでは生産過程は、資本そのものの立場からすれば、資本増殖のための「必要悪 notwendiges Übel」であるにすぎない。資本制は、だから周期的に、「生産過程を媒介することなき金もうけ」という悪夢をみるのだ（1）（S.62）。かくて貨幣資本は「貨幣を生む貨幣」として現象し、「価値によって剰余価値を生みだすこと」こそが、総過程のアルファにしてオメガであるものとしてあらわれ、しかもそれが「光りかがやく貨幣形態」において、その両極で表現される（S.63）。

この循環形態が、資本家の意識的に採用する立場をもっともよくあらわしていることは、べつの一件によっても示される。循環の第一段階にふくまれるG—Aは労働者の側からみればA—GまたはW—Gであって、これは労働者の個人的消費を媒介する流通A—G—Wの第一段階である（Wは生活手段）。労働者にとっての第二段階G—Wは、しかし「個別資本の循環」には入らない。それはただ労働者が自己を維持する過程として、つまり「資本による労働力の生産的消費の条件」として、たんに前提とされているにすぎない（S.63f.）。

それゆえ、とマルクスは書いている。マルクスの認定を要約した部分を引用しておこう。

貨幣資本の循環は、それゆえ、産業資本の循環のもっとも一面的な、そのためにまたもっとも適切で、もっとも特徴的な現象形態である。それは、価値の増殖、金もうけと蓄積という、産業資本の目的と推進動機とを一目でわかるように示すものなのである（より高く売るために、買う）。第一の段階がG―Wであるということによって、生産資本の諸成分が商品市場から出てきたものだということも、また一般に資本制的生産過程が流通により、商業によって制約されているということも、あきらかにあらわれている。貨幣資本の循環は、ひとり商品生産であるだけのものではない。それは、それじしん流通によってはじめて成立するものであり、流通を前提としているのである。（S.65）

貨幣資本の循環は、一方ではそれが「もっとも一面的な」ものであるがゆえに、「もっとも特徴的な現象形態」である。貨幣形態の全運動が示しているのは、他方ではまた、資本制的生産が流通を前提とし、流通によって「制約されて」いることなのだ。

貨幣資本の循環は、それが連続的なものであって、かつ恒常的なものであるかぎり、「生産過程の恒常的な存在」を前提とする。生産過程が恒常的であるとはただちに、「P…Pという循環がたえず繰りかえされること」にほかならない（vgl. S.68）。私たちは、かくしてつぎに、「生産資本 das produktive Kapital」の循環過程を問題としてゆく必要がある。

生産資本の循環——単純再生産

生産資本の循環の「一般的定式」は、P…W′—G′—W…Pというものである。その定式があらわすのは、生産資本の周期的な反復的機能、すなわち「再生産」であり、それはしかも「価値増殖に関連する再生産過程としての生産資本の生産過程」（S.69）にほかならない。

貨幣資本の循環にあって、生産過程におけるPの機能は、たんに流通を切断して、ふたつの流通過程G—WとW′—G′とを媒介するだけのものであった。いまやことがらは逆であって、産業資本にとっての全流通過程、つまり流通段階における産業資本の「全運動」、すなわち貨幣資本ならびに商品資本としてのその機能は、生産資本を中断し、生産資本のふたつの段階を媒介するものであるにすぎない。生産資本の循環にあってはつまり、生産資本が「最初の極」として循環を開始して、おなじ形態すなわち生産資本が「最後の極」として循環を終結させる。「ほんらいの流通」はただ、「周期的に更新され、更新によって連続する再生産 periodisch erneuerte und durch die Erneuerung kontinuerliche Reproduktion」を媒介するものとしてあらわれるにすぎない。生産資本の総流通は、かくて貨幣資本のそれとは逆転する。後者にあってその裸形はG—W—Gであり、ここではそれがW—G—Wとなる。すなわち外見上は「単純な商品流通の形態」となるのである（S.69f.）。

定式P…W′—G′—W…Pにあって破線は流通過程の中断を示すものであった。その中断は、ここで主題となる生産資本Pそのものの機能によってもたらされるものである。とはいえ第一に、生産資本の循環における両極P…Pのあいだで進行する「流通部面」すなわちW′—G′—Wをとり上げて、とりあえず生産資本の「単純再生産」を考えてみよう。

この場合でも諸事情が不変であること、ならびに商品はその価値どおりに売買されることを前提とする。また商品資本W′の貨幣への転化ののち、その貨幣総額のうち資本価値をあらわす部分は、ふたたび生産手段と労働力の購買に充てられ、生産資本へと転換するものとしよう。これに対して「剰余価値」部分はすべて「資本家の個人的消費」に入り、かくて「一般的商品流通」に入って、個別資本の循環過程には参入しないものとする。労働者は生活手段のみを購入し、資本家はそれにくわえて奢侈品の多くを消費すると考える(vgl. S.70f.)。——これはもちろん、仮想された前提であるけれども、一方で労働者が「ブランデー、ジン、茶、砂糖、外国産の果実、強いビール、捺染リンネル、嗅ぎタバコ、吹かしタバコ、その他」を消費することを、労賃を押しあげる「恐るべき贅沢品の山」と呼び、「大麦五ポンド、とうもろこし五ポンド」等々、「合計二〇3/4ペンスで六四人分のスープ」をつくろうとする、怖るべき資本の欲望を考え(K.I, S.627f.)、他方で「富者の粗野な、あるいは優美な奢侈的消費 Verschwendungskonsum」(ebd., S.687)を考えあわせるならば、あながち非現実的な仮定ではなく、現実の一面を写しとった想定といわなければならないだろう。

いま、生産資本の循環P…W′—G′—W…Pを、つぎのように表記してみる(K.II, S.79)。

$$P \cdots W' \left\{ \begin{array}{l} W \\ + \\ w \end{array} \right\} - \left\{ \begin{array}{l} G \\ + \\ g \end{array} \right\} - \begin{array}{l} W < PmA \cdots P \\ \\ w \end{array}$$

右側のW―G―Wでは、G―W中のGは、たんなる貨幣としてではなく資本として、つまり貨幣資本として機能している。Gは生産手段と労働力の購入に充てられ、両者がふたたび生産資本Pを形成するにいたるからである。これに対して左側の「w―g―wでは貨幣はたんに鋳貨として機能するだけである」。それは「資本家の個人的消費」を示しているにすぎないからだ（ebd., S.75）。

g―wは貨幣に媒介される多数の「買い」であり、貨幣はそのさい商品やサービスに対して支出される結果、それらの買いはさまざまな時期におこなわれ、「分散」している。それゆえ貨幣はここで、「日常の消費のための、準備金あるいは蓄蔵貨幣の形態」で存在していなければならない。この蓄蔵分は「貨幣形態にある資本G」の循環に参入しない。gは投資されるのではなく、ただ「支出」されるのである（S.71）。

w―g―wは「単純な商品流通」である。その第一段階つまりw―gは、「商品資本W′―G′」の内部で遂行され、したがって「資本の循環」のうちにふくまれている。これに対して、第二段階、すなわちg―wはこの循環の外部でおこなわれる（S.72）。g―wは、つまり、資本家の消費活動を示しているのであって、資本としての資本の循環の外部へと脱落してゆくのである。

剰余価値の具体化としてのw

ことの消息は、こうしてつぎのようになるだろう。テクストを引用しておく。

資本家の収入の流通にあっては、生産された商品w（または商品生産物W'のうちの観念的にwに相当する部分）は、じっさいただ、それをまず貨幣に換えて、貨幣から個人的消費に役だつさまざまな他の商品に転換することに役だつだけである。しかしこの場合ちいさな事情であるけれども見すごしてはならないことがらは、wは資本家にとってすこしも費用のかからなかった商品価値であり、剰余労働が具体化されたものであって、したがって最初はまず商品資本W'の構成部分として舞台に登場するということである。それゆえこのwそのものは、すでにその存在からみても過程を進行している資本価値の循環にむすびあわされているのであり、もしもこの循環が停滞するか、あるいは攪乱でもされるならば、wの消費がまったく制限されるか、もしくはかんぜんに停止してしまうかであるのみではなく、それと同時に、wと取りかえられる商品群の販路も、おなじはこびとなるのである。W'―G'が失敗するか、またはW'の一部分しか売れない場合でも同様である。(S.74)

引用の冒頭に、「生産された商品w（または商品生産物W'のうちの観念的にwに相当する部分）」とあるのは、こういうことである。たとえば、商品資本W'は一〇、〇〇〇ポンドの糸で、その価値は五〇〇ポンド・スターリングであるとして、そのうちの四二二ポンドは生産資本の価値であって、八四四〇重量ポンドの糸が貨幣形態に転じたものとして流通をつづけるいっぽうで、七八ポンド・スターリングの剰余価値、つまり一五六〇重量ポンドの糸が貨幣形態となったものは、この流通の外部に出てゆく、とする。そこでは、剰余価値はまず一五六〇ポンドの糸というかたちで存在するから、一ポンドの糸について計算するなら、二・四九六オンスの糸というかたちをとることになるだろう。

このばあい生産された商品が構成する商品資本は、可分的なしかたで存在していることになる。これに対し、「商品生産物」が、価値構成はおなじであるけれども、たとえば五〇〇ポンド・スターリングの機械一台であるとすれば、その価値の一部分七八ポンド・スターリングは剰余価値であるとはいえ、その剰余価値は機械全体の内部に封じこめられているほかはない。「この機械を資本価値と剰余価値とに分割することは、機械そのものをこまかく砕いて、その使用価値とともにその価値もなくしてしまうのでなければ、不可能である」。その場合はしたがって、「このふたつの価値成分は、たんに観念的にだけ、商品体の諸成分であらわすことができるにすぎない」はこびとなるだろう(vgl. S.71f.)。

右の事情はともあれ、マルクスがここで確認しているのは、第一にwが「剰余労働」の「具体化」であることである。第二にはwもまた「過程を進行している資本価値の循環」と結合していることであって、そのけっか循環の停滞はwの消費を攪乱する、という消息なのである。この第二の論点との関連では、なお考えておく必要のある事情が存在しているように思われる。

単純再生産の前提——流通過程の正常性

一般的な流通であるならば、W′ここではたとえば糸は、ただ商品として機能するにすぎない。糸は、とはいえ「資本の流通の契機」としては「商品資本」であり、すなわち資本の採用する一姿態として作動しなければならない。そこでは資本が流通に投じた商品WがGに転化すること、つまり当の商品が「消費へと最終的に脱落すること」は、「時間的にも空間的にもまったく分離されている」ことがありうる（S.74f.）。空間的差異であっても、それは時間的に踏みこえられなければならないから、実際上の大小のべつはともかくとして、W―Gには「時間という差異 Zeitdifferenz」（S.76）がふくまれざるをえない。この時間的差異の介在が、流通を攪乱しうる。

循環が正常におこなわれるためには、「W′はその価値どおりに、しかも残らず売れなければならない」（S.77）。一方で資本は、W′としては「貨幣形態」を取りたがり、貨幣形態を取ってからは、今度はふたたび生産資本の形態に変換されることを欲望する。資本はたんなる貨幣であるかぎりでは「資本として機能せず、かくてまた価値増殖もされない」からである。資本はたしかにそのはじまりのすがたにあっては貨幣であるが、いつまでも貨幣でありつづけることはできない。資本は、だから貨幣という形姿をたえず脱ぎすてたがっている。

これは、しかし、ことの一面であるにすぎない。資本はたほうでは、「変わりやすい商品形態にあるよりも、貨幣形態にあるほうが、より長もちすることができる」。貨幣は貨幣資本として作動しない場合であっても貨幣でなくなるわけではない。とはいえ資本は、あまりに長く商品資本として機能することを妨害されるなら「使用価値」ではなくなり、かくてまた「商品」でもなくなってしまう。資本はW′としては「まったく身動きできない」のだ（以上、S.78f.）。

生産資本の循環における恐慌の生起

資本は、運動しなければ資本ではない。生産資本が流通過程にあって正常に作動するためには、したがってW′が正常に売れ、あの〈命がけの跳躍〉が、無事に終了しなければならないのである。「たとえば糸が売れていさえするならば、その売られた糸がさしあたりどうなろうとも、糸にあらわされている資本価値の循環は、またあらたに開始することができる」。だから、生産物が売れているあいだは、資本の側からいえば「万事は正常に進行する」。資本価値の循環は攪乱されず、中断されない（S.80f.）。それでは、攪乱はどのようにして生起するのだろうか。テクストを引用する。

剰余価値の生産も、またそれとともに資本家の個人的消費もこのように増大し、再生産過程全体がきわめて盛んな状態にあるのに、それにもかかわらず諸商品の一大部分がただ外見上、消費に入ったように見えるだけで、現実には売れないで転売者たちの手のなかに滞留しており、したがってじっさいにはいまだ市場に存在している、ということもありうる。そこで、商品の流れがつぎからつぎへとつづいてゆくうちに、ついには以前の流れはただ外観のうえで消費に呑みこまれただけだということが分かるのである。多くの商品資本が、市場で争って席を奪いあう。あとから押しよせるものは、ともかく売ってしまうため投げ売りをする。まえからきている流れがまだ捌けていないのに、その支払い期限がやってくる。その持ち主たちは、支払い不能を宣言せざるをえないか、あるいは支払いをするためにどんな価格でも売ってしまうほかはない。（S.81）

このような販売は「現実の需要の状態」とは「絶対になんの関係もない」。それが関係しているのは、それではなにか。ただ「支払いに対する需要 *Nachfrage nach Zahlung*」だけである。かくて「恐慌」が生起する。「資本と資本との交換の減退、資本の再生産過程の縮小」によって、恐慌が起こるのである（ebd.）。

拡大再生産と蓄積

右で単純再生産が問題となっていた場合は、剰余価値の全部が収入として支出されることが想定されていた。現実にも、剰余価値の一部は、いずれにせよ収入として支出されなければならない。けれども、剰余価値のうち、他の一部は資本として循環に再参入しなければならないかぎりでは、くりかえすならば、単純再生産とは一箇の抽象にすぎない。とりわけ、資本が運動であり、しかも価値増殖をめざす運動であるかぎりにおいては、単純再生産とは非現実的なフィクションであるにすぎないだろう。

こんどは以下、「拡大された規模での再生産」、簡略には拡大再生産を問題とするにあたっては、まず「定式を複雑にしないために」、剰余価値はその全部が蓄積されると仮定しておくほうがよい、とマルクスはいう。その場合「P…P′でP′があらわしているのは、剰余価値が生産されたということではない。あらわされているのは、生産された剰余価値が資本化され、したがって資本が蓄積されたということ」なのである（S.84f.）。

生産過程の拡大が可能となる条件と、そのために必要な貨幣量は、「技術的に規定されて」いる。したがって、剰余価値が資本化されるとしても、現実にはいくつかの循環が反復されることではじめて「追加資本」として作動しうることも多い。

その場合には、剰余価値は蓄蔵貨幣となり、「潜在的な貨幣資本」となる（S.82f）。さきの定式におけるW—gにあって、gが積みたてられるとして、「その積みたてはg自身の機能ではない。P…P′の繰りかえしの結果」にほかならない（S.88）。一般にG…G′の終結としてのG′であれ、循環のなかに置かれたW′であれ、それがあらわしているのは運動ではなく「運動の結果」である（S.85）。いいかえれば、G′もW′も循環し反復する運動の内部にあってはじめて貨幣資本であり、商品資本なのだ。gがG′となり、蓄積の結果があらたに資本化されるのも、循環し反復する運動の結果なのである。

貨幣蓄積財源が役だつのは、たんに可能な追加資本としてばかりではない。それはまた、「循環の攪乱を調整するための準備金 Reservefonds」として機能しうる。すなわち過程W′—G′が「正常な限度を超えて延長される」、つまり生産された商品が〈命がけの跳躍〉のまえで逡巡しているとき、「商品資本の貨幣形態への転化が異常に妨げられている」場合、あるいは転化には成功したとしても、生産手段の価格が高騰している場合には、蓄蔵貨幣は「貨幣資本またはその一部分」としても作動することができるのである（S.89）。

ことがらは、とはいえ具体的なかたちでは、信用制度が導入されることでそのすがたを変えてゆくことになるだろう。ことのこの消息には、当面は立ちいることができない。ここではむしろ、つぎに「商品資本」の循環を問題としていかなければならないはずである。

註

（1）現在の資本制にあっても、いわゆるバブルが繰りかえされる。九〇年代に東南アジア各国を襲った経済危機は、バブルに乗じた国際金融資本による、人為的な通貨の売り買いによって引きおこされたものであった。たとえば、一九九七年五月、個人名としてはジョージ・ソロスによって代表される各種のヘッジファンドが、タイ通貨のバーツに対していっせいに「売り」を浴びせかけて、暴落したところでバーツを買いもどし利ざやを稼いだ。これはたんに「安いときに買い、高いときに売る」という通常の取引きではなく、あらかじめ暴落局面を予想しておこなわれる「空売り」である。その結果、タイ、インドネシア、韓国で財政が破綻し、ＩＭＦからの資金借り入れを余儀なくされた。**Geldmachen**（金もうけ）という名の収奪である。簡単には、鶴見済、二〇一二年、一四八頁以下、参照。

γ　商品資本の循環

商品資本循環の特殊性

前二項をつうじて私たちは資本の循環を問題として、第一に貨幣資本の循環を、第二に生産資本の循環を考察してきた。そのけっか可視的なものとなったのは、不断に相互に転換しつつ、運動のなかでたえず生成する資本のすがたにほかならない。

本項で問題となるのは「商品資本 Warenkapital」の循環過程である。その「一般的な定式」は、W'—G'—W'…P…W'にほかならない（K.II, S.91）。

各個別資本にとって、生産手段のすくなくともその一部は、多くのばあい「現に循環している他の個別資本」が生産した商品であり、一方の資本にとってのG―Wは、他方の資本にとってのW′―G′をふくんでいる。そのかぎりでは、W′は貨幣資本にとっても生産資本にとっても、その循環の産物であるばかりではなく、循環の前提としてもあらわれる。たとえば生産手段としての「石炭や機械などは、採炭業者や資本制的機械製造業者などの商品資本」なのである（ebd.）。

貨幣資本の循環を形態Ⅰ、生産資本のそれを形態Ⅱ、商品資本の循環を形態Ⅲと呼ぶとすれば、「形態Ⅲでは、循環がおなじ規模で更新される場合であっても、出発点のWはW′とあらわされなければならない」。商品から出発して商品へと回帰する循環としてここで現象している過程は、資本の循環であって、出発点のWはそれが商品資本であるかぎり、すでに剰余価値をふくんでおり、かくてW′でなければならず、したがって「はじめから、たんに商品形態で存在する資本価値の循環だけでなく、剰余価値の循環をもふくんでいる」からである（S.92）。

循環の第一段階でW′はG′に転化する。ここでG′がたんなるGではなくG′であるかぎり、つまり当の第一段階が資本循環の第一段階であるかぎりで、W′はただのWであることができない。「W′はたんなるWとしては、資本価値のたんなる商品形態としては、だんじて循環を開始することができない」のである（S.93）。この件は、商品資本の循環、すなわち形態Ⅲをめぐって、いくつかの重要な帰結を生むことになるだろう。

形態Ⅰの総循環はG…G′であり、形態ⅡのそれはP…Pであって、形態Ⅲの総循環はW′…W′にほかならない。形態Ⅲは、形態ⅠとⅡとはことなって、「すでに増殖された資本価値」を価値増殖の出発点とする。W′はすでに「資本関係」をふくんでおり、そのW′が開始点であることが「全循環に決定的な影響を与える」。W′…W′という形態にあっては、「総商品生産物の消費」が商品資本の循環の「正常な進行の条件」として前提とされているのである（S.97）。だから、形態Ⅲ、商品資本循環をよりくわしく展開すれば、つぎのようになるだろう（S.99）。

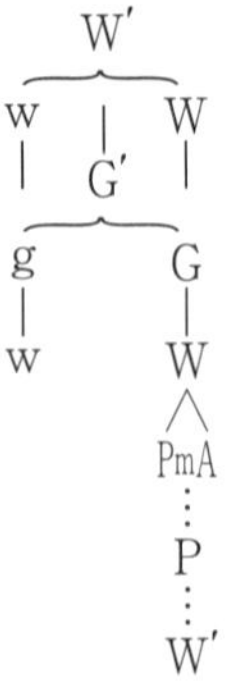

ここではWが「循環の外部で」二重に前提とされている。ひとつには循環W′—G′—$W<^{A}_{Pm}$で前提とされており、このWが生産手段Pmであって、そのPmが資本制的生産過程の産物であるかぎりでは、それは「売り手」（生産者あるいは商人）の手のなかにある、それじたい商品であるほかはない。いまひとつにはw—g—wのなかの第二のwについてであって、このwもまた商品でなければならない。w—g—wにあって、第一のwは貨幣を介して同等の商品と交換されなければならず、事情は第二のwについても同様なのである（ebd.）。

商品資本の循環と総資本との関連

ことのこの消息が、形態Ⅲにとくべつな意味を与えることになるだろう。つまり、こうである。

テクストを引用しておく。

　しかし、循環W′…W′は、その軌道のなかでW（＝A＋Pm）の形態にある他の産業資本を前提としている（またPmはさまざまな種類の他の資本、たとえば私たちの場合では機械や石炭や油などを包括している）。だからこそ、この循環そのものが要求するところは、こうである。すなわちこの循環をただ循環の一般的な形態として、つまりそれぞれ個別的な産業資本を（それが最初に投下される場合をのぞいて）そのもとで考察しうるような社会的な形態として、かくてすべての個別の産業資本に共通な運動形態として考察するばかりでなく、また同時にさまざまな個別資本の総計すなわち資本家階級の総資本の運動形態として考察することを要求する。この運動ではそれぞれ個別的な産業資本の運動は、ただ一箇の部分運動として現象するにすぎないのであって、この部分運動はまた他の部分運動とからみ合い、ほかの部分運動によって制約されているのである。（S.100f.）

　商品資本の循環はW′から開始されることで、すでになんらかの生産手段Pmを前提としている。Pmはまた各種の他の個別資本を前提とするものであるほかはない。商品資本の循環は、したがって、「個別資本」が一般的に採用する形態であるばかりではない。それは個別資本の「総計」すなわち「総資本 Gesamtkapital」の運動形態となる。個別資本の運動は、そこではたんなる「部分運動」なのであって、部分運動どうしはたがいに絡みあい、相互に条件づけあい、制約しあうのである。かくして、G…G′でもP…Pでもなく、ひとりW′…W′においてのみ「運動ははじめから産業資本の全体運動として示される」ことになる（S.101）。

マルクスのみるところでは、W′…W′はケネーの「経済表」の基礎となっている（S.103）。やがてみてゆくように、それは同時にマルクスそのひとによる再生産表式の基礎となってゆくことだろう（本書、Ⅱ・3参照）。

三つの循環と総流通過程

いま「総流通過程 Gesamtzirkulationsprozeß」をCkとすれば、三つの流通形態をそれぞれつぎのように表現することができる（S.104）。

（Ⅰ）　G—W…P…W′—G′

（Ⅱ）　P…Ck…P

（Ⅲ）　Ck…P（W′）

一見してわかることは、以下の件にほかならない。形態Ⅰ（貨幣資本）は総流通過程そのものを表示するがゆえに、そこではCkそれ自身は項としてはあらわれない。形態Ⅱ（生産資本）は総流通過程によって中断される、その開始点と終着点とをしるしづけている。最後に、形態Ⅲ（商品資本）は、Ckそれ自体から端的に開始されて、生産資本の出発点を導出するということである。

三つの循環はこのように一方で出発点と終着点をことにしながら、他方で「規定的目的」「推進的動機」として「価値の増殖」をことごとく共有している。過程の全体は、そのうえで、「生産過程と流通過程の統一」としてあらわされ、そこでは生産過程が流通過程を媒介し、流通過程は生産過程を媒介しているのである（ebd.）。

そればかりではない。「現実にはどの個別的な産業資本も三つの循環のすべてを同時におこなっている」。たとえば、いま商品資本として作動している資本価値の一部分は貨幣資本へと転化するとして、それと同時に他の一部分が生産資本によって産出されたあらたな商品として流通に参入する。かくてW′…W′をめぐってその循環がたえまなく反復し、それはG…G′についてもP…Pにかんしても同様なのである。それぞれの形態は「連続的」なものであって、「総循環」がその三つの循環をそれじしん連続的に統一している（S.105）。

この「連続性 Kontinuität」が「資本制的生産に特徴的なメルクマール」であり、それは無条件に達成されるものではないとはいえ、資本制の「技術的な基礎」によって必然的に要求されている。資本のすべての部分は順番に「循環過程」を通過し、同時に循環過程の「べつべつの段階」にある。かくして産業資本は、その「循環の連続性」によって、同時に循環の「いっさいの段階」にある。「一方の手では貨幣が前貸しされ、他方の手では貨幣が受けとられる」。或る一点で循環G…G′が開始されているとき、同時に他の一点ではおなじ循環G…G′が回帰し、終了している。これはP…Pについても同様であり、W′…W′にかんしてもおなじなのである（vgl. S.106f.）。

ここからふたつのことがらが帰結する。ひとつには、三つの循環が同時に並行しており、各部分は順番につぎつぎと各段階を通過してゆくのであるから、それぞれの循環の段階をおのおの経過している部分のひとつひとつは、たがいに同時に「併存」している（Nebeneinander der Teile）。各部分がこのように併存していることは、とうぜん「資本の分割 Teilung」を前提として可能となるはずである。資本の分割が資本制的生産の連続性を可能としているのである。

いまひとつには、このような連続性を可能とする各部分の併存はたんなる空間的並列ではない。それはむしろ「ただ資本の諸部分が、つぎつぎとべつべつの段階を通過してゆく運動によってのみ存在する」。併存を可能とするものは、それ自体としては時間的な運動であって、「並列はそれ自身この継起の結果であるにすぎない Das Nebeneinander ist selbst nur Resultat des Nacheinander」。たとえば、生産された商品が〈命がけの跳躍〉に失敗して、売れのこり、「或る部分についてW′—G′が停止する」なら、その部分の循環は「中断」される。G′の一部を生産手段と労働力とに交換することが妨げられ、G—Wが停滞し、生産過程は制限される。

かくて「継起の停滞は、どのようなものであれ並列を攪乱することになる」。継起が停滞することはしかも、中断された資本部分ばかりではなく、当の「個別資本全体の総循環」に対して、停滞をもたらすのである（以上、S.107）。

資本は全体として同時に空間的にべつべつの段階に置かれている。この「同時性 Gleichzeitigkeit」という空間的な形式は、時間性の様態のひとつ、時間的な現在の形式にほかならない。空間と時間とは、同時的な現在において交錯する。それればかりではない。同時性という空間の形式は「継起」という時間的な差異によって「媒介」されているのである（S.108）。

資本の運動の連続性を可能とする空間的な同時性を、時間的な連続化が可能としている。時間的な契機は、しかし同時に連続性を切断するものとなるだろう。

じっさい、いうまでもなく個別資本にとっては、このような「連続性」は多かれすくなかれつねに中断されることになる。たとえば、農業や漁業などのように「季節に左右される生産部門」では、連続性はいわば定期的に切断される。それは「自然条件」にも由来するし、ときとしてまた「慣習的な事情」に起因することもある（いわゆる季節労働など）。がんらい鉱山業は、基本的にこのような揺らぎから自由であり、貪欲に労働力を呑みこんだ。機械制大工場は、べつの次元、つまり時間の再編と人工的な空間設計によって、このような制約を克服してゆくことになるだろう（S.109f.）。この件についていては、本書でもすでにふれておいたところにほかならない（Ⅱ・1・3のβ）。

運動と生成としての「資本」

問題は、とはいえ、そればかりではない。右で問題としてきた「連続性」は、資本と資本制そのものの基本的な性格と関連している。循環が、さまざまな条件と事情による中断と切断を、ときとしてまた停滞をふくみながら連続的であることは、資本が静止したものではないことを示している。

いくどか強調してきたとおり、資本はものではなく運動であり、たえず更新される生成である。あらためてテクストを引用しておこう。マルクスそのひとは、当面の資本の循環論にあってこそ、資本の動的性格を強調している。

みずから増殖する価値としての資本は、階級関係を、賃労働としての労働の存在にもとづく一定の社会的性格をふくんでいるばかりではない。それは一箇の運動であり、さまざまな段階を通過する循環過程であって、この過程はそれ自身また、循環過程の三つのことなった形態をふくんでいる。だから資本はただ運動としてのみ理解しうるのであって、静止している事物としては理解できないのである。価値の独立化をたんなる抽象とみる者たちは、産業資本の運動がその現実態においてこの抽象だというしだいを忘失しているのだ。価値はここではさまざまな形態、運動のさまざまを通過してゆくのであり、この運動のなかでじぶんを維持すると同時にみずからを増殖し、拡大するのである。(S.109)

資本とは「みずから増殖する価値」である。そうした資本は「ただ運動としてのみ理解しうるのであって、静止している事物としては理解できない kann daher nur als Bewegung und nicht als ruhendes Ding begriffen werden」。資本制における価値を自己増殖するものとしてとらえること、すなわち「価値の独立化」はたんなる「抽象」ではない。資本の運動は「その現実態において *in actu*」この抽象、すなわち「運動のなかで」みずからを維持して、増殖し、拡大する、不断の生成にほかならないからである。

α項でふれたアリストテレスの定義をここで想起しておこう。アリストテレスはたえず可能態にあって、可能態であることにおいて現実的であることを「運動」と呼んだのであった。資本はその可能態において現実態である。資本はつまり不断にあらたに生成し、運動し、生成し運動すること

で、みずからを増殖している。(1)

資本の循環の諸帰結――資本の集中と世界市場

循環を純粋に考察するためには、まず商品が価値どおりに販売されることを前提としておく必要があった。それればかりではない。他の諸事情も基本的に不変であり、たとえばＰ…Ｐの循環中に、「生産過程内の技術的革命」なども生起しないしだいを前提としておく必要がある。とはいえいまたとえば綿糸の生産が問題であるとして、その原料となる綿花や、燃料としての石炭などの価値が変動する可能性は排除できない。W′である一〇、〇〇〇ポンドの綿糸が、その価値どおりに五〇〇ポンドで売れるものとし、八、四四〇重量ポンドの綿糸と交換に貨幣資本へと転化した四二二ポンド・スターリングが投下された資本価値に相当し、ふたたび生産資本に転換するものとしよう。それでも綿花や石炭などの価値が上昇すれば、四二二ポンド・スターリングでは、同規模の再生産を可能とする生産要素をぜんぶ補填するには不足するはこびとなるだろう。その場合には「追加貨幣資本が必要であって、貨幣資本は拘束される Geldkapital wird gebunden」。逆に、綿花や石炭の価値が下落するなら、「資本は遊離させ freigesetzt」られるのである（S.111）。

攪乱要因は循環の反復により相殺されるとはいえ、攪乱の規模が大きくなれば、それが収束するまでに時間的な待機が必要となり、かくて連続的な生産を可能とする貨幣資本の規模は大きくならざるをえない。かくてまた帰結するのは、「個別化され、あるいは結合された、巨大な貨幣資本家の独占」である（ebd.）。独占資本はますます生産を大規模なものとするから、必然的に必要となるのは「大規模な販売」にほかならない。商品は個々の消費者に対しての販売ではなく、「商人への販売」を前提とするものとなる。かくて「産業資本そのもの」に対して「商品取引資本または商人資本」が相対するしだいとなるだろう（S.114. 本書、Ⅲ・3・1参照）。ことの消息がこのように推移する果てに、やがて信用制度の発達を不可避的に招きよせざるをえない。本書でもまた商業資本[2]を論じたあとで、信用制度の問題へと立ちいってゆくはこびとなるはずである（Ⅲ・3・2）。

それればかりではない。資本制的な生産様式がすでにじゅうぶんに発展し、支配的なものとなっているならば、流通段階$G—W<^{A}_{Pm}$で生産手段Pmとなるものは、それじしん大部分は他の個別産業資本が商品資本として作動しているありかたをしていることだろう。だが一個別資本K^n（nは任意の資本をしめす添え字）にとってPmとなる商品は、それが商品として市場で調達可能であるかぎり、奴隷制による生産物であろうと、（中国やインドの）農民の産物であろうと、あるいはまた狩猟民族の産品であろうと、産業資本にとっては商品資本の循環に参入しうる。ここでは商品がそこに由来する「生産過程の性格」はどのようなものであっても問われるところではない（S.113）。

資本制的生産様式は一方では、「あらゆる生産を可能なかぎり商品生産に変えて」ゆく。そのために、いっさいの生産様式が「資本制的生産様式の流通過程のうちへと引きいれられて」ゆくことになるだろう（S.114）。資本制は他方では、そこで流通する商品の出自を問わない。したがって「産業資本の流通過程をきわだってしるしづけるのは、諸商品の出生地の多方面的な性格であり、市場が世界市場として現に存在していること das Dasein des Markts als Weltmarkt」なのである（S.113）。

資本のメタモルフォーゼとその交錯

ここであらためて流通過程の総体をその交錯において考えてみよう。形態ⅡとⅢをとってみる。

$$(\text{Ⅱ}) \quad P\cdots W' \overbrace{\begin{array}{c} W\text{―}G\text{―}W\langle_{Pm}^{A}\cdots P \\ | \\ G' \\ | \\ w\text{―}g\text{―}w \end{array}} (P')$$

$$(\text{Ⅲ}) \quad W' \overbrace{\begin{array}{c} W\text{―}G\text{―}W\langle_{Pm}^{A}\cdots P\cdots W' \\ | \\ G' \\ | \\ w\text{―}g\text{―}w \end{array}}$$

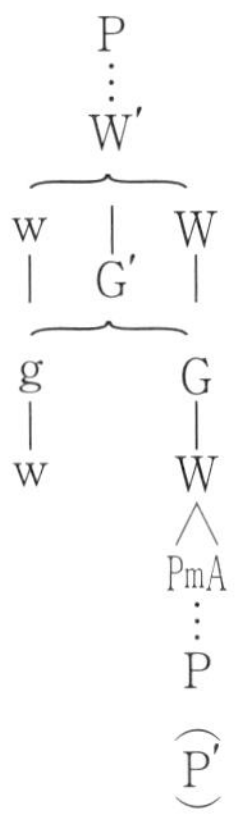

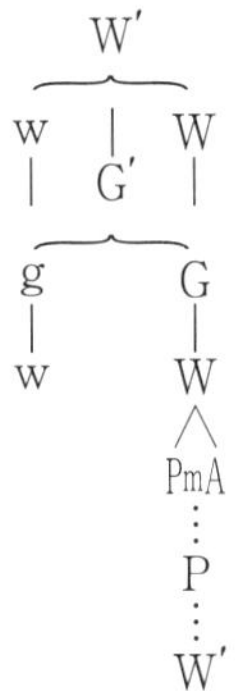

流通過程の列としての流通過程は、W―G―WであろうとG―W―Gであろうと、それ自体として商品のメタモルフォーゼの反対方向の列をあらわし、相対している他者の反対方向でのメタモルフォーゼをふくんでいる。売り手の側のW―Gは、買い手の側にとってG―Wである。資本が商品の売り手および買い手として登場するかぎりで、つまり商品資本が他者の貨幣に対しては商品として、貨幣資本がおなじく他者の商品に対しては貨幣として作動するかぎりでは、資本の流通過程と商品の単純な流通過程とのあいだには差異は存在しない。

問題はそのさきにある。本項のむすびにかえてマルクスの総体的な認定を示すテクストを引いて

317　Ⅱ・2　流通の過程──Ⅱ・2・1　資本循環

おくことにする。

第一に、G―W（Pm）は、私たちが見てきたように、あいことなる個別資本の、さまざまなメタモルフォーゼのからみ合いをあらわしていることがありうる。たとえば綿紡績業者の商品資本である綿糸は、一部分は石炭と取りかえられる。かれの資本の一部分は貨幣形態にあって、この形態から商品形態へと転換されるけれども、いっぽう資本制的な石炭生産者の資本は商品形態にあって、この形態から貨幣形態へと転換される。おなじ流通行為が、ここではふたつの（べつべつの生産部門にぞくする）産業資本の反対方向のメタモルフォーゼをあらわしており、したがってこれらの資本のメタモルフォーゼ系列のからみ合いをあらわしているのである。（S.117）

資本流通の総過程が示すのは、さまざまな生産部門にぞくする資本がおのおののメタモルフォーゼを遂げていきながら、その「メタモルフォーゼ系列」が絡みあっていることである（Verschlingung der Metamorphosenreihe）。この「からみ合い」によって、個別資本の運動とその連続性が可能となるいっぽう、あるいは条件づけられ、あるいはまた制約され、もしくは中断される。

他方ではしかしまた、個別資本のメタモルフォーゼの過程でGが転換されるPmは、「カテゴリー的な意味での」商品資本（S.118）、つまりは産業資本が生産した商品である必要はない。右で見てきたばかりであるとおり、生産手段はさまざまな段階にある生産地から世界市場を介して調達されたものであってもかまわない。個別資本おのおののメタモルフォーゼが絡みあう、流通過程の総和が表示するものは、かくして一面では一国の総資本における交叉し、交錯した関係の総体であり、かくしてまた他面では資本制が内部化してゆく世界市場の全体なのである。

註

（1）資本の循環論は原論研究にあって、立ちいられることの比較的すくない論点である。宇野弘蔵は、『資本論』第二巻の解説を執筆し、循環論に相応な頁数を割いている（宇野『著作集』第六巻、三四九 - 三七五頁）。とはいえ原論でのあつかいは、旧原論で七頁（『著作集』第一巻、一四一 - 一四八頁）、新原論で四頁（『著作集』第二巻、六一 - 六五頁）にすぎない。山口重克の原論では、資本の循環論を主題化せず（山口、一九八五年）、小幡道昭のそれも同様であり（小幡、二〇〇九年）、両者ともに再生産表式のみを問題とする。管見のかぎり、平石修の一〇〇頁足らずのちいさな原論が、相応な紙幅を循環論に割いている（平石、一九七三年、四九 - 五三頁）。伊藤誠の教科書では、三頁強が循環論に割かれる（伊藤、一九八九年、九一 - 九四頁）いっぽうで、一般向けの解説書におけるあつかいは、相応の割合である（伊藤、二〇〇六年、二六〇 - 二八〇頁）。私たちの観点からするなら、マルクスはこの循環論にあってこそ、不断の運動としての資本の性格を描きとろうとしている。その意味においては、『資本論』の第二巻第一篇「資本のメタモルフォーゼとその循環」は、マルクスの思考をとらえようとするさいに、決定的な意味をもつ。

（2）この件を主題化するさいには、宇野弘蔵とその学派にならって、「商人資本」と「商業資本」とがあらためて区別されるはこびともなるだろう。本書、五九〇頁以下、参照。

α　流通期間と流通費用

生産期間・機能期間・労働期間

資本は、生産部面と流通部面というふたつの段階を経過する。当の部面を通過する運動は、すでに見てきたように「一箇の時間的な順序」をかたちづくっている。生産部面にあるときに、資本は「生産期間 Produktionszeit」つまり生産という時間のうちにある。これに対して資本が流通部面に留まっている時間が、資本の「流通あるいは通流期間」[1]であって、資本は流通という時間のなかにある。「資本がその循環を描く総期間（Gesamtzeit）は、かくして生産期間と流通期間との総計にひとしい」（K.II, S.124）。ここには、とはいえ、いくつか補足すべき点がある。

第一に、生産期間の全体と、当の時間の幅のなかでの生産手段の「機能期間」すなわち生産手段が「生産手段として作動している時間」との差異がある。まず機械や建物などの不変資本は、たとえば夜間における作業の中断中にも生産地点に存在しつづけている。つぎに生産過程の連続性を担保するため資本は、原料や補助材料について「一定の在庫」を確保しておかなければならない。在庫は生産資本として直接は機能しないとはいえ、在庫準備を欠くならば生産はそのつど市場における供給量にまつわる偶然性に全面的に依存するはこびとなるだろう（ebd., S.124f.）。

　第二に、「生産期間はもちろん労働過程の期間を包括しているいっぽう、後者によって包摂されていない」。すなわち労働期間ではないにもかかわらず、生産期間にぞくする一定の時間が存在する。典型的にいえば、労働対象が「自然的過程の作用」へとゆだねられている期間がそれである。たとえば蒔かれた種籾、発酵中のぶどう酒などなら、生産過程の一部を通過するために一定期間の自然過程を必要とし、その間、労働過程は中断している。そのあいだ生産資本は「潜在的に」生産局面に存在しつづけているにしても、労働過程は途絶している（ebd.）。

　右に挙げたような時間のなかでは、生産手段はかくて労働も剰余労働も吸収しない。かくてまた生産資本はどのような価値増殖も遂行しえない。だから「生産期間と労働時間とが一致していればいるほど、所与の期間のなかで与えられた生産資本の生産性と価値増殖は、それだけ大きなものとなることはあきらかである」。資本はそれゆえ、労働期間を超過する生産期間を可能なかぎり短縮しようとすることだろう（S.126f.）。

　以上のような注意とともに生産期間を規定しておくとして、「流通期間と生産期間とはたがいに排除しあう」。そのさいしかも「資本はその流通期間には生産資本として作動せず、したがって商品も剰余価値も生産しない」。資本の一部がつぎつぎ連続的に循環を反復するとして、その部分のどれかが流通部面に留まっている時間が長いほどに生産局面で機能する資本部分は縮小される。「流通期間の膨張と収縮（Expansion und Kontraktion）は、それゆえ、生産期間の、あるいは与えられた大きさの資本が生産資本として作動する範囲が収縮し、あるいは膨張することに対して、消極的な制限として作用する」。流通期間がゼロかゼロに接近するほどに、「資本の生産性と自己増殖」が拡大するのである。「資本の通流期間は、こうして一般に資本の生産期間を制限し、かくてまた資本の価値増殖過程を制限する」(S.127f.)。

流通期間と生産期間

資本の流通期間は、かくて資本の自己増殖に対して影響を与える。マルクスの見るところ、ここからひとつの *quidproquo* が生まれる。つまり、流通こそが価値増殖の「神秘的な源泉 **mystische Quelle**」であるかのように考えるにいたる取りちがえがそれである。じっさい延長された流通期間は商品の価格を引きあげる。流通期間の「消極的な影響」がそこでは「積極的」な結果を生むわけである。また流通期間は資本の「回転期間」の一部であり、回転期間のうちには生産期間がふくまれているところから、生産期間がもたらす剰余価値が流通期間の果実であるかのようにあらわれるのである(vgl. S.128)。

資本の価値増殖にとって、じっさいしかし流通期間はべつの意味で重要となる。流通局面のなかで資本はG—W(=Pm+A)とW′—G′を通過する。そのけっか、資本の流通期間は、資本が「貨幣から商品に転化するのに必要な時間」と「商品から貨幣に転化するために必要な時間」に二分される。このうち後者つまり「売り」、この〈命がけの跳躍〉は「資本のメタモルフォーゼのうちもっとも困難な部分」であって、したがって通常は前者(買い)にくらべて長期化する蓋然性が高いことだろう。単純な商品流通にあってすでにそうであったように、一般に一方の側(ここでは資本)

におけるW―Gともう一方の側（たとえば消費者）にあってのG―Wとは「時間的に分離されていることがありうるように、空間的にも分離されていることがありうる」。販売と購買とのあいだの時間的隔たりは〈跳躍〉を遅滞させ、空間的距離は時間を介したその克服を要するから、ふたたび時間的差異を増幅させる。〈跳躍〉は、かくして、ますます困難となる。G―W（ここではPm＋A）はGの価値増殖のために必要な行為であるとはいえ、「剰余価値の実現」ではない。これに対して、W′―G′は同時にW′にふくまれている剰余価値そのものの実現である。だから、W′―G′はG―Wよりも重要であり、「売りは買いよりも重要」なのである（以上、S.128-130）。

マルクスは、つづけて書いている。引用しておこう。

商品資本の流通W′―G′については、商品そのものの存在形態によって、使用価値としての商品の存在によって一定の限界が引かれている。商品はほんらい移ろいゆくものである。商品は、したがって、一定の期間のうちにそれぞれの使命に応じて、生産的な、あるいは個人的な消費へ入らなければ、いいかえると一定の期間のなかで売れなければダメになって、その使用価値を喪うとともに、交換価値のにない手という性質をも失ってしまう。〔中略〕使用価値は、一定の時間のうちにその古い使用形態を取りかえて、あらたな使用形態で存在を継続しなければならない。交換価値はただ、その身体の不断の更新によってのみ維持されるのだ。（S.130）

あらゆる「商品」は「ほんらい」その本性から「移ろいゆく vergänglich」ものにほかならない。

商品は、あるいは腐敗し、腐食し、使用価値を喪失し、それとともに交換価値をも奪われてゆく。交換過程を介してひとつの使用価値がべつの使用価値へと転化しつづけることのみが、使用価値の老化と死とを超えて、交換価値が生き延びる途なのである。

ところで「あいことなる商品の使用価値がダメになるには、遅速の差異がある」。だからさまざまな商品の生産と消費とをへだてる「中間期間」には長短のことなりが生じる。そこで、「商品体そのものの損傷による商品資本の流通期間の限界は、流通期間のこの部分、つまり商品資本が商品資本として過ごすことのできる流通期間の絶対的限界となる」。足のはやい商品（たとえば鮮魚）なら、その「空間的流通部面」はせまく、その販売市場はそれだけ「局地的」なものとならざるをえない。この制限が決定的なものであればあるほどに、当の商品は「資本制的生産の対象としては適切ではない」ことにもなるだろう（ebd.）。

この制限が文字どおり絶対的なものであるなら、それは資本にとっても超克不能な限界となる。しかも自然過程が課する超克不可能な限界となることだろう。その限界が、しかし相対的なものにすぎないならば、あるいは相対化が可能なものであるかぎりでは、資本はその制限をあるていどは乗りこえることができる。そのためには、とはいえ応分の費用がかかることだろう。だからつづけて主題化されるべきは、「流通費用 Zirkulationskosten」をめぐる問題となるはずである。

純粋な流通費

商品から貨幣への「形態変換」は、資本による商品の販売行為であって、そのために要する期間は、資本が資本として作動するため必要な期間の一部分をかたちづくっている。資本家とは「人格化された資本 personifiziertes Kapital」であるかぎり、したがって、資本家が市場で費やすことになる期間は、資本が資本として機能する期間の一部分、かくてまた「資本家の営業期間の一部分」を形成している（vgl. S.131）。

商品の販売、つまりW―Gは状態の変化であって、「状態の変化のためには時間と労働力が費やされる」。それは、しかし「価値をつくり出すためにではない」。そこで生起するのは、価値のひとつの形態から他の形態への「置きかえ Umsetzung」であるにすぎない。商品がその価値どおり販売されるかぎり、W―Gという置きかえによっては価値は増殖しない。たとえば商品を所持している者が資本家ではなく、「独立の直接的生産者」であるなら、売買に費やされる時間と労働力は、商品の生産に振りむけることができたはずの「労働時間の削減」を意味するにすぎないだろう。かりに、商品の販売が「商人資本」（のちに、本書ではⅢ・3・1のαで規定するとおり、精確には「商業資本」）によって代行されるとしても、商人の商行為は、いわばたんにマイナスをマイナスすることであるにすぎない（S.131-133）。

とはいえ、商業資本を主題化するためには、なおいくつかの前提となることがらが解きあかされなければならない。ここではことがらを単純にしておくために、商品の販売を担当する者は、自身が労働者であるとしよう。

その者は、じぶんの「労働力と労働時間をこのW―GとG―Wという仕事に支出する」。当人は、他のすべての労働者とおなじように労働するにもかかわらず、その「労働の内容は価値も生産物もつくり出すことがない」。それは「生産上の空費 faux frais」である、とマルクスはいう。ふたたび繰りかえせば、小商品生産者であるなら、その者たちが売買に費やす時間の部分はたんに「かれらの生産的な機能のあいまに費やされる時間」であるか「かれらの生産期間の中断」としてあらわれることだろう(S.133f.)。

つづけてマルクスは書いている。引用しておく。

> どのような事情のもとでも、このために費やされる時間は、転換される価値にはなにも付けくわえるところのない流通費である。それは、価値を商品形態から価値形態へ移すために必要な費用である。資本制的な生産者が流通担当者としてあらわれるかぎりでは、その者を直接的商品生産者から区別するものは、ひとえに、かれがより大きな規模で売買し、したがってまたよりひろい範囲で流通担当者として機能するということだけである。とはいえその者の事業の大きさが、かれがじぶんの流通担当者を賃金労働者として買う(雇う)ことを必要とするにしても、あるいは可能とするとしても、この現象には、ことがらとしてはなんの変化もないのである。(S.134)

流通費とは、価値の転換、つまり価値のありかを「商品形態から価値形態へと移す」ためにのみ必要とされる費用であるにすぎない。商品生産それ自体が拡大してゆくけっか、販売が「より大きな規模」でおこなわれ、かくてまた流通も「よりひろい範囲」でおこなわれて、流通に専従する者たちがじしん「賃労働者」の一群をかたちづくることになったとしても、「ことがら」そのものにはなんの変化もないのだ。

流通が大規模なものとなれば、「労働時間」は「簿記」にも支出され、簿記のためにはまた「対象化された労働、すなわちペンやインクや紙や机」が必要となり、さらには「事務所費用」がかさむようになる。つまりそこでも一方では「労働力」が、他方では「労働手段」が必要となってくるのである。資本は、かくして、生産した商品の一部を貨幣へと転化させたのち、その貨幣をさらに、「たえず簿記係や事務員などに再転化」させなければならない。「このような資本部分は、生産過程から引き算され、流通費にぞくしており、総収益からの控除分（Abzügen am Gesamtertrag）をかたちづくっている」のである（S.135f.）。

全社会的な規模で考えればさらに、資本制的な生産関係のもとでは、「社会的な富の一部分」が、たんに流通のために必要とされる「貨幣」という形態に固定化され、拘束されている。マルクスによれば、これも「商品生産一般の空費」であって、しかもその空費は資本制的生産の発展につれて増大してゆく（S.137f.）。

保管費と在庫形成

右でみたような純粋な流通費用は、「生産的に支出される資本からのたんなる控除」（S.138）をかたちづくるものであるにすぎない。流通費には、しかし、これとは性格のことなるものがある。おなじ流通費用にぞくするもののあいだで、その性格の差異は、とりあえず、生産過程と流通過程との接続にかかわっている。

問題となる流通費は「生産過程から生じうる」ものであって、ただその生産過程が流通のなかで「継続されて」いることで「覆いかくされて」いると見ることのできるものである。ここで、さしあたり問われるのは「保管費 Aufbewahrungskosten」にほかならない。

それは一方では個別資本にとっては「価値形成的」であり、かくて商品の販売価格に付加されることが可能であるが、他方では、社会的には不生産的な支出と観ることもできる。「社会にとっては faux frais にぞくする諸費用が、個別資本家にとって致富の源泉となりうる」(S.138f.)。じっさい、投機的思惑による売りびかえ、つまり、商品価格の値上がりを見こした在庫形成から帰結するものなら、そのとおりなのである。

一般に商品資本は、それが生産過程と消費過程のあいだで市場に留まっているかぎりで「商品在庫」をかたちづくる。生産・再生産過程の連続性を担保するためには、ひとつには、生産手段としての商品在庫が「たえず市場に存在すること」は不可避である。いっぽう「資本価値」の視点からすれば、商品資本が在庫を形成していることはいわば「不本意な市場滞留」であるにすぎない(S.139f.)。

商品在庫は貯蔵庫や倉庫を必要とし、かくして「不変資本の投下」を要求する。商品を出しいれするには「労働力」を要するから、可変資本もかくてまた投入されなければならない。さらに商品の劣化を防ぐためにも「労働手段」と労働力とが必要となることだろう。これらの費用は生産現場で生じるものではないので流通費のうちに算入され、「或る程度までは商品の価値へ」も参入して、それだけ商品を高価にする。それはやはり「社会的生産物から補填される」ことになるから、社会的にいえばまさに「空費 *Unkosten*」にほかならない。

この空費は、W―Gにかかわる時間的な隔たりによって生じるかぎりでは純粋な流通費とえらぶところがない。それがしかし価値の「形態転換」にかかわるのではなく「価値の維持」に関係することによって、純粋な流通費からは区別されるのである（S.140f.）。

在庫一般の形態――その絶対的増大と相対的減少

在庫は、一般に三つの形態に区分される。ひとつは「生産資本の形態」であり、いまひとつには「個人的消費財源の形態」であって、最後に「商品在庫あるいは商品資本の形態」である。生産が直接に「自家需要の充足」に向けられていて、比較的ちいさな部分だけが「商品」として交換される場合には、「商品在庫」の形態を取るものは、社会全体の富のごく一部分しか占めていない。その意味では、商品在庫の形成、あるいは商品がそもそも商品資本として問題となるのは、資本制的な商品生産に種別的に特殊な状況でもある（vgl. S.142）。

いっぽう生産資本の形態にある在庫は「生産手段」のかたちで存在するのであり、それは「潜在的にはすでに生産過程にある」。生産規模が拡大するほどに、毎日の再生産過程に参入する「原料や補助材料」などが、体積的にも数量的にも増加する。したがって「生産資本の形態で存在する在庫の量は、絶対的に増大する」。再生産過程が滞りなく進行してゆくためには、原料などの集積がつねに生産現場に準備されていなければならない。「たとえば、紡績業者が準備しておかねばならない、綿花や石炭が三か月分か一か月分なのかは、大きなちがいである」。このような在庫は、たとえ絶対的には増大するにせよ、「相対的には減少する」ことがありうる（S.142f.）。

在庫が相対的に減少するために要求される条件は、生産手段の準備が中断しないために「原料の必要量がたえず供給されうる速度と規則正しさ、それに確実さ」に帰着する。これは一方では運輸交通手段の発達に依存している。他方では信用制度の発展に影響されることだろう。信用制度が未発達であるかぎり、紡績業者は、綿花や石炭の在庫を更新するため「じぶんの綿糸の直接的な販売」に頼らなければならない。つまり、じっさいにW―Gを終了して、みずから現実に獲得した貨幣によって在庫を形成してゆかなければならない。

これに対して、信用制度の発展は、〈命がけの跳躍〉が実現するまえに、あらかじめそれが実現したことにしてくれる。かくして、「綿糸販売の偶然に依存しない」、綿糸生産を一定規模で継続するために必要な原料の在庫量は、相対的には減少しうるのである。この件は、のちに考えるべき論点となるだろう（以上、S.143f.）。

商品流通と在庫形成

考察をとりまとめるかたちで、マルクスは書いている。引用しておく。

生産物在庫の社会的形態がどうだろうと、その保管には費用が必要である。すなわち、生産物の貯蔵庫となる建物や容器などが必要であり、また有害な影響をふせぐために支出されなければならない生産手段や労働も、生産物の性質に応じて多かれすくなかれ必要である。〔中略〕これらの費用はつねに、対象化された形態か、あるいは生きた形態かでの社会的労働――したがって資本制的形態では資本投下――、とはいっても生産物形成そのものには参与しないその一部分を形成しており、かくてまた生産物からの控除を形成している。（S.146）

マルクスは、つづけて書いている。「それは必要である」。とはいえ、それは「社会的な富の空費」なのである（Sie sind notwendig, Unkosten des gesellschaftlichen Reichtums）（ebd.）。原文では「必要である」のまえに「たしかに《ツヴァー》」はなく、前後をつなぐ「しかし《アーバー》」も「それでも《ドッホ》」も置かれていない。この微妙な一文が流通費の位置をよく示していよう。

在庫形成はほかならぬ「流通の停滞」である。にもかかわらず「商品在庫なしに商品流通はありえない」（S.147）。在庫形成によってのみ、「流通過程の、かくしてまた流通過程を包括する再生産過程の、恒常性と連続性は確保されている」（S.148）。すでに見たとおり、そして連続性こそは資本制的生産・再生産の条件であり、運動としての資本の生命線なのであった。そのかぎりで流通費はマルクスの分析にあって、「価値の実現における価値の損失 Wertverlust in der Realisierung des Werts」にほかならない[2]（S.149）。

註

（1）いちおう、「流通 Zirkulation」は商品に、「通流 Umlauf」は貨幣に対応している。ただし、この遣いわけは、かならずしも一貫したものではない。

（2）流通費をめぐる問題にかんしては、安倍隆一の古典的研究が、長くつづく論争の出発点となった（安倍、一九四七年）。宇野学派では侘美光彦が、エンゲルスの利用した草稿群の問題点にも立ちいりながら問題を論じている。侘美は流通費が主題化される場面でも「資本主義的に特有な形態規定」と、社会的物質代謝としての「社会的相互連関をもった労働過程の全体」を区別して、「いわゆる宣伝費用」に代表される諸費用を典型的な流通費用としながら、「たとえば保管費用や簿記費用等でも、その一部が特殊資本主義的な迂回的ないし投機的過程に支出されるばあいは、それは流通費用に含められるべきであろう」と考える（侘美、一九六八年）。「有用的効果生産説」とも呼ばれる安倍の解釈を、あらためて全面的に批判した最近の研究に、大吹勝男のものがある。大吹は注記して、「個別的産業資本が自己の商品の保管費用に投下される資本が、倉庫業として自立化することによって、保管労働が対象的生産物および無形の生産物等々を生産しない不生産的労働であることが、より鮮明になる」と書いている（大吹、二〇一〇年、一二七頁）。ちなみに、まったく異質な観点から、小泉義之、二〇一二年、三一六頁以下、参照。

β　回転期間と回転回数

純粋な流通費はたんなる「空費」か？

マルクスは『資本論』第一巻で「貨幣の資本への転化」を論じるにさいしても、「単純な商品流通」のなかでは貨幣を介した使用価値の交換が生起するだけであって、W―G―Wという「商品のメタモルフォーゼ、たんなる形態変換」が遂行されるにすぎず、そこにはすこしも「価値量の変化」がふくまれていない、と説いていた（K.I, S.172）。第三巻でマルクスは（第二巻の行論では示唆されるにとどまった）「商人資本」（前項でもふれておいたように、より適切には「商業資本」）を主題化して、つぎのように書いている。

> 商人資本は、流通部面のなかで機能している資本以外のなにものでもない。流通過程は、総生産過程の一部である。とはいえ流通過程で価値は、かくてまた剰余価値も生産されることはない。ひとり、おなじ価値量の形態変化がおこなわれるだけである。じっさい商品のメタモルフォーゼのほかにはなにごとも生起しないのであって、このメタモルフォーゼそのものは価値創造や価値変化とはなんの関係もないのだ。生産された商品の販売で剰余価値が実現されるとするならば、それは剰余価値がすでにその商品のなかに存在しているからなのである。
>
> （K.III, S.290f.）

流通過程は「価値創造や価値変化とはなんの関係もない mit Wertschöpfung oder Wertveränderung nichts zu tun hat」とするこの視点は、マルクスの基本的な流通観であり、それはほとんど揺らぐことがない。今日的に考えれば、マルクスのこの視点は、とはいえことがらをかなり単純化しているものと言わざるをえないことだろう。

W―Gという流通過程は資本にとって、可能なかぎり高価に販売するといういとなみであって、そこでは、どのような場合により遠くへ商品を移動させるか、どのような場合に商品をはやく売りさばき、あるいは売りひかえるかといった判断が必要とされ、そうした判断に沿った活動には一定の生産手段と労働とが要求される。そのためにはまた、市況調査や情報収集、通信などの諸費用もかかってくることだろう。(1)

このような諸経費が要求されるのは、マルクス自身がみとめていたとおり、W―Gが一般にそもそも「命がけの跳躍」にほかならないからである。流通過程には、そのかぎりで、つねに高度な不確定性がまとわりついている。この不確定性もしくは不確実性を可能なかぎり縮減するために投入される、市況調査や情報収集、通信などの経費をもふくむ純粋な流通費用は、資本にとっては価値増殖を連続的に遂行するために必要とされる「生産的」費用とみなすこともできる。流通は直接的な生産過程にあって剰余価値を生産する過程ではないにしても、流通費は「社会的な物質代謝」のために必要な経費であり、したがって社会的にみてもたんなる空費ではないように思われる。(2)

さらに、たとえばマルクスが簿記として一括している作業は、今日では膨大ないわゆるホワイトカラー層によりになわれており、そのいっさいをたんなる空費と断じることは、そうとうに不自然な理論的選択肢であることだろう。この件をめぐっては、『資本論』第三巻の或る論脈(本書では、Ⅲ・3・1のγ)をめぐってもふたたび問題となるはずである。

流通費にぞくするもののうちでも、マルクスが空費とみなしていない経費が存在する。「運輸費用Transportkosten」が、それである。運輸費用については、どうしてたんなる空費とみなされないはこびとなるのだろうか。すこし考えておく必要がある。

「運輸費用」について

マルクスは、包装や品分けなどの流通費の細目に立ちいる必要はないと断ったあとで、流通とは社会的な「物質代謝」の一部であるが、この代謝が「空間変換 Raumwechsel」をふくまない事例として、家屋の販売や、綿花や銑鉄などの投機的売買のケースを挙げている。

後者のような「可動的な商品価値」であっても、「おなじ商品倉庫に居すわっていながら、おなじ時間にいくつもの流通過程を通過して、投機師たちによって買われ、また売られる」。たほうインカ帝国では、商品生産はおこなわれておらず、そのうえ商品交換すらも不在であったにもかかわらず「運輸業」が「大きな役割」を果たしていたことに注意しながら[3]、運送過程に帰属するとくべつな意味へと説きおよんでゆく（K.II, S.150f.）。引用しておく。

　生産物の量は、運輸によって増大することはない。また、運輸によって引きおこされるかもしれない生産物の自然的性質の変化も、ある種の例外をのぞくなら、意図された有用効果ではなく、回避しがたい災厄である。しかし事物の使用価値は、ひとりその消費によってのみ実現されうるのであり、その消費のためには事物の場所が変化すること、したがって運輸業の追加的生産過程が必要となることもありうる。運輸業に投下された生産資本は、かくして、一部は運輸手段からの価値転移によって、一部は運輸労働を介した価値付加をつうじて、輸送される生産物に価値を付けくわえる。このような運輸労働による価値付加は、すべての資本制的生産にあってそうであるように、労賃の補填と剰余労働とに分かれるのである。（ebd., S.151）

商品は最終的には流通過程から脱落して消費過程に入ることで、その「使用価値」を実現する。消費現場にまで商品を移すことは、だから、生産過程の延長とみなすことができる。運輸業が遂行するのは、かくして「追加的生産過程」なのである。たとえば工場のなかでも労働対象の場所変換は「大きな役割」を演じている。現在なら、部品はベルトコンベヤーに乗って流れて、多数の作業手順のなかを遍歴してゆく。完成品を空間的に移動させることは、この場所変換と地つづきのものでありうる。なぜなら、「生産物はこの運動を完了したとき、はじめて消費のために完成している」からである（ebd.）。

「流通」とは「商品がじっさいに空間中を走りまわること Umlaufen der Waren im Raum」にほかならない。それはけっきょく「商品の運輸」に帰着する。運輸業は、だからそれ自体「ひとつの独立な生産部門」であり、かつそれは同時に「流通過程の内部の、また流通過程のための、生産過程の継続としてあらわれる」のである（S.153）。

「鉄道マニア」マルクス？

ここで、人間の生産的な活動の総体にあって「はこぶ」という行為が有する意味に注目しておくこともできる。ごく基本的な場面にさかのぼって、すこしだけ考えなおしておくことにしよう。

たとえば狩猟＝採集経済にあって、実質的にエコノミーの基軸となるものは採集活動であることについては、或る文脈ですでにふれておいた。採集という生産活動にあって、その主要な契機は、食料となるものが自生している場所まで足をはこんで、採集された食物を住居にまではこぶという行為をふくんでいる。運搬することが、ここでは生産することなのである。

あるいは土を捏ねてかたちを与え、天日で乾燥させてから、さらに窯で焼いて、土器を製作するとしよう。一連の多くの部分的活動がそこでは土器の制作という行為をかたちづくっているけれども、天日に当てるために屋外に持ちだすこと、乾燥した半製品を窯に入れることは、それ自体としてははこぶという行為にほかならない。

それればかりではない。生産することは一般に対象にはたらきかけて、対象のありかたを変容することである。行為が対象の変化の原因となるとして、そのもっとも基本的なありようのひとつは、対象が存在する空間的な位置を変換することである。たとえば、立ちはだかる岩が行く手を阻んでいる場合、ひとはその岩石に手ではたらきかけ、その場所を移動させる。歩行するという移動そのもののためにも、対象的存在の移動が必要となるわけである。なにかをはこぶという操作は、その意味では、人間のさまざまないとなみのなかでも、きわめて基本的な位置価を占めるものであるといってよいだろう。

マルクスは、商品が最終的には消費過程においてその「使用価値」を実現するかぎり、消費現場にまで商品をはこぶことは生産過程の延長であり、運輸業が遂行するのは追加的生産過程である、と考えた。とはいえおなじ理路をたどって、商品の販売過程そのものも、それが生産点と消費点とを繋ぐかぎりで、生産過程と地つづきなものとしてとらえることも可能であるかに思える。

どのようにして、思考のこのようないわば偏光が生じたのだろうか。『資本論』が運輸費用のみを生産的支出のうちに数えいれたとき、その思考の視界のうちにとらえていたものは、とりわけ近代的な運輸業の意味、つまり鉄道に象徴される交通形態であったといってよい。

ちなみにマルクスは『資本論』のそこかしこで鉄道に注目し、鉄道が資本制にとって有する意味に着目している。鉄道とは、マルクスが資本制の総体を考察していたその当時、いうまでもなく、時間と空間とを制覇しつつあった産業資本そのもののシンボルであった。のちに、たとえばベンヤミンなら、アウラの剥奪という視点とのかかわりで、蒸気機関車に牽引された客車と貨車との列について問題としてゆくことだろう。(4)

マルクスがマニュファクチュアを論じるにあたり、やや文脈を逸脱して、機関車をかたちづくる膨大な数の部品についてふれていることはすでに紹介しておいた。これもふれておいたとおり、資本の集中との関連でも、『資本論』が特権的な実例として言及するのは鉄道の敷設である。マルクスがその主著を準備し、執筆していた時代、資本制はすでに、大型船舶が可能とした〈世界市場の発見〉の季節をいちおう終了して、鉄道網の整備によって国内の交通形態を一変させはじめていたのである。

それればかりではない。貨幣資本の循環を問題とする論脈にあってマルクスが説きおよぶところによれば、「交通業 Kommunikationsindustrie」、つまり一方では報道や電信、他方では運輸業わけても鉄道は、独立の産業部門のなかで、その商品が「あらたな対象的生産物」ではないような部門である。運輸業がもたらすものは、人間や商品の「変化した場所的な現存在 ihr verändertes örtliches Dasein」、つまりそれらの場所の転換であって、運輸業が販売するのは「場所の変化そのもの」である。そこでは「生産過程そのものに代価が支払われ、消費される」。運輸業の定式は、だから$G—W<\begin{matrix}Pm\\A\end{matrix}\ldots P—W'$となる（S.60f.）。運輸業とりわけ鉄道が、そのつどの生産過程の結果として産出するものはことなった場所であり、そこでは空間的差異が消去される。距離つまり空間的な隔たりは時間的な差異を介して、しかも同時に時間的差異を（たとえば徒歩の場合とくらべるなら飛躍的に）縮減しつつ抹消される。

付けくわえておくならば、通常の産業資本であれば、固定資本とりわけ機械等の生産手段はただ生産過程、生産的消費過程にあって摩耗するだけであり、その消耗は個人的な消費過程には関係しない。いっぽうたとえば客車の磨滅は個人的消費、すなわち「旅行者」が座席に座ることによっても引きおこされる。だから旅行者は「他の消費手段の使用の代価を支払うのとおなじように、使用の代価を支払う」のである（vgl. S.160）。

こうしたかなり微細なことの消息にも『資本論』の視線が届いていることは、鉄道に対するマルクスの関心が、部分的なものでも一過的なものでもありえなかったことの証左にほかならないだろう。ことのしだいが意味するところは、ちいさなものではないように思われる。立ちどまって考えてみる。

「時間によって空間を絶滅すること」

マルクスは『経済学批判要綱』の流通論で、つぎのように書いている。これもよく知られているテクストであるけれども、あえて問題としておこう。

当該箇所でマルクスは、目のまえを走る列車のすがたを超えて、航空機が世界中をむすぶ、遥か未来をも見とおしているかのようである。引用する。

資本は、かくて一面では、交通すなわち交換に対する場所的制限のいっさいを取りはらい、地球全体をみずからの市場として獲得しようとつとめないではいられない。他面では、時間によって空間を絶滅しようと、すなわち或る場所からべつの場所への移動に要する時間を最小限に縮減しようとつとめるのである。資本が発展すればするほど、かくしてまた資本が流通する市場が、資本の流通の空間的な軌道となる市場が拡大すればするほど、同時に資本は、市場をますます大規模に空間的に拡大しようと、また空間を時間によってますます大規模に消滅させようとつとめるのだ。〔中略〕ここに資本の普遍的傾向があらわれ、この傾向が資本を、それに先行するあらゆる生産段階から区別している。(Gr., S.438 = MEGA. Abt.II, Bd.I.2, S.438)

登場したばかりの資本にとって、とりあえず「交通すなわち交換に対する場所的制限」は、資本の活動を制約する一箇の自然的限界である。資本制の発展そのものにより、しかしこの限界は突破される。それはまさに「時間によって空間を絶滅」すること (den Raum zu vernichten durch die Zeit)、つまり空間的な差異を時間的な差異を利用し、後者の差異を「縮減」しながら抹消してゆくことにほかならない。資本制にとって一般的なこの「傾向」は、「地球全体をみずからの市場として獲得」するにいたるまで継続してゆくことだろう。

資本は、しかしなぜ一般に時間を「最小限」にまで解消しようとするのだろう。それは、資本にとって、循環の連続性がそうであったように、その「回転 Umschlag」の速度こそが生命線であるからである。資本が回転する時間つまり資本の「回転期間」と、その度数すなわち「回転回数」が、つぎに問題となるはずである。

資本の循環と回転

一個別資本の総流通期間は「その流通期間と生産期間との合計」にひとしい。流通期間の全体とはつまり、「一定の形態で資本価値が前貸しされる瞬間から、過程を進行する資本価値がおなじ形態で還帰するまでの時間切片 Zeitabschnitt」のことである（K.II, S.154）。

その場合、資本価値がG…G′という形態をとって循環しても、あるいはP…Pの形態で回転しても、ことがらに変更がくわえられることはない。投下された資本価値Gが増殖して、おなじ貨幣形態で資本が還帰してくることは、形態ＩつまりG…G′では一目で確認されうる。同様のことのなりたちは、とはいえ形態Ⅱ（P…P）でも見てとることができよう。出発点Pは「生産要素が手もとに存在していること」であり、これは、生産手段Pmならびに労働力Aという「与えられた価値をもった商品」が存在していることであって、その過程のうちには増殖した価値をふくむ生産物が貨幣と交換されること（W′―G′）がふくまれており、終着点となる還帰したPは、価値増殖過程を経由して、出発点とおなじように生産要素という形態へと立ちかえっているからである（vgl. ebd.）。

形態Ｉと形態Ⅱでは、一方では貨幣、他方では生産要素のすがたをまとった「前貸しされた資本価値」が「出発点となり、かくてまた復帰点をもかたちづくっている」。形態ⅢつまりW′—W′では、これに対して、資本価値は投下された資本として循環を開始するのではない。形態Ⅲの出発点W′は「すでに増殖された資本価値」を示しており、「商品の形態にある富」として存在している。さきにもふれておいたところであるように、この形態Ⅲは「個別資本の運動」を「社会的総資本の運動」との関連において考察するさいには重要な意味をもつけれども、「資本の回転」の考察にさいしては使用することができない。資本の回転をとらえるときには、出発点はつねに、貨幣あるいは商品のすがたにある資本の投入であって、「循環する資本価値 der kreisende Kapitalwert」が、投下された形態で帰還することが条件となるからである。

資本の回転が考察される場合は、ふつう形態Ⅰがとり上げられる。この形態が「剰余価値形成に対する回転の影響」を見てとるのに適切であり、しかも個々の資本家の計算はこの形態に支配されているからである。けれども資本の回転が「生産物形成」に影響するさまが問題とされる場合は、形態Ⅱが注目されなければならない（S.155f.）。

かくして、マルクスは説いている。テクストを引用しておこう。

ひとりの個別資本家が或る任意の生産部門で投下した総資本価値が、その運動の循環を描きおわったとたんに、総資本価値はふたたびその循環が開始された形態へと戻っていて、いまやおなじ過程を反復することができる。この価値が資本価値として恒久化され、増殖されるためには、それはこの過程を反復しなければならない。この一回の循環は、資本の生涯のなかで、ただたえず反復される一節、すなわち一周期をかたちづくるにすぎない。G…G′という周期のおわりには、資本はふたたび貨幣資本の形態に還帰していて、この貨幣資本が資本の再生産過程あるいは価値増殖過程をふくむ、いくつもの形態転換の列をまたあらたに通過することになる。P…Pという周期のおわりには、資本はもういちど生産要素の形態に戻っており、これらの生産要素は資本の更新された循環の前提となる。資本の循環が、個々別々の過程としてではなく、周期的な過程として規定される場合には、それは資本の回転と呼ばれる。(S.156f.)

G…G′であれP…Pであれ、「総資本価値」は循環を経て、その出発点とおなじ形態へ還帰する。資本は反復的に循環を辿らなければならないのだから、「一回の循環」はたんなる「一周期」を形成するものにすぎない。さきにみた「資本の循環」は、それが「周期的」なものと考えられるときには、資本の「回転」と名づけられるのである。

この回転の期間もまた、「資本の生産期間と流通期間との合計」によって与えられる。資本の回転が示すものは、資本の「周期性」であり、それが示すものは「更新の、反復の時間 die Zeit der Erneuerung, Wiederholung」にほかならない(S.157)。

回転期間と回転回数

資本の回転の「自然な度量単位」は一年である。この間の消息は、資本制的生産がそこで生まれたいわば母国が温帯にぞくしており、温帯のもっとも重要な「土地果実」が一年ごとの産物であるしだいに由来する（ebd.）。

回転期間の単位である一年をUとし、任意の個別資本の回転期間をuとして、当該資本の回転数をnとするなら、n=U/uとなる。資本Aの回転期間uがたとえば三か月とすると、その資本の年間回転数は四であって、くだんの資本は一年間に四回転することになる。uが一八か月であるなら、その資本は一年のあいだにその回転期間の三分の二をおえるだけである、等々である（ebd.）。

資本にとって「回転期間」とは「みずからの資本を価値増殖し、もともとの形態で回収するために、資本を前貸ししておかなければならない時間」のことである（ebd.）。したがって資本にとっては回転期間がみじかいほうが有利であり、回転回数は多いほど望ましい。回転期間を短縮し、回転数を増大させることが、かくしてさしあたりは資本の目標となるだろう。

この件を考えてゆくためには、ここでひとつの区別をあらためて導入する必要がある。『資本論』第一巻は資本の直接的生産過程を問題として、不変資本と可変資本という差異をみちびき入れた。資本そのものにとっては、この区別は知られていない。とりわけ資本の回転を資本の側から分析してゆくためには、循環する資本をめぐってあらたな差異化が必要となる。「固定資本 fixes Kapital」と「流動資本 zirkulierendes Kapital」とのあいだに設定される差異がそれである。

項をかえて、この間の消息に立ちいっておくことにしよう。マルクスがあらためて設定する差異は、資本制の内部にある者たちの意識により接近してゆくものともなるはずである。

（1）山口重克、一九八七年、一六四頁。
（2）須藤修、一九八六年a、三八〇‐三八二頁、参照。
（3）アンデスにおける生産と分配の「垂直統御 Vertical Control」をめぐっては、山本耕一が権力論の視点から興味ぶかい分析を展開している。山本、一九九八年、二〇〇頁以下、参照。
（4）ベンヤミンにおけるアウラの問題にかんしては、三島憲一、一九九八年、四〇五頁以下、参照。ベンヤミンの全体像をめぐる最近の研究としては、長年の研究成果をとりまとめた、高橋順一の論集（高橋、二〇一〇年）、ベンヤミンと同時代思潮との交錯の細部にまで立ちいって、その生成と構造を解きあかした森田團の研究（森田、二〇一一年）が注目されるべきだろう。

γ　固定資本と流動資本

ふたたび不変資本と可変資本について

そもそも「不変資本 konstantes Kapital」と「可変資本 variables Kapital」とはどのような区別であっただろうか。ここでかんたんに想起しておこう（本書、Ⅱ・1・2のγ、参照）。

生産手段、すなわち原料や補助材料や労働手段といった資本部分は、生産過程でその価値を変じない。いいかえれば、生産手段の価値は労働過程をつうじて保存され、生産物へと転化されるだけである。資本のこの部分が、かくて「不変資本部分」あるいは簡単には不変資本と呼ばれる。

これに対して、労働力に投下された資本部分は、生産過程でその価値を変える。それは剰余価値を生産し、その剰余価値そのものも可変的なものでありうる。資本のこの部分は、かくて可変量であって、「可変資本部分」、おなじく簡略化して可変資本と名づけられる。

この区別の背後にあるのは、以下のような事情であった。資本における「客体的な要因と主体的な要因」は、それぞれが「生産手段と労働力」として区別される。この区別が「価値増殖過程」という立場からは、不変資本と可変資本として区別される、ということなのである。

資本の直接的生産過程を分析し、剰余価値の生産過程を分析する者、つまり『資本論』の著者、マルクスにとっては、不変資本と可変資本ということの区別は以後も妥当性を喪失することはなく、第一巻で解明された剰余価値の形成メカニズムが忘却されることもない。けれども、資本を人格的に代表する者である資本家にとってはこの区別は意識されておらず、そもそも不変資本と可変資本という概念すらも知られていない。

資本の流通過程を問題とする第二巻の問題領域、とりわけ資本の回転を主題化しようとする当面の問題場面にとっては、当事者である資本家の日常的な営為を支配している意識に対して現前する形態規定が、あらためてとり上げられなければならない。それが、固定資本と流動資本という区別なのである。(1)

固定資本と流動資本の規定

不変資本の一部分、たとえば建物や機械など、要するに「労働手段」として一括される部分は、労働過程にあって反復的に同一のしかたで作動する。建物は労働現場に存在しつづけ、機械はその長短の耐用期間の全体にわたり、くりかえし商品生産にさいして機能しつづけることになる。不変資本のこの部分は、生産物にその価値の全部を一度に転移することはなく、その「機能の平均的な持続時間」に応じた「平均計算」によって、その価値をすこしずつ商品に引きわたしてゆく（vgl. K.II, S.158）。この件については、資本の直接的生産過程を問題とした場面で、すでに見てきたところにほかならない。

いまや問題となっているのは資本の流通過程であり、とりあえずはその場面において資本家自身の意識にのぼり、その行動を規制する区別である。流通過程という観点からするならば、不変資本の一定の部分、「本来の労働手段」にはつぎのような特性があることになるだろう。

生産過程の開始にあたって資本の一部分は不変資本として投下されている。不変資本が投入されている生産要素の一部、たとえば原料や補助材料はそのまま生産物の一部へと転化して、「生産部面から流通部面へと」移ってゆく。これに対して投下された不変資本の一部、つまり労働手段に投入された一部分は「いちど生産部面に入ってしまうなら、けっしてそこを立ちさることがない」。生産要素としてのその機能によって、その資本価値は生産現場に（たとえば建物というかたちで、たとえばまた大型の機械というしかたで）「固定されて *fixiert*」いるからである。そういった労働手段も、それが作動するそのつど損耗するから、その消耗に応じて、価値の一部分は生産物の価値へと転移されてゆくが、その他の価値部分はかわらず生産現場に、労働手段として「縛りつけ」られたままである（ebd., S.158f.）。

とはいえ、資本価値のうち労働手段に固定されている部分も、やはり流通する。すでに見てきたとおり、資本はたえず流通しているのであって、「この意味では、したがってすべての資本は流通している資本」にほかならない。だが、労働手段へと投下された資本は「その使用形態で流通するのではなく、ただその価値のみが流通する」。しかもその損耗に比例し、部分的にすこしずつ流通するのである。

逆にいうならば、労働手段は、その作動する全時間にわたって、その価値の一部分がつねに労働手段そのもののうちに固定されている。「この特性によって不変資本のこの部分は、固定資本という形態を受けとることになる。これに反して、生産過程で前貸しされている資本の他のすべての素材的成分は、この固定資本に対して、流動資本を形成するのである」（以上、S.159）。

区別の交錯——スミスの見あやまり

固定資本と流動資本という区別は、厳密にいえば第一に、それぞれ投下された生産要素が生産物のうちにそのまま再現するかどうか、という区別と独立なものである。どうしてだろうか。ここですこし具体的に考えておこう。

たとえば生産物が綿製のシャツである場合、ミシンの自然形態は商品としてのシャツのうちにはそのすがたを止めておらず、ミシンはいうまでもなく固定資本の一部である。いっぽう原料としての綿布は綿製のシャツのうちにそのまま自然形態において再現し、綿布はシャツ生産にとって流動資本の一部となる。とはいえ、縫製されたシャツの皺をアイロンによって伸ばすさいに消費される石炭や、作業にさいして手もとを照らすときに消費される燈用ガスなどは、補助材料ではあるけれども、製品のうちに痕跡をとどめることがない。にもかかわらず、それらは労働過程にあって全部が消費されて、流動資本の一部として生産物価値の一部をかたちづくる（vgl. S.159f.）。

逆に補助材料に分類されるべきものであっても、その「流通のしかた」が労働手段のそれに準じたものであるならば、「固定資本の素材的なにない手であって、固定資本の存在形態」となるものがある。たとえば「土壌改良」がおこなわれた場合、大地に付加された化学的成分は数年にわたって有効でありつづけることもある。そのケースでは、肥料に投資された資本の一部はつぎつぎに生産物に転化されるとともに大地のなかに残留しつづけ、「固定資本」のすがたで存続している（S.161）。この件は、のちに地代を論じるさいに重要な論点のひとつともなるだろう（本書、Ⅲ・2参照）。

ちなみにまた農作業における「役畜」としての牛は固定資本であるとはいえ、食用とされるなら「労働手段」ではなく、かくてまたいかなる固定資本でもない（S.160）。おなじ牛が「肥育家畜」なら、「最後には生産物として流通に入ってゆく原料」となって、かくして「固定資本ではなく流動資本」であることになる（S.162）。

さらにまた、労働手段がその素材に由来するかたちで有している「特定の属性」が、労働手段を固定資本として縛りつけるわけでもない。たとえば「家屋などの物理的な不動性 physische Unbeweglichkeit」が固定資本を固定資本とするわけではない。牛は可動性とその運動能力のゆえに、耕作にさいして固定資本として機能する。船舶はまたむしろその「物理的な可動性」とともに労働手段となり、かつ固定資本の一部である（ebd.）。

たしかに工場の建物や溶鉱炉や運河は、それが生産的な機能のために準備されるときは、同時に一定の場所に固定される。鉄道の軌道もまたそうである。とはいっても「機関車」は可動的であり、また他動的であることで固定資本として作動する。そういった固定資本は、くわえてまた売買することができ、その機能を継続したままで「観念的に流通する」こともできる（S.163）。

なんらかの実体的な特性が固定資本を固定資本とするわけではない。生産過程でになう「特殊な機能」のみが、労働手段を固定資本とするのである（vgl. S.161）。ここでも実体ではなく機能を、固定された存在ではなく関係を問題としてゆくマルクスの視角が、さしあたりは目だたないかたちで貫徹されているのをみとめることができる。

マルクスの見るところによるなら、これらの区別をじゅうぶんに把握していないところに、たとえばスミスの混乱の原因がある。スミスは、持ち手を替えることがないものを固定資本と考えて、「流通資本 *Zirkulationskapital*」（貨幣資本と商品資本）と呼ぶべきものを「流動資本 zirkulierendes Kapital」と呼んでいるのである（S.192）。

その結果どのような混乱が生まれるだろうか。テクストを引用しておく。

たとえば鉱山業を例にとってみよう。そこでは原料はまったく使用されない。なぜなら労働対象、たとえば銅は、労働によってはじめて取得されるべき天然産物だからである。これから取得しなければならない銅、すなわちこの過程の生産物で、のちに商品または商品資本として流通するものは、生産資本の要素となっていない。生産資本の価値のどのような部分もそれには投入されていないのだ。他方この生産過程の他の諸要素、労働力も石炭や水などの補助材料も、やはり素材としては生産物には入らない。〔中略〕だからこの例では、生産資本の成分で、持ち手（masters）を取りかえるものはなにもない。いいかえるなら、さらに流通させられるものはなにひとつとして存在しない。それというのも、素材として生産物に入るものはひとつもないからである。（S.196）

ではここで、「流動資本」はどこにあるのか。「労働によってはじめて取得されるべき」天然産物にかかわる産業にあっては、スミスの定義にしたがうなら、そこで「使用される資本」は「すべて固定資本だけからなっている」ことになるだろう（ebd.）。

それればかりではない。スミスは流動資本を主題的に問題とするさい、その「成分」として「労働力」を数えあげることを忘れているのだ（vgl. S.208）。労働力に投下される可変資本も流動資本にぞくしており、その特殊な一部分をかたちづくっているものなのである。つぎにこの件を確認しておく必要があるだろう。

流動資本としての労働力

流動資本の一部分は原料や補助材料からなっており、これらは直接的生産過程の分析にあっては不変資本として呼ばれたものの一部であった。流動資本のもう一部分はしかし「労働力に投下された可変資本からなっている」（S.164）。

不変資本と可変資本という区別は、価値増殖過程において、資本価値部分がそれぞれに作動する様式に応じるものだった。固定資本と流動資本という形態の区別は、これに対して、あくまで資本の流通と回転とに関係している。価値形成過程にあっては、不変資本の一部分、つまり原料や補助材料へと投下される資本、すなわち「固定資本を形成しない不変資本成分」と、労働力に投入される資本すなわち不変資本とのあいだには、決定的な差異をしるしづける境界線が引かれる。前者は価値を増殖させず、後者のみが価値増殖にかかわるからである。

とはいえ労働力に投下された資本価値は、その全体が生産物へと転移され、流通局面をそのまま通過してゆく。労働力の価値に帰属するこのような循環と回転の様式は、固定資本に数えいれられない不変資本部分のそれと共通している。原料や補助材料に投ぜられた資本部分も、生産物とともにいわばまるごと流通して、循環するからだ。「生産資本のこれらの部分――生産資本価値のうち、労働力に投下された部分と、固定資本を形成しない生産手段に投入された部分のことである――は、それらに共通なこのような回転の性格によって、固定資本に対して流動資本として相対することになるのである」(S.165)。

固定資本と流動資本という「形態的に規定されたありかた Formbestimmtheiten」が生じるのは、かくしてただ「生産資本の回転の差異」からである。いいかえるなら、ひとり生産資本のみが固定資本と流動資本とに差異化するのであって、貨幣資本や商品資本がそのような形態的な差異をそなえることはない。貨幣資本と商品資本とは、たしかに流通部面を「すみかとして」いる。それゆえ混同されやすく、マルクスの見るところでは、じっさいスミスが混用した区別にあらためて言及しておくとするなら、これらの資本形態はたしかに生産資本に対しては「流通資本」であるとはいえ、けっしてしかし固定資本に対して「流動資本」となるわけではない(S.167f.)。

スミスによれば「種子の価値全体もほんらいは固定資本（fixed capital）である」。種子は持ち手をかえず、大地と倉庫のあいだを往来するだけだからである（Sm., p.264）。しかし、生産物の代金で他人の種子を買う場合はどうなのだろう。スミスはここでも「流動資本と商品資本とを混同している」のである（K.II, S.203）。スミスは、流動資本と固定資本という区別が、事物に自然的にそなわっているかのように考え、その「素材的要素」を数えあげる。両者の形態規定はしかし、「資本制的生産過程中で果たす特定の機能」からのみ生じるものなのだ（ebd., S.204）。

固定資本の諸成分とその損耗

原料や補助材料といった生産要素に対して流動資本の一部が投下されるが、それらの生産要素は「たえず現物で更新される werden beständig *in natura* erneuert」。生産過程の連続性のために、生産現場にはつねに原料や補助材料が存在し、それらのうちの一部が生産的に消費されたあとには「同種の新品」があり、また労働力も不断に労働市場から調達されることで、たえず更新されながら労働現場で立ちはたらいている。

これに対して固定資本の側は、それが「使用に耐えるあいだは」更新されることがない。つまり「建物や機械などは、流動資本の回転が何回もくりかえされるあいだ、同一の反復される生産過程でおなじものが引きつづき機能している」（以上、S.169）。

とはいえ固定資本のあいだでもそのそれぞれの要素の耐用期間は、とうぜんのこととして、おのおのことなっている。ここでもマルクスが挙げている例は、鉄道のそれである。引用しておく。

おなじ資本投下でも、固定資本のそれぞれ個別的な要素はおのおのことなった寿命をもち、かくてまたことなった回転期間を有している。たとえば鉄道の場合には、軌条、枕木、土溝、駅の建物、橋、トンネル、機関車、車輛は、めいめいことなった機能期間と再生産期間を有しており、したがって、それらのために前貸しされた資本もそれぞれことなった回転期間を有している。建物、プラットホーム、貯水槽、陸橋、トンネル、切り通し、築堤など、かんたんにいえばイギリスの鉄道で works of art〔工作物〕と呼ばれているもののすべてなら、長い年月にわたって更新を必要としない。損耗品のうち、もっとも主要なものは軌道と車輛（rolling stocks）である。（ebd.）

マルクスは、ここでまず、鉄道創設の当時には、鉄道事業における固定資本の「寿命」あるいはその機能の「持続」はきわめて長く見つもられ、軌条の磨滅はほとんど無視されてよいほどのものと考えられていたしだいに言及している。軌条についていえば、その損耗はしかしまず「使用すること自体」によって引きおこされ、列車の本数と速度とにその損耗率は依存する。枕木なら、第二に「自然力の影響」をつうじても消耗して、たとえば腐朽によっても損傷する。第三に、いっさいの大工業とおなじく「社会慣習上の損耗 der moralische Verschließ」が生じる。たとえ使用価値の減損が生じなくとも、たとえばきわめて高価であった機関車や客車などであっても、しだいに安価で購入しうるようになるからである（S.170）。

固定資本の補塡と維持

生きている労働手段、たとえば馬ならば、その「再生産期間」は自然によって規定されており、その「平均寿命」もまた自然法則の規定するところである。一頭の馬をすこしずつ取りかえてゆくことはできず、損耗した馬はべつの一頭と入れかえるほかはない。たほう「固定資本の他の諸要素」については、「周期的または部分的な更新」が可能である（S.171）。

固定資本はそのほかにも、「特殊な維持費」を必要とする。機械の一部は「労働過程」そのものによって維持されるけれども、機械はしかしそれが作業可能な状態に維持されるためだけでも、ときどき「掃除」されなければならない。そのために必要となる「追加労働」があるとするなら[2]、その労働に投入される資本は「生産物の源泉となる本来の労働過程に入るものではないにしても、流動資本にぞくする」ことになる。たとえば機関車は三日も走行すれば、車庫に入れられ清掃されなければならない。汽缶を傷めずに洗浄するためには、まず冷却される必要がある（S.173f.）。こうしてさまざまに支出されて、補塡される追加資本は「投下のしかたは不規則的なものであるとはいえ、流動資本に帰属する」（S.176）のである。

さいごに、固定資本は自然の作用その他によって、徹底的かつ最終的に破壊しつくされる場合がある。たとえば「異常な自然現象、火災や洪水」などによって、固定資本が不可逆的に損壊されるケースがそれである。このような自然作用そのものは、資本にとっては予測不能な出費を要求するものであって、そのために「保険」をかけておくとするならば、その支出は剰余価値から補塡されなければならないものとなる。その費用もまた、それ自体としては「剰余価値からの控除」をなすことになるだろう（S.178）。

いずれにしても、通常の場合では、たとえば耐用年数が一〇年の機械があるとすれば、その期間が過ぎ去るまでは当の機械は更新される必要がなく、生産現場で作動しつづける。その期間にこの機械の価値は、その機械を生産手段として生産される商品の価値部分としてすこしずつ流通しつづけ、だんだんと貨幣に転化してゆく。一〇年間のおわりには機械の価値はまるごと貨幣へと転換して、さらに貨幣からあらたな機械に置きかえられたならば、くだんの機械はその「回転」をおえたことになる。それまでこの機械の価値は「準備金」のかたちで蓄積されてゆく（vgl. S.164）。個別資本にとっては、一定の貨幣蓄蔵が「償却資金 Amortisationsfonds」として必要となるわけである（S.181）。

固定資本の流通過程

いま信用制度を考慮に入れることなく、固定資本の回転にともなう流通過程のおおよそを考えるなら、それはどのようなものとなるだろうか。

マルクスの認定は、以下のようなものである。本項のむすびにかえて、ここでもテクストを引用しておく。

第一巻（第三章第三節ａ）であきらかにしたように、或る社会の手もとに存在している貨幣の一部はつねに蓄蔵貨幣として遊休しており、他の部分は流通手段として、または直接に流通している貨幣の直接的準備金として機能しているとしても、貨幣の総量が蓄蔵貨幣と流通手段とに分かれる割合はたえず変動する。私たちの場合には、或る大きな資本家の手のなかに蓄蔵貨幣として大量に溜まっているはずの貨幣が、いま固定資本の購入にさいして一度に流通へと投げこまれる。それはそれ自身また社会のなかでふたたび流通手段と蓄蔵貨幣として分割される。固定資本の損耗の程度に応じて、その価値は償却資金というかたちで出発点に還流するのであるけれども、この償却資金によって流通貨幣の一部分は、以前に固定資本を購入したときにじぶんの蓄蔵貨幣を流通手段に転化させて手ばなしたそのおなじ資本家の手のなかで、もういちど――期間の長短はべつとして――蓄蔵貨幣をかたちづくるのである。(S.182)

ここで描きだされた単純な描像は、信用制度の導入によって、大きく変更されることになるだろう。信用制度の発展にともなって、準備金あるいは償却資金としての蓄蔵貨幣はもはや蓄蔵貨幣ではなく、それ自身むしろ資本となるからである。

この件については、本書の第Ⅲ篇を俟って主題化されるはこびとなるはずである。次節ではマルクスの論述を追って、つづけていわゆる資本の「回転周期」の問題を見てゆくことにする。

註

(1) 須藤修、一九八六年a、三八六頁、参照。須藤によればそもそも「第二巻領域、すなわち「資本の流通過程」では、叙述の進行とともに新たな形態規定が登場してくるのだが、それは、資本制生産様式のより詳細な規定を意味していると同時に、剰余価値の形成メカニズムが神秘化されてゆくプロセスを展開してゆくことをも意味している。分析者は、資本の運動形式を、まず資本循環の観点から、そして次に、資本の回転様式の観点から一層詳細に把握しようとするのだが、そのためには当事者たる資本家を当該の場面に登場させなければならない。というのは、固定資本とか流動資本とかいう新たな形態規定は当事主体たる資本家の意識や行動を媒介的契機としてはじめて措定しうるものだからである。ここに分析者独自の視角と当事者自身の視角という二つの視界＝二つの認識準位から叙述がなされることになる」(同、三六四頁)。

(2) この限定を付したのは、エンゲルスの『イギリスにおける労働者の状態』を問題とした文脈でもすでにふれたように、この清掃作業は労働者の休憩時間に食いこむ無償労働であることもあるからである。本書、一九七頁、参照。

Ⅱ・2・3　回転周期

労働期間の差異と資本の回転

いくつかの事業部門を考えてみる。いま、どの部門も「労働日」はひとしく、たとえば一〇時間の労働過程からなっているとしてみよう。たとえば綿紡績業ではまいにち一定量の生産物、つまり綿糸が産出される。これに対して、機関車製造業では、一両の機関車を製造するための労働過程が三か月間、反復されるだろう。「生産資本」を「商品資本」へと転化するために必要とされる「生産行為の持続の長さ」は無限に多様でありうる。一両の機関車の製造に三か月を要するなら、一艘の装甲艦の建造のためには一年以上の年数が必要である。穀物生産には約一年がかかり、家畜の生産には数年が、造林のためには一〇〇年を要することもある（K.II, S.231f.）。

生産行為の開始から終了までにどれくらいの時間を必要とするかによって、かりに資本投下量がひとしくても、「与えられた資本が前貸しされている時間の幅 Zeiträumen」に差異が生じる。いま綿紡績と機関車製造とでおなじ資本量が投下され、資本の有機的構成も同一であって、固定資本と流動資本への資本の分割も、労働日の長さも、すべて同等であるとする。かつ両者ともに注文生産であって、製品の引きわたしとともに代価が支払われる、としよう。それでも綿紡績業はたとえば一週間で資本の回転をおえて、あらたな循環を開始することができるのに対して、機関車製造業では回転と循環に三か月の時間を要する。一方の資本投下は一週間分にすぎず、他方のそれは一週の一二倍となることだろう。そこで「ほかの事情はすべておなじであると前提するなら、一方は他方よりも一二倍の流動資本を自由にすることができなければならない」（ebd., S.232）。

労働日とは、労働者がみずからの労働力をまいにち支出しなければならない「労働時間」のことであった。これに対して「一定の事業部門でひとつの完成生産物を供給するために必要な、相互に関連する労働日の数」を「労働期間 Arbeitsperiode」と呼ぶとすれば、労働日が同一であっても、労働期間に長短の差異が存在するなら、資本の回転速度は一様ではない。この間の消息にかんしては、固定資本と流動資本との区別が現実的に重要となってくる（vgl. S.233）。

紡績作業にさいしても、機関車製造にあたっても、おなじくたとえば蒸気機関が固定資本として充用されるとしよう。一方についてはその蒸気機関の価値は一週間ごとにすこしずつ、他方にあっては三か月ごとにより大きな量で還流してくるにせよ、どちらにかんしても蒸気機関の更新はたとえば二〇年を経てはじめておこなわれるとすれば、両者の回転速度の差異はことがらをすこしも変更しない。

これに対して、流動資本をめぐっては事情がことなる。原料や補助材料は毎日、毎週、生産的に消費されなければならない。労働力もたとえば一週間ごとに調達され、支出されて、生産物に対象化されるから、各週のおわりにはその代価が支払われなければならず、そのための「資本投下」は、機関車製造業にあっても毎週くりかえされることになる。そこでは「労働力への支払いのために、毎週あらたな追加資本が支出されなければならない」（S.234）。

生産物、あるいは達成されるべき有用効果の種別的本性によって、その生産のために必要とされる労働期間の持続がより長かったり短かったりすることで、流動資本〔労賃、原料、補助材料〕の不断の追加支出が必要となるけれども、そのどの部分も〔生産行為の継続中には〕まだ流通可能な形態とはなっていないので、どのような部分もいまだおなじ作業の更新のためには役だつことができないだろう。かえってどの部分も、生産部面のなかで生成中の生産物の成分としてつぎつぎに固定されてゆき、生産資本の形態に拘束されている。ところで回転期間は、資本の生産期間と流通期間の合計にひとしい。したがって生産期間の長期化は流通期間の延長とおなじように、回転速度を減らすことになるのである。(ebd.)

生産物、あるいは「達成されるべき有用効果」(たとえば、鉄道による空間の移動)は、それぞれ「種別的」にことなり、或る部門では他の部門にくらべて、あるいは同一部門内でも特定の製品については他の産品と比較し(たとえば工場は家にくらべ)「生産期間の長期化」が避けがたい。生産期間の長期化あるいは「延長」は一方で流動資本の「追加的支出」を要求し、他方では資本の回転を減速させることになるのである。

労働期間の延長がもたらすもの

この間の事情は、さまざまな影響を生産過程に対して与えることになるだろう。いくつかの側面にかぎって考えておく。

当面の設例では、仮定により、たとえば紡績業にも機械製造にも同量の資本が投下され、資本の有機的構成その他はすべてひとしく、いま「労働期間」のみがことなっている。第一週に投下された流動資本を、前者はおなじ週のおわりには回収することができるけれども、後者の場合は三か月たたないと、それを貨幣として取りもどすことができない。

ふたつの部門のあいだで、かくて第一に「おなじ投下資本量の還流がことなってくる」。だから、一方ではおなじ資本量が急速に更新されるが、他方では緩慢にしか回収されないことになる。したがって第二に、「資本投下の大きさは紡績業者と機械製造業者とではまったくちがっている」。後者では「資本はより長く前貸しされなければならず、さらにより大量の資本が生産資本の形態に拘束されている」からである（S.235f.）。

資本制の最初期にあっては、長い労働期間を必要とし、かくてまた大量の資本投下が要求される事業は、それ自身は資本制的に経営されることができなかった。道路や運河の建設がそうであり、後発資本制（たとえば日本）では鉄道の敷設もそうである。資本制の発展にともなって株式会社があらわれ、同時に信用制度も発達してくる（S.236）。かくて「資本の集中 Konzentration」が可能となり、かくてまた大量の資本投下が可能となると、より効率のよい大規模な労働手段が使用されるようになり、またより規模の大きな「協業や分業」がおこなわれるようになる。こうして結局は労働期間が短縮され、最終的には回転期間もまた短縮されるにいたる（S.237f.）。

かくて、すべては「資本の集積《コンツェントラツィオン》がどれほどの規模に到達しているか、に帰着する」のである。

「信用が、ひとりの手のなかでの資本の集積を媒介し、促進して、増進するかぎりで、それは労働期間の短縮を助け、かくてまた回転期間の短縮を助ける」ことになるだろう（S.238）。

労働期間と生産期間との差異

労働期間はつねに生産期間であり、すなわち「資本が生産部面に拘束されている期間」である。すでに一度ふれておいたところであるように、とはいえ逆に「資本が生産過程にある期間のすべてが、かならずしも労働期間であるわけではない」（S.241）。

いま問題となるのは、労働者が休憩し、帰宅して、休養する等々によって生じる労働過程の中断ではない。ここで主題化されなければならないのは、「生産物とその生産との本性そのものによって条件づけられている中断」である。労働過程一般を分析したさいにも言及しておいたとおり、労働対象は必要に応じて「長短の期間にわたって自然過程のもとに置かれて、物理的、化学的、生理的なさまざまな変化を経なければならない」のであって、労働過程の全体あるいは一部分がその間は中断を余儀なくされるのである（ebd.）。

マルクスはもともと、労働そのものにおいても「人間はつねに自然力に支えられている」事情をふかく理解していた（本書、五三頁・註（9）参照）。さきにかんたんに参照をもとめておいた論点（同、一五〇頁）について、ここではテクストそのものをあらためて引用しておこう。

たとえば絞られたぶどう液は、一定の成熟度に到達するために、まずしばらくは発酵状態を経て、それからまたしばらくのあいだ放置されなければならない。製陶業のように、生産物が乾燥の過程を経なければならない産業部門や、漂白業のように、生産物がその化学的な性状を変化させるために、ある種の状態にさらしておかなければならない産業部門も多い。冬作穀物は成熟するまでにおそらく九か月はかかる。播種期と収獲期とのあいだにひろがる中間の時期には、労働過程はほとんどまったく中断されている。造林では、播種とそれに必要な準備作業がすんでから、種子が完成生産物とされるまでには、おそらく一〇〇年はかかるだろう。この全期間にわたって、種子は労働のはたらきかけを相対的にごくわずかしか必要とはしないのである。(ebd.)

工場のなかでも多様な時間が流れている。工業産品の生産にさいしても自然過程の介入が必要とされる度合いに応じて、多様な時間が流れてゆく。工場の時間と田園の時間とはことなり、山里の時間と森の時間はことなっていることだろう。とはいえ「造林」そのものについても、それが資本制的商品生産へ全面的に編入されてゆくにつれて、そこで必要とされる「労働のはたらきかけ」の様態と頻度も変容し、森の時間もほどなく浸食されてゆくだろう。(1)

いずれにしても、生産期間はふたつの時間からなっていることになる。ひとつには「資本が労働過程にある期間」であり、いまひとつには「自然過程の支配に委ねられている」時間である。その場合したがってかならず生産期間は労働期間よりも長く、しかも生産期間全体の終了を待ってはじめて資本は「生産資本の形態から商品資本の形態に転化しうるもの」となる。かくして「労働期間からなっていない生産期間の長さにしたがい、資本の回転期間も長期化する」のである。

　自然過程そのものが自然法則の全面的支配のもとに置かれていないかぎりでは、生産期間を人為的に短縮することで——たとえば屋外漂白が化学的な漂白過程に取ってかわられたり、乾燥過程により強力な乾燥装置が導入されたりすることによって——、回転期間が多かれすくなかれ短縮されることもありうる。ただしたとえば「銑鉄から鋼鉄への転化」についてそうであったように、生産期間の短縮が「それとおなじ度合いで固定資本の投下額を増大させる」こともある。そうなれば、資本の回転期間を短縮することは、ここでも資本の集積を要求するはこびとなるはずである（以上、vgl. S.242）。

生産部面から流通部面へ

　生産期間と労働期間との相違は、とりわけて農業一般をめぐって大きな意味をもつ。農産物生産にあっては、生産期間の長短は一方で年々の豊凶に左右され、他方では気候と大地そのものの恵みにも依存するからである。

　たとえばロシアの北部では耕作労働が可能な期間は一年をつうじて一五〇日にも満たないことがある。かくてロシアでは家内工業が発達し、「ある村ではすべての農民が何代もまえから織匠であり、鞣皮師であって、靴屋であり、錠前師、刃物師等々である」(2)。農村が資本制に感染するほどに、このような家内工業はますます資本へと従属して、「農村労働者の状態はそれだけいっそう悪くなってくる」ことだろう（S.243）。

長い生産期間と相対的に短い労働期間は造林業そのものを「不利な私的経営部門」とし、かくてまた「不利な資本制的経営部門」とせざるをえない。そのけっか、造林は衰退し、森林は荒廃してゆく可能性がある。牧畜も同様である。そこでは資本の一部分だけがまいとし回転するだけで、総資本の回転はかなり長期にわたってはじめて可能となるからである（vgl. S.247）。

以上の件をめぐって、さらに細部にわたるいくつかの考察を経て、マルクスは結論として説いている。引用しておこう。

生産期間と労働期間との差異は、私たちが見てきたとおり、きわめてさまざまでありうる。流動資本は、本来の労働過程に入るまえに生産期間に入っていることがありうる（靴型製造）[3]。または、本来の労働過程をすませてからも生産期間にあることがある（ぶどう酒、穀物の種子）。あるいは、生産期間のところどころに労働期間がはさまることもある（耕作、造林）。流通可能な生産物の大きな一部分は現実の生産過程に合体されたままになっていて、それよりもずっとちいさな部分が年々の流通に入ってゆく場合もある（造林、牧畜）。流動資本が、潜勢的な生産資本の形態で投下されなければならない期間の長短、したがってまたこの資本がいちどに投下されなければならない量の大小は、生産過程の種類から生じることもあり（農業）、市場の遠近など、要するに流通部面にぞくするさまざまな事情にかかっていることもある。（S.249）

生産期間が労働過程をふくんではいない期間、つまり労働期間を超過する生産期間にあっては、流動資本は「潜勢的な生産資本 potentielles produktives Kapital」として投入されている。当該の期間においては、生産手段は労働力と結合されておらず、かくて価値形成はおこなわれず、かくてまた価値増殖過程は中断されているからである。この潜勢的な時間が延長するほどに、投下される資本は拡大されなければならない。さいごにさらに商品を貨幣へと転化させ、こうしてまた前貸しされた資本が回収される市場への距離がはなれていればいるほど、生産物がそもそも商品となり、したがって貨幣へと転換されうるまでの潜在的時間も長期化し、その間に必要となる追加的資本量も増大することだろう。

かくてつぎに問われなければならないのは、いわゆる「流通期間」となるはずである。流通期間を資本制的に再構成してゆく過程は、同時にまた、空間と時間を資本が再編してゆくプロセスともなることだろう。

流通期間・再考

もういちど確認しておくならば、資本の回転期間は「資本の生産期間と流通期間の合計」にひとしい。それゆえ、流通期間の長短もまた「回転期間」の差異を生み、かくてまた「回転周期の長さ」のちがいを生みだすことはあきらかである（S.251）。

流通期間の「短縮」にかかわる論点のいくらかについては、すでにⅡ・２・２のβで見ておいたところである。以下では、当面の場面でのマルクスの叙述に沿って、ごく簡単にことがらの周辺をたどっておくことにしよう。

流通期間の一部分は「販売期間」、つまり売りにかかる時間からなっている。この期間は「資本が商品資本の形態にある期間」であり、流通期間にあって「相対的にもっとも決定的な」部分である。なぜならば、一般に商品流通においてW―Gは商品にとって〈命がけの跳躍〉をふくみ、そこにはさまざまな不確定性とリスクがはらまれているからだ。この時間の相対的な長短によって、主要には流通期間の大小が規定され、ひいては資本の回転期間一般の長短が規定されることになるだろう（vgl. ebd）。

販売期間の長さが差異化し、かくてまた回転期間一般に相違が生みだされるときに、そこでつねに作用する原因は、ひとつには「商品が売られる市場が、その商品の生産地から遠くはなれていること」そのものである。「資本は、市場への旅をつづけている全時間にわたって、商品資本の状態に縛りつけられている Während der ganzen Zeit seiner Reise zum Markt befindet sich das Kapital gebannt in den Zustand des Warenkapitals」。すでに見たように、資本は、それが商品資本の状態にあるかぎり、いわば身うごきがとれない。これに「商品が販売のため市場に存在する時間がくわわる」のである（S.252）。

ここでもちろん、「運輸交通機関の改良」が商品の移動期間を「絶対的には短縮する」。絶対的に、というのは、この進歩が「流通期間の相対的な差」を解消することはないからである。「たとえば、帆船や汽船の改良が旅行を短縮するとすれば、それは近い港への旅も遠い港への旅もおなじように短縮する」のである。とはいえそのさい、「相対的な差は、運輸交通機関の発達によって、自然的な距離には一致しないいかたちで変更されることもありうる」。どうしてだろうか。

たとえば、鉄道網の濃淡によって、国内の各地のあいだの相対的な隔たりが、物理的な距離には対応しないしかたで人為的に短縮されることだろう。かくて「運輸交通機関の変化につれて、古い生産中心地が滅びて、あらたな生産中心地が勃興する」こともある。一般にはしかし「運輸機関の発達と同時に、空間運動（Raumbewegung）の速度は高められ、したがって空間的な距離は時間的に短縮される damit die räumliche Entfernung zeitlich verkürzt」。ハイデガーふうにいうならば、資本制自体の発展にともなって、空間的な距離は、その距たりを不均等なしかたで取りさられる、つまり距てて遠ざけられ、また距てを遠ざけられる（Ent-fernen）のだ。

それればかりではない。たとえば鉄道が複線化して、より短い間隔で多くの貨物列車が軌道を走るようになれば、莫大な量の商品がより短縮された間隔であいついで市場に到着し、大量に堆積してゆくことになる。生産地への還流もまた同様であり、したがって、一個別資本についても、総資本にかんしても、「一部分が商品資本として流通しているあいだにも、たえず他の一部分は貨幣資本に転化している」。こうして「いくつものあいつづく期間に還流が配分されることにより総流通期間は短縮され、かくてまた回転も短縮される」のである（以上、S.252f.）。

集積と集中――時間操作による空間の再編

かくて帰結するのは、いくつもの次元にわたる集積と集中であり、さらには空間の再編である。つづく部分のテクストを引用する。

一方では、或る生産地がより多く生産するようになり、より大きな生産中心地となるにつれて、第一に、運輸機関の機能する頻度が、たとえば鉄道の列車本数が増加して、その増加は、既存の販売市場への方向に、すなわち大きな生産中心地や人工集中地や輸出港などに向かっておこなわれる。しかし他方では、これとは反対に、このように交通がとくべつ容易であることや、それによって資本の回転が（流通期間により制約されるかぎりで）速められることは、一面では生産中心地の集積を促進し、他面ではその市場地の集中を促進する。このように与えられた地点での人口と資本量の集積が促進されるにつれて、少数の手のなかでのこの資本量の集中が進行してゆく。同時にまた交通機関の変化につれて、生産地や市場地の相対的な位置が変化することによって、ふたたび変転や移動が生起する。かつてはその位置が国道や運河に沿っていることによって特別に有利な地位を占めていた生産地が、いまでは、相対的に大きな間隔をおいて運転されるだけのただ一本の支線に沿っているいっぽう、かつてならば主要交通路からはまったく距てられていたべつの地点が、いまや何本もの鉄道の交差点にあたっているのだ。後者の地方は繁栄し、前者の地方は衰退してゆく。（S.253）

このように、「交通機関ならびに運輸機関 Kommunikations- und Transportmittel」が発達するにつれて、その発達そのものが資本の回転速度を促進する動機とむすびあって生産地点と市場とを結合させ、あわせて両者を集積させて、都市が双方に成長することを助長してゆく。ここに示されているのは、資本による空間の再編であり、空間における稠密度を変容させてゆく動向にほかならない。

空間を色どり、空間のいわば濃度を塗りわけ、世界の風景を描きあげてゆく機能すらも、いまや資本の手にゆだねられてゆく。資本はしかも、自然的な時間のかたちを改変して、時間を操作することをつうじて世界の空間的布置を変更し、世界の風景を変容させてゆくのである。

回転期間と資本投下

いま、Nを投下資本の総回転、Kを固定資本、Zを流動資本、n^1を固定資本の年間回転数、n^2を流動資本の年間回転数とすると、投下資本の総回転はつぎのようにあらわされる。(4)

$$N = \frac{K \times n^1 + Z \times n^2}{K + Z}$$

本節のさいごに、マルクスの設例にそくして、資本の回転期間が投下資本に対して与える影響をかんたんに確認しておこう。マルクスが労働期間と流通期間との相対的な大小にそくして場合わけしている分析には立ちいらず、最初の基本的な事例だけをたどっておく。

いま九週間にわたる生産期間(5)の生産物である商品資本を考える。ここでは固定資本の平均的損耗に応じたその価値部分の付加も、労働力が生産物に付けくわえる剰余価値も度外視するなら、「この生産物の価値は、その生産のために前貸しされた流動資本の価値」、すなわち労働力の価値と、原料ならびに補助材料などの「価値にひとしい」。その価値は九〇〇ポンド・スターリングであるとすると、毎週の資本投下はその九分の一、つまり一〇〇ポンド・スターリングである。さらに流通期間は三週間であるとすれば、全回転期間は一二週間となるだろう。生産を開始して九週間後には生産資本は商品資本に転化しているとはいえ、それから商品資本は三週間、流通期間（市場への運送、ならびに市場での滞留状態）のうちにあるから、あらたな生産期間は第一三週のはじめに再開されるはこびとなるはずである。そのけっか、「生産は三か月に三週間ずつ、したがって一年では四×三＝一二週間＝三か月＝年回転期間の四分の一だけ休止していることになるだろう」。もし生産が連続的に遂行されるべきであるとするなら、このばあい可能なのはつぎのふたつの場合である、とマルクスは言う（vgl. S.260f.）。

第一、第一のケースは、生産規模を縮小する選択である。三週間の流通期間のあいだも生産が連続的に可能となるためには、第一の生産期間が終了したのち、第一〇週のはじめから第二の生産期間が、かくてまた第二の回転期間そのものが開始される。そのために九〇〇ポンド・スターリングを一二週間に割りあてて等分するなら、週ごとに投下可能な流動資本は七五ポンドとなる。当初の想定では九〇〇÷九週＝一〇〇ポンド・スターリングであったから、投下資本、したがって生産の規模は四分の一だけ縮小され、かつての七五パーセントに収縮することになるのである（vgl. S.261f.）。

とはいえ一般的にいって、このような「事業規模の縮小」がじっさいに可能であるかどうかは、計算例を設定することによっては決定不能である。事業規模の収縮は「事業設備」の縮小を前提とするが、およそさまざまな企業には「資本投下の標準最小限 Normalminimum der Kapitalanlage」

が存在するからである（S.261）。それでは現実には資本はどのような方策を採用するはこびとなるだろうか。

回転期間と資本の拡充

そこで第二のケースが問題となる。生産規模の縮小、したがってまた資本投下（前提によって、ここでは流動資本の投入）の収縮がゆるされないとするなら、生産の連続性はひとえに、「追加流動資本」の投下によってのみ可能となる。

設例によれば、当初に想定された資本投入は生産期間一週ごとに一〇〇ポンド・スターリングだから、流通期間（三週間）にあっても同等の生産規模を連続的に維持するためには、さらに三〇〇ポンドの流動資本が投下されなければならないはこびとなるだろう。そのけっか、一二週間の回転期間（九週間の生産期間プラス三週間の流通期間）中には一二〇〇ポンド・スターリングがつぎつぎに前貸しされてゆくことになる。ちなみにいうまでもなく、この場面でも信用関係はいっさい度外視されている（vgl. S.262）。

ここで資本の回転をわかりやすくするために、一覧表を作成してみよう。ただし、計算を簡単にするため、生産期間と流通期間をともに五週間、あわせて回転期間の全体を一〇週間とする。一年を五〇週とし、週当たりの資本投下を一〇〇ポンドとしよう。この条件のもとでは、一生産期間は五〇〇ポンドの流動資本を必要とし、一流通期間はさらに五〇〇ポンドの追加資本を必要とする。以上を前提とすれば、生産期間と回転期間は、以下のとおりに図示される（vgl. S.264）。

第一労働期間	第 一 〜第 五 週	商品五〇〇ポンド	第一〇週末に還流
第二労働期間	第 六 〜第一〇週	商品五〇〇ポンド	第一五週末に還流
第三労働期間	第一一〜第一五週	商品五〇〇ポンド	第二〇週末に還流
第四労働期間	第一六〜第二〇週	商品五〇〇ポンド	第二五週末に還流
第五労働期間	第二一〜第二五週	商品五〇〇ポンド	第三〇週末に還流

追加資本はただ、「流通期間から生じる攪乱」に対して、生産の連続性を確保するために必要とされる（S.266）。つまり、「流通期間が存在するために」、資本を生産期間のための資本と流通期間のための「補充資本」とに分割することが必要となるわけである（S.267）。

こうして、マルクスは当面の結論を与えている。こうである。「一般に、このように資本がもとの資本と追加資本とに分かれることによって達成されるのは、複数の労働期間が中断なく継続するということ（ununterbrochene Aufeinanderfolge der Arbeitsperioden）であり、前貸し資本のうちのおなじ大きさの一部分が、つねに生産資本として作動しているということである」（S.268）。

資本の回転と資本の遊離

かくして資本の一部分が、「他の諸部分が流通期間のうちに存在するあいだにも、不断に労働期間に存在する」ために、一方で資本が拡充され、他方で資本が分割されなければならない（S.281）。

右にみた単純な設例では、生産期間と流通期間がひとしいと前提されていたけっか、分割された資本の諸部分はたんに交替するにすぎないかのように現象していた。これは流通期間が生産期間の整数倍であるケースでも、必要な変更のもとでは妥当することがらである。

だが、じっさいにはそうした前提が当てはまる場合はむしろ稀であって、一般には、生産期間と流通期間との数量比は無限に多様となることだろう。このことから、と――たんに個別資本を超えて「社会的総資本」を視野におさめながら――マルクスは結論づけている。

このことから帰結するものは、以下の件である。社会的総資本にとっては、その流動部分についていえば、資本の遊離が通例であって、つぎつぎに生産過程で機能する諸資本部分のたんなる交替は例外となるはずである。それというのも、労働期間と流通期間とがひとしいこと、あるいは流通期間が労働期間の単純な倍数にひとしいということ、すなわち、このように回転期間のふたつの構成部分が規則的な割合をかたちづくっているしだいは、ことがらの本性とはまったくどのようなかかわりもない事情であり、したがってたいていの場合はひとえに例外的にあらわれることがあるだけだからである。

要するに、一年間に何回も回転する社会的流動資本のきわめて大きな部分は、一年間の回転循環のなかで周期的に遊離資本の形態にあるはこびとなるだろう。(S.282)

この「遊離資本 freigesetztes Kapital」は資本制の発展につれて増大してゆくはずである。この遊離した「貨幣資本」が「信用制度の基礎のひとつ」となるとともに、発達した信用制度にあって重要な役割を演じるはこびとなるだろう（vgl. S.284）。この件は、『資本論』第三巻、本書では第Ⅲ篇にいたって展開される主題にとって、その前提となることがらといってよい。

資本の回転期間を短縮することは、一方では個別資本の利潤を増大させる。それは他方では資本そのものの拡充を生み、その増大の動向をつうじてまた信用制度を生みだしてゆくのである。この一件にふれてゆくためには、個別資本を超えた視野の拡大がなお必要である。

個別資本は、つまり、その連関においてとらえかえされなければならず、あわせてまた一社会における総資本のありかたが問題とされる必要がある。次章の主要な課題が、かくてしるしづけられたことになるだろう。すなわち、いわゆる「再生産表式」の検討が必要となるはずである。

註

（1）この間の消息については、内山節の考察を参照。「天然の木を商品として売ることと、森の木を商品の生産過程として生産することは次元が異なる。天然の木や祖先の植えた木を、必要なときに伐採する、つまり木の成長過程を商品の生産過程としてとらえない単純商品経済のもとでは、合理的な時間計算が加えられていない。それは育っている木を切る、というだけの行為である。すなわち切ったとき木は商品となるというだけであって、その生産時間が価値の形成過程として合理的に把握されていないのである。前章で述べたように、ここでは森は循環する時間世界のなかに存在し、伐採されてはじめて商品であった。

ところが今日私たちが林業と呼んでいるものは、それとは異なっている。幼木が一人前の木になる五十年、百年という時間が、商品としての価値形成の時間として計算されている。ここにおいて森の時間は、循環する時間、円環の時間から、直線的な時の矢へとその存在を変えたのである」（内山、二〇一一年、七二頁）。

（2）和辻哲郎が、おなじような事例をじぶんが育った村落（仁豊野）について報告している。村民はおしなべて貧しく、ふだんはあるいは鍛冶屋、豆腐屋、また油屋、饅頭屋として、あるいはまた馬車屋や宿屋、大工などとしてはたらいているが、「これらは全部副業としてやっていたことで、農繁期になればみんな一様に農人になってしまう」（和辻『全集』第一八巻、三三頁）。この件について、熊野純彦、二〇〇九年、一四頁以下、参照。

（3）「生産期間と労働期間との不一致（Abweichung）にかんして独特な一例を示しているのは、アメリカの靴型製造である。ここでは、空費のかなり大きな部分は、できあがった靴型があとから縮んで変形しないように、木材を一八か月も乾かしておかなければならないということから生じる」（K.II, S.242）。

（4）須藤修、一九八六年a、三八八 - 三八九頁、参照。

（5）以下、マルクスが「労働期間」としるしている箇所を簡単のため「生産期間」と読むことがある。あるいは単純化するため労働期間と生産期間は一致しているものとする。

Ⅱ・3　再生産表式

Ⅱ・3・1　価値の循環

剰余価値の年率について

一社会における総資本の関連を考えてゆくに先だって、本項では、価値の循環を問題としておくことにする。前節で資本の回転周期を問題としたさいには、私たちはマルクスにならって、計算を簡単にするため剰余価値の存在を度外視して考察をすすめておいた。ここではさらに、剰余価値の生産と資本の回転とのかかわりを問題としておく必要がある。

以下では剰余価値の回転を考察してゆくために、流動資本の可変部分のみを「あたかもただそれだけが流動資本をかたちづくっているかのように」取りあつかい、つまりは労賃に投下される流動資本のみを問題として、不変資本（原料と補助材料）に投下される流動資本を無視してゆくことになる。この点に、あらかじめ注意しておく必要がある。

まずはしかし、設例そのものをととのえておこう。当面の論点にも議論がありうるところであるけれども、数値例等は、とりあえずマルクスが挙げているものにしたがっておく。

いま、流動資本を二五〇〇ポンドとして、そのうちの五分の四（二〇〇〇ポンド）が不変資本に投下され、五分の一（五〇〇ポンド）が可変資本に投入されると考える。かりに回転期間は五週間とし、そのうち労働期間が四週間、流通期間は一週間であるとしよう。各労働週間に五〇〇ポンドの資本が投下されるとして、そのなかで一〇〇ポンドが可変資本すなわち労賃に充てられるものとする。

週ごとに投下される可変資本が一〇〇パーセントの剰余価値を、つまりおなじく一〇〇ポンドを生産すると仮定すると、五週間の回転期間に投下される五〇〇ポンドは五〇〇ポンドの剰余価値を生みだす。一年を五〇週とみなすなら、一年は一〇回の回転期間をふくんでいることになるから、一年間に産出する剰余価値は、五〇〇ポンド×一〇回で五〇〇〇ポンドとなる。「前貸し可変資本の総額」に対する「一年間に生産される剰余価値総額」の比率が、「剰余価値の年率 Jahresrate des Mehrwerts」と呼ばれる。前提によって、前貸し可変資本は五〇〇ポンドであるから、年率は、目下のケースでは $\frac{5000}{500}=1000\%$ にほかならない。

この年率は「前貸し可変資本が一回転期間に生産する剰余価値率に、可変資本の回転数（これは全流動資本の回転数と一致する）を乗じたもの」とひとしい。いま問題としている場合では、一回転期間中に投下される可変資本は五〇〇ポンドであって、一回転期間で生産される剰余価値もおなじく五〇〇ポンドであるから、一回転期間にかんしてその剰余価値率は $\frac{500m}{500v}=100\%$ である。資本はここでは一年に一〇回転するとされているので、剰余価値の年率は、つまり一〇回×一〇〇パーセントだから、一〇〇〇パーセントとなるわけである（以上、vgl. K.II, S.296-299）。

剰余価値の年率の相違――前貸し資本と充用資本との差異

右に仮設しておいたような資本、すなわち五〇〇ポンドの可変資本が一年に一〇回転し、一年間で五〇〇〇ポンドの剰余価値を生産する資本、その結果として「剰余価値の年率」が一〇〇〇パーセントとなるような資本を「資本Ａ」としておく。

これに対し、べつの資本（「資本Ｂ」とする）では、五〇〇〇ポンドの可変資本Ｂが一年間（ここでは五〇週）にわたって前貸しされる、つまり、労賃に充当される流動資本は一年に一回だけ回転する、と想定してみる。また一年のおわりには生産物の完成と同時に代価が支払われる、それゆえ流通期間はゼロであって、回転期間は労働期間にひとしく、すなわち一年であると仮定する。

五〇〇〇ポンド÷五〇週＝一〇〇ポンドであるから、資本Ａとおなじように資本Ｂにあっても、毎週一〇〇ポンドの可変資本が投入され、さらに剰余価値率もおなじく一〇〇パーセントである、としよう。資本Ａの回転期間にひとしい五週間を考えれば、投入される可変資本は五〇〇ポンド、仮定により剰余価値率は一〇〇パーセントとして、五週間に生産される剰余価値量は（製品は完成途上であるから、かりに観念的に計算するならば）五〇〇ポンドとなる。これもまた資本Ａの場合と正確に一致する。

かくて資本Ｂにあっても、一年間は五週間の一〇倍（五〇週）からなるので、一年間の剰余価値量は五〇〇〇ポンド×一〇＝五〇〇〇ポンドとなり、これも資本Ａとかんぜんに同量である。「とはいえ」と、マルクスは説いてゆく。ここからが、マルクスが注目する逆説的な帰結にほかならない。「剰余価値の年率は、まったくことなっている。剰余価値の年率は一年間に生産された剰余価値を前貸し可変資本で除したものにひとしく、すなわち $\frac{5000m}{5000v}=100\%$ であるけれども、以前の資本Aの場合それは一〇〇〇パーセントだったのである」(ebd., S.299)。

ここから、どのような帰結が生じるだろうか。結果するところは、一見するとパラドクシカルなものとなる。テクストを引用しておく。

> 資本Aの場合にも資本Bの場合にも、私たちは毎週一〇〇ポンドの可変資本を支出してきた。価値増殖度あるいは剰余価値率もやはりおなじで一〇〇パーセントである。可変資本の大きさもおなじであって、一〇〇ポンドである。おなじ量の労働力が搾取され、搾取の大きさも程度もどちらの場合もおなじであり、労働日の長さはおなじで、それが必要労働と剰余労働に等分されている。一年間に充用される可変資本総額はおなじ大きさで五〇〇〇ポンド、おなじ量の労働を作動させて、同額のふたつの資本によって運動させられる労働力から、おなじ量の剰余価値五〇〇〇ポンドを引きだしている。それにもかかわらず、AとBとの剰余価値の年率には九〇〇パーセントの差異があるのだ。(S.299f.)

資本Aと資本Bとでは「可変資本」の量からはじまり、「価値増殖度 Verwertungsgrrad」から、作動させる労働量にいたるまでが、すべてひとしい。つまり、条件はおしなべて両者についてひとしいものであるかに見える。
ひとしいものから、あいことなる結果が生じている。九〇〇パーセントという差分を産出する、元来の差異はどこにあるのだろう。

剰余価値を生むものは、ひとり「労働過程で現実に充用される資本 das im Arbeitsprozeß wirklich angewandte Kapital」だけである（S.300）。資本Aと資本Bとのあいだで、剰余価値の年率の差を生みだしたのは、前貸し可変資本と充用可変資本との差異である。つまり、両者のあいだでの一年間の前貸し可変資本の回転数の差異が、剰余価値の年率にあっての著しい対比を生んだのである。

資本Aでは流動資本の回転数は一年間に一〇回であり、これに対して資本Bは一回であるにすぎない。両者の比は一〇対一であって、これは資本Aと資本Bとの剰余価値の年率の比にひとしい。ふたつの年率どうしを引き算する演算が有意味なものであるかどうかは措くとしても、[1] 九〇〇パーセントという差分は、この回転数比から生じたものなのである。

剰余価値率はさきにm′とあらわされた。いまその年率をM′、前貸し可変資本（v）の回転数をnとすると、剰余価値の年率は以下のとおりとなるだろう。[2]

$$M' = \frac{m'v\,n}{v} = m'n$$

右式において、いまnが1ならば、M′＝m′である。つまり、「剰余価値の年率と、労働の搾取度を表現する現実の剰余価値率が一致する」のは、前貸し資本が一年間にただ一回だけ回転する場合にかぎられる、ということである。その場合には、前貸し資本と一年間に回転する資本とが、その量において同等であるからである（vgl. S.306f.）。

可変資本の回転――個別資本の場合

資本Aでも資本Bでも、五週間の労働期間にさいして五〇〇ポンドの可変資本が投下され、労働期間が終了すると、可変資本価値の再生産分五〇〇ポンドと剰余価値分にあたる五〇〇ポンドからなる一〇〇〇ポンドの価値生産物が産出される。しかし両者のあいだには、可変資本の回転にかんしてやはり差異がある。

資本Aでは、毎週一〇〇ポンドの可変資本が投入され、したがって第一回転期間に五〇〇ポンドの可変資本が前貸しされて、同量の価値量の労働力が支出されている。この五〇〇ポンドすなわち必要労働に対応する価値量は、「がんらい前貸し総資本の一部であったけれど、もはや資本ではなくなっている」。その部分はすでに労賃として支払われており、労働者はそれを必要生活手段に替えてしまっているからである（いまかりに、労働者のもとでその一部が蓄えられていても、基本的に事情はおなじである）。

しかし、資本の手もとには五週間のおわりに一〇〇〇ポンドの価値生産物があるのであり、その半分の五〇〇ポンドは「あらたに生産された剰余価値」にほかならない。前貸しされ、労賃として支出された五〇〇ポンドは、すでに資本ではない。いっぽう、この剰余価値分によってつぎの労働期間五週分に必要な可変資本は「すでに補填され *ersetzt*」て、資本になっているのである（以上、vgl. S.310-312）。

資本Bにとっては、五週間後にはなお資本の回転が終了しておらず、したがって「前貸し可変資本を補填して、その価値に剰余価値を付けくわえる価値生産物は、あらためて生産資本あるいは可変資本として機能しうる形態を取ってはいない」。生産過程が進行している以上、可変資本の「価値」はたしかにあらたな価値によって補填されており、かくしてまた更新もされているとはいえ、その価値量は「貨幣形態」としては更新されてはいないのである（S.313）。

ここから、なにが帰結するだろうか。マルクスの説くところを、とりあえずさらに跡づけておくことにする。

資本Aも資本Bも五週間の労働期間にわたって、一週ごとに一〇〇ポンド、全体で五〇〇ポンドの可変資本を投下しなければならない。資本Aは、しかしこの労働力のための支出を、五週間ずつ前貸しされる五〇〇ポンドの資本を補填する、更新された資本によって、つまりおなじ期間に生産される商品を貨幣形態へ転換することによって、つぎつぎに支払ってゆくことができる。

これに対して資本Bの場合には、「第二の五週間期間の分としても（さらに一年中つぎつぎにどの五週間分としても）、第一の期間とおなじように、べつの五〇〇ポンドが準備されていなければならない」。ここでも信用関係を度外視しておくならば、資本の回転が開始され、それが終了する一年のはじまりに、「五〇〇〇ポンドが潜在的な前貸し貨幣資本として準備されていなければならない」のである。資本Aと資本Bとのあいだの、この差異をあらわす比率は、両者の剰余価値の年率に反比例する。

要するに500v：5000v ＝ 1：10 ＝ 100%：1000%という等式が帰結する。この件は、さしあたり個別資本どうしの比較で浮かびあがる、いわば部分問題でありうる。おなじ件を一社会の総資本という視角から考えなおすと、べつの重要な問題が浮上するはずなのだ（以上、vgl. S.313f.）。

可変資本の回転――社会的総資本の場合

以上で仮設しておいた事例にあっては、資本Aでも資本Bでも、労働者数、労働時間、各労働者ならびに総労働者に対して支払われる労賃はおなじであると想定されている。したがってまた労働者が各人の必要生活手段の対価として手ばなし、全体として流通に投げこまれる貨幣の総額もほぼひとしいものと仮定されていることになる。(3)

可変資本の回転を、一社会の総資本の配分という視点から考える場合、とはいえここから重要な帰結が生じてくる。まずテクストを引用しておく。

資本の回転期間が短ければみじかいほど――したがって一年のうちに資本の再生産期が更新される期間が短ければみじかいほどに――、それだけ速く、資本家によって最初に貨幣形態で前貸しされたその資本の可変部分は、労働者によってこの可変部分の補填のためにつくり出された価値生産物（これはほかに剰余価値をふくんでいる）の貨幣形態へと転化する。かくて資本家がじぶん自身の財源から貨幣を前貸ししなければならない時間はそれだけ短縮され、およそ資本家が前貸しする資本は生産規模の与えられた大きさとくらべて、それだけちいさくなる。さらにそれと比例して、与えられた剰余価値率のもとで資本家が一年間にとり出す剰余価値はそれだけ大きくなる。なぜなら資本家は、それだけ頻繁に労働者を労働者自身の価値生産物の貨幣形態でたえず繰りかえして買うことができ、また労働者の労働を作動させることができるからである。（S.315f.）

資本は一年のあいだにその「再生産期」を更新させてゆく。その更新の期間の大小により「資本の回転期間」の長短が規定される。回転期間が短縮されるほど、資本にとっては一年間に取得される「剰余価値」はそれだけ大きくなるのである。

おなじ事態を、労働者の側から語りなおすなら、こうなるだろう。資本の回転期間が「短ければみじかいほど **in je kürzern Zeiträume**」、労働者はそれだけ、みずからの生活手段を購買する代価を、じぶんがつくり出した生産物が貨幣形態に転化したものによって支払うことになるだろう。逆の場合には逆である。労働者は、じぶんが生産するべき製品がまだ貨幣形態へと転化するまえに、みずからが必要とする生活手段を購買するはこびとなるだろう。資本の側から言うなら、一定期間のあいだ資本は前貸しされたままでなければならないしだいとなることだろう。

ここからどのような問題が生じるのだろうか。ことは要するに、全社会的な資源の配分の問題に帰着する。

たとえば鉄道を敷設するためには、綿布を織りあげるよりも、はるかに長期にわたる生産期間が必要とされる。その生産期間が労働期間と一致するとして、鉄道建設事業はたとえば一年あるいはそれ以上にわたって、「生産手段も生活手段も、そのほかどのような有用効果も供給しないにもかかわらず、年間総生産から、労働や生産手段や生活手段を引きあげる」。このような事業部門に社会は総体として、どれだけの労働や生産手段や生活手段を配分することが可能であるか。「資本制社会」では――とマルクスは、ヘーゲル『法哲学綱要』市民社会論の一節をおそらくは想起しながら書きしるす――「社会的悟性がいつでもあとの祭りになってから、はじめてすがたをあらわす der gesellschaftliche Verstand sich immer erst *post festum* geltend macht」のだから、こうした枢要なことがらをまえもって決定することができない（S.316f.）。

マルクスの「覚え書」

ここからあらわれざるをえないのは「絶えることのない大きな攪乱」である。鉄道敷設のためには「大規模な貨幣資本」が不断に、しかも長期にわたって必要となる。かくしてまず「貨幣市場」が圧迫される。たほうで、「社会にある利用可能な生産資本」に対する圧迫が生じる。たえず「生産資本の要素」が市場から引きあげられ、そのかわりに貨幣が市場に投げこまれるからだ。「支払能力のある需要」がなにものもいまだ供給することなく増大してゆく。かくして生産手段ならびに生産材料の価格が高騰し、思惑買いが横行して、「資本の大移動」がつづく、等々である（S.317）。

ここで編者のエンゲルスは、つぎのような「覚え書 Notiz」を註に挿入している。論争の火種ともなったマルクスの文言であるから、いちおう引用しておこう。

資本制的な生産様式における矛盾。労働者は商品の買い手として市場にとって重要である。しかしかれらの商品――労働力――の売り手としては、資本制的な社会はその価格を最低限に制限する傾向がある。――もうひとつの矛盾。資本制的生産がそのすべての潜勢力を発揮する時代は、きまって過剰生産の時代となってあらわれる。なぜならば、生産の潜勢力は、それによってより多くの価値がたんに生産されうるだけではなく、実現もされうるほどには、だんじて充用されることができないからである。けれども、商品の販売、商品資本の実現、かくしてまた剰余価値の実現は、社会一般の消費欲求によって限界を劃定されているのではなく、その大多数の構成員がつねに困窮しており、またつねに困窮していなければならないような社会の消費欲求によって限界を劃されているのである。これは、しかしながら、つぎの篇ではじめて問題となることがらである。(S.318 Anm.)

ここで語りだされている「消費欲求 die konsumtiven Bedürfnisse」の問題には、それ自体としても興味ぶかいところがあるだろう。とりあえず注目しておきたいのは、とはいえ、つぎの一件以上のことがらではない。

すなわち、いま問題としているテクストにふくまれている、やや錯綜し論旨のたどりにくい叙述は、次篇「社会的総資本の再生産と流通」と、つまりいわゆる再生産表式にかかわる議論とふかく関与し、いわばその基底の一部を与えるものである、とマルクスは考えていたという、さしあたりのことの消息である。一見したところ、位置づけのむずかしい当面の論脈は、マルクスそのひとのもくろみのなかでは再生産表式論の序論という意味を与えられていたといってよい。

剰余価値の資本化

マルクスは章をあらたにして、つづけて「剰余価値の流通」に説きおよんでいる。第二巻第二篇（「資本の回転」）最終章（第一七章）をかたちづくる、そのテクストは『資本論』第二巻のなかでももっとも難解であるとされることがある。(4)

ここでは、いくつかの論点にかぎって問題としておこう。最初にふれられなければならない論点は、これまで答えが与えられていなかった問題に対する部分的な回答をふくんでいる。

右で「資本A」と「資本B」とを仮設して、流動資本の回転を問題としたところから、「生産資本のうちで分類の困難な一部分、すなわち固定資本の修理や整備のために必要な追加資本」に対してあらたな光が投ぜられる、とマルクスはいう。Aの場合には資本の当該部分（の「全部、もしくは大部分」）が生産開始にあたっては前貸しされていない。資本Aでは、一年に五回にわたって周期的に生産され、実現される剰余価値の一部によって、そういった諸経費をまかなうことができるからである。

これに対して、資本Bの場合には「問題の資本部分」が「最初に前貸しされる資本の一部分」となっていなければならない。資本Bは、この点についてもより多くの貨幣資本の充当を必要とする。事情は「生産規模の拡大」についても同様である。剰余価値の一部は、改良や流動資本（この場合は原料や補助材料への支出をふくむ）の増加に向けられる。事業の全体を拡張することを考えるならば、いずれにせよ「剰余価値の生産資本への転化」とならんで、「貨幣蓄蔵」が、つまり剰余価値の一部を「潜在的な貨幣資本」としても積みたててゆくことが必要となるだろう。貨幣資本は、一定ていどの大きさを獲得してからはじめて「現実の追加資本」として機能することが可能となるからである（以上、S.321-323）。

剰余価値を積みたてて蓄積してゆくためには、生産が拡大されてゆかなければならない。かくて拡大再生産にともなう「剰余価値の資本化 Kapitalisierung von Mehrwert」（S.326）が問題とされる必要がある。

とはいえ、単純再生産についても、「剰余価値の流通」をめぐって解かれるべき謎がひとつある。謎は、そもそも、剰余価値の実現のために必要となる貨幣はどのように調達されるか、という点にあるのである。

単純再生産と拡大再生産——剰余価値の貨幣化をめぐって

生産過程が終了し、剰余価値をふくんだ生産物が産出され、生産物は商品として市場で販売される。つまりW—Gの流通過程が開始されることになる。

その流通はつぎのような軌道をたどるはこびになるだろう。本書の二九八頁でも挙げた図表を、再掲しておく。

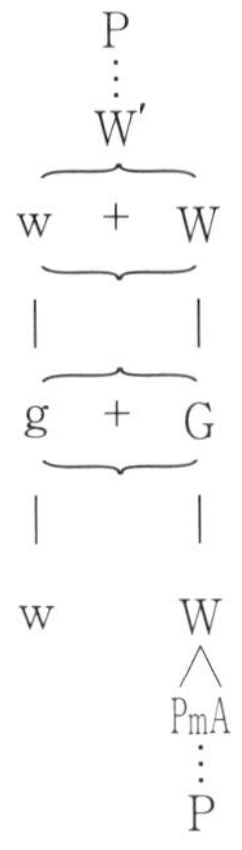

ここで、Gは投資された総資本の価値とひとしい。剰余価値を貨幣形態で示しているgの全体が資本流通の外部に出て、生活手段（ならびに奢侈品）の一般的商品流通へと軌道を逸らしてゆけば、「生産され、実現される剰余価値は、その所有者である資本家によって個人的に、すなわち非生産的に（individuell, d.h. unproduktiv）消費される」（ebd.）から、ここでは、単純再生産のみが生起する。これに対してgの一部がひきつづきGとともに資本流通の経路に再参入してゆくなら、そこでは資本蓄積が可能となり、かくてまた拡大再生産が可能となるだろう。

いま単純再生産について考えるとしても、剰余価値の一部はたえず貨幣形態において存在しなければならない。貨幣として存在していなければ、g—wの転化が可能とはならないからである（vgl. S.326f.）。剰余価値は生産過程で産出される。「問題はこうして、剰余価値はどこから由来するか、ではない。むしろ、剰余価値を貨幣化するための貨幣はどこから来るのか、である」（S.331）。

一般的な回答はあきらかであり、答えは「問題そのものが存在しない」というものである。x×一〇〇〇ポンドの商品量をたんに流通させるとき、その商品が資本制的に生産されたものであるか、すなわち剰余価値をふくんでいるかどうかは、ことがらをすこしも変更しない、つまり「その流通のために必要な貨幣額の量」をまったく変化させるものではないからだ（S.334）。

しかし「無からはなにも生じない Aus nichts wird nichts」(S.335)。単純再生産の場合についていうなら、貨幣は資本家によって流通に投じられたものなのだ。ただし資本として投下されたのではない。資本家の個人的な消費のために支出されたものである。つまり、単純再生産という想定のもとでは、資本家がみずからの個人的な消費をまかなうため流通に投下する貨幣額は「生産された剰余価値、したがって貨幣化されるべき剰余価値とちょうどおなじ額」なのである(S.337)。

ただ、これは個別資本にとってではなく、一社会の総資本にとっては、という意味である。単純再生産を仮定するとは、剰余価値の全体が非生産的に消費されるしだいを想定することとひとしいからである(ebd.)。

拡大再生産と信用制度

拡大再生産についても、「一般的な答えは、やはりおなじである」(S.346)。ただし、生産規模が拡大され、蓄積がおこなわれる拡大再生産の場合では、現実的には信用制度が明示的に考慮に入れられなければならない。理由は、生産規模の拡大にともなう貨幣需要が、貴金属生産の増大を要求するとして、そこに配分される支出は――さきにも簡単にみたように――社会的には「空費 faux frais」にほかならないことにある(本書、三二七頁参照)。

マルクスは問題の関連を示して、書いている。テクストを引用しておく。

流通用具としての金銀の年間生産に支出される労働力と、社会的生産手段との総額は、資本制的生産様式、一般に商品生産を基礎とする生産様式にとって、空費の重い項目となっている。その総額は、それに相当する額の可能的な追加生産手段と追加消費手段とを、つまりその総額に相当する額の現実の富を社会的利用からとり上げる。与えられた生産規模が変わらない場合、あるいはその拡張のていどが与えられている場合に、この効果の流通機構の費用が軽減されるならば、そのかぎりではその件によって社会的労働の生産力が向上させられる。したがって、信用制度とともに発達する便宜手段がこのような効果を有するかぎりで、それは直接に資本制的な富を増加させる。（S.347）

現実には、発展した資本制的生産を貴金属の流通のみによって支えることは不可能なのである。「それどころか信用制度が存在しないなら、資本制的生産は貴金属生産の大きさにその限界を見いだしたことだろう」。——とはいえ、とマルクスは忘れずに付けくわえている。「信用制度の生産的力をめぐって神秘的な表象（mystische Vorstellung）を懐いてはならない」（ebd.）。どうしてだろうか。その理由は本書の第Ⅲ篇であきらかとなるはずである。ここでは、きわめて簡単なかたちで問題としておく。

当面のマルクスの叙述にそってごく単純な答えを与えておくならば、こうなるだろう。たとえば資本Xが生産資本の一部を銀行Yから借りいれる、としよう。銀行YがXに一定の貨幣資本を貸しだすとして、価値のこの貨幣形態は、たんにYに預けられた、資本A、B、C、D、E等々の剰余価値からなっているにすぎない。銀行Yが資本Xに貸与する貨幣は、ひとえに諸資本によって産出される「剰余価値が、資本化された」ものであるほかはないからである（vgl. S.322）。

信用制度はたしかに「貨幣資本を提供したり流動化したり」する（S.347）。それは、とはいえ、信用制度に帰属する生産的な力ではない。信用制度そのものが、拡大再生産を可能とするわけではない。拡大再生産により必要となり、また可能となった信用制度が、さかのぼって拡大再生産過程に参入し、その現実的な基礎となっているのである。

さらに現実的な次元で考えるならば、問題はこうなるだろう。単純再生産であれ、拡大再生産であれ、W—G、ならびに全面的なw—gの（単純再生産の場合）、あるいはW—G′、および部分的なw—gの（拡大再生産の場合）実現される流通過程そのものが、剰余価値の実現にとってその条件となっている。そればかりではない。右でかんたんに見た拡大再生産の場合ならば、或る個別資本の拡大再生産が信用制度の介入によってそもそも可能となるためには、他の複数の個別資本がそれを可能とする資本蓄積を並行的に遂行している必要がある。社会全体における総資本という視点から考えるならば、各個別資本は、価値生産ならびに剰余価値生産にあっての相互の連関という視角をつうじて考察しなおされなければならないことだろう。問題は、かくて「社会的総資本の再生産と流通 Die Reproduktion und Zirkulation des gesellschaftlichen Gesamtkapitals」（第二巻第三篇の標題）へと移行するはずである。

私たちはこうして、『資本論』第二巻第二篇までを辿りおえたことになる。第三篇に、つまり有名な再生産表式をめぐる所論へと立ちいる準備も、かくてまたととのったことになるだろう。

註

（1）「剰余価値の年率」という概念については原論研究者のあいだで見解がわかれている。鈴木鴻一郎を中心として取りまとめられた原論では、「剰余価値の年率」には「価値増殖と資本の回転との関係がもっとも端的に示されている」と認定されていた（鈴木（編）、一九六〇年、一七四頁）。これに対し、日高普の原論（旧版）では、「剰余価値率は価値生産物の両階級に対する分割の比率であり、それ自身期間とは無関係な概念である」（日高、一九六四年、一一一頁）と認定され、剰余価値の年率については主題的には説かれていない。

（2）富塚良三・井村喜代子（編）、一九九〇年、六四頁、参照（項目筆者は川鍋正敏）。

（3）前掲書、六五頁。

（4）大内秀明・桜井毅・山口重克（編）、一九七六年、一七六頁（この項の執筆者は杉浦克己）。日高普はこの章が「失敗」であると認定している（日高、一九七五年）。日高によれば、マルクスの「資本循環論の欠陥の露骨な帰結が第一七章」であり、あるいは「第一七章の失敗が、マルクス資本循環論の失敗の帰結にほかならない」。日高の認定するところによるなら、その失敗の理由は、「流通は個別資本にとっては外側にあったとしても、総資本にとっては外側にあるわけでは」なく、「総資本を構成する多くの個別資本の間にある」ことを、マルクスがじゅうぶんに認識していなかった点にあるのである（一四・一五頁）。

Ⅱ・3・2　単純再生産

『資本論』における流通過程論の位置

マルクスは『資本論』第三巻冒頭で（もちろん、エンゲルス編集版では、ということである）、先行する第一巻、第二巻（編別構成でいえば第一部、第二部）におけるみずからの思考のみちゆきを振りかえって、つぎのように書いている。引用しておこう。

> 第一部では、それだけでとり出された資本制的生産過程が提示している、直接的生産過程としての現象が探究された。そのさい、この直接的生産過程にあっては、当の過程にとって外的な事情に発する二次的な影響はすべてなお度外視されていたのである。とはいえこうした直接的生産過程によって、資本の生涯は汲みつくされるわけではない。それは現実的世界では流通過程によって補完されるのであって、この流通過程が第二部の探究の対象をかたちづくるものであった。第二部では、とりわけその第三篇で、社会的再生産過程を媒介するものである流通過程の考察にさいして、資本制的生産過程を全体としてみれば、それは生産過程と流通過程の統一であるしだいがあきらかになったのだ。（K.III, S.33）

第一巻（ただし厳密にいうならば、第三篇「絶対的剰余価値の生産」つまり本書の第Ⅱ篇以降）は、「資本制的生産過程」を「直接的生産過程」において問題とするものであった。ふたたび確認しておくならば、このことはいいかえるなら、第一巻の問題系にあっては、流通過程が捨象されていたこと、あるいはそれが正常に進行するしだいが前提とされていたことを意味する。とはいえ、いうまでもなく「資本の生涯 Lebenslauf des Kapitals」、あるいは資本という不断に生成し運動する生命体の生の軌跡《レーベンスラウフ》は、その直接的生産過程で完了するわけではない。どうしてだろうか。

かんたんに言えば、こういうことだ。一方で、生産過程にあって生産的に消費される生産手段、つまり労働用具や原料は、つねに市場から調達されなければならない。他方では、生産過程で産出された商品は、市場で販売される過程をつうじてはじめて、その価値とともに剰余価値をも実現することができる。このふたつの相面は資本の流通過程において進行するものでなければならない。資本の流通過程を主題化するにさいしては、逆に、資本の直接的な生産過程は度外視されるわけである。これが、『資本論』第二巻の問題場面であった。

けれども、本章にあって主題化される第三篇には、これまでたどってきた資本の流通論とは決定的な視点の差異がある。第一篇ならびに第二篇で分析の対象となったものは、主要には個別資本におけるその循環であり、回転であった。そこで商品が問題となっていたとしても、それはあくまで価値視点から問われ、剰余価値のにない手としての側面が問われていたのである。

これに対して、いまや、あいことなる使用価値を産出する個別資本どうしの関連が主題となり、一社会における総資本のからみ合いが焦点化される。たとえば労働用具を生産する個別資本は、他の個別資本に対してその製品を販売し、生活手段を供給する産業部門ならば、総資本のもとで雇用された労働者に対して商品を売りさばかなければならない。

さまざまな個別資本が産出する商品は、かくして、使用価値視点からも分析の対象となる必要がある。第二巻第三篇――マルクス自身が与えた標題によれば、「流通ならびに再生産過程の実在的な条件」――の分析の対象となるものは、こうして「生産過程と流通過程との統一 Einheit von Produktions- und Zirkulationsprozeß」そのものにほかならない。

『資本論』における再生産表式論の意味

かくてマルクスは、第二巻第三篇の冒頭で説いている。要点をまとめておこう。

「資本の直接的生産過程は、資本の労働過程ならびに価値増殖過程であって、この過程の結果は商品生産物であり、それを規定する動機は剰余価値の生産である」。これに対して、「資本の再生産過程は、この直接的生産過程とともに本来の流通過程の両局面を」すなわち市場における生産手段ならびに労働力の購入と、産出された生産物の販売とを「包括して」いる。資本の再生産過程は、かくして「周期的な過程」つまり「一定の周期でたえずあらたに反復される過程」として、「資本の回転をかたちづくる総循環を包摂している」のである(K.II, S.351)。

すでに見てきたとおり、この過程を貨幣資本の回転G…G′として分析しても、生産資本の循環P…P′という形態において考察しても、直接的生産過程は「つねにそれ自身ただこの循環のひとつの環（Glied）をかたちづくるにすぎない」。G…G′では流通過程が直接的生産過程を媒介するものとしてあらわれ、P…P′については直接的生産過程が流通過程の媒介となってあらわれる。生産資本は不断に更新されなければならず、絶え間ないその更新は流通過程にあっての「資本の諸転化」を条件とし、生産資本のたえざる更新はたほう、貨幣資本ならびに商品資本のやむことのない交替を可能とするものなのである（ebd.）。

しかしながら、とマルクスは書きつづける。ここでは、あらたな局面が登場しているのだ。テクストを引用しておく。

　それぞれの個別資本は、しかしながら、たんに社会的総資本の、自立化させられた、いわば個体的生命を天賦された一断片であるにすぎない。それはちょうどおのおのの個別的資本家が、ただ資本家階級のひとつの個体的要素でしかないのとおなじことである。社会的資本の運動は、その自立化したさまざまな断片の諸運動の総体、つまり個別資本の回転の総体からなっている。個々の商品のメタモルフォーゼが商品世界のさまざまなメタモルフォーゼの列――商品流通――の一環であるように、個別資本のメタモルフォーゼ、その回転は、社会的資本の循環のなかの一環なのである。（S.351f.）

これまでに論じられた個別資本は「社会的総資本」の断片にすぎない。個別資本の回転と、そのメタモルフォーゼは「社会的資本の循環のなかの一環」であって、それゆえ個別資本のさまざまは、その循環のなかであらためて考察されなければならない。つまり、『資本論』第二巻の「第一篇でも第二篇でも、問題とされたのはいつでも、ただひとつの個別資本の運動」であって、問われていたのは、つねに「社会的資本のひとつの自立化された部分の運動」であった。さまざまな個別資本の生成、運動、循環は、しかし「たがいにからみ合い、たがいに前提としあい、たがいに条件となりあって verschlingen sich aber ineinander, setzen sich voraus und bedingen einander」いるのだ。個別資本の運動の総体は、しかも「この絡みあいのなかで、社会的総資本の運動を形成する」のである(S.353f.)。

いわゆる再生産表式論が説くところは、この総資本の「絡みあい」のありかたにほかならない。諸資本がからみ合うさまはしかも、たんにいわば静態的に分析されるのではない。分析は、むしろ端的に動態的なものとならなければならないはずである。考察される対象である資本そのものが、不断の運動と生成とをその可能性の条件としてふくんでいるからである。

再生産表式論の歴史的前提

エンゲルスは『資本論』第二巻第三篇を編集するにあたり、再生産表式論にかかわる分析の枢要な部分をマルクスの手稿第八稿から採用している。第二巻の完成に向けてマルクスが準備していた草稿群は、一八六四年から翌年にかけて書きつづられたものと考証されている第一稿から、七九／八〇年に執筆された第八稿におよぶ。マルクスは一八八三年にこの世を去っているのだから、この第八稿、再生産表式論を再構成するにさいしてエンゲルスが利用した草稿群は、その最晩年の思考をふくんでいることになる。[1]

マルクスが再生産表式論を体系化するにあたり、そのこころみに対し最大の理論的衝撃を与えたものがケネーの「経済表」であったことは、よく知られている。『剰余価値学説史』のマルクスは、じっさいケネーの発想に対して「きわめて天才的な、異論の余地なくもっとも天才的な着想ein höchst genialer Einfall, unstreitig der genialste」であったとする評価を惜しんでいない（Th.I, S.319＝MEGA. Abt.II, Bd.3.2, S.656）。

『資本論』のマルクスも「対象についての従来のさまざまな論述」（第三篇第一九章の標題）を、ケネーへの言及から開始する。マルクスによれば、「ケネーの経済表」は「価値から見て、一定の、国民的生産の年間の成果が、ほかの事情に変化のないかぎり、どのようにして、その単純再生産、すなわち、おなじ規模での再生産が生起しうるように流通をつうじて分配されるか」を示すものであった。そこでは、前年の収穫が「生産期間の出発点」となっており、「無数の個別的な流通行為」が「社会的な大量運動」つまり「機能的に規定された」経済的な大階級のあいだの流通として総括されている（K.II, S.359）。

これに対して、マルクスの見るところでは「再生産過程の分析」にあってのスミスの「後退」がきわだってくるのである（ebd., S.360）。この間の消息については、次節でふたたび立ちいることにしよう。ここでは第一に、再生産表式を展開するにあたってのいくつかの前提を確認しておく必要がある。

問題の設定——再生産の総過程への問い

マルクスはさしあたり「単純再生産」を問題とする章（第二〇章）の第一節を「問題の設定」と題して、つぎのように書きはじめる。引用しておこう。

社会的資本——つまり、さまざまな個別資本がその断片をかたちづくるにすぎない総資本がそれであり、これらの諸断片の運動はそれぞれの個別的運動であると同時に、総資本の運動を統合的に形成する環でもある、この社会的資本——の一年間の機能を、その結果において考察するなら、すなわち社会が一年間に供給する商品生産物を考察するとすれば、社会的資本の再生産過程はどのようにおこなわれるのか、どのような性格によってこの再生産過程は個別資本の再生産過程から区別されるのか、さらにはどのような性格がこれらの双方に共通なのか、があきらかになるはずである。年間生産物は、社会的生産物のうちの資本を補填する諸部分すなわち社会的再生産をふくむとともに、消費財源に入って、労働者や資本家によって消費される部分をふくんでおり、かくてまた生産的消費とともに個人的消費をふくんでいる。それはさらに、資本家階級と労働者階級との再生産（すなわち維持）をふくんでおり、したがってまた総再生産過程の資本制的性格の再生産をもふくんでいるのである。（S.391）

おのおのの「個別資本」はそれぞれに「個別的運動」を展開するとともに、「社会的資本」あるいは「総資本」の運動を「統合的に形成」する、その一環である。社会的資本の「一年間の機能」

をその「結果」、すなわち総資本によって一年のあいだに供給される「商品生産物」にそくし分析するなら、「社会的資本の再生産過程」があきらかになるはずである。そして、その再生産の過程には、「生産的消費」つまり生産過程での生産手段の消費とともに、「個人的消費」つまり狭義の消費過程がふくまれている。それゆえ、社会的資本のからみ合いのさまをたどることは、生産‐流通‐分配‐消費‐再生産の全過程を相互の連関において考察することへといたるはずなのである。

ここで分析されなければならない過程は、

$$W'-\begin{cases} G-W\cdots P\cdots W \\ g-w \end{cases}$$

である。商品資本の運動は、（貨幣資本や生産資本のそれとことなり）生産的消費と個人的消費とを循環の不可欠の契機としてふくんでいるからである。商品資本W—W'の運動では、その「総生産物」であるW'の「価値部分」のそれぞれが、どのような軌跡をたどるのかが示されなければならない。だから、分析の対象となる「総再生産過程はここでは資本そのものの再生産過程をふくんでいるのとおなじように、流通に媒介される消費過程をふくんでいる」のである（S.391f.）。

ただちに問われなければならないのは、つぎのような問題である。すなわち、「生産中に消費される資本は、どのようにしてその価値を年間生産物によって補填されるか、さらに、この補填の運動は、資本家による剰余価値の消費ならびに労働者による労賃の消費と、どのように絡みあっているのか」にほかならない。そこでまず、ケネーにならって「単純な規模での再生産」すなわち単純再生産が問題とされなければならないことになるだろう（S.392）。

いうまでもなく、単純再生産とは「一箇の抽象」であって、つねに資本蓄積を志向する資本制にあって現実にはほんらいありえない仮定である。とはいえ「蓄積がおこなわれるかぎりでは、単純再生産はいつでもその一部分をかたちづくっている」のであるから、社会的資本のじっさいの絡みあいを考察するうえで、まずは単純な規模での再生産を主題としておくことは、その不可避の前提となるはずである（vgl. S.394）。

スミスが見おとしたもの——ふたつの生産部門の分離と連関

スミスは「固定資本の全維持費 whole expense of maintaining the fixed capital」を、「社会の純収入」から排除した（Sm., p.271）。のちに見てゆくように、ここにはスミスの見あやまりを生んだ根のひとつが伏在している。マルクスの認定するところによれば、そこには、とはいえひとつの重要な区別が見いだされてもいるのである。つまり「ここでアダム・スミスは、生産手段の生産に従事する労働者と、消費手段の直接的生産に従事する労働者との、きわめて重要な区別に遭遇している」のだ（K.II, S.365）。

スミスが認識すべきであったことは、「社会の年間生産物」はこのふたつの部門からなっており、それらは「分離して」取りあつかわれなければならない、という事情である。第一の部門のうちの或る部分は、たんに「生産手段の生産に消費された生産手段の価値」をふくみ、したがってそれはひとえに「更新された形態で再現する資本価値」にすぎない。

スミスが認識すべきであったのは、さらにまた両部門の連関にほかならない。たとえば第一部門が生産する生産物はそれじしん生産手段として機能することができるだけであるけれども、それが同時に消費手段として作動することができるようになるのは、第二の部門の資本、つまり「直接に消費手段を生産する」資本のもとに移されることによってである、等々である（ebd., S.368）。

このような連関をとらえるためには、どのような視点が必要となるだろうか。さきにあらかじめふれておいたとおり、ここではたんなる価値視点だけでは十分ではない。あらためて必要となるのは、使用価値視点にほかならない。

マルクスの認定を確認しておこう。やや長くテクストを引く。

> 私たちが資本の価値生産や生産物価値を個別的に考察していたあいだであれば、商品生産物の自然形態は、分析にとってはまったくかかわるところがなかった。たとえばそれが機械からなっていようと、穀物や鏡からなりたっていようと、どうでもよかったのである。それはいつでもひとつの実例であり、任意のどのような生産部門でもおなじように例解として役だつことができた。私たちが問題にしたのは、どの地点でも一箇の個別資本の過程としてあらわれる、直接的生産過程そのものであったのだ。〔中略〕このようなたんに形態的な叙述の手法は、社会的総資本とその生産物価値を考察するにさいしては、もはや十分なものではない。生産物価値の一部分が資本に再転化し、他の一部分が資本家階級と労働者階級の個人的消費に入るという

ことは、総資本がそこへと結実した生産物価値そのものの内部でのひとつの運動を形成する。くわえてこの運動は、価値補填であるばかりではなく素材の補填でもある。当の運動は、かくして、社会的生産物のさまざまな価値成分が相互に有する関係をつうじて条件づけられているとともに、それらの使用価値、すなわちその素材的な形態によっても条件づけられているのである。（S.393）

社会的生産のふたつの部門——生産手段の生産と消費手段の生産

問題が「直接的生産過程そのもの」であって、あるいはまたたんに生産要素が「流通部面」のなかで循環し、元来のすがたへと再転化する「資本の再生産」（ebd.）にかぎられるならば、生産物の「自然形態」は問われるところではない。その問題を取りあつかうさいには「形態的」な「手法」で充分であったのである。「社会的総資本」を論じるべき、いま当面している場面ではそうではない。ここで問われているものは「価値補填であるばかりではなく素材の補填（Stoffersazt）でもある」一箇の運動にほかならない。その運動をとらえるためには、一方では「社会的生産物のさまざまな価値成分が相互に有する関係」すなわち生産物どうしの相互の割合が問題とされなければならない。そのような問題場面では同時にまた、社会的生産物の価値ばかりでなく、「使用価値、すなわちその素材的な形態」が問われなければならないのである。

かくしてマルクスは分析の枠組みをつぎのように決定する。正確を期するために、ここでもテクストを引用しておこう。

なお、本書中のこれまでの展開にあってもすでに『資本論』の規定するところにしたがって説明しておいた概念にかかわる部分にかんしても、再確認のためにあらためて引いておく。可変資本と不変資本という区別がそれである。

社会の総生産物、かくてまた総生産も、ふたつの大きな部門へと分かれてゆく。

Ⅰ　生産手段。これらの商品が有する形態は、生産的消費へと入るほかはないか、あるいはすくなくとも入ることのできるものである。

Ⅱ　消費手段。これらの商品が有する形態は、資本家階級ならびに労働者階級の個人的消費に入るものである。

この部門のそれぞれのなかで、それにぞくするさまざまな生産部門の全体が、単一の大きな生産部門をなしている。すなわち一方は生産手段の生産部門を、他方は消費手段の生産部門をかたちづくっている。この両生産部門のおのおので充用される総資本は、社会的資本のひとつの特殊な大部門を形成しているのである。

それぞれの部門で資本は、ふたつの成分へと分かれてゆく。

1．可変資本。これは、価値からみれば、この生産部門で充用される社会的労働力の価値にひとしく、したがってそれに対して支払われる労賃の総額にひとしい。それは、素材からみるならば、活動している労働力そのものからなっている。すなわち、この資本価値によって作動させられている、生きている労働からなっているのである。

２．不変資本。すなわち、この部門での生産に充用されるいっさいの生産手段の価値。この生産手段はさらにまた、固定資本、つまり機械や工具や建物や役畜などと、流動不変資本すなわち原料や補助材料や半製品などの生産材料とに分けられる。（S.394f.）

単純再生産分析のための設例

マルクスが右で区別した第Ⅰ部門、第Ⅱ部門(2)のそれぞれにあって生産される年間総生産の価値を考えてみる。おおまかにとらえて、つぎのようになるだろう。

固定資本のうち、一年間の稼働のあとにも引きつづき存在しつづける価値部分は除外して、生産物へと転移された不変資本部分をｃとする。これに対して、年間総労働によって付加された部分を区別し、後者をさらに、前貸しされた可変資本部分ｖを補填する部分と、剰余価値を形成する価値部分ｍとに区別しよう。簡略化し、不変資本ｃ、可変資本ｖ、剰余価値ｍと標記するなら、各部門の年間生産物の価値は $c+v+m$ となる。ここでも、ｍとｖの比率、すなわち剰余価値率は一〇〇パーセントとするなら、単純再生産をあらわす設例は、たとえばつぎのようになる。

ここでは、マルクスの数値例をそのまま引いておく。数値は価値量をあらわしているけれども、単位はマルク、フラン、リラ、ポンド・スターリング、ユーロ、元、ウォン、円等々のどれを考えても、ここでの事情を変更するものではない（以上の説明と数値例については、vgl. S.395f.）。

Ⅰ　生産手段　$4000c + 1000v + 1000m = 6000$

Ⅱ　消費手段　　2000c＋500v＋500m＝3000

部門Ⅰと部門Ⅱをあわせた総価値は九〇〇〇で、前提により、引きつづき機能する固定資本分の価値は除外されている。単純再生産とは、剰余価値のすべてが非生産的に消費される再生産の形態であった。以下ではその単純再生産を基礎とし、それが維持されるために必要な価値転換を問題とするとして、さまざまな転換をそのさい媒介する貨幣流通をさしあたりは考慮しないことにする。

部門内の転換、部門間の転換を問題とするに先だって、予備的な分析をくわえておく。そこでは「三つの大きな手がかりとなる点」があらわれている。

1．部門Ⅱの労賃500vと剰余価値500mは、（単純再生産の前提により、後者のいっさいも）消費手段に支出される。この総価値1000は、資本Ⅱが前貸しした500vを補填し、500mを代表する1000の価値量の（部門Ⅱによって生産された）消費手段のうちにふくまれる。したがって部門Ⅱの労賃、ならびに剰余価値（資本にとっての利潤）は、部門Ⅱのなかで部門Ⅱ自身の生産物と取りかえられる。部門Ⅱは3000の価値量の総生産物を産出するが、このうち（500v＋500m）Ⅱ＝1000が消費過程へと消失してゆく。

2．部門Ⅰの1000v＋1000mもおなじように消費手段のために支出される。つまり、部門Ⅱの生産物を購入するために引きわたされなければならず、（1000v＋1000m）Ⅰ＝2000は、かくして部門Ⅱのうちに残っている同額の部分、すなわち部門Ⅱの不変資本部分2000cと交換されなければならない。これによって部門Ⅱは、同額の生産手段を、つまり部門Ⅰの1000v＋1000mの価値が実現されている

Ⅰの生産物を手中にする。こうして2000 Ⅱc ならびに（1000v＋1000m）Ⅰが計算から消えてゆく。
3．残りは4000 Ⅰc である。これは生産手段からなり、部門Ⅰで消費される。すなわち、部門Ⅰで生産的に消費された不変資本部分の補填に役だつものでなければならない。かくして4000 Ⅰc の部分は、部門Ⅰの資本間で処理されることになる（以上、S.396f.）。

単純再生産における部門内の転換と、部門間の転換

右で設例にそくして予備的に分析しておいた事態を、部門内での転換と部門間での転換を問題とするかたちで整理しなおしておこう。まず部門内での転換を、第Ⅰ部門、すなわち生産手段を生産する産業部門内でのそれから見てゆくことにする。(3)

A　部門Ⅰの資本が、その翌年も単純再生産を、つまり同一の規模での生産を継続してゆくことが可能となる条件を考える。そのためには資本Ⅰはまず、4000c の価値量の生産手段を補填しなければならない。生産手段は部門Ⅰでのみ生産されるから、4000c を補填する部分は資本Ⅰのうちにある。とはいえ一般的にいって、部門Ⅰにぞくする各個別資本は、じぶんにとって必要な生産手段を自家生産するわけではない。たとえば、生産機械を生産する個別資本は、その生産手段の一部である蒸気機関や燃料の石炭を、おなじく部門Ⅰにぞくするべつの個別資本から購入する。だから、価値量4000c の生産手段は、部門Ⅰ内部での各個別資本（部門Ⅰ内の亜部門）のあいだで、貨幣を媒介として交換されることになる。

B　部門Ⅱにぞくする労働者に対して支出される労賃500v ならびにおなじく部門Ⅱにぞくする

資本家によって取得される剰余価値部分の 500m は、それぞれにとっての収入となる。労働者にはもとより基本的には（たとえば、日曜大工に使用するハンマーなどを除けば）生産手段に対する需要はなく、いっぽう、単純再生産とは全剰余価値が資本家によって非生産的かつ個人的に消費されることを前提とするものであるから、500v と 500m は、そのいずれも（奢侈品をふくむ）消費手段の購入のために支出される。消費手段は部門Ⅱでのみ生産されるのであるから、部門Ⅱの 500v ならびに 500m の補填は、部門Ⅱの内部で遂行されることになる。

こうして「労働者Ⅱは、資本家Ⅱから受けとった労賃で、かれら自身の生産物の一部——労賃として受けとった貨幣価値の大きさに相当する部分——を買いもどす」（S.401f.）ことになるだろう。たほうで資本家Ⅱは、貨幣を媒介としておのおのが生産した消費手段をたがいに交換しあう。これは、部門Ⅰの資本間で生産手段が相互に交換されるのとまったく同様である。

以上で部門Ⅰについては 4000 Ic が、部門Ⅱにかんしては（500v + 500v）Ⅱが、それぞれの部門の内部で交換されたことになる。残りの価値部分をめぐっては、部門間の交換によって処理されなければならない。

C　部門Ⅱの資本が、みずからの収入となる剰余価値を当該生産年のうちに支出しつくしたうえで、その翌年も単純再生産を継続してゆくものとする。そのために資本Ⅱはまず、2000c の価値量の生産手段を補填しなければならない。

部門Ⅱは、しかし、消費手段のみを生産するのだから、2000c を補填する部分は資本Ⅰのもとにあり、部門Ⅱにぞくする資本は、みずからの生産物を部門Ⅰにぞくする資本と交換しなければならない。部門Ⅰが生産した生産手段6000のうち、4000は部門Ⅰ内の生産手段を補填するために部門Ⅰ内で交換されるのであるから、「6000の価値のあるこの生産物のうち、三分の一（2000）は部門Ⅱの不変資本を補填し、残りの三分の二は部門Ⅰの不変資本を補填する」（S.421）ことになるはずである。

たほう部門Ⅰにおける1000v＋1000mは、それぞれ部門Ⅰにぞくする労働者ならびに資本家にとっての収入であって、そのいずれも消費手段として支出されることになる。ところが、部門Ⅰでは生産手段のみが産出されるから、かれらは消費手段（必要生活手段ならびに奢侈品）を部門Ⅱとの交換によって入手しなければならない。

部門内の交換によっては処理されず、部門間の交換によって処理される必要がある価値部分は、（1000v＋1000m）Ⅰならびに2000Ⅱcであった。このうち、1000Ⅰvについては、以下のとおりとなるだろう。

しかし、労働者階級のうちで、資本家Ⅰによって使用される部分は、じぶん自身が生産した生産手段の買い手ではない。この労働者部分は、Ⅱによって生産された消費手段の買い手なのである。だから、労働力の代価を支払うときに貨幣で前貸しされた可変資本は、直接には資本家Ⅰの手に帰ってこない。それは、労働者たちがおこなう購買をつうじて、労働者仲間に必要であり、一般に入手できる商品の資本制的生産者の手に、つまり資本家Ⅱの手に移るのであって、この資本家Ⅱがその貨幣を生産手段の買い入れに用いることによってはじめて――当該の回り道

をとおってはじめて、資本家Ⅰの手へと帰るのである。（S.401）

この「回り道」によって、資本Ⅰが総体として回収する資本価値は1000vであり、残りの1000mについても事情は同様だから、部門Ⅰと部門Ⅱのあいだで転換が可能となる条件、したがってまた単純再生産そのものが可能となる条件は、

$$\mathrm{I}(v+m)=\mathrm{II}c$$

に帰着する。

この式の意味するところは、はっきりしている。すなわち、部門Ⅰと部門Ⅱとのあいだで転換が可能となるための条件は、部門Ⅰにおける可変資本（労賃）と剰余価値（資本家の収入）の総和が、部門Ⅱにあっての不変資本量とひとしくなるはこびへと還元されるのである。単純再生産は、この条件を満たすかぎりで、両部門において継続してゆくことが可能となるはずである。

註

（1）この間の消息をめぐっては、石塚良次、一九八六年b、三九七‐三九八頁、ならびに、服部文男・佐藤金三郎（編）、二〇〇〇年、三二九頁以下、参照（執筆は松尾純）。

（2）ここで部門を増やして、たとえば第Ⅲ部門として奢侈品生産を設定することもできるが、原理的な意味はない。ただし部門編成をさまざまに組みかえることは可能であって、たとえば、長島誠一も

そうしているとおり、労働手段、労働対象、生活手段の三部門編成を考えることもできよう。長島による部門の再編のうち、より重要なものは、しかし「軍需産業」を第三部門とする三部門編成だろう。「軍事支出は、生産手段の再生産外的消費」であって、かくて「潜在的な成長力」を低下させるものだからである（長島、二〇〇八年、一〇九頁）。

おなじく、不可逆的に自然環境を汚染する生産手段を生産する部門を別箇に考えることもできよう。近代経済学の内部でいうなら、これはGNP（GDP）を補正して、経済純福祉（NEW）を算出しようとする動向とも関連する。いわゆる新古典派総合を代表するサムエルソンの教科書では、原書の第九版（一九七三年）からNEWに対する言及がある（サムエルソン、一九七四年、三二二頁以下）。ちなみに、原書第一三版でも論及は残されている（サムエルソン、一九九二年、一一四頁以下）。また、長島、二〇一〇年、一八九頁以下、参照。

（3）以下のまとめについては、石塚良次、一九八六年b、四一〇‐四一一頁、参照。

Ⅱ・3・3　拡大再生産

α　単純再生産の条件・再考

第Ⅱ部門の「亜部門」への分割と貨幣通流

『資本論』そのものの叙述は、こののちに単純再生産を詳細に分析し、多くの問題系を登録してゆくものとなっている。ここでは、そのうちいくつかの論点のみにふれておくことにしよう。

マルクスはまず、部門Ⅱがきわめて多様な産業部門からなっていることに注目する。そのなかでもマルクスが主題的に論じているのは、通常の「消費手段」と「奢侈消費手段 *Luxus*-Konsumtions-mittel」という、いわば「亜部門」への分割である。(1)

前者は主として労働者階級の消費過程へと入るものであるけれども、それが「必要生活手段 notwendige Lebensmittel」であるかぎりでは、資本家階級によっても消費される。この亜部門の全体が「必要消費手段」という項目のもとに一括されよう。

ちなみに、或るものが必需品であるかどうかは、とはいえ生理的欲求とはいちおう別箇の問題である。たとえばタバコなどが「慣習的にいって」必要消費手段であるなら、この亜部門にぞくすることになるだろう。

後者つまり奢侈品は資本家階級のみによって消費される。部門Ⅱ中のこの亜部門をめぐっては、それゆえやや特殊な事情が存在するのである。

必需品であるならば、投入された可変資本は、資本Ⅱのうちでこの必要消費手段を生産する部分（資本Ⅱa）へと直接に還流する。これに対して、奢侈品を産出する資本Ⅱbにかんしては、そうではない。奢侈品は労働者が労賃によって買いもどすものではない以上、資本Ⅱbにおける還流は間接的なものとならざるをえない。詳細は略するけれども、この奢侈品をめぐる投下資本の循環にかんしても重要な意味を帯びてくるのは、貨幣による流通の媒介である（以上、vgl. K.II, S.402f.）。

エンゲルス編集版の『資本論』第二巻第三篇第一八章第二節ですでに説かれていたとおり[2]、「商品生産は商品流通を前提とし、商品流通は、商品が貨幣としてあらわれること、つまりは貨幣流通を前提とする」。資本制的な商品生産は「貨幣形態にある資本すなわち貨幣資本」を、「起動力 *prius motor*」としても「連続的動力」としても必要としている（ebd., S.355）。

資本家による支出の問題

いま資本家が個人的な消費のために（必要消費手段に対してであれ、奢侈消費手段に対してであれ）貨幣を支出する場面を考えてみよう。「じっさいにはこのことは、ふたつのしかたで生起する」、とマルクスは書いていた。

引用してみる。テクストを引いたのちに、いくらかのコメントを付けておく。

もし当の事業がその年に開始されたばかりのものであるならば、資本家が事業収入そのもののなかから、じぶんの個人的消費のための貨幣を支出することができるようになるまでには、かなりの時間がかかり、すくなくとも数か月は要する。だからといって、かれが一瞬間であれ消費を止めるわけではない。資本家は、これから手に入れる剰余価値をあてにしてじぶん自身に貨幣を前貸しする（じぶんのポケットからであろうと、信用によって他人のポケットからであろうと、ここではまったくかかわりのないところである）。かくしてまた、あとから実現されるべき剰余価値の実現のための流通手段を前貸しするわけである。これとは反対に、事業がすでに、かなりながく規則的に進行しているとするなら、支払いも収入も一年のいくつかの時期に分割されている。ところが、たえまなくつづけられるのは資本家の消費であって、それは先だっておこなわれ、その大きさは通例の収入または見積もられた収入に対する或る割合にしたがって算出される。いくらかの商品が売れるたびごとに、一年間に得られる剰余価値の一部分も実現されてゆく。ところでかりに生産された商品のうちから一年じゅうに売れるものが、その商品にふくまれている不変資本価値と可変資本価値とを補填するのに必要なだけであるとすれば、あるいは価格が下落し、年間商品生産物をぜんぶ売っても、それにふくまれている前貸し資本価値のみが実現されるだけであるとしたら、そのような場合には将来の剰余価値をあてにして支出された貨幣の予料的な性格が明確にあらわれてくることだろう。（S.418f.）

資本家による個人的消費への支出には、どのような場合でも「予料的な性格 der antizipatorische

Charakter」、つまりじっさいの収入を先どりする面がある。これから事業を開始する資本家はみずからに「貨幣を前貸し」するし、安定的事業を継続的にいとなんでいる資本家の場合であっても、「見積もられた」収入を先どりすることで不断の支出への分割を算定している。これが可能となるのは、生産された商品が売られることで、その価値が部分的につぎつぎと貨幣形態に転化することによってである。流通過程を媒介にしてはじめて商品の価値と「剰余価値の一部分」が「実現されてゆく」。

逆にまたそうであるかぎりでは、「資本家階級全体についてみれば、資本家階級はみずからの剰余価値の実現のために（あるいはまた不変資本も可変資本もあわせて、じぶんの資本の流通のためにも）みずから貨幣を流通に投下するほかはない」。これは資本制的生産と再生産の「全メカニズムのために必然的な条件」にほかならない。なぜなのか。「ここには、ただふたつの階級、すなわちひとえにみずからの労働力のみを処分することのできる労働者階級と、社会的生産手段をも貨幣をも独占している資本家階級とが存在しているだけ」であるからである。資本はつねに生産手段を生産的消費のために購入すべく貨幣を「前貸し」し、各資本家は個人的消費にむけて貨幣を「支出」しなければならない（S.419）。

後者の支出であっても、総資本にとっては、投入された貨幣はあるいは直接的に、あるいは間接的に還流し、資本のもとへ回帰する。資本の生産‐流通‐分配‐消費‐再生産の過程の総体をつうじて、「かくてまた賃金労働者と資本家との関係も再生産されている Es ist also auch reproduziert das Verhältnis von Lohnarbeitern und Kapitalisten」のだ（S.415）。

単純再生産におけるⅠ(v＋m)＝Ⅱc の意味（1）

前節の末尾でみたとおり、単純再生産を可能とする条件は、Ⅰ(v＋m)＝Ⅱc がなりたっていること、すなわち部門Ⅰにおける可変資本量と剰余価値量との総和が、部門Ⅱにあっての不変資本量と均衡していることであった。拡大再生産をめぐる考察に立ちいるに先だって、この定式化の意味をもうすこしだけ考えておこう。

定式Ⅰ(v＋m)＝Ⅱc が示しているように、さきの設例でいえば、部門Ⅰの 2000Ⅰ(v＋m) は、部門Ⅱのために、その 2000Ⅱc を「生産手段の自然形態」、つまり「現物として補填する」。一年間に生産された総価値は、設例でいえば九〇〇〇であるとはいえ、このうち 4000Ⅰc と 2000Ⅱc の和にあたる部分である六〇〇〇は、その年の生産にさいして消費された生産手段の価値が移転されたものにすぎないから、当該生産年にあらたに生産された価値は 9000－6000＝3000 にあたるものにほかならない。だから全社会的な視点からすれば、「一年間に支出された労働の三分の二」は、部門Ⅱのための生産手段、つまりその「あらたな不変資本」を産出するために費やされたことになる（vgl. S.436）。

ここでマルクスは「資本制的社会を未開人[3]（die Wilden）から区別する」メルクマールについて論じている。引用しておこう。

a　資本制的社会は、その処分可能な年間労働のより多くを生産手段の（つまりは *ergo* 不変資本）の生産に使用するが、これは、労賃の形態でも剰余価値の形態でも収入には分解不能なものであって、ただ資本として機能することができるだけのものである。

b 未開人が弓や矢や石槌や籠などを製作するとき、かれは、これに費やされた時間は消費手段の生産に用いられたのではないこと、したがってじぶんは生産手段に対するじぶんの必要を充たしたのであって、ただそれだけのことにすぎないということを、まったく正確に知っている。そのうえ未開人は時間の浪費に対してまったく無関心であることで経済上の重罪を犯しているのであり、たとえばタイラーの語るところによれば、一本の矢を仕上げるのにしばしばまる一か月も費やしてしまうのである。（S.436f.）

資本制社会はなぜ、「収入 Revenue」——つまりふたたび回帰してくる（revenir）もの——ではなく「ただ資本として機能する」にすぎないもの、つまり「生産手段」の産出のために多大な労働時間を配分しているのか。この件が「経済上の重罪 eine schwere ökonomische Sünde」を構成しないのはどうしてか。

Ⅰ（v＋m）＝Ⅱc の意味が、そこにかかわっているのである。もうすこし考えてみよう。

単純再生産におけるⅠ（v＋m）＝Ⅱc の意味（2）

部門Ⅰの視点から考えてみる。部門Ⅰの総生産物価値六〇〇〇のうち、四〇〇〇は——資本Ⅰを全体として見た場合には——、直接にふたたび資本Ⅰの不変資本として作動しうるような自然形態にある。あとの二〇〇〇は部門Ⅱの生産物と交換されて、資本Ⅱで生産的に消費される生産手段とならなければならない。「いいかえれば、部門Ⅰの全生産物は、その自然形態からみれば――資本制的生産様式のもとでは――たんに不変資本の要素としてのみ役だつにすぎない使用価値からなっている。だから六〇〇〇の価値のあるこの生産物のうち、三分の一（二〇〇〇）は部門Ⅱの不変資本を補填し、残る三分の二は部門Ⅰの不変資本を補填するのである」（S.421）。

「一方にとって資本であるものは他方にとっては収入であって、またその逆である」と、一般的なかたちで語ることは、まったくまちがいである（S.437）。ただしⅠ(v＋m)＝Ⅱc の意味にそくしていうなら、これはすくなくとも部分的には正当なのである。

なぜなら、「1000 Ⅰv＋1000 Ⅰm 対 2000 Ⅱc の転換では、一方にとって不変資本であるもの（2000 Ⅱc）が、他方にとっては可変資本と剰余価値つまり一般に収入になるのであり、また一方にとって可変資本と剰余価値（2000 Ⅰ(v＋m)）つまり一般に収入であるものが、他方にとっては不変資本となる」からである（S.438）。この件が、そして、総じて単純再生産が可能となるための条件なのであった。

単純再生産であっても、「固定成分の毎年の損耗分」は「貨幣で沈殿して」ゆく必要がある。Ⅰ(v＋m)＝Ⅱc の定式をよりていねいに語りなおすならば、部門Ⅰと部門Ⅱとのあいだでは、「一方では部門Ⅱの不変資本の流動部分を供給し」、たとえば綿シャツ製造部門その他でも生産的に消費される石炭を過不足なく提供して、「他方ではその固定成分を」、これもたとえば蒸気機関をその損耗分と一致するかたちで「供給する」ことが可能とならなければならない。つまり「均衡のとれた分業

die proportionelle Teilung der Arbeit」が維持されている必要がある。「こういった均衡（Gleichgewicht）が、したがって不変な規模での再生産の法則としてあらわれることだろう」。I (v + m) = IIc が表現しているのは、この、いってみれば動的な均衡にほかならない（S.461）。

ふたたび部門II内部の問題にもどろう。単純再生産を考察している、つまり「蓄積はすべて捨象して考察する」この場面であっても、問われているのは「資本制的生産が最初に生まれた年」ではないし、「私たちはそもその発端から（*ab ovo*）はじめている」わけではない。問題となっているのは「多くの年の流れのなかの一年」である。だから部門IIの内部のさまざまな部門に投じられている不変資本は「それぞれ年齢がことなる」のであって、どの年であれ、大量の固定資本が「その年のうちに死期へと達する」。それは、だから「蓄積された貨幣財源から現物で更新されて *in natura erneuert*」ゆかなければならない（S.450）。

かくて、単純再生産の場合でも「貨幣の積み立て、あるいは貨幣蓄蔵は必然的にふくまれている」しだいとなるだろう。これがしかし「ことばの本来のいみにおける蓄積」を意味するはこびとなるなら、単純再生産はすでに終了している。いまや「拡大された規模での再生産」が、すなわち拡大再生産が問題とされなければならないはずである（vgl. S.469）。

単純再生産から拡大再生産へ

個別資本を「駆動する動機」は、いずれにせよ「剰余価値を獲得すること」である。これまでの想定にあっては、とはいえ、単純再生産は「消費を目的として、それへと向けられたもの」として考えられてきた。つまり剰余価値はそこではひたすら、「資本家の個人的消費」のために役だつだけのものと仮定されてきたのである（vgl. S.410）。

これがいずれにしても非現実的な想定であることについては、単純再生産を考察するにあたり、マルクスとともにあらかじめ確認しておいたところである。ことがらの赴くところつぎに考察されなければならないのは、したがって、拡大再生産が可能となる機構にほかならない。

資本制的生産が発展してゆき、その規模それ自体が拡張してゆくにつれて、産業のあらゆる部門にあって「いたるところで積み立てられる貨幣塊 die allerseits abgehäufte Geldmasse」が拡大してゆく（vgl. S.469）。とりわけ、産業部門のうちでもその生産期間が長期にわたる部門では、その期間のあいだ当該資本は、「あるいは充用労働力への支払いのために、あるいは消費される生産手段の買い入れのために、たえず貨幣を流通へと投げいれる」。たとえば鉄道の敷設や運河の開削、ドックの建築や都市の大建築物などの建設、巨大な船舶の建造、大規模な土地干拓などの場合がそうである。じっさいにはこうした契機は、発展した資本制的生産様式の内部で、「株式会社などによって営まれる長期的な企業」にとって重要となってくるのである（vgl. S.472f.）。

こうしたいっさいが可能となるためにも、生産は不断にその規模を増大させなければならない。つまりたんなる再生産あるいは単純再生産ではなく、拡張された規模での再生産、すなわち「拡大再生産 erweiterte Reproduktion」が必要となるはずである。問題となるのは、すなわち、資本の蓄積を前提とした拡大再生産と、それを可能とするメカニズムにほかならないはずである。

註

（1）日高普は、こうした亜部門の設定にはあまり意味がないと指摘した。「表式を現実に近づけようとしてこのような区分を重ねてゆくほどにたやすく、安易なことはまたあるまい」。再生産表式論の功績はかえって「ぎりぎりの極致に、表式を設定したこと」であり、「もうこれ以上の抽象化はできないという極限」としての「二部門分割」にあった、と日高は見るわけである（日高、一九七八年）。

（2）第二節（「貨幣資本の役割」）冒頭のエンゲルスの挿入によれば、「以下の記述は、この篇のあとのほうの部分ではじめて取りいれられるべきものである」（**K.II, S.354**）。

（3）布村一夫が、マルクス／エンゲルスが **Wilden** と **Barbaren** とをはっきりと使いわけているしだいを指摘している。布村によれば、マルクス／エンゲルスのドイツ語 **Wilden** は英語の **savage** にあたり、**Barbaren** はおなじく **barbarian** に相当する。布村としては、前者を「野蛮人」、後者を「未開人」と邦訳すべきであると主張する。布村、一九八九年、八九頁以下、参照。

β　資本の蓄積と拡大再生産

蓄積と拡大再生産

『資本論』第二巻第三篇第二一章は、「蓄積と拡大再生産」と題されている。その章をマルクスは、つぎのように書きはじめていた。

編者のエンゲルスは、ここでもテクストを遺稿の第八稿から採用している。拡大再生産が問題となる場面を確認しておくために、まずはテクストそのものを引用しておく。

蓄積が個別的な資本家にとってどのようにおこなわれるかについては、第一部であきらかにされた。商品資本の貨幣化によって、剰余価値をあらわしている剰余生産物も貨幣化される。かくて貨幣に転化した剰余価値を、資本家はみずからの生産資本の追加的自然要素へと再転化させる。つぎの生産循環では、増大した資本が増大した生産物を供給することになるのである。しかし個別資本のもとであらわれることは、年間総生産にあってもあらわれざるをえないのであって、それはちょうど、私たちが単純再生産を考察したさい見たところであるように、個別資本の場合にその消費された固定成分が積立金としてつぎつぎに沈殿してゆくことが、年間の社会的再生産でもあらわれるのとおなじことである。(S.485)

単純再生産を仮設して、その設例にしたがって分析がおこなわれたさいには、剰余価値はすべて資本家の収入となって、資本家によって個人的消費のために支出されることが前提とされていた。いまや生産された「商品資本」が市場で〈命がけの跳躍〉に成功して、そこにふくまれていた剰余価値が貨幣形態を獲得した場合は、その「貨幣へと転化した剰余価値」が、翌年の「生産資本」へと追加される。かくて拡大再生産が可能となって、「つぎの生産循環では、増大した資本が増大した生産物を供給することになる」。

この件が総資本についても、つまり一社会の「年間総生産 die jährliche Gesamtproduktion」にかんしても問題とされなければならない。すなわち、拡大再生産が分析される必要がある。

マルクスは、すでに単純再生産を分析するにさいして、まずは問題を生産手段生産部門(Ⅰ)と、生活手段生産部門（Ⅱ）のそれぞれについて考察したうえで、両者のあいだの絡みあいを見とどけるという手つづきを採っていた。拡大再生産を問題とするにあたっても、おなじ手順が踏まれなければならないことになるだろう。

部門Ⅰにおける拡大再生産と蓄積

部門Ⅰはそれ自体さまざまな産業部門から構成されている。そのそれぞれの部門でも、またその内部の個別的資本でも、「資本投資」はおのおの時期におこなわれ、不変資本（の固定的部分）はめいめいについて「すでに経過した機能期間」に応じて、いわばべつべつの「年齢」に達しているはずである。つまり、それらの損耗分が、産出された剰余価値によって補填され、つぎつぎと「潜勢的な資本へと転化してゆく」として、おのおのの不変資本がそのつど置かれた段階は、さまざまでありうることになる。部門Ⅰにぞくする或る資本Aがなお「潜勢的な貨幣資本の積み立て」をおこなっているとき、べつの資本Bはすでに積み立てられた貨幣資本で「生産手段、すなわち不変資本の追加的要素」を購買している。いずれにせよこの局面では、部門Ⅰの資本のそれぞれは、売り手と買い手としてたがいに相対しているわけである（vgl. S.488）。

部門Ⅰの資本が同一の部門内で買い手となるためには、その資本は剰余生産物を販売して獲得した貨幣を流通から引きあげて、それを手もとに置いておかなければならない。つまり「貨幣蓄蔵」に励む必要がある。貨幣蓄蔵そのものはだんじて生産ではなく、蓄蔵貨幣はそれ自身としては生産要素ではない。さらに、貨幣蓄蔵は一般的にいえば、流通を阻害する。それにもかかわらず、この「蓄蔵貨幣」は、とはいえ「潜勢的な貨幣資本」として積み立てられ、やがて生産手段をもとめて流通に投入されるかぎりでは、貨幣蓄蔵はここでは、あらかじめ「資本制的生産過程に内在する一契機」として作動しているのである（vgl. S.488f.）。

この貨幣蓄蔵がたんなる単純再生産を可能とするだけではなく、資本の蓄積と拡大再生産を可能とするためには、いくつかの複合的な条件が要求される。第一に、部門Ⅰは不断に、しかも拡張した労働力を市場で調達することができなければならない。第二にそのためには、部門Ⅰの商品資本の一部分が貨幣形態へと転化し、増加する労賃をまかなう可変資本を充当するはこびが可能となることが必要である。第三には、商品資本Ⅱの一部分が、これも貨幣形態へ転化して、部門Ⅰの商品資本と交換され、不変資本Ⅱcの自然形態へと変換されていなければならない。うらがえしていえばつまり、部門Ⅰの商品が〈命がけの跳躍〉を遂げて、その商品価値が貨幣形態をふたたび獲得することが可能とならなければならないのである。

「必然的なこれらの前提のいっさいはたがいに条件となりながら、一箇のきわめて複合的な過程によって媒介される。その過程は三つのべつべつに進行すると同時に相互にからみ合っている流通過程をふくんでいるのである」。いいかえるならば、そこで成立する「均衡」は、「それじしん一箇の偶然 ein Zufall」であるにすぎない。「過程そのものの複合化されたありかた」が、均衡の条件となると同時に、たほう均衡が破綻して、過程が正常に進行しない事態に対する機縁となる。均衡の可能性は、それじたい動的な条件であることによって、「正常ではない進行、すなわち恐慌」を可能とする条件となるのである（以上、vgl. S.491）。

個別資本によって直接に生産され取得される剰余生産物、したがって剰余価値そのものは「資本蓄積すなわち拡大再生産の実在的な基礎」である（S.494）。取得された剰余価値の一部は蓄蔵されて、「潜勢的な資本」となる。この潜勢的資本が一定の規模に到達することで、拡大再生産そのものが可能となることだろう。

とはいえじっさいは、信用制度が発達することをつうじて、各個別資本の潜勢的貨幣資本が銀行などのもとへと「集中し、集積」されてゆく。かくして、潜勢的資本はすでに現勢的資本となり、「受動的」資本から「能動的」資本へと転じていって、「利用可能な資本」つまり loanable capital〈貸付可能な資本〉となるだろう。信用制度のもとでそれはすでに貨幣資本に転化しており、「自己増殖的な資本」と化しているのである。やがて見てゆくとおり、その場合ならば、動的均衡条件はさらに複合化し、〈正常ではない進行〉の制約条件もより複雑化して、通常の制御可能性をはるかに超えてゆくものとなるはずである（以上、vgl. S.489）。

部門Ⅱにおける拡大再生産と蓄積

マルクスはつづけて「部門Ⅱにおける蓄積」を問題としてゆく。論者たちも指摘しているとおり、この部分のマルクスのテクスト（第三篇第二一章第二節）はそうとう混乱しており、[1]一義的な読解がむずかしい。

まずその冒頭部分を引用してみる。はじめにA、A′、A″、等々とあるのは、部門Ⅰにぞくする個別資本（家）をさしている。

これまでに前提としてきたところでは、ＡやＡ′やＡ″（部門Ⅰ）は、かれらの剰余生産物を、おなじ部門Ⅰのなかのｂやｂ′やｂ″などに売ることになっていた。ここではしかし、Ａ（部門Ⅰ）は部門ⅡのＢに売ることによってじぶんの剰余生産物を換金するとしておこう。そうしたことがおこなわれうるのは、ただＡ（部門Ⅰ）がＢ（部門Ⅱ）に生産手段を売って、そのあとで消費手段を買わないということによってだけ、つまり、ひとえにＡのほうの一方的な売りによってのみ可能である。（S.497）

この一節で述べられていることがらは、ただちに理解することがむずかしい。マルクスがここで暗黙の前提としているだろう要件をふくめて、設定されている問題場面を考えてみよう。

部門Ⅰにぞくする資本Ａが、部門Ⅱにぞくする資本Ｂに対してみずからの生産物を販売する場面を想定する。Ａが生産するのは「生産手段」であって、生産を再開するためには、Ａもまた別種の生産手段を部門Ⅰ内部での交換の過程によって入手しなければならず、その価値と等価である生産物部分、ならびに可変資本（労賃）を充当する部分、つまりｃ＋ｖは、総生産物から控除される。すなわち、Ａの再生産を可能とする不変資本量をのぞいた価値をふくむ生産物部分、要するにｍにあたる「剰余生産物」をＢに対して販売し、剰余価値を貨幣形態へ変換するものとする。

このような仮定の内部で、Ａが拡大再生産に成功するための条件を考えてみよう。単純再生産の場合にそう想定されていたように、部門Ⅰにぞくする資本Ａが部門Ⅱにぞくする資本Ｂから、その生産物（生活消費手段）を購入し、両者のあいだで収支が均衡すれば、蓄積は不可能である。したがって、拡大再生産つまり蓄積が可能となるためには、「A（部門Ⅰ）がB（部門Ⅱ）に生産手段を売って、そのあとで消費手段を買わない」こと、すなわち、Aの側の「一方的な売り」のみが生起することが必要なのである。

AとBのそれぞれが、部門Ⅰと部門Ⅱにおのおのぞくする個別資本である場合なら、現実的にも、このような想定は可能である。とはいえ、AとBがめいめいの部門を代表する資本であり、総資本が問題となるならば、右のような仮定は不自然であるばかりでなく、原理的にいって不可能となるはずである。

部門Ⅱの側から考えて、マルクスが立ちいって考察しているように、たとえば商品在庫の形成を問題として、それに対する「貨幣準備資本」を保有していると前提したにしても、「問題はすこしも変わらない」（vgl. S.500f.）。それにもかかわらず右のような設例から拡大再生産の分析が開始されたのは、おそらく、単純再生産の条件であったⅠ(v＋m)＝Ⅱc が綻びる場面を設定することをつうじて、拡大再生産の条件を浮かびあがらせるための、いわば思考実験の局面を仮設する意図にもとづくものだったのだろう。

拡大再生産を問題とする当面の場面の問題はひとえに、単純再生産で出遭われることのなかった「変化した組みあわせ Gruppierung」、「それなしでは一般に、拡大された規模での再生産が生じえないような」（S.501）組みあわせにあるのである。拡大再生産をめぐっても、かくて再生産表式による分析がくわえられなければならない。(2)

拡大再生産の再生産表式（1）設例

以下では、単純再生産の場合とおなじように、拡大再生産にあっても第Ⅰ部門（生産手段）と第Ⅱ部門（消費手段）の二大分割を採用し、不変資本価値量（c）、投下可変資本（労賃）価値量（v）、剰余価値量（m）の三価値構成をも維持する。変化した条件は、拡大再生産においては、剰余価値mのうち、その一定の部分が次年度の再生産、しかも拡大された規模での再生産のために投下されるという制約である。

問題となる初年度の表式を、以下のとおり設定する。ただしマルクスの設例とはことなり、部門Ⅰと部門Ⅱとでは、資本の有機的構成は同一なものと想定しておく。

Ⅰ　生産手段　4000c＋1000v＋1000m＝6000

Ⅱ　消費手段　1500c＋ 375v＋375m＝2250

単純再生産では、その条件はⅠ(v＋m)＝Ⅱcであった。拡大再生産は単純再生産をふくみ、その規模を拡大して実現するものであるから、いまやその条件は、

Ⅰ(v＋m)＞Ⅱc

となるだろう。

部門Ⅰは、生産手段を産出する部門として、部門Ⅰばかりでなく、部門Ⅱに対しても生産手段を供給する必要がある。したがって、$\mathrm{I}(v+m)>\mathrm{II}c$ がなりたつ場合には、$\mathrm{I}(c+v+m)>\mathrm{I}c+\mathrm{II}c$ もまた成立しなければならない。この不等式が意味するのは、部門Ⅰで産出された生産手段（労働用具と原料など）が、部門Ⅰならびに部門Ⅱで生産的に消費されて損耗して、そのけっか補填されなければならない生産手段を補充して、なおも余剰が生じるということにほかならない。この件が「資本蓄積すなわち拡大再生産の実在的な基礎」（S.494）を形成するのである。

右に挙げた数値はいずれにせよ仮設的なものであって、マルクスの設例とはことなる。とはいえマルクスの設例と同様に、数値は単純再生産にくらべ、総量としてややちいさなものが仮定されている（年間総額は九〇〇〇対八二五〇となる）。

これには、いちおうの理由がある。マルクスの説明を聞いておこう。

> 表式Ⅰよりもちいさな額をえらんだのは、つぎの件を一目であきらかにするためにほかならない。すなわち、拡大された規模での再生産（これは、ここではより大きな規模でいとなまれる生産を意味するにすぎない）は生産物の絶対量とはいささかも関係がないこと、この再生産は、与えられた商品量についてはひとり、所与の生産物のさまざまな組みあわせの差異、あるいはそれらの機能規定の差異を前提とするだけであって、かくして価値量からみればさしあたりは単純再生産にすぎないというしだいをあきらかにするためである。単純再生産の与えられた諸要素

の量ではなく、その質的な規定が変化するのであって、この変化が、そのあとにつづく、拡大された規模での再生産の物質的前提なのである。（S.501）

問われなければならないのは「組みあわせの差異 verschiedenes Arrangement」であり、「機能規定」の差異である。拡大再生産を可能とする、再生産における「質的な規定」の変化こそ問われなければならない。

項をあらためて、なお考えてみる。次項ではさいごにまた、マルクスの再生産表式論の意味するところがとらえかえされるはこびとなるだろう。

註

（1）富塚良三・井村喜代子（編）、一九九〇年、一二九頁以下、参照（項目執筆者は富塚）。

（2）以下のまとめについては、石塚良次、一九八六年b、四一二‐四一三頁、参照。マルクスのそれを変更した数値例も、石塚のものにしたがう。

γ　再生産表式論とはなにか

拡大再生産の再生産表式（2）分析

前項末尾の設例では、部門Ⅰの剰余価値の総額は一〇〇〇である。単純再生産にあっては、この総額が個人的‐非生産的に消費へと向けられるものと想定したけれども、ここではその半分つまり五〇〇mの価値が貨幣形態をとったうえで蓄積され、次年度に投入されるとしよう。ただし、この貨幣量は追加投資にとって充分であり、したがって貨幣蓄積を翌年度に繰りこす必要がなく、また資本の有機的構成も変化しないものとする。

この五〇〇mは、前提にしたがって、追加される不変資本四〇〇cと、おなじく追加的可変資本一〇〇vとに分割される。このうち四〇〇cについては（その部分は、生産手段の購入に支出されるから）部門Iの内部で交換されて、処理されることになる。

これに対して一〇〇vは労働力の購入にあてられ、あらたに労賃として投下される。この一〇〇vは、一方で部門Iから生産手段として供給されて、他方では部門Iで新規に採用された労働者によって総体として一〇〇だけの必要生活手段の需要が生まれる。これに応じるために部門IIでは、第一に一〇〇cの不変資本が生産資本として増加しなければならず、したがって同額の生産手段への需要が生まれなければならない。第二には、おなじく部門IIにあって同量の消費手段の供給増がともなう必要がある。

資本の有機的構成に変化がなく、技術的な条件も同一であるとする前提のもとでは、部門IIでのこの不変資本の増大に対応して、部門IIの可変資本についてもおなじ比率で増額されなければならないから、同時に――1500c ÷ 375v = 4で、100c ÷ 4 = 25vによって――二五v増加しなければならず、部門IIにかんして、総額では、100c + 25v = 125を充当するだけの資本が蓄積されている必要がある。375 − 125 = 250なので、部門IIにぞくする資本家総体にとって個人的・非生産的消費にふりむけることのできる純収入部分は、二五〇となるだろう。

以上の数値を一覧表に整理しなおすと、つぎのようになるはずである。[1] ただし、ｋは個別資本家が個人的消費にあてる部分をあらわし、ａは蓄積部分を示すものとする。

Ⅰ	4000c + 1000v + 500m (k)	+	400c (a) + 100v (a)
Ⅱ	1500c + 375v + 250m (k)	+	100c (a) + 25v (a)

ここで、実線で囲った部分を見てみると、Ⅰ(1000v + 500m) = Ⅱc (1500) だから、Ⅰ(v + m) = Ⅱc となり、かくて単純再生産の条件を充足する。拡大再生産は単純再生産をふくむからである。破線で囲まれた部分が、拡大した規模での再生産を可能とする「再生産の物質的前提」なのである。念のため加算をおこない、剰余価値率をおなじく一〇〇パーセントとして、次年度の構成を示しておけばつぎのようになる。第三年次以降についても、以下同様となるはずである。

Ⅰ　生産手段　4400c + 1100v + 1100m = 6600

Ⅱ　消費手段　1600c + 400v + 400m = 2400

再生産表式論の意味（1）「スミスのドグマ」の批判

以上で私たちは、ごく簡略に『資本論』第二巻第三篇における、いわゆる再生産表式論を辿ってきたことになる。この表式論の意味はどこにあるのだろうか。本章、そして本篇の最後に、この件をかんたんに問題としておきたい。

学説史的にいうならば、マルクスの再生産表式論は第一に、いわゆる〈スミスのドグマ〉を批判するという意味をもっている。この間の消息からふれておこう。

マルクスの見るところでは、スミスは毎年の総生産物は(v＋m)に還元されると考えた。もちろんスミスとしても、不変資本部分の存在を無視したわけではないけれども、スミスによれば不変資本（c）も、労働用具や原料を生産する者たちの(v＋m)と還元されてゆく。vは可変資本すなわち労賃を指すが、ただしスミスの場合この場面では、mのうちには利潤のほかに地代がふくまれており、したがって(v＋m)のドグマはやがて、利潤と地代と労賃のいわゆる三位一体範式へとつながるわけである（vgl. S.370ff.）。——じっさいスミスは書いていた。「じぶんのものである或る原資から収入をおさめる者はだれでも、それをみずからの労働か、資本（stock）か、あるいは土地から抽きださなければならない。労働に由来する収入は労賃（wages）と呼ばれる。資本をじぶんで運営し、あるいは投下する者が資本からおさめる収入は利潤（profit）と称される」。資本を他人に貸与することにより獲得される収入は「利息または使用料」であるが、貸与されるものが土地である場合なら、「地代 rent」と名づけられるのである（Sm., p.52f.）。

スミスのドグマ(v＋m)は、現実に「年間生産物のうち消費手段からなる部分」については、ただしく当てはまる。ただしそれはあくまでII(c＋v＋m)＝II(v＋m)＋I(v＋m)という意味で正当であるにすぎない。つまりIIc＝I(v＋m)であるがゆえに、この場合には正しいのである（K.II, S.424）。一般的にいえば、たとえ単純再生産であったとしても、一年間の社会的総生産物の価値、設例では九〇〇〇のうち六〇〇〇、すなわちその三分の二は「自然形態で補填されなければならない不変資本の価値」であって、したがってそれだけの額の生産手段がふたたび「生産財源と合体されなければならない」(ebd., S.431)。——このような考察の射程のうちにあるものは、あの三位一体範式の批判であった。当のその範式こそが、文字どおり自己増殖する資本という *quidproquo*, 見あやまりの源泉にほかならないからである(本書、「おわりに」参照)。

再生産表式論の意味(2)　マルクスの「経済表」

マルクスは再生産表式を論じるにあたって、いくどか「均衡」という用語を使用している。そればかりではない。再生産表式論は一見したところ、新古典派経済学的な意味での一般均衡モデルの(さしあたりは初等代数的な?)一原型であるかのような外観を呈する。じっさい再生産表式論は、単純再生産と拡大再生産の両者に対し、いわばワルラス的な「均衡解」の存在を示しているのである。[2]しかし、そうだろうか。

よく知られているとおり、均衡論的前提に立った経済モデルのひとつは、レオンチェフが開発した、いうところの「産業連関表」にその代表的な定式化を見ることができる。産業連関表は、経済活動を複数の産業部門に分割し、各産業間の関係をあらわして、そこでは経済過程における投入-産出関係が行列式で表現される。それぞれの産業の生産物ならびに価格は相互に影響を与え、その波及効果がいわゆるレオンチェフの逆行列によって算出されるのである。[3]

レオンチェフ体系は、ケネーの経済表の現代版であるともいわれることがある。さきにみたように、マルクスもまたケネーの天才的な業績への評価を惜しんでいない。それではケネー受容という点で、両者のちがいはどこにあるのだろうか。

よく知られているように、ケネーは「経済表」第三版の「説明」の冒頭で、「生産的支出」と「不生産的支出」を分け、前者を、農業、草原、牧野、森林、鉱山、漁業などに用いられ、穀物、飲料、木材、家畜、手工加工品の原料などのかたちで「富を永続させる」ことを目的とするものであるとした。後者は、これに対して、手工業商品、居宅、衣装、金利、僕婢、商業経費、外国産製品などのかたちで濫費されるものである。(4)ここにはいわゆる「重農主義者」としてのケネーの相貌が立ちあらわれているわけである。

ケネーの経済表は、これも一見したところではたんに流通過程を標示する一覧表であるかのように見えるけれども、じっさいにはそれは再生産過程を示す表であると見ることができる。マルクスの用語系に引きつけていえば、そこでケネーが明示しているのは「商品資本」の循環の形式であるとはいえ、ケネーはかえって、農業における「生産資本」の循環を媒介するものとして流通過程をとらえていることになる。(5)

マルクスは一八六三年七月六日づけのエンゲルス宛て書簡中に、いわゆる「マルクスの経済表」を同封し、これをケネーの簡略化された経済表と対比させている。ここでは邦訳『マルクス＝エンゲルス全集』に依拠して、左にそのまま転載しておく。(6)

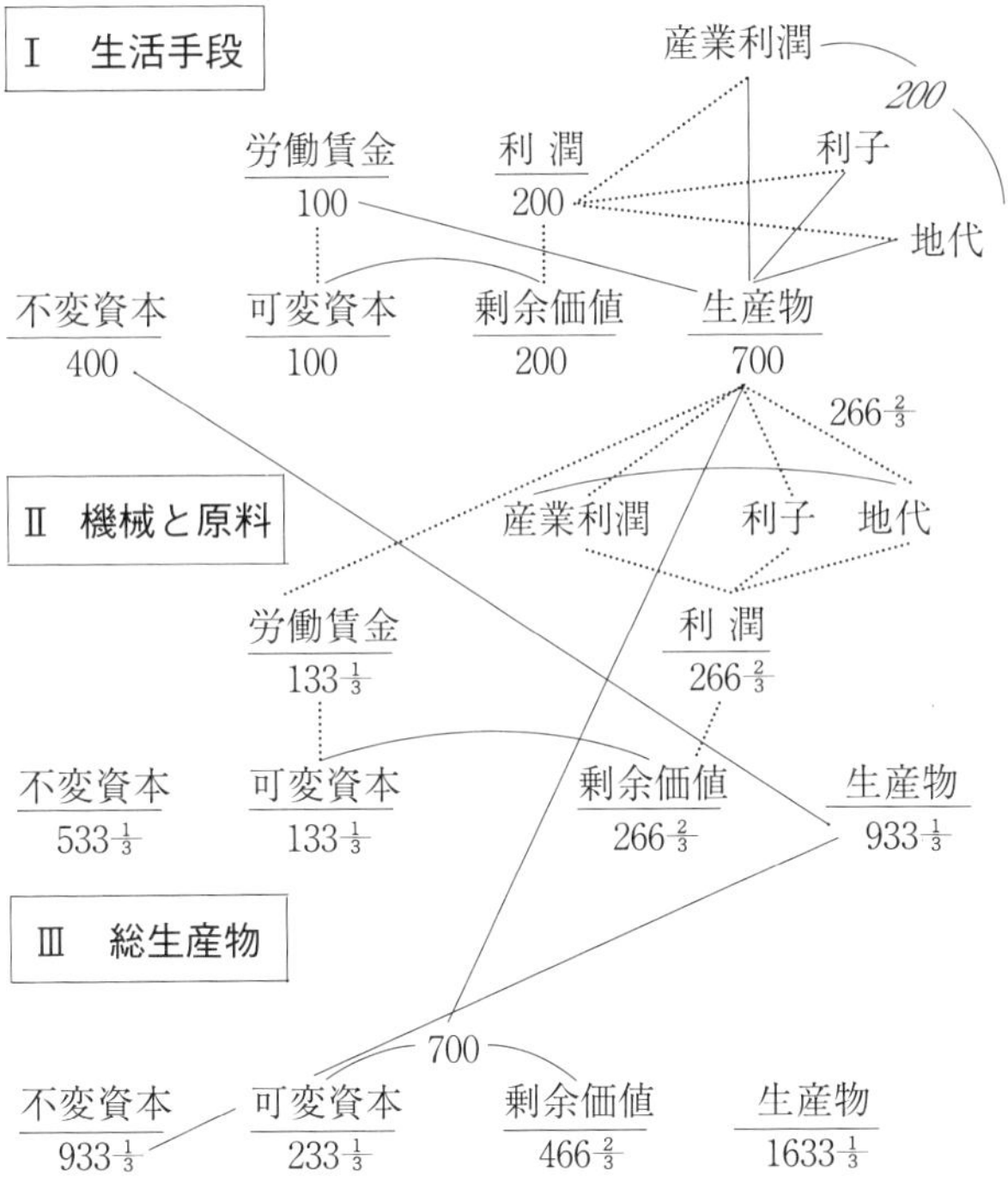

ドクトル・ケネの経済表

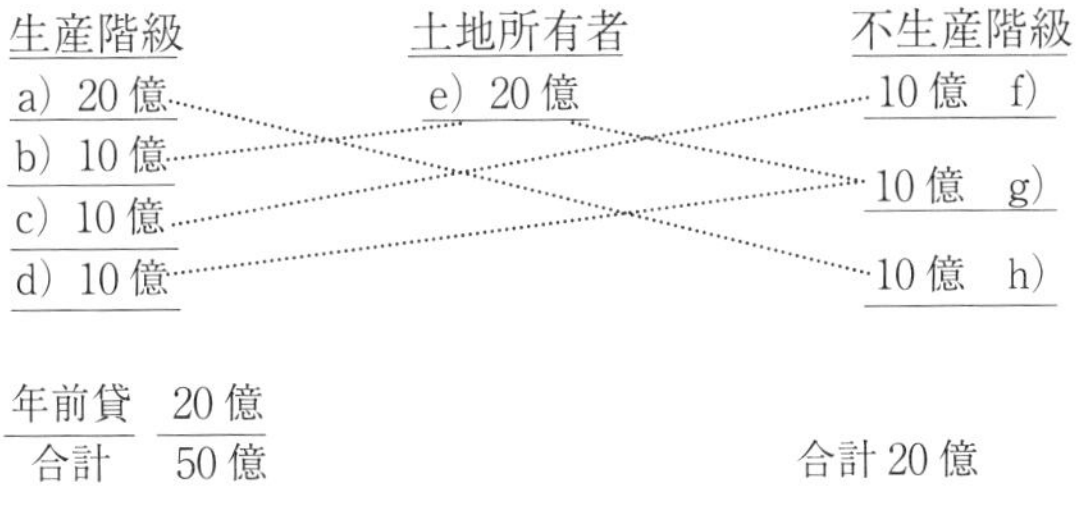

（大月書店版『マルクス＝エンゲルス全集』第二〇巻、二九一頁、岡崎次郎訳、による）

いま、一八六三年段階のマルクスの構想について、その細部にかんしては措いておく。ふたつの表を対比してみると、一見してあきらかになる、いくつかのことがらがある。

第一にマルクスの「経済表」は、ケネーのそれをアイデアとしては継承しながら、まったくべつの部門構成によって再生産過程を分析していることである。そこではすでに部門Ⅰと部門Ⅱという再生産表式論において重要な意味をもつにいたる区別が明確にあらわれている。

第二に、より重要なことがらとして、マルクスはケネーの経済表から、むしろ動的な運動を読みとって、その視点を継承しようとしているといってよい。再生産表式というかたちで体系化されたマルクスの思考は一見したところ、あたかも静的な均衡解の存在をもとめているかのように映じるけれども、その背後にある発想そのものはかえって、生産‐流通‐再生産にかかわり、動的な変換と生成そのものをとらえようとしたものなのである。

その点でマルクスの構想は、たんなる投入‐産出分析の手法とは大きくことなっている。後者に存在するものは、たんに静的で無時間的な演算にすぎず、直接的な生産過程と流通過程とをいわばブラック・ボックスに収めた均衡分析にすぎないからだ。マルクスが再生産表式論で明確にしようとしたものは、エコノミー過程の総体にわたる運動と生成、循環と拡大のプロセスなのであって、たんなる均衡解の存在ではない。

第三に、それゆえマルクスの分析は、均衡条件をもとめているように見えながら、じつは均衡の背後にある偶然と不確定的な諸条件を問題とするものとなってゆく。すでにふれておいたとおり、均衡の可能性は、マルクスにとって、それじたい運動と生成とを制約する時間的な契機をそのうちにふくむかぎり、同時に均衡を破綻させる可能性の条件をふくむものなのであった。

マルクスの分析は均衡の必然性を解こうとするものではない。かえって、均衡のいわば **contingency** をこそ説こうとするものであったのである。

註

（1）石塚良次、一九八六年b、四一三頁に若干の改変をくわえて作成。

（2）ワルラス的な「一般均衡理論 Theory of general equilibrium」における均衡解の存在については、古典的なものであるけれども、二階堂副包、一九六〇年、二六一頁以下、参照。サムエルソンによる体系化をふくめて、一般均衡論が社会科学理論一般に対して有する意味については、小室直樹、一九七四年、を、一般的な教科書としては、丸山徹、二〇〇六年、一二五頁以下、を参照。哲学畑では、さいきん荒谷大輔が、みずからのエコノミーの哲学をめぐる構想の内部で、ワルラス的な経済学構想の意味と限界について論じている。荒谷、二〇一三年、九一頁以下、参照。

（3）産業連関表ならびに投入‐産出分析についての一般的紹介としては、武隈愼一・石村直之、二〇〇三年、五三頁以下、参照。

（4）ケネー、一九九〇年、二三頁。

（5）内田義彦、一九六一年、七九頁。ケネーの経済表をめぐっては、平田清明の古典的研究（平田、一九六五年）のほかに、マルクスとの関連では、小池基之の研究（小池、一九八六年）を参照。

（6）山田盛太郎の古典的研究（「再生産過程表式分析序論」一九三一年）が、すでにケネーの経済表と、マルクスの「経済表」とを対比してみせていた（山田『著作集』第一巻、六七‐六八頁）。山田の解釈は、再生産の条件を、再生産が規則的に進行するために必要な均衡条件とみなすという意味で、均衡論的な理解に立っていたといわれる。

これに対して、いちはやく宇野弘蔵「再生産論の基本的考察――マルクスの『経済表』」(一九三二年。「再生産表式論の基本的考察――マルクスの『経済表』」と改題のうえ『資本論の研究』〔一九四九年〕に収録。宇野『著作集』第三巻、所収)の批判がある。さらにのちに、宇野『原論』は、再生産表式論のポイントを「価値法則の絶対的基礎」を与えるものと解釈するようになる(宇野『著作集』第一巻、二四四頁以下)。新『原論』において簡略にされた記述はつぎのとおりである。

およそどのような社会であれ、「全社会の労働力を生産手段と共に、それぞれの生産物の生産に必要とせられる程度に応じて配分することによって、年々の再生産を継続」しなければならない。「資本家的商品経済は、それを価格の運動によって調整せられつつ貫徹される価値法則によって実現するのである。すなわち個々の生産物の生産に必要なる労働時間を規準にして、全社会のその生産物に対する需要に応じて、資本は労働力と生産手段とをそれぞれの生産に投じることになる。マルクスは、この社会的関連を社会的総資本の生産物を基点とする再生産過程として、簡単なる数字をもって表示したのであった。いわゆる再生産の表式がそれである」(宇野『著作集』第二巻、八六頁)。

第Ⅲ篇　資本の転換

Ⅲ・1 利潤

Ⅲ・1・1 利潤率への「転化」

α 費用価格

「資本制的生産の総過程」

マルクスの経済学批判体系は『資本論』第三巻の問題領域によって閉じられる。本篇では以下、錯綜した第三巻の問題地平を、現行テクストを整理しながら辿ってゆくことにしよう。

遺稿を編集したエンゲルスは、遺された手稿の全体に「資本制的生産の総過程 Der Gesamtprozeß der kapitalistischen Produktion」という表題を付したうえで、その本文冒頭に以下のような総括的文章を配していた。(1) すでにいちど言及した文言であるけれども（本書、三九六頁、参照）、あらためて引用しておこう。

第一部では、それだけでとり出された資本制的生産過程が提示している、直接的生産過程としての現象が探究された。そのさい、この直接的生産過程にあっては、当の過程にとって外的な事情に発する二次的な影響はすべてなお度外視されていたのである。とはいえこうした直接的生産過程によって、資本の生涯は汲みつくされるわけではない。それは現実的世界では流通過程によって補完されるのであって、この流通過程が第二部の探究の対象をかたちづくるものであった。第二部では、とりわけその第三篇で、社会的再生産過程を媒介するものである流通過程の考察にさいして、資本制的生産過程を全体としてみれば、それは生産過程と流通過程の統一であるしだいがあきらかになったのだ。（K.III, S.33）

第一巻の問題領域では、資本はその流通過程を「外的」な攪乱をすこしもこうむることなく通過するはこびが前提とされていた。第二巻が主題化する問題系は、これに対して、当の流通過程そのものであって、そこではしかし、とりわけ再生産表式がことの消息を示していたように、「資本制的生産過程」が「生産過程と流通過程の統一」である事情こそが明確となるにいたったのである。

ここまでは、本書でもすでに跡づけておいたところである。これから考察してゆくべき問題は、そのさきにある。

右の確認を承けてマルクスは、とはいえ「この第三部で問題となるのは、この統一について一般的な反省をこころみることではありえない」と書く。マルクスによれば第三巻の問題地平にあって展開されなければならないのは、「全体として観られた資本の運動過程 *Bewegungsprozeß des Kapitals, als*

Ganzes betrachtet」から発現する「具体的なさまざまな形態を見いだして、それを叙述すること」である（ebd.）。これはなにを意味しているのだろうか。

資本とは価値増殖の無限な反復過程であり、くりかえし出発点へと回帰するその過程を規定する動因は、より大きな剰余価値の獲得であった。剰余価値は、とはいえ現実には、それを直接的な生産過程において増殖させ、さらに流通過程にあって現実化させる産業資本によってのみ取得されるのではない。剰余価値はさまざまな種類の資本（すなわち、産業資本ばかりではなく、商業資本、貸付資本をふくむ資本）や、くわえてまた土地所有者などのあいだで分配される。剰余価値はそのことで、利潤、地代、利子といった「具体的なさまざまな形態」を取ることになるのである。

いまや、こうした諸過程を解明して、かくて「資本制的生産の総過程」をあきらかにしなければならない。そういった解明のなかで、「資本のさまざまなすがた」は「社会の表面でいろいろな資本のあいだの作用としての競争（Konkurrenz）のなかであらわれ、生産当事者自身の日常の意識にあらわれるさいの資本の形態」に、すこしずつ接近してゆくことになるだろう。マルクスは、とりあえずそう説いてゆく（ebd.）。

「費用価格」の規定

まず解明されなければならないのは、剰余価値が個々の資本に対してあらわれる利潤という形態である。資本制的な生産様式を分析する者にとっては剰余価値としてすでにあきらかになったものが、資本にとってまずは利潤としてあらわれるのである。ここにはやくも、ひとつの問題が伏在している。どうしてだろうか。

「利潤」とはそれぞれの資本にとって、商品生産にさいして要する費用、つまり「費用価格」を超過する部分として意識される。それでは費用価格とはなにか。マルクスは、つぎのように書いている。引用しておく。

資本制によって生産されるおのおのの商品の価値Wは、定式 $W=c+v+m$ であらわされる。この生産物価値から剰余価値mを引きされば、生産要素に支出された資本価値 $c+v$ に対する商品におけるたんなる等価または補填価値が残される。

たとえば或る物品の生産に五〇〇ポンドの資本支出が必要であって、そのうち二〇ポンドは労働手段の磨滅のために、三八〇ポンドは生産材料のために、一〇〇ポンドは労働力のために必要である、とする。剰余価値率が一〇〇％であるとするならば、生産物の価値は $400c+100v+100m=600$ ポンドである。

一〇〇ポンドの剰余価値を引きされば、五〇〇ポンドの商品価値がのこり、これはただ支出された五〇〇ポンドの資本を補填するだけである。商品の価値のうち、消費された生産手段の価格と充用された労働力の価格とを補填するこの部分は、たんにその商品が資本家自身に費やさせたものを補填するにすぎず、かくして資本家にとって商品の費用価格をかたちづくるものなのである。（S.34）

商品価値Wは、不変資本（機械等の減価償却分 プラス 原材料などの諸費用）ならびに労賃にあらわされる可変資本と、労働過程で付けくわえられる剰余価値からなる。この「生産物価値」のうち、剰余価値以外の部分はたんに支出された資本を「補填する ersetzt」にすぎず、つまり資本そのものが商品生産にさいして投下した価値を取りかえす部分であるにすぎない。商品価値Wのうち、この補填部分が商品の「費用価格 Kostenpreis」と呼ばれる。

費用価格とは、あくまで「資本家にとって」の価値の規定であって、価値増殖を規定的な動機とする資本の立場から設定されるカテゴリーである。商品価値をかたちづくる価値部分のうち、剰余価値に相当する部分については、資本はどのような費用《コスト》も費やしてはいない。剰余価値を生みだす労働力もまた生産要素の一部分としてあらわれ、資本のみが生産者としてあらわれるかぎりでは、資本にとっては商品の費用価格が「商品そのものの現実の費用」としてあらわれる。いま費用価格をkとすれば、商品価値をあらわす定式 W ＝ c ＋ v ＋ m は「定式 W ＝ k ＋ m に、すなわち商品価値＝費用価格＋剰余価値に転化する」にいたる（ebd.）。

不変資本と可変資本との区別は、価値増殖過程を批判的に分析する視点にとっては不可避な区別なのであった。すでに本書のⅡ・2・2で見てきたとおり、とはいえ、資本を現実に運用する立場にとっては、投下資本の区分は不変資本と可変資本というかたちで設定されていない。ここにあらかじめ、当事者（資本家）の意識にまつわる一箇の落差、あるいは倒錯がある。どうしてか。

資本を投下する立場にあって、関心はひたすら、資本の回転速度を高めること、したがって回転期間を短縮することにある。資本を運用する立場にとっては、かくして問題となるカテゴリーは、固定資本と流動資本というかたちで意識されるのであった。そこでは、可変資本、すなわち労働力を購買するために投資された資本も、原材料等に投下された資本部分とおなじように、一回の回転期間のなかで回収されるべき流動資本としてあらわれる。費用価格というあらたなカテゴリーは、このように、不変資本と可変資本というカテゴリー的な分節化が解消し、可変資本が流動資本へと一体化されることを前提として、あくまで資本を投下し、回収する立場のみに対して妥当する規定にほかならない。

そのかぎりでは、費用価格というカテゴリーの設定には、資本制的生産に特異な倒錯がまとわりついている。この件についてもうすこし立ちいっておく必要がある。そのうえで、利潤カテゴリーが、これも資本を運用する立場にそくして規定されるはこびとなるだろう。

費用価格という「倒錯」

商品の価値はc＋v＋mであらわされる。すなわち、消費された生産手段の価値と、投下された可変資本の価値、ならびに付加された剰余価値の総和によって表現される。これに対して、商品の費用価格kはc＋vであり、k＝W－mであるから、費用価格は商品価値よりもちいさい。そうであるからといって、しかし「商品の費用価格はけっしてただ資本家の簿記のなかにのみ存在する一項目」というわけではない。この価値部分が独立してあらわれるのには、現実に商品が生産される現場では、実際上の意味がある。というのも、「この価値部分は、その商品形態から流通過程を経てたえずふたたび生産資本の形態に再転化しなければならず、したがって商品の費用価格はその商品の生産に消費された生産要素を不断に買いもどさなければならない rückkaufen muß」からである（S.36f.）。

商品の生産にさいし失われた生産要素をふたたび回収しないかぎりでは、資本はもういちど生産を再開することができない。その意味で費用価格とは、資本制的生産を継続させ、その生産条件を反復的に可能とする制約なのである。

費用価格は、資本制的生産の反復条件である。ということは、逆にいえば、「費用価格というカテゴリーが、商品の価値形成あるいは資本の価値増殖過程とはだんじて関係がない」ことを意味している。それにもかかわらず、「費用価格は、資本経済にあっては、価値生産そのもののカテゴリーというあやまった外観（Schein）を獲得するはこびとなる」だろう（S.37）。

ことの消息はすでにはっきりしている。ここでは、マルクスの総括的認定を確認しておく。テクストを引用してみよう。

費用価格の算定に関連しているかぎりでの固定資本と流動資本とのこのような差異は、したがってひとえに、費用価格は、支出された資本価値から、あるいは労働をもふくめて支出された生産要素が資本家自身に費やさせる価格からなりたつという外観を確証するだけなのである。いっぽう、価値形成との関連で可変的な、労働力に投下される資本部分は、ここでは流動資本という項目のもとに、明確に不変資本（生産材料からなっている資本部分）と同一視されるのであって、そのようにして資本の価値増殖過程の神秘化が完成されるのだ。（S.43f.）

費用価格をかたちづくっているのは、一方では支出された不変資本であり、他方では投下された可変資本にほかならない。そこではしたがって「不変資本と可変資本との差異が消失してしまい」（S.42）、「ただひとつの区別、すなわち固定資本と流動資本との区別がみとめられるだけ」なのである（ebd.）。

かくてまた、いっさいが「必然的に顚倒されたしかたで notwendig in verkehrter Weise」（S.41）あらわれる。利潤という、資本の立場からすればもっとも基底的なカテゴリーもまた、ことがらのこの顚倒にもとづいて設定されている。費用価格というカテゴリーとともに開始されるのは、資本の価値増殖過程の「神秘化 Mystifikation」を完成する過程にほかならない。

「資本制的な表象」の支配

費用価格は、かくて、さまざまな神秘化と *quidproquo* との巣窟にほかならない。その神秘化と *quidproquo* とのさまざまは、とはいえ、たんに資本家のあたまのなかで芽ばえ、育まれる幻想ではない。それはむしろ、資本制の総過程に媒介された、不可避的な幻影なのである。

この幻想を、資本制のうちで生きるものは、とりあえずだれもまた逃れることができない。その間の事情にかんしては、より展開された諸形態にそくして、くりかえしなお確認されてゆくことになるだろう。本項を閉じるまえに、ここでは、ごく単純な場面を例にとった、マルクスの導入的な説明のみにふれておくことにする。

マルクスは、利潤カテゴリーを導入したあとで、つぎのように書いていた。引用しておく。

資本制的生産に支配されている社会状態のなかでは、資本家でない生産者も資本制的な表象に支配されている。バルザックはおよそ現実の事情のふかい把握によってきわだっているが、かれはその最後の小説『農民』のなかで、小農民が、高利貸しの好意をつなぐためにさまざまな労働を無償で提供しながら、じぶんの労働がみずからにとってすこしも現金投下を必要としないという理由で、じぶんは高利貸しになにも与えてはいないのだと思っていることを、適切に描きだしている。こうして高利貸しのほうは、一石で二鳥を落とすことになる。高利貸しは労賃の現金投下を逃れる。さらに、みずからの畑で労働しないために、ますます零落してゆく農民をいっそう深く高利の蜘蛛の巣のうちへと巻きこんでゆくのである。(S.49)

「資本制的生産」は、それに固有な「表象」を生む。資本制的な生産そのものが、しかしやがてその表象によって駆動されることになるだろう。マルクスが、右に引いた一節で、ことのついでのように書いているとおりである。

註

(1)『資本論』の遺稿をめぐって、一般的には、佐藤金三郎、一九八九年、参照。第三巻相当分の原稿の状態にかんしては、佐藤金三郎、一九九二年、九三頁以下、参照。また、とかく議論を呼んできた、第三巻・冒頭部をめぐる問題について、とくに、同書、一六八頁以下、参照。

β　利潤率

「利潤」カテゴリーの設定

費用価格kとは、生産にさいしてまえもって投下された資本部分の総和によって表現されるものであった。「商品価値」そのものには、「費用価格を超える超過分、あるいは剰余価値」がふくまれているにもかかわらず、費用価格の規定においては、直接的生産過程にあって付加される剰余価値mについては考慮されていない。費用価格は「資本の素材的要素にたえず再転化」し、そのことで資本制的生産の生産条件を反復的に可能としている。

これに対して、剰余価値は費用価格に対する「価値超過分」として、「商品の生産中に支出され、商品の流通によって回帰してくる資本の価値増加分」にほかならない。いまや、この超過分あるいは増加分が問題とされなければならないことになるだろう（vgl. K.III, S.44）。

商品価値Wは定式 **W＝c＋v＋m** であらわされる。このうち剰余価値mは可変資本にのみ関係し、可変資本vだけにかかわる増加分なのであるから、定式 **W＝c＋v＋m** は、起源を示すように標記すれば、**W＝c＋(v＋m)** となる。右で規定された費用価格という観点からすれば、とはいえ定式 **W＝c＋v＋m** は **W＝(c＋v)＋m** ともあらわされる。さきの設例によればつまり、「生産のまえに、私たちは五〇〇ポンドという資本を有していた。生産のあとで私たちは、五〇〇ポンドの資本 プラス一〇〇ポンドの価値増加分を所有している」ことになるのである（ebd.）。

それればかりではない。剰余価値は、たんに可変資本部分に対して、その増加分をかたちづくっているだけではない。可変資本部分だけが生産過程にあって「価値増殖過程に入る」ものであるにしても、剰余価値は「そこには入らない部分」に対しても、「それにもかかわらず或る増加分を形成している」。すなわち、「生産にさいして総じて充用された資本」に対して「価値増加分」を形成しているのである。しかも、投下された総資本、したがってまたなお生産手段として引きつづき機能しうる不変資本部分をふくむ全資本に対しても、終了した資本の一回転にあって現実に損耗した不変資本部分 プラス 原材料等の流動資本 プラス 可変資本に対しても、増加分をかたちづくっているのだ（S.45）。

かくして、剰余価値は、生産手段と労働力からなるさまざまな「価値要素」から「一様に生じるかに見える」。それらの要素はひとしく「費用価格」にぞくするからだ（ebd.）。あるいは、「総資本が、素材的にいえば、価値を形成するものとして役だつ」かに見えるからである（S.46）。ここに、利潤カテゴリーが資本関係を覆いかくす、とはいえ現実に妥当し、それゆえに客観的にも作動する概念として登場するみちすじがある。

右にふれたとおり、「剰余価値は充用資本のすべての部分から同時に生じる」ように見える。資本の人格的な代表者としての資本家のこのような「推論」とともに、いまや、剰余価値カテゴリーにかわって利潤カテゴリーが登場することになる。

マルクスは書いている。引用しておこう。

> このように、前貸し総資本の所産と表象されたものとしては、剰余価値は利潤という転化形態を獲得することになる。なんらかの価値総額が資本であるのは、かくして、それが利潤を生むために投下されるからである、というしだいとなり、あるいはまた利潤が生じるのは、なんらかの価値額が資本として充用されるからだ、というはこびとなる。利潤をPと名づけるとすれば、定式 $W = c + v + m = k + m$ は、定式 $W = k + p$，すなわち商品価値＝費用価格＋利潤に転化するのである。（ebd.）

費用価値kとは $c + v$ にほかならない以上、剰余価値が利潤へと転化することは、すくなくとも算術的にはなんの問題もふくんではいないかに見える。しかし、そうではないのだ。どうしてだろうか。マルクスの考察をなおたどっておく必要がある。

利潤カテゴリーという「倒錯」

「利潤 *Profit*」とは「剰余価値」の一形態である。それはただし、いくえもの *quidproquo* を経たその「転化形態 verwandelte Form」にほかならない。問題のポイントを、ここでもういちど振りかえっておこう。

直接的生産過程における価値増殖過程の分析にあっては、不変資本と可変資本との区別が不可欠であった。後者のみが剰余価値の産出にかかわるからである。資本を運用する立場の意識にそくして費用価格が問題とされるとき、両者の差異は抹消され、$c + v$ はたんにkとして一括される。そのけっか、生産に先だって資本が市場で生産手段を購入したさいに、その対価をすべて支払ったと見なされるのとおなじように、労働（じつは労働力）を購入したとき、資本は労賃のすべてを支払いずみであると見なされる。

問題は、それればかりではない。とりわけ、労賃として投下される可変資本が流動資本へと一体化されることで、労働力は原料などと同等な生産要素のひとつと見なされ、労働力をふくむ生産要素の全体が利潤を生むものと考えられるにいたる。「利潤」は、剰余価値の源泉が隠蔽され、いくつもの差異が抹消されたけっか生まれてくる「神秘化された形態 eine mystifizierte Form」なのであり、費用価格が問われるときには「一方の極で労働力の価格が労賃という転化形態であらわれるので、反対の極では剰余価値が利潤という転化形態であらわれるのである」（ebd.）。

かくして、ことがらはこうなることだろう。商品が「価値」どおりに売れるなら、一定の「利潤」は保障される。このばあい利潤は価値のうち「費用価格」を超過する部分にひとしく、したがって「剰余価値」の全体とひとしい。とはいえ資本が商品を、その価値よりも安く販売しても、いくらかの利潤を上げることは可能である。販売価格が費用価格よりも高いかぎりでは、その価格が価値を下まわっていたとしても、剰余価値の一部分は実現され、なにがしかの利潤は手にされるからである（S.47）。

資本は、商品をその価値よりも安く売りながらも、利潤を獲得することが可能である。この件は、のちに「生産価格」を問題とするさいに、重要な条件となることだろう。あとで見るとおり、「一般利潤率」や「生産価格」を規制する法則は「商品の価値と費用価格のこの差異」にもとづいているからにほかならない（ebd.）。

　いずれにせよ、或る商品について、その販売価格の「最低の限界」は費用価格によって与えられている。費用価格を下まわる販売は、やがて商品の再生産そのものを不可能にする。その理由からして、資本にとって費用価格は、しばしば商品に「固有の内在的な価値」とみなされることになる。そればかりではない。商品のふくむ剰余価値が「商品の販売によって実現されるのではなく、販売そのものから発生する」ものとみなす「幻想 Illusion」もこの間の消息に根ざしている。費用価格が商品の内在的価値と考えられるかぎり、資本にとっては、販売によって実現される剰余価値は、「商品の価値がその費用価格を超える超過分」としてではなく、「商品の販売価格がその価値を越える超過分」としてあらわれるからである（S.47f.）。

資本の一般的定式と「利潤」

　利潤とは、資本の神秘化の過程のなかで剰余価値がまとうにいたる転化形態であった。マルクスはつづいて利潤率カテゴリーを検討してゆく。利潤率カテゴリーは、剰余価値率が、おなじく資本制的生産が神秘化してゆく過程のうちで、資本を運用する立場に対して立ちあらわれる形態であることになるだろう。

　ところで、利潤カテゴリーが資本制に特有な形態であるかどうかについては疑問の余地がある。利潤形態はたしかに産業資本にあっては、剰余価値が転化した経済形態にほかならない。とはいえ利潤カテゴリーそのものは商品経済とともに発生し、歴史的にも産業資本に先だって存在する商人資本の運動形式とともに成立しており、産業資本はたんにこれを継承し展開しているにすぎない、と考える余地もあるからだ。(1)

じっさいマルクスもまた、利潤率を問題とするにさいして、考察の前提となる前置きとしてつぎのように書いていた。引用しておく。

資本の一般的定式はG—W—G′である。すなわち、或る価値額が流通に投げこまれて、それより大きな価値額を流通から引きだす結果となるのである。このより大きな価値額を生みだす過程は資本制的生産であり、それを実現する過程は資本の流通である。資本家が商品を生産するのは、その商品そのもののためでもなければ、その商品の使用価値、またはこの使用価値の個人的消費のためでもない。資本家にとってじっさいに問題となる生産物は、手でつかむことのできる生産物そのものではなく、生産物の価値のうちこの生産物に消費された資本を超える超過分にほかならない。資本家は、総資本を、そのさまざまな成分が剰余価値の生産で演じる役割を顧慮することなく前貸しする。資本家はこれらの成分をすべて一様に、ただ前貸し資本を再生産するためだけではなく、前貸し資本を超えた価値超過分を生産するために前貸しするのである。(S.51)

G—W—G′とは「資本の一般的定式」であるとともに、種別的にはまた商人資本をしるしづける定式である(本書、I・3・3参照)。G′—Gすなわち⊿Gが剰余価値、ここではつまり利潤を標記する。

産業資本は商人資本のこの運動形式を承けつぎ、生産過程を内部に分泌することで、利潤を獲得しようとする。そのさい一方で、産業資本が関心を有するのはひとえに「生産物に消費された資本を超える超過分」であるにすぎない。他方でまた、資本を運用する者の立場にあって「超過分」がいい、、、それに対して意識されるのは、（直接的生産過程にあって剰余価値を産出する可変資本ではなく）「総資本 Gesamtkapital」なのである。

剰余価値率であるならば、それは必要労働に対する剰余労働の比として測定されることだろう。資本の立場から利潤の大小のみが問われ、その大小の比率が問題となる場合には、総資本に対する利潤の比率が、すなわち利潤率が問われることになるはずである。つまり、「資本家の利得の現実の度合いは、可変資本に対する割合によってではなく、総資本に対する割合によって、すなわち剰余価値率をつうじてではなく利潤率によって規定されて」（S.52）ゆくことになるのである。

「利潤率」カテゴリーの設定

資本は労働ではなく労働力を、市場で調達する。資本によって用益される労働のうちには、したがって、労働者にとっての必要労働（支払労働）ばかりでなく、剰余労働（不払労働）もふくまれている。後者の剰余労働が、商品生産における剰余価値を形成するのである。これに対して、「総資本の価値量」、つまり労働力の購入に充当される可変資本ばかりでなく、不変資本をふくむ資本全体のふくむ価値量は「剰余価値量に対して、どのような内的な関係もかたちづくることがない」（S.55）。なぜなら、「不変資本の価値と剰余価値のあいだには、かくてまた総資本の価値（＝c＋v）と剰余価値とのあいだにもまた、内的で必然的な関係はなにもない」（S.57）からである。にもかかわらず価値増殖を規定的目的とする資本にとっては、この差異、可変資本と不変資本との決定的な差異が忘却され、抹消されるのである。

利潤率カテゴリーは、このような多層的な忘却と抹消、差異の反復的な消去によって成立する。この間の消息をたどるテクストの一節を引用しておこう。

> 商品にふくまれている価値は、商品の生産に費やされる労働時間にひとしく、またこの労働の総量は支払労働と不払労働とからなっている。これに対して、資本家にとっての商品の費用は、商品に対象化されている労働のうち資本家が支払った部分のみからなっているのである。商品にふくまれている剰余労働は、労働者には支払労働とまったくおなじように労働を費やさせるにもかかわらず、また支払労働とまったく同様に価値を創造し、価値形成要素として商品に入るにもかかわらず、資本家にとってはなんの費用もかからないものである。資本家の利潤は、じぶんが代価を支払っていない或るものを売ることができるという事情から生じる。剰余価値または利潤とはまさしく商品価値が商品の費用価格を超える超過分なのである。すなわち、商品にふくまれている支払労働量を越える超過分なのだ。かくて剰余価値は、それがどこから生まれるにしても、ともかく前貸し総資本を越えた超過分にほかならない。だからこの超過分は総資本に対して $\frac{m}{C}$ という分数であらわされる割合をなすことになる。このCは総資本を意味する。かくして私たちは、剰余価値率 $\frac{m}{v}$ との区別において、利潤率 $\frac{m}{C}=\frac{m}{c+v}$ を獲得するの

である。（S.52）

可変資本vと総資本Cのあいだには、量的な区別とともに質的な区別がある。量的な差異が存在することは自明である。Cとはc（不変資本）とvとの和であるからだ。質的な区別はいっぽう、支払労働と不払労働の差異を抹消するところから生じている。$\frac{m}{v}$と$\frac{m}{c+v}$との区別はここで、決定的な差異をしるしづけるものなのである。

利潤率カテゴリーという「倒錯」と「神秘化」

資本にとっての利潤の源泉とは「剰余価値」であり、剰余価値を生むものは「不払労働」である。つまり資本は「じぶんが代価を支払っていない或るものを売ることができる **etwas zu verkaufen hat, das er nicht bezahlt hat**」のだ。にもかかわらず、資本はこの「超過分」を「総資本」に対する割合で測ることになる。かくて「剰余価値率$\frac{m}{v}$」とはべつに、「利潤率 *Profitrate*」が、つまり$\frac{m}{C}=\frac{m}{c+v}$が得られるにいたるのであった。

ほんらいは「剰余価値率の利潤率への転化が導出されるべきなのであり、その逆ではない」。にもかかわらず、「現象の表面にあらわれてくる」のは、剰余価値率ではなく利潤率にほかならない（S.53）。そのけっか、なにが生起するのだろうか。生起するのは、ここでもふたたび資本の神秘化である。すなわち「資本のすべての部分が一様に超過価値（利潤）の源泉としてあらわれることによって、資本関係は神秘化されるのである wird das Kapitalverhältnis mystifiziert」。ここに生まれるのは「顚倒された観念、移調された意識」にほかならない（S.55）。

この神秘化の、もしくは顚倒と移調の結果はなんだろうか。総資本と利潤との関係が問われ、前者に対する後者の比が問題とされるところでは、「資本はじぶん自身に対する関係としてあらわれる」（S.58）。自己関係という、ヘーゲル論理学体系を意識して使用されている用語が、ここで、問題の所在を告げている。

なぜだろうか。この、じぶん自身に対する関係としての資本（*das Kapital als Verhältnis zu sich selbst*）こそが、自己増殖する価値としての資本がその神秘化を終了する地点を、あらかじめ指ししめしているからだ。それは利潤率ではなく一般利潤率が支配し、価値ではなく生産価格が支配して、一定量の資本が一定量の資本であるがゆえに、その自己運動において利潤を生むとみなされる地点にほかならない。そこでは「資本と労働」ではなく「資本と資本」が相対し（vgl. S.54）、現実のいっさいが「競争」のなかに置かれることになるだろう（vgl. S.53）。

競争とは、個々の資本にとっては一箇の超越的条件である。個別資本は競争においてその外部にさらされ、当の外部を個々の資本は操作することができないからである。競争は、しかしやがて、資本制を資本制として可能とする超越論的な審級となるはずである。

註

（1）とりあえず、伊藤誠、二〇〇六年、三二八頁以下、参照。

γ　生産条件

剰余価値率と利潤率

総資本をCとする。Cは不変資本cと可変資本vとに分節化され、vは剰余価値mを産出する。mの、投下された可変資本に対する割合、すなわちm/vが「剰余価値率」とされ、それがm'とされたのであった。

かくて、$m'=\frac{m}{v}$であり、両辺にvをかければ$m=m'v$となる。おなじ剰余価値mが、可変資本vとの関係ではなく、総資本Cとの関係で問題となる場合には、利潤pと呼ばれ、m/Cは「利潤率」p'と規定される。

こうして、

$$p'=\frac{m}{C}=\frac{m}{c+v}$$

が成立する。

ここで、$m=m'v$だから、mに替えて$m'v$を代入すれば、

$$p' = m'\frac{v}{C} = m'\frac{v}{c+v}$$

となるだろう。

この等式は、p′：m′＝v：Cという比例式でも書けるから、「利潤率 対 剰余価値率という比は、可変資本 対 総資本という比にひとしい」ことになるはずである（vgl. K.III, S.59f.）。

マルクスはここから、いくつかの計算例を引きだして考察しているけれども、そのひとつひとつに立ちいることはしない。後論のために重要な帰結のいくつかについてのみ、ふれておく。

まず、ふたつの任意の資本のあいだで剰余価値率がひとしいなら、両者のあいだに成立する利潤率の比は「それぞれの総資本に対し百分比で計算された可変資本部分のあいだの比」にひとしい。すなわち、剰余価値率が同一ならば、可変資本が大きいほどに利潤率は大きい（vgl. S.64）。

第二に、総資本が不変で、かつ剰余価値率も同一であって、しかも可変資本が変化する場合には、もともとの利潤率と変化後の利潤率との比は「最初の可変資本と変動した可変資本との比」と同等である。つまり可変資本の割合が大きくなれば利潤率は大きくなり、逆の場合ならば逆である（vgl. S.66）。後者が「近代産業にあって正常な場合」であって、労働の生産性が上がると、すなわち以前よりもすくない労働者によって以前よりも大量の生産手段が生産的に消費されるようになる場合には、その漸次的な運動は「利潤率の低下」と必然的にむすびついてゆく（S.68）。

ここから、なにが帰結することになるのだろうか。とりあえずこの二点のみを考慮に入れるだけであきらかとなる事情は、「おなじ利潤率の基礎にはさまざまな剰余価値率が存しうる」（S.77）ということである。

利潤率は剰余価値率によって規定される。あるいは、利潤率は剰余価値率を基礎に規定されなければならない。それにもかかわらず前者の上昇が後者の低下と結合していることがありえ、たほうで前者の低下が後者の上昇とむすびあっていることも可能である。同様にまた、利潤率が変化しても剰余価値率が不変である場合もありうるのである（vgl. S.78）。

資本の回転と利潤率

『資本論』第三巻第一篇は「剰余価値率の利潤率への転化」と題されている。エンゲルス編集版ではその第一章が「費用価格と利潤」、第二章が「利潤率」、第三章が「利潤率と剰余価値率の関係」を論じていた。

編集者のエンゲルスは、このあとに「回転が利潤率におよぼす影響」を問題とし、その第四章の全体を書きおろしている。「第四章にはただ標題（Titel）が見いだされるだけだった」（「序文」S.12）からである。ここで、本書Ⅱ・2・2で展開しておいた考察を想起しておくためにも、エンゲルスの説明にふれておくことにも一定の意味があるはずである。

問題の第四章の冒頭で、エンゲルスは、第二巻におけるマルクスの分析を想起しながら、つぎのように書いている。引用しておこう。

回転が剰余価値の生産、かくしてまた利潤の生産におよぼす影響は、第二部で究明された。それは以下のように取りまとめられよう。回転のためには時間が必要とされるので、全資本が同時に生産に使用されることはできない。したがって、資本の一部分は、貨幣資本とか、在庫原料とか、出来あがってはいるけれどもまだ売れていない商品資本とか、いまだ満期にはならない債権とかのかたちでたえず遊休している。積極的な生産、すなわち剰余価値の生産と取得のためにはたらいている資本は、つねにこの部分だけ縮小され、生産され取得される剰余価値はいつでもおなじ割合で減少させられているのである。回転期間がみじかければみじかいほど、それだけ資本のこの遊休部分は全体にくらべてちいさくなる。かくてまた、ほかの事情が不変であれば、取得される剰余価値はそれだけ大きくなるのである。(S.80)

利潤率が剰余価値の絶対量にも規定されているかぎりで、右でふりかえった事情は利潤率の大小に対しても影響を与えるはずである。回転期間は生産期間と流通期間とからなるのだから、両者の延長あるいは短縮は、利潤率の増加または減少に対して規定的に影響する。

生産期間を短縮するための「主要な手段」は「労働の生産性を高めること」であり、かりにそのために過剰な資本投下がなされないとすれば、利潤率は上昇する。たとえば、あかね染料の原料となるあかね草の成長のためには一年が必要であったが、コールタールからアリザニン(あかね染料)を製造する技法の発明は、以前からコールタール染料の生産に用いられていた工場設備で、わずか数週間であかね染料の生産を可能にしている(vgl. S.80f.)。

いっぽう流通期間を短縮する「主要な手段」は「交通手段の改良」にほかならない。たとえば、スエズ運河の開通は、東アジアへの商品輸送を一二か月から一二週間へと短縮したのである。この件が利潤率に対して影響を与えたことについては、疑いを容れない（vgl. S.81）。『経済学批判要綱』におけるマルクスの用語を想起しておけば（本書、三四〇頁、参照）、ここでも時間によって空間が絶滅されているわけである。

ふたつの資本の有機的構成が、おなじ百分比構成であるとする。その場合さらに、剰余価値率がひとしく、労働日の長さが同一であるならば、「ふたつの資本の利潤率の比は、両資本の回転期間の比の逆」（S.82）となる。

資本の回転は、かくて利潤率に対して規定的な影響を与えることになるのである。マルクス自身のテクストは、このあとに一見したところまったく別箇の問題をあつかっている。ことがらは、とはいえ経済学批判体系にとって枢要な意味をもつ。

労働者の生産・生活条件への影響

マルクスは、標題のみが存在して、本文が欠落した章につづけて、利潤率を向上させようとする資本のさまざまな方策、利潤率に対して影響を与える価格変動の問題をめぐって論じてゆく。ここでは前者にかんして、労働者の生産・生活条件を悪化させる資本の方策と、生産排泄物の再利用をめぐる論点についてだけふれておこう。

労働者はじぶんの生活の最大の部分を生産過程で過ごすのだから、生産過程の条件は、その大きな部分が労働者の現実の生活過程の条件なのであり、かれの生活条件なのであって、この生活条件の節約は利潤率を高くするための方法となる。それはちょうど、すでに見たように、過度労働すなわち労働者の役畜への転化が、資本の自己増殖すなわち剰余価値の生産を促進する方法であるのと同様なのだ。この節約の範囲はひろがって、資本家が建物の節約と称する、狭い不健康な場所への労働者の詰めこみや、おなじ場所に危険な機械類を寄せあつめておいて危険に対する防止手段を怠ることや、その性質からして健康に有害な、あるいは鉱山のように危険をともなっている生産過程で予防策を怠ることにまで及んでいる。(S.96f.)

右で「節約」と訳した語は、Ökonomie と Ersparung のふたつである。資本制的エコノミーとは労働者にとっての「生活条件」の節約であり縮減にほかならない。かくて「資本制的生産は一般に、ありとあらゆる吝嗇さにもかかわらず、人間材料についてはどこまでも浪費をこととする」(S.97)のである。

マルクスが以下で挙げてゆく場面は、資本制的蓄積の一般的法則を論じた第一巻の当該部分とも重複する面がある。これは、第三巻の主要草稿の執筆時期ともかかわる問題であろうが[1]、ここでは措いておく。

とりわけ、労働者の生活条件にかかわって、資本による空間の支配、空間の資本制的エコノミーについては、『資本論』第一巻も豊富な例証を挙げていた。生産手段が集中し、たとえばまた銀行や大商会などの巨大な建物の建築もすすみ、道路も整備されてゆくにつれて、「同一空間における労働者の密集」が激化し、その住居は「ますます惨めなものとなる」（K.I, S.687）。当時、すでに「ぎっしり詰まった住宅、あるいはとうてい人間の住まいと考えられない住宅という点では、ロンドンは第一位を占めて」いた（ebd., S.688）。不良建築をとり払い、一地区から労働者を駆逐すれば、労働者たちはべつの一地区にますます密集して居住し、そこでもまた「衛生警察」に小突きまわされるのだ（S.690）。

過去を懐かしみ、現在を憎み、未来に絶望すること

採鉱業者は、坑口付近の狭い敷地に労働者用の「小屋」を建てる。小屋を建てるさいの原則は、ただひとつ、すなわち資本家の「禁欲 Entsagung」がそれにほかならない（S.695）。禁欲の結果、一方で生まれるものは、たとえば「船漕ぎ奴隷ひとりに必要な空間よりも狭隘な」生活空間なのである（S.717）。

アイルランドでは、こうした階級こそが、「過去を懐かしみ、現在を憎み、未来に絶望して die Vergangenheit zurückwünscht, die Gegenwart verabscheut, an der Zukunft verzweifelt」、アメリカ移住の夢だけを織りあげつづけている（S.736）。禁欲が生むものは、一方で労働現場における「工場の危険な機械に対する保護設備や、鉱山の換気・保安装置など」すら省略しようとする動向である（S.696）。おなじ禁欲によって他方ではまた、「アイルランドでの地代の蓄積とおなじ足並みで、アメリカでのアイルランド人の蓄積がすすんでいる」のである（S.740）。

第三巻の当面の文脈でマルクスは、最後の案件について、あらためて立ちいっている。炭鉱では「もっとも必要な出費」ですら節約される。そのけっか、一八五二年から六一年の十年にかけて、「合計八四六六名が殺された」。この数字はしかし、過少なものである。最初の数年間は、そもそも報告自体が欠落しているからである。ただひとつの竪坑しか掘らなければ、換気もできず、逃げ道すらもない（K.III, S.98f.）。工場でも「労働者の安全や快適や健康のための予防策は、ことごとく抑圧されて」おり、「空間や換気等」も同様に不充分なものである（ebd., S.99）。そのさいの原則は、利潤のための殺害（killing）なら殺人（murder）ではない、というものなのだ（S.100）。すべてはそして、この国の近代も、高度経済成長にいたるまでの百年間でじゅうぶんに実例を提供してきたところであったといってよい。屋内労働では、一般に「空間の節約《エコノミー》」がはかられて、換気装置についてもエコノミーの原則が支配する。資本にとって「増大する利潤の源泉」であるものが、ほかの条件がひとしければ、「同時に労働者の生命や健康の浪費の原因」である（S.101f）。

絶対的剰余価値をもとめる資本はさまざまなかたちで「時間を横領する usurpiert die Zeit」（K.I, S.280）。おなじように資本制は、空間をも収奪するエコノミーにもとづいているのである。

生産排泄物の再利用

生産条件のエコノミーにかかわる第二の問題は、いわゆる生産廃棄物の再利用にほかならない。これは「生産上の廃棄物、いわゆる廃物がおなじ産業部門なり、あるいはべつの産業部門なりの、あらたな生産要素に再転化すること」である（K.III, S.89f.）。

論点をめぐってマルクスはやや文脈を逸脱しながら、すこしおもしろいことを述べている。引用しておく。

資本制的な生産様式の発達につれて、生産と消費の排泄物の利用範囲が拡張される。私たちが生産の排泄物というのは、工業や農業で出る廃物のことであり、消費の排泄物というのは、一部は人間の自然的物質代謝から出てくる排泄物のことであり、一部は消費対象が消費されたあとに残っているその形態のことである。つまり生産の排泄物は、化学工業では、生産規模がちいさければ消えさってしまうような副産物である。また、機械を製造するときに屑となって落ち、ふたたび原料として鉄の生産に入ってゆく鉄屑などである。消費の排泄物とは、人間の自然的排泄物、ぼろのかたちでの衣服の古物などである。消費の排泄物は、農業にとってもっとも重要である。その使用にかんしては、資本制経済では莫大な浪費がおこなわれる。たとえばロンドンでは、四、五〇〇、〇〇〇人の糞尿を処理するのに、資本制経済は、巨額な費用をかけてテムズ川を汚染するためにそれを使用するよりもましなことができない。（ebd., S.110）

いま、科学とりわけ化学の発展によって、こういった廃棄物の再利用が可能になり、また容易になっている事情についてては、措いておくとしよう。農業にかんするマルクスの見とおしのみを確認しておく。

マルクスの考えるところによるなら、「資本制システム（das kapitalistische System）は合理的な農業に対して妨げになる」。それは右に引いた引用が示している事情のみからしても、あきらかなところである。農業の大部分が資本制的生産のもとでおこなわれるならば、「農業にとってもっとも重要」な「消費の排泄物 Extremente der Konsumtion」が浪費されるほかないからだ。

資本制が農業の技術的発達を促進する場合があるにせよ、合理的な農業は「資本制システムとは両立せず」、農業はむしろ「じぶんで労働する小農民の手か、あるいは連合した生産者たちのコントロールかを必要とする」（S.131）。マルクスのさしあたりの認定は、こうであった。

ことがらとして問題はさらに、いのちをめぐる基本的ないとなみと資本制とは両立可能であるか、という今日なお枢要な意味をもつ問いへといたることだろう。(2) 自然的条件と資本制的生産様式とのかかわりにかんしては、本篇ではのちに、いわゆる「地代」論との関係でべつの視角から考えなおしてゆくことになるはずである。

註

（1）第三巻「「主要原稿」の執筆時期」をめぐる問題については、佐藤金三郎、一九九二年、一二七頁以下、参照。

（2）長島誠一、二〇一〇年、馬渕浩二、二〇一一年、参照。

Ⅲ・1・2　一般利潤率の形成

α　生産価格

資本の構成と回転

前節では、まず費用価格の概念が確定され、その概念規定と関連して利潤カテゴリーが設定された。さらに、剰余価値カテゴリーにかわって利潤率カテゴリーが主題化されるしだいがたどられたことになる。

　前節にあって劃定されたことがらは、しかし、利潤をめぐってほんらい問題とされるみちすじを考察するための準備であったにすぎない。枢要な問題系はむしろ、いわゆる「生産価格」をめぐる論点を中心とするものだからである。

　本題に立ちいるに先だってまず、すでに確認されたすじみちをふくめ、以下の考察の前提となる事項をかんたんな式のかたちで整理しておく。ことは資本の構成と回転期間にかかわっている[1]。

　第一に、利潤率は剰余価値率と資本の有機的構成によって差異化する。いま不変資本をc、可変資本をv、剰余価値をm、剰余価値率（$\frac{m}{v}$）をm'、利潤率（$\frac{m}{c+v}$）をp'とすると、剰余価値率と資本の有機的構成をつうじて、利潤率が決定されるしだいは、以下のように表現される。

$$p' = m' \frac{1}{\frac{c}{v}+1}$$

第二に、いま資本の年間回転数をnとし、p'を年利潤率であるとすると、

$$p' = n \cdot m' \frac{1}{\frac{c}{v}+1}$$

となる。ここから、さて、ほんらいの問題、第三巻の問題領域における最大の難問が生じることになるだろう。

問題の前提——価値どおりの交換？

さかのぼってまずは、考察の前提そのものと、その前提から単純に帰結することがらを確認しておく必要がある。マルクスの説くところを聞いておこう。

前提は、所与の時点で、問題となる一国にあっては、すべての生産部面で「剰余価値率の高さも

労働日の長さもおなじである」ということである（vgl. K.III, S.151）。これは、とりあえず理論的な想定であるけれども、そのような前提を置くことはひどく非現実的であるとは言えない。剰余価値率とは労働の搾取率でもあるから、一方で資本と労働の拮抗によって標準化され、他方では労働力の移動によって均等化されて、労働日をめぐる闘争がその長さを一定の限度内に収束させる蓋然性は高いとも考えられるからである。

この想定のもとで、第二に、第一巻以来そう仮定されてきたとおり、資本の生産する商品がその価値どおり販売されることも前提とすると、この項の最初で確認されたように、「同時に相ならんで存在するさまざまな生産部面の利潤率」は、資本の回転期間ならびに資本の有機的構成によって、ことなってくるはずである（ebd., S.153）。

生産部面の差異を超えて、資本と労働との闘争、ならびに資本と資本とのあいだの競争を経て、剰余価値率と労働日とが均等化されてゆく傾向があることは、じゅうぶん想定可能である。しかし生産される商品がなんであるか（商品が、たとえばボートであるか、巨大な船舶であるか）によって資本の回転期間はことなり、さらに不変資本と可変資本との価値構成（資本の有機的構成）も差異化する。この差異は、生産部門そのもののあいだの技術的な差異にもとづくものであるかぎり、競争によっては均一化されることがないはずである。

うらがえして言えばこうなるだろう。右で確認した前提と想定のもとで、ことなった生産部門のあいだで利潤率が均等化するとするなら、それは、おなじ回転期間と資本構成とを有する資本間においてだけである。さかのぼれば、商品がその価値どおりに交換されるという、これまでの基本的な前提は、生産の全社会的な分布を見わたしてみるならば、きわめて限定的で人為的な想定のもとでしか成りたたないことがらであることになる。

難問の所在――利潤率の乖離

基本的な問題の所在を確認しておく必要がある。マルクスの設例を引く。

いま、一〇〇ポンドが一〇〇人の労働者の週賃金であるとしよう。毎週の労働時間は一〇時間×六日＝六〇時間であり、剰余価値率は一〇〇パーセントとする。そのとき、

> ひとつの資本投下が、生産部面Aでは総資本七〇〇につき一〇〇だけを可変資本に支出し、六〇〇を不変資本に支出するとし、いっぽう、生産部面Bでは六〇〇が可変資本に支出され、一〇〇のみが不変資本に支出されるとしてみよう。前者の七〇〇の総資本Aは、ただ一〇〇の労働力を稼働させるだけであり、したがってさきの仮定のもとでは、たんに一〇〇労働週間、すなわち六〇〇〇時間の生きている労働を稼働させるにすぎない。たほう、おなじ大きさの総資本Bは六〇〇労働週間の、つまり、三六、〇〇〇時間の生きている労働を稼働させるのである。かくて、部門Aにある資本は、ただ五〇労働週間、すなわち三〇〇〇時間の剰余労働を取得するにとどまるいっぽう、部門Bにあるおなじ大きさの資本では、三〇〇労働週間、すなわち一八、〇〇〇時間の剰余労働が取得されるだろう。〔中略〕おなじ労働搾取度〔剰余価値率〕のもとで、利潤は、第一の場合には $\frac{100}{700}=\frac{1}{7}=14\frac{2}{7}\%$ であり、第二の場合には $\frac{600}{700}=85\frac{5}{7}\%$

であって、六倍の利潤率ということになるだろう。(S.156f.)

同一量の「資本投下」が、「生産部門」の資本構成の差異によって、ことなった利潤率をもたらすしだいが示されている。右の設例においては、可変資本の比A：B＝100：600＝1：6が、後者の総資本Bに、Aとくらべて「六倍の利潤率」をもたらしているわけである。

一般的にいえば、こうである。第一に、利潤率の差異を生む、資本の有機的構成の差異は「資本の絶対的な大きさ」とは無関係である。問題となるのは、大きさではなく比率であるからだ(vgl. S.158)。第二には、生産部面の技術的相違によって資本の構成はことなり、したがってそれぞれの資本が稼働させる「生きている労働の量」に差異が生まれ、かくてまたおのおのの資本が取得する剰余労働の量もことなってくるが、それは「この剰余労働が剰余価値の実体であって、したがって利潤の実体」だからにほかならない(ebd.)。

最後に、べつべつの生産部面にあるさまざまな資本は、(その大きさではなく、百分比において)あいことなる不変資本と可変資本の割合をそなえている。かくてそれぞれが稼働させる労働の量には差異があり、この差異がかくてまた剰余価値量の差異を産出するかぎりで、「利潤率」も生産部面のちがいに応じて、ことなってくる。なぜなら、利潤率とは「総資本に対して百分比で剰余価値を計算したもの」にほかならないからである(S.159)。

問題はこうである。いまふたたび、「商品はその価値どおりに売られる」ということを前提としよう。そうすれば、おなじ大きさの資本が、有機的構成の差異に応じて、不均等な利潤を生むことになる。であるとするなら、べつの生産部面に置かれた、量において不等な資本の利潤は、それらの資本それぞれの大きさに比例することがない。「したがって、べつべつの生産部面での利潤は、それらの生産部面で充用されるそれぞれの資本の大きさには比例しない、ということになる」。利潤が総資本の大きさに比例しないのだから、ことなった生産部面にあって利潤率が差異を示すことになるだろう（ebd.）。

これは、現実には生産部門の差異にもかかわらず利潤率が平均化される傾向がある、という事実と乖離している結論である。じっさい、リカードを頂点とする古典派経済学の挫折のひとつの要因は、この事実の説明に失敗しつづけたところにあるのである。(2)

これまでの考察を集約し、問題の所在を一点に収斂させながら、マルクスはつぎのように書いている。よく知られた箇所を、ここでも念のため引用しておこう。

> 私たちが示してきたことがらは、したがってこうである。あいことなる産業部門では、資本の有機的構成の差異に応じて、またさきに示した限界内では資本の回転期間の差異にも対応して、ことなる利潤率が支配する。かくて利潤は資本の大きさに比例し、かくてまたおなじ大きさの資本は、同一の期間には同一の大きさの利潤を生む、という原則が（一般的な傾向からみるならば）妥当するのは、おなじ剰余価値率のもとでは、ひとり、さまざまな資本の有機的構成がおなじである場合——そのうえ回転期間がおなじであることを前提として——のみである。ここに述べたところは、一般にこれまでの私たちの論述の基礎であったことがら、すなわち諸

商品が価値どおりに売られるということを基礎として言いうることなのである。たほう、本質的ではなく、偶然的な相殺される差異をべつとするなら、産業部門の差異による平均利潤率の差異は現実には存在しない。その差異はしかも、資本制的な生産の全システムを廃棄することなしには現実に存在しえないのだ。この件についてはまったく疑う余地のないところである。こうして、価値理論はここでは、現実の運動と一致しえないもの、生産のじっさいの現象とは一致しえないものであるかに見え、かくしてまた、およそこれらの現象を把握することは断念しなければならないかのように見えるのである。(S.162)

ここにいう「価値理論 Werttheorie」の根底にあるのは価値法則であり、価値法則は等価交換を、つまり商品の価値どおりの交換を前提とするものであった。マルクスは、右に引いたテクストで、その価値法則の前提は、あらゆる生産局面にあって、資本の構成と回転とがひとしいとする非現実的な想定のもとでしか妥当しないのではないか、と自問している。

ことばをかえれば、資本の有機的構成や資本の回転期間に差異が存在するにもかかわらず、一般的な利潤率が支配的となるという事実は、価値法則と背反するのではないか。この難問をマルクスは、みずから提起しているわけである。

アポリアの解消（1）——その方向

マルクスとともに右で確認した難問は、価値法則を基軸とする価値理論にとって、それ以上にはすすむことのできない行き止まり、すなわち一箇のアポリアであるかにみえる。マルクスは、そのアポリアをまえにし、費用価格カテゴリーを基礎とした資本のあいだの競争をみちびき入れ、さらに当の競争をつうじて形成されるにいたる、平均利潤の概念を導入することによって、問題を解決しようとするはこびとなるだろう。「資本の有機的構成のどのような差異」ともかかわりなく、その生産におなじ大きさの資本が投下されているなら、それらの生産物の「費用価格」は生産部門の別を問わず同等である。費用価格が問題とされるや、「可変資本と不変資本の区別」は資本にとって消失してしまう。「このように費用価格が同等であるということが、資本投下の競争の基礎（die Basis der Konkurrenz der Kapitalanlagen）をかたちづくり」、この競争により「平均利潤が形成される」のである（S.163）。

そこで決定的な意味をもつにいたるのが、価値にかえて登場する「生産価格」の概念にほかならない。交換を規制する原理として、価値のかわりに生産価格を導入してゆくところに、マルクスの解決の核心が存在しているわけである。以下、マルクスの思考のみちすじを、かんたんに跡づけてゆくことにしよう。

アポリアの解消（2）——基本設例

資本の有機的構成は百分比によって示される。ある資本が五分の四の不変資本と五分の一の可変資本とからなっているとすれば、その有機的構成は 80c + 20v によってあらわされる。さらに以下でも、これまでとおなじく、比較のために剰余価値率は不変とし、これをかりに一〇〇パーセントとする。そうすると、80c＋20vという有機的構成をそなえた総資本は20mという剰余価値を産出し、これは総資本C＝100に対して二〇パーセントの利潤率を形成している（vgl. S.164）。

いま、五つのことなった生産部門を問題とすることにしよう。おのおのの部門に投下されている資本について、その有機的構成が、それぞれ以下のようにことなっているものとする（表は、S.165に示されているものにしたがう）。

	資本	剰余価値率	剰余価値	生産物価値	利潤率
Ⅰ	80c＋20v	100%	20	120	20%
Ⅱ	70c＋30v	100%	30	130	30%
Ⅲ	60c＋40v	100%	40	140	40%
Ⅳ	85c＋15v	100%	15	115	15%
Ⅴ	95c＋ 5v	100%	5	105	5%

この設例では、生産部門の差異によって、たとえ剰余価値率（労働の搾取度）がまったく同等であっても、資本の有機的構成がことなるのに応じて利潤率の差異が生じるしだいが示されている。設例によれば、それは最低五パーセントから最高四〇パーセントにおよぶ差異である。

ただし後論のために注意しておく必要のあるところであるが、第一に、右表では再生産表式とはことなって、部門間の補填関係（生産手段の売買や生活手段の売買）は問題とされていない。第二にまた、この第一の表では、生産部門のあいだの回転期間の差異は度外視されている。第三に、不変資本の減価償却（固定資本の価値移転）の進行速度にかんしても、その差異が等閑視されている。

まず第三の点が、つぎに問題となるだろう。すでに確認しておいたとおり、利潤率の差異を帰結する条件のひとつは、資本の有機的構成の相違に、したがってまた不変資本の大きさと耐久度とのうちに存していたからである。

アポリアの解消（3）——価値移転

第一の表では、部門ⅠからⅤについて、生産物価値から剰余価値を引いた値が、すべて一〇〇となっている。これはつまり、「費用価格」をことごとく等価としていることにひとしい。そのような仮定は、しかしありそうもない想定であって、じっさいには、不変資本は各産業部門において差異を示すとともに、そのうちの「固定成分」と「流動成分」との比もことなり、前者の磨滅にかんしても遅速のちがいをも生じるはずである。

だからつぎに、第二表として、おなじ五つの産業部門をめぐって、固定資本の価値移転に差異が生まれるものとして表を作成してみる。表はここでもマルクスの設例にしたがう（vgl. S.165f.）。

	資本	剰余価値率	剰余価値	利潤率	消費されたc	商品の価値	費用価格
Ⅰ	80c＋20v	100%	20	20%	50	90	70
Ⅱ	70c＋30v	100%	30	30%	51	111	81

Ⅲ	60c + 40v	100%	40	40%	51	131	91
Ⅳ	85c + 15v	100%	15	15%	40	70	55
Ⅴ	95c + 5v	100%	5	5%	10	20	15
合計	390c + 110v		110				
平均	78c + 22c		22	22%			

この表では、部門ⅠからⅤのそれぞれについて、「消費されたｃ」すなわち固定資本の価値移転にかんして差異が設定されているけれども、利潤率は総資本を一〇〇とする百分比で計算されているがゆえに、利潤率は前表とのあいだで変化はなく、商品の価値にのみ差異が生じている。

ここで、おなじ資本ⅠからⅤを単一の総資本とみなしてみよう。その場合、総資本としての構成は平均して78c + 22vであって、平均剰余価値は二二、平均利潤率も二二パーセントである。この平均利潤率がⅠからⅤのおのおので実現されるように、剰余価値を各資本に均等に配分することにすれば、つぎのような一覧表となる（S.166）。

ちなみに、あいことなる産業部門として区別しておいたものを、ここではいったん単一の資本とみなすことは、やや人為的な視点設定の変更のようにも映じよう。この視座転換は、利潤率の平均をとる操作を見やすくするためのものであって、視角はただちに元来の想定に差しもどされることになるはずである。

	資本	剰余価値	商品の価値	費用価格	商品の価格	利潤率	価値からの価格の偏差
Ⅰ	80c＋20v	20	90	70	92	22％	＋ 2
Ⅱ	70c＋30v	30	111	81	103	22％	－ 8
Ⅲ	60c＋40v	40	131	91	113	22％	－ 18
Ⅳ	85c＋15v	15	70	55	77	22％	＋ 7
Ⅴ	95c＋ 5v	5	20	15	37	22％	＋ 17

アポリアの解消（4）——生産価格と一般利潤率

このように作成された表を、ふたたび総社会的な資本の分布を示すものとして読みかえてみよう。ここで利潤率は平均利潤率（一般利潤率）となり、その値は、資本Ⅰ～Ⅴにおける剰余価値の総計を、おなじく投下された資本価値の総計で除したものとなる。

「商品の価格 **Preis**」は、それぞれの商品の「費用価格」に前表の平均利潤（剰余価値を平均した値）を加算したものである。かくして産業部門のそれぞれについて、商品の価格は商品の価値から偏差を示すはこびとなるが、当の乖離によって、産業部門の全体にかんしては平均利潤率が一定に保たれて、そのけっか逆に、価格の価値からの偏差は相殺されるしだいとなる。ここにいう商品の価格こそ「生産価格」にほかならない。

ことの消息をこのように確認したのちに、マルクスはつぎのように書いていた。「生産価格 **Pro-**

duktionspreis」を定義する一節である。引用しておこう。

> 商品の一部分がその価値以上で売られるのとおなじ割合で、ほかの一部分がその価値以下で売られる。そしてひとり、そのような価格で商品が売られることによってだけ、ⅠからⅤまでの資本の有機的構成の差異にもかかわらず、ⅠからⅤまでの利潤率が均等に二二パーセントだというはこびが可能にされるのである。さまざまな生産部面における利潤率のさまざまが平均され、この平均がさまざまな生産部面の費用価格にくわえられることによって成立する価格、これが生産価格である。（S.167）

マルクスがつづけて書いているように、この生産価格の「前提」は「一般利潤率（allgemeine Profitrate）が現実に存在すること」である。さまざまにことなる利潤率は、じっさい資本間の競争をつうじて「さまざまな利潤率の全体の平均である、ひとつの一般利潤率に平均化」される（S.168）。それぞれの生産部門に投入された資本は、みずからが産出した商品を販売することを経由して、その商品の生産のために費消された資本価値を回収する。その資本価値を示すものが、商品の費用価格であって、商品はこの費用価格を上まわる価格で売られることで、投入された資本価値が資本のもとに回帰し、かくて各部門における商品の再生産が反復的に可能となる。

とはいえ、各資本は、それぞれの生産部面において、おのおのの商品の直接的生産過程のなかで付加された剰余価値を、流通過程を介して直接に取得するわけではない。むしろ、「いっさいの生産部面を一括して、社会の総資本によって一定期間に生産される総剰余価値または総利潤のなかから、均等な配分によって、総資本の各加除部分に配当されるだけの剰余価値を、かくてまた利潤を手にするだけである」(S.168)。

マルクスによる難問解決の着手点は、かくて、こうなるだろう。商品価格を構成するもののうち、費用価格、投入された資本価値を回収する部分は、それぞれの生産部門における資本投下によって決定される。商品価格のもうひとつの成分、つまり利潤は、社会的総資本に対するその「加除部分 aliquoter Teil」としての資本の比率によって規制されるにいたるのである(ebd.)。

ここまでは解決のいわば前半部分であるにすぎない。後半部分、難問解消にあたる、いわば本論が、さらに確認されなければならない。

註

(1) 数式によるこの整理については、石塚良次、一九八六年c、参照。

(2) この論点については、学史的には、さまざまな再検討が必要とされるところである。マルクスの遺稿『剰余価値学説史』刊行以来の通説をむしろリカードの側から見なおす仕事として、とりあえず、竹永進、二〇〇〇年、参照。

β 市場価格

一般利潤率の形成という問題

本項では「一般利潤率」の形成をめぐってマルクスが説くところを辿ってゆくことになるだろう。さまざまに議論のある、この問題に立ちいるに先だって、これまでの展開をここでいったんまとめておくことにしよう。

一社会においては、さまざまな生産部門で資本の有機的構成がことなっている。つまりそれぞれの部門について、総資本中に占める可変部分の百分比の差異に応じて、稼働される労働量に差異が生じるがゆえに、おのおの資本が取得する剰余労働のあいだには大きな相違が生まれ、きわめてことなった量の剰余価値が産出される。それぞれの生産部面での利潤率は当該の生産部面にあってそれじたい競争をつうじて平均化されるとはいえ、あいことなる生産部門において支配的な利潤率は、がんらいは大きな差異を示すはずである。

とはいえそれらのさまざまな利潤率は、それじしん競争によって利潤率全体の平均である「一般利潤率」へと平準化される。この一般利潤率にしたがって、所与の量の資本に配分される利潤こそが「平均利潤」にほかならない。特定の生産部門における一商品の「生産価格」とは、当該商品の費用価格プラス平均利潤にひとしい（vgl. K.III, S.167）。

商品の生産価格を規定するものは、したがって、一般利潤率である。けれども、資本制的生産にあっては、「一般的な法則」は、「ひとり非常に複雑な近似的なしかたでだけ、ただ永久の諸変動のだんじて固定されえない平均としてのみ」「支配的傾向 beherrschende Tendenz」のかたちで貫徹される（ebd., S.171）。

したがって、一般利潤率を規定する要因には、とりあえずふたつのものが区別される。ひとつは

「さまざまな生産部面にある資本の有機的構成」である。資本の有機的構成は利潤率の差異を生むから、こうして、第一の要因とは「さまざまな利潤率」そのものにほかならない。第二の要因は、「こうしたさまざまな部面への社会的総資本の配分」である。これはすなわち、「社会的総資本」における各特殊資本の「分けまえの割合」ということになる（S.172)。

『資本論』第一巻と第二巻の問題領域にあっては、ひとり商品の「価値」のみが論じられ、商品の交換はつねに価値どおりにおこなわれるしだいが前提とされていた。いまや一方では、商品価値の一部分（すなわち商品価値から剰余価値を引いた部分）が「費用価格」として分離され、他方では商品価値の転化形態である「生産価格」が展開されている。

ここで回転期間の差異を度外視するならば、商品の価値と生産価格とが一致するのは、平均的な価値構成をそなえた資本にあってのみのことである。その有機的構成が「社会的平均資本の構成と一致する資本」を「平均構成の資本」と呼ぶなら、より過少な可変資本のみをふくむ資本は「構成のより高い資本」であって、より過大なそれをふくむ資本が「構成のより低い資本」ということになるだろう（以上、vgl. S.173f.)。

「総計一致」命題の問題

以上のしだいを前提としてマルクスは、『資本論』第三巻・第二篇第一〇章の冒頭で、つぎのように書いている。引用しておこう。

さまざまな生産部面のうちの一部分では、そこで充用されている資本は、中位の構成あるいは平均構成をそなえている。すなわち、社会的平均資本の構成とまったくおなじか、もしくはそれに近い構成を有しているのである。

このような部面では、生産される商品の生産価格は、貨幣であらわされたその商品の価値とまったく一致しているか、あるいはほぼ一致している。ほかのしかたで数学的限界に到達することはできないとしても、このしかたでなら、それは可能だろう。競争は、それぞれの部門の生産価格がこのような中位構成の部門の生産価格すなわちk＋kp（費用価格 プラス 平均利潤率と費用価格との積）にならって形成されるように、社会の資本をさまざまな生産部面のあいだに配分する。ところがこの平均利潤率は、あの中位構成の部面、つまり利潤が剰余価値と一致する部面での利潤が百分比で計算されたものにほかならない。したがって、利潤率はどの生産部面でもおなじなのである。すなわち、資本の平均構成が一般的である、これらの中位の生産部面の利潤率へと平均化されているのだ。それゆえに、すべてのさまざまな生産部面の利潤の総計は、剰余価値の総計とひとしくなければならず、また、社会的総生産物の生産価格の総計は、その価値の総計にひとしくなければならないのである。（S.182）

多少なりとも生産過程にあって似かよった生産部門のあいだでは、それじしん「平均化への傾向Tendenz nach Ausgleichung」があらわれ、当該部門における中位状態がそれじたい競争によって指向される。有機的な構成のことなる生産部門のあいだでも、「理想的な、すなわち現実には存在しない中位状態」が競争を介して目ざされる。競争は部門内でも部門間でも「中位状態を中心として規制される傾向」をもっている。

かくて「価値」には「生産価格」へと転化する傾向があり、「剰余価値」にはたんなる「利潤」へ転化する傾向がある。かくてまた、利潤はそれぞれの生産部門における剰余価値に応じてではなく、「おのおのの生産部面で充用されている資本の量に比例して」配分される傾向が生まれるのである（以上、vgl. S.182f.）。

右に引用したテクストの末尾では、一方では、総剰余価値＝総利潤であって、他方では、総価値＝総生産価格であると主張されている。このふたつが通常、「総計一致二命題」と呼ばれる。[1] 後者についていえば、それは要するに、社会をいま「いっさいの生産部門の総体」と考えるなら、一社会のなかでは「生産された商品の生産価格の総計は、商品の価値の総計にひとしい」（S.169）というしだいにほかならない。

一般利潤率という「倒錯」と「神秘化」

次項で見てゆくとおり、そもそもこの総計一致命題が成立するかどうかが、いわゆる「転形問題論争」の一争点となるだろう。本項ではこの件はしばらく措いて、マルクスの説くところを、なおすこし跡づけてゆくことにしたい。

費用価格とは商品価値 マイナス 剰余価値であり、利潤とは商品価値 マイナス 費用価格であった。いまふたたび商品価値をW、費用価格をk、剰余価値をm、利潤をpとすると、$k = W - m$, また $p =$

W－kであり、後者の式でpとkで左辺と右辺とを入れかえるなら、k＝W－pであるから、費用価格という観点からしても、剰余価値と利潤とはおなじものであって、両者は量的にもひとしい。「利潤率は、しかしながら、剰余価値率とあらかじめ区別されている」（S.176）。剰余価値率は可変資本との比で測られ、利潤率は総資本との百分率で量られるからである。

利潤率は、剰余価値率に対して、さしあたりはたんに「計算のべつのしかたとしてあらわれる」だけである。しかし利潤率によって隠蔽されるのは、「剰余価値の現実の源泉」であって、利潤率が剰余価値率に取ってかわることで、剰余価値の源泉は「あいまいにされ、神秘化されて **verdunkelt und mystifiziert**」しまう。しかも利潤率の変動は剰余価値率の変動とは独立でもありうるのであるから、資本は現実には前者にしか関心をいだかない。だからじっさいには、すでに「利潤」という形態において「剰余価値そのものが、みずからの源泉を否定しており、じぶんの性格を喪失して、認識されえないものとなっている」（S.176f.）。

それればかりではない。「一般利潤率が形成され、またそれをつうじて、さまざまな生産部面で与えられている充用資本の大きさに対応する平均利潤が形成されることになれば、事情は変わってくるのである」（S.177）。

どうしてだろうか。マルクスはつづけて書いている。引用しておく。

そうなれば、或るひとつの特殊な生産部面で現実に生産される剰余価値、かくてまた利潤が商品の販売価格にふくまれている利潤と一致するのは、もはや偶然でしかない。通例ならば、利潤と剰余価値とは、たんにそれらの率がことなるだけではなく、いまや現実にもことなった量なのである。(ebd.)

一般利潤率の成立は、最終的に剰余価値カテゴリーを解消し、剰余価値率カテゴリーを消失させる。しかも、一般利潤率が形成されるメカニズムは、資本の「背後で進行する過程」なのであって、それは個々の資本にとって不可視的で不可解な過程となるほかはない。かくして、「価値が生産価格に転化すれば、価値規定そのものの基礎は目には見えないものとなる」。労働に由来する剰余価値は、いまや資本にのみ起源を有する利潤となる。一般利潤率の成立はさらに、資本そのものの視点からは起源を消去し、忘却させる方向ではたらくにいたるのである(vgl. S.177f.)。

一般利潤率カテゴリーの成立は、それじたい一箇の倒錯と神秘化を生む。すなわち、剰余価値の源泉の忘却という倒錯と、自己増殖する資本という神秘化である。

一般利潤率そのものの形成をめぐっては、とはいえ、なお解かれるべき難問がのこされている。それはすなわち、「さまざまな利潤の一般利潤率への平均化はどのようにして生起するのか」という問題にほかならない。「というのも、この平均化は、あきらかに結果であって出発点ではありえない **ein Resultat ist und nicht ein Ausgangspunkt sein kann**」からである(S.183)。

編者のエンゲルスが嘆いているように、『資本論』第三巻の論述は、全体として「スケッチ的で不完全なもの」であり、ときとして「研究途上であらわれる副次的な論点をめぐる余論」を多くふくんでいる(「序文」S.8)。とりわけ、第二篇第一〇章「競争による一般利潤率の平均化　市場価格と

市場価値　超過利潤」には、そのような傾向が強いように思われる。ここでは論争史上の主要争点ともなったことがらを念頭に置きながら、いくつかの論点をひろい上げておくことにしよう。

問題の所在——商品一般と資本制的商品

問題は、一般利潤率の形成であった。一般利潤率の形成は或る平均化を前提として生起するが、そのさいしかも、その平均化は「結果」であり「出発点」ではありえないのだった。平均化があくまで結果にすぎず、出発点ではありえないのは、そもそもどうしてだろうか。

それは、第一に、「商品価値の評価、たとえば貨幣でのその評価は、ただ商品価値の交換の結果でしかありえない」（S.184）からである。商品は、市場において貨幣量によって評価される。諸商品の、この市場価格あるいは市場価値（Marktpreise oder Marktwerte）は、商品が現に貨幣と交換されることによってのみ現実に生成するものにすぎない。

そこでは「商品がそれぞれの価値どおりに売られるかどうか」ということと、「商品が、それぞれの生産のために前貸しされた資本のおなじ量に対し、おなじ大きさの利潤をあげるような販売価格で売られるかどうか」とは「一見してあきらかに（*prima facie*）まったくべつのふたつのことがら」である（ebd.）。つまり、商品の価値と生産価格（を反映した市場価格）は、まったく脈絡をことにした、ふたつの独立した量にほかならない。

さきにふれておいたように、にもかかわらずしかし総計一致命題がなりたつとするならば、そこには一見したところ解きがたい、ひとつの困難が生まれる。

要するにこうである。テクストを引用する。

> 困難のいっさいは、商品が単純に商品として交換されず、資本の生産物として交換されて、資本は剰余価値総量のうちからおのおのの大きさに比例してその分けまえを、またはそれぞれの大きさがおなじならばおなじ分けまえを要求するということをつうじて、入りこんでくるのである。そして、或る一定の資本によって、或る一定の期間に生産される諸商品の総価格は、この要求を充足しなければならない。これらの商品の総価格は、しかし、この資本の生産物を構成する個々の商品の価格の総計にほかならないのである。（S.184f.）

「単純に商品として einfach als *Waren*」交換されることと、「資本の生産物として als *Produkt von Kapitalen*」交換されることの差異はなにか。この差異を劃定するためには、そもそも単純な商品交換とはなにかが示されなければならず、さかのぼって価値どおりの交換とはなにを意味するのかがあきらかにされなければならない。

当面の遺稿の文脈では、とりあえずマルクスは、そのように問題を設定しているように見える。ここには、とはいえ、すこし立ちどまっておくべきことがらがある。

「単純商品交換」の設定？

マルクスによれば、「生産価格での交換」は「資本制的な発展の一定の高さ」を前提としている。

これに対して、「価値どおりの、あるいはほぼ価値どおりの、諸商品の交換」は「それよりもずっと低い段階を必要としている」のである。いずれにしても、しかし「価値法則」――商品の価値は、そこにふくまれている社会的に必要な労働時間によって規定され、商品はその労働時間の量に応じて交換される――が「商品の価格の運動を支配する」しだいには変更はない（S.186）。

本書でもすでにふれておいたように（Ⅰ・2・3）、『経済学批判』のマルクスは、価値法則が、資本制的社会でも妥当すると考えていた。[2] これまで見てきたとおり、『資本論』のマルクスは、資本制的社会にあって価値法則はそのままでは妥当せず、資本制的商品の交換は生産価格によって規制される、と考えるにいたっている。そのような問題の脈絡のなかで、価値法則がいったんはそこで定立されうる場面として、いわゆる単純商品生産の問題が『資本論』第三巻の当面の文脈のなかで登場してくることになるかに見える。

単純商品生産とは、かんたんに言うなら、じぶんで所有する生産手段を用いてみずから労働して商品を生産する場合のことであり、単純商品交換とはそのような単純商品生産にもとづく商品交換のことである。だが、そうだろうか。ここで問題となっているのは、そのような意味での単純商品交換なのだろうか。

いま、さまざまな商品が価値どおりに交換されるため、いいかえるならば、価格と価値とが一致するためには、なにが必要となるのか。

マルクスは、つぎのように書いていた。いちおう引用しておく。

諸商品がたがいに交換されるさいの価値が、さまざまな商品の価値とほぼ一致するためには、以下の件以外にはなにも必要ではない。1　さまざまな商品の交換が、まったく偶然的な交換や、たんに機会に応じた交換ではなくなること。2　直接的な商品交換が考察されるかぎりでは、これらの商品がどちらの側でも相互の欲求にほぼ一致する割合で生産されること。これは相互の販売経験がそうさせるところなのであり、したがって継続的な交換そのものの結果として生まれてくることである。3　販売を問題とするかぎりでは、自然的または人為的な独占によって、取引当事者の一方が価値より高く売ることができるとか、あるいは価値よりも安く手ばなさなければならなくなるといったことがない、ということ。私たちが偶然的な独占というのは、需要供給の偶然的状態から、買い手または売り手にとって生じるような独占のことなのである。(S.187)

たしかにマルクスそのひとが、「価値」を「歴史的にも生産価格の先行者」とみなすことができるはこびに注意している(S.186)。さらにはまたエンゲルスが「『資本論』第三部への補遺」(S.905f.)で、マルクスのこの認定を追認していることも、たとえば、いわゆる価値論論争にあって、ベーム-バヴェルクの批判に応えたヒルファーディングの反論以来、単純商品交換と資本制的商品交換の区別、前者を規定する価値法則と後者を規制する生産価格との差異という理解を、ながく定着させる機縁ともなってきたといってよい。

私たちとしては、さきにもふれたとおり、『資本論』第一巻の冒頭部で導入された商品がいわゆる単純商品であると積極的には考えない。また文字どおりの価値法則に対する（論証ではなく）例解がありうるのは、むしろマルクスそのひとの言う共同体と共同体との接触の場面であると考える。

いずれにせよ、とはいえさかのぼってマルクスがいうところの、右に引いた「諸商品がたがいに交換されるさいの価格が、さまざまな商品の価値とほぼ一致するために」必要な条件は、いわゆる単純商品交換を念頭に置いたものとはかぎらない、とするのが、テクストをふつうに読んだ場合の結論であるように思われる。「需要供給の偶然的状態から、買い手または売り手にとって生じるような独占」といった表現は、商品が「単純に商品として」交換される場面の設定とはとうてい馴染みがたいものだからである。

ともあれ当面の論脈にかぎって語るとすれば、確認されるべきことがらはひとえに、「市場価格」を問題とする場面でも、「商品の価値が重心となり、商品の価格はこの重心（Gravitationspunkt）をめぐって運動し、価格の不断の騰落はこの重心へ平均化される」（S.187）という事情にかぎられる。その意味で「価値法則が価格の運動を支配する」（S.189）のである。

「競争」の意味（1）——部門内における「一物一価」の成立

マルクスはつづけて、特定の生産部門内部でいわゆる「一物一価」が、つまり同種の商品にかんしては唯一の価格が成立する事情を説明してゆく。競争という、いわば超越論的な審級が問題場面で作動してゆく第一の局面である。まずこの件についてやや立ちいってみておくことにしよう。

同一の生産部門の内部でも、個々の資本、企業、工場ごとに、生産条件はことなり、有機的構成も差異をともなっている。そのけっか、とりあえずは「さまざまな個別的価値」がなりたつはこびとなるけれども、それらは「ひとつの社会的価値」に、すなわち「市場価値」に収斂してゆかなければならない。そのためには単一の「市場」と「競争」の存在が必要となる（vgl. S.190）。

いま、さまざまな生産条件の分布には優位・中位・劣位の三階層が存在しているとすれば、どの層が商品産出にあってシェアの一大部分を占めるかによって、平均化の均衡水準はことなる。ここでもっともありそうなケースとして、中位層のシェア分が有意に大きい場合を考えれば、ことがらはつぎのようになるだろう。

> ところで、これらの商品の大量は、ほとんど同等な標準的な社会的条件のもとで生産されており、したがってその価値は同時に、この商品量を構成する個々の商品の個別的価値でもあると仮定しよう。いま、比較的ちいさな一部分はこの条件よりも悪い条件で生産され、ほかの一部分はそれよりも良い条件で生産されているが〔中略〕、しかしこの両極が平均されて、両極にぞくする商品の平均価値は中位の大量にぞくする商品の価値にひとしいとされる場合ならば、市場価値は、中位の条件のもとで生産された商品の価値をつうじて規定されていることになるのである。（S.192）

競争をつうじた均衡が、かくて実現されることだろう。現実には、とはいえ、これに需給条件が付加される。すなわち、「社会的欲求」の総量（S.194）が考慮されなければならないが、問題は、しかしながら、「需要供給の一般的な概念規定」においては、説明が「同義反復」に陥ること（S.195）、あるいは「需要と供給とが相殺されてしまうなら、それはなにごとも説明しなくなる」（S.199）という事情にある。

価値法則が、ここでも顧慮されなければならないのであって、たとえば「一定の商品がそのときの社会的欲求を越える程度に生産されているならば、社会的労働時間の一部分が浪費されたということになるのであって、その場合には当の商品量は、市場では現実にそれにふくまれているよりも遥かにちいさな量の社会的労働を代表している（repräsentiert）はこびとなる」（S.197）。価値法則はこのように、この局面ではいわば事後的に貫徹してゆくことになるといってよい。

かくて、市場価格と市場価値とが背反する。あるいはより端的には、価値から価格が乖離する。かくてまた「競争の教えるところは、生産と消費の社会的性格」（S.203）なのである。

「競争」の意味（2）——部門間における「平均利潤」の形成

「競争」というおなじ超越論的な審級が、問題の平均利潤の形成をも可能としている。この論点が当面の考察にとっては重要な意味を有するものであった。ことがらを説明してゆくすじみちは右にみた部門内における「一物一価」形成の機構を解明するそれと同様であるけれども、かさねて引用しておく。

さまざまな商品がたほう、それらの価値どおりに売られるとすれば、すでに述べたように、生産部門がことなれば、それぞれの部面に投下されている資本量の有機的構成の差異に応じ、さまざまにことなった利潤率が成立する。しかし資本は、利潤率の低い部面から去って、より高い利潤をあげるべつの部面に移ってゆく。このような不断の出入りにより、ひとことで言うなら、利潤率があちらで下がったり、こちらで上がったりするのにつれて、資本がさまざまな部門に配分されることをつうじて、資本は、生産部面がことなっても平均利潤がおなじになるような、かくてまた価値が生産価格へと転化するような需要供給関係をつくり出すのである。
(S.205f.)

つづけてマルクスが注記しているように、右で素描されたような資本の移動が可能となるためには、そもそも資本と労働力の可動性が前提とされている必要がある。いいかえるなら、資本が貨幣資本のかたちで蓄積されて流動化し、いっぽうで労働者たちのあいだで就労可能性の選択肢が保障されている必要があるのである。

さらにまた、資本の移動が現実的には追加的投資にさいしての資本移動であるかぎりでは、信用制度の発達が、不可欠な条件となることだろう。そのばあい資本間の直接的な競争という審級は、主要には金融資本による、より上位的な調整という形態を取ることになり、資本制そのものに対して、その超越論的な性格をいっそう強化するにいたるはずである（本書、Ⅲ・3・3参照）。

その間の消息に立ちいるまえに、すこしだけふれておく必要のある論点がある。いわゆる「転形問題論争」というかたちで焦点化された問題がそれにほかならない。

註

（1）「総計一致三命題」とされるときには、これに「総費用価値＝総費用価格」がくわわる。この第三の命題を考えるときには、のちにふれるように、いわゆる「転形問題論争」の出発点のひとつと関連してなぜマルクスが費用価値ではなく、費用価格を定義にしているのかが問題となる。

（2）生産価格概念の成立をめぐって、古典的には、大内秀明、一九六四年、三二九頁以下、櫻井毅、一九六八年、六五頁以下の整理を参照。

γ　転形問題

「価値」タームと「価格」ターム——費用価格と生産価格・再考

マルクスは生産価格の問題を論じるにあたって、或る文脈でひとつの留保をくわえていた。論争の火種ともなった留保である。まずはテクストを引用しておく。

もともと想定されていたところでは、商品の費用価格はその商品の生産に消費される、さまざまな商品の価値にひとしいのであった。ところが、商品の生産価格は、その商品の買い手にとっては費用価格であり、したがって費用価格としてべつの商品の価格形成のうちに入ることがありうる。生産価格は商品の価値とは一致しないこともありうるのだから、或る商品の費用価格のうちに他の商品のこのような生産価格がふくまれている場合は、この費用価格も、その商品の総価値のうち、当の商品に入る生産手段の価値によって形成される部分よりも大きい、あるいはちいさいことがありうるのである。（K.III, S.174）

生産価格の算出にさいしてベースとなるのは費用価格であった。費用価格のうちには、労賃として充当される可変資本部分のほかに、生産手段の摩耗部分を補填する不変資本（この場合には固定資本）、および原材料（ここでは流動資本）等の購入費用がふくまれている。たとえば、とある資本Aは、生産手段――たとえば他の資本Bが生産した機械――を市場で調達して、（たとえばまたべつの資本Cが供給する）原材料をも、おなじく市場で購入することだろう。

とうめん問題である、資本Aの商品生産にかかわる費用価格の算定にさいしては、価値タームで量化される生産要素も、くだんの生産要素を生産したほかの資本B、C等々にとっては、生産価格を基準にして市場に供出されるのだから、費用価格の構成にはすでに価格タームで表現されるべき生産要素が入りこんでいることになるはずである。そのかぎりでは、生産価格の算出にさいしてもすでに循環的に、生産価格の決定メカニズムが介入してくるのではないだろうか。

マルクス本人は、しかしながら、つづけて「私たちの当面の研究にとっては、この点にこれ以上くわしく立ちいる必要はない」（ebd.）として、分析を打ちきっている。かんたんに言えばマルクスは、さまざまな商品が生産過程に再投入され、かくてまた費用価格を構成する価値の一部をかたちづくるのだから、この場面における価格の価値からの乖離は、総体としては相殺されるはずであると考えていたように思われる。

この件は、とはいえ、ほんとうにそれいじょう立ちいる必要がない問題だったのだろうか。じっさいマルクスの分析の実態は、この点でなお未整理な点を残しているかに思える。

歴史的にみるなら、いわゆる「転形問題論争」は、この点をめぐる問題提起をふくんで開始されることになったといってよい。じっさい、いわば第一次論争の火つけ役となったリカード派の経済学者、ボルトケヴィッチが提示した論点は、マルクスの分析視角では費用価格が生産価格化されておらず、したがってまた（とある資本の生産物が、べつの資本にとって生産手段となるはこびとともに主題化されるべき）再生産過程とその条件とが考察から排除されている、というものだった。

論争自体の推移をたどることは、ここでの課題ではない。複雑に入りくんだ、その過程そのものを、論争を彩る主要テクストそれ自身に立ちかえって分析することは、私たちの手にあまる。この項ではいくつかの整理を参考としながら、争点とその展開のおおすじだけを跡づけておく[1]。

ボルトケヴィッチの「生産価格表式」

問題をふたたび、その大枠においてとらえかえしてみよう。マルクスの生産「価格」カテゴリーは「価値」からの転化（Verwandlung）という経路をたどって導出される。ここで争点はふたつに分かれうる。ひとつは、マルクスの説く転化あるいは「転形」の方法は妥当なものであったのか、という論点をめぐっている。当の論点はいまひとつには、その方法には問題が残っているとされた場合、そもそもマルクスのたどった経路は必要なものだったのか、という論点へとつながるものともなるだろう。

後者をめぐっては、新古典派総合を代表するサムエルソンも論戦に参加して、価値概念の必要性そのものを否定するにいたる（いわゆる「消しゴム定理」）[2]。ここでは、問題の基本形のみを確認しておくために、第一の争点を焦点化しておくことにしよう。

第一の論点にかぎっていうなら、論争の土俵そのものを設定したのは、ボルトケヴィッチの問題提起と形式的な手つづきの提案であった。ボルトケヴィッチはそのさい、いわゆる再生産表式論で展開された、再生産をめぐる均衡条件（本書、Ⅱ・3参照）が、価値の生産価格への転化の前後で、おなじようになりたつのか、を問題とする。すでに見てきたとおり、『資本論』第二巻末尾に置かれた再生産表式は、さきにふれた区別を踏襲するとすればいわば「価値ターム」で分析されている。とすると、問題は二重である。ひとつには、価値が生産価格に転化したのちにも再生産をめぐる均衡が成立するのか、が問われなければならない。いまひとつに――その論点とうらはらに――、第三巻の問題領域で設定された転形過程そのものが、再生産を射程に入れて再考される必要があるはこびとなるはずである。

三部門構成への改変

再生産表式論を展開するにあたってマルクスは、生産部門のうちで第Ⅰ部門（生産手段生産部門）と第Ⅱ部門（消費手段生産部門）を区別していた（本書、Ⅱ・3・2参照）。生産手段とは、言いかえるなら生産財であり、消費手段あるいは生活手段は主要には労働者用の消費財のことである。この二部門については、とりあえずそのままとしておく。マルクスもまた、拡大再生産を問題とするにさいし、部門Ⅱにかんしては、通常の「消費手段」と「奢侈消費手段」という、いわば「亜部門」への分割をみとめている（本書、Ⅱ・3・3参照）。

ボルトケヴィッチは、この亜部門を第Ⅲ部門として独立させる。これがボルトケヴィッチにあっては、問題を分析するさいの方法的枠組みとして重要な意味をもつことになるだろう。再生産表式を素材補填の関係としてとらえる場合、奢侈品は産出の側にはあらわれるにもかかわらず、投入の側にはあらわれないことになるからである。

いま、資本の構成部分を示す記号はマルクス的な標記を採用して、マルクスのいう単純再生産を考えてみる。単純再生産が可能となるためには、第Ⅰ部門において、その総資本価値が三部門全体の不変資本価値と一致し、第Ⅱ部門にかんして、それが三部門全体の可変資本価値と合致し、第Ⅲ部門をめぐっては、剰余価値の総計とひとしいことが必要である。

これを「価値表式」として簡略に示せば、つぎのようになる。ただし添え字1〜3は部門Ⅰ〜Ⅲの別を示す。

Ⅰ（生産財生産部門）　$c_1 + v_1 + m_1 = c_1 + c_2 + c_3$

Ⅱ（消費財生産部門）　$c_2 + v_2 + m_2 = v_1 + v_2 + v_3$

Ⅲ（奢侈財生産部門）　$c_3 + v_3 + m_3 = m_1 + m_2 + m_3$

そのうえで、一般利潤率をr、第Ⅰから第Ⅲ部門について、価値と生産価格の乖離率をそれぞれ

x、y、zとして、「生産価格表式」として示すとすると、つぎのとおりである。ただし、利潤率は1未満の小数であらわし、それを費用価格1に対して加算したものを、費用価値部分（乖離率との積にもとづいて価格タームで計算）に掛けることで生産価格が計算されるものとする。

Ⅰ（生産財生産部門）　$(1+r)(c_1x+v_1y)=(c_1+c_2+c_3)x$

Ⅱ（消費財生産部門）　$(1+r)(c_2x+v_2y)=(v_1+v_2+v_3)y$

Ⅲ（奢侈財生産部門）　$(1+r)(c_3x+v_3y)=(m_1+m_2+m_3)z$

この三つの式を連立方程式ととらえて、その解法を考えるとき、問題が数理的なかたちで明確になる。ボルトケヴィッチの思考のみちゆきを、もうすこしだけ跡づけてみる。

ボルトケヴィッチによる「追加方程式」

ボルトケヴィッチの見るところでは、マルクスは価格形成を分析するにあたって、問題となる項のそれぞれが、先行する項によって因果的に規定されているとみなす、「継起主義」を取っている。この認定そのものの当否は、ここでは措いておく。これに対してボルトケヴィッチ自身の手つづきは、一般利潤率と生産価格とを「同時決定」しようとするものであって、その背後にはリカード流の生産価格論が存在するばかりでなく、そこではまたワルラス的な一般均衡論との接合という問題関心がはたらいていた。

さて、見られるとおり、ボルトケヴィッチの生産価格表式において、未知数はx、y、z、それにrの四個であって、それに対する方程式の数は三である。方程式を解いて未知数をもとめるためには、もうひとつの方程式を追加しなければならない。ボルトケヴィッチそのひとは、貨幣材料である金にかんしては価値と価格の乖離が生じないものと想定して、第Ⅲ部門の奢侈財生産をその金生産により代表させることでz＝1と置き、方程式を追加して連立方程式を解こうとこころみた。

その帰結は、とりあえず二重である。第一に、いわゆる総計一致命題のうちで、総剰余価値＝総利潤は成立するいっぽうで、総価値＝総生産価値は成立しない。なぜなら、第Ⅲ部門（そこではz＝1と想定されている）の有機的構成は、社会的平均と一致しないからである。第二に、第四の方程式z＝1をくわえて価格表式の連立方程式を解いても、第Ⅲ部門の係数はふくまれないから、利潤率の決定にさいしては、第Ⅲ部門の資本の有機的構成は関与しない、ということである。

ボルトケヴィッチの問題提起と解法は、スウィージーによって紹介されることでひろく知られるようになった。そののち、ボルトケヴィッチの追加方程式z＝1の評価（それを承認するか、べつの方程式によって置換するか等々）をめぐって、論者たちは、いくつかの立場へと分岐してゆくことになるが、ここでは立ちいらない。

ボルトケヴィッチがあきらかにしたことがらを要約するなら、それは、いわゆる総計一致命題がきわめて限定的な条件のもとでしかなりたたないということである。その前提は、すでに確認しておいたように、第Ⅲ部門すなわち奢侈財生産部門が、そもそも産出の側にはあらわれるにもかかわらず、投入の側にはあらわれないという事情にほかならない。このようなそれじたい余剰的な性格をともなう特殊な財を前提としないとすれば、結果もまたことなってくるのではないだろうか。

スラッファ、およびスラッファ以後

あらたな次元で考察を展開するにいたったのは——ボルトケヴィッチ自身もそうであったように——非マルクス経済学系のエコノミストたちであった。問題の地平をあらためて設定するのに影響力があったのは、まずスラッファの「商品による商品の生産」論である。(3)

いま、均一の利潤率（一般利潤率）をおなじくr、くわえて同様に均一の賃金率をwとしよう。また労働量をLとし、商品の価格をpとする。そのとき、以下の一連の等式がなりたつものとしてみる。

$$(A_a p_a + B_a p_b + \cdots\cdots + K_a p_k)(1+r) + L_a w = A p_a$$
$$(A_b p_a + B_b p_b + \cdots\cdots + K_b p_k)(1+r) + L_b w = B p_b$$
$$\cdots\cdots\cdots\cdots\cdots\cdots\cdots\cdots\cdots\cdots$$
$$(A_k p_a + B_k p_b + \cdots\cdots + K_k p_k)(1+r) + L_k w = K p_k$$

たとえば第一行についていえば、左辺のA_a, B_a, K_aは、右辺の商品aの産出量Aを生産する産業部門が、まいとし投入する商品a、b、……kの数量を示す。以下、商品kまで同様である。

このように物量体系と価値（価格）体系とを関連づけるとすると、そこで仮定された標準体系に

あっては、投入される商品と産出される商品の物的構成比がひとしい。標準体系においては、それゆえ、費用価格を生産価格化したとしても、投入の側にあらわれる商品と、産出の側にあらわれる商品の双方で、商品の構成比が同等であることになる。したがって価値と生産価格との乖離は存在しない（相殺される）はこびとなり、いわゆる総計一致命題が成立するしだいとなるだろう。

スラッファの標準体系は、こうして、その全体が生産的であり、純生産物のみを産出する。個々の商品種は別種の商品の生産財であるか、純然たる消費財であって、そのけっか体系総体は「自己補填状態」にある。このような標準体系によって産出される、一種の合成商品がスラッファのいうところの「標準商品」にほかならない。

スラッファの標準体系モデルは、いわゆる静学的モデルを提供しているだけではなく、その理論全体がけっきょくフィクショナルな前提にもとづいているようにも見える。スラッファ以後、問題となったのは、この点である。

これに対して、たとえば置塩信雄は、（ボルトケヴィッチが継起主義的な方法として斥けた）反復的アルゴリズムを――価値に対応する価格ベクトルP_0から出発し、市場生産価格Pへといたる過程をマルコフ過程をもちいて――定式化することで、総計一致命題（総価値＝総生産価格）を導出し、さらにまたモデルそのものの動学化をはかった。その後マルクスとフォン・ノイマンを接合し、いわゆる「マルクス－フォン・ノイマン体系」を構築することで、森嶋通夫が問題に動学的な解決を与えるにいたったことも、よく知られているところだろう。(4)

おおかたの見たてにしたがうなら、こうして転形問題は、すくなくともいったん終息したことになる。それはまず狭義の転形問題に対しては、数学的アルゴリズムによる解法を与えた。(5)さらに、ベーム‐バヴェルク／ヒルファーディング論争以来の、ほとんど価値論一般をめぐる問題連関ともかさなってゆく広義の転形問題にかんしても、(6)一定の回答を準備したことになるだろう。

近代経済学的な装置をつうじて提示された解法が示しているのは――森嶋のことばを借りていえば――一方では、転形問題が資本制分析に固有な分析用具によってのみ問題とされるという事情であり、他方では、エンゲルスにはじまる見解、転形問題のうちに経済システムの歴史的発展を読みこむ理論がもはや破綻するほかはない、という消息なのである。(7)置塩／森嶋の解決をいちおうそれとしてみとめるとしても、ここにはなお考えておくべき問題があるように思われる。

マルクス的分析の方法的次元

問題はかくて数理的には解消され、『資本論』のテクスト解釈のレベルでも一定の方向が劃定された。そうなのだろうか。右でひどく大まかにたどっておいた解法のこころみによっては、そもそも問われていない方法的な次元が存在するのではないだろうか。

置塩信雄そのひとが、早くから主張していたように、価値と価格は「数学的にいえばdimensionを異にする二つの量」(8)である。問題は、とはいえ、その両者が「次元」をことにしているのはなぜか、であり、マルクスが次元の差異を設定しながら、なお両者のあいだに「転形」あるいは「転化」の関係をも認定しているのはどうしてなのか、にほかならない。

転化もしくは転形（Verwandlung）ということばそのものの背景と含意は、かならずしも明確ではない。そのことばは、おそらく一方では、ヘーゲル『論理学』（とりわけ、その第一巻「存在論」）にいう「移行 Übergang」とのかかわりをもっているだろう。他方その語は、多くの場合に「形態変化 Formveränderung」「形態変換 Formwechsel」といった概念とほぼ同義的にも使用されているように思われる。[9]

問われなければならないのは、価値から価格への移行、商品価値から生産価格への形態転換が、だれにとって生起しているか、ということである。問題はこうして、たんなる数理的解法の次元をはなれて、方法論的‐認識論的なひろがりにおいて考察されなければならないはずなのである。

確認しておこう。本節におけるこれまでの考察をつうじて、費用価格、利潤、利潤率、一般利潤率、生産価格といったカテゴリーが、マルクスにしたがって、順次みちびき入れられてきた。そのつど、それぞれの分析カテゴリーが「倒錯」と「神秘化」をふくんでいる消息も『資本論』のテクストにそくして画定されてきたところである。

さかのぼって確認しておくなら、そもそも費用価値カテゴリーそのもの、考察の基礎として導入された基礎範疇それ自体が、数量的には **c＋v**，つまり商品生産にあたって投入される不変資本価値部分と可変資本価値との総和と一致しながら、剰余価値（貨幣評価を経由するならば、利潤と同量）の産出にさいして決定的な意味を有する c と v の差異を消去するものだった。かくして生起するのは、資本制そのものの構造の起源とその成立要件の忘却であり、隠蔽である。

価値から価格への転化あるいは移行が問題となるときに、その過程でじっさいに変換していたのは、むしろ「認識様式」そのものである。そこで問題となるものは、「分析者に固有の認識様式から当事者流の認識様式への変換（切り替わり）」なのであって、「この「変換」の理解なしには「転化」概念の理解はない」[10]。宇野弘蔵の学統にぞくしながら、物象化論へと接近した論者のひとりが、そう強調しているとおりである。

転形問題とともに問われているのは、この変換を叙述のうちに組みこんだ、マルクスによる経済学批判をめぐる、その方法的な次元の理解にほかならない。ここでは問題の見とおしのみをしるしておけば、つぎのようになるだろうか[11]。

商品価値は、生産価格へと転化する。その転化は、とはいえ「文字どおり対象的に自存する商品なるもの」の変化、すなわちその属性の変容であったり、あるいはその本質（投下労働量）が現象（市場で実現される価格）のうちへと顕現したりすること、ではない。そこで生起している移行は、かえって「投下労働量に応じた交換」が公正な価値どおりの交換である、とするイデオロギー的な意識形態から、ひとり「投下資本量に比例した」利潤の取得のみが適正な価格を実現する機構であるとする、おなじようにイデオロギー的な意識形態をとらえかえした結果として生まれる、形態転換にほかならない。

経済学と経済学批判

生産価格は、資本制的生産における各部門内また各部門間の競争によって決定されるものだった。本節の冒頭でも引いたマルクスのことばをここでもういちど想起しておこう。「資本のさまざまなすがた」は「社会の表面」では、「資本のあいだの作用としての競争のなかであらわれ」る。資本制の超越論的な条件としての競争を問題としてゆくことで、私たちは「生産当事者自身の日常の意識にあらわれるさいの資本の形態」にすこしずつ接近してゆくことになるだろう。マルクスは第三巻の冒頭で、そう語っていた。

ことの消息は、マルクスの資本論体系が経済学ではなく、経済学批判であるしだいとかかわっている。[12] この項の最後に、この件をめぐって確認をかさねておくことにしよう。そのためには、問題となっている事情をすこしだけさかのぼっておく必要がある。

つまりこういうことだ。投下労働価値説をいわば公理的な前提とするかぎり、資本の有機的構成の差異からは、生産部門間の利潤率の不均等分布が結果する。これに対して、経験的には利潤率の均等化（一般利潤率の成立）が確認されるところから、リカード的価値論には、科学理論として一箇のアノマリーが残されていた。公理的な言明L（投下労働価値説）からは、利潤率の不均等分布という論理的含意P（予測）が帰結するはずであるにもかかわらず、じっさいにはこれに反する事態E（一般利潤率の形成）が観察されるからだ。

一般的にはマルクス経済学は、このアノマリーに対して、補助仮設H（価値と生産価格との差異と、資本間競争という環境）を追加的公理として導入することによって、LかつHから、説明されるべきE（被説明項 *explicandum*）に対してじゅうぶんな説明項（*explicans*）を与えることをこころみた、と理解されている。その意味でマルクスは――たとえばヘンペル的なメタ科学論の枠内でいっても――古典派経済学の完成者にほかならない。

マルクスの経済学批判にあって枢要な問題はそうではない。あるいは右の事情のうちに存在するのではない。マルクス『資本論』の主題はむしろ、古典派経済学のうちに典型的にあらわれている資本制的な日常的意識をたどりつつ、それを内的に批判するところにこそあったのだ。

転形問題という難問は、そのかぎりで、日常的認識批判としての資本論体系の方法的次元を閉却するところに生じた一種の奇問あるいは疑似問題でもあったのである。この間の事情をひととおり確認したことで、マルクス経済学論争史上もっとも有名で、森嶋通夫の認定によれば、「事実上経済学のあらゆる分野での最も長い論争のひとつ[13]」である係争点にふれることになった、本項を閉じておくことにしたい。

註

（1）「転形問題」をめぐる論争については、とりあえず主要には以下の文献を参照。遊部久蔵・大島清・大内力・杉本俊朗・玉野井芳郎・三宅義夫（編）、一九六四年、一一三頁以下（この項の執筆は桜井毅）、櫻井毅、一九六八年、一五九頁以下、大内秀明・桜井毅・山口重克（編）、一九七六年、一八七頁以下（この項の執筆者は伊藤誠）、石塚良次、一九八六年a、ならびに一九八六年b、ハワード／キング、一九九八年、三三八頁以下、伊藤誠、二〇〇六年、三三七頁以下、伊藤誠『著作集』第一巻、二六二頁以下、二九一頁以下、『著作集』第二巻、二八三頁以下、長島誠一、二〇〇八年、一二〇頁以下、漆原綏、二〇一一年、一二九頁以下。以下の論述は、とくに、石塚、一九八六年aの整理に負っている。そのほか、代表的な論争文献の邦訳として、伊藤誠・桜井毅・山口重克（編訳）、一九七七年があり、編訳者たちによる「解説」にも、論点をめぐる行きとどいた整理があって、参照して裨益するところがあった。

（2）消しゴム定理とは、価値、価格それぞれが問題となるさい、相手の存在がじじつ上は消去されるはこびを指している。サムエルソン一流の挑発的な議論の余波については、ハワード／キング、一九九八年、三九七頁以下、参照。
（3）スラッファの「標準商品」論の理解については、飯田和人、二〇〇一年、九〇頁以下、参照。
（4）マルコフ過程の経済学的な応用の側面について、一般的には、小山昭雄、二〇一一年、二二七頁以下、参照。ちなみに、ノイマン理論の背景をめぐる最近の社会思想史的研究として、中山智香子、二〇一〇年、がある。
（5）この区別にかんしては、ミーク、一九八〇年、一八〇頁以下、参照。
（6）この重なりあいをめぐっては、玉野井芳郎、一九七七年、二九八頁以下、参照。およそ価値論の問題として、転形論争で問われた問題の地平そのものをみとめない議論として、降旗節雄、一九七六年、一七八頁以下、さらには降旗『著作集』第五巻、三〇頁以下、参照。生産価格論に発する当面の問題場面と、いわゆる再生産表式論との関係については、なお議論の余地があるところであるけれども、ここでは立ちいらない。
（7）森嶋通夫『著作集』第八巻、二五八頁以下。
（8）置塩信雄、一九五五年。この記念碑的論文はのちに、置塩、一九七七年、に収められた。
（9）それぞれの点について、ビデ、一九八九年、二四八頁以下、ならびに、塩沢由典、一九八三年、二四五頁以下、参照。
（10）高橋洋児、一九八一年、五七頁。この論点は、ヘーゲル『精神現象学』における、für es（当事者の意識にとって）／für uns（分析者である私たちにとって）の区別と関連している。この件を主題化したのも、廣松渉であった。『資本論』解釈との関連では、廣松『著作集』第一二巻、四〇頁以下、哲学的思考一般の問題としては、同、第二巻、四二頁以下、参照。おなじ論点をめぐって、ほかに、熊野純彦、二〇〇二年、八頁以下をも参照。ちなみに、廣松と降旗節雄とのあいだの論争がすれ違いにおわったのは、この問題意識が両者のあいだで共有されるところがなかったからである。それぞれの主張をめぐっては、廣松『コレクション』第四巻、二八六頁以下、降旗『著作集』第四巻、九三頁以下、参照。
(11) 石塚良次、一九八六年a、八四頁、参照。
(12) 以下の件をめぐっては、大庭健、一九八二年、二六頁以下、参照。
(13) カテフォレスとの共著『価値・搾取・成長　現代の経済理論からみたマルクス』における、森嶋通夫の発言。森嶋『著作集』第八巻、一九二頁。

Ⅲ・1・3　一般利潤率の傾向

資本の技術的構成と有機的構成

『資本論』第三巻第三篇は「利潤率の傾向的低下の法則」と題されて、第一三章「この法則そのもの」、第一四章「反対に作用する諸原因」、第一五章「法則の内的矛盾の展開」からなっている。マルクスは、あらたな生産技術の導入によって資本の有機的構成が上昇し、それにともなって利潤率は傾向的に低下してゆくものと考えた。マルクスのこの思考そのものは、その後さまざまな批判にさらされることになる。

ここではまず、議論を混乱させる要因となるいくつかの区別についてあらためてふれておく必要がある。[1] 問題は、資本の構成にかかわる。

資本の有機的構成の上昇とは、あらたに付加される生きた労働Nに対して生産手段として対象化された死んだ労働Cが相対的に大きくなること、つまりC/Nの値が上昇することである。マルクスのいう有機的構成とは「資本の技術的構成により規定され、その変化を反映するかぎりでの」資本の価値構成のことであるが（K.I, S.640, vgl. K.III, S.155）、それゆえに第一に、資本の技術的構成と有機的構成とが区別されなければならない。

技術的構成とは、使用価値を単位として測られた生産手段（$K_1, K_2, \ldots, K_n$）と、直接に支出される

労働Nとの比、

$$\left(\frac{K_1}{N}, \frac{K_2}{N}, \ldots, \frac{K_n}{N}\right)$$

であらわされるものであって、ここでK_i（$i=1, 2, \ldots, n$）は第i生産手段の量を、使用価値を単位として測ったものである。

これに対して有機的構成はC/Nのことだから、

$$\frac{K_1t_1+K_2t_2+\ldots+K_nt_n}{N}$$

となり、ここでt_i（$i=1, 2, \ldots, n$）は第i生産手段一単位を生産するために支出される、社会的に平均して必要な労働時間を指している。

技術的構成が上昇したとしても、各種の生産財の労働生産性がじゅうぶん向上する場合には、t_1, t_2, …, t_nが減少するから、有機的構成は上昇しないことがある。技術的構成の上昇が有機的構成の高度化として現象するのは、生産財生産における労働生産性が、技術的構成の上昇と見あうほどには向上しない場合にかぎられるのである。

いっぽうまた有機的構成の上昇と最低必要資金の増大とは、概念としておなじではない。前者はあくまで比率（相対量）であるから、その上昇は後者の絶対量の増加と一致しない場合がありうる。以上の事情をも念頭に置きながら、マルクスの思考のすじみちをたどってみよう。

「利潤率の傾向的低下」という法則

いま労賃と労働日は所与であれば、たとえば一〇〇という可変資本vは、稼働される労働者数の「指標 Index」である。たとえば一〇〇ポンド・スターリングが一〇〇人の労働者の一週間の労賃であり、かつ剰余価値率は一〇〇パーセントであるとしよう。そうすると、総価値生産物は二〇〇ポンド・スターリング、生産される剰余価値は一〇〇ポンド・スターリングとなる。すなわち可変資本は同等であり、かつ剰余価値率が同一であっても、不変資本cの大きさがことなり、かくしてまた総資本Cの総量に差異が生じると、おなじ剰余価値率がさまざまな利潤率によってあらわされることになる。

たとえば $c = 50, v = 100$ なら、利潤率は $\frac{100}{50+100} = \frac{100}{150} = 66\frac{2}{3}\%$，以下 $v = 100$ はかわらず、cが一〇〇から四〇〇へと一〇〇単位ずつ増大してゆくとすれば、利潤率は $c = 100$ ならば 50%, $c = 200$ で $33\frac{1}{3}\%$, $c = 300$ で 25%, $c = 400$ なら 20% となる。

かくて「おなじ剰余価値率」が「しだいに低下する利潤率」を示すようになるだろう。それは、「不変資本の物量が増大するにつれて、おなじ割合ではないとはいえ、不変資本の価値量も、かくてまた総資本の価値量も増大してゆくからである」（K.III, S.221f.）。

マルクスはつづけて書いている。引用しておく。

さらに以下の件を想定するとしよう。すなわち、このような資本構成の漸次的変化が、たんに個々の生産部面で起こるばかりではなく、多かれすくなかれすべての生産部面で、あるいはすくなくとも決定的な生産部面で起こること、つまり、この変化が、一定の社会にぞくする総資本の有機的平均構成の変化をふくんでいる、ということである。その場合には、このように可変資本にくらべて不変資本がしだいに増大してゆくことの結果は、剰余価値率すなわち資本による労働の搾取度が不変であるかぎりは、かならず一般利潤率の漸次的な低下ということにならざるをえないのだ。（ebd., S.222）

さきに（本書、Ⅲ・1・2のα）示したとおり、剰余価値率（$\frac{m}{v}$）をm'、利潤率（$\frac{m}{c+v}$）をp'とすると、剰余価値率と資本の有機的構成をつうじて利潤率が決定されるしだいは、つぎのような式によってあらわされる。

$$p' = m' \frac{1}{\frac{c}{v}+1}$$

したがって、利潤率は、一方では剰余価値率の上昇とともに向上するとはいえ、他方でいま剰余価値率が一定であるとするならば、「可変資本にくらべて不変資本がしだいに増大」してゆくこと（c/v の増加）にともなって減少する。すなわち、資本の有機的構成の高度化とともに「一般利潤率の漸次的な低下 *ein gradueller Fall in der allgemeinen Profitrate*」が、不可避的に生起する。しかもマルクス自身が注意しているように、すでに述べられたところにしたがえば「資本制的生産様式の一法則として、この生産様式の発展につれて、可変資本は不変資本にくらべて、かくてまた作動させられる総資本とくらべるならば、相対的に減少してゆく」（ebd.）。

かくして資本の有機的構成の高度化は「たえず低下してゆく一般利潤率」によってあらわされることになるのである（vgl. S.223）。一般利潤率の傾向をめぐるマルクスのこの認定は、資本制一般に対するマルクスの認識とも関連して議論の多いところである。ここでは、論点のごく大枠のみを跡づけておくにとどめたい。

この法則の直接的な諸結果

利潤率の低下は、ただちに利潤量の減少をもたらすものではない。「資本制的生産過程は本質的に同時に蓄積過程である」かぎり、資本によって生産される剰余価値の量、かくてまた利潤の絶対量は、増大することが「できる」し、またでき「なければならない」（S.228）。

資本が生産する剰余価値の絶対量が増大するとは、つまり、資本が吸収する剰余労働の絶対量が増加することであり、したがってまた、資本によって稼働される労働の絶対量、資本によって充用される労働者数が増大することである。こうして資本の有機的構成の高度化は、さきに挙げられた資本制的な人口法則（本書、Ⅱ・1・3のγのb）に対しても遡及的に作用する。

それればかりではない。利潤率の傾向的低下という法則には、「おなじ原因から、利潤率の低下と、絶対的利潤量の増加とが同時に生じる」という「二重の性格」がある（S.230）。ここから帰結するのは、資本の増大と集積への傾向にほかならない。どうしてか。

利潤率は、産出された剰余価値を充当された総資本で除することによって計算されなければならない。いっぽう利潤量はただ、商品の販売によって実現される剰余価値の量にひとしい。だから、利潤の率とその量とのあいだには、前者が後者に依存するという関係はなりたつけれども、一義的な規定関係は存在しない（vgl. S.239）。かくて、利潤率が低下してなお、利潤の絶対量がおなじ、あるいは増加することがありうる。

いま利潤率が五〇パーセント下がって、なおも利潤量が同等でありつづけるためには、資本量は二倍にならなければならない。「利潤率が下がっても、利潤量がおなじままであるためには、総資本の増大を指示する乗数が、利潤率の低下を指示する除数とひとしくならなければならない」。たとえば、利潤率が四〇から二〇に下がる場合ならば、総資本は反対に20：40の割合で増大しなければならないし、利潤率が四〇から八に低下するようなことになれば、資本は8：40の割合で、つまり五倍に増加しなければならない。「一〇〇万の資本は〔利潤率〕四〇パーセントで〔利潤量〕四〇万を生産し、五〇〇万の資本は八パーセントでやはり四〇万を生産する」（S.232）。

これにくわえて、利潤量が同等であることを超えて、むしろ利潤量そのものも増えなければならないならば、「資本は、利潤率が低下するよりも、さらに大きな割合で増大しなければならない」。

つまり、総資本の増大が、可変資本の低下の百分率を超えて大きなものとならなければならないのである。たとえば、「資本＝一〇〇の可変部分が四〇から二〇に下がるとするなら、総資本は、四〇よりも大きな可変資本を使用することができるためには、二〇〇よりも大きくならなければならない」（S.232f.）。

そのような動向について、その直接的な結果はなにか。それは、資本投下の増大であり、それにともなう資本の集積と集中であり、信用制度の発達である。さらにまた、「これと手に手をとって、これとの相互作用のなかで、多かれすくなかれ直接的な生産者たちの収奪がすすんでゆく geht fortschreitende Expropriation der mehr oder minder unmittelbaren Produzenten」（S.229）。

競争を介した「法則」の顚倒

利潤率の低下の法則、資本制的な人口法則、資本集積の法則の三者は、かくて並行して作動し、資本制的な生産の一段階を劃定してゆく。ことの消息をマルクスは手みじかにまとめていた。引用しておこう。相対的な過剰人口の創出という、資本制に特有の人口法則への言及もふくめ、当面の論点を取りまとめる一節である。

ここにあらわれるのは、すでに以前に展開された法則、すなわち、可変資本の相対的な減少、したがって労働の社会的な生産力の発展につれて、同量の労働を作動させて同量の剰余価値を吸いとるのにますます大きな量の総資本が必要となる、という法則である。それゆえ、資本制的生産が発展するのと度合いをおなじくして、相対的に過剰な労働者人口の可能性が発展するのであるけれど、それは、社会的労働の生産力が減退するからではなく、それが増大するからであり、したがって、労働と生活手段とのあいだの、あるいはこの生活手段を生産するための手段とのあいだの、絶対的な不均衡からそうなるのではなく、労働の資本制的搾取から生じる不均衡、つまりますます増進する資本の増大と、増大する人口に対する資本の欲求の相対的な減少とのあいだの不均衡からそうなるのである。(S.232)

マルクスが説くところは、一般利潤率の傾向的低下を惹きおこすのとおなじ原因が、資本の蓄積を、したがってまたその増大を結果する、というはこびであった。これに対して、マルクスに先行する古典派経済学者たちはみな、この現象の説明に失敗している、とマルクスは見る。

スミスは「資本の増加には、労賃を上げるいっぽう、利潤を低下させる傾向がある」(Sm., p.87)しだいを見てとっていた。スミスの説明によれば、資本の蓄積がすすむにつれ、追加資本を有利に投下する方法を一国内に見いだすことが、それだけ困難になり、そのけっか「資本のあいだに競争が起こる」からである(ibid., p.336)。

リカードもまた、「利潤の自然的傾向(natural tendency)は、それが低下することである」(Rc., p.71)とみなしていた。人口の増加によって収穫率の低い耕地の耕作が必要となり、この件は地代と農産物価格との高騰を呼ぶ。後者の高値は労賃の上昇の原因ともなって、利潤と労賃とは反比例することになる(cf. ibid., p.64)。地代論とも関連して、それ自体としてはリカード経済学にあって注目にあたいする視角をも示している一節である。

マルクスの見るところでは、これらの説明は、しかしすべて顚倒している。「いっさいが、競争にあっては、かくてまた競争当事者の意識のなかでは顚倒してあらわれる sich verkehrt darstellt」が、「この法則もまたそう」だからである（K.III, S.235）。

個々の資本は、商品の価格を引きさげることで、商品一個あたりのみずからの利潤は減少するとはいえ、じぶんの売る商品量が増大するので、より大きな利潤を上げることができるのだ、と考えることができる。さらには、じぶんは商品一個あたりの価格を確定してから、「掛け算」によって総生産物の価格を決定するのである、と想像することも可能である。とはいえ、「元来の手つづきは割り算」、つまり必要労働と剰余労働との比なのであって、「掛け算は、ただ第二次的に、この割り算を前提としたうえで正しいだけ」なのである（ebd., S.240f.）。

この法則に対して反対に作用する諸原因

一般利潤率は、漸次的に低下する。それは「傾向的に低下 tendenzieller Fall」するのであって、絶対的に低下するのではない。なぜだろうか。そこには「反対に作用するさまざまな影響がはたらいており、それらの影響が一般的法則の作用と交錯し、それを無効にしている」からであると――あたかも自身の所説に対する反論をあらかじめ予想していたかのように――マルクスは説いている（S.242）。

簡単にふれておこう。論点は、たがいに連関するいくつかの事象にわたっている。

第一に挙げられるのは「労働の搾取度の増強」、とりわけ「労働日の延長と労働の強化」である。利潤率を低下させる要因は「生産手段に付けくわえられる、生きている労働の総量」が死んだ労働をあらわす「生産手段の価値にくらべて減ってゆくこと」[2]（S.226）であって、つまりは不変資本の比較的増加であるから、この相対的増大を抑制するためには、労働日を延長すれば、あるいは労働を強化すればよい（S.243）。これは、じっさい労働現場ではくりかえし採用される方式にほかならないことだろう。

おなじような効果は「労働力の価値以下に労賃を引きさげること」によっても得られるし、「不変資本の諸要素の低廉化」をつうじても獲得される（S.245f.）。マルクスはこれにつづけて、あらためて「相対的過剰人口」の問題にふれ（S.246f.）、「貿易」のもつ意味と、植民地における搾取を問題とし（S.247ff.）、資本の集積と集中とにともなう「株式会社の増加」という論点に一瞥をくわえている（S.250）。最後の論点とかかわり、マルクスはふたたび鉄道の場合を、不変資本が過重であるがゆえに「一般利潤率の形成にくわわらない」特殊な産業部門のひとつとして挙げている（ebd.）。これは、それ自身としては、一般利潤率をめぐる先行する所説を部分的に補訂する重要な論点ともなっているが、ここでは立ちいらない。

利潤率の傾向的低下の帰結——資本の過剰

さきだって見ておいたように、利潤率はつねに剰余価値率を「そのじっさいの高さよりも低く」表現している。剰余価値率は可変資本ｖに対して計られるのに対して、利潤率は総資本（ｃ＋ｖ）に対して測られるからである。右に見たとおり、「上昇する剰余価値率であっても、低下する利潤率によってあらわされる」傾向がある。第一五章の冒頭で、マルクスはあらためてそう確認していた（S.251）。利潤率というカテゴリーが、現実を倒錯したかたちで映しだすことがありうる、典型的な場面のひとつということにもなるだろう。

利潤率の低下は、これも論じておいたところであるように、資本の集積と集中を帰結する。本書ではのちに論じることになる、信用制度の展開ともかかわる論点をふくむ一節でもあるので、ここでテクストにもとづいて確認しておく。

マルクスは、段落をかえて書いている。引用しておこう。

> 利潤率の低下と加速度的蓄積とは、両者ともに生産力の発展をあらわしているかぎりでは、おなじ過程のあいことなる表現であるにすぎない。蓄積はまた、それにつれて大規模な労働の集積がおこなわれ、かくしてまた資本構成の高度化が生じるかぎりでは、利潤率の低下を促進する。いっぽう利潤率の低下はまた、小資本家たちからの収奪によって、また最後にのこった直接生産者たちからも、まだなにか取りあげるものがあれば、それを取りあげることにより、資本の集積とその集中とを促進する。このことをつうじて他面では蓄積も、その率は利潤率とともに下がるとはいえ、量からいえば促進されるのである。（ebd.）

再確認されているのは、基本的には「資本の集積とその集中 Konzentration des Kapitals und seine

Zentralisation」の動向である。マルクスが、つづけて問題とするところは、「利潤率の低下」が「資本制的生産過程の発展を脅かす」にいたるしだいにほかならない。それは「過剰生産や投機や、恐慌や過剰人口と併存する過剰資本を促進する」ものとなるからだ（S.252）。

過剰生産の問題については、これまでも文脈上いくたびかふれておいた。過剰人口にかんしてもいわゆる相対的過剰人口という論点として主題化され、本項でもあらためて確認されてきたところである。ここで注目しておく必要があるのは、「過剰資本」という論点であろう。

過剰資本あるいは資本の過剰は、一方では、市場の不断の拡大を要求する。このばあい「内的な矛盾が生産の外的な場面の拡大によって解決をもとめる」ことになる（S.255）。資本の過剰とは、他方で、「個々の商品の過剰生産ではなく資本の過剰生産」、つまり「資本の過剰蓄積」にほかならない。利潤率が低下してゆくことで、増大した資本がもはや以前よりもすくない剰余価値しか産出しない段階にいたるなら、そこにあらわれているのはいまや「資本の絶対的な過剰生産[3]」である（S.261f.）。ここでは、マルクスの説くとおり、「資本制的生産の真の制限は、資本そのものなのである Die *wahre Schranke* der kapitalistischen Produktion ist *das Kapital selbst*」（S.260）。

註

（1）以下、この見出し項目における議論については、置塩信雄、一九八〇年、四五頁以下、参照。

（2）一般利潤率の傾向的低下の法則をめぐる、マルクスの所論に対する（スウィージーやJ・ロビンソンを典型とする）多くの批判は、テクストのこの箇所の前後を読みきっていないところにこそ発している、とする反批判については、古典的には、富塚良三、一九六二年、四一二頁以下、また最近のものとしては、伊藤誠、二〇〇六年、三五三頁以下、参照。

（3）この論点が宇野学派の恐慌論の基軸となる。宇野弘蔵『著作集』第五巻、九二頁以下、のほか、たとえば、伊藤誠『著作集』第三巻、九二頁以下、を参照。おなじ論点をめぐってまた、高須賀義博、一九八五年、一九八頁以下、をも参照。最近では新田滋が、宇野学派の展開を網羅的にふまえたうえ、マルクス経済学理論以外の理論との対決をへて、段階論の再構成をこころみたのち（新田、一九九八年）、恐慌論を現代思想との対話のなかで再編成しようとした（新田、二〇〇一年）。

宇野学派による、恐慌論の歴史的研究をめぐっては、古いものだが、鈴木鴻一郎（編）、一九七三年、参照。馬渡尚憲、藤川昌弘、杉浦克己の三名の論者が、それぞれ、一八三〇年代、一八四七年、一八五〇‐六一年の動向を分析している。宇野弘蔵の『恐慌論』（一九五三年）の本論は「一九二九年の十月のニューヨーク株式市場における瓦落を契機として勃発した恐慌は、最近における最も深刻なる、極めて広範囲にわたる世界的大恐慌であった」と書きおこされ、一九二九年のいわゆる「大恐慌」を各種資料にもとづいて分析するところからはじまる。おなじく宇野学派による二九年恐慌研究としては、これも古典的なものであるけれども、玉野井（編）、一九六四年があり、伊藤誠が鉄鋼業と農業の分析を担当し、侘美光彦が自動車産業のそれを分担している。侘美による恐慌研究は、後年、浩瀚な一書として結実した（侘美、一九九四年）。侘美は同書でも、原論的な問題を確認して、「まず、原論における循環性恐慌が、労働力商品の価格騰貴に基づく「資本の絶対的過剰生産」を基因として発生することは、議論の大前提としておいてよいであろう」と説いている（一〇五‐一〇六頁）。

Ⅲ・2　地　代

Ⅲ・2・1　地代論の諸前提

資本・労働・自然

剰余価値は利潤、利子、地代といった形態へと「結晶化」する。それらは、しかしすべて「その実体からみれば、不払労働時間の物質化」にほかならない。「資本の自己増殖の秘密」とは、「他者の一定量の不払労働に対する資本の処分権」なのである（K.I, S.556）。

自己増殖する主体としての資本の神秘化は、一方では、「労働の自然力」を覆いかくす。そこでは資本による「剰余労働の不断の取得」が「資本の恒常的な自己増殖」としてあらわれるかぎりで、労働の自然力そのものも「労働が合体されている資本の自己維持力」として現象するからだ。要するに、労働力ではなく、資本の総体がそれ自身として価値を増殖しつづける、ということだ。それは――べつの文脈ですでに引用しておいたとおり（本書、二六一頁、参照）――「商品の価値形態が、ことごとく貨幣の形態として投射される」のとおなじことなのである（ebd., S.633f.）。

自己増殖する資本が隠蔽するものは、他方でまた、自然それ自身の生産力にほかならない。資本制の批判的分析者であるマルクスそのひとは、およそ生産一般に対して自然的条件が有する意味をめぐって、ふかい洞察力を有していた。この件についても、いくつかの文脈ですでにふれておいたところである。

おなじく『資本論』第一巻から引用しておこう。絶対的および相対的剰余価値を問題とする文脈からの一節である。

> 社会的生産がどれくらい発展した形態にあるかどうかを問わず、労働の生産性はつねに自然条件とむすびあいつづけている。それらの自然条件はすべて、人種などのように人間そのものの自然と、人間を取りかこむ自然とに連れもどされうるものである。外的な自然条件は、経済的にはふたつの大きな部類に分かれる。生活手段としての自然の豊かさ、すなわち土地の多産性や、魚の豊富な河海などと、労働手段としての自然の豊かさ、たとえば勢いのよい落流や、航行可能な河川、樹木、金属、石炭等々とに分かれる。文化の初期には、第一の種類の自然の豊かさが決定的であって、より高い発展段階では第二の種類の自然の豊かさが決定的なものとなるのである。(S.535)

「社会的生産」の初期段階で「自然条件」とりわけ「生活手段としての自然の豊かさ」が決定的な意味を有していたことは、ほぼ自明である。人間的な生の最下の条件は、飲み、食うことであり、食料を生産し、飲料を確保することであるからだ。

とはいえ、社会的生産の諸形態と「文化」とがどれほど発展したとしても、「労働の生産性」は、つねに自然の富に、とりわけ「土地の多産性 Bodenfruchtbarkeit」に依存する。その多産性、土壌の豊饒さにおける自然条件の差異が、やがては差額地代の基礎となることだろう。すぐに見てゆくところであるように、「勢いのよい落流」という例をマルクスは、差額地代を導入するさいの設例として利用するはこびとなるはずである。

資本制的土地所有の起源と、地代の形成

『資本論』第三巻・第六篇は「超過利潤の地代への転化」と題されている。[1] その首章(第三七章)の冒頭でマルクスが問題を限定して語っているように、「土地所有(Grundeigentum)を、そのさまざまな歴史的形態において分析することは、この著作の限界の外部にある」。土地所有と地代とが問われてゆくのは、ひとえに「資本によって生みだされた剰余価値の一部分が土地所有者のものとなる」かぎりにおいてのことであり、したがってマルクスはひとまず「農業が製造工業とまったくおなじように、資本制的生産様式によって支配されていること」を前提とする。そこでは、かくてまた、資本のあいだに「自由な競争」が存在すること、資本のあいだに移転の可能性が高いこと、一般利潤率が存在することなども前提とされているはこびとなるだろう(K.III, S.627)。

土地所有は、ちなみに、たんなる大地の独占的な占有を意味するばかりではない。たとえば水流や水源なども、それが「土地の付属物」であるかぎりでは土地のうちにふくめられる。さかのぼるなら、土地所有とはそもそも、「或るひとびとが、すべての他者たちを排除して、地球の一定の割合をかれらの個人的占有領域として自由に処分するという独占」（ebd., S.268）を意味している。

社会契約というミュトスを前提とするなら、ロックがそう語っていたように、大地とそこに生育するものはかつてひとしく万人のものであったし、ルソーがそう指弾したとおり、土地に囲いをして、「これが俺のものだ」と宣言した者こそが、いっさいの不平等の起源に責めを負うものでもあるだろう。具体的な歴史過程を問題とする経済学批判のロゴスからするなら、資本制的な土地所有の起源は、それじたい資本制の原罪（本書、Ⅱ・1・3のγのc）とかかわっている。「本源的蓄積」を経た「土地所有の独占が資本制的生産様式の歴史的前提」なのである（vgl. S.630）。

かくてすでに、それがどれほどに不合理なものであれ、「地球の一片に対する独占 Monopol auf ein Stück des Erdballs」（S.638）が承認され、また食糧生産部門としての農業がひろく資本制的に経営されているしだいを前提としておくことにしよう。

そのばあい地代とは、つぎのようなものとなる。引用しておく。

資本制的生産様式の場合には、前提はかくして以下のようなものである。現実の耕作者は、農業資本家すなわち借地農業者に使用されている農業労働者であり、くだんの借地農業者は、農業をひとえに資本のひとつの特殊な搾取部面として、一箇の特殊な生産部面でのじぶんの資本の投下として経営するにすぎない。この借地農業者‐資本家は、当の特殊な生産部面でみずからの資本を充用するのを許される代償として、土地所有者、すなわちじぶんが利用する土地所有者に、一定の期間ごと、たとえば一年ごとに、契約で確定されている貨幣額を支払う（これはちょうど、貨幣資本の借り手が一定の利子を支払うようなものなのである）。この貨幣額は地代と呼ばれ、それが耕作地や建築用地や、鉱産や漁場や森林などの、そのいずれに支払われようとも、ひとしなみにそう呼ばれるのだ。（S.631）

「地代 Grundrente」とは、農業を資本制的に経営する資本が、借地について「土地所有者」に対して支払う「貨幣額」によって表現されるものである。地代とは、したがって土地所有者の側から見るならば「土地所有が経済的に実現され、利用される形態」にほかならない。

資本はこの場面でも労働者を雇用して、じっさいの耕作に当たらせるのであるから、マルクスが注意しているように、「ここには近代社会の骨組みをなしている、三つの階級がすべて出そろって、たがいに相対してあらわれている」。マルクスはここで、いわば一拍おいて書いている。「すなわち賃金労働者と産業資本家と土地所有者がそれである」（S.632）。

土地と資本——資本制的な土地所有の合理と非合理

土地に投下される資本は、「土地に固定されることがありえ、土地と一体化されることがありうる」。資本は、たとえば「施肥」による土壌の改良のように一時的なものであることもあれば、たとえばまた「排水溝や灌漑設備や地ならしや農場建物」の場合のように恒久的なものであることもある。これらはすべて農業経営における不変資本であり、かつこの場合には「固定資本」でもある。

一時的な資本投下は、例外なく借地農業者によっておこなわれるが、より恒久的な、つまり「より長い期間に損耗する」固定資本も、多くのばあい借地農業者によって投下される。それにもかかわらず、借地期間が終了すれば、たとえばかつては未耕地であった土地にくわえられた改良は土地所有者のものとなる。既耕地は未耕地よりも価値が高いとされるうえに、土地所有者はあらたな借地契約をむすぶさいに、たんなる土地ではなく、いわば「土地資本 la terre-capital」を貸しだすことになるから、さらに土地資本の利子も本来の地代に対して付加される。

これがまた「合理的な農業の最大の障害のひとつ」となる。借地農業者としての資本は、「じぶんの借地期間中にかんぜんに還流することが期待できないような、改良や投資のいっさいを回避する」からである（以上、S.632f.）。

マルクスは、ほとんど資本の憤りを共有するかのような口吻をもってしるしている。資本制的な生産体制のごく初期には、利子が地代と同様なものとして擁護された。やがて或る種の理論家は、その逆に、「土地所有の独自な経済的表現」である地代を利子と似たものと説明し、土地所有と資本とのあいだの調和を強調する。

引用がかさなるけれども、マルクスの認定を引証しておく。資本制的な私的所有制度のなかでも土地所有にともなう特殊性に説きおよぶテクストの一節である。

これら最近の著述家たちが忘れているのは――地代は純粋なかたちでも、つまり土地と一体化した資本の利子をすこしも付けくわえないでも存在することができるし、またじっさいにも存在していることをまったくべつとして——、このようにして土地所有者は、じぶんにとってすこしも費用のかからない他人の資本から利子を受けとるばかりではなく、なおそのうえに、他人の資本をロハで手にしてしまうという事情である。土地所有を正当化するものは、一定の生産様式にともなう、他のすべての所有形態を正当化するものとおなじように、その生産様式そのものが歴史的に過渡的な必然性を有しており、かくてまたその生産様式が生じる生産関係と交換関係もそうであるということである。とはいっても、私たちがのちに見るとおり、土地所有は、ある発展段階に到達すれば、資本制的生産様式の立場から見てすら、よけいで有害なものとしてあらわれるという点で、他の種類の所有とは区別されるのである。(S.635f.)

土地所有は、それを前提として資本制的な農業生産が可能となるという意味で、資本制にとって合理的である。資本制的な土地所有は、とはいえ、それが農業の資本制的な経営にとってすら阻害要因としてあらわれるにいたるかぎりでは、資本制にとっても不合理な制度となる。

土地所有権には、法的にいえば、土地の利用、土地からの収益、土地そのものの譲渡にかんする権利がふくまれている。支配（*dominium*）あるいは全面的権力（*plena in re potestas*）としての所有は一般に、所有対象の利用権（*usus*）、そこからの収益権（*fructus*）、また譲渡権（*abusus*）をふくんでいるからだ。この「法的観念そのもの」は、しかし、なにほどのことがらも意味してはいない。土地所有がひとつの権利であるとしても、その「力の行使はひとえに、かれらの意志にはかかわりのない経済的な諸条件にのみかかっている」からである（S.629）。

擬制としての土地所有――土地の価値と価格

おなじ経済的な条件が、土地所有そのものを桎梏として現象させる。すくなくとも一箇の擬制としてあらわにするのである。ことは土地そのものの譲渡、つまり土地の値段にかかわっている。土地は「労働の生産物ではなく、したがってまた価値を有してはいない」(S.636)。にもかかわらず、土地の所有権が移転するさいには、土地に価格がつけられ、売買される。価値をもたないものの価格とは、しかし、いったいなにか。それはどのようにして決定されるのだろうか。

すでに見たとおり、地代とは、借地農業者が地表の一部を借りうける対価として、土地所有者に支払う貨幣額として現象するものだった。たとえば、貨幣資本の貸しだしに対応する利子であるなら、利子は、借りだされた一定の貨幣額に応じてさだまってくる。そのかぎりでは、「一定の貨幣収入」はすべて「資本化」される、つまり資本の果実と見なされうる。ことばをかえるなら、「或る想像的な資本 ein imaginäres Kapital」が生む利子と考えることができる。本書の構成では（現行の『資本論』第三巻の編成と順序を逆にして）のちに論じることになるように、この間の消息は、いわゆる利子生み資本と共通しているのである。

たとえば、標準的な利子率が五パーセントであるとすれば、年額二〇〇ポンドの地代も四〇〇〇ポンドという「資本の利子」として計算することが可能である。このように資本化されて、つまりその果実から逆算され、資本額として遡及的に見なされた地代が「土地の購入価格あるいは土地の価値」をかたちづくることになる。設例についていうなら、一年ごとに二〇〇ポンドの果実を生む土地の価値は、四〇〇〇ポンドと算定されるのである（S.636）。

これはもちろん、「不合理なカテゴリー」である。とはいえ「この不合理な形態の背後には、一箇の現実的な生産関係が隠されている」。年間二〇〇ポンドの地代をあげる土地を、とある資本が四〇〇〇ポンドで購入する場合、くだんの資本は四〇〇〇ポンドの五パーセントに当たる年利を手中にするのであって、これは「四〇〇〇ポンドという資本を五パーセントで増殖すること」とひとしい。それゆえ当面の設例にあって四〇〇〇ポンドとされた土地の価値は、「じつは土地の購入価格ではなく、土地があげる地代を普通の利子率で計算したものの購入価格」なのである（ebd.）。

とすれば、土地が売買されるとき、譲渡され入手される当のもの（「大地の一片」）については、その価値はなにもない。価値がないものに価格がつけられて、売買の対象となる。なぜそのような擬制（*fictio*）が可能となるのか。「なんらかのものを売るためには」――と、ヘーゲル『法哲学』「抽象法」の一節を想起させるしかたでマルクスは書いている――「そのものが独占できるものであり、譲渡できるものであることのほかにはなにも必要とされない」。土地はただ境界を設定され、その一定面積がそこにふくまれている生産条件とともに独占の対象となり、法的に所有権が移転しうるだけで、売買の対象となるのである（S.646）。

なんらかのもの（ein Ding）を売るためには、そのものには価格がつけられなければならない。価格が附与されるためには、そのもの（ここでは一定の土地）にはまた、他のもの（べつの土地）との差異が帰属していなければならない。

差異が、価格を生む。さしあたりはことなる地代を生み、その地代（差額地代）によって、土地そのものの価格が遡及的に決定されるのである。マルクスの地代論の本論が、いわゆる「差額地代」の問題から開始されるゆえんである。

リカードの地代論とその意味

よく知られているとおり、マルクスの差額地代論は、リカードの地代論を再解釈するものという側面をもっている。ことの消息をめぐって、ここで簡単にふれておくことにしよう。

リカードによれば、「地代 rent of land」とは「土地に固有の不滅な力の使用に対して、土地所有者に対して支払われる代償」のことである（Rc., p.34）。土地に「固有の不滅の力」には、とはいえ量的に制限があり、また質的に差異がある。この限界と差異が地代を生む。

引用しておく。『経済学および課税の原理』の有名な一節からの引証である。

かりにどの土地もおなじ性質のものであり、量において制限されておらず、質にあって均一であるならば、それが位置においてとくべつな優位を占めていないかぎり、その使用に対して料金を取ることはできないだろう。そうであるとすれば、土地の使用についてかならず地代が支払われるのはひとえに、土地が量において無制限ではなく、質にあって均一ではないからであり、そのうえ人口の増殖につれて質の劣等な、あるいは位置において利便性の劣る土地をもしだいに耕作する必要に迫られるからである。社会がしだいに進歩して、豊度において第二級の土地の耕作が開始されるときには、質にあって第一級の土地にはただちに地代が出現して、

この地代の総額は、これらふたつの土地部分の質における差異に依存することになるだろう。（ibid., p.35）

土地の稀少性と、「質における差異 difference in the quality」とが地代の源泉となる。いわゆる差額地代論の構図が表明されているテクストである。貨幣地代とは基本的に、ふたつの土地に対して一定量の労働が投下されたさい生じる、「生産物のあいだの差額《ディフェレンス》」にほかならない。自然条件に由来する生産物のこの差異《ディフェレンス》が地代を、差額地代を生む。

よく知られているとおり、リカード理論の基軸はマルサス理論との対質を介して形成されたものであった。当面の争点は穀物関税の是非である。輸入穀物に高い関税を課することを主張してやまない地主層こそが、結果的に穀価高を引きおこすことで、労働者と対立している。差額地代を論じるさいにも、リカードは理論家であると同時に時論家でもあったといわなければならない。(2) あるいは地代論という経済学理論のうちに、自由貿易を主張するイデオローグとしてのリカードの立場がもっとも鮮明にそのすがたをあらわしている。

マルクス「地代論」の意味——資本制にとっての自然の意味

リカードの地代論は、マルクスへの影響関係とは独立に、経済学におけるいわゆる「限界原理」とのかかわりで注目されることもある。じっさいその地代論はくだんの定式化のしかたにおいて、新古典学派の限界生産力説をも先どりしているといわれる。限界生産力説とは、収穫逓減の法則の支配下では、「限界生産力」（すなわち生産要素の最後の投入単位の生産力）が、要素価値を決定する、と主張するものである。リカードの差額地代論は、おなじく収穫逓減則の承認のもと、耕作される限界内での最劣等地への投下労働量が、穀物価格を規制すると主張するものであるかぎり、それは形式的には限界生産力説と同型的な主張を展開するものであったのである。(3)

ともあれ、マルクスの地代論は、リカード差額地代論のうちになお残されていたいくつかの難点を取りのぞき、たほうまたいわゆる「絶対地代」の発生の機構をも解明しようとするものだった。マルクス地代論に立ちいるに先だって、さしあたりなお二点だけ注意しておく必要がある。

ひとつは、マルクス本人がくりかえし注意しているように、その地代論が主要に「語ろうとしているのは、資本制的生産が発展している国々における農業地代 Ackerbaurente」（K.III, S.639）であるということにかかわる。それは、マルクス地代論のいわば主要モチーフの問題である。

リカードもすでに問題としていたとおり、当時とりわけイギリスの農業労働者の労賃は、平均的な給付水準よりもかなり低くおし下げられていた。それはいうまでもなく、「労賃の一部分が労働者からとり上げられて、借地料の一部となり、地代という仮面をつけて、労働者の手ではなく、土地所有者の手に流れこんで」いたからである（ebd., S.640）。リカード地代論を引きついだマルクスの地代理論は、そのような現実を正当化する理論に対するイデオロギー批判として機能するものでもあった。

土地の価値などというものは存在しない。土地は労働生産物ではないからだ。にもかかわらず、土地には期待可能な地代から遡及した価格が付けられ、売買される。そのさい「土地の増価は労働の減価にひとしく、土地価格の高いことは労働の価値の低いことと等価なのである」(S.642)。土地所有こそが、資本制的な生産様式の内部に包摂されつつある農業生産にあって、賃労働者の賃金を引きさげているのだ。

マルクスの地代論には、とはいえまた、より射程のながい視角がふくまれている。それは、生産一般にとって自然的条件が有する意味をめぐる省察であり、またとりわけ資本制に対して自然条件が課している制約にかんする考察にほかならない。

じっさいマルクスは、地代論全体の「緒論」にあたる部分で、剰余労働一般の起源にふれ、つぎのように書いていた。引用しておく。

剰余労働一般の自然発生的な基礎、すなわちそれがなければ剰余労働が可能ではないという自然条件は、労働日全体を呑みこんでしまうことのない労働時間の充用によって、自然が必要な生活手段を——土地の植物的な、または動物的な生産物においてであれ、あるいは漁業などにあってのことであろうと——供給してくれる、ということである。農業労働(このうちにはここでは、採取や狩猟や漁労や飼畜のかんたんな労働がふくまれる)のこの自然発生的な生産性は、いっさいの剰余労働の基礎なのである。それというのも、すべての労働は第一に、しかも本源的に、食物の獲得と生産とに向けられているからである。(より寒冷な地帯では、動物は同時にまた保温用の毛皮をも与える。そのほか、洞窟の住居など。)(S.645)

自然のうちにはそれじたい「自然発生的 naturwüchsig」な生産性が潜在している。自然が――労働を介して――人間に与えるものは、つねに人間の必要を上まわっている。この間の消息こそが、すべての考察の基礎なのだ。農業労働は――それがいっさいの労働のうちでももっとも「本源的」な生産活動であることはべつとして――、その意味では、資本制的な生産様式が支配的である社会にあってなお、とりわけて注目にあたいする生産の現場であることをやめない。なぜだろうか。「自然の豊饒さ（Fruchtbarkeit der Natur）がここではひとつの限界、ひとつの出発点、ひとつの基礎をなしている」からであり、「たほう労働の社会的生産力の発展が、もうひとつの限界、出発点、基礎をなしている」からである（S.647f.）。

それゆえ問われなければならないことは、資本制による自然の利用とその限界であることになるはずである。以下、本章で私たちは、そのような視角からマルクスの地代論を読みといてゆくことにしよう。

註

（1）宇野弘蔵の『経済原論』は、その「分配」論において、「利潤」につづけて「地代」を問題とし、最後に「利子」を論じる構成となっている（宇野『著作集』第一巻、それぞれ三七九頁以下、四五六頁以下）。現行の『資本論』第三巻の構成とくらべて、地代と利子の説かれる順番が逆転していることになり、これはいわゆる新原論にあってもおなじである（『著作集』第二巻、おのおの一二八頁以下、一四二頁以下）。宇野原論がこのような構成をとったのは、宇野が、「地代論」は、「資本家的生産方法の発展の一般的法則」に対して、「もはや新たなる原理を展開するものではない」と認定していたからであった（『著作集』第一巻、三七八頁・註）。じっさい、あとでふれるとおり、地代論は、ある意味では「利子生み資本」論に対する補論という位置にあると見ることもできる。

分配論にかえて「競争」論という標題を選択する、山口重克の原論にあっても、地代論の置かれる位置は同様であり、その地位はさらに低いものともなっている（山口、一九八五年、二〇二・二〇五頁）。この件は、伊藤誠の一般向けの教科書においても同様であり（伊藤、一九八九年、一四五頁以下）、小幡道昭の原論についても（小幡、二〇〇九年、二〇一頁以下）、より若い世代の須藤修のそれにかんしてもおなじである。ただし、須藤は地代論に対して「自然利用の評価」（須藤、一九九〇年、六二頁以下）という標題を与えているしだいに注目すべきところだろう。

本書では、地代論を説く位置そのものは宇野学派に倣っておく。私たちとしては地代論固有の意味も注目されるにあたいすると考えているが、それは、ひとことで言うなら、須藤の標題が示しているような視角ともつうじるものだろうと思われる。

（2）さしあたり、内田義彦、一九六一年、三二〇頁以下、参照。穀物法をめぐる論争と『経済学原理』の成立をめぐる事情については、時永淑、一九七一年、二六八頁以下、マルサスとのあいだの具体的なやりとりにかんしては、時永、一九八二年、二五〇頁以下、をそれぞれ参照。

（3）美濃口武雄、一九七九年、八八頁以下、参照。べつの観点からは、根岸隆、一九八一年、三三頁以下、をも参照。

Ⅲ・2・2　「差額地代」論

α　落流の例

現行のエンゲルス編集版『資本論』第三巻・第六篇の第三八章は「差額地代　総論」と題されている。このタイトルは、いちおう内容を反映したものと見ておいてよいだろう。

本文テクストは、つぎのように開始される。引用しておこう。

地代分析の前提——生産価格の成立

地代を分析するにあたって、まず以下のような前提から出発しようと思う。すなわち、このような地代を支払う生産物、つまりその剰余価値の一部分、かくてまた総価格の一部分が地代となってしまうような生産物——私たちの目的のためには、農産物か、あるいはそれとならんで鉱産物を考慮に入れれば十分である——、要するに土地生産物または鉱産物が、すべての他の商品とおなじように、その生産価格で売られるという前提である。すなわち、これらの生産物の販売価格は、その費用価値（消費された不変資本と可変資本の価値）プラス利潤にひとしく、この利潤は一般利潤率によって規定されており、前貸し資本中の消費部分も未消費部分もふく

めての総資本に対して計算されたものである。(K.III, S.653)

ここで想定されることがらは、要するに農産物を典型とする「土地生産物」の販売価格が「生産価格」であること、生産価格は「一般利潤率」を前提としていることをはじめとして、本書のⅢ・1・1および2で考察された事情のすべてである。そのひとつひとつについて、ここであらためて確認することはしない。

そのうえで問われなければならないのは、「このような前提のもとでどのようにして地代は発展することができるのか、つまり、どのようにして利潤の一部分が地代に転化することができるか、かくしてまた、いかにして商品価格の一部分が土地所有者のものとなることが可能となるのか」にほかならない(ebd.)。これが、形式上は、地代論が解くべき課題のすべてである。

この件を解明するにあたって基礎となる例解として、マルクスがとり上げているのが、よく知られているとおり、「落流 Wasserfälle」の例である。私たちとしてもまずはこの設例について、問題の輪郭を確認しておくことにしよう。

「自然の落流」の例

とある国の工場の大部分は蒸気機関を使用するいっぽう、少数の工場では「自然の落流」が利用されている、と考えてみる。当該産業部門における生産価格は、生産に充用されている(消費された資本ではなく)総資本一〇〇が費やされている商品量に対して、一一五であると想定しておく。

この生産価格を規定しているのは、当の生産部門における平均的な条件のもとで、その商品に投下される費用価格にほかならず、生産価格、ならびに生産価格を規定する費用価格は、いずれも市場価格あるいは「規制的な市場価格（der regulierende Marktpreis）、または市場生産価格」というかたちを取っているものとする（S.653f.）。

この想定のもとでは、一般的な工場にあっては、費用価格が一〇〇、生産価格が一一五である。これに対して、自然の水流を利用する工場においては、当の自然条件をとりあえず無償で利用することのできる結果として、費用価格は（一〇〇ではなく）九〇にすぎないものとしよう。いま問題となっている商品価格を、市場におけるその支配的数量において規定する価格、規制的生産価格は（二五パーセントの利潤をうわ乗せして）一一五である。水力を利用する工場から出荷される商品もまた、市場価格を規制する平均価格に準じて一一五となるだろう。かくて、自然の落流を利用する場合には、利潤は二五となり、少数の工場は一〇パーセントの「超過利潤」を手にすることとなるはずである。

超過利潤には、さきに見ておいた「特別剰余価値」（本書、二一〇九頁以下、参照）と類似した性格がある。ただし、ここにいう超過利潤はその源泉をことにしている。理由をしるして、マルクスは言う。超過利潤の場合に「このようなはこびとなるのは、かれらがじぶんの商品を生産価格よりも高く売るからではなく、生産価格で売るからであり、かれらの商品が、例外的に有利な条件のもとで、つまりこの部面で支配的な条件の平均水準よりすぐれた条件のもとで生産されるからであって、いいかえるなら、かれらの資本がそのような条件のもとで機能するからなのである」（S.654）。

落流を利用する工場を経営する資本が手にすることになる超過利潤は、一方では、その他の形態における超過利潤とおなじかたちであらわれる。すなわちそれは、問題となっている生産部門全体の「一般的社会的な市場規制的生産価格」と、この有利な地位にある工場の「個別的生産価格」との「差額 Differenz」にひとしい。蒸気機関には熱をくわえる必要があり、水車には熱をくわえる必要がない。この差異《ディフェレンツ》が生産力の差異を生み、差異をともなう「生産力が資本の生産力としてあらわれる」（S.655）。

ここから他方、当面の場面に特徴的な消息、一般的な超過利潤の取得の場合との相違があらわれる。それはつまり、どのような事情によって、当該の資本はこの場合みずからの超過利潤をあげることが可能であるか、ということである。一般的な超過利潤、あるいは特別剰余価値の取得の場合であるならば、それはたとえば、あらたな生産手段の開発、それにともなう新規の設備投資などによっている。あるいは、あらたな科学的発見や技術的発明を利用することにもよるだろう。当面している場面については、どうか。マルクスの説明を聞いておこう。

独占可能な自然力としての落流

くだんの資本が超過利潤を取得することができるのは、第一に「一箇の自然力」、「落流の動力」を利用するからである。落流は自然中に存在するものであり、石炭とはことなる。石炭もまた長期にわたる自然過程の産物として自然のうちに存在するとはいえ、蒸気機関に投入されて、水を蒸気に変える石炭は、採掘されなければならず、したがって「労働の生産物」である。これに対して、落流はそれじしん労働の結果ではなく、かくて価値を有さず、かくてまた費用もかからない。落流は「自然的な生産要因であって、その生産にはすこしも労働がくわわっていない」(S.656)。

もちろん、蒸気機関を使用する資本もまた、さまざまな自然力を利用し、しかも資本にとっては費用価格を要さない自然力は、それが剰余価値を、かくてまた利潤をおし上げるものでありながらも、資本によって独占される。「工場主は石炭には代価を支払うけれども、水がその集合状態を変えて蒸気になる能力や、蒸気の弾性などに対しては代価を支払いはしない」。この件もまた「自然力の独占」であることには変わりがないとはいえ、その独占は「一般利潤率」を高めるいっぽう、個別資本に「超過利潤」をもたらすことはない(ebd.)。

したがって、落流によってもたらされる超過利潤は、それが自然力の充用であるという事情だけからは説明することができない。それでは、どのようなことのなりたちの連鎖によって、当面の事例を説明することができるのだろうか。

超過利潤は、通常の場合であるならば、つねに「資本そのもの」から生じ、資本それ自身のうちには「資本によって稼働される労働」もふくまれる。「しかし、落流を充用する工場主の超過利潤の場合はそうではない」(S.657)。

その工場主によって充用される労働にぞくする、高められた生産力は、資本や労働そのものから生じるのではない。資本は労働とはべつのものであるけれども、資本に合体されている、自然力のたんなる充用から生じるのでもない。それは、なんらかの自然力の利用とむすびついた、労働のより大きな自然発生的な生産力から生じるのである。とはいってもこの自然力は、たとえば蒸気の弾性のように、おなじ生産部面のいかなる資本にとっても利用できる自然力というわけではない。つまり、およそ資本がこの部面で投下されるかぎり、その充用はおのずと理解されるものであるといった自然力ではないのである。(S.658)

ここで問題の落流とは、つまりは「ひとり土地の特殊な部分とその付属物とを自由に処分しうるひとびとだけが利用できる、独占可能な自然力 monopolisierbare Naturkraft」にほかならない。この独占可能性ならびに、それとうらはらな移動不可能性が、当面している場面を考えるうえで、不可欠の条件となるはずである。

どのような資本であっても、それがじゅうぶんな大きさをもっているなら水を蒸気に変えることができる。これに対して落流のような自然条件は、それ自体としては資本によって創造されることができず、そのような自然条件はまた「自然のなかに、ただ局地的に存在する」にすぎない。土地そのものは有限であり、ましてや水力に恵まれた土地は稀少である。したがって後者を利用できる資本はその充用からほかの資本を排除することができ、つまりその資源を独占することができる。

かくて、事情はこうなるだろう。「この自然力の占有は、その占有者の手にひとつの独占を、資本そのものの生産過程によっては創設できない、投下資本のたかい生産力の一条件をかたちづくる」。しかも、このように「独占可能な自然力」には、可動性がそなわっていない。つまり、任意にその空間的な位置を移動させることができない。かくしてまた、その自然力は「つねに土地に付着しているのである」（以上、ebd.）。

「差額地代」としての落流地代

落流を擁する土地が、「地球のこの部分の所有者、すなわち土地所有者とみなされる主体」の手中にあるとすれば、その主体は、他の主体が落流に資本を投下することを排除することができ、資本による落流の使用を排除することができる。土地所有者は、土地に付属する落流の利用を許可することも禁止することもでき、いっぽう資本はみずから落流を創出することができない。「それゆえ、このような落流の利用から生じる超過利潤は資本から生じるのではなく、独占可能で、しかも独占されている自然力を資本が充用することから生じる。このような事情のもとで、超過利潤は地代に転化する。すなわちそれは落流の所有者のものとなる」（S.659）。

さきの設例では、一般的な工場では費用価格が一〇〇、生産価格が一一五であり、自然の水流を利用する工場の費用価格は九〇であって、かくて後者については、利潤は二五となるのであった。いま当該資本が、落流を利用する代償として土地所有者に年々一〇だけ支払うとすれば、その利潤は二五から一五へと減少する。このようにして、くだんの資本にとっての超過利潤は、地代として回収されてしまうのである。

こうして、ここで問題としてきた地代はつねに「差額地代 Differentialrente」である。それは、個別的生産価格と一般的生産価格との「差額《ディフェレンツ》」から生じるものであるからだ。したがって自然力は超過利潤の「源泉」ではなく、その「自然的基礎」であるにすぎない。したがってまた、土地所有は超過利潤へと転化する価値部分を創造するものではなく、ただ超過利潤の移転を可能とするだけである。最後にまた落流の「価格」といったものは本来ありえない。それは「不合理な表現」であって、その背後に隠れているものは「現実の経済的関係」である。落流の価格と称されるものはひとえに、超過利潤からさかのぼり、そこからの「反射」として計算されたものにほかならない（vgl. S.659-661）。

マルクスは、それにしてもなぜ、差額地代を考察するにあたって、まず落流という例を挙げて、分析を開始しているのだろうか。ここですこし考えておく必要がある。

差額地代の純粋形態

マルクスは差額地代を考察し、さらに絶対地代を分析したそのあとで、独立の章（第四六章）を立てて「建築地地代　鉱山地代　土地価格」を論じている。その冒頭でマルクスは、つぎのように書いていた。引用しておく。

差額地代は、およそ地代の存在するところならどこにでもあらわれ、どこでも農業差額地代とおなじ法則にしたがう。どこであれ、自然力が独占可能なものであり、それを充用する資本家に超過利潤を保証するところでは、それが落流であろうと、ゆたかな鉱山であろうと、魚の多い河海湖沼であろうと、位置のよい建築地であろうと、地球の一部分に対するかれの権利によって、これらの自然対象の所有者として刻印されている者が、この超過利潤を機能資本(1)から

地代のかたちで横領するのである。（S.781）

そこでは究極のところ、社会の一部分が他の一部分に対して「地上に住まうことができるという権利の代償として貢ぎ物を要求している」のであり、そこにふくまれているものは「土地の身体や土地の内臓や空気を搾取するという、かくてまた生命の維持と発展とを搾取するという、所有者の権利」にほかならない（S.782）。

それはいずれにせよ、資本制的社会にあっては法的に保障された法外な権利である。とはいえ、資本制そのものにとってすら不合理な権利なのである。

現実には、しかし地代というカテゴリーが存在し、それが経済的に機能している以上、そのカテゴリーそのものは純粋な形態においてまず考察されなければならない。土地はつまり、その純粋に偶然的な差異において地代を生みだすものとしてとり上げられなければならないのである。これに対して、じっさいに農業生産の場面で問題となる、たとえば土地の豊度といった差異であるなら、それは農耕そのものの過程で低減し、あるいは過程の蓄積において上昇する。後者の過程は現に、差額地代の「第二形態」において主題的な分析の対象となることだろう。

これに対してここで問題とされた自然の落流は、その利用に対してまず決定的に偶然的であり、またその利用可能性は、ほかの事情が不変ならば、逓減したり劣化したりすることがありえない。差額地代がなんらかの独占可能な自然力の利用によって発生するかぎりで、およそその独占を生む差異それ自体がいわば純粋な形態において確定されなければならない。かくしてマルクスは、本来の農業地代を分析するに先だって、まずは落流の例をとり上げて問題としておいたのであった。[2]
地代論へと立ちいるに先だってすでにふれておいたとおり、あらゆる生産にとって基礎となるのは、自然そのものの豊かさである。わけても農業にとっては土地の多産性こそがその絶対的な基礎をかたちづくるものにほかならない。それればかりではない。すでに引用しておいたテクストでマルクスが説いていたように、剰余労働一般の原生的な基礎もまた、農業労働の自然発生的な生産性にある。
より正確にいうなら、「食料の生産」は「あらゆる生産一般」の第一条件であり、もっともひろい意味での農業労働は、かならず剰余生産物を可能とするものでなければならず、しかも社会全体のために、すなわち非農業労働者のために必要な食糧をも生産するのにじゅうぶんな生産性をそなえていなければならない（S.648）。そのかぎりでは地代をめぐる問題には、それでもなおやはり主要には、農業生産の場面で考察されるべき必然性が存在していることは疑いを容れないところなのである。

註
（1）「機能資本 das fungierende Kapital」は、利子論で登場する概念で、その規定についてはのちにふれる（本書、六二九頁以下、参照）。ここでは産業資本ならびに農業資本のことと考えておく。
（2）この点について、久留島陽三・保志恂・山田喜志夫（編）、一九八四年、一〇頁、参照（項目筆者は久留島）。
ちなみに小幡道昭の原論は、地代の説明にさいして落流の例を「本源的自然力」の主要な例示場面として設定したうえで「土地資本」をそのコロラリーに近いかたちで説明している（小幡、二〇〇九年、二〇一頁以下）。これは、マルクス地代論の現代的な意味を重視した結果であろうと思われる。

『資本論』研究の初期にあっては、マルクスの想定している農業の資本制的経営とこの国の実態との隔たりのゆえに、地代論をめぐっては議論が錯綜する結果ともなった。たとえば、山田盛太郎は、農業改革の問題とも関連して、日本農業の特性を「小作関係重圧と零細耕作との相互規定の構造」のうちに見とどけている（山田『著作集』第三巻、一七三頁）。これは典型的に講座派的な見解を基底におくものであるけれども、それに対して、宇野弘蔵は「わが国における農業問題は、資本主義の金融資本の段階に、多かれ少なかれあらゆる国々に共通に現われる農業問題の、特殊形態」とみなして、問題点を主要には「資本主義社会にあって、その商品経済に支配せられながら、農業自身は資本主義的経営をなしえないという点」にみとめていた（宇野『著作集』第八巻、一六二頁）。

β　差額地代

「差額地代」の概念

ケアリは、土地所有者に支払われる地代はいつでも不充分なものであると主張していた。十分な支払いがなされるさいは、「現在の生産能力を与えるために有史いらい土地に投じられてきた資本や労働」に対して対価が与えられなければならないからである。そのように主張するなら、しかし個々の労働者に対しても「ひとりの未開人を近代的な機械工へと仕上げるために、全人類が費やしてきた労働」について、その代償が支払われなければならないことだろう（K.II, S.356）。

マルクスに先行してリカードもまた、こうしたイデオロギーに対抗しようとしていたしだいは、すでに簡単にふれておいた。リカードはまたつぎのように書いている。さきに引用しておいたテクストに先行する部分を引いておく。

かりにひとびとがまず、つぎのような国に居住しはじめた、としてみよう。すなわちそこにはゆたかで肥沃な土地が豊富にあって、その現在の人口を養うためにはその土地のごく小部分だけを耕作すればそれですむとか、あるいは、じっさいにその人口が自由に使用しうる資本をもってしてはそのごく一部分のみを耕作しうるにすぎない、とかいう国である。そうした場合なら地代というものは存在しないことだろう。なぜならば、いまだひとの私有とはならない、かくてまた、だれであっても、じぶんで耕作したいと欲する者の自由になる土地が豊富に存在する場合には、だれも土地の使用に対価を支払う者はいないからである。（Rc., p.34）

リカードが考えている地代は差額地代にかぎられている。だから、くわえてまた土地のあいだにおよそどのような差異も存在せず、土地がいたるところで一様であるならば、地代がそもそも存在しえないしだいについては、さきに引用したリカード自身のテクストのうちですでに説かれていたところである。

リカードを承けてマルクスは主張する。超過利潤は、それが正常なしかたで生みだされるかぎりでは、「ふたつの等量の資本および労働の生産物のあいだの差額」であり、その超過利潤は「ふたつの等量の資本および労働が等面積の土地でもちいられて不等な結果を生みだす場合には、地代へと転化する」（K.III, S.662）。――地代の高低をもたらす要因としては、ただちに論じる一般的な原因（土地の豊度と位置）のほかに、1　租税の賦課の作用、2　農業の発展度、3　借地農業者間の資本配分などが挙げられる（ebd., S.663）。マルクスは以上をまえおきとして、差額地代の第一形態を論じてゆく。

不等な結果をうむ一般的な原因――土地の豊度と位置

差額地代Ⅰ（第一形態）は、土地そのもののあいだの差異から結果する。それは第一に資本制的農業経営による土地の占有を条件とし、第二に土地における豊度と位置とを原因とする。まず第二の原因について、等量の資本および労働が等面積の土地に投入されて不等な結果が生まれる事情が考察されることになる。

資本とは無関係な――あるいは資本によって乗りこえることのできない――ふたつの原因のうち、土地の「位置 Lage」はとりわけ植民地にとっては重要であり、またさまざまな土地が順次に耕作されてゆく順序に対しては決定的な要因となる。また資本制的生産様式の発展は、一方では交通運輸機関の発達にともなって、位置の差異を抹消する方向に機能し、他方では生産地の集中によって「農村を相対的に孤立させる」ことで、土地の地方間格差を拡大する方位で作動する（S.664）。――位置にかんしては、しばらくはしかし措いておくこととし、まずは「豊度 Fruchtbarkeit」について考えてゆくことにしよう。

土地の「自然的豊度」における差異は、その位置を度外視して、「気候」などの契機もべつとするならば、「さまざまな地面の化学的組成の差異」、すなわち大地にふくまれている「植物の栄養素の差異」へと還元される。この差異の存在そのものは一箇の自然的な事実であるとはいえ、その利用可能性はたほう、農業の化学的‐機械的発展に依存し、したがってつねになんらかの社会的‐経済的な「関係」のうちで下図を描かれている。かくてまた厳密にいうなら、自然の豊度とはたんなる自然的な所与ではなく、すでにつねに人間的‐文化的な事実に媒介されている（vgl. S.664）。したがって「さまざまな土地の豊度の差異に対するこれらの影響は、すべて結局のところ以下のようなしだいとなるのである。すなわち、経済的豊度として見るならば、労働の生産力の水準も、つまりここでは土地の自然的濃度をただちに利用できるものとする農業の能力――発展段階の相違によりことなってくる農業の能力――も、土地の化学的組成やその他の自然的な属性とともに、いわゆる土地の自然的濃度のひとつの契機だということである」（S.665）。

ここで問題となっている豊度は、かくして、人間がたがいに共にはたらきかけあいながら、自然へとはたらきかける（vgl. S.826f.）、まさにその境界面で生起する条件のことにほかならない。自然的なものは、ここでは同時に人為的なものであって、かくてまた技術的‐機械的条件となる。両者は、人間が集団として大地に対してはたらきかけるその場面で、わかちがたく統合されて、土地の経済的‐自然的な多産性《フルヒトバールカイト》を形成しているのである。

第一の設例――差額地代Ⅰ・表1

ここでは農業について、その一定の発展段階を所与のものと前提し、技術的な差異その他にかんしては捨象しておく。差額地代はそのばあい「上昇的か、または下降的な順序」であらわれ、その順序は不断の「継起的な運動」のなかで形成されることになる。

いま、四つの土地種類、A、B、C、Dを想定してみる。小麦一クォーターの価格は、三ポンド(六〇シリング)としよう。ここでは差額地代のみが問題であるから、最劣等地ではこの価格は、生産価格すなわち投下資本に平均利潤をくわえたものとひとしい。

かりに土地Aがこの最劣等地であって、そこでは五〇シリングの資本投下によって一クォーター＝六〇シリングの生産物を産出するものとする。このばあい土地Aのあげる利潤は一〇シリングであって、ちなみに利潤率は二〇パーセントとなる。

以下、土地B→C→Dの順序で豊度は上昇するものとし、数値例を適当に考えると、次頁のような表をうる。数値その他は、マルクスのそれにしたがっておく(S.666)。

この表1が表現しているのは、上昇順序(AからDへ、豊度の低い土地から高い土地へと上がる)でもよいし、下降順序(DからAへ、豊度の低い土地へと下がる)でもよい。あるいはまた、上昇と下降との混交であってもかまわない。一般的な動向としては、とはいえ後者の傾向を想定しておくほうが自然だろう。

なお、表2以下とも共通な事情について、ひとつだけ注意しておくならば、表1についても確認されるとおり、最劣等地と想定された土地種類(Aとしておく)にかんしては、地代が発生しないことが想定されている。当面の課題は差額地代の純粋形態を考察するところに置かれているからであり、この仮定とは逆の事態をめぐっては、次項で問題となるはずである。

表 1

土地種類	生産物 クォーター	生産物 シリング	資本前貸し	利潤 クォーター	利潤 シリング	地代 クォーター	地代 シリング
A	1	60	50	1/6	10	–	–
B	2	120	50	1 1/6	70	1	60
C	3	180	50	2 1/6	130	2	120
D	4	240	50	3 1/6	190	3	180
総計	10	600				6	360

第二の設例――差額地代I・表2

つぎに、穀物の需要総量が一〇クォーターから一七クォーターへと上昇する場合を考える。そのとき土地Aの耕法が改良されるか、あるいはべつの土地によって押しのけられる、としよう。いずれの場合であっても問題の土地をA′によって示すとして、Aの側は六〇シリングの生産価格（五〇シリングの資本投下 プラス 二〇パーセント（一〇シリング）の利潤で一1/3クォーターを供給し、一クォーターあたりの生産価格は四五シリングであるとする。またBとCの中間に土地B′、B″とが耕作されるようになったものとしよう。——ここであらたな順序の表を作成してみる。数値例をかりに埋めてゆくと、つぎのようになるだろう（S.669）。

表　2

土地種類	生産物 クォーター	生産物 シリング	資本前貸し	利潤 クォーター	利潤 シリング	地代 クォーター	地代 シリング
A	1 1/3	60	50	2/9	10	–	–
A′	1 2/3	75	50	5/9	25	1/3	15
B	2	90	50	8/9	40	2/3	30
B′	2 1/3	105	50	1 2/9	55	1	45
B″	2 2/3	120	50	1 5/9	70	1 1/3	60
C	3	135	50	1 8/9	85	1 2/3	75
D	4	180	50	2 8/9	130	2 2/3	120
総計	17					7 2/3	345

ここで生起するのは、つぎのようなことがらである。第一に、小麦一クォーターの生産価格あるいはその規制的市場価格が、六〇シリングから四五シリングへと下降する。すなわち、小麦価格は二五パーセント下がるだろう。第二に、上昇的進行と下降的進行とが同時に生起することだろう。土地A′はAよりも豊度は高いが、既耕地Bよりは低く、たほう土地B′、B″はA′よりは豊度が高いけれどもCよりは低いからである。第三に、地代総額は増大する一方で、土地Bの地代は減少し、同様な事態が土地CやDでも起こったはずである。

表2で、一クォーターあたりの生産価格（シリング）は、それぞれ、A = 45, A′ = 36, B = 30, B′ = 25 + 5/7, B″ = 22 + 1/2, C = 20, D = 15 となる。前提として確認しておいたとおり、表2が示す事例では、穀物需要の総量は表1の場合とくらべて、一〇クォーターから一七クォーターへと増大している。

そのけっか、耕作方法の改良ないしは耕作地の移動がおこり、最劣等地での生産物はおなじ資本投下という条件下で一1/3クォーターに増加する。これに対して、結果的に差額地代に転化する超過利潤総額は、表1の三六〇シリングと比較して、三四五シリングへと減少しているのである。

第三の設例——差額地代I・表3

さいごにもう一例を挙げておく。表1とおなじように土地A、B、C、Dのみが耕作されるけれども、それぞれの土地種類の収益力が上昇して、Aは一クォーターではなく二クォーターを、Bは二クォーターにかえて四クォーターを生産し、Cの生産量は三クォーターから七クォーターに、D

のそれは四クォーターから一〇クォーターに増加する場合を考えてみる。
もういちど表を作成するとつぎのようになるだろう。ここでも数値例は、マルクスが適当に設定したものによる（S.669）。

表　3

土地種類	生産物		資本前貸し	利潤		地代	
	クォーター	シリング		クォーター	シリング	クォーター	シリング
A	2	60	50	1/3	10	−	−
B	4	120	50	2 1/3	70	2	60
C	7	210	50	5 1/3	160	5	150
D	10	300	50	6	250	8	240
総計	23					15	450

おなじ原因がことなった土地種類にことなった作用を及ぼしているとして、総生産量は一〇クォーターから二三クォーターに上がっている。ここでは、人口が増加し、また価格が下がったため、

需要がこの二三クォーターを吸収し、市場が全生産物を呑みこんだと仮定しておく。ちなみに、一クォーターあたりの生産価格は、貨幣（シリング）表示で、おのおの、A＝30, B＝15, C＝8＋4/7, D＝6である。この場合は、社会的な穀物需要の増大に応じて、生産・供給総量が二三クォーターに増加する結果として、差額地代へと転化する超過利潤も、その総計において（表1の三六〇シリングとくらべて）四五〇シリングへと増大している。

差額地代Ⅰの総括

この三つの表を比較してみると、つぎの件が判明する、とマルクスはいう。第一には、そのじっさいの形成過程がどのようなみちゆきを辿ったものであるにしても、どの表でも順序はつねに下降してゆくものとしてあらわれる、ということである。なぜなら地代の考察はつねに、最大限の地代を生む土地から出発して、まったく地代を生まない土地へと到達することになるからである。

第二に、地代を生まない最劣等地の「生産価格」がいつでも「規制的市場価格」となる。第三に、差額地代が生じるのは（ここでは土地の位置は考慮に入れられていないから）「土地種類の自然的豊度」の差異からである。「つまり、最優等地の広さがかぎられているということから、さらに同量の資本がさまざまにことなった種類の土地に投下されなければならず、かくてまた種類のちがう土地は、同量の資本に対して不等な量の生産物を生むという事情から生じるのである」。

第四には、差額地代は耕作の進行が（劣等地から優等地へと）上昇的なものであっても、その逆に下降的なものであっても、あるいは両方向が交錯するものであったとしても、生じることが可能である。第五に、とりあえず最後には、差額地代は、その形成様式がどのようなものであるかに応じて、土地生産物の価格が不変であっても、あるいは上昇しても下降しても、形成されることができる（以上、vgl. S.671f.）。

差額地代論にあって当面もっとも重要な視点は、第二の論点にある。すなわち、最劣等地の生産物が、市場価格を規制する市場生産価格を規定することである。いまAが最劣等地であるとして、かりにBやCやDといった相対的な優等地が需要を超えて生産を継続するなら、最劣等地Aは規制的ではなくなる。地代の決定にさいして、ときに最優等地こそが規制的であると見なされるのは、この場合なのであって、[1]マルクスによれば、じっさいそのようなしかたで「アメリカの穀物価格はイギリスの穀物価格を規制する」（S.671）。

逆にいうなら、そのような特別な事情が存在しないかぎりは、与えられた条件のもとでは最劣等地が、土地の生産物に対する社会的な需要に対して、つねに調整的に機能することになるだろう。すなわち、一方で社会の穀物需要が（たとえば人口増によって）伸長した場合でも、この最劣等地の生産がなお拡大の余地を残しているかぎり、その最劣等地の耕作が継続あるいは拡張され、他方で逆に、供給が過剰になり、市場価格がいちじるしく低下する場合は、最劣等地の耕作規模が縮小してゆくはずである。

かくて、最優等地がそれ自体としてつねに稀少であるほかない以上、劣等な土地でも耕作が継続されなければならず、そのばあい最劣等地における生産価格、すなわち費用価格 プラス 平均利潤が市場価値を規制することになるのである。[2] 以上の件が、差額地代Ⅰをめぐって確認されたこととし、つぎにすこしく事情をことにする差額地代Ⅱの場合をみて、さらに絶対地代の問題へすすんでゆくことにしよう。

註

(1) マルクスの手稿は、ここでシュトルヒの名を挙げている。MEWの注解によるなら、言及されているのは『経済学講義 または諸国民の繁栄を決定する諸原理の説明』第二巻(一八一五年)。

(2) ここからいわゆる「虚偽の社会的価値」(K.III, S.673)をめぐる問題、多くの論争を呼んだ問題が生じるが、本書では立ちいらない。

γ 絶対地代

差額地代Ⅱ(第二形態)への移行

自然的な生産条件、前項で見たかぎりではたとえば土地の豊度は、その差異がほかならぬ自然的なものである以上は、人為的な条件へかんぜんに回収することができない。つまり、有利な条件を資本投下によってつくり出して、差異を抹消することはできない。くわえてまた、自然的に有利な生産条件には稀少性がともなう。差額地代は、右で見てきたとおり、この自然性と稀少性とに条件づけられて生成するものなのであった。

ちなみに、地代の大きさ、貨幣地代の量は、理論的にはどのようなかたちで収束することになるのだろうか。ここですこしだけ考えておきたい。

自然的条件の優位によって、わずかでも超過利潤が取得される状態が継続してゆく、としよう。そのような仮定のもとでは、地代の決定について、ここでも競争が超越論的な審級として作動することになるだろう。すなわち、超過利潤の獲得をめざして、優等地をめぐる競争が継続してゆくと考えられるから、けっきょく超過利潤はことごとく地代へと転化して、土地所有者の手へとわたることとなる。ことばをかえれば、自然条件の差異はふたたび消去され、最劣等地Ａも最優等地Ｄも公平に平均利潤のみ手中にするよう、過剰が第三者（土地所有者）のもとに回収されて、余剰分のすべてが地代へと転化する。そのような過程をへて、逆に、地代の生成が土地所有を根拠づけるにいたるのである。[1]

ところで穀物に代表される農業生産物について、その供給を増やすためには、とりあえずふたつの方策がありうる。ひとつは、優等地から劣等地へ、また後者から前者へと耕作を拡大し、あるいは優等地と劣等地が入りまじるかたちで交錯的に耕地を拡張することである。これはいわば、生産の外延的な拡大にあたるといってよい。

これに対して、農作物の生産を拡大するために、既耕地に対して追加的な資本を投下することも可能である。この場合、それ以前とおなじ技術的な条件のもとで追加投資がなされるとするなら、その生産性は、それぞれの土地の豊度（生産性）そのものに制約されて、追加的資本投下のたびに生産性が低下してゆくことがありうる（いわゆる収穫逓減の法則）にせよ、そうした資本投下の増大による生産拡大のこころみは、生産の内包的な拡張であり、強度の増大であるといってよい。

このケースをマルクスは、差額地代Ⅱあるいは差額地代の第二形態として考察する。第四〇章の冒頭部分から引用しておく。

私たちはこれまで差額地代をひとえに、それぞれ豊度のことなっている同面積の土地に投下された等量の資本の生産性の差異がもたらす結果として考察してきた。かくして差額地代は、最劣等の無地代の土地に投下された資本の収益と、優等地に投下された資本の収益との差額によって規定されていたことになる。この場合には、投資はべつべつの地面に並行しておこなわれていたのであり、かくてまた資本のあらたな投下には、そのつど土地のよりひろい範囲での耕作、耕作面積の拡張が対応していた。とはいっても結局のところ差額地代は、事実上はただ土地に投下される等量の資本のあいだの、生産性の差異によってもたらされる結果にすぎないものだった。ところで、それぞれ生産性のことなる資本量がつぎつぎにおなじ地所に投下されてゆく場合と、それらの資本量が並行してべつべつの地所に投下される場合では、ただ結果はおなじだということだけを前提として、ふたつの場合のあいだになんらかの区別がありうるのだろうか。（K.III, S.686）

かんたんに言えば、こうである。すなわち、同一の土地に対して累積的に資本投下がなされて、そのけっか生産性に差異が生じるとして、その差異が可能とする超過利潤が地代へと転化してゆくものとする。その場合には、地代は差額地代Ⅱあるいは差額地代の「第二形態」を形成することになる、ということなのである。

差額地代Ⅱ（第二形態）の例解

マルクスが主張するところによれば、このばあい「差額地代Ⅱの基礎も、その出発点も、たんに歴史的にのみではなく、それぞれの与えられた時点におけるその運動にかんするかぎりでも、差額地代Ⅰである」（ebd., S.688）。じっさい、さきに挙げた差額地代Ⅰの表1をかえりみてみることにしよう。差額地代Ⅰを問題とするにさいして土地種類A、B、C、Dとし、最劣等地から最優等地へとならべたものと解釈した、そのおなじ表を逆向きにならべ、しかも時間系列を追った資本投下に応じた利潤と地代の推移を示したものと解釈してみる。(2) 得られる表は、以下のとおりである。

表　4

資本投下	生産物		資本投下額	利潤		地代	
	クォーター	シリング		クォーター	シリング	クォーター	シリング
第一次	4	240	50	3 1/6	190	3	180
第二次	3	180	50	2 1/6	130	2	120
第三次	2	120	50	1 1/6	70	1	60
第四次	1	60	50	1/6	10	–	–

見られるとおり、第一次資本投下では資本投下額五〇に対して一八〇の超過利潤が生じ、第二次投下では一二〇の超過利潤が、第三次投下では六〇の超過利潤が生じる。これに対して第四次資本投下では超過利潤が生じることがなく、したがって生産性について最下限の第四次投資が市場生産価格をかたちづくることになる。このような追加的資本投下によって生じた超過利潤がそれじたい差額地代へと転化し、そのばあい差額地代Ⅱあるいは第二形態と称されることになるのである。

マルクスはすでに地代論の「緒論」（第三八章）において、とりわけこの第二形態で顕在化する、土地所有の不合理について述べていた。あらためて引用しておく。土壌改良のために借地農業者が短期的・長期的な資本投下をおこなう事情（この部分については、さきにも言及しておいた。本書、五三四・五三五頁）を述べたのちに、マルクスは書いている。

しかし、契約で確定された借地期間が過ぎてしまえば——そしてこれが、資本制的な生産の発展につれて、土地所有者ができるだけ借地期間を短縮しようとする理由のひとつなのであるが——、土地に合体されたさまざまな改良は、土地という実体に不可分な付属物として、所有物として、土地所有者のものとなる。土地所有者があらたに借地契約をむすぶときには、土地に合体された資本の利子を元来の地代に付けくわえるのであり、いまかれが土地を賃貸しする相手がこの改良をおこなった借地人であろうと、べつの借地人であろうと、このことに変わりはないのである。こうして土地所有者の地代は膨れあがってゆく。あるいはかれがその土地を

> 売ろうと思うなら〔中略〕、いまではその土地の価値は上がっている。土地所有者は、ただ土地を売るのではない。改良された土地、土地に合体された資本を売るのであって、この資本は、かれにとってなんの費用もかかってはいないのだ。（S.633）

かくて地代はしだいに膨れあがり、土地所有者の富は増大してゆき、その所有地の擬制的な価値はより大きなものとなってゆく。土地所有者たちは、とさきにもしるしたとおり、マルクスはほとんど資本の憤怒を模倣するかのように書いている。「じぶんが手をくわえることなしに生みだされた社会的発展の果実を、かれら自身のポケットにおさめる」。土地所有者とはまさに——ホラティウスを引いてマルクスはいう——「果実を消費するために生まれてきた *fruges consumer nati*」者たちなのである（ebd.）。

マルクスは（草稿に対するエンゲルスによる補足もふくめて）この第二形態を、いくつかの事例にわけて詳細に分析しているが、ここではその検討は割愛する。差額地代Ⅱが重要な意味をもつのは、それが、最劣等地にも差額地代が発生するはこびを説明するからである。この件についてだけかんたんに立ちいっておく。

最劣等地にも生じる差額地代について

最劣等地に地代が生じるのは、最劣等地とされたAにおける追加的な資本投下によって、当のA地の生産性が向上することによってである。ただしその場合の前提は、「かりに穀物に対する需要が増大してきて、供給を充たすためには、地代を生む土地における、生産性において不足する逐次的投資によるか、あるいは土地Aにあっての、おなじく生産性の下がってゆく追加的投資によるか、あるいはまた、Aよりも劣等なあらたな土地での投資によるか、のいずれかによるほかはない」ということである（S.747）。

その場合、最劣等地における地代は、マルクスによれば二重のしかたで生じる。[3] それぞれにかんして、ごく簡略なかたちでまとめておけば、つぎのとおりである。

ひとつのありかたは、A地で、これまでよりも生産性を高める第二次投資がなされる場合である（vgl. S.716f.）。そのばあい第一次投資によって規制的市場価格が規定されつづけて、第二次投資によって超過利潤が生じるか、あるいは、第二次投資をふくめた平均的な生産価格が規制的なものとなって価格低下が生じるかは、「まったくそのときの事情によることだろう」。もちろん「通例なら規制的生産価格が低下せざるをえないだろう」（S.751）が、かりに第二次の追加投資による土壌の改良がA地の小部分にとどまる場合には超過利潤が生じ、その超過利潤が地代、ここでは最劣等地における地代へと転化しうる。

第二のケースは、A地にかぎって追加投資が逐次的におこなわれるものの、その追加的資本投下によっても生産性が漸次的に低下する場合である（vgl. S.692）。そのときたとえばA地の一クォーターあたり三3/8ポンドという生産価格が規制的な生産価格であるとして、その場合には最劣等地Aは超過利潤を生まないから、同時にまた地代を生むこともない。ただし、第二次投資で生産されたこの一クォーターがかりに三3/4で売られるならば、そのときには土地Aは3/4ポンドという地代を生むことになるだろう。ただし、後者のようになるかどうかは、「やはりまた既存のA地での第二の投資がどのていど一般的となるかどうか」に依存するはずである（S.753）。

このようにして、最劣等地における地代Aにも、それが耕地として使用されているかぎりでは、差額地代が生じる可能性がある。しかしながらあくまで差額地代を論じる範囲では、A地にはつねに無地代となる可能性もまた残りつづけている。リカードならば、最劣等地には原理的に（差額）地代は生じないと答えることだろう。

であるとすると、資本制的な生産関係にあっても無償で利用可能な土地が存在することになる。そのような想定は、しかし逆にいって、ひどく非現実的なものではないだろうか。かくてマルクスは、リカードを超え、差額地代論を越えて、「絶対地代 absolute Grundrente」を問題とすることになる。

差額地代論の前提と、その否定としての「絶対地代」

絶対地代を分析する章（第四五章）を開始するにあたり、マルクスはつぎのように書いている。それまでの数章にわたって展開されてきた、みずからの差額地代論をかえりみて、その前提を確認する一節である。引用しておこう。

差額地代を分析するにあたって、そこから出発することになった前提は以下のようなものである。すなわち、最劣等地は地代を支払わないということ、あるいはより一般的に言いあらわすならば、地代を支払う土地はただ、その生産物にとっては個別的生産価格が市場規制的生産価格よりも低く、したがってそこには地代へと転化する超過利潤が生じるような土地にかぎられる、ということである。まず注意しておきたいのは、差額地代としての差額地代の法則は、この前提が正しいか正しくないかにはまったくかかわりがない、ということである。（S.756）

かりに最劣等地に対して地代が支払われるにしても、差額地代の法則そのもの、超過利潤の地代への転化という法則は妥当する。そしてこんどは逆に「差額地代の法則」は「以下の研究の結果」、つまり絶対地代をめぐる研究の結果とは「かかわりがない」ことになる（S.757）。

たとえば最劣等地Aを耕作する借地農業者は「地代さえ支払わなければ、じぶんの資本を通常の利潤で増殖しうる」ということもありうる。この件は、とはいえ「土地所有者にとっては、じぶんの土地を借地農業者にタダで貸して、この取引相手に対しては crédit gratuit〔無利子信用〕を供与するほど人類愛に満ちたふるまいをする」理由とはならない。そこではまさに、「土地所有の存在」そのものが「土地への資本の投下」に対する絶対的な制限をかたちづくることになる。「そして、制限としての土地所有は、差額地代としての地代が消失するところでも、つまり土地Aでもやはり存続するのである」（S.758f.）。

絶対地代の成立――自然的限界とその両義性

差額地代の場合ならば、地代が発生することが土地所有を根拠づけていた。あらゆる土地に所有権が設定されるようになると、いまや土地が所有されているがゆえに地代が発生することになる。(4) 最劣等地に地代が生じたとすれば、「土地所有そのものが地代を生んだ」（S.763）のである。かくて資本が土地に投下される場合は、「土地所有が資本に」対立することになる（S.770）。土地所有が、ここでは資本投下の絶対的限界を形成する。

マルクスは書いている。引用しておく。

> 土地のたんなる法律上の所有は、所有者のために地代を生みだしはしない。しかしそれは、土地が本来の農業に使用されるのであろうと、建物などのようなべつの生産目的に使用されるのであろうと、その土地の経済的利用が所有者のために或る超過分をあげることを、経済的諸関係がゆるすまではみずからの土地を利用させない、という権力を所有者に対して賦与する。所有者は、この就業場面の絶対量まで増減させることはできないが、市場に存在するその量を増減させることはできる。だからこそ、フーリエもそう言っているように、どのような文明国でも、土地のかなり大きな一部分がつねに耕作されずにいるということが、ひとつの特徴的な事実となっているのだ。（S.765）

土地所有とは、その排他的な利用を許可し、または禁止する一箇の「権力 Macht」である。歴史の暴力的過程を前提とするその権力が、「経済的諸関係」とむすびあって、土地を総体として稀少化し、土地の多産性の差異を超えて絶対的な地代を生む。絶対地代がかくて成立するのである。

だがそもそもなぜ、最劣等地を耕作する借地農業者であってもなお、地代を支払うことができるのだろうか。それは第一に、総じて或る商品の価値と生産価格とが通常は一致しない、という事情に依存している。(5) 絶対地代を生む土地所有は、かくて一般に農業生産物の価格をおし上げる。

農産物生産における資本の有機的構成は、ほんらい「社会的平均資本の構成よりも低い」(S.768)。農業とは、いずれにしても、相対的には労働集約的な産業部門であるほかはない。だから、「かりに農業資本の平均構成が、社会的平均資本の構成とおなじか、あるいはそれよりも高くなれば、絶対地代は存在しなくなるだろう」(S.773)。

農業には、しかし、それじたい絶対的な限界がある。農業にあっては、「社会的生産力の増進」が「自然力の減退」をせいぜい埋めあわせることしか可能ではない。農業技術の発展は「自然発生的な生産性」の上限を限界とする。資本に対して土地所有が、資本にとって超えることのできない、自然的条件として立ちはだかるのとおなじように、農産物生産そのものにとっては自然自体がその絶対的制約として相対しているのである (vgl. S.775)。

自然そのものが絶対的な条件となることは、けれどもそれ自身として二義的なことがらである。それは一方では、絶対地代とは区別される「独占価格 Monopolpreis」を生む。たとえばとくべつな品質のぶどう、「一般に比較的少量しか生産されないぶどうを生産するぶどう山」は、独占価格を生むことになる。そのぶどうから醸造されるぶどう酒の価格は価値にも生産価格にも左右されず、ただ愛好家の「富と嗜好」によってだけ規定される (S.783)。かくて、自然がたまたま生みだした稀少性の分布によって、きわめて「自然に反した」(アリストテレス) 商取引が一般化してゆく。

おなじように、土地のいわゆる価格は地代という基礎からさえも乖離してゆくことがありうる。すでに見ておいたとおり、土地にはほんらいは価値がない。その価格は土地の購入価格ではなく、土地があげる地代を普通の利子率で計算したものの購入価格なのであった。このような擬制（*fictio*）にもとづいて、土地価格にはしばしば一種の錯乱が生起する。つまり、土地の取引価格は、地代が上昇しない場合であっても、たんに利子率が低下することによって上昇しうるのである（S.785）。土地所有が存在するだけの理由で、どれほど「自然に反した」地価の上昇がエコノミーそのものを腐食させるにいたるのかは、たとえばバブル経済によって身近な経験ともなった。バブルを惹起した一因は、一九八五年のプラザ同意にもとづく、利子率の異様な低下だったのである。[6]

註

（1）この点については、高橋洋児、一九八六年、五八五頁以下、参照。

（2）この読みかえにかんしては、岡崎次郎、一九七六年、二三一頁、参照。

（3）ここでのまとめかたをめぐって、大内秀明・桜井毅・山口重克（編）、一九七六年、二八一頁以下、を参照（項目執筆者は春田素夫）。

（4）高橋洋児、一九八六年、五八八頁以下。

（5）久留島陽三・保志恂・山田喜志夫（編）、一九八四年、五五頁（項目執筆者は保志恂）。櫻井毅は、リカードの差額地代論を越えて、絶対地代を考察するにいたったことが、マルクスの「生産価格」論そのものを生みだすこととなったと主張している（櫻井、一九六八年、七九頁）。

（6）丸山徹、二〇〇六年、五七頁以下の分析を参照。

Ⅲ・2・3　貨幣地代の形成

地代の歴史的考察にむけて

すでに引いておいたとおり、地代論の冒頭で、マルクスは「土地所有を、そのさまざまな歴史的形態において分析することは、この著作の限界の外部にある」と書いていた。『資本論』第三巻第六篇で考察される土地所有と地代は、「農業が製造工業とまったくおなじように、資本制的生産様式によって支配されていること」を前提とするものであったのである（Ⅲ・2・1）。あらためて引用しておこう。おなじく第六篇第三七章でマルクスは説いている。

地代が貨幣地代として発展することができるのは、ひとり商品生産という基礎のうえのことであり、より詳細にいえば、ひとえに資本制的生産という基礎のうえでのことである。そしてそれは、農業生産が商品生産となってゆくのとおなじ度合いで、したがって非農業生産が農業生産に対して独立に発展するのとおなじ度合いで発展する。なぜなら、それとおなじ度合いで農業生産物は商品となり、交換価値となって、価値となるからである。資本制的生産とともに商品生産が発展し、かくてまた価値の生産が発展するのとおなじ度合いで、剰余価値ならびに剰余生産物の生産も発展する。ところが後者が発展するのとおなじ度合いで、土地所有が土地の独占によって、この剰余価値のますます大きくなる部分を横領する力能、したがってじぶんが獲る地代の価値を高くし、また土地そのものの価値を高くする力能も発展するのである。

（K.III, S.627）

資本制的農業生産における地代の問題を考察しおえたそのあとで、マルクスは「資本制的地代の生成」と題する一章（第四七章）をもうけて、貨幣地代の形成を歴史的にも跡づけている。くだんの章は、地代論に対するたんなる補遺、原論体系としての資本論体系からの逸脱とのみとらえられるべきなのだろうか。

そうではない。『資本論』には、総じて、随所に歴史的考察が織りこまれている。それらの箇所を一般に原論体系から「はみ出した部分」と考えることは正当ではない。資本論体系は、第一義的には経済学体系ではなく経済学批判の体系である。資本論体系は資本制を歴史的に位置づけ、相対化してゆく視点を各所にふくんでいる。地代論をめぐっても事情はかわらないのであり、貨幣地代の生成を歴史的にたどることは、資本制的な土地所有の問題をめぐる考察の総括として、きわめて重要な部分であるといわなければならない(1)。

マルクスの見るところでは、地代の性質をめぐってありがちなひとつの錯覚は、それじたい歴史的事情のひとつに由来している。つまり、中世の「自然経済 Naturalwirtschaft」からはじまる「自然形態」すなわち現物形態（たとえば穀物）による地代が、資本制的な生産様式の諸条件とはまったく矛盾するものでありながら、一部は教会の十分の一税として、一部は「古い契約によって永久化された骨董品として」、マルクスの時代まで尾を引いていたという消息である。「そのことによって、地代が生じるのは農業生産物の価格からではなくその量からであり、つまり社会的な関係からではなく土地からである、とする見せかけ（Anschein）が生じるのである」（ebd., S.795f.）。

こうした仮象のすべてを解体し、地代をめぐる錯覚のいっさいを抹消するためには、貨幣地代の生成にかかわる歴史的な考察が不可避の課題となる。ここで問題としはじめている『資本論』第三巻の一章は、そうした課題に応じるものとなるだろう。以下そのおおすじだけを簡単に読みなおしてゆくことにしたい。

労働地代

マルクスは地代の歴史的形態を、労働地代、生産物地代、貨幣地代という三つの基本的な形態にそくして問題としていた。まず「労働地代 Arbeitsrente」をめぐる分析からたどっておこう。

『資本論』第一巻でマルクスは、絶対的剰余価値を問題とし、必要労働と剰余労働の区別を論じる文脈で、いわゆる賦役労働についてふれていた。資本制的な生産にあって、剰余労働と必要労働は融合している。賦役労働についてはそうではない。たとえばワラキアの農民の必要労働は、その剰余労働と空間的に分離されている。一方は自身の耕地で、他方は領主の耕地でおこなわれるからである。すでに引いたように（本書、一九三頁）そこでは、したがって、「労働時間のふたつの部分も独立にならんで存在している」のである（K.I, S.251）。

ここであらわれる地代、労働地代は「もっとも単純な形態における地代」である、とマルクスは言う。つまりそこでは「直接生産者が一週間の一部分では、事実上あるいは法的にじぶんのものである土地を耕作し、一週間の残りの日には、領主の領地で領主のため無償で労働する」。労働地代にあってことがらはまったく簡単明瞭であって、「地代と剰余価値はここではおなじもの」である。つまり「利潤でなく地代が、このばあい不払剰余労働をあらわす形態」なのである（K.III, S.798）。

その場合には、直接生産者は、前提によって、じぶん自身の生産手段（土地と農具）をすくなくとも占有しており、他方ではまた多くのばあい農村家内工業をも独立にいとなんでいる。このような条件のもとで、剰余労働は「ただ経済外的な強制によってのみ」直接生産者から収奪されることができる。そこで必要となるのは、つまり、「人格的依存関係 persönliche Abhängigkeitsverhältnisse」であり、いいかえれば「一身上《ペルゼーンリッヒ》の不自由」、すなわち農民たちが「土地の付属物として土地に縛りつけられていること」にほかならない（ebd., S.799）。

ちなみにマルクスは、問題のこの文脈で、アジア的な土地制度についてかんたんな註釈をくわえている。やや興味ぶかいところであるので、引用しておこう。

かりに私的所有者ではなく、アジアにおいてそうであるように国家が、小農民たちに対して直接に土地所有者として相対すると同時に主権者として相対するのであれば、地代と租税とは一致する。あるいはむしろその場合ならば、この形態の地代とはべつの租税は存在しないのである。このような事情のもとで従属関係は、政治的にも経済的にも、この国家に対するすべての臣従関係に共通な形態以上に過酷な形態をとる必要がない。国家は、ここでは最高の領主である。主権は、そこでは国家的規模で集中された土地所有なのである。そのかわりこのときにはしかし、私的土地所有は現実に存在しない。にもかかわらず、土地の占有や用益は、私的なものとしても共同体的なものとしても存在する。（ebd.）

アジア的な「主権」とは「国家的規模で集中された土地所有 das auf nationaler Stufe konzentrierte Grundeigentum」にほかならない。このような政治的かつ経済的制度は、「直接に生産そのものから生まれて、それ自身また規定的に生産に対して反作用する」。同時にこの関係のうえに、「生産関係そのものから生じてくる経済的共同体の姿態の総体」が築かれて、「その独自な政治的姿態」も構築されるのだ。いわゆる唯物史観の公式（Kr., S.8f.= MEGA. Abt.II, Bd.2, S.100f.）が、マルクスの、膨大な歴史的 - 地理的な展望のうえに築かれているしだいを、ここでも確認することができるだろう。

ともあれ、労働地代に特徴的なことがらとしてマルクスが劃定するのは、以下の点である。第一に、すでにふれておいたとおり、「地代はこのばあい剰余価値の本源的な形態であって、剰余価値と一致している」という事情である。これがほぼ自明なところであるのは、直接生産者の必要労働がその剰余労働から「空間的にも時間的にも」分離されているからである。もちろんそこでは第二に、当の剰余労働の遂行を直接生産者に可能とする労働力と「自然条件」が、つまり土地の十分な豊かさが必要となる。ただし「この余分な労働をおこなう可能性が地代をつくり出すのではなく、この可能性を現実性とする強制によってはじめて地代がつくり出される」のである（K.III, S.800）。

第三には、直接生産者にとって、どの程度までじぶん自身の状態を改善することが可能となるか、すなわち「不可欠な生産手段を超える超過分を生産することができるか」は、他のいっさいの事情がかわらないとするなら、「ひとえに剰余労働または賦役労働の相対的な大きさ」にかかっているはずである（ebd., S.801）。

直接生産者自身の生産性は「一箇の可変量」であって、不変量ではない。それは生産者の経験と技術的進歩とともに向上しうる。それは同時にまた、小農民たちが「あらたな欲望」を知ったり、その生産物に対する市場が拡大したりすることによっても増大しうる。このばあい小農民の生産物には、さきに見たとおり「農村家内工業」の産物もふくまれているのであって、こうした諸事情はやがて、労働地代そのものを変質させ、「生産物地代 Produktenrente」という、あらたな地代形態をみちびくものともなるだろう（vgl. S.802）。

生産物地代

マルクスの考察の対象は、かくて生産物地代へと移行する。これもごく簡単にみておこう。労働地代の生産物地代への「転化」は、マルクスによれば「地代の本質をすこしも変えるものではない」。地代の本質は、そこでも、「地代が剰余価値あるいは剰余労働のゆいいつ支配的で正常な形態」である点にあるからである（S.802）。

ただし生産物地代は「直接生産者のより高い文化状態」を、また社会一般の「より高い発展段階」を前提とする。生産物地代を支払う直接生産者は、かくて剰余労働を遂行するにさいし、「もはや領主やその代理人の直接の監視や強制」を必要としない。直接的強制にかわり「諸関係の力」が、鞭にかえて「法的規定」が、そこでは剰余労働を駆動させるからである。剰余労働はいまや領主の農地でおこなわれるのではない。それは直接生産者自身の用具をもちいて、事実上はかれのものとなっている土地のなかでおこなわれる。逆にいえば、必要労働と剰余労働とは、かつてのようには「時間的にも空間的にも、手にとるように分かりやすく」分離されていない（S.803）。

このような生産物地代も、第一に、なお自然経済を前提としている。すなわち、「経済条件の全部または非常に大きな部分がその経済自体で生産されて、その経済の総生産物のなかから直接に補填され、再生産される」はこびを前提としているのである。第二に、それはやはりふたたび農村家内工業と結合してあらわれる（ebd.）。

生産物地代には、いまだ賦役地代の残滓がまとわりついている場合がある。生産物地代そのものにもまた、さまざまな混合形態がありうる。生産物地代には、とはいえおおむね、一方では生産物の「一定の種類」とむすびつけられているし、他方では家内工業とのむすびあいが不可欠である。そのけっか、農民家族は「ほとんど完全な自給自足 fast völlige Selbstgenügsamkeit」を達成していることで、「要するに自然経済一般の性格によって」外部市場からは切断されている。生産物地代は、かくして第一義的には「静止的な社会状態の基礎」をかたちづくるにふさわしい。それは、とマルクスは、ここでもことのついでのように書いている。「私たちが、たとえばアジアで見るとおりのところなのである」（S.804）。

生産物地代が貨幣地代へと移行するメカニズムを考えるためには、領主と直接生産者との関係をとらえるだけでは充分ではないだろう。たとえばイギリス法制史上の事実を挙げれば、土地の所有（owning）と区別される土地の保有（holding）は、領主と騎士層とのあいだでも成立した。騎士にとっての土地保有条件（tenure）のひとつは、領主に対する軍事奉仕であったが、この騎士としてのサーヴィスがしだいに金納化され、「楯金 shield-duty」に転化するようになる。[2] ゲルマン世界にあっても、生産物地代を貨幣地代へと転換することが重要な問題となった。領主はしばしば都市や諸侯の宮廷、あるいはその周辺に住居をさだめ、一方で商業に携わったり、他方で出費の嵩む馬上試合などにも参加したりしなければならなかったからである。[3]

かくて、いくつもの歴史的背景と経緯のもとに、生産物地代は「貨幣地代 Geldrente」へと転化する。マルクスの叙述もまた、つぎに貨幣地代の問題へと移行するはこびとなるだろう。

貨幣地代の成立

ここで貨幣地代と呼ばれているものは、なお「産業地代または商業地代」とは区別されている。後者は資本制的生産様式にもとづくものであって、その源泉は「平均利潤を超える超過分」であるにすぎない。生産物地代が労働地代の転化したものでしかなかったのと同様に、ここで貨幣地代はいまだ「生産物地代のたんなる形態転化から生じる地代」にほかならないのである（S.805）。

生産物地代が貨幣地代に転化するためには、しかし直接生産者は生産物の超過分を「貨幣形態」へと転化しなければならず、したがってその生産物の一部は商品へと転化されなければならない。かくして農民の産品の一部は「商品として生産されなければならない」ことになるだろう。かくてまた、自給自足的な農村経済の内部に商品経済がひろく侵入し、自然経済はやがて総体として商品経済に感染することになるはずである（vgl. ebd.）。

生産物地代の貨幣地代への転化は「最初は散在的にあらわれて」、やがて一国内で浸透してゆく。逆にいうならば、そのためには「商業や都市工業や商品生産一般が、したがってまた貨幣流通が、すでに相当程度の発展を遂げているしだいが前提とされている」ことになるのである（ebd.）。

帝政ローマがすでに貨幣地代をいくども導入しようとし、くりかえし失敗している。革命前夜のフランスでは、貨幣地代にはなお前代の遺物が混入して、それを不純にしていた。マルクスの時代には、東部ヨーロッパで貨幣地代への転化が進行していたといわれる（S.806）。

しかしながら、とマルクスは書いていた。引用しておく。

貨幣地代は生産物地代の転化形態であり、かつ生産物地代に対抗するものである。そのような貨幣地代は、しかしながら、私たちがこれまで考察してきた種類の地代、すなわち剰余価値、ならびに生産条件所有者に支払われるべき不払剰余労働の正常な形態としての地代の、最後の形態であると同時にその解消の形態でもある。この地代は、その純粋な形態にあっては、労働地代や生産物地代とおなじように、利潤を超える超過分をあらわしてはいない。それは、概念からすれば、利潤を吸収してしまう。〔中略〕だからもし現実に、この地代のほかに利潤が生じるとするなら、利潤が地代の制限なのではなく、逆に地代が利潤にとっての制限なのである。しかし、すでに述べたとおり、貨幣地代は同時に、これまでに考察してきたような、一見してあきらかに（*prima facie*）剰余価値および剰余労働と一致している地代、つまり剰余価値の正常で支配的な形態としての地代について、その解消形態なのである。(ebd.)

労働地代は生産物地代へと転化し、後者は貨幣地代へと転換する。そのかぎりで貨幣地代は一方ではたんに生産物地代の「転化形態」にほかならない。それは他方で「生産物地代に対抗するもの」であり、その「解消形態」となる。どうしてだろうか。貨幣地代は二方向に転換するほかないからだ。その一方向は「自由な農民所有への土地の転化」であり、もうひとつの方向は「資本制的生産様式の形態、すなわち資本家的借地農業者が支払う地代」なのである（ebd.)。

大土地所有の問題

貨幣地代の成立とともに、土地所有者と土地利用者のあいだの伝統的で慣習法的な関係は、契約を介した実定法的な関係に変化し、「純粋な貨幣関係」へ転化して、純粋な貨幣関係の登場とともにまた、「資本家への土地の賃貸」もあらわれる（S.806f.）。

マルクスは、さらに節をあらため、資本制的地代への過渡形態としての「分益農制と農民的分割地所有」を考察している。とくに後者はこの国の戦後農地改革以後の農業構造の理解とも関連する箇所として、解釈じょう重視される場合もあるが、[4]ここでは割愛する。第四七章「資本制的地代の生成」の末尾、したがって『資本論』第三巻・地代論の結語のみを引く。

ちいさな土地所有はなかば社会の外部にある未開人の階級をつくり出して、この階級は原始的な社会形態のあらゆる野蛮と、文明諸国のいっさいの苦悩や悲惨をむすびつけている。そうであるとすれば、大きな土地所有は労働力を、その自然発生的なエネルギーの逃げ場であり、それを諸国民の生命力の更新のための予備源泉として蓄えておく最後の領域である、農村そのもののなかで破壊するのである。大工業と、工業的に経営される大農業は、ともに作用する。元来このふたつのものを分けへだてているものは、前者はより多く労働力を、かくてまた人間の自然力を荒廃させ破滅させるが、後者はより多く直接に、土地の自然力を荒廃させ破壊するということである。そうであるとするなら、そののちの進展の途上では、両者はたがいに手を握りあうことになる。なぜなら、農村でも工業的体制が労働者を無力にするとともに、工業や商業はまた、農業に土地を疲弊させる手段を供給するからである。(S.821)

大土地所有を前提とする資本制的な農業経営は、やがて「直接に、土地の自然力を荒廃させ破壊する direkt die Naturkraft des Bodens verwüstet und ruiniert」。大土地所有が可能とする諸条件は、「生命の自然法則によって命じられた社会的物質代謝の関連のうちに、回復不能な裂け目を生じさせる」からである(ebd.)。

いくどか言及してきたように、マルクスは地代論の展開のなかで、くりかえし土地所有の不合理を告発する。資本にとって土地所有そのものが桎梏となる、と語るマルクスは、あたかも土地所有に対する資本の憤怒を代弁するかのようである。——究極的対立は、しかし、資本と土地所有とのあいだに存在するのではない。「生命の自然法則」と資本制とのあいだに存在するのである。『資本論』第一巻における資本の蓄積過程をめぐる分析にあっては、考察の範例を提供したのはいうまでもなく、資本制のみやことしてのイギリスであった。エンゲルスの証言するところによれば、「地代にかんする篇では、第一部の工業賃労働のところでイギリスが演じたのとおなじ役割を、ロシアが演じるはずであった」（「第三巻への序文」S.14）。

マルクスのロシア研究は、その最晩年にいたるまで継続されて、変容を遂げていった。その最終成果にほど近いすがたを、私たちはたとえば、ヴェーラ・ザスーリチの手紙に対する返信、ならびにそのための四つの草稿に展開されているかたちで確認することができる。(5) ロシアのミール共同体に対する評価の変化が、土地所有をめぐるマルクスの思考をどのくらい変様させるものとなりえたか。この件については、とりあえず想像のかぎりではない。「残念なことには、かれにとってこの計画はついに実現されなかった」（ebd.）からである。

註

（1）久留島陽三・保志恂・山田喜志夫（編）、一九八四年、六七頁（項目筆者は保志）。
（2）ベイカー、一九七五年、二一〇頁以下、参照。
（3）ミッタイス、一九七一年、三〇一頁、参照。
（4）久留島陽三・保志恂・山田喜志夫（編）、前掲書、七五頁。
（5）とりあえず、和田春樹、一九七五年、一六五頁以下、参照。

Ⅲ・3　利　子

Ⅲ・3・1　商業資本の問題

α　商業資本

「商人資本」と「商業資本」

現行の『資本論』第三巻第四篇には「商品資本と貨幣資本の、商品取引資本および貨幣取引資本への転化」という標題が与えられている。第四篇は、第五篇「利子と企業者利得とへの利潤の分裂利子生み資本」とならんで、ひろい意味での「利子生み資本」を考察するものと考えることが可能であるけれども、論者たちも指摘してきたとおり、両篇以降は、エンゲルス編集の第三巻のなかでも、プラン問題とも絡み、とりわけ統一的な理解が困難な部分である。テクストの当該箇所を論じるにあたっては、いずれにしてもなんらかのいわば「高次加工」[1]が必要ともなるはずである。

さてマルクスは第三巻第四篇の首章（第一六章「商品取引資本 Das Warenhandlungskapital」）を開始

するにあたって、つぎのように書きとめている。引用しておこう。

商人資本あるいは商業資本は、商品取引資本と貨幣取引資本というふたつの形態または亜種に分かれる。このふたつのものを、資本をその中核構造において分析するために必要なかぎりで、以下でもうすこし立ちいって特徴づけておくことにしよう。しかもそのように特徴づけてゆくことは、近代の経済学がその最良の代表者にあってさえも、商業資本を直接に産業資本と混同しており、商業資本を特徴づける特有なありかたを事実上まったく見おとしているがゆえに、それだけますます必要なのである。（K.III, S.278）

さしあたりの展開において論じられるのは、もっぱら商品取引資本であって、「貨幣取引資本」ではない。後者については、それゆえ、当面は措いておくことにしよう。それでもなお、いちおうはここで、あらかじめふれておくべき問題がひとつ存在する。

引用文中、マルクスは商人資本（kaufmännisches Kapital; Kaufmannskapital）と「商業資本 Handelskapital」を「あるいは oder」でむすび、両者のあいだに概念上の差異を設定していない。宇野弘蔵ならびにその学派は、これに対して、資本制以前にすでに成立し、G―W―G′という運動形式を有する商人資本と、資本制的生産に基礎を置いて、その剰余価値の分配を受ける商業資本とのあいだに概念的な区別をもうけている。(2) 資本制が成立するための条件は、商人資本のじゅうぶんな発達であり、産業資本はその内部でいわば分泌される。これに対して近代的な商業資本は、商人資本の運動形式を継受しながら、すでに産業資本の運動を前提とし、その運動を補完するものとして、特異な歴史性を帯びている。(3)『資本論』第三巻第四篇では、ひとえにその後者の資本形式が問題となるかぎりで、商人資本と商業資本とのあいだに一応の差異を劃する一線を引いておくことは、理論的に正当な手つづきであると思われる。以下ではしたがって、基本的には商業資本という表現を、当面の問題場面にかんしては使用してゆくことにする。それでは商業資本は、それが商人資本と差異化されたうえで設定される場合に、どのような規定を受けることになるのだろうか。

マルクスがつづけて説くところを整理してみよう。「社会の総資本」の一部は――その構成は不断に変化し、その量もたえず増減しているとはいえ――つねに商品として市場に存在し、「貨幣へ移行しよう」とする。たほう他の一部分は貨幣としておなじく市場のうちにあり、同様に「商品へ移行しよう」としている。商品資本と貨幣資本の運動としてすでに見ておいたとおり(本書、Ⅱ・2・1参照)それは不断の「移行運動」あるいは「形態的なメタモルフォーゼ」であるといってよい。その間の消息を回顧したうえでマルクスは、「商業資本」を定義してつぎのように言う。「流通過程にある資本のこの機能が、一般に特殊な資本の特殊な機能として独立化され、分業によってひとつの特別な種類の資本家に割りあてられた機能として固定される」場合には、さきに規定した意味における「商品資本は商品取引資本あるいは商業資本(kommerzielles Kapital)となる」(ebd.)。

商業資本とは、かくて、もっぱら流通局面に棲みついて、商品から貨幣への、また貨幣から商品への転化をなかだちすることに専業する資本のことである。それは、マルクスの認定によるなら、産業資本の循環を円滑にするための媒介環をかたちづくるものであるとはいえ、基本的に産業資本

（ならびに農業資本）に対して寄生的なかたちでなりたちうるものにすぎない。

商業資本の存立形態

マルクスはすでに『資本論』第二巻で、流通過程にかかわる運輸業や保管業のはたらきについて論じていた（本書、Ⅱ・2・2のα参照）。商業資本の機能には、現実的には、これらの業種にぞくする操作がわかちがたくむすびあっている。マルクスは、とはいえ当面の論脈では、運輸や保管の機能は度外視しておくことを主張する。ここでは、たんに「流通過程においてのみ機能する資本」、商業資本が、その「純粋な形態」にあって問題とされなければならないからである（S.279）。

商業資本とは、流通過程にある資本の機能が分業によって固定化されるところに発生するものであった。いいかえれば、商業資本は「たえず市場にありメタモルフォーゼの過程にあって、つねに流通部面に包括されている流通資本の一部分が転化した形態」にほかならない（ebd.）。商業資本はつまり「たんに商品を取引きして、商品の運動を媒介するだけ」である。こうして商業資本はまず「貨幣資本」として市場に登場する必要がある。商業資本によって商品の運動は媒介される。商業資本は、かくて商品を取引きする（売り買いする）ことで、商品の運動を媒介する。商品を取引きするためには、とはいえ商業資本はまず商品を購買しなければならず、かくしてまた「貨幣資本の所有者でなければならない」のである（S.280）。

マルクスは、右のしだいを確認したのちに、つぎのような設例にもとづいて、商業資本の形態をさらに特徴づけてゆく。引用しておこう。

ある商品取引業者が三〇〇〇ポンド・スターリングを所有していて、それを取引資本として増殖する、としよう。かれはこの三〇〇〇ポンドで、たとえば三〇、〇〇〇エレのリンネルを一エレあたり二シリングでリンネル製造業者から買う。かれはこの三〇、〇〇〇エレを売る。年間平均利潤率が一〇%で、すべての入費を差しひいて一〇%の年間利潤をあげるとすれば、年末にかれは三〇〇〇ポンドを三三〇〇ポンドに転化させていることになる。どのようにしてかれがこの利潤をあげるのかは、私たちがもっとあとで取りあつかう問題である。ここでは、まずかれの資本のたんなる形態のみを考察することにしよう。かれは三〇〇〇ポンドでたえずリンネルを買って、不断にこのリンネルを売る。このような、売るために買うという操作、G—W—G′、すなわち、資本がまったく流通過程のうちに封じこまれていて、それ自身の運動や機能の外部にある生産過程という中休みによって中断されることのない、資本の単純な形態をかれはたえず繰りかえすのである。(S.280)

商業資本は、かんぜんに「流通過程のうちに封じこまれて in den Zirkulationsprozeß gebannt」いる。商業資本が反復するのは、G—W—G′という「資本の単純な形態」である。これは、総資本の循環にとっては、なにを意味するのだろうか。

リンネル製造業者の側から、ことがらを見なおしてみよう。リンネルを売買する商業資本がかれの生産物を購入したことで、リンネル生産者はすでに、生産されたリンネルの価値を実現し、みずからの商品資本にかんして、その「メタモルフォーゼの第一の局面」、すなわち「貨幣への転化」をすませている。リンネル製造業者は、かくてその貨幣によってあらためて生産手段を買いいれて、再生産過程を継続することができる（ebd.）。――もちろんリンネルそのものにとっては、メタモルフォーゼはなお完結していない。リンネルはなおも商品資本として市場に存在しており、ただそれが「以前は生産者の手にあったのに、いまでは商人の手にある」だけである。商品であるリンネルにとっての〈命がけの跳躍〉はいまだ完了しておらず、たんにその操作が産業資本から商業資本の手にゆだねられ、「商人の特殊な営業に転化させられている」にすぎない（S.280f.）。

かくして商業資本の遂行する操作は、商品資本を貨幣資本に転化すること、「流通過程ならびに再生産過程における商品資本の機能を媒介する操作」以外のなにものでもありえない。商業資本とは産業資本にとっての商品資本の機能を代行するものにほかならないのであって、その機能がいまや商業資本の「専門の操作」としてあらわれ、「ひとつの特殊な投資にぞくする営業」のかたちで独立しているだけなのである（S.281）。

商業資本の特殊性

産業資本の流通過程としてあらわれる商品流通W′―G―Wにあっては、流通は、一定量の貨幣が二度その持ち手を替えることで媒介される。たとえばリンネル製造業者はリンネルを売って貨幣を手にし、かくして入手された貨幣は糸や石炭や労働力を購入するために手ばなされる。つまりリンネル生産者は「生産物を売り、生産手段を買った」ことになる。リンネルを取りあつかう商業資本はそうではない。商業資本はリンネルを買い、リンネルを売る。ここでは、したがって、貨幣ではなく商品が「二ど場所を転換する」。あるいは商品が「二かい売られる」。この場所転換によって、貨幣が（増殖して）回収され、還流するのである（S.282）。

したがって、第一に、商業資本の成立は「社会的分業の特殊な一形態」にすぎない。商業資本が存在していることで、資本が流通過程で遂行すべき機能の一部が「生産者とはべつの、特別な流通担当者の専有機能」としてあらわれるだけであるからだ。第二には、産業資本にとってはたんなる売りW―G、つまり商品資本の貨幣資本への転化である過程が、商業資本にあってはG―W―G'、つまり、おなじ商品の買いと売りを介した、「貨幣資本の還流 Rückfluß des Geldkapitals」としてあらわれる（S.283f.）。

当面の設例でいうなら、リンネル生産者は、生産を継続し、再生産を可能とするために、生産物を貨幣へと転化させ、ふたたび生産手段を購買しなければならない。商業資本が介在することで、リンネル生産者にとってのこの過程は代替され、あるいは「短縮」されているが、「しかし、それはただ商人の手でつづけられるだけである」。とはいえ、商業資本の介入によって、産業資本、ここではリンネル製造業者は、貨幣のかたちで準備しなければならない資本を縮減することができ、より多くの資本をたえず「ほんらいの生産過程」で充用して、「生産資本の形態」で運用することが可能となる。ただし、そのかわり社会的総資本の一部分が商業資本というかたちで「たえず流通局面のうちに」あり、つねにただ「商品を売買するためだけに」充当されることになるのである（S.285f.）。

商業資本と産業資本

商業資本とは、流通局面で作動している資本にほかならない。流通過程は総生産過程の一部ではあるけれども、そこではたんに「価値量の形態変化」が生起するだけであって、価値も剰余価値も生産されない（S.290f.）。

だから、とマルクスは、以下のように説いて、商業資本の形態をめぐる考察をいったんは閉じている。引用しておこう。マルクスが「商人資本」と書いている部分は、これまでの用語法でいえば「商業資本」と読みかえられてよい。

商人資本は、価値も剰余価値も創造しない。すなわち、直接には創造しないのだ。商人資本が流通期間の短縮に役だつかぎり、それは間接的には産業資本家の生産する剰余価値を増やすのを助けることができる。商人資本が市場の拡張を助長し、資本家たちのあいだの分業を媒介して、かくして資本がより大きな規模で作動するのを可能とするかぎりでは、その機能は産業資本の生産性とその蓄積を促進する。商人資本が流通期間を短縮するかぎりにおいては、それは前貸し資本に対する剰余価値の割合、つまり利潤率を高める。商人資本が、資本のよりちいさな部分を貨幣資本として流通局面に閉じこめておくかぎりでは、それは、資本のうちの直接に生産に充用される部分を増大させるのである。（S.291）

『資本論』第一巻は、「単純な商品流通」を論じて、そこではたんなるW―G―Wという「商品のメタモルフォーゼ」が遂行されるにすぎず、そこにはいかなる「価値量の変化」もふくまれてはいない、と説いていた（K.I, S.172）。『資本論』第二巻の表現でいえば、流通費用とは「価値の実現における価値の損失」にほかならない（K.II, S.149）。流通過程は価値の創造となんの関係もない、とする視点は、マルクスの基本的な流通観なのであった（本書、Ⅱ・2・2のβ参照）。

そうであるとすると、商業資本はいったいどこから利潤を獲得することになるのだろうか。この問いに答えることが、つぎに問題となるはずである。

註

（1）須藤修、一九八六年b、四九五頁。

（2）宇野弘蔵のいわゆる旧原論では、一方では流通論において「資本の商人資本的形式」が問われ、分配論では他方「商業資本と商業利潤」が問題となる（宇野『著作集』第一巻、七二頁以下、四九五頁以下）。新原論の説明によれば、「歴史的には、商人資本による売買の作業を前提として産業資本が出現するのであって、この点は問題にならない。理論的展開では、逆に産業資本自身が直接に販売していたものを商業資本に分担せしめるものとして論じなければならないので、やや理解に困難なことになることを避けるわけにはゆかない」（『著作集』第二巻、一五二－一五三頁・註）。

（3）山口重克の表現を援用して、「商業資本を産業資本の一部分形態が転化・独立したものとみる考え方」を「分化論」と名づけるとすれば、一方で商人資本↓産業資本、他方では産業資本↓商業資本という、二重の分化論が説かれているわけである（山口、一九八三年、一五頁以下、参照）。

β　商業利潤（1）

問題の設定

産業資本は、第一にじぶんの生産した商品の価値を実現し（「売り」）、第二にその価値をふたたび生産要素（生産手段と労働力）へと転化しなければならない（「買い」）。本書のⅡ・2・2でもすでに見ておいたように、マルクスの観るところでは、流通部面で遂行される資本の機能、すなわちW′—G—Wを媒介する操作は「価値も剰余価値も生まない」。この操作のために必要となる時間そのものは、むしろ価値と剰余価値の生産にさいして、その「限界」を劃定するものにほかならない。商品資本のこのメタモルフォーゼW′—G—Wは、それが産業資本自身によって遂行されようと、あるいは特化した商業資本の手でおこなわれようと、その基本的なありかたを変えるものではなく、したがって価値生産に対する関与のしかたを変更するものでもありえない（K.III, S.292）。

商業資本は、とはいえ、それが独立して営業されるものであるかぎり、みずから利潤を獲得するものでなければならない。しかも、産業利潤と同等の利潤をあげるものでなければならないはずである。その間の消息をあらためて確認し、あわせてその理由に簡単にふれるかたちで、マルクスはつぎのように書いている。引用しておく。

商品取引資本——すべての異質な機能、つまり保管や発送や運輸や仕分けや小売りといったものを、それらが商品取引資本とむすびついているにせよ、取りはらって、売るための買いという その本来の機能に限定してみた、それ——は、したがって価値も剰余価値も創造しない。ひとえに価値と剰余価値の実現を媒介し、同時にまた商品の現実の交換、或るひとの手から他のひとの手への商品の移行、つまり社会的な物質代謝を媒介するだけである。にもかかわらず産業資本の流通段階であれ、生産とおなじように再生産過程の一段階をかたちづくっているのだから、流通過程で独立に機能する資本も、さまざまな生産部門で作動する資本と同様、年間平均利潤をあげなければならない。もし商人資本が産業資本よりも高い百分率平均利潤をあげるのなら、産業資本の一部分は商人資本へと転化するだろう。かりに商人資本がより低い平均利潤しかあげないならば、反対の過程が生起することだろう。商人資本の一部分は産業資本に転化するはずである。商人資本よりもたやすくその使命、その機能を変更させることのできる資本部類など存在しないのである。(ebd., S.293)

競争による部門間の移動を考えるなら、商業資本(ここでも「商人資本」とあるのを「商業資本」と読みかえる)にもまた産業資本そのものと同等の平均利潤が保障される必要がある。とはいえ、商業資本自身は剰余価値を創出しないのだから、問題は、どのようにして商業資本が「生産的資本の生みだした剰余価値または利潤のうちからみずからのものとなる部分をじぶんに引きよせることになるのか」、すなわち「商業利潤 der merkantile Profit」はどのようにして可能となるのか、にほかならない(ebd.)。

「商業利潤」をめぐる仮象

商業利潤は「たんなる追加」であって、「商品の価値を越えて、商品の価格を名目的に引きあげるもの」であると答えることは、問題の解決とはならない。それは「たんなる外観《シャイン》」（ebd.）であり、「現　象《エアシャイヌング》」であるにすぎない（S.295）。商業利潤の源泉は価格の名目的引きあげにある、とする仮象《シャイン》がどのように生じるのか、あるいはそれがなにを前提として生まれる仮象であるのかが、かくしてまず問われなければならないのである。

商業利潤が「商品の価格」から引きだされるほかはないことは明白である。商業資本はみずからの商品を販売することで利潤をあげるのだから、商業利潤は商品の購買価格と販売価格との「差額 Differenz」にひとしいしだいも、おなじように自明である（ただし、ここでは流通費などの追加費用は考えないものとする）（S.293）。

産業資本の場合であっても、その商品の購買価格と販売価格との差　異《ディフェレンツ》から利潤を引きだしている。すでに見てきたように（本書、Ⅲ・1・1参照）、この産業資本にとっての商品の購買価格はその「費用価格」であり、販売価格とは商品の「生産価格」にほかならない。両者のあいだの差異は、生産過程を経由してはじめて可能となるものであって、産業資本は流通過程では、のちに利潤として実現されるその差額、つまり剰余価値をたんに実現するにすぎない。商業資本にあっては、事情がことなる。商業資本はただ、生産資本によって開始された「商品の販売」つまりその「価値の実現」を引きつぐだけであり、かくて商業資本は「流通のなかで流通によって、じぶんの利潤をただ実現するだけではなく、はじめてその利潤を獲得しなければならない」からだ（S.294）。

この件は、ひたすらつぎのようにして可能となるかに見える。すなわち、産業資本は商業資本に対して、商品をその「生産価格」どおりに（したがって、総商品資本を問題とする立場からすれば、その「価値」どおりに）販売し、商業資本はそのおなじ商品を生産価格よりも高く売ることで「名目的な追加」をおこない、かくて（総商品資本からすれば、それを価値よりも高く販売し）その「実質価値」を超えて「名目価値 Nominalwert」という超過分を回収する、ということである。これは、要するに、「商品をそれがあたいするよりも高く売ること」にほかならない（ebd.）。

たとえば、一エレのリンネルの仕入れ値が二シリングである、とする。それを転売して一〇パーセントの利益を得ようとすると、私はそれに二シリング二2/5ペンスの価格を付けなければならない。私がリンネルをその生産価格で買ったとすれば、生産価格と販売価格の差異は二2/5ペンスであり、私にとっての利潤はおなじく二2/5ペンスであって、いっぽう消費者が手にするほんとうの価値は二シリングにすぎないことになる。「これは、こうして、商品の名目的な価値引きあげによって、剰余価値あるいは剰余生産物の分けまえに与るための回り道にすぎないことになるだろう」（ebd.）。

ある意味ではわかりやすいこの説明は、しかしたんなる仮象にすぎない。これは一方では、商人資本以来の素朴な「見かた《アンシャオウング》」（ebd.）に由来する見かけであり、他方ではまた、これまでの考察のみちゆきにあって必然的に前提とされざるをえなかったことがらから生じる思いなしなのである。

仮象の原因と、問題の再設定

つまり、こういうことである。そもそも、商業資本がたとえば一〇％の利潤を実現するためには、商業資本はその商品を一〇％高く売らなければならない、と想定されるのはなぜか。それは、さかのぼれば、商品の生産者つまり産業資本が、みずからの生産物を生産価格で商業資本に譲りわたしたものと仮定されていたからである。この仮定のもとでは、商業資本にとっての商品の購買価格は究極のところその価値とひとしく、したがって商業資本がおなじ商品を販売する価格（販売価格）は最終的にはその商品の価値を上まわるほかはなく、かくてまた商業資本は「すべての商品をその価値よりも高く売らなければならない」（S.295）はこびとなるはずである。

しかし、とマルクスはつづけて問いかける。引用しておこう。

しかし、産業資本家が商人に、商品を生産価格で売るということは、どうして仮定されたのだろうか。というよりも、この仮定ではどのようなことがらが前提とされていたのだろうか。それは、商業資本（ここで問題とするのはひとえに、商品取引資本としての商業資本にかぎられる）は、一般利潤率の形成には参与しない、ということである。一般利潤率の論述では、どうしてもこの前提から出発せざるをえなかったのだ。その理由は、第一に、商業資本そのものがそのときには私たちにとっていまだ存在していなかった点にあり、第二には、平均利潤、かくしてまた一般利潤率がさしあたりはどうしても、べつべつの生産部面にある産業資本によって現実に生産される利潤または剰余価値の平均化として展開されざるをえなかった、という点にある。（ebd.）

復習しておこう。生産価格の成立は、多様な産業部面ごとにことなる利潤率が平均化され、一般利潤率が成立しているしだいを前提とする。生産価格とは、この平均がさまざまな生産部面の費用価格にくわえられることでなりたつのであった（本書、四八四‐四八五頁のとくに引用参照）。そのかぎりでは、生産価格は、産業資本が商業資本に対してその商品を販売する以前に、すでに所与のものとして確定していることになり、商業利潤は生産価格（究極的には商品価値）に対するたんなる付加としてあらわれるほかはない。とはいえ、ここで問題としている商業資本とは「利潤の生産には参与することなく、その分配には参加する」資本のことである。商業資本が利潤の分配には参与する以上、「いまや以前の論述を補完しておく必要がある」（ebd.）。

ここで、マルクスによる論述の補完をたどっておくことにしよう。それは、商業資本もまた一般利潤率の形成に与ることをあきらかにし、そのことで同時にまた商業利潤の源泉を解明するものとなるはずである。

あらたな設例

いま一年間に投下される産業資本の総額を、不変資本七二〇、可変資本一八〇とし、剰余価値率を一〇〇パーセントとする。単位はたとえば一〇〇万ポンド・スターリングであるとして、一年間の産業資本の総生産物は、したがって、720c＋180v＋180m であるから、その生産物ないしは商品資本をWとすると、Wの「価値」（あるいは、総計一致命題がなりたつとして、Wの「生産価格」）は一〇八〇となる。前提により、産業資本の総資本は720＋180＝900で、剰余価値あるいは利潤である一八〇を九〇〇で除すると、〇・二であるから、利潤率は二〇％である。この利潤率は総産業資本について計算されているのだから、同時に一般利潤率にほかならない。

ここで九〇〇の産業資本にくわえて、なお一〇〇単位の商業資本が参入し、流通過程を担当するものとしよう。商業資本もまた、さきに述べたところにより、その大きさに比例して、産業資本とおなじ利潤の分けまえを取得するものとする。いまや総資本は720＋180＋100＝1000であるから、商業資本一〇〇に対する利潤率は総資本に対して一〇分の一の分けまえ、つまり180×0.1＝18にあずかり、商業資本一〇〇に対する利潤率は一八％となる。180－18＝162が、産業資本の取り分となるが、これを総産業資本に対して計算すると、162÷900＝0.18となり、利潤率はおなじ一八％となるだろう。

この前提のもとでは、産業資本はその生産物あるいは商品資本Wの全体を、720c＋180v＋162m＝1062で売るはこびとなる。さらに商業資本が、みずからの資本一〇〇に付けくわえて平均利潤の一八パーセントを上積みして商品を販売するとすれば、その価格は1062＋18＝1080である。あらかじめ確認しておいたとおり、Wの生産価格、あるいは総商品資本としてみれば、その価値は一〇八〇であるから、この結果からみれば、商業資本は総商品をその生産価格で売っていることになるはずである。

もっとも、商業資本はみずからの利潤をひたすら流通のなかであげており、じぶんの購買価格を超えた販売価格の「超過分」によって獲得している。それにもかかわらず、商業資本は総商品を、その価値よりも高く、または生産価格よりも高価に販売しているわけではない。むしろ商業資本はそれらの商品を「価値よりも安く、または生産価格よりも安価に、産業資本家から買った」ことになる（以上、vgl. S.295f.）。

無用の混乱を避けるため整理しておけば、商業資本が総商品をその生産価格で（したがって総計一致命題のもとでは、価値どおりに）販売する、という場合の「生産価格」は、商業資本参入以前の体制で計算された生産価格であり、商業資本が分業的に参入したのちには、産業資本の販売価格、したがって商業資本による購入価格は、くだんの生産価格を下まわっていることになる。この件をいいかえるなら、いま商業資本が商品資本の流通に決定的に関与している体制を前提とするかぎりでは、「一般利潤率の形成のうちに、こうして商人資本は、それが総資本のなかで占める部分の割合に応じて（*pro rata*）規定的に参与する」（S.296）というしだいにほかならない[1]。こうしてマルクスは書いている。引用しておく。

生産価格の意味は、それでも、商品の費用（商品にふくまれている不変資本 プラス 可変資本）プラス それに対する平均利潤にひとしい商品価値と考えられるべきである。とはいえ、この平均利潤にいまや別の規定が与えられているのである。それは、生産的資本の総体が生みだす総利潤によって規定されている。いっぽう、それが計算されるのは生産的な総資本に対してではなく、〔中略〕生産的資本 プラス 商人資本の総計に対してであり、その結果、九〇〇が生産的資本で一〇〇が商人資本ならば、平均利潤率は $\frac{180}{1000}$ ＝18%というしかたで計算されるのだ。かくて、生産価格はｋ（費用）＋一八であって、ｋ＋二〇ではない。平均利潤率には、総利潤のうち、商業資本の手に落ちる部分がすでに算入されている。それゆえ、総商品資本の現実の価値または生産価格は k + p + h（この h は商業利潤）にひとしいのである。つまり、生産価格、あるいは産業資本家自身が売る場合の価格は、商品の現実の生産価格よりちいさいことになる。

（S.296f.）

商業資本は、たしかに〈安く買って、高く売って〉いる。とはいえ、商業資本は総商品を、その価値よりも高く売るわけではない。商業資本は、ただ、総商品あるいは産業資本（生産的資本）の商品資本をその元来の生産価格よりも安く買うにすぎない。産業資本は剰余価値としてすでに商品の価値にふくまれている利潤を実現する。商業資本が利潤を実現することができるのはひとえに、産業資本によって実現される商品の価格では、まだ剰余価値または利潤の全部が実現されていないからである。こうして――と、マルクスはいったん結論づける――商業資本は「剰余価値の生産には参加しないにもかかわらず、剰余価値の平均利潤への平均化には参入する」のだ（S.297）。

註

（1）なおマルクスの設例では、利潤率の低下が起こるから、さきに引いたマルクスの発言――「商人資本」は「流通期間を短縮するかぎりにおいて」、「剰余価値の割合、つまり利潤率を高める」（K.III, S.291　本書、五九七頁に引用）――といっけん矛盾している。そのため、数値例を入れかえる必要があるが、ここでは立ちいらない。次項参照。

「純粋な流通費用」・再考

産業資本は、貨幣資本として市場に登場して、生産要素（生産手段と労働力）をそれぞれの市場で調達し、生産過程を開始して生産資本として作動する。そのつどの生産過程の果実として産出された商品をたずさえて、産業資本はふたたび市場に、こんどは商品資本のかたちで登場する。商品が販売され、その価値（費用価値 プラス 剰余価値ないし利潤）が実現されることで、産業資本はもういちどその生産過程を再開することが可能となるのである。

そのばあい産業資本の運動には、その不可分の局面として流通過程が帰属しており、産業資本はがんらい流通資本をも不可欠な部面として運動を継続している。産業資本は、したがってほんらいみずからのうちに流通資本（つまり貨幣資本と商品資本）をふくんでおり、流通過程における操作を産業資本自身がになないつづけることもありうる。産業資本そのものにとっては、かくて、流通過程を商業資本にゆだねるという選択は一義的には必然的なものではありえない。産業資本はむしろ、商業資本への業務委託によって利潤率が上昇する見とおしのもとでのみ、流通部門の切りはなしという戦略をえらぶことだろう。

前項の末尾に註記しておいたとおり、商業利潤の生成を解明するさいにマルクスが設定した数値例は、しかし、右のような消息を解くさいに適切なものではない。商業資本は、それが流通期間を短縮することによって利潤率を高め、そのかぎりにおいて産業資本の流通部門から差異化し、分化してゆくと考えられるとするなら、設例から結果する利潤率の低下は、商業資本からその独立性の根拠を剥奪してしまうかに見えるからである。

この件は、流通費用をめぐる問題についても当てはまる。すでに本書の第Ⅱ篇で見ておいたことがらを再確認しておくためにも、テクストをやや長く引用しておく。(1)

純粋に商業的な流通費（したがって、発送や運輸や保管などの費用をのぞく）は、商品の価値を実現するため、つまりこの価値を、商品から貨幣へであろうと、貨幣から商品へであろうと、転化させるために、要するに商品の交換を媒介するために必要な費用に解消される。その場合かりに、流通行為のなかで続行されるような、また商人の業務がそれとはまったく別箇に存在しうるような生産過程があったとしても、それはまったく度外視される。じっさい、そのような生産過程としては、たとえば現実の運輸業や発送業は、商業とは完全にことなる産業部門でありうるし、また実際にそのとおりである。〔中略〕私たちがここで考察する費用は、買うことの費用であり、売ることの費用にほかならない。すでに以前に述べておいたように、このような費用は、計算や簿記や市場操作や通信などに帰着する。そのために必要な不変資本は、事務所や紙や郵便料金などからなっている。その他の費用は、商業賃金労働者の充用に前貸しされる可変資本に帰着するのである。〔中略〕

これらいっさいの費用は、商品の使用価値の生産のために費やされるものではない。商品の価値の実現に費やされるのである。それは純粋な流通費である。それらは直接的な生産過程に入らないとはいえ、流通過程には入るのであって、したがって再生産の総過程には参入するのである。（K.III, S.299）

マルクスが、資本の流通過程を問題としながら、『資本論』第二巻ですでに確認していたところによるならば、このような純粋な流通費は、たんなる「空費 faux frais; Unkosten」（本書、二二六、三二九頁）にすぎない。当面の論脈で、あらためてマルクスが説くところによれば、以下のようになるだろう。

いまとある産業資本家が「じぶん自身の商人」であり、流通過程の諸操作をもみずから担当するとすれば、じぶんの商品が売れて、その価値が実現するまえにあらたに生産要素を購入するための「追加資本」のほかに、さらに資本（事務所費や商業労働者の賃金）を流通過程にも投入しなければならない。こちらの追加資本の側は再生産のための生産要素とはならないのだから、いかなる剰余価値も形成しない。それは、だから「商品の価値から補填されるほかはない」はこびとなるだろう。「社会の総資本についていえば、この件はじっさいには、以下のようなことがらに帰着する。すなわち、社会の総資本の一部分は価値増殖過程にはかかわりのない付随的な操作のために必要となるということ、さらに社会的資本のこの部分はたえず当の目的のために再生産されなければならないということなのである」（ebd., S.303）。

マルクスの流通観・再考

ローゼンベルクによる設例の変更以来、さまざまに論争のあった、マルクス自身の説明の不備については、ここでは立ちいらない。当面あらためて確認しておく必要があるのは、マルクス本人に特有な流通観であるように思われる。

すでにふれておいたとおり、マルクスは『資本論』第一巻で「貨幣の資本への転化」を論じるにあたっても、「単純な商品流通」のなかでは貨幣を介した使用価値の交換が生起するだけであって、そこではすこしも「価値量の変化」がふくまれていない、と説いていた（K.I, S.172）。第三巻でも説かれているとおり、マルクスによれば、「商人資本」は「流通部面のなかで機能している資本以外のなにものでもない」のであって、流通過程は「価値創造や価値変化とはなんの関係もない」（K.III, S.290f.）。三たび確認しておくなら、これはほとんど揺らぐことのないマルクスの基本的な流通観であった。

マルクスにはいっぽう、このような流通観とただちに調和しがたいかに思える流通概念がある。そもそもおなじく『資本論』第一巻にあって基礎的な考察を展開していたマルクスによれば、商品とは他者のための使用価値であり、商品所有者にとっての使用価値ではない。そのような商品が、交換過程を介してそれをもとめる者の手におちる。それが、商品の売り、つまりW―Gなのであるから、商品の売りにはつねに、商品の買い、すなわちG―Wが対応しており、その意味で商品交換は対称的な過程であるかにみえる。マルクスによれば、しかし、そうではないのだ。そこに存在しているのは非対称的な関係であって、関係のこの非対称性によって、商品を貨幣と置き換えることは不断の偶然性にさらされている。マルクスによれば、W―G、つまり売りとは「商品の命がけの跳躍」なのである。だからこそマルクスは、いわゆるセーの法則（販路説）ほど「ばかげたものはほかにない」と語っていたのであった（本書、九九頁以下、参照）。

『資本論』第二巻ならびに第三巻のそれぞれの文脈で、純粋な流通費用について語りだすとき、マルクスはみずからの基本的な洞察に対してじゅうぶん忠実ではなかったかに見える。当面の脈絡にあって見うしなわれているものがあるとすれば、それは流通過程にまとわりついている本源的な「不確定性」であって、この不確定性に対する「解除機構として分化してくる」商業資本に独自な性格なのである。(2)

商業資本を考察する論脈にあっても、とはいえ、マルクスがそうした偶然性と不確定性に対し、あらためて視線を向けている文脈がある。第四篇第一八章をかたちづくる「商人資本の回転価格」と題された部分がそれである。この件についても、簡単にふれておく必要があるだろう。

商業資本の回転

すでに見ておいたとおり（本書、Ⅱ・2・1参照）、産業資本の回転は生産期間と流通期間の統一であり、それは資本の回転の全域を包摂している。商業資本についていえば、それはほんらい産業資本がみずから果たすこともできる操作を代替し、じっさいは「商品資本の運動が独立したもの」にすぎないのだから、「たんに商品のメタモルフォーゼの第一段階W―Gをひとつの特殊な資本の自己還流運動としてあらわしている」だけである。G―W―G′として現象する商業資本の流通操作にあっては、おなじ商品が二度その持ち手を替える。貨幣Gが、そのけっかG′＝G＋⊿Gとして商業資本のもとに還流することになるのである（ebd., S.314）。

　だから、商業資本の回転数には、単純商品流通において、たんなる流通手段としての貨幣が反復的に通流する場合とも類似した面がある。同一のターレル貨幣が一〇かい通流すると、そのおなじ貨幣は、商品のかたちをとったじぶんの価値の等価物を一〇かい購買することになる。おなじように、商人の同一の「貨幣資本」、たとえば一〇〇というそれが一〇回転するならば、それは一〇倍の価値、すなわち「一〇〇〇の総商品資本を実現する」わけである（S.314f.）。

　こうして商業資本にあっては、その回転速度が上昇するにともなって、取りあつかうことのできる商品あるいは商品資本の量が増加し、その価値も通常はまた増大する。ただし、商業資本の回転回数ならびに回転速度に対しては、両面的な限界が存在する。一面では、商業資本の取りあつかう商品は産業資本（および農業資本）の生産物にほかならないのであるから、再生産過程一般の速度が遅ければ、商業資本の回転速度も遅くなり、回転回数も減少する。産業資本の生産期間については、商業資本はそれを延長も短縮もできないから、この生産期間そのものが商業資本の回転期間にとって一箇の外的制約となっている。他面では「この回転は結局のところ、総個人的消費の速度と範囲により（durch die Geschwindigkeit und den Umfang）制限されている」のである（S.315）。

　後者の側面をめぐって、問題が生じる。ほんらいは産業資本に対する補完的機能をになうにすぎない商業資本が、再生産体制そのものに対する攪乱要因をかたちづくることになるのである。どうしてだろうか。

とりわけ「近代的な信用制度」のもとでは、商業資本は「社会の総貨幣資本の一大部分」を形成している。そのけっか、商業資本はすでに仕入れた商品群を最終的に販売しきってしまうまえに、商品の仕入れ（買い）を開始し、また反復することができる。商品交換をめぐってはそもそも、W—G（売り）とG—W（買い）とが分離しうる。そればかりではない。信用制度——信用制度は、買った商品が現実に売れるまえに、その商品が売れたことにしてくれるのだ——を背景とする商業資本が登場するとともに、「或る能動的な需要 aktive Nachfrage」、しかし結局のところ仮想的な需要（fiktive Nachfrage）が創出される。

結果はどうなるか。マルクスの説くところを引用する。

　与えられたどのような制限も乗りこえて、不断に推進されることのできる再生産過程の巨大な弾力によって、商人は生産そのものにはいかなる限界も見いださないか、あるいはせいぜい非常に弾力のある限界を見いだすだけである。〔中略〕商人資本の運動は、その独立化にもかかわらず、だんじて流通部面の内部における産業資本の運動以外のものではない。しかしながらこの独立化によって、商人資本は或る範囲内では再生産過程の限界とはかかわりなく運動するのであって、かくてまた再生産過程をその限界をも超えて推進する。内的な依存性と、外的な独立性によって商人資本は駆動されて、内的な関連が、恐慌によって暴力的に回復されるような地点まで追いたてられるのである。

かくして、恐慌における或る現象が生起することになる。すなわち、恐慌がまずあらわれ、爆発するのが、直接的な消費に関係する小売業ではなく、卸売業や、それに社会の貨幣資本を用立てる銀行業である、という恐慌の現象がそれにほかならない。（S.316）

たとえば恐慌の前夜に——それは必然的に好況末期ということになるだろう——「小売業」ではなく「卸売業」に恐慌の兆候があらわれるのは、後者が展開する大量の取引きにこそ投機的なそれが紛れこんでゆくからだ。「社会の貨幣資本」を集積する銀行に代表される信用制度が、これに豊富な資金を提供してゆく。好況期の伸び率から外挿的に期待される「見込み需要 prospektive Nachfrage」がそれを後押しする。「しかしどこか目にみえない一点で商品が売れずに溜まっている」のだ。こうして、「仕入れた商品がまだ売れていないにもかかわらず、そのために振りだした手形は満期になり」、銀行には支払いを迫られる。かくてついに「強制販売が開始され、支払いをするための販売がはじまる。そうなればもはや破局であって、それは外見的な繁栄に対して、一挙に終末を与えてしまう」のである（S.316f.）。

商人資本をめぐる歴史的考察

がんらい、「商人や相場師や銀行家の表象は必然的にまったく顚倒している notwendig ganz verkehrt」（S.324f.）。どうしてそのような顚倒が、あるいは *quidproquo* が生まれてくるのか。この件とかかわってマルクスは、商人資本にかかわる歴史的考察を挿入している（第五篇第二〇章）。本項の最後に、かんたんに確認しておく。

マルクスは『資本論』第一巻の「商品」論の文脈ですでに「本来の商業民族は、エピクロスの神々のように、あるいはまたポーランド社会の気孔のなかのユダヤ人のように、ただ古代社会のあいだに存在するだけである」（K.I, S.93）と書いていた。当面の文脈にあってもマルクスは、「ただたんに商業が資本制的生産様式よりも古いばかりではなく、商業資本もそのとおりであって、じっさい商業資本は、資本の歴史的にもっとも古い自由な存在様式である」（K.III, S.337）しだいを確認したうえで、かさねて以下のように書いている。

古代の商業民族は、さまざまな世界のあいだに存在していた、エピクロスの神々のように、あるいはまた、むしろポーランド社会の気孔のなかに棲む、ユダヤ人のように存在していた。最初の独立な、かつ大規模に発達した商業都市や商業民族の商業は、純粋な仲介商業として、生産に携わる諸民族の未開状態にもとづいていたのであり、かれらはこれらの民族のあいだで媒介者の役割を演じたのである。

資本制社会以前のさまざまな段階では商業が産業を支配している。近代社会では、それとは逆である。（ebd., S.342）

ここに、資本制以前の商人資本と資本制以後の商業資本とを、概念的にも差異化しておく根拠も存在することになる。商人資本にあっては、利潤は「大部分についていえば、詐欺瞞着 Übervorteilung und Prellerei」から生じた、とマルクスはいう[(3)]（S.343）。商業資本にいたってもなお、「商人や相場師や銀行家の表象は必然的にまったく顚倒している」とするならば、その顚倒の由来は、商業資本の出自にこそ求められるものであることだろう。

ほんらい問われなければならない問題は、けれども、商人資本と産業資本との関係にある。よく知られているとおり、マルクスはここで二重の回路を想定していた。ひとつは、生産者自身が商人や資本家となって、農村の自然経済と都市の手工業に対立するにいたる経路である。いまひとつには、商人が直接に生産過程をも包摂するはこびとなるみちすじにほかならない。

マルクスによれば、前者のみが「じっさいに革命的なものとなる道 der wirklich revolutionierende Weg」であったことになるだろう。この間の消息と、マルクスの認定をめぐっては、歴史家たちのあいだで論争がくりかえされた。(4) 論戦そのものにかんして、ここでは立ちいることができない。以下の項ではただちに、「貨幣取引資本」の問題へと立ちかえって、狭義の「利子生み資本」をめぐるマルクスの考察を跡づけてゆくことにしたい。

註

（1）以上、伊藤誠、二〇〇六年、三七三頁、参照。
（2）山口重克、一九八三年、九九 - 一〇〇頁。
（3）この件にかんする、マルクスとはすこしだけべつのとらえかたについては、本書、一三四頁以下、参照。
（4）この国では、大塚久雄の経済史学が論争における一方の極を代表している。この件については、本書、二七五頁・本文、ならびに、二八〇頁・註（9）をも参照。

Ⅲ・3・2　貸付資本の生成

α　貨幣取引資本

商品取引資本と貨幣取引資本

マルクスは、「商品取引資本」と題された、現行『資本論』第三巻第四篇第一六章で、「商人資本あるいは商業資本」を「商品取引資本と貨幣取引資本」のふたつの亜種に区別していた。この件については、前節Ⅲ・3・1の冒頭でテクストを引いて確認しておいたところである。

すでに論じておいたとおり、私たちとしては第一に、資本制以前的な商人資本と、資本制的生産様式そのものの内部で分泌される商業資本とを術語的に区別しておく。第二にまた以下では、とりわけ商品取引資本を資本制的な商業資本と考えておくこととし、マルクスのいう貨幣取引資本のみを貸付資本という名で一括して、狭義の「利子生み資本」の問題を、貸付資本にかんする問題圏の内部で論じておくこととしたい[1]。

マルクスは、『資本論』第三巻第四篇第一九章を「貨幣取引資本 Geldhandlungskapital」と題して、つぎのように書きはじめる。引用しておく。

産業資本の流通過程、さらに私たちとしてはいまや付けくわえることのできるように、商品取引資本の流通過程で（というのも商品取引資本は、産業資本の流通運動の一部分を、じぶん自身の特有な運動として引きうけるからである）貨幣がなしとげる純粋に技術的な運動のさまざまがある――この諸運動は、それが自立化して資本の特殊な機能のひとつとなり、当の資本がその機能を、またたんにその機能だけを、みずからに特有な操作として遂行するようになる場合には、この資本は貨幣取引資本へと転化するのである。（K.III, S.327）

資本とは不断の生成であり、たえることのない運動である。産業資本であるならば、それは貨幣資本、生産資本、商品資本という三つのすがたを遍歴しつつ、たえまなく運動しつづけ、その運動のなかで剰余価値を産出しつづけてゆく（本書、Ⅱ・2・1参照）。産業資本（さらにまた商業資本）は、循環のなかで一定期間、貨幣資本の形態をまとわなければならない。そればかりではない。総資本の一部は一方では、つねに貨幣資本として分離し、遊離して、それが貨幣であることで遂行しうる機能を果たさなければならないのである。産業資本は、たとえば、市場に貨幣を投下することで生産要素（生産手段と労働力）を調達する必要がある。総資本の一部は他方つねに商品資本の形態にあるが、商品資本は可能なかぎりすみやかに貨幣資本へと転化することを欲望している。総資本そのものの再生産が可能となるためには、つまり商品が売られ、貨幣が還流することを必要としているのである。資本はすなわち、それが貨幣となることを欲求しつづけている。

かくして資本は、たえず「貨幣を払いだし」（生産要素の購買）、不断に「貨幣の支払いを受けている」（商品の販売）。そのさい、貨幣が直接に購買手段、あるいは流通手段として作動する場合であっても、貨幣の出納にさいしては、なんらかの「労働」が必要とされる。貨幣が支払手段として機能するときであれば、貨幣の支払いや受納について、「差額計算や決算行為」が要求されるはずである（ebd., S.328）。それは、資本の再生産過程のために必要な操作であるとはいえ、この貨幣資本の運動そのものは産業資本の運動の一部分が独立したものにすぎず（vgl. S.327）、そのために必要となる運動は「価値を創造する労働」ではなく、そのために要する出費はたんに「一箇の流通費用」にすぎない（S.328）。

この労働は、もともと産業資本（ならびに商業資本）がみずから遂行する必要のあるものであり、またじぶんで果たすことの可能な操作である。とはいえ、当の機能は全社会的な分業の進展のなかで、特定の資本が全資本にかわってになうことが可能となり、また分担することが必要ともなるだろう。そのとき当の「資本は貨幣取引資本へと転化する」はこびとなるはずである。

この件に立ちいるに先だって、しかし、まずはことの消息をめぐるマルクスの歴史的考察にふれておくこととしたい。問題はひとつには国際的交易に、いまひとつには高利資本に関係している。

貨幣取引資本の起源

商品交換はそもそも、共同体が果てるところ、共同体と共同体とが接触する地点からはじまる。同様に貨幣制度もまた、複数の共同体のあいだの生産物交換の過程の内部で分泌されてゆく。この間の事情については本書においても、マルクスの思考にあって決定的な洞察として確認しておいたところである（I・2・2および3）。マルクスの見るところでは、おなじように、「貨幣取引業すなわち貨幣商品をとりあつかう商業」も、最初は「国際的交易」から発展してゆくことになる。国際的な交易の開始にあたっては、そもそも各国内でさまざまな国内鋳貨が流通している。外国で商品を購入し、自国でそれを販売する商人は、自国鋳貨を現地鋳貨に両替し、あるいはその逆の操作をおこなわなければならない。さらにまた、場合によれば決済にあたって、両者を世界貨幣、つまり金銀に転換する必要がある。[2] マルクスの認定によるなら、「為替業務は、それがたんに一国の両替業者から他国の両替業者にあてた旅行者への支払いの指図であったかぎりでは、すでにローマやギリシアでも、本来の両替人業務から発展してきた」のである（S.329f.）。私たちとしても、資本形態を予備的に考察するにあたって、ルネサンス期の銀行家メディチ家が、利子をとることなく、両替業務により巨万の富を獲得したことに注意しておいた（本書、一三五頁以下、参照）。

やがては利子生み資本へと生育する貨幣取引資本についていえば、その起源はもうひとつには、いうまでもなく「高利資本 Wucherkapital」に存在するのであって、高利資本とはそもそも、商人資本とならんで「その双生のきょうだい」であった。マルクスの好む言いまわしによれば「資本の大洪水以前的な形態」にほかならない（S.607）。以下、第五篇第三六章で素描されている歴史的な考察を、すこしだけ先どりしておこう。

高利資本が資本のほかならぬ大洪水以前的形態であるのは、高利資本が存在するためには、生産物のすくなくとも一部分が商品へと転化しており、商品交換にともなって貨幣のさまざまな機能が一定ていど発展していることのほかには、その条件を必要としないからである。貨幣が出現すると同時に「貨幣蓄蔵」への欲求もまたあらわれる。貨幣蓄蔵者が社会的に重要な存在となるのは、とはいえ、その者が「高利貸し」として立ちあらわれるときなのである（ebd.）。

高利資本は、資本制的な生産様式以前には、ふたつの「特徴的な形態 charakteristische Formen」をとって出現する。それらの特徴的な形態は、資本制的生産様式が支配的となった社会にあっても再現するけれども、それはあくまで「従属的な形態」としてであるにすぎない。特徴的と呼ばれるのは、それがあくまでも資本制以前に現前する形態にかんしてなのである。

そのふたつの形態とは、第一に、浪費をその職分の一部とする者たち、主要には土地所有者たちに対する高利による貨幣の貸付けである。第二には、手工業者ならびに農民といった、みずからの生産手段を所有する小生産者に対する、おなじように高利をともなう現金貸付けにほかならない。このふたつの形態はいずれにしても、なかば自給自足的な自然経済の内部へと外部から侵入して、その分解を促進することをべつとしても、「巨大な貨幣資本の形成と集積」とを準備してゆくことだろう（以上、vgl. S.608）。

そのかぎりでは、この大洪水以前的形態は、資本制の成立を経た大洪水以後的な資本形成、したがってまた資本制的な産業資本と商業資本との成立に対しても大きな意味を有している。その意義を歴史学的に分析してゆく作業については、ここではその評価を措く。(3) 商品交換と商品生産の進展は、高利資本をその内部に分化させる。高利資本は、貨幣資本の集積をすすめてゆくことで、資本制の条件の一部を分泌してゆくことだろう。産業資本を中心とした資本制的生産様式は、その内部にふたたび貸付資本を分化させてゆくとして、当面の問題は、この後者に特徴的な資本の操作なのである。高利資本のすくなくともその一部がその内部に近代的な資本を析出するにいたったことはまちがいがないとしても、以下の課題は逆に、近代的な（主として）産業資本が、その操作の内側から貨幣取引資本を分出してゆくさまを辿っておくことにほかならない。

貨幣取引資本の形成

まず、前資本制的な商人資本と資本制的な生産過程との両者に共通する事情をめぐって注目しておく必要がある。マルクスは、その間の消息にかかわってつぎのように述べていた。引用しておくことにしよう。

　資本制的生産過程からは、また前資本制的生産様式のもとでも、商業一般から、以下のようなことがらが生じる。

　第一に、蓄蔵貨幣としての貨幣の集積、すなわち今日では、資本のうちで支払ならびに購買手段の準備金として、つねに貨幣形態で存在しなければならない部分の集積。これは蓄蔵貨幣の第一の形態であって、この蓄蔵貨幣は、資本制的生産様式のもとで再現し、また一般に商業資本の発展にともなって、すくなくとも商業資本のために形成されるものである。両者ともに国内流通にも国際流通にもあてはまる。この蓄蔵貨幣はたえず流動し、たえまなく流通に流れこみ、また不断に流通から還流してくる。つぎに蓄蔵貨幣の第二の形態は、貨幣形態で遊休していて、さしあたり運用されていない資本の形態であり、あらたに蓄積されてまだ投下されて

いない貨幣資本もこれにぞくしているのである。(S.331)

貨幣蓄蔵は、二重の意味で資本制的再生産にとって不可避である。ひとつには単純再生産にかんしても必要な支払準備金として、いまひとつには、拡大再生産のけっか産出される蓄積、あらたに投下されるべき貨幣資本のプールとしてである。「このような貨幣蓄蔵そのものにより必要とされる諸機能は、まずその保管や記帳など」であるけれども、「しかし第二に、これらの件に、買うときの貨幣の支出、売るさいの収納、支払金の支払いと領収、さまざまな支払いの決済など」が連結してくる(ebd.)。

こういったあらゆる操作は、流通が大規模なものとなった場合に必要とされ、その費用が総収益からの控除とみなされる、簿記などの作業とおなじように(本書、三二七頁、参照)、流通のための行為と同等なものとみなされることもできる。じっさい、産業資本であれ商業資本であれ、貨幣の出納にかかわる機能のすべてを、貨幣資本という形態でうちに併合してきたし、なお統合することが可能だろう。だから、「貨幣取引業者」は、それが登場する最初の場面では、これらすべてのことがらを「商人や産業資本家のたんなる出納代理人として遂行する」だけなのである(ebd.)。

貨幣取引資本から利子生み資本へ

そもそも貨幣蓄蔵そのものは、それが支払いのための準備金をあらわすときでも、あるいはそれが一時的な遊休資本の形態にある場合でも、ひとえに「流通過程にとって必然的な一箇の沈殿物 ein notwendiger Niederschlag des Zirkulationsprozesses」にすぎない。貨幣取引資本は、貨幣が支払手段として作動する場面では、「差額決済」を容易にし、また決済のために必要な貨幣量を減少させるだけである（S.333）。貨幣取引資本が内蔵しているものは、流通にかかわるたんなる技術にすぎず、貨幣取引資本を可能としているものは、ひとえに貨幣そのものに内含されている、さまざまな機能であるにすぎない（vgl. S.334）。

　つまり、これまで考察された貨幣取引資本は、その「純粋な形態」すなわち「信用制度から切りはなされた」形態にすぎなかったのだ（ebd.）。これに対して、貨幣取引資本に「貸借の機能や信用の取引き」が結合するならば、それは一箇の「利子生み資本」として生成することになる（S.332）。もっとも貨幣取引資本にあっても、G—G′、つまりG—G＋⊿Gという「資本の一般的形態」は成立している（vgl. S.334）。そのかぎりでは貸借機能や信用機能は「すでに貨幣取引の発端からふくまれていたはずなのである（S.332）。

　貨幣取引資本が利子生み資本として主題化されるときには、なにがあらわれるのだろうか。そこでは貨幣そのものが「商品」となる。同時に「資本」それ自体が商品となる。資本制の神秘化過程はしたがって、利子生み資本の成立とともに、その完成形態へと到達することになるだろう。それは「俗物たちの宗教」であり、資本制におけるいわば最後のフェティッシュにほかならない[4]。

註

（1）対応する部分について、宇野弘蔵のいわゆる旧原論（宇野『著作集』第一巻）は「第三篇　分配論」

の第三章を「利子」として、「一　貸付資本」「二　商業資本と商業利潤」「三　それ自身に利子を生むものとしての資本」というかたちで分節化していた。新原論（同『著作集』第二巻）では、おなじく分配論のうち利子論が同様に三節にわかれて、第一節の標題が「貸付資本と銀行資本」となっている。山口重克の原論では、宇野が分配論と一括した問題圏が「競争論」と名づけなおされ、広義の商品取引資本が「競争の補足的機構」と見なされたうえ、当面の場面で「商品市場と商品資本」「貨幣市場と銀行資本」という分節化が導入されている（山口、一九八五年）。小幡道昭の原論では、分配論ないし競争論が「機構論」ととらえかえされて、「商業資本」「商業信用」「銀行信用」「株式会社」が「市場機構」と一括されることになる（小幡、二〇〇九年）。須藤修の原論では、いわゆる「利子生み資本」の問題は信用論と銀行論の脈絡のうちに吸収されるかたちとなる（須藤、一九九〇年）。

（2）貴金属は、たしかに、マルクスの語る意味で「世界貨幣」であるが、とはいえ「鋳貨と砂金とはまったく別物である」事情に、ポランニーが注意している（ポランニー、二〇〇五年、四四九頁以下）。

（3）大塚久雄以来の概念でいうなら、いわゆる「前期的資本」の形成とその趨勢をめぐる問題ということになるが、ここでは立ちいらない。「このように、前期的資本すなわち商業資本および高利貸資本は、資本家的生産様式したがって資本主義社会の成立以前にすでに存在したのであるが、さらにまた、それは資本主義社会の確立以前においてのみ存在した。すなわち、資本主義的生産様式の一般化およびそれに基づく国内市場の全面的成立の以前においてのみ存在しえたのであった。別言すれば、それは資本主義的経済体制の成立とともに消え去らねばならなかった。資本の本来の形態たる産業資本の確立過程の中に、それは没落を余儀なくされるか、さもなければ産業資本ないし近代的な商業資本・利子付資本への範疇的転化を遂げなければならなかったのである」（大塚『著作集』第三巻、二一七 - 二一八頁）。

（4）この間の消息を草稿類にさかのぼって辿ったものとして、松尾秀雄、一九八四年、参照。

β　利子生み資本

「利子生み資本」の概念

マルクスは、現行の『資本論』第三巻第五篇第二一章でいわゆる「利子生み資本 das zinstragende Kapital」を論じはじめるにあたって、つぎのように書いている。引用しておく。

貨幣――貨幣とはここでは或る価値額の独立な表現として考えられるもので、この価値額がじっさいに貨幣として現実存在するか、商品として現実に存在しているかは、かかわりがない――は、資本制的生産の基礎のうえでは資本へと転化させられることが可能であり、この転化によって、或る一定の価値から、じぶん自身を増殖し、増大させる価値となる。それは利潤を生む。すなわち、それは、資本家が労働者から、一定量の不払労働、剰余生産物、剰余価値を引きだして、みずから領有しうるようにするのである。かくして貨幣は、じぶんが貨幣として有している使用価値のほかに、一箇の追加的使用価値、つまり資本として作動するという使用価値を獲得するのだ。ここで貨幣の使用価値とは、ほかならぬ利潤のなかに、すなわち貨幣が資本に転化して生みだす利潤のうちに存している。このような属性、つまり可能的資本としての、利潤を生産する手段としての属性にあって貨幣は商品になる。とはいえ独特な種類の（*sui generis*）商品となる。あるいは、おなじことがらに帰着するけれども、資本が資本として商品となるのである。（K.III, S.350f.）

貨幣とは商品の一種であり、商品交換の内部から分泌されて、それじしん一般的な商品となるのであった。この間の消息については本書の本論冒頭ですでに見ておいたところである。いまや貨幣があらためて商品となる。それは、貨幣のたんなる所有が利子を生むことによってである。利子を生む貨幣はそれじたい資本となる。資本が、ここではさらに利子生み資本として、そのものとして商品となるのである。

どうしてだろうか。マルクスの設例にそくして事情をたどりなおしてみる。

すでに（本書、Ⅲ・1・2参照）規定された意味での年間平均利潤率を二〇パーセントと想定しておく。その想定のもとでは、貨幣で価値換算して一〇〇ポンド・スターリングの資本を、平均的な条件のもとで運用することで、その資本は二〇ポンドの利潤をあげることになるだろう。いま或る人間（もしくは法人）Aが、一〇〇ポンドを自由に処分可能な資産として所有しているものとする。その者がこの一〇〇ポンドを、現実にそれを資本として充用するべつの者（あるいは法人）Bの手に一年間だけ預けておくとすれば、くだんの一〇〇ポンドは、じっさいに二〇ポンドの利潤を生むことになるだろう。

その場合、一〇〇ポンドの処分権（自由処分権は所有権の一部である）を有している者（A）は、一〇〇ポンドを一二〇ポンドに増殖させる力能、つまり二〇ポンドの利潤を生む力を手にしているわけである。Aはつまり、一〇〇ポンド・スターリングの「可能的資本 ein mögliches Kapital」を手中にしている。じっさいに資本を充用するBが人格的に代表するものを「機能資本 das fungierende Kapital」と呼ぶことにすると、機能資本Bは、一〇〇ポンドの使用価値――「二〇ポンドの利潤を生産するという機能の使用価値」――の代価として、ここではたとえば五ポンドを支払うことだろう。利潤のうち、このB（機能資本）がAに対して支払う部分が「利子 Zins」と呼ばれることとなるはずである（以上、vgl. ebd., S.351）。

利子生み資本の運動形態

かくして、一〇〇ポンドの所有そのものが、「利子を引きよせる力、つまりじぶんの資本によって生産された利潤のいくばくかの部分を引きよせる力」を与える（ebd.）。もちろん貨幣が利潤を生みだすのは、それが資本として機能することによってであり、貨幣が資本として作動するためには、それは資本として支出されなければならない。産業資本の場合には、貨幣資本は生産要素の購入に充てられなければならず、商業資本であるなら、それは商品の購入に投下される必要がある。いっぽう「しかし支出されるためには、貨幣が現にそこに存在《ダー・ザイン》しなければならない」。

だから、はじめに、たとえば一〇〇ポンドを資本として支出するのは、やはりAなのだ。つまり「出発点は、AがBに前貸しする貨幣である」ことになる。そのうえでBの手によって貨幣は現実に資本へと転化させられ、（Aが産業資本であれ、商業資本であれ、ともかく機能資本であるかぎり）運動G―W―G′を終了してから、G′としてAの手に還流してくる（S.352）。

こうして、利子生み資本の運動はつぎのようなものになるだろう。

G―G―W―G′―G′

ただし、G′はG＋⊿Gであって、Aにとっての⊿Gは利子をあらわす。したがって、ふたつのG′は一致せず、G′（B）－G′（A）＝⊿G＞0となる（vgl. S.352f.）。

この利子生み資本の運動にあっては、貨幣は二重に支出されている。つまり、第一には純然たる貨幣資本であるAから、機能資本（産業資本あるいは商業資本）Bへの貸付けとして支出され、第二に、たんなる可能的資本を「生産資本 **produktives Kapital**」へと転化させるBによる、商品の購入のためにに支出されているのである。貨幣がこのように二重に支出されることに応じて、貨幣はのちに二重のしかたで還流することになるだろう（S.353）。

ことがらの進行を、マルクスはつぎのように説いていた。テクストを引用しておこう。

> このような、資本としての貨幣の二重の支出――その第一のものは、AからBへのたんなる移転である――に対して、この貨幣の二重の還流が対応している。それは、G′またはG＋⊿Gとして、運動にもとづき機能資本家Bに還流する。つぎにBはふたたびそれをAに引きわたす。とはいえ、同時に利潤の一部分を付加して実現された資本として、G＋⊿Gとして引きわたすのである。このばあい⊿Gは全利潤にひとしいわけではなく、たんに利潤の一部分、利子であるにすぎない。〔中略〕この〔元金である〕貨幣がBの手に留まっているのは、ただそれが機能資本

であるあいだだけである。そして、その――約束の期限が到来してからの――還流とともに、その貨幣は資本としては機能しなくなる。しかしもはや機能しない資本としては、それはふたたびAの手に、すなわち、なおその法律上の所有者たることを止めてはいない、Aの手に返却されなければならないのである。（S.353）

それにしても、なぜ貨幣は商品としてあらわれることができるのだろうか。ひいては、資本そのものが商品としてあらわれることが可能なのは、どうしてだろうか。利子生み資本の運動形態それ自身からは、この謎を解くことはできない。運動の背後にある関係が、ここで見とおされなければならない。そのためにはしかし、資本の運動そのものについて、かんたんに振りかえってみる必要がある。

資本一般の運動についての回顧

本書では、Ⅱ・2・1で『資本論』第二巻冒頭部の問題圏にそくしてすでに見ておいたことがらを、当面の問題との関連で、すこし角度をつけながら回顧しておこう。

資本は貨幣資本として市場に登場し、生産資本として価値を増殖し、商品資本となってふたたび市場にすがたをあらわす。商品資本は貨幣資本へともういちど転じることで価値ならびに剰余価値を実現して、再生産を開始する条件をととのえる。資本はかくてつねに運動し、可能態として現実に存在することで生成しつづけている。不断の生成と運動、貨幣資本、生産資本、商品資本の三つの形態を順次たどりつづけることこそが、資本の存在条件にほかならない。

生産資本が「商品資本」に転化すると、それは市場に投入され、商品として売られなければならない。市場では、したがって資本はたんに「商品」として機能するだけである。流通過程にあっては、資本はひとり商品として存在するだけであって、資本として作動することはない。商品としての商品資本の機能は、とはいえ「資本としての商品資本の再生産過程の一箇の契機」にほかならず、かくしてまたその運動は資本としての商品資本の、あるいは商品資本としての資本の運動の「部分運動」にほかならない。この運動が資本の運動の部分運動であるのは、「売るという行為」そのものによってではない。かえって売るというこの行為が、資本の「総運動」の関係のうちにあることをつうじてなのである。

おなじように、「貨幣資本」である資本は、じっさいにはただ「貨幣」として、つまり商品（生産要素）の購買手段として作動するだけである。貨幣資本がここで同時に資本であることは、「買うという行為」にもとづくものではない。貨幣資本が資本であるのは、買うというこの行為が、同様に「資本の総運動」との関係に置かれていることをつうじてなのだ。

かくて「資本は、その流通過程にあっては、けっして資本としてはあらわれず、たんに商品または貨幣としてあらわれるだけ」である。商品あるいは貨幣としてのありかたこそが「流通過程では他者にとっての資本の唯一の定在 **sein einziges Dasein** ***für andere***」なのである。そこでは「媒介は消え去っている」からだ。くりかえすなら、かくてまた「資本が流通過程で資本としてあらわれるのは、ひとえに全過程の連関のなかにおいてのみであり、出発点が同時に復帰点としてあらわれる契機、G—G'またはW—W'のなかだけでのこと」なのである。ことばをかえるならば、「現実の運動のうちでは、資本が資本として存在するのは、ひとり生産過程、労働力の搾取過程のなかだけのこと」にほかならない（以上、vgl. S.354f.）。

利子生み資本の運動をしるしづけるもの

しかしながら、とマルクスは説いている。ふたたびテクストを引用しておこう。

しかしながら利子生み資本については事情がことなる。そしてまさに、このことなっていることこそが、利子生み資本に特殊な性格をかたちづくっているのだ。じぶんの貨幣を利子生み資本として増殖しようとする貨幣所有者は、それを第三者に対して譲りわたし、それを流通へと投じて、みずからの貨幣を資本として商品にする。ひとり、じぶん自身にとってばかりではなく、他のひとびとにとっても資本として、である。その者の貨幣は、それを譲りわたすひとにとって資本であるばかりでなく、はじめから資本として、剰余価値、利潤を創造するという使用価値を有する価値として、第三者に引きわたされる。すなわち、運動のなかでみずからを維持し、機能をおわったあとでその最初の支出者の手に、ここでは貨幣所有者の手に還帰してくる価値として引きわたされるのである。つまり、ただしばらくのあいだだけその者の手からはなれ、たんに一時的に、その所有者の占有から機能資本家の占有に移るだけで、支払われてしまうのでも売られてしまうのでもなく、ただ貸しだされるにすぎない価値として、である。

すなわち、第一に、一定期間ののちにはその出発点に帰ってくるという条件のもとで、第二にはまた、実現された資本として、かくてまた剰余価値を生産するというその使用価値を実現した資本として帰ってくるという条件のもとでのみ、その価値は譲りわたされるのである。

(S.355f.)

利子生み資本という形態のもとで資本は、いわば自己増殖する。利子生み資本が貨幣資本として存在し、貨幣として還帰するかぎり、ここでは貨幣が貨幣を生んでいる。そこにあらわれているのは資本の「じぶん自身に対する関係 Verhältnis zu sich selbst」であり、あるいは自己関係としての資本そのものである。じっさい「資本制的生産過程を全体および統一体として見るならば、資本はそうした関係としてあらわれる」のであり、「この関係のなかで資本は貨幣を生む貨幣としてあらわれる」のだ(S.357)。

利子生み資本のこのような運動と、その特性からなにが帰結するのだろうか。帰結するものは、ひとつは資本の運動による媒介の遮蔽化であり、いまひとつは資本関係の隠蔽にほかならない(1)。どうしてだろうか。マルクスがかさねて説くところを、かんたんになお辿っておこう。

「利子生み資本」と「資本の一般的定式」

利子生み資本の運動にあっては、貨幣が自己運動し、その自己運動によって自己増殖がおこなわれるような外観が呈される。貨幣の「第一の場所転換」、つまりAからBへの貨幣資本の移行(G

―G）は売りでも買いでもなく、所有の譲渡でもない。そこで生起しているものは「法律上の一箇の取引き」であって、「資本の現実の再生産過程とはなんの関係もなく、ひとえにそれを準備するものである」にすぎない。還流した貨幣資本を、ふたたび借り主（B）の手から貸し主（A）のもとへ移動させる返済行為もまた「第二の法律的取引きであって、第一の取引きを補足するもの」にほかならない。これもまた、現実の運動のあとで生起するできごとであって、資本の増殖過程そのものとは、いささかもかかわりがありえない（S.359f.）。

Aはたしかに、貨幣を貨幣としてではなく、資本として手ばなす。しかし貨幣の資本への現実の転化はBの操作をつうじて遂行されており、Aにとってはただ、その果実の一部が還流するのみである。Aに対しては、貨幣の貸し出しも貨幣の回収も、一定時間をへだてたふたつの法律的行為としてあらわれるだけである。このようにして、「ある期間をかぎっての貨幣の譲渡、貸付け、そして利子（剰余価値）が付加されたその回収、これが利子生み資本そのものに固有な運動形態の全体」なのである。貨幣の取引きの背後、あるいはその「かなた jenseits」には、資本の現実の運動と、資本関係とが展開されているとはいえ、その操作の全体は利子生み資本の運動からは見とおすことができない。貨幣の還流もここでは、経済過程の結実としてではなく、法的行為の成果としてのみ現象するからである。利子生み資本の運動が呈するのは、あたかもたんなる「時間的間隔 zeitlicher Zwischenraum」が価値を生むかのような現象であり、つまりは――と、ヘーゲルを想起しながらマルクスは書きついでゆく――「現実の資本運動の概念を欠いた形態」なのである（S.361）。

本書でもすでに引用し、問題としておいたとおり（一二八‐一二九頁、参照）、マルクスは『資本論』第一巻で、いわゆる「資本の一般的定式」を与えていた。おなじ一節をふたたび引証しておく。

売るために買うこと、あるいはより完全なかたちでいえば、より高く売るために買うこと、G—W—G′は、たしかにただ資本の一種類にのみ、つまり商人資本にだけ特有な形態であるかのように見える。とはいえ産業資本もまた、商品に転化して、商品の販売によってより多くの貨幣に再転化する貨幣である。買いと売りの中間で、つまり流通部面の外部でおこなわれるかもしれない行為は、この運動形態をすこしも変更するものではない。さいごに利子生み資本では、流通G—W—G′が短縮され、媒介を欠いたその結果として、いわば簡潔体でG—G′として、より多くの貨幣にひとしい貨幣、それ自身よりも大きい価値としてあらわれる。

じっさいしたがってG—W—G′は、直接に流通部面にあらわれているがままの資本の一般的な定式なのである。(K.I, S.170)

定式G—W—G′において、G′＝G＋⊿Gであり、そのかぎりくだんの定式は資本の一般的定式であって、ただ商人資本のみに当てはまるものではない。ここで産業資本もまた定式のもとにおさめられているかぎりでは、流通形式にそくして考察されるかぎりでの資本形態にあっては、GとG′をつなぐ過程は、いわばブラック・ボックスのうちに収納されている。かくして、資本の一般的定式の「簡潔体」とされている、G—G′こそが、ある意味ではもっとも単純なかたちで標記された資本の定式にほかならない。ここではじっさい、G—G′、すなわちほかならぬ利子生み資本が、ひとえに自己を増殖するという、資本ならびに資本制そのものの性格をもっとも端的に表現するものとして登場しているのである。

「利子」という不合理の合理化

通常の資本の運動では、貨幣の還流は「流通過程の一契機」にほかならない。そこでは、第一に貨幣が生産要素に転化され、生産過程をつうじて生産要素は商品に転化される。商品はその販売によって貨幣に再転化され、かくて第二に貨幣が還流して、最初に貨幣形態で資本を投下した資本家の手に戻ってくる。これに対して、「利子生み資本の場合には、復帰も譲渡も、たんに資本の所有者と第二の人物とのあいだの法律上の取引きの結果にすぎない。私たちが見てとることができるのはひとえに譲渡と返済にかぎられる。その間に生起したことがらのいっさいは消去されている」（K.III, S.361f.）。ある期間をかぎっての貨幣の貸付け、利子を付加しての貨幣の回収、すなわちG―G′＝G＋⊿Gのみが、利子生み資本の運動形態なのである。

ここで⊿Gとは利子にほかならない。それでは利子とはなにか。それは「平均利潤のうちで、機能資本家の手のなかに留まっておらず、貨幣資本家のものとなる部分」のことである（ebd., S.363）。それではそもそもなぜ、資本を資本として作動させる資本家、すなわち機能資本家は、たんに貨幣を資本として貸しだすにすぎない貨幣資本家に対して利子を支払うのだろうか。

機能資本家は、かれが借りいれた商品、つまり貨幣に対して、その使用価値の代価を利子として支払う。「それでは、貨幣資本家が貸出期間中は手ばなしていて、借り手である生産的資本家に引きわたしておく使用価値とはなんなのか?」それは、貨幣が資本に転化することで、一定の剰余価値(平均利潤)を生むという、貨幣の使用価値にほかならない(S.363)。

つまり、利潤こそが資本へと転化した貨幣の「使用価値」なのであり、「貸しだされる貨幣の使用価値は、資本として機能することができるということ、資本として平均的事情のもとでは平均利潤を生産するということ」なのである(S.364)。

「根本前提」はここで、「貨幣が資本として作動すること」、つまり貨幣とは「潜勢的な資本 potentielles Kapital」であるということである。第二の、より一般的な前提は、「価格」が商品の価値を「表現」するということにほかならない。このふたつの前提のもとで、利子は「貨幣資本の価値増殖」を表現し、利子はかくてまた「その貨幣資本の代価として買い手に支払われる価格として現象する」(vgl. S.367)。――「資本の価格としての利子とは、元来まったく不合理な表現である」(S.366)。にもかかわらずこの不合理が、それじたい非合理的な根本前提のもとで合理化される。

利子生み資本の源泉は、時間的な隔たりであった。時間が価値を生み、時間のなかで貨幣が価値を増殖させるとは、とはいえ端的に一箇の非合理にほかならない。右のようなしだいによって、とはいえ、時間そのものが価値を生むという神秘が、あたかも神秘ではないかのように神秘化されるのである。

「利子率」というパラドクス

それでは利子の水準、「利子率 Zinsfuß」はどのように決定されるのか。利子生み資本をめぐる、当面は最後の謎が、これである。この謎に対しては、とはいえ原理的な答えがありえない。じっさい、マルクスは書いていた。手みじかに引用しておく。

利子は、利潤のうちの、私たちのこれまでの前提によれば、産業資本家から貨幣資本家に支払われるべき一部分にすぎないのだから、利子の最高限界としてあらわれるのは利潤そのものであって、その場合には機能資本家のものとなる部分はゼロとなるだろう。〔中略〕たほう利子はどのような低さにでも下がることができるのである。（S.370）

長期的にいえば、利子率はともあれ平均利潤率によって規制されることだろう。利子率は、とはいえそれ自体としては利潤率から相対的に独立して変動する。とりわけ利子の最高限度はかえって恐慌にこそ対応する。恐慌期には、むろん利潤率が最低限まで低下するのであって、恐慌期に利子率は利潤率と背反した運動を示すのである（vgl. S.372f.）。

がんらい利子とは一箇の不合理であり、悖理であった。その意味では「利子の自然な率 natürliche Rate」などというものは存在しえない（S.374）。利子そのものが一箇のパラドクスであり、しかも現に作動し、そのつど妥当している逆理なのである。「じっさい、ひとえに、資本家が貨幣資本家と産業資本家とに分離することのみが、利潤の一部分を利子へと転化させて、およそ利子というカテゴリーを創りだす。そしてただ、このふたつの種類の資本家のあいだの競争だけが、利子率を造りだす」（S.383）。マルクスがそう書きしるしているとおりである。

利子生み資本との競争関係にあって、機能資本家（産業資本家と商業資本家）は、みずからの利潤を利子と純利潤とに量的に分割しなければならない。この量的な分割は、とはいえ、たんなる量的分化にとどまるものではない。利潤の量的分割は、その質的差異化に転化する。つぎに、この間の消息を跡づけてゆく必要がある。

註

（1）浜野俊一郎・深町郁彌（編）、一九八五年、二八頁（この項の筆者は鶴野昌孝）。

γ　利潤の再分化

利潤の量的差異化と質的差異化

利子とは、「利潤すなわち剰余価値の一部分」である。機能資本（産業資本と商業資本）が、ただみずからの資本だけを運用しているかぎり利子は問題とならず、利潤はすべて（さきに問題とした地代等をべつとして）機能資本のもとに還流する。これに対して、当該資本が借りいれた資本を充用するかぎりで、利子カテゴリーがあらわれるにすぎない。利子はほんらい、この貸借関係以外に場をもたず、場をもつこともできない。利子カテゴリーは、したがって機能資本の運動にとっては、「それ自体としては異他的 an sich fremd」なものにほかならない（vgl. K.III, S.383）。

いっぽう、貨幣は貸付資本のもとにあるあいだは利子を生まず、資本として作動しない。じぶんの貨幣が資本として機能している期間には、それは貸付資本の手のうちにはない。機能資本の運動にとって利子カテゴリーが外的なものであるのとうらはらに、貸付資本に対しては、所有する貨幣資本が利子を生む過程は、みずからにとって外部的《フレムト》なものなのである（vgl. ebd., S.384）。貸付資本は生産過程に対して外生的なのだ。

機能資本が自己資本のみを投下するのではなく、貸付資本からの資本の借用によって営業を開始するようになると、ただちに、機能資本は、みずからの利潤を利子と純利潤（Nettoprofit）に分割しなければならない。くだんの分割は利子率によって規定されているが、いま利子率を所与のものと前提するかぎりでは、問題はたんに量的なものであるにすぎない。問われているのは利潤総量のいわば空間的な境界づけ、つまり量的な差異化であるからだ。

問題は、しかしそればかりではない。この量的な分割は、たんなる量的分化にとどまるものではなく、やがてさながらに一箇の質的差異化へ転化する。すなわち、機能資本それ自体が、みずからの資本を——それが借りいれたものであろうと、そうでなかろうとかかわりなく——純利潤と利子とに分割し、両者のあいだに質的な境界線を設定するにいたる、ということなのだ。つまり、機能資本そのものが貸付資本のありかたにいわば感染して、後者の利子生み資本としてのなりたちが、産業資本ならびに商業資本としての前者をも浸蝕することになるのである。

前項の末尾でさきどりしておいた問題を、マルクスそのひとは、つぎのように定式化している。テクストを引用しておこう。

　いまや提起される問題は、こうである。純利潤と利子への、利潤のこのような純粋に量的な分割が、質的な分割へと一変することは、どのようにして生起するのか？　いいかえるなら、じぶん自身の資本を充用するだけで、借りいれた資本は充用しない資本家であっても、じぶんの総利潤の一部分を利子というとくべつなカテゴリーに繰りいれ、そのようなものとして別箇に計算するのは、どうしてなのか？　したがって、さらにすすんで語るとすれば、いっさいの資本が、借用したものであろうとなかろうと、利子生み資本として、純利潤をもたらす資本としてのみずからと区別されるのは、どうしてなのか？（S.385）

利潤率に準拠して、総利潤を純利潤と利子とに分割すること自体は、当初はたんに「量的な分割 quantitative Teilung」でありうる。たとえばまた、産業資本部門にぞくするいくつかの個別資本が連合してひとつの事業を経営し、あらかじめ法的に確定しておいた条項にしたがって利潤を分配しあうことも、たんに量的な分割であるにとどまる。したがってすべての量的分割が質的分割に転化するわけではなく、いっさいの差異化が質的なものであるわけでもない（ebd.）。いっぽう利子カテゴリーの成立とともに、利潤に質的な分割があらわれて、利潤がその由来と性質からしてことなる部分へと差異化される事態は、どのようにして生起するのだろうか。

ことは、資本一般と資本制そのものの神秘化の最終段階とかかわっている。それゆえ、なお立ちいって考察しておく必要があるはずである。

産業利潤と商業利潤——または企業者利得

ここで、利子形成の単純な出発点に立ちかえってみる。一方には貸付資本があり、他方には機能資本が存在する。前者はひとえに資本（としての貨幣）を貸しだすのみであり、後者はたんにその貨幣（としての資本）を生産過程で充用する（または、流通過程で投入する）だけである、とする。貸付資本は生産にはいっさい関与せず、逆に機能資本には自己資本がまったく存在しない。両者には、こうして完全にことなった機能が帰属し、双方の手のなかで、資本はまったくちがった運動をするものと仮定してみよう（vgl. ebd.）。

機能資本家にとって、総利潤（Rohprofit）はふたつの部分に分割される。すなわち、貸付資本である「貸し手に支払わなければならない利子」と、総利潤のうち「利子を超える超過分」とがそれである（S.386）。この分割にともなって、ここでしかし資本のほんらいの運動と、資本を充用する者（機能資本家）の意識のありかたとが乖離してゆくことになるだろう。

資本それ自体の運動からするなら、資本の独自な生産物は剰余生産物であり、剰余生産物を商品として販売することで獲得される利潤の全体である。純粋な機能資本にとっては、資本の生産物は利潤の総体ではなく、「利潤 マイナス 利子」であるにすぎない。機能資本には、前提により、自己資金はゼロであり、したがって純然たる機能資本にとって、資本とはたんなる資本機能にすぎないからである。かくて機能資本に対しては必然的に、利子を支払ったのち手もとにのこる利潤部分、この残余のみが「作動するかぎりでの資本の生産物 Produkt des Kapitals, soweit es fungiert」として現象する。これに対して、利潤から引き去られる利子部分は、機能資本に貸付けられた貨幣としての資本の果実というかたちで現象するはこびとなるだろう。

機能資本は、それが作動しているかぎりで資本、すなわち機能資本であるにすぎず、資本が作動するのは、資本が産業や商業の各部門で利潤をあげるように投下されて、そのために適切な操作のさまざまが遂行されている場合にかぎられる。かくして、問題の「利潤マイナス利子」は、「必然的に産業利潤、あるいは商業利潤という形態をとる」にいたるはずである。この両者のいずれをも包括する「ドイツ的な表現」で語るとするならば、その双方はともに、利子に対する「企業者利得 Unternehmergewinn」であるということになるだろう（以上、S.386）。

質的差異化の帰結――所有と機能との分離

かくて「総利潤の量的な分割は、ここで質的な分割へと転化する」。一方で機能資本は自己資本を所有せず、他方では資本の所有は貸付資本（「貨幣資本家」）によって代表されているからだ。そのけっか、機能資本が貸付資本に支払う利子は「総利潤のうち資本所有そのものに帰属する部分」として現象し、「能動的資本家」としての機能資本家に配分されるものが企業者利得としてあらわれる。こうして利子は「資本所有」の果実となり、企業者利得は資本を投下することで遂行される「操作あるいは機能」の結実となる（S.387）。

ここまでが、利子形成の単純な出発点から帰結する、いわば「第一段階」[1]にほかならない。この利潤の「質的な分割 qualitative Teilung」が、総利潤のなかで差異化された各部分の、貸付資本と機能資本への還流という「客観的な事実」に支えられて資本家自身の意識に浸透し、資本そのものの意識が利子生み資本の存在に感染して、質的な差異化が「骨化し、自立化する Verknöcherung und

Verselbständigung」と、「能動的資本家によって充用される資本が借りいれたものであろうとなかろうと、あるいはまた貨幣資本家のものである資本が、かれ自身によって充用されようとされまいと、どうでもよい」、いってみれば第二段階へと到達し、かくて質的分割は完成する（S.388）。

こうして、なにが生起するのか。いまや自己資本によって営業する資本家も、資本所有者としてのじぶんと機能資本家としてのじぶんへと自己分裂し、みずからの総利潤を差異化させて、前者に「利子」を配当し、後者に「企業者利得」を配分することになる（ebd.）。がんらい「総利潤の一部が利子という形態に転化することが、総利潤の他の部分を企業者利得へ転化させる」のであったにもかかわらず、かくて利子と企業者利得へ「差異化《ディフェレンツィーレン》する」事態が一般化したのちは、ふつうはむしろ、その起源と原型が資本制以前の生産様式へとさかのぼる「貨幣資本、利子生み資本が、資本そのもの、すぐれた意味での資本（Kapital par excellence）とみなされるにいたる」のである（S.389）。

量的な分割が質的な差異化へと転化するにいたるはこびが現に成立するための前提のひとつは、「利子生み資本は、機能としての資本に対して所有としての資本である Das zinstragende Kapital ist das Kapital *als Eigentum* gegenüber dem Kapital *als Funktion*」（S.392）事情に由来していた。この質的分化が完成すると、貨幣としての資本そのものが、それが借りいれられたものであるか否か、にかかわりなく、「資本としての資本」となって、「利子という名のもとに」利潤の一部をもたらすものとなる（vgl. S.391）。いっぽう、企業者利得として固定化された利潤の他の一部もまた、その意味を変容させることになるだろう。

資本家的イデオロギーの完成——「労賃」としての「企業者利得」

かくて成立する、資本そのものの自己意識、資本家的な意識形態、いわば資本制が分泌するイデオロギーを、マルクスはその成立基盤へとさかのぼったのちに、つぎのようにしるしづけている。テクストを引用しておく。マルクスがいわば機能資本の言い分を代弁する一節である。

機能資本家は、企業者利得に対するみずからの請求権を、かくしてまた企業者利得そのものをじぶんの資本所有から引きだすのではない。資本がただ不労所得としてだけ存在している、その場合の資本が規定されたありかたとは対立する、資本の機能から導出するのである。〔中略〕企業者利得は、再生産過程での資本の機能から発生する。つまり、機能資本家が、産業資本や商業資本のこの機能を媒介する操作、活動の結果として発生する。しかも機能資本の代表者であることは、けっして利子生み資本を代表することのような閑職などではない。資本制的生産の基礎のうえでは、資本家は生産過程をも流通過程をも指揮する。生産的労働の搾取は、資本家がじぶんでおこなうとしても、じぶんの名のもとに他者に遂行させるにしても、努力を必要とするのである。(S.393)

企業者利得は「不労所得 träges Eigentum」ではない。それは「活動の結果」である。機能資本家とは「閑職 Sinekure」などではありえない。「資本所有」を代表するのは、むしろ貸付資本家なのであり、機能資本家自身はかえって「非所有者」であって、その内実は「労働者」である（ebd.）。

こうして機能資本家のあたまのなかで、奇怪な「表象」が生育してゆく。すなわち、企業者利得とは「むしろそれじしん労賃であり、監督賃金である」とする観念がそれである（ebd.）。

利子カテゴリーの成立が、利潤のもう一方の部分に対しては企業者利得という形態を、さらには監督賃金という「質的な形態」を与える。かくて、資本家が資本家として遂行しなければならない機能自身が「たんなる労働機能」としてあらわれる。「資本家が剰余価値をつくりだすのは、かれが資本家として労働するからではなく、じぶんの資本家としての属性からはなれて見ても、資本家もまた労働する」からである。こうして企業者利得はもはや「剰余価値」ではなく「遂行された労働の対価」にほかならない（S.396）。ここに、資本家的イデオロギー、すなわち〈支配を正当化する世界像〉（ハーバーマス）、「他者の労働の指揮権であるという属性をそなえた資本所有」（S.395）を隠蔽する世界像が、みずからを完成させる。

いまや事態はこうである。「かくして、搾取する労働も搾取される労働も、どちらも労働としては同一であるということになる。搾取する労働も、搾取される労働とおなじように労働なのである。利子には資本の社会的形態がぞくするけれども、それはしかし、中立的で無差別な形態（neutrale und indifferente Form）にあって表現されている。企業者利得には資本の経済的機能が所属するとはいえ、この機能の特定な、資本制的な性格は捨象されているのである」（S.396）。

この意識形態は、それ自体としては資本制の成立よりもはるか以前に形成されたものでもある。マルクスそのひとがアリストテレスの発言――「主人が主人としての実をしめすのは、奴隷の獲得にあってではなく、奴隷の利用においてだからである」[2]——を引いて証明しているとおりである（vgl. S.398）。たほうでは、これもマルクス自身が注意しているように、信用制度の発達と、株式会社の発展は、「機能としての管理労働 Verwaltungsarbeit als Funktion」を「資本の所有」から、いよいよ分断してゆく傾向をともなっている（vgl. S.401）。

いわゆる〈所有と経営の分離〉にかかわる後者の件については、次節で主題化するはこびとなるはずである。本節では、最後になお、資本の神秘化をめぐり私たちが当面している局面について、マルクスの認定をいますこし跡づけてゆくことにしよう。

利子生み資本と、資本関係の外面化

現行版では、『資本論』第三巻の第五篇「利子生み資本」の第二四章には、「利子生み資本の形態における資本関係の外面化 Veräußerlichung des Kapitalsverhältnisses」という標題が与えられている。その冒頭はつぎのような一節からはじまる。引用しておく。

利子生み資本にあって資本関係は、そのもっとも外的で、もっともフェティッシュ的な形態に到達する。私たちがここで手にしているのは、G—G′、より多くの貨幣を生む貨幣、じぶん自身を増殖する価値であって、そこではしかも両極を媒介する過程が欠落しているのである。商人資本、G—W—G′では、すくなくとも資本の運動の一般的形態が存在している。とはいえそれは流通部面にのみとどまっており、したがって利潤もひとえに譲渡利潤として現象するに

> しても、この件にかかわりはない。それでも、ともあれ利潤は、一箇の社会的関係の所産としてあらわれているのであって、たんなる事物の所産としてあらわれているのではない。商人資本の形態はまだ、ひとつの過程、相反する両段階の統一、つまり商品の売りと買いというふたつの反対の過程に分裂する運動をあらわしている。これが、G―G'すなわち利子生み資本の形態では消失してしまっているのだ。（S.404）

資本は運動であり、他方ではまた関係であって、「利潤」とは「一箇の社会的関係の所産」にほかならない。商人資本（精確には商業資本）であっても、この関係と過程との痕跡を、まだたどることは可能なのであり、G―W―G'はなおも「商品の売りと買い」という操作の軌跡を表現している。これに対して利子生み資本の形態をしるしづけるG―G'では、そうした軌道のいっさいが消失している。利子生み資本にあっては、利潤そのものが「たんなる事物の所産として als Produkt eines bloßen *Dinges*」あらわれる。資本はここに、その「もっともフェティッシュ的な形態」に達して、資本のいわば物象化がそこでみずからを完成させているのである。

たとえば一〇〇〇ポンド・スターリングが貸付資本によって貸しだされ、貸出しのさいの利子率が五パーセントである、としてみよう。そのばあいCを資本とし、z'を利子率（ここでは、五パーセント）とすると、資本の価値はC＋Cz'としてあらわされ、いまの例では、一〇〇〇ポンドの資本は一〇五〇ポンドの価値をそなえていることになる。ところで、一〇〇〇はけっして一〇五〇ではなく、貨幣としての一〇〇〇ポンドは一〇〇〇ポンド以外の、あるいは一〇〇〇ポンド以上のなにものでもない。一〇〇〇ポンドが、しかし貸出資本としては一〇五〇ポンドの価値を有する。これはどういうことなのだろう。

それはつまり、「資本はけっして単純な量ではない」ということである。貸付資本とはむしろ「量関係 Größen*verhältnis*」であって、それは、資本としての貨幣が「みずからを増殖する価値」としてのじぶんに対して有する関係、すなわち自己増殖する価値の自己関係である（以上、vgl. ebd.）。

資本のフェティシズムの完成形態としての利子生み資本

資本は、かくて「完成した資本」となる。つまり「資本が、利子すなわち資本自身の増殖分の、神秘的かつ自己創造的な源泉（mysteriöse und selbstschöpfende Quelle）として現象している」。商品も貨幣も、いうまでもなく一箇の「事物」にすぎない。事物がいまやたんなる事物としてすでに資本であり、たほう「資本がたんなる事物として現象する」。

利子生み資本とは、ここでは、「自動的なフェティッシュ」であり、「じぶん自身を増殖する価値」「貨幣を生む貨幣」であって、それはもはや「発生の痕跡」をすこしも帯びていない。始原はすでに忘却され、起源への遡行の途は絶たれている。ここではつまり、「社会的関係が、一箇の事物すなわち貨幣の、それ自身に対する関係として完成されているのである」。

梨の実をむすぶことは、梨の木の「属性」である。それとおなじように、ことここにいたって、利子を生むことが「貨幣の属性」となる。かくて「資本のフェティッシュ的なすがた」が完結する。G—G′は、運動と関係としての資本の最高度の「顚倒と物象化 Verkehrung und Versachlichung」

であり、「もっとも光眩い形態における資本の神秘化 Kapitalmystifikation」、あるいは、みずからを「再生産とかかわりなく、それ自身の価値を増殖する能力」、貨幣を生む貨幣とみせかける、資本の自己韜晦《ミスティフィケーション》にほかならない（以上、S.404f.）。

かくて貸付資本にいたってはじめて、「資本」がそれじしん「商品」となる。貸しつけられる貨幣の一定額は「そのつどの利子率で決定されている、固定価格」を有するからである。貸付資本は、しかもそれが貨幣であることで商品となる。「資本の再生産過程にあっては、貨幣形態はすでに消失してしまう形態であり、たんなる通過されるべき契機」である。これに対して貨幣市場では、資本はつねにこの形態で存在する。――この節の最後に、もういちどテクストを引く。現行版『資本論』第三巻のなかでは例外的にめずらしく、マルクスの肉声が聞こえてくる一節である。

> 資本はいまでは事物であるが、しかし事物として資本である。貨幣はいまでは胸に恋を懐いている。貨幣が貸しつけられさえすれば、または再生産過程に投下されさえするならば（その所有者としての機能資本家のために、企業者利得とはべつに、利子をもたらすかぎりでは）、それが寝ていようと起きていようと、家にいようと旅に出ていようと、夜であろうと昼であろうと、それには利子が生える。こうして利子生み資本では（そして、すべての資本はその価値表現からみれば貨幣資本であり、いいかえるなら、いまでは貨幣資本の表現とみなされる）、貨幣蓄蔵者の敬虔な願望が実現されているのである。（S.406）

貨幣蓄蔵者の「敬虔な願望 der fromme Wunsch」とは、なにか。それは、貯めこんだ貨幣を手ばなすことなく、「あたかもぶどう酒を穴蔵に入れておけば、ある時間ののちには、その使用価値もよくなるように」(ebd.) 貨幣がひとりでに貨幣を生むことである。貸付資本はけっして貨幣を譲渡しない。資本としてのその使用価値が貸しだされるだけである。貸付資本は、とはいえ、利子生み資本として、その使用価値の果実の一部を利子として手に入れる。

この利子生み資本の性格に、いまやいっさいの資本が感染している。貨幣という事物が、事物として価値を生む。これはいわゆる「隠された質 verborgene Qualität」(S.407f.)、すなわち、あの *qualitas occulta* 以上にオカルト的なことがらではないだろうか。

貨幣蓄蔵者は「錯乱した資本家」であるのに対して、資本家は「合理的な貨幣蓄蔵者」である、と『資本論』第一巻のマルクスは認定していた(本書、一一八頁、参照)。合理的な貨幣蓄蔵の果てに生みだされた世界の描像は、とはいえ、あきらかに顚倒し、錯乱し、オカルト的な神秘に満ちている。それはもはや一箇の信の世界に足を踏みいれているものなのだ。あるいは信用だけが、その世界を支えている、といってもよいだろう。

註

(1) 須藤修、一九八六年b、五一一頁。

(2) アリストテレス『政治学』第一巻第七章。

Ⅲ・3・3　信用制度の展開

α　信用制度の形成

貨幣経済と信用経済

大陸の古風な小農民ならば、とマルクスは『資本論』第二巻で書いていた。みずからの生産物についてその最大部分を自家消費し、道具や衣類などもできるかぎりじぶんで製作することだろう。これに対して、たとえば「低地スコットランドの近代的借地農業者」は、「じぶんの全生産物を売るのであり、したがって生産物のすべての要素を種子にいたるまで市場で補填しなければならない」。こうした事情から、「ひとびとはこれまで、自然経済と貨幣経済と信用経済（Naturwirtschaft, Geldwirtschaft und Kreditwirtschaft）とを、社会的生産の三つの特徴的な経済的運動形態として対比してきたのである」、とマルクスは言う。

いわゆる自給自足的な自然経済なるものが、はたして、どれくらいの時間をさかのぼることで、ひろく確認されうるものであるか、いいかえれば、広義の交換と交易は、どのていどの歴史的深度を有しているのか、については、ここでは措く(1)。マルクスによれば、しかしこの対比はいずれにしても不正確なものなのである。

というのもなによりもまず「いわゆる信用経済は、それ自体ただ貨幣経済のひとつの形態であるにすぎない」からである。あるいは「発展した資本制的生産では、貨幣経済はただ信用経済の基礎としてあらわれるだけ」である。それゆえ貨幣経済と信用経済は、資本制の個々の発展段階に対応しているにすぎず、したがって、自然経済と対比される「独立な交易形態」と見ることはできない（以上、K.II, S.119）。

じっさい、本書でもすでに見ておいたように（I・3・2参照）、貨幣の〈支払機能〉は信用取引とともに作動を開始し、一方で貨幣蓄蔵が信用取引を可能とする。他方で商品流通の発展につれ、商品の譲渡がその価値の支払いに先行するような事情が発展する。そのばあい買い手は商品をその代価を支払うまえに買うことになるのである。

商品の所持者は、このような場合、現在そこに存在する商品を売るいっぽうで、購買者は未来の支払いを先どりして商品を入手することになる。かくて売り手は債権者となり、買い手は債務者となって、貨幣は支払手段、つまり債権・債務を決済する手段として機能するのである。

こうして、支払手段としての貨幣が、信用制度そのものを可能とする。その意味で、貨幣経済はそれ自体として「信用経済の基礎」となるものにほかならない。

競争という超越論的審級と信用制度

たほうしかし資本制の進展につれて、信用制度（Kreditwesen）もまた発展してゆく。その発展を促すものは、資本間の競争と、その結果である資本そのものの集中である。個々の資本にとって競争は、その外部にある超越的次元であるけれども、資本制そのものにとって競争はやがて、その内部でのみ資本制が可能となる超越論的審級となる。

競争戦はまず、商品を安くすることによって戦われる。商品は、他の事情がおなじであるなら、生産性の向上によってその価格が低下し、生産性の側はまた生産規模によって規定される。かくして「より大きい資本がよりちいさな資本を打ちたおす」(K.I, S.654f.)。資本間の競争とは、資本の集積と集中でもある。

このような事情はべつとしても、とマルクスは、すでに『資本論』第一巻で書いていた。引用しておく。

> このような事情はべつとしても、資本制的生産の発展にともなって、一箇のまったくあらたな力である信用制度が形成される。信用制度は当初は、蓄積の控えめな助手としてこっそりと入ってきて、社会の表面に大小さまざまな量で分散している貨幣手段を、目に見えない糸で、個別資本家や結合資本家の手に引きいれるのであるけれども、やがては競争戦におけるひとつの、あらたな恐ろしい武器となり、そしてついには諸資本の集中のための巨大な社会的機構へと転化する。資本制的生産と資本制的蓄積が発展するにつれて、それとおなじ度合いで競争と信用とが、このふたつのもっとも強力な集中の槓桿が発展するのである。(ebd., S.655)

それればかりではない。「蓄積とむすびついた利潤率の低下」もまた「必然的に競争戦(Konkurrenzkampf）を呼びおこす」。社会の総資本についていえば、またすでに充分な備えのある大資本であるなら、利潤量を増大させることで、利潤率の低下を埋めあわせることができる。とはいえ「あらたな独立に機能する追加資本にとって、このような補償条件は与えられていないのであるから、これからそれを戦いとらなければならない」。かくして、利潤率の低下が資本間に、よりいっそう激しい競争を引きおこすのだ（K.III, S.266f.）(2)。

資本制的信用制度の現実的基盤

信用は貨幣の支払機能によって可能となり、信用制度の発展によって、競争という資本制の超越論的審級に対して鞏固な武器が提供される。他方でしかし、資本制的生産そのもののありかたが、信用制度の展開を可能にし、必然的なものとする。その間の消息について、マルクスは『資本論』第二巻の流通過程論の展開にあって、おりにふれて論じていた。ここでは、いくつかの重要な論点にかぎって振りかえっておこう。

単純再生産と拡大再生産とを比較してみると、生産過程の拡大が可能となる条件と、そのために必要な貨幣量は、まず技術的に規定されている。したがって、拡大再生産のために剰余価値が資本化されるとしても、現実にはいくつかの循環が反復されることではじめて剰余価値は追加的資本として作動しうることもある。その場合には、剰余価値は蓄蔵貨幣となり、潜在的な貨幣資本となるだろう。——貨幣蓄積財源が役だつのはたんに可能な追加資本としてばかりではない。それはまた循環の攪乱を調整するための「準備金」として機能しうる。つまり、商品の売り、すなわち過程W′

―G′が異常に遅延する場合や、あるいは生産手段の価格が高騰している場合に、蓄蔵貨幣は「貨幣資本またはその一部分」としても作動することができる。

こうした準備金または余剰金は、一方では銀行に預金され、他方では個別資本におけるその不足が銀行の融資を受けて補填されうる。再生産にともなう一時的な余剰資本は信用制度に基礎を与えるとともに、信用制度によって保障されるのである（以上、本書、三〇四頁以下、参照）。

また、再生産にともなう生産要素の在庫、たとえば紡績業者が準備しておかねばならない、綿花や石炭についていえば、信用制度が未発達である場合には、紡績業者は、綿花や石炭の在庫を更新するため、じぶんの綿糸の直接的な販売に頼らなければならず、W―Gを終了して、みずから現実に獲得した貨幣によって在庫を形成してゆかなければならない。これに対して、信用制度の発展は、〈命がけの跳躍〉が実現するまえに、あらかじめそれが実現したことにしてくれる。そのぶん生産者は、生産在庫の備蓄量を抑えることができるのである（同、三三九頁以下、参照）。

さらに資本の循環を、生産期間と流通期間とに区分して考えてみるならば、社会的総資本の観点からみる場合、「一年間に何回も回転する社会的流動資本のきわめて大きな部分」は「周期的に遊離資本の形態にある」。この遊離資本は資本制の発展につれて増大してゆくはずである。この遊離した貨幣資本が、ふたたびまた信用制度の基礎のひとつとなるとともに、その流動化が、発達した信用制度にあって重要な役割を演じるはこびとなるだろう（三七五頁以下、参照）。

最後に、いわゆる再生産表式論で考察された論点のひとつについても振りかえっておく。たとえば部門Ⅰ（生産手段生産部門）にぞくする個別資本はそれじたい生産手段を必要とし、その不変資本の固定的部分は、一定の期間の経過ののちに買いかえられなければならない。そのためには、部門Ⅰにぞくする個別資本は、「潜勢的な貨幣資本の積み立て」をおこなっておく必要がある。部門Ⅰの資本が同一の部門内で買い手となるために、その資本は剰余生産物を販売して獲得した貨幣を流通から引きあげて、それを手もとに置いておかなければならないのである。つまり「貨幣蓄蔵」は、ここでは、あらかじめ「資本制的生産過程に内在する一契機」として作動している。

個別資本によって直接に生産され取得される剰余生産物、したがって剰余価値そのものは「資本蓄積すなわち拡大再生産の実在的な基礎」である。右にかんたんに再確認したような事情により、取得された剰余価値の一部は蓄蔵されて、「潜勢的な資本」となる。この潜勢的資本が一定の規模に到達することで、拡大再生産そのものが可能となることだろう。

そのさい、じっさいは信用制度が発達することをつうじて、各個別資本の潜勢的貨幣資本が銀行などのもとへ集中し、集積されてゆく。かくて、潜勢的資本はすでに現勢的資本となり、利用可能な資本、つまり銀行にとっては、貸付可能な資本となり、利子生み資本となるだろう。再生産表式において示されていた諸個別資本間の動的関係もまた信用制度を可能とし、信用制度によってさらに展開してゆくことになる（以上、四二六頁以下）。

「商業信用」の登場

このように遊離し、または遊休する資本は、資本の運動の反復にさいして不可避的に生じる傾向があり、しかも資本制的生産様式の発展につれて、集積と集中をともない増大する傾向にある。総資本にとっては必然的なこうした動向は、個別資本に対してはしかし、その回転と増殖にさいして大きな制約を意味している。

最終的には、この制約は銀行資本の介入によって、一方では縮減し、他方ではかえって拡大するとともに、リスク要因を増大させるはこびともなるだろう。それ以前に、とはいえ遊離資本という資本回転の制約は、個別資本のあいだの布置と相互作用によって、一定ていど緩和される可能性がある。どうしてだろうか。

産業部門がことなれば、資本の規模、有機的構成、回転期間に差異が生じる。そのけっか、資本投下の時期にことなりが生じるから、産業部門間ならびに個別資本間には、遊休資本の蓄積の量、期間などにかんして、それじたい差異化が生まれ、また拡大する。したがって、特定の時期をかぎれば、遊休貨幣資本の運用を必要とする資本が存在するいっぽう、運転資金をもとめる資本も存在するし、その両者が総資本中に併存する状態が成立することになるだろう。両資本のあいだの需給は、手形（Wechsel）すなわち与信と受信の交換《ヴェクゼル》をつうじた「商業信用 der kommerzielle Kredit」によって、一定限度内において調整されるはずである。(3)

たとえば或る商品の生産には、より長い時間がかかり、べつの商品を生産するためには短い時間しか必要とされない。生産そのものが長期化する商品の生産者は、じっさいに商品を販売するまえに、べつの商品を――生産を継続する要素（生産手段）としてであれ生活を持続させる方途（生活手段）としてであれ――入手する必要がある。たとえばまた、或る商品の生産は季節にむすびつけられ、べつの種類の商品は季節を問わずに生産される。さらにまた、ひとつの商品はそれが生まれた故郷の市場で売られ、べつの商品の場合は遠くはなれた市場まで運ばれなければならない。時間と空間とが、それ自体として、商品の〈命がけの跳躍〉にとって、それを可能とする条件となり、それを制約する環境となる（本書、一一九頁以下、参照）。

手形の交換が、一方でそうした条件をととのえ、他方ではおなじ制約を解除することができる。だから、固有の意味での銀行信用に立ちいるまえに、主要には手形を介した商業信用にかんして、すこしだけ立ちいっておく必要がある。(4)

商業信用の問題

この項のはじめに振りかえっておいたように、マルクスは、すでに『資本論』第一巻で、単純な商品流通から支払手段としての貨幣の機能が形成され、それとともに商品生産者や商品取引業者のあいだに債権者と債務者の関係がかたちづくられるみちすじについて論じている。マルクスの見るところでは、この貨幣の機能が信用制度の自然的な基礎なのであった。

現行『資本論』第三巻第五篇中の「信用と擬制資本」と題された一章（第二五章）の冒頭ちかくでマルクスは、この間の事情を再確認したあとで、あらためてつぎのように書いている。引用しておく。

商業が発展し、ただ流通だけを顧慮して生産をおこなう資本制的生産様式が発展してゆくにつれて、信用制度のこの自然発生的な基礎が拡大され、一般化されて、完成されてゆく。だいたいにおいて貨幣はここでは、たんに支払手段としてのみ機能している。つまり商品は、貨幣と引きかえにでなく、書面での一定期日の支払約束と引きかえに売られるのである。この支払約束を私たちは、簡単にするために、すべて手形という一般的なカテゴリーのもとに総括しておくことができる。このような手形は、その満期支払日までは、それ自身がふたたび支払手段として流通する。そしてこれが、本来の商業貨幣をかたちづくっている。このような手形は、最後に債権債務の相殺によって決済されるかぎりでは、絶対的に貨幣として作動する。というのも、そのばあい貨幣への最終的な転化が生起しないからである。(K.III, S.413)

信用取引における「支払約束」をしめすものは、たんなる口約束から借用証書にいたるまでさまざまでありうるけれども、その典型はじっさいに手形であって、手形は裏書きにより流通しながら期日に相殺され、場合によっては差額が最終的に貨幣へと転化する。そうでない場合、手形は貨幣とまったく同等に機能する。それはむしろ「本来の商業貨幣 Handelsgeld」なのであり、その意味では、「生産者や商人どうしのあいだの相互前貸し」が信用のがんらいの基礎となっているように、手形は「本来の信用貨幣すなわち銀行券などの基礎」をかたちづくっている(ebd.)。そのかぎりでも、いわゆる銀行信用を問題とするに先だって、まず商業信用とその流通手段とが問題とされなければならない。

商業信用とは「再生産に携わっている資本家たちがたがいに与えあう信用」のことであり、「この信用が信用システムの基礎(die Basis des Kreditsystems)を形成している」。その信用を代理表象《レプレゼン》するものが手形であって、手形とは「確定支払期限のある債務証券」つまりdocument of deferred payment〔延払証券〕にほかならない。ここではさしあたり銀行信用の存在をまったく考慮せず、また銀行による割引などのサーヴィスを介した媒介も考えないとして、「だれもそれぞれ、一方の手で信用を与え、他方の手では信用を受けている Jeder gibt Kredit mit der einen Hand und empfängt Kredit mit der andern」(S496)。

手形を介した商業信用はどのように機能し、その作動はどのようにして可能となるのだろうか。またその限界はどこに存在するのか。もうすこし具体的に考えてみる。

商業信用の機構とその限界

たとえば紡績業者Aが原料として綿花を仕入れるさいに、綿花仲買人Bへの支払いのために手形を振りだすとしよう。Bは綿花を輸入業者Cから買いいれているが、BもそのさいCへの支払いを手形で済ませることができる。その場合よくあるように、輸入業者Cは、同時に綿糸の輸出もしているとすれば、Cは紡績業者Aから手形で綿糸を購入することが可能であって、またAは仲買人Bに対しては、輸入業者Cから受けとった、B自身の手形で決済することができる。そこでは取引の差額だけが貨幣で支払われればよいことになるから、その場合には「この取引全体が、たんに綿花と綿糸を媒介しているだけ」であることになるだろう(vgl. ebd.)。

この設例についていえば、まず綿花仲買人Bが紡績業者Aに対して信用を与え、AはBから信用を受けとっている。BはAによって生産される綿糸がすでに売れたものとして、支払期限を区切った手形を受けつける。信用は一般に不定の未来を先どりするものであるから、信用が交換《ヴェクゼルン》される、つまり手形《ヴェクゼル》がやりとりされるためには、未来の不確定性が縮減されていなければならない。だが未来の決定的な不確定性は、どのようにして解除されうるのだろうか。

一般にここで時間が分泌するリスクを解除するものは、「再生産」の確実性であり、つまり「生産および消費過程」の「流動性 Flüssigkeit」、すなわち将来の市場が確実に商品（綿糸）を呑みこむことにほかならない。この間の事情は、仲買人Bが取りあつかう商品についても、輸出入業者Cが売り買いする諸商品にかんしてもおなじであり、そのうえ「信用は相互的であるから、各人の支払能力は同時に、他の各人の支払能力にかかっている」。三者のあいだの債権の決済は要するに「資本の還流」にかかっていることになる。すなわち、ことのいっさいは、「たんに延期されただけの nur vertagt ist」W─Gにかかっているのである（vgl. S.496f.）。

商品は、いずれW─Gを、この〈命がけの跳躍〉を避けることができない。繰りのべられた時間が、しかしこの跳躍のために時間そのものを準備する。時間は、だがつねに同時にそれ自身リスク要因であるから、支払いの延期、時間の繰りのべは、〈命がけの跳躍〉の成功を最終的には保障するものではありえない。つまり、商業信用を担保している資本の還流は「時間的に遅延するかもしれず、そのあいだに商品の価格が下がるかもしれず、さらに市場の停滞のために商品がいっとき売れなくなるかもしれない」（S.497f.）のである。

この場合たとえば商品の生産点と市場、あるいは生産点と消費点とが空間的に隔たっているほどに、不確定な要因がそれだけ増大する。空間的な距離は時間的に横断されなければならず、時間的な繰りのべからは、あらたな不確定性が分泌されるからである。かくてむしろ「信用は長期化し」、遅延され長期化された信用には「思惑的要素 das spekulative Element」が不可避的に入りこむ。かくてまた信用そのものが投機《スペキュレーション》に感染して、一方で自然形態すなわち使用価値としての商品の実物に媒介され、他方では実物としての商品の流通を媒介していた信頼関係、この基本的な信がさまざまな思弁《スペキュレーション》に汚染されることになる。

商業信用は、すでに信用一般にまとわりついている危機と限界とをあらわしている。それだけではない。商業信用には固有の限界があり、その限界が銀行信用の出現をいわば要請している。

限界は、ひとつには要するに商業信用が、現金による支払いの必要をかんぜんに解除するものではない、ということだ。商業信用は、それぞれの再生産過程が商品の自然形態においても連関している個別資本、あるいはそうした各個別資本を媒介する商業資本のあいだでしか成立しない。たとえば、綿花—綿糸—織布といった関連、また各関連項の商業資本との関係を前提として、商業信用はなりたっている。これに対して、「たとえば織物業者に対する紡績業者の債権は、機械製造業者に対する石炭給付業者の債権によっては決済されない」(S.497)。

商品流通にもとづいた「複数の取引きの循環 Kreislauf der Transaktionen」が、「債権系列の反転 Umbiegung der Forderungsreihe」を可能とし、商業信用を可能としている(ebd.)。とはいえ循環はいたるところでなりたつわけではなく、反転はむしろいたるところで中断される。そればかりではない。支払いの繰りのべという時間操作が、再生産過程と販売過程に直接に依存し、生産と消費の流動性そのものに直截的なかたちで左右されるかぎりでは、商業信用の時間操作は時間そのものが分泌する外部要因によって攪乱されるはこびを免れることができないはずである。

銀行信用が、このような限界を突破しようとすることになる。銀行信用による限界の超克は、とはいえ、あらたな不確定要因を信用関係に導入するものであるとともに、あらたな *quidproquo* と神秘化とを資本関係にもたらすことになるだろう。

註

（1）この件について、廣松渉の指摘と考察を参照（廣松『著作集』第一一巻、一九一頁以下）。「よしんば交換によって取得する物品が生活財中において占める物量的比重が小さいとしても、また、それの〝価格的〟比重が小さいとしても、その交換による取得財貨が、もしそれがなければ現行の生活様式がおよそ成り立ち得ないほど、決定的に重要である場合には、字義通りに自給自足的ではなく、或る意味ではむしろ他給依存的と言うこともできる」（一九五‐一九六頁）。なお、交換の社会存在論的な意味については、今村仁司、二〇〇七年、四三九頁以下、参照。

（2）マルクスはこのあとつづけて、ことのついでのように「アソシエイティッドな assoziiert」（結合された）知性にかんしてふれている。田畑稔は、現行版の『資本論』第三巻のテクスト（K.III, S.267）と、マルクスの遺稿（MEGA. Abt.II, Bd.4.2, S.331）とを対照してみせることで、この問題場面でのエンゲルスによる「きわめて根本的な意味の変更」を問題とする。田畑による対照はつぎのとおりである。なお、〈 〉内はエンゲルスが削除した語句、傍線部分はエンゲルスが加筆した部分。「資本制的生産の〈諸部門〉の内部では、個々の生産部門の均衡はたんに不均衡から脱する不断のプロセスとしてしか自分を現わさない。というのはそこでは総生産の関連は盲目的法則として生産当事者たち〈に作用し〉の上に自分を強制し、〈彼らが〉彼らのアソシエイティッドな知性によって把握されそれによって支配された法則として、〈その関連を〉生産過程を彼らの共同のコントロールのもとに服属させていないからだ」（田畑、一九九四年、一二九頁）。田畑の認定は、こうである。「よく対比すると、マルクスとエンゲルスとの差異が明瞭に出ていると思われる。マルクスでは、①「生産当事者たち」が、②「アソシエイティッドな知性として」、③「生産の関連」を、④「彼らの共同のコントロールのもとに服属させる」のである。エンゲルスでは①「総生産の関連」が、②「彼らのアソシエイティッドな知性によって把握され、それによって支配された法則として」、③「生産過程」を、④「彼らの共同のコントロールのもとに服属させる」のである。エンゲルスは『反デューリング』（第一編第一一節）でわれわれになじみの彼の自由論（客観的法則の認識による支配イコール自由）の実例をここに読み取ろうとしている。そのために法則認識機能と操作機能に力点が移って、「合意」形成機能という「アソシエイティッドな知性」にとって決定的に重要な側面が消失してしまい、物件化論もアソシエーション論も包摂しえない定式に取って代えてしまう結果となった」（同、一二九・一三〇頁）。また、この件については、田畑、二〇一〇年、一一九頁以下、参照。この年、日本哲学会は「共同討議：哲学史を読み返す――マルクス」を開催している。提題者は、田畑稔と、麻生博之の二名であった（麻生、二〇一〇年、をも参照）。なお、司会は高田純。

（3）須藤修、一九八六年b、五二二・五二三頁。

（4）エンゲルス編集による現行『資本論』第三巻のうちでも、信用論にかかわる部分は草稿そのものがひどく未整理であって、編集自体にも問題が多いことが知られている。『経済学批判要綱』において展開された、流通時間の短縮と、資本所有の量的制限の廃棄とを基軸とする信用論から、『資本論』第三巻の錯綜した信用論への展開のすじみちをめぐって、古典的な研究としては、深町郁彌、一九七一年、一一一頁以下、参照。信用論との関係で、むしろ第二巻草稿（第一稿）の再生産論を検討した、比較的近年の研究として、伊藤武、二〇〇六年、一四三頁以下、をも参照。

β　銀行信用の問題

資本制的生産様式における銀行信用の成立

マルクスがくりかえし説いているように、高利資本と商人資本は「資本の大洪水以前的形態」にぞくしている（vgl. K.III, S.607）。両者はそれ自体としては資本の前期的形態でありながら、資本制的生産様式を準備してゆく。

高利資本は、資本の成立過程にあってそれじしん歴史的に重要な意味を有しているのであって、それは商人資本とならんで、「土地所有に依存しない貨幣財産」が形成されてゆく過程を媒介する。富は一般的には使用価値をともなう限定的な形態において現象するいっぽう、とりわけ高利資本にあって貨幣は「本来の富そのもの」「一般的な富」としてあらわれ、ことのこの消息に「貨幣蓄蔵」がもとづいてゆくことになるのである（ebd., S.611）。

信用制度は、一方で「高利に対する反作用」として展開してゆく（S.613）。産業資本も商業資本も、高利資本の発展形態である貸付資本が手中にしようとする高利に対抗し、いわば互酬的な相互扶助の装置として商業信用制度を利用しようとするからだ。高利資本に起源を有する貸付資本は他方で、資本制的生産様式そのものへと参入し、その内部へと埋めこまれたかたちで、信用制度の中核部分を形成してゆくことになる。それこそが銀行信用にほかならない。

銀行信用は、産業資本と商業資本と相対して、貨幣の貸借操作を集中的に遂行するところに成立するのであって、じっさい『資本論』第三巻の論脈では、銀行信用は貨幣取引資本の発展とむすびつけて、あらためて説きだされてゆく。テクストを引用しておく。

信用制度のもう一方の面は、貨幣取引業とむすびあっており、この発展は当然のことながら資本制的生産のなかでは商品取引業の発展と歩調をおなじくしてすすんでゆく。すでにまえの篇（第一九章）〔貨幣取引資本〕で見ておいたように、事業家の準備金の保管、貨幣の受け払いや国際的支払いの技術的操作、したがってまた地金取引きが、貨幣取引業者の手へと集中される。この貨幣取引業とむすびついて、信用制度のもう一方の面、すなわち利子生み資本または貨幣資本の管理が、貨幣取引業者の特殊な機能として発展する。貨幣の貸借が、かれらの特殊な業務となる。かれらは貨幣資本の現実の貸し手と借り手のあいだを媒介するものという役割を演じるようになるのである。（S.415f.）

銀行資本の機能は、この面からすれば、「貸付可能な貨幣資本」をみずからの手もとに集中させることにある。いまや、個々の貸し手が個別的に産業資本や商業資本に資金を提供するのではなく、銀行業者こそが「すべての貨幣の貸し手を代表する者」となり、かくてまた「貨幣資本の一般的な管理者」となる。銀行業者はいっぽうではまた「すべての貸し手のために借り手を集中する」のであって、そのけっか「銀行は、一面では貨幣資本の集中、貸し手の集中（Zentralisation des Geldkapitals, der Verleiher）をあらわし、他面で借り手の集中（Zentralisation der Borger）をあらわしている」

のである（S.416）。

貨幣資本の集中、信用の授与、銀行券の発行

銀行は、かくて第一に、貸付可能な貨幣資本をみずからの手もとに集中させなければならない。そのような貨幣資本、つまり銀行が自由に処分しうる貨幣資源は、さまざまな水路をたどって銀行のもとに流れこむ。銀行は、貨幣取引資本というその出自からしても、まずは機能資本に従属するその「出納掛」だから、銀行資本のもとには、個別的な産業資本または商業資本が「準備金」として保有する貨幣や、機能資本のもとに「支払金」のかたちで還流する貨幣が流入してくる。かりに各個別資本が、遊離した貨幣資本を手もとに置きつづけているなら、それは余剰金として休眠していることだろう。銀行へと流入することで、当の貨幣資本のその部分もまた「利子生み資本」として作動するわけである。さらにまた銀行制度が発達し、とりわけ銀行が預金に対して利子を支払うようになると、あらゆる階層の蓄蔵貨幣や一時的な遊休貨幣が銀行へ流入してくる。「それだけでは貨幣資本としてはたらくことができないような、ちいさな金額が大きな金額へとまとめられ、一箇の貨幣力（Geldmacht）を形成する」はこびともなるのである（vgl. ebd.）。

銀行がおこなう貸付けもまた、さまざまな水路をたどって事業へと流出してゆく。まず、手形が満期になるまえに貨幣に換えられる（手形の割引）。また対人信用による直接前貸し、各種の利子付証券や国債証券、株式に対する担保前貸し、マルクスの時代ではとりわけ積荷証券や倉荷証券その他の商品所有証書に対する前貸しがある。前貸しは、また預金を越える当座貸越等によってもおこなわれることがあるだろう。

さらに銀行業者が与える信用にも多様な形態が存在する。他行あての手形、小切手がそうであり、また発券銀行の場合であれば、その銀行自身の「銀行券 Banknoten」、つまり当該の銀行業者あての「即時持参人払の手形」によっても信用は与えられる（以上、S.416f.）。手形の割引そのものも、銀行券によっておこなわれることができるのであり、そうなれば銀行券の発行はほとんど「貨幣をつくる特権にもひとしい」ことになる。こうしたすべては「支払請求権」を移転可能なものとすることであり（S.418）、そこでは「銀行業者が取りあつかうものは信用そのものである」事情が明確になるはずである（S.417）。銀行信用とは、とくべつな意味で社会的な制度なのである。

マルクスが、ギルバートを引いて言うとおり、かくて「銀行の目的は取引きを容易にすることである」。しかしこの銀行家自身が付けくわえて語っているように、「すべて取引きを容易にするものは、投機をも容易にする」のだ（S.419, vgl. S.420）。

銀行制度は、一方では「およそ資本制的生産様式がつくりだす、もっとも人工的でもっとも完成した産物」（S.620）である。そればかりではない。銀行は「資本の社会的性格」を表現している。そのけっか銀行制度は他方で、資本制のあらゆる問題性を代理表象する標識ともなるのである。

利子生み資本の前資本制的な起源を問題とし、サン・シモン主義と対質する文脈で、マルクスはつぎのように書いていた。いちおう引用しておこう。

このような資本の社会的性格は、信用制度ならびに銀行制度の十分な発展によって、はじめて媒介され、充分に実現される。他方でこの信用制度と銀行制度はさらに前進してゆく。それは産業資本家や商業資本家に、社会のあらゆる処分可能な資本を、そして潜勢的な、すなわちまだ現実的には使用されていない資本までも用立てるのであり、したがってこの資本の貸し手もその充用者も、この資本の所有者でもなければ、生産者でもないことになる。このようにして、この信用制度と銀行制度は資本の私的性格を廃棄するのであり、かくしてまた潜在的に、しかしひとえに潜在的にのみ、資本そのものの廃棄をふくんでいるのだ。銀行制度によって、資本の分配は、私的資本家や高利貸しの手から、一箇の特殊な業務として、社会的機能としてとり上げられている。銀行と信用は、けれどもこのことによって同時に、資本制的生産をそれ自身の制限を超えて進行させるもっとも強力な手段となり、また恐慌や詐欺的幻惑のもっとも有効な媒介物のひとつとなるのである。（S.620f.）

銀行制度は、信用制度一般が潜在的にはそうであったように、かくて資本制そのものにとって、いわば双面の神である。信用制度一般にも立ちかえって、もうすこし考えておく必要がある。

信用制度と銀行制度の一般的な特質（1）——競争、信用、一般利潤率

ここで、信用制度一般の特徴との関連で、銀行制度の特質のいくつかを整理しておこう。現行版『資本論』第三巻第五篇第二七章でマルクスは「資本制的生産における信用の役割」を問題とし、考察の中心点に対して総括的な整理を与えている。かんたんに見ておくことにしたい。

論点は四つにわかれる。まず第一点をめぐって考えておく必要がある。

第一の論点は、信用制度が、「利潤率の平均化」を媒介する、つまり「資本制的生産の全体がそれにもとづいている、この平均化の運動を媒介する」ものであることである（S.451）。この件にかんして、とはいえ、銀行信用を論じる文脈の内部ではマルクスは立ちいって論じていない。ここで、本書における先行する考察を振りかえっておく（Ⅲ・1・2参照）。

さまざまな生産部門では、資本の有機的構成がことなっている。おのおのの生産部面での利潤率は当該の生産部面にあって競争をつうじて平均化されるとはいえ、あいことなる生産部門において支配的な利潤率は、がんらいは大きな差異を示すはずである。にもかかわらず、それらのさまざまな利潤率は、それじしん競争によって利潤率全体の平均である「一般利潤率」へと平準化される。この一般利潤率にしたがって、各商品の生産価格が規定されるのである。

一般利潤率が形成されるメカニズムは、資本の「背後で進行する過程」なのであって、それは個々の資本にとって不可視的で不可解な過程となるほかはない。さまざまな利潤は一般利潤率へと平均化されるが、この平均化はしかし結果であって、出発点ではありえない以上、この結果をもたらすメカニズムが、なお問われなければならなかったのである。

マルクスはさしあたり第一に、特定の生産部門内部でいわゆる一物一価が、つまり同種の商品にかんして単一の価格が成立する事情を説明している。これが、競争といういわば超越論的な審級が問題の場面で作動してゆく第一の局面である。同一の生産部門の内部でも、とりあえずはさまざまな個別的価値がなりたつはずであるけれども、それらは「ひとつの社会的価値」、「市場価値」へと収斂してゆかなければならない。そのためには、単一の市場と競争の存在が必要となるのである。競争が資本制一般に対しては超越論的な審級として作動するゆえんにほかならない。

さらに、競争というおなじ超越論的な次元が、問題の平均利潤の形成をも可能としている。さまざまな商品が、かりにその価値どおりに売られるとすれば、生産部門の差異から、利潤率の差異が帰結する。そのばあい資本は、利潤率の低い部面から去って、より利潤率の高い部面へと移動してゆくことだろう。資本間の競争が不可避なものとするこの資本の移動によって、結果的には、生産部面の差異を超えた平均利潤が、かくてまた「一般利潤率」が形成されてゆくはずであった。

このような資本の移動が可能となるためには、そもそも資本の流動性が前提とされている必要がある。産業資本自身は相当規模の固定資本をともなうかぎり、資本移動の可能性はかえって低い。資本が貨幣資本のかたちで蓄積されて流動化し、とりわけ追加的投資にさいしての資本移動が可能となり、かくて資本転移が実現するために、信用制度の高度な発展が不可欠な条件となるだろう。そのかぎりで、競争戦のための強力な武器である信用制度が、一般利潤率の形成のためにも必要となり、信用制度こそが利潤率の平均化の運動を媒介することになるのである。――競争は資本制の超越論的条件なのであった。信用制度は、当の超越論的条件が作動する制約にほかならない。

信用制度と銀行制度の一般的な特質（2）――流通費の削減

第二の論点にうつる。信用制度の形成はまた、「流通費の削減 Verringerung der Zirkulationskosten」につながる、という論点である。どうしてだろうか（以下、vgl. S.451f.)。

流通費用のうち主要なもののひとつは、「貨幣そのもの das Geld selbst」である。その貨幣が、信用制度をつうじていくつかのしかたで節約されるとマルクスはいう。ひとつに、取引きの大きな部分で、貨幣がまったく用いられない、ということである。ここでも説明を補足しておく。

まずは、商業信用の一局面について想起してみよう。紡績業者Aが、織物業者Bに綿糸を五〇〇ポンド・スターリングで販売し、Bから代金にかえて同額の手形を受けとる。Aは、輸出入業者Cから綿花を四〇〇ポンドで購入し、Bはおなじく Cに対して綿織物を六〇〇ポンドで販売している。その場合、AはCに対する支払いを、Bから振りだされた手形によって済ませて、その差額一〇〇ポンドだけを受けとればよいし、CはBに対して、B自身の手形を渡し、さらに一〇〇ポンドのみを支払えばよい。一五〇〇ポンドの貨幣額であらわされる三つの取引きにおいて、ここでは二〇〇ポンドだけの現金が、じっさいに受けわたしされている。

右の設例で、AはBに信用を与え、BはAから信用を受けとっていた。そのさい、そもそもBの受信動機は、貨幣資本の支出を節約しようとする資本一般の動機にあるいっぽう、節減された貨幣はさらに準備金や追加的資本投下に回されることが可能となる。たほうAにとっては、不確定なW—Gを確定したものとし、そのぶんだけ流通費を削減すること自体がその与信動機となるだろう。(1)ここで手形取引きを媒介する立場に立っている輸出入業者Cのかわりに銀行信用が介入して、手形の割引操作をおこない、そのさいに自前の銀行券を給付する場合でも事情は同様である。

つぎに、とりわけ銀行信用があいだに立って、銀行券が流通する場合であるならば、信用制度は流通そのものを加速させる。たとえば特定の資本Xが、べつの資本Yから受けとった手形によって資本Zから商品を購入しようとしたとして、Zがその手形を信認せず、受けとりを拒絶したとしてみよう。その場合でもXが、おなじ手形を銀行に持参し、銀行はそれを割引いて、手形額面よりも少額の銀行券を交付する。銀行券は一般に通常の手形よりも信認が高いので、その流通はふつうはより円滑となり、かくてまた流通速度を加速させることだろう。かくて信用制度は「紙片をもって金貨に代置すること Ersetzung von Goldgeld durch Papier」で貨幣そのものを駆逐する。

信用制度と銀行制度の一般的な特質（3）——投機と収奪の装置としての信用制度

ここでふれておく必要のある、最後の論点を説明するものとして、エンゲルスが編集にさいして採用している、マルクスのメモ書きめいたテクストを引く。

> 信用によって流通または商品のメタモルフォーゼの、さらに資本のメタモルフォーゼの一個一個の段階を加速させ、かくてまた再生産過程一般を加速させること（他面で信用は、買いと売りというふたつの行為を、かなり長い期間にわたって分離しておくことを許し、したがって投機に対してその基礎としても役だつ）。準備金の縮小。これはふたつの面から考察されうる。一面では通貨の節減として、他面では資本のうちのたえず貨幣形態で存在しなければならない部分の制限として。（S.452）

マルクスのメモは、つづけて株式制度についてふれている。それが信用制度をめぐる第三の論点となるけれども、株式会社の問題をめぐっては、次項で立ちかえってゆくことにしよう。ここではまず右の引用の前半部分を問題としておく必要がある。

信用は流通を加速し、そのことで「再生産過程一般」を加速させる。ごく単純にいって、信用が流通の速度をはやめるのは、商品が〈命がけの跳躍〉をおえて、じっさいに貨幣へと転化するまえに、その転換がすでに終了したことにしてくれるからである。商業信用の介入は、商品の売りW—Gの成立にさいして、将来の貨幣を代理表象する紙片に現在の支払いを代行させる。そのとき手形を振りだす側は、現在ではなお貨幣への転化を完了していない商品が、未来において確実に転換を終了することを先どりしている。信用は、かくて現実の売りに先だって貨幣を手にすることを可能とし、そこに銀行信用が介在すれば、相手に与信し、手形を受けとった側も手形の割引を——現在から未来への時の流れ相当分だけを、先どりされた利子として引きさられたかたちで——受けて、おなじように貨幣を手にすることができる。信用は、こうして「買いと売りというふたつの行為を、かなり長い期間にわたって分離しておくこと auseinanderzuhalten」を可能とし、W—Gと、G—Wとをたがいにばらばらに保っておくこと《アウスアインアンダーツーハルテン》を許す。信用制度はかくて、「投機に対してその基礎として der Spekulation als Basis」も作動するのである。

かくてまた信用制度一般をめぐる第四の論点が登場する。信用は、それを操作する者たちに対して「みずからの資本にではなく、社会的な資本に対して処分権」を与える。しかも或る範囲内では「絶対的な処分権 absolute Verfügung」を賦与するのである（S.455）。どうしてだろうか。

いまたとえば、卸売業について考えてみる。資本制的生産様式のもとで商品は大量に生産されるにいたるがゆえに、そこでは社会的生産物の大部分は卸売業の手をとおることになるが、その卸売業者が投機に走った、としよう。業者は買いしめ、売りびかえ、あるいは先物を売買することで、時間を操作し、過去を押しとどめ、あるいは未来を現在のただなかにみずから造りだす。そのとき卸売商人によって賭けられているものは「社会的所有であって、みずからの所有ではない」。投機にさいして、銀行が業者に与信して、資金を貸しだす場合にも、銀行が融通する貨幣あるいは銀行券は、これも銀行に預託された社会的所有であって、その多くは銀行みずからの所有ではない。個々の投機は成功し、また失敗するとしても、「成功も失敗も、ここではその結果は同時に諸資本の集中となり、かくてまた最大規模における収奪となる」。資本制的生産様式のもとでは、この収奪（Expropriation）は「少数者による社会的所有の取得 Aneignung des gesellschaftlichen Eigentums」としてあらわれるのである（vgl. S.455f.）。

銀行信用の機構

銀行信用へと結実してゆく信用制度は、かくて一面では、資本の流動性を高め、流通を加速させる社会的装置である。信用制度はたほうで、「もっとも純粋で、もっとも巨大な賭博システムと詐欺システムにまで発展してゆくこと zum reinsten und kolossalsten Spiel- und Schwindelsystem zu entwickeln」（S.457）が可能である。くりかえすならば、その中核をかたちづくる銀行制度こそは、かくてまた資本制そのものにとって、いわば双面の神にほかならない。

銀行は、こうして他面では、さまざまな相場師たちとならんで「高貴な盗賊ども」の一味でありうる。その者たちは「生産とはなんの関係もない」にもかかわらず、「危険きわまるしかたで現実の生産に干渉もする、お伽噺めいた権力 fabelhafte Macht」を与えられている。

スコットランドの銀行重役、ベルの語るところによれば、しかし、銀行とは「宗教的で道徳的な施設」なのである。じっさい――と、マルクスは皮肉に引用をかさねる――商人たちにとっては、銀行業者のしかめ面は「友人の道徳的説教」よりも影響があり、銀行業者の忠告は「牧師の忠告」よりもたいせつなのだ（以上、S.560f.）。

銀行のこのいわば社会的権力、しかも魔法使いの杖さながらの権力は、いったいなにに由来するものなのか。なお考察しておく必要があるだろう。

商業信用についてもういちど考えてみる。AがBから商品を購入するために振りだした手形は、Aにとっては支払約束証書であり、BにとってはAに対する貨幣請求権を示している。手形はすなわち、一定期限ののちに貨幣に兌換可能である。Bは手形に裏書きすることで、その手形でCから商品を買い、以下同様にして、手形がZの手まで渡ったとして、期日にAがZに対して額面金額を支払えば、Aを起点としZを終点とする債権債務の連鎖が一挙に抹消される。その間、手形は実質的には購買手段として作動しているかぎりで、商業手形も広義には信用貨幣のひとつである。

とはいえさきに見ておいたように、商業信用を基盤とした手形には、流通範囲と信認限度にかんして制約がある。商業手形に対する信認は、手形を振りだした個別資本の支払能力、つまりはその再生産能力に依存し、また手形を裏書きして連鎖する商取引の継続可能性に依存している。未来の不確定性が、再生産過程の反復と、交換過程の接続とによって解除されるわけである。発券銀行が発行する銀行券の場合は、これに対して、無記名一覧払の約束手形であることで、このような制約そのものが抹消される。そのことで銀行券は、直接に貨幣へと変換可能となり、かくて兌換銀行券となる。銀行券そのものがしかも、数種類の一定額面を印刷したものとなることをつうじて、その組みあわせによって、必要な金額を代理表象しうるものとなるから、銀行券はいまや信用貨幣そのものとなるのである。銀行券に代表される銀行信用の背後にはそのうえ、銀行の手もとに集積された巨額の資金と、その背景にさらに拡がる、全社会的な貨幣資本が存在するがゆえに、その信用は一般に、商業手形とはくらべようもないものとなるだろう。

利子生み資本としての銀行資本

銀行資本そのものは、1　現金、すなわち金または銀行券と、2　有価証券からなっている、といわれる。後者はさらに、A　商業証券、つまり手形と、B　公的有価証券、たとえば国債証券や国庫証券、各種の株式、不動産抵当証券などであって、これらは要するに「利子付証券zinstragende Papiere」にほかならない。――銀行の資金はさらに、銀行自身の投下資本と預金とにわかれる。この預金は、銀行にとっては借入資本であるけれども、銀行はこの預金をも貸しだすことができるうえに、資本として投下することもできる（vgl. S.481f.）。

銀行が各個別資本に対して貨幣資本を貸しだす場合、当の貨幣額は個別資本にとっては借入金であり、銀行そのものにとっては貸付金となるけれども、その貸付金自体が銀行資本自身にぞくするのか、あるいは預金に由来するものであるのかは、ことがらをなんら変更しない。問題はむしろ、このばあい銀行資本そのものが「利子生み資本（英語でいうmoneyed capital）としての流通手段」(2)（S.458）となっていることである。――通貨（Zirkulation; currency）と資本との一般的な区別にかかわって、マルクスはつぎのように書いていた。引用しておこう。

> 流通手段は、一方ではそれが収入の支出を媒介し、したがって個人的消費者と小売商人とのあいだの取引きを媒介するかぎりで、鋳貨（貨幣）として流通する。〔中略〕ここでは貨幣は、たえず資本を補填するとはいえ、鋳貨の機能において流通する。一国に存在する貨幣のいくらかの部分は、いつでもこの機能に充てられている。とはいっても、この部分をかたちづくっている個々の貨幣はつねに入れかわっているのである。これに対して、貨幣が資本の移転を媒介するかぎりは、購買手段（流通手段）として媒介するのであろうと、支払手段として媒介するのであろうと、それは資本なのである。（S.458f.）

たとえば、小売商人はたえずじぶんの買い手から鋳貨を受けとって、そのことでみずからの資本に貨幣形態を与える。補助鋳貨はその「流通重心」を小売商業の領域で占めているのであり、小売商人なら、つり銭の準備のために不断に補助鋳貨を必要とし、また客からたえずそれを受けとっている。小売商人はそればかりか、正貨たとえばポンド鋳貨をも受けとり、銀行券さえも受けとっているが、これらの金貨や銀行券を、小売商人は、毎日あるいは毎週、じぶんの取引銀行に預金し、たほうではまた預金引き当て手形で、みずからの仕入れの支払いをすませる。おなじように絶えることなく、おなじ金貨や銀行券が、銀行からふたたび直接あるいは間接に（後者としては、たとえば賃金支払いのための引き出しというかたちで）流れでて、不断に小売商人の手に還流し、かれらにとっての資本の一部分を形成してゆく（vgl. S.460）。

したがって、通貨と資本との区別は、「収入の流通としての流通」と「資本の流通としての流通」ではない。銀行業者はたんに、じぶんにとっては「紙と印刷のほかにはなんの費用もかからない」銀行券を発行するだけであるけれど、この銀行券が社会のなかでは流通手段として機能している。そのおなじ銀行券は、しかし銀行業者にとっては「かれ自身あてに振りだされた流通する債務証券（手形）」であるいっぽう、それが銀行業者の手に貨幣をもたらし、かくしてその資本の増殖の手段として役にたつ（S.461）。銀行資本は、ここでは、流通手段を社会に対して提供しながら、自身は利子生み資本として作動し、あわせてまた一般利潤率の形成にも参入しているのだ。

利子率の変動と景気変動

こうして銀行資本は、資本の流通局面に対して寄与している。それはまた、資本間の移転を可能にし、個別資本の遊休資本を集積して、当面の資本投下を必要としている個別資本に対して、それを融資する。とはいえ、それ自体が利子生み資本である銀行資本（貨幣資本）の運動と、産業資本や商業資本などの現実資本の運動とが、背反することがある。――双面の神としての信用制度が、そのもうひとつの相貌を示す、決定的な局面が到来する。恐慌、信用恐慌がそれである。

ここで、もういちど整理しておく。資本の運動にともない発生する遊休貨幣が、預金として銀行へと流れこんで、銀行をとおして当座の資金を必要としている資本に貸しつけられる。すでに利子生み資本を主題としたさいにふれられていたように、こうして貨幣そのものが（その資本としての使用価値において）商品となっている。貨幣資本が貸しだされるさいの利子とは、貨幣を資本として使用するさいの対価であり、商品としての貨幣の代価であるが、この利子そのものは、現実資本の利潤率の変動とは相対的に独立している。

この件がいわゆる景気変動にかかわって、大きな意味をもつことになるだろう。ここでは、ごく簡単にふれておく。

いわゆる好況期には、商業信用が拡大する。債権者および債務者の双方にとって、たがいの商品がつぎつぎ市場に呑みこまれることが見つもられるかぎり、信用にかかわる未来の不確定性は一定ていど縮減されて、貨幣の「還流」は円滑におこなわれ、たほう生産もまた拡大される以上、この商業信用の膨張にはいわば「「健全な」基礎 die "gesunde" Basis」がある。商業信用が拡大される場合なら銀行信用はわずかにしか必要とされず、利子率はまだ低い。そこでは「商業信用の拡大とむすびあった還流の容易さと規則正しさ」が一方では「貸付資本の供給」を確実にする。他方で、おなじ事情が、資本需要の増大にもかかわらず「利子率の水準が上がるのを妨げて」いるのである（vgl. S.505）。

好況が進行して、やがてその末期にいたると、利子率はむしろ上昇する。好況の拡大とともに、労働力への需要が拡大し、かくて可変資本に対する需要も拡大して、かくてまた「貨幣資本に対する需要」が増加しうる。可変資本への需要は、それ自体としては利潤を減少させ、したがってまた利潤率を押しさげることがありうるにもかかわらず、利子率そのものは上昇してゆく。これに投機的な取引きの進展があいまって、利子率をさらに押しあげてゆくのである（vgl. S.529）。

やがて恐慌が到来する。好況期には投機的な取引きが横行し、とくに好況末期には、銀行信用を利用して集積された投機的な在庫が滞留して、その維持そのものがしだいに困難となる。かくて、すでに見たように（本書、六一四頁以下、参照）、恐慌がまず爆発するのは直接的な消費に関係する小売業ではなく、卸売業や、それに社会の貨幣資本を供給する銀行業においてなのである。

信用恐慌と貨幣恐慌――信用制度の崩壊

恐慌期には、手形がまったく流通しなくなる。「だれもが現金による支払いしか、受けとろうとしないので、だれも支払約束を使うことができない」からだ（S.556）。――その結果、どうなるか。マルクスは書いていた。引用しておく。

恐慌期には支払手段が欠乏していることは、自明である。手形の換金可能性が商品そのもののメタモルフォーゼに取ってかわっているが、そのことはほかならぬこのような時期に、ますます甚だしいものとなる。一部の商社が、ただ信用のみに頼って営業するにいたるからである。〔中略〕

再生産過程の全連関が信用を基礎としているような生産体制のなかでは、急に信用が停止され、現金払いしか通用しなくなれば、あきらかに恐慌が、すなわち支払手段をもとめる殺到が生起せざるをえない。かくして一見したところでは、全恐慌がひとえに信用恐慌ならびに貨幣恐慌としてのみあらわれるのである。（S.507）

商品資本はほんらいであれば「それ自体として同時に貨幣資本」である（ebd.）。商品資本とは、一定の価値額が商品の価格で表現されたものであるからだ。それにもかかわらず商品資本は、それが「潜在的な貨幣資本」であるという属性を恐慌時には喪失してゆく（S.510）。

おなじように、手形はほんらいなら「現実の取引き」を表示している。手形の多くが「たんなる思惑取引き」を示すにすぎない事態に立ちいたり、そのうえ、その件が露見して「破裂する」ときに、現実の支払手段をもとめて「貨幣恐慌」が生起する。その貨幣恐慌とは、そして紛れもなく、つねに同時に「信用恐慌」にほかならない（S.507）。かくて、名目的《ノミナル》な貨幣資本の「しゃぼん玉《バブル》がはじけ散る **Zerplatzen dieser Seifenblasen**」のだ（S.486）。

信用が収縮するとき、にわかに貨幣が「唯一の支払手段、価値の真の定在として、絶対的に商品に対して対立する」にいたる。同時にまた、信用貨幣がもはや貨幣であることが信認されない段階へと到達するのである（vgl. S.532）。

信用恐慌とは、信用制度そのものの崩壊であり、その脆弱さの露呈である。しかし信用制度それ自体が、原理的な脆弱性を組みこむかたちでのみ可能なのであり、信用はつまり、恐慌の可能性を内在させたしかたでしか可能ではないのである。

どうしてだろうか。項をあらためて考えておく必要がある。

註
（1）須藤修、一九八六年b、五二―三頁、参照。
（2）現行『資本論』第三巻第五篇第二八章（「流通手段と資本　トゥックとフラートンとの見解」）の冒頭に登場する、この表現にかんしては、小林賢齋、二〇一〇年、三五六頁以下、参照。マルクスの銀行論は、当時のさまざまな資料を大量に引用しながら、複雑なかたちで展開されるが、小林の研究は、そのそれぞれとの関係を「成立史的視座」から解明しようとするものである。

γ　架空資本の成立

中央銀行の成立と発券の集中

ここでもういちど、銀行信用の基本的な問題場面に立ちかえっておく。発券銀行が発行する銀行券のありかたについて再考してみよう。

銀行券は一覧払いであり、貨幣との交換可能性が保証されているので、一般には社会的な信認度も高い。最初にふれたとおり、そのけっか銀行は自行の銀行券を手形割引に用いることもできる。現実的には、銀行どうしのあいだにも信用関係が取りむすばれ、銀行はたがいに資金を融通しあうこともあり、貨幣資源の貸し借りもおこなわれるし、或る銀行の銀行券が他の銀行にまわり、貨幣との交換がもとめられることもある。かくて、銀行間に決済の必要が生じたときに、特定の銀行が差額を上位銀行の銀行券で支払い、また上位銀行に対して手形の割引をもとめて、その銀行の銀行券を取得したり、また余剰資金を預金したりすることもある。かくして、銀行のあいだにも階層的な秩序が生じて、準備金がしだいに中央銀行に集積し、銀行券発行の権限も、やがて中央銀行へと集中するはこびとなるだろう（vgl. K.III, S.471）。中央銀行はこうして、いわば銀行の銀行となる。マルクスも説いていたとおり、じっさい、「たいていの国では、銀行券を発行する主要銀行は、国立銀行と私立銀行との奇妙な混合物として、事実上その背後に国家信用（Nationalkredit）を有しており、その銀行券は多かれすくなかれ、法定の支払手段となる」（ebd., S.417）。

現実に「ロンドンの最大の資本力はいうまでもなくイングランド銀行」にあり、その「支配力」は法的な規制のもとにある。「それにもかかわらず、この銀行もまた――ことに一八四四年の銀行法(1)以降は――じぶんの私利をはかる手段と方途なら、それをじゅうぶん知悉している」（S.557）。

マルクスは、ニューマーチとウィルソンとのやりとりを引いている。やりとりの前提となる部分をまず引用しておく。

イングランド銀行は一四、五五三、〇〇〇ポンドの資本を有しており、そのほかに約三〇〇〇万ポンドの「剰余金」すなわち配当されない利潤と、租税などとして政府に入ってくるが使用するまではこの銀行に預金しておかなければならない、すべての貨幣を自由に使用している。さらに、その他の預金（平時に約三〇〇〇万ポンド）と無準備発行銀行券との総額を加算すれば、つぎのように言っているニューマーチの推算（『銀行法』、一八五七年、第一八八九号）も、まだかなり控えめなものということが判るだろう。

「私の確信するところではたえず」〔ロンドンの――エンゲルスによる補足〕「貨幣市場で動かされている資金の総額は、約一億二〇〇〇万ポンドと見積もることができる。そしてこの一億二〇〇〇万のうち非常に大きな部分、およそ一五 - 二〇パーセントはイングランド銀行が支配しているのである」。

イングランド銀行がその地下室にある金属準備によって保証されていない銀行券を発行するかぎりでは、この銀行は価値記号を創造するのであり、その記号はたんに流通手段を形成するだけではなく、この銀行にとってはこの無準備銀行券の名目額だけの、追加の――架空のだとはいえ――資本をも形成するのである。さらにこの追加資本は、この銀行のために追加利潤をあげるのだ。(ebd.)

ウィルソンは尋ねる。「では銀行が、この流通高から引きだす利潤は、すべて信用から生じる利潤であって、銀行が現実に有している資本から生じる利潤ではないのではないか?」ニューマーチは端的に答えている。「まったくそうだ Ganz gewiß」(ebd.)。

銀行資本と擬制資本

中央銀行は、貨幣との交換可能性を担保していない場合でも、あるいは兌換準備を超えても銀行券を発行しうる。銀行券は、たんなる「価値記号 Wertzeichen」(本書、一一一頁、参照)となる。この「無準備銀行券」はしたがって、「架空の」[2]追加資本をかたちづくることになるのである。

マルクスそのひとが付けくわえているとおり（ebd.）、この間の消息は、中央銀行として法的にも特権化された銀行にかぎられない。むしろ、架空《フィクティーフ》資本へと転化してゆく擬制《フィクティーフ》資本のなりたちは銀行信用の形成に、ひいては信用制度の成立とわかちがたくむすび合っているものなのだ。

銀行券という信用貨幣のなりたちそのものを、振りかえってみよう。銀行券は、それが貨幣との交換可能性によって信認されるものであるかぎり、発券銀行には、いつでも兌換請求に応じられるだけの正貨準備が要求される。とはいえ銀行券を発行する銀行への信頼が喪失されていないかぎりでは、通常は相当額面の銀行券が、貨幣との交換を請求されることなく、したがって事実上は貨幣そのものとして流通している。銀行券は、かくて信用貨幣として作動するのだ。そのけっか銀行の兌換準備が、じっさいには銀行券の発行総額を相当ていど下まわっていても、ふつうなら信用危機は生起しない。たとえば、銀行券による手形の割引を受けた者が、ふたたび銀行券によって余剰金を銀行に預ける場合、その預金の払い出しに対してもまた銀行券をもちいるとすれば、発券銀行は正貨準備とは一定範囲で独立に、フィクショナルな資金を運用することができる。

利潤がおよそ「国民的労働の取得」であるかぎりでは、わずかな紙代や印刷費用を費やすだけで銀行が利子を獲得するなら、それは「国民的節約が私的利潤としてあらわれている」ことになるだろう。中央銀行であるならば、さらに、その銀行券は国家的信用に裏うちされているにもかかわらず、その銀行は「そのおなじ銀行券を、紙から貨幣へと転化させ、つぎにそれを国家へと貸しつけるという、国家から与えられた機能に対して、国家から、つまり公衆から国債利子というかたちで支払ってもらう」にすぎない（S.557f.）。

ふつうの事業家であるならば、その者がたとえば手形を割引きさせるとしても、それは「じぶんの資本の貨幣形態を先どりすることによって、再生産過程の流動を保持するため den Reproduktionsprozeß im Fluß zu erhalten」であるにすぎない。手形割引は、通常の企業家にとって、みずからの事業を信用によって拡大することにはほとんど役だたないはずである（S.440）。一般的に、「手形を振りだすことは商品を信用貨幣の一形態に転換することであり、手形を割引きすることはこの信用貨幣を、べつの信用貨幣つまり銀行券へと転換すること」（S.442）である。ここではまだ「信用山師」（S.440）も登場していなければ、「空手形」もあらわれておらず、「ひとつのいかさま仕事を、べつのいかさま仕事で埋めあわせる」操作も作動していない（ebd.）。

マルクスは『資本論』第一巻ですでに「信用制度は当初は、蓄積の控えめな助手としてこっそりと入ってきて」、「やがては競争戦におけるひとつの、あらたな恐ろしい武器となり、そしてついには諸資本の集中のための巨大な社会的機構へと転化する」と書いていた（本書、六五五頁、参照）。擬制資本もまた、商業信用のかたちでは、限定された未来の時間を先どりするだけの、資本の流動化の控えめな助手として入りこんでくる。擬制資本は、しかしやがて、巨大な架空資本と化して、信用制度そのものを揺るがせることになるだろう。

架空資本の例――前貸し取引きの場合

ギルバートが語っていたとおり、「銀行の目的は取引きを容易にすることである」。とはいえまた「すべて取引きを容易にするものは、投機をも容易にする」（同、六七〇頁）。この件は、銀行信用にかぎらない。架空資本のいわば本源的蓄積形態ともいうべき局面を考えてみよう（vgl. S.421ff.）。場所はイギリスとアジア、時はアヘン戦争後におとずれた空前の好況期である。イギリスの工業生産物に対する世界市場の需要は拡大し、アヘン戦争の終結は、イギリスの商業に対して中国への門戸を開いた。固定資本への設備投資は拡張し、たほうでは鉄道ブームも捲きおこる。一八四六／四七年に鉄道建設に投下された資本は七五〇〇万ポンド、たとえば商社本来の事業だけでは「出血」せざるをえず、株式に投資される資金調達は「信用にたよる」ほかはない。

極東ではイギリス製の糸や織物が売られ、帰り荷にはアジアの物産が積まれる。この往路と復路の双方で利益をおさめて悪いわけがない。こうして「前貸し引き当ての大量委託販売制度」が生まれ、その制度はやがて〈空間と時間のふたつの制約をつよく負う〈命がけの跳躍〉である〉商品の販売を先どりして、前貸しを得るためだけに利用されるようになる。逆の事態も生起する。「対東インド取引きでは、もはや、商品が買われたから手形が振りだされるのではなく、割引可能で換金可能な手形が振りだされるようにするために商品が買われた」（S.423）。かくて買い手も荷主も、じっさいに商品の代価を支払うよりはるか以前から、資金を手にいれることが可能となったのである。

信用操作が莫大な架空資本をつくりだす。複数の土地に存在する商社が、それぞれにロンドンの商社あてに手形を振りだす。たとえばカルカッタで買いいれた産品について複数の手形が交錯し、さらにその船荷そのものが船荷証券（Ladeschein）となって、ロンドン市場で前貸しのために利用される。こうして、と或る銀行業者が内情を打ちあけている。「だれかが外国でイギリスあての手形を買って、それをイギリスにある商社に送ってくる。私たちはその手形を見ても、それがまともに振りだされたのかどうか、生産物を代表しているものか、それとも空手形なのか（ob er Produkte oder Wind repräsentiert）を見わけることができない」（S.428）。

エンゲルスが付記しているように、このような詐欺めいた手法は、アジアの産品が喜望峰を迂回する必要のあった時代の産物である。「架空資本を製造する」そのような方法は、スエズ運河の開通と、電信の整備によって無効となった（S.424）。このような本源的蓄積の形態は、しかし、仲立ちするものが、たとえば土地という擬制商品となった場合には、一九八〇年代のこの国のバブル期にもくりかえされ、株式をはじめとする各種証券類という擬制商品がデリヴァティヴにまで成長したけっか、今日でも潜在的には世界市場を支配し、地球規模《グローバリズム》の収奪を可能としている。

国債の場合——債務の資本化

つぎに国債について考えてみよう。マルクスは『通貨理論論評』（一八四五年）から、つぎのような一節を引用している。前半部分だけ引いておく。

> イギリスでは追加される富の不断の蓄積がおこなわれていて、それは結局のところ貨幣形態をとる傾向がある。しかし、貨幣を得たいという願望についで切実な願望は、利子または利潤をもたらすなんらかの種類の投資によって、ふたたびその貨幣を手ばなしたいという願望なのである。なぜなら、貨幣としての貨幣はなにももたらさないからである。だからもしも、このような過剰資本の不断の流入と同時に、その運用部面が、しだいに十分に拡張されてゆかない

ならば、私たちは投資をもとめる貨幣の周期的な蓄積に当面せざるをえないのであって、この蓄積は、事情によって大小さまざまである。多年にわたり国債は、イギリスの過剰な富を吸収する大きな手段であったのだ。(S.429)

資本制の進展は、「過剰資本」の「周期的な蓄積」を生む。イギリスでは、国債がそうした「過剰な富」を吸いあげてきた。この国債(Staatsschuld)こそが、しかしフィクショナルな資本の典型にほかならない。どうしてだろうか。

一般に信用は、「貨幣形態での還流」を、産業資本にとっても商業資本にとっても「現実の還流の時点」から切断してゆく。産業資本も商業資本も信用で売る。だから、その商品は、それが貨幣に再転化し、自身のもとに貨幣形態で還流するまえに譲渡されている。いっぽう資本は信用で買う。したがって、その商品の価値は、それが〈命がけの跳躍〉を済ませるに先だって、すでに生産資本なり商品資本なりに転化している。そこでは「信用還流(Kreditrückflüsse)が現実の還流に取ってかわる」ことになる(S.463f.)。——国債の場合なら、現実の還流がさらに無限に繰りのべられる。そこではいわば国家信用に裏うちされて、信用還流がひとり立ちするのである。

国債つまり国家の債務証書において国家は、借りいれた資本に対して、いくらかの額の利子を、まいとし債権者すなわち国債保有者に支払わなければならない。債権者はしかし、債務者に解約を通告することができず、ただ債権証書つまり国債そのものを転売し、債権に対するみずからの占有権を売ることができるにすぎない。そのばあい資本そのものは「国家によって食いつくされ、支出されて」おり、「もはや存在しない」(S.482)。国家は国債と引きかえに手にした資金を、たとえば軍備拡張や鉄道建設に費消してしまっているからである。とするると、どうなるだろうか。

個人は、たとえば一〇〇ポンドの国債を購入し、これが国家の債務証書となる。この国債は、国家への債権者となった個人に対し、国家の歳入つまり年間租税収入に対する、たとえば五ポンドの請求権を与え、またその個人はこの債務証書を任意の他者に売ることができる。「しかし、これらの場合すべてについて、国家による支払いがその子(利子)とみなされる資本は、やはり幻想的(illusorisch)であり、架空資本」なのである。国家に貸しだされた資金は、すでに呑みつくされて存在しない。そればかりではない。その金額は資本として投下されることによってのみ利子を生み、したがって資本であったにもかかわらず、それは「けっして資本として支出され投下されるはずのものではなかった」からである(S.482f.)。

国債が生むものは、「租税額のうちから或る金額をさきどりする権利を与えられた、国家の債権者」、それ自体が「ひとつの階級」を形成する金利生活者の増大以外のなにものでもない。そこでは「債務の蓄積さえ資本の蓄積としてあらわれることがありうる」のである(S.493f.)。

擬制／架空資本の特徴

国債は、かくて、債務というマイナスすらもプラスの資本蓄積であるかに見せかける。そのような国家債務にあらわれる事情は、とはいえ、擬制資本一般の特徴をよくあらわしている。さらに、擬制資本一般の条件のうちに、架空資本を可能とする条件がふくまれているのである。

さきの設例にしたがって、一〇〇ポンドの国債がその購入者に対して、たとえば五ポンドの貨幣請求権を与えるものとしよう。購入者が国家に預託した一〇〇ポンドは、ただちに国家予算のうちで支出され、資本としてもはや作動することがない。それでも、他の事情が変わらなければ、当の国家債務証書は五ポンドの利子とされるものを保証し、五パーセントが平均利子率と一致しているとすれば、その債務証書はやはり一〇〇ポンドで転売されうる。そこでは、五ポンドという利子が平均利子率にもとづいて逆算されて、一〇〇ポンドの資本価値と見なされているわけである。

このような事情が、一般に「擬制資本」とされるものについて妥当する。その間の消息を、マルクスはつぎのように説いていた。テクストを引用しておく。

擬制資本の形成は、資本換算と呼ばれる。規則的に反復される収入はすべて、平均利子率で計算されることにより、つまりこの利子率で貸しだされる資本があげるだろう収益として計算されることによって、資本換算される。たとえば、年間収入が一〇〇ポンドで利子率が五パーセントならば、この一〇〇ポンドは二〇〇〇ポンドの年利子となるだろう。かくしてこの二〇〇〇ポンドが年額一〇〇ポンドに対する、法律上の所有権の資本価値と見なされるのである。そこでまたこの所有権を購買する者にとっては、この一〇〇ポンドという年収入が、事実上、かれの投下資本の五パーセントの利子をあらわしている。資本の現実の価値増殖過程との関連のいっさいは、かくてその最後の痕跡にいたるまで消失して、じぶん自身によってみずからを価値増殖する自動運動体としての資本の表象が確立されるのだ。(S.484)

利子額を利子率で除する演算が、「資本換算 kapitalisieren」として承認される。この操作の結果として得られるものが「資本価値」とみなされ、利子生み資本はそのほんらいの形態において完成されるのである。そこでは「価値増殖過程」の「痕跡」のいっさいが消去され、かわりに登場するものは「価値増殖する自動運動体としての資本の表象 Vorstellung vom Kapital als einem sich selbst verwertenden Automaten」にほかならない。

ここに資本のオートノミー(3)が完成されて、資本の派生的形態にすぎない利子生み資本こそが資本のほんらいの形態であるかのような幻想がむしろ現実化してゆく途が拓かれる。資本はフィクショナルな存在として、みずからの痕跡を抹消する。この間の事情に立ちいってゆくためには、株式という特殊な有価証券と、株式会社という特異な信用制度とにふれておく必要がある。

信用制度と株式制度

前項において私たちは、マルクスにしたがい、「資本制的生産における信用の役割」を三つの論点にわたって見ておいた（本書、六七一頁以下、参照）。マルクスが挙げている四つの論点のうちで、そこでさしあたり割愛したものがある。その問題系こそが、株式会社制度をめぐるマルクスの論定にほかならない。

さきに省略した箇所でマルクスはつぎのように説いていた。テクストそのものを引用しておく。

株式会社の形成。これによって――

1　生産規模の非常に大きな拡張がおこなわれ、かくて個人資本には不可能であった企業があらわれた。同時に、従来は政府企業であったこのような企業が会社企業となるのである。

2　それ自体としては社会的生産様式のうえに立っていて、生産手段や労働力の社会的集積を前提としている資本が、ここでは直接に、個人資本に対立する社会資本（直接に結合した諸個人の資本）の形態をとっており、このような資本の企業は個人企業に対立する社会企業として登場する。それは、資本制的生産様式そのものの限界における私的所有としての資本の廃止である。

3　現実に機能している資本家が、他者の資本のたんなる支配人、管理人へ転化して、資本所有者はたんなる所有者、たんなる貨幣資本家へと転化すること。（S.452）

いわゆる『経済学批判要綱』の段階でマルクスが、株式会社を、資本一般、競争、信用につづけて、「資本の最高の完成形態」と位置づける構想を有していたしだいは、よく知られているとおりである。[4]『資本論』第三巻における株式会社論は、とはいえ、草稿の未整理もあって、きわめて断片的なものに止まっている。本項では主要には、擬制資本の形成という論点との関連でのみ問題を考えているけれども、ここではまず、右に見られる株式会社観の一側面についてふれておく。

当面の文脈でのマルクスの認定の流れは、こうである。たとえば鉄道の敷設はかつて国家の事業であったが、株式会社の形成によりそれが私企業としても可能となる（論点1）。その結果として、当該企業はそれじたい一方で社会的な性格を帯びることになり（論点2）、他方では機能資本と貨幣資本との分化が進行することになる（論点3）。その意味で株式会社は、一面では一定の限度内での「私的所有としての資本の廃棄 Aufhebung des Kapitals als Privateigentum」なのであり、他面では「資本所有」からの「機能」の分割（vgl. S.453）、いわゆる〈所有と経営の分離〉を意味する。かくてそれは「資本制的生産様式そのもののなかでの資本制的生産様式の廃止であり、かくてまたじぶん自身を解消する矛盾」にほかならない。株式会社は、こうしてマルクスにとって、或る意味ではたしかに「あらたな生産形態へのたんなる通過点」としてあらわれていた（S.454）。

この認定をめぐっては、ここではこれいじょう立ちいらない。当面の論脈で、主要な問題はほかにある。

擬制／架空資本としての株式

株式をふくめて、債務証書であるかぎりでの「有価証券 Wertpapier」には、国債のように、純粋に架空的で幻想的な資本を表現している場合がある。この件については、さきに見ておいた。

有価証券については、とはいえ一般にその「資本価値」は「純粋に幻想的なもの」である。もちろん、鉄道や鉱山、水運などの会社の株式は「現実資本」をあらわす。これらの証券に表示される貨幣額は、当の企業で充用されている資本の一部を代理表象することだろう。「とはいえ、それらの株式が、たんなる詐取をあらわしていることも、けっして排除されているわけではない」（S.484）。どうしてだろうか。

株式会社制度は「じぶん自身を解消する矛盾」であると述べた直後にマルクスは、つづけてつぎのように書いていた。これも引用しておく。

じぶん自身を解消する矛盾として、この矛盾はまた現象のうちにも立ちあらわれる。それはいくつかの部面では独占を出現させ、したがってまた国家の干渉をも呼びおこす。それはあらたな金融貴族を再生産し、企画屋や発起人や名目だけの役員のすがたをまとったあらたな種類の寄生虫を再生産し、会社の創立や株式発行や株式取引についての、思惑と詐欺との全制度を再生産する。それは、私的所有による制御のない私的生産なのである。（S.454）

エンゲルスが付記しているように、マルクスはここで、じっさいに事件がおこる二〇年もまえにパナマ運河詐欺を予見しているかのようである（S.455）。技師で事業家の、F・ド・レセプスが、パナマ開削資金調達を謳って一八七九年に設立し、十年を経ずに乱脈経営によって潰れた株式会社をめぐって、フランス首相はじめ政府高官をも巻きこんだ一大詐欺事件である。

同様の詐欺は、かたちを変え、規模を変じて、成熟した信用経済のなかで生起しつづけている。問題は、しかしそればかりではない。株式をはじめとする証券があらわしている「資本の貨幣価値」は、国債のような架空的なものである場合ばかりでなく、株式のような「現実の所有の所有権証書」である場合であっても、「まったく擬制的なもの」にすぎない。それは、ひとえに資本換算によって算出された貨幣価値にすぎないからだ。とりわけ、それらの証券にあらわされているものが「たんなる収益請求権であって、資本ではない場合」には、すくなくともその一部は、資本の現実の価値からは乖離したかたちで規制される（S.487）。「すべてこれらの証券は、じっさいには、将来の生産に対する蓄積された請求権、権利名義のほかにはなにもあらわしていない」からである。その権利名義の貨幣価値そのものは、したがって「まったくどのような資本もあらわしていないか、または、それがあらわしている現実の資本とは無関係に規制される」（S.486）。

　どこで、あるいはなにによって規制されるのか。純粋に市場で、つまり現実の価値増殖過程とは独立な証券市場により規制されるのである。さきに引いたとおり、株式取引市場における貨幣価値は、結局は「名目的《ノミナル》な貨幣資本のしゃぼん玉《バブル》」（ebd.）であるほかはない。

証券市場の成立

　たんなる将来の収益請求権を示すにすぎない紙片が「二倍になるように見え、また場合によっては三倍になるように見える」（S.488）。株式という擬制資本が、かくて架空資本へと肥大化し、価値蓄積過程そのものがおなじ病理に感染する。いまや信用制度の中核を担っている銀行資本のかなりの部分は、しかもこうした各種証券、いわゆる「利子付証券」からなっている。銀行資本はかくしてこの意味でも、その相当部分が「純粋に架空的なもの」にほかならない（S.487）。銀行に集積された貨幣資本の大きな部分が、たんなる価値請求権という「価値記号」となっているからである（S.524f.）。かくしてまた、「この信用制度のもとでは、すべてが二倍にも三倍にもなって、ただの幻想（bloßes Hirngespinst）に転化する」のだ（S.490）。

どうしてだろうか。証券の市場価値とされるものは、原理的にいって「或る程度までは投機的」だからである。その理由は「市場価値がたんに現実の収入によってではなく、予想されまえもって計算された収入によって規定されている」点にある（S.485）。未来の不確定性が、不確定な予期によって確定され、しかもその予期それ自体がさまざまな思惑、願望、操作により汚染されている。歪んで偏光した未来が現在のただなかで造りだされ、その未来が現在を規定しているのだ。

その結果、どうなるか。帰結するところは、およそ「最大規模での収奪」である。株式制度そのものが示すものは、一箇の「社会的所有」でしかありえない。ところが、とマルクスは書いている。

> この収奪は、ところが資本制的システムそのものの内部では、反対のすがたをとり、少数者による社会的所有の取得としてあらわれる。さらに信用は、これらの少数者に対してますます純粋な山師の性格を与えるのだ。所有はここでは株式のかたちで存在するのだから、その運動や移転は、よりいっそうひとり取引所投機の結果となるのであって、そこでは小魚は鮫に飲みこまれ、羊は取引所狼に呑みこまれてしまう。（S.456）

株式制度（Aktienwesen）は、たしかに、生産手段の社会的所有への移行をあらわしているかに見える。それはしかし「資本制的な制限のうちになお囚われて」おり、それゆえ株式制度は「社会的な富と私的な富という富の性格のあいだの対立を克服するのではなく、ただこの対立をあらたなすがたで形成するだけ」（ebd.）なのである。

オートポイエーシス機構としての資本

株式は、たしかに、さまざまな会社事業、鉄道や鉱山に対する所有権の一部をあらわしている。それは「事実上は現実資本に対する権利」にほかならない。とはいえ株式は資本に対する自由処分権を与えるものではなく、その現実資本を引きあげることを許すものでもない。「その所有権が与えるのはひとえに、この現実資本によって獲得されるべき剰余価値の一部分に対する請求権であるにすぎない」からである。

架空資本の〈本源的蓄積〉過程にあっては、たとえば船荷証券が「積荷とはべつに、また積荷と同時に、或る価値を与えられて」いた。株式は、それとおなじように、「現実資本の紙製の複製」となる。それは「存在しない資本の名目的な代表物」となるのである。というのも、現実資本はその紙片とは別箇に存在しており、株式証券という「この複製品が持ち手を取りかえることによってはけっして持ち手を取りかえない」からである。株式はあくまで「複製 Duplikate」としては「幻想的」なものである。それにもかかわらず、この有価証券はそれ自体の価値を有して、市場で価格を変動させ、その変動からさらに利潤が生まれる。株式制度は信用制度を背景に登場して、信用制度を完成させ、特異な利子生み資本を特殊なかたちで完結させるのである（以上、vgl. S.494）。

いま、株式制度における流通の形態を考えてみる。株式（A）が発行されて、貨幣（G_1）と交換される。Gはふたつの部分に分かれ、一方（g_1）が創業者利得となって、流通から脱落する。他方は機能資本に転化して、たとえば産業資本の循環を描くことだろう。たほう株式そのものが売られて、持ち手を替えるかぎりでは、あらたな貨幣（G_2）が流通手段として登場することになる。流通圏は、ヒルファーディング『金融資本論』にしたがえば、かくてつぎのようになるだろう。(5)

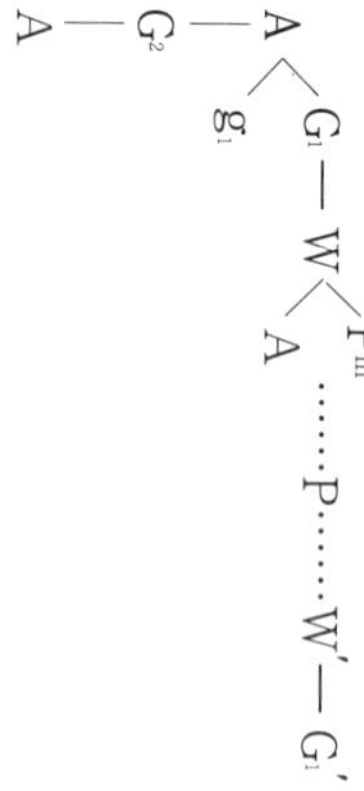

右図で垂直方向の流通（A—G_2—A）は、証券市場で生起し、しかも反復的に生起する。資本は、かくて特殊な一市場、株式市場で、機能資本そのものとして描く軌道とは別箇の軌跡を描きつづけて、独自な運動を継続してゆくことになる。金融資本は、この段階にいたれば、みずから流通A—G_2—Aに参加し、その参入をつうじて利潤を獲得することができる。かくてまた金融資本は、たんなる貨幣資本として、同時に機能資本の運動を制御し、そのうえ、機能資本そのものがその内部で作動する超越論的な条件そのものを操作することができるのである。——競争という、各個別資本にとって超越論的条件が資本制そのものにとっては超越論的条件となり、その条件を信用制度が制約していたのであった。現在では、金融資本それ自体が、みずからこの超越論的条件自身を操作する可能性を、すでに手中にしているといってよい。

かくして、いまや資本は、市場そのもののなかで資本それ自体を調達することができる。すでに見たとおり（本書、六二七頁以下）、マルクスは、利子生み資本の登場によって、資本はそのものとして商品となる、と説いていた。株式制度と証券市場の展開をつうじて、資本のこの商品化が完結する。資本はもはや、資本としてその外部をもたない。信用制度のなかに株式制度を着床しおえた資本システムにとっては、いまや「入力も出力もない」[6]。いっさいは市場の内部で調達され、すべては市場の内部へと送りかえされる。資本制は、そのかぎりでは自己制作的な過程そのものとなる。すなわち、一箇のオートポイエーシス機構となるのである。

資本の、このオートポイエーティック・メカニズムを十全に分析するためには、とはいえ、資本制のその後の展開を問題とするほうがより適切だろう。すなわちレーニン――その『帝国主義論』は、ドイツでは総数の百分の一にも満たない企業がエネルギーの四分の三を独占し、合衆国では、おなじく百分の一の企業に、一国の総生産のほとんど半分が由来している段階を見すえていた[7]――以後の資本制の変容と、その現在[8]とを問うことが必要となるはずである。

註

（1）この件について、立ちいった事情については、小林賢齋、二〇一〇年、一六二頁以下、参照。

（2）fiktives. 岡崎次郎訳『資本論』は「架空資本」という訳語を採用する。岡崎自身はのちに『資本論』入門書を執筆するさいには「擬制資本」という訳語を選択している（岡崎、一九七六年、二二二頁・註、参照）。浜野俊一郎・深町郁彌（編）、一九八五年、の概説では fiktives Kapital 一語を「擬制資本」「架空資本」と訳しわけている（同、六〇頁。項目執筆者は深町）。本書でも、一般的な意味では「擬制資本」、つよい意味では「架空資本」と称しておく。
（3）この語の含意については、須藤修、一九八六年b、五四七頁以下、また、おなじく、須藤、一九八八年、一五一頁以下、さらに、須藤、一九八四年、参照。
（4）この件について簡単には、さしあたり、浜野俊一郎・深町郁彌（編）、一九八五年、二四七頁以下、参照（項目執筆者は大谷禎之介）。
（5）ヒルファーディング、一九五五年、一八五頁、参照。
（6）河本英夫、一九九五年、一六〇頁以下、参照。マトゥラーナのシステム論を読みかえてゆく河本のオートポイエーシス論は、現在ではむしろ現象学と親和性を示している（河本、二〇〇六年）。なお、河本と方向をこととしたマトゥラーナ理解については、長岡克行、二〇〇六年、二二八頁以下、参照。
（7）レーニン、一九五六年、二八頁以下。
（8）当面の問題については、とりあえず、工藤晃、二〇〇二年、一四二頁以下、参照。工藤の一書はまた、『資本論』第三巻第五篇の草稿問題をめぐっても、簡略な見とおしを与えている。同書、一七頁以下、参照。

おわりに――宗教批判・再考――

マルクスは、『資本論』第一巻でつぎのように書いていた。本書でもすでに言及した箇所ではあるけれども（一一七頁）、前後をおぎなって、テクストそのものを引用しておく。

商品生産者の一般的な社会的生産関係は、生産物に対してそれを商品として、かくて価値としてふるまい、その物象的な形態において、みずからの私的な労働を同等な人間的労働としてたがいに関係させることにある。そのような商品生産者の社会にとって、抽象的な人間に対する礼拝をともなうキリスト教が、とりわけそのブルジョア的な発展にあっては、プロテスタンティズムや理神論などが、もっとも適合的な宗教の形態である。〔中略〕現実的世界の宗教的な反射は一般に、実践的な日常生活の諸関係が人間にとって、相互のあいだで、また自然に対して日び透明な理性的関係をあらわすようになったときにのみ、はじめて消滅しうる。社会的な生の過程がとる形態、すなわち物質的な生産過程の形態は、ただそれが、自由に社会化された人間の所産として、人間の意識的な制御のもとにおかれたときにだけ、ようやくその神秘的な霧のヴェールを脱ぎすてるのである。（K.I, S.93f.）

歴史的にみて、たとえば「物質的な生産過程」を「人間の意識的な制御のもとに」再編しようとしたこころみは、とりあえずクラーク層からの過酷な収奪を生んで、[1] いっときは生産力の飛躍的な拡大を帰結したけれども、官僚制的なその一元的支配は、結局は世界市場のなかで一国社会主義の体制もろとも解体した。七〇年にわたる歴史的な実験のあいだ絶えることなく地下に息づき、落日のボリシェヴィキにかわって地上で息を吹きかえしたのは、ロシアの大地と切りむすんだ東方教会の信仰である。「壁」を内側から侵食したものもまた、「ポーランド社会の気孔のなかで」（ebd., S.93）いのちをつないだ、カトリック教会組織の潜勢力であったようにも思われる。

ここで最後にとり上げておきたいのはこの件それ自体ではない。本書のむすびにかえて、経済学批判体系としての『資本論』もまた、一箇の宗教批判であったゆえんについて、あらためて考えておく必要がある。そのためにはまずいわゆる初期マルクスにおける宗教批判の問題に、いまいちど目をむけておくことにしたい。[2]

「ヘーゲル法哲学批判序説」

「ドイツにとって、宗教の批判は本質的には終了している。宗教の批判は、そして、いっさいの批判の前提なのである」（MEW. Bd.1, S.378）。「ヘーゲル法哲学批判序説」の冒頭で、若きマルクスはこのように書いていた。よく知られている、マルクスのこの宣言からはじめよう。

宗教批判のポイントは、当時のマルクスによれば、「人間が宗教をつくるのであって、宗教が人間をつくるのではない」ということである。人間とは世界の外部に揺曳する「抽象的存在」ではない。人間とは「人間の世界」のことであって、社会のことにほかならない。現実の「倒錯した世界」が「倒錯した世界意識」として宗教を産出するのだ（ebd.）。

だから宗教が表現するものは「現実の不幸」である。宗教はそのかぎりで、一方では現実に対する「抗議」でありうる。宗教は、けれども、民衆にとってはより多く、現実の悲しみのかげで漏らされたたんなる「吐息」であり、惨めな現実をはなれて、いっときの幻想を紡ぐ「民衆の阿片」にほかならない（ebd.）。

いまや、しかし「真理の彼岸」は霧散する。神とは「人間の自己疎外の神聖な形態」にすぎないことがあきらかになった以上、課題は「此岸の真理」にあるだろう。「天上の批判（Kritik des Himmels）はかくて地上の批判にかわり、宗教の批判は法の批判に、神学の批判は政治の批判へとかわる」（S.379）。――論点は「地上の批判 Kritik der Erde」にある。どのような批判なのか、がなお問題である。

マルクスが、宗教の批判は本質的には終了していると書いたとき、フォイエルバッハによる人間学な批判が念頭にあったことは、まちがいがない。宗教とは「民衆の阿片 *Opium* des Volkes」であるという、繰りかえし引用されてきた表現はマルクスの独創によるものではなく、ヘーゲル学派にあってありふれたレトリックであった。それは、当時の左派に通底する人間主義の表現であったといってよい[3]。じっさいおなじ論文のなかで、マルクスはさらに、理論が民衆を摑むのは、それがラディカルになるときであるとしるして、「ラディカルであるとは、ことがらをその根において把握することである。人間にとっての根とはしかし人間それ自身である」(S.385)と書きとめていた。『経済学・哲学草稿』では、「神の廃棄 Aufhebung」が「理論的人間主義の生成」であるとも語られる(MEGA. Abt.I, Bd.2, S.413)。――「フェティッシュを崇める者」は、神々が「じぶんたちの手で創りだした神々であることを忘れる」(「出版の自由についての討論」)(MEW. Bd.1, S.42)。この時期の用語法にそっていえば、いっさいの宗教はフェティシズムである(本書、七二頁・註(3)参照)。

「天上の批判」と「地上の批判」

若きマルクスは自問して、自答していた。「現世の神とはなにか? 貨幣である」(「ユダヤ人問題によせて」)(S.372)。地上の批判の核心は貨幣にある。より一般的にいうなら、エコノミーの批判にあるのである。エコノミーのうちにこそ宗教がある。そのかぎりで、宗教批判はいまだ終了していはいないのだ。

『資本論』のマルクスは、わけてもまず商品のフェティシズムについて語ることになった。本書でもすでに確認してきたところであるけれども、やや角度をつけて振りかえっておこう。

商品を語り、さらに商品の貨幣への転化を説くマルクスのテクストには、いくつかのメタファー系が混在している。とはいえ、宗教的/神学的なアナロジーが、ことに、貨幣のゲネジスを問い、貨幣の超越論的な力の起源を問いかえそうとする分析にあって顕著であったといってよい。

相対的価値形態にある商品は、等価形態にある商品のうちにみずからを映しだすことにより価値を表現するが、それは「人間ペテロ」が「人間パウロ」と関係することではじめて自己自身に関係するようなものである（本書、五九頁）。さらにまた、商品のフェティッシュ的な性格は、「神学的なつぶやき」に満ちている（同、六二頁）。それは、商品がそのようなものとしてあらわれる価値が超自然的な特性を示すからである。マルクスが商品にそのありかたを見てとった、感性的に超感性的なものとは、たとえば聖体拝領の秘蹟におけるホスティアであって、超自然的なものとは一箇の奇蹟もしくは恩寵にほかならない。恩寵《グラティア》が自然《ナトゥーラ》を完成する！

リンネルはただ価値としてのみ、等価物としての上着に関係することができる。たほう上着は、ひとえに価値物としてだけリンネルと等置される。商品と商品とのあいだの価値関係にあっては、「商品の価値性格は、他の一商品に対するそれ自身の関係によってあらわれる」。リンネルが価値であることは、ただこのような「回り道」を介して表現されるほかはない（五八頁）。そのような回り道を介して、リンネルはみずからの自然形態とはことなった価値形態を受けとることになる。「リンネルの価値存在が上着との同等性においてあらわれるのは、キリスト教徒の羊的性格が、神の仔羊との同等性においてあらわれるのとおなじことなのである」（K.I, S.66）。

地上の批判、とくに商品論にかかわるマルクスのテクストのうちに鏤められた、天上の批判とのアナロジーは、たんなる文飾として割り引かれてはならないだろう。[4] 価値という亡霊めいた対象性は、顚倒された世界にあってほかならぬ現実――フランス語版では réalité fantômatique（MEGA. Abt. II, Bd.7, p.22）、英語版で unsubstantial reality（MEGA. Abt.II, Bd.9, p.32）――である。

マルクスはまさに商品について、価値の「体化 Verkörperung」つまり受肉を語り、「からだ Körper」（K.I, S.66 et passim）の秘蹟について繰りかえし語っていた。リンネルが、上着の具体的なすがたをかりて、抽象的な価値として妥当する。それはものとものとのあいだの「幻影的な関係」であり、商品にまとわりつくフェティシズムに似たものを探すとすれば、「宗教的世界の夢幻境」に逃げこむほかはない（本書、六五‐六六頁）。商品は感覚的にとらえられる、その具体性において使用価値であるとともに、その自然形態において価値形態をとる。具体的な商品が、抽象的人間労働の受肉、化身となる。商品が価値であるのはまさにフェティシズムであり、地上の批判は天上の批判をふくまなければならない。その意味で、宗教の批判がいっさいの批判の前提なのである。

資本制における信――「プロテスタンティズムと資本主義の精神」、ふたたび

現行『資本論』第三巻は、その末尾ちかく、「三位一体範式 Die trinitarische Formel」と題された章を置いている（第七篇第四八章）。この部分についても草稿は未整理であって、論点には重複も多い。[5] 全体としては、資本‐利子、土地‐地代、労働‐労賃という、スミスをも呪縛していた俗流経済学の定式（同、四三六頁）にそくして、経済学批判体系のみちゆきを振りかえろうとする部分である。――その内容については、反復を避けてここでは立ちいらない。よく知られた、その一節だけを、ここでも引用しておく。

資本‐利潤、またはより適切には資本‐利子、土地‐地代、労働‐労賃では、すなわち価値および富一般の諸成分とその諸源泉との関係としてのこの経済的三位一体では、資本制的生産様式の神秘化、社会的諸関係の物象化、物質的生産諸関係とその歴史的‐社会的に規定されたありかたとの直接的な合成が完成されている。それは魔法にかけられ、顚倒され、逆立ちした世界なのであって、そこではMonsieur le Capital〔資本氏〕とMadame la Terre〔土地夫人〕が、社会的な登場人物として、また同時に直接にはただの事物として、怪しいふるまいをするのである。このようなあやまった外観と欺瞞、そのような、富のさまざまな社会的要素の独立化と骨化、こうした物象の人格化と生産関係の物象化、そうした日常生活の宗教、およそこういったものを解消させたことは、古典派経済学の大きな功績である。（K.III, S.838）

古典派経済学が、どこまでその「解消」に成功し、どこにその限界があるとマルクスは見ていたのか、についてはここでは措く。確認しておきたいのは、ひとえに、三位一体範式そのものをマルクスは「日常生活の宗教 Religion des Alltagslebens」と見なしていたことである。『資本論』が、その末尾で、キリスト教信仰の核心（三位一体論）に言及するのは、だんじて偶然ではない。ただし、資本制的生産様式が支配して、資本が生を枠どっている世界、この「魔法にかけられ、顚倒され、逆立ちした **verzauberte, verkehrte und auf den Kopf gestellte**」世界における、魔法と顚倒は、いわゆる三位一体範式にのみ見てとられるものではない。それは、私たちが本書の最終章で問題としたように、資本制の超越論的審級を制約する信用制度のうちにこそ、いっそう現在的なしかたで見てとるべきものなのだ。

現行『資本論』第三巻第五篇第二五章「貴金属と為替相場」は、つぎの一文でむすばれている。引用しておく。

重金主義は本質的にカトリック的であって、信用主義は本質的にプロテスタント的である。"The Scotch hate gold."〔スコットランド人は金を嫌う。〕紙幣としては、諸商品の貨幣定在は、ひとつのたんに社会的な定在をそなえている。救済するものは信仰である。商品の内在的精霊としての、貨幣価値に対する信仰、生産様式とその預定秩序に対する信仰、じぶん自身を価値増殖する資本のたんなる人格化としての、個々の生産当事者に対する信仰。しかし、プロテスタンティズムがカトリシズムの基礎から解放されないように、信用主義も重金主義の基礎から解放されはしないのだ。（ebd., S.606）

最後に語られているところは、明白である。「それだからこそ、恐慌時には信用主義から重金主義への急転回が生起する」からである（S.552）。問題はここで語られている「信仰 Glaube」――かのルターの「ただ信仰のみ *sola fide*」なのだ――のほかならぬ内実にある。

個々の資本にとって競争は、その外部にある超越的条件であった。資本制そのものにとって競争は、その内部でのみ資本制総体の作動が可能となる一箇の超越論的審級である。信用主義《クレディット・システーム》あるいは信用システムは、その超越論的審級それ自身の制約にほかならない。現前せず、そのかぎりでは未確定な未来を先どりすることは、時間という存在の条件に対する信頼を意味し、なにほどかはまた「預定秩序 prädestinierte Ordnung」に対する信仰を意味する。この信そのものが現在しない場合には、資本制それ自体が作動しえない。資本制が産出する商品はかならずW―Gの過程を通過しなければならず、その通過は、しかし〈命がけの跳躍〉として、すでにつねに無数の不確定性にさらされているからである。そのいみで、信用制度もしくは信用システムを裏うちする信は資本制にとっていわば本源的な信であり、資本制それ自身と起源をおなじくする信である。

その信は、とはいえ不断に揺らぐ。信は、ここでいわば「超越論的仮象」[6]であるからだ。「危機」はそこで「原理的に不可避」[7]である。「他なる社会の可能性」[8]を問うためには、それゆえマルクスが読まれなければならない。資本制が不断に危機をうちにふくみ、その危機を暴力的に解除することでたえず再生するリヴァイアサンであるしだいをみとめるならば、「マルクスを読まないこと、読みなおさないこと」は「つねに過失 toujours une faute」[9]となるはずなのである。

註

(1) この間の消息については、とりあえず、渓内謙、一九七〇年、五九八頁以下、参照。
(2) 以下の議論をめぐっては、熊野純彦、二〇〇四年b、をも参照。
(3) マルクスへといたる宗教批判の系譜については、滝口清栄、一九九二年、参照。
(4) 大庭健、一九八二年、四〇頁。
(5) 「三位一体範式」にかかわる草稿をめぐる古典的研究としては、とりあえず、平田清明、一九八二年、三三二頁以下、参照。
(6) 柄谷行人、二〇〇一年、三三三頁。
(7) 荒谷大輔、二〇一三年、一二頁。
(8) 馬渕浩二、二〇一二年、二〇一頁。
(9) デリダ、二〇〇七年、四三頁。麻生博之、二〇一〇年、がこの一節の引用からはじまっていた。

参考文献

Ⅰ マルクス／エンゲルスの著作

マルクス／エンゲルスの著作については、以下の略号を使用して本文中に註記する。

D.I.：K. Marx / F. Engels, *Die deutsche Ideologie*, Neuveröffentlichung des Abschnittes 1 des Bandes 1 mit textkritischen Anmerkungen, hrsg. von Wataru Hiromatsu, Kawadeshobo-Shinsha Verlag, 1974.

Gr.：K. Marx, *Grundrisse der Kritik der politischen Ökonomie*, Diez Verlag, 1974 = MEGA. Abt.II, Bd.1.

K.I, II, III：K. Marx, *Das Kapital*, Bd.1, 2, 3 = MEW. Bd. 23, 24, 25.

Kr.：K. Marx, *Kritik der politischen Ökonomie*, in: MEW. Bd.13 = MEGA. Abt.II, Bd.2.

Th.：K. Marx, *Theorien über den Mehrwert*, in: MEW. Bd.26 = MEGA. Abt.II, Bd.3.

MEGA.：*Karl Marx・Friedrich Engels Gesamtausgabe*, Diez Verlag.

MEW.：*Karl Marx・Friedrich Engels Werke*, Diez Verlag.

Ⅱ その他の文献

スミス、リカード、それぞれの主著については、以下の版を使用して略号で本文中に示し、またつぎにとくに挙げる著者にかんしては、下記の著作集類を使用する。それ以外の文献をめぐっては、著者名、出版年によって註記する。

Sm.：A. Smith, *An Inquiry into the Nature and Causes of the Wealth of Nations*, ed. by E. Cannan, Ch. E. Tuttle Company, 1979.

Rc.：D. Ricardo, *The Principles of Political Economy and Taxation*, ed. by F. W. Kolthammer, Dover Publications, 2004.

伊藤『著作集』：『伊藤誠著作集』全六巻、社会評論社
宇野『著作集』：『宇野弘蔵著作集』全一〇巻別巻1、岩波書店
大内『体系』：『大内力経済学体系』全七巻、東京大学出版会
大塚『著作集』：『大塚久雄著作集』全一三巻、岩波書店
杉原『著作集』：『杉原四郎著作集』全四巻、藤原書店
滝澤『著作集』：『滝澤克己著作集』全一〇巻、法蔵館
野呂『全集』：『野呂榮太郎全集』全二巻、新日本出版社
廣松『コレクション』：『廣松渉コレクション』全六巻、情況出版
廣松『著作集』：『廣松渉著作集』全一六巻、岩波書店
降旗『著作集』：『降旗節雄著作集』全五巻、社会評論社
森嶋『著作集』：『森嶋通夫著作集』全一四巻別巻1、岩波書店
山田『著作集』：『山田盛太郎著作集』全五巻別巻1、岩波書店
吉本『著作集』：『吉本隆明全著作集』（第Ⅰ期）全一五巻、勁草書房
和辻『全集』：『和辻哲郎全集』全二五巻別巻2、岩波書店

青柳和身『フェミニズムと経済学　ボーヴォワール的視点からの「資本論」再検討 第二版』御茶の水書房、二〇一〇年
朝倉喬司『犯罪風土記』秀英書房、一九八二年
朝倉喬司『メガロポリス犯罪地図』朝日新聞社、一九八六年
朝倉喬司『老人の美しい死について』作品社、二〇〇九年
浅見克彦『所有と物象化』世界書院、一九八六年
麻生博之「批判と歴史　アドルノとベンヤミンのマルクス理解にそくして」、『哲學』第六一号、日本哲学会、二〇一〇年
遊部久蔵『価値論と史的唯物論』こぶし書房、二〇〇〇年
遊部久蔵・大島清・大内力・杉本俊朗・玉野井芳郎・三宅義夫（編）『資本論講座4　利潤 利潤率』青木書店、一九六四年
足立正生『映画／革命』河出書房新社、二〇〇三年
阿部公彦『文学を〈凝視〉する』岩波書店、二〇一二年
安倍隆一『流通諸費用の経済学的研究』伊藤書店、一九四七年
荒谷大輔『「経済」の哲学　ナルシスの危機を越えて』せりか書房、二〇一三年
アルチュセール、L.（西川長夫・伊吹浩一・大中一彌・今野晃・山家歩訳）『再生産について下 イデオロギーと国家のイデオロギー諸装置』平凡社ライブラリー、二〇一〇年
淡路憲治『マルクスの後進国革命像』未来社、一九七一年
淡路憲治『西欧革命とマルクス、エンゲルス』未来社、一九八一年
飯田和人『市場経済と価値　価値論の新機軸』ナカニシヤ出版、二〇〇一年
石塚良次「転形問題と物象化論の地平」、『思想』第七四一号、岩波書店、一九八六年a
石塚良次「社会的再生産の機構と物象化の機制」、廣松（編）、一九八六年、所収（一九八六年b）

石塚良次「物象化の次元累進と生産価格の成立」、廣松（編）、一九八六年、所収（一九八六年ｃ）
市田良彦『アルチュセール　ある連結の哲学』平凡社、二〇一〇年
伊藤武『マルクス再生産論と信用理論』大月書店、二〇〇六年
伊藤誠『資本主義経済の理論』岩波書店、一九八九年
伊藤誠『「資本論」を読む』講談社学術文庫、二〇〇六年
伊藤誠・桜井毅・山口重克（編訳）『論争・転形問題　価値と生産価格』東京大学出版会、一九七七年
伊藤誠・桜井毅・山口重克（編）『利子論の展開』社会評論社、一九八四年
今村仁司『労働のオントロギー』勁草書房、一九八一年
今村仁司『暴力のオントロギー』勁草書房、一九八二年
今村仁司『社会科学批評』国文社、一九八三年
今村仁司『排除の構造』青土社、一九八五年
今村仁司『アルチュセール　認識論的切断』講談社、一九九七年
今村仁司『マルクス入門』ちくま新書、二〇〇五年
今村仁司『社会性の哲学』岩波書店、二〇〇七年
岩井克人『貨幣論』筑摩書房、一九九三年
岩田弘『世界資本主義Ｉ　新情報革命と新資本主義の登場』批評社、二〇〇六年
岩田靖夫『アリストテレスの倫理思想』岩波書店、一九八五年
岩田靖夫『アリストテレスの政治思想』岩波書店、二〇一〇年
上野千鶴子『資本制と家事労働　マルクス主義フェミニズムの問題構制』海鳴社、一九八五年ａ
上野千鶴子『構造主義の冒険』勁草書房、一九八五年ｂ
上野千鶴子『女は世界を救えるか』勁草書房、一九八六年
上野千鶴子『家父長制と資本制　マルクス主義フェミニズムの地平』岩波現代文庫、二〇〇九年

植村邦彦『マルクスを読む』青土社、二〇〇一年
内田弘『新版「経済学批判要綱」の研究』御茶の水書房、二〇〇五年
内田芳明『ヴェーバーとマルクス　日本社会科学の思想構造』岩波書店、一九七二年
内田義彦『経済学史講義』未来社、一九六一年
内田義彦『資本論の世界』岩波新書、一九六六年
内山節『時間についての十二章　哲学における時間の問題』岩波人文書セレクション、二〇一一年
宇野弘蔵『資本論五十年 下』法政大学出版局、一九七三年
宇野弘蔵『「資本論」と私』御茶の水書房、二〇〇八年
宇野弘蔵（編）『資本論研究Ｉ』筑摩書房、一九六七年ａ
宇野弘蔵（編）『資本論研究Ⅱ』筑摩書房、一九六七年ｂ
漆原綏『価値・生産価格・地代』創風社、二〇一一年
大内秀明『価値論の形成』東京大学出版会、一九六四年
大内秀明・桜井毅・山口重克（編）『資本論研究入門』東京大学出版会、一九七六年
大川正彦『マルクス　いま、コミュニズムを生きるとは?』NHK出版、二〇〇四年
大川正彦「マルクスとともに何を考えるべきか」『マルクス「資本論」入門　危機の資本主義を超えるために』河出書房新社、二〇〇九年
大澤真幸『資本主義のパラドックス　楕円幻想』新曜社、一九九一年
大澤真幸『性愛と資本主義』青土社、一九九六年
大澤真幸『恋愛の不可能性について』春秋社、一九九八年
大澤真幸『ナショナリズムの由来』講談社、二〇〇七年
大谷瑞郎「明治維新論」、日高他（編）、一九七八年、所収
大月隆寛『民俗学という不幸』青弓社、一九九二年

大西広『マルクス経済学』慶應義塾大学出版会、二〇一二年
大庭健「マルクス的近代批判の本質と今日的意義　廣松四肢構造論的物象化批判の再検討」、大庭他『廣松渉論』ユニテ、一九八二年
大庭健「「共同体」の果てと内部　システムメディアとしての言語と貨幣の特殊性」、『情況』一九九三年一〇月号、情況出版
大庭健『所有という神話　市場経済の倫理学』岩波書店、二〇〇四年
大吹勝男『流通諸費用の理論的研究』梓出版社、二〇一〇年
岡崎次郎『資本論入門』国民文庫、一九七六年
置塩信雄「価値と価格　労働価値説と均衡価値論」、『経済学研究』I、神戸大学、一九五五年
置塩信雄『マルクス経済学』筑摩書房、一九七七年
置塩信雄『現代資本主義分析の課題』岩波書店、一九八〇年
小幡道昭『経済原論　基礎と演習』東京大学出版会、二〇〇九年
小幡道昭「純化傾向と体系的純化」、櫻井他（編）、二〇一〇年、所収
小幡道昭『マルクス経済学方法論批判　変容論的アプローチ』御茶の水書房、二〇一二年
小幡道昭『価値論批判』弘文堂、二〇一三年
梯明秀『ヘーゲル哲学と資本論』未来社、一九五九年
鎌倉孝夫『資本論体系の方法』日本評論社、一九七〇年
鎌田慧『自動車絶望工場』徳間書店、一九七三年
鎌田慧『教育工場の子どもたち』岩波書店、一九八四年a
鎌田慧『アジア絶望工場』徳間書店、一九八四年b
柄谷行人『マルクスその可能性の中心』講談社、一九七八年
柄谷行人『探究 I』講談社、一九八六年

柄谷行人『原理』太田出版、二〇〇〇年
柄谷行人『トランスクリティーク　カントとマルクス』批評空間、二〇〇一年
柄谷行人『世界史の構造』岩波書店、二〇一〇年
苅部直『ヒューマニティーズ 政治学』岩波書店、二〇一二年
川本隆史『ロールズ　正義の原理』講談社、一九九七年
河本英夫「未規定な直接性としての自然」、『現代思想』第一六 - 二号、青土社、一九八八年
河本英夫『オートポイエーシス　第三世代システム』青土社、一九九五年
河本英夫『システム現象学　オートポイエーシスの第四領域』青土社、二〇〇六年
菅孝行『何よりもダメな日本2』批評社、一九八二年a
菅孝行『マルクスと現代』未来社、一九八二年b
菅孝行『身体論　関係を内視する』れんが書房新社、一九八三年
神崎繁「アリストテレスの子供たち　ヘーゲル・マルクス・ハイデガー」、神崎繁・熊野純彦・鈴木泉（編）『西洋哲学史 Ⅲ』講談社、二〇一二年
工藤晃『マルクスは信用問題について何を論じたか』新日本出版社、二〇〇二年
熊野純彦『ヘーゲル　〈他なるもの〉をめぐる思考』筑摩書房、二〇〇二年
熊野純彦『差異と隔たり　他なるものへの倫理』岩波書店、二〇〇三年
熊野純彦『戦後思想の一断面　哲学者廣松渉の軌跡』ナカニシヤ出版、二〇〇四年a
熊野純彦「〈聖なるもの〉をめぐる唯物論　宗教批判とエコノミーとのあいだ」、岩波講座『宗教 4』岩波書店、二〇〇四年b
熊野純彦『西洋哲学史　古代から中世へ』岩波新書、二〇〇六年
熊野純彦「最後のマルクス　今村仁司『「入門」を読む』」、『東京経大学会誌　経済学』第二五九号、二〇〇八年

熊野純彦『和辻哲郎　文人哲学者の軌跡』岩波新書、二〇〇九年
熊野純彦「マルクスをどう読むか　時間論としての資本論」、『立命館哲学』第二三集、二〇一二年a
熊野純彦『レヴィナス　移ろいゆくものへの視線』岩波人文書セレクション、二〇一二年b
グールド、C・C．（平野英一・三階徹訳）『「経済学批判要綱」における個人と共同体　社会存在論の哲学的研究』合同出版、一九八〇年
久留島陽三・保志恂・山田喜志夫（編）『資本論体系7　地代・収入』有斐閣、一九八四年
久留間鮫造『価値形態論と交換過程論』岩波書店、一九五七年
黒木龍思「日本革命思想の転生 上 近代主義革命への〈ロマン的反動〉批判」、『情況』一九七二年四月号、情況出版
黒田寛一『宇野経済学方法論批判 増補新版』こぶし書房、一九九三年
クーン、A．／A・ウォルプ（編）（上野千鶴子・千本暁子・住沢とし子・児玉佳与子・矢木公子・渡辺和子訳）『マルクス主義フェミニズムの挑戦』勁草書房、一九八四年
経済学史学会（編）『「資本論」の成立』岩波書店、一九六七年
ケインズ、J・M．『雇用、利子ならびに貨幣の一般理論』ハーベストブック、一九九一年
ケネー、F．（平田清明・井上泰夫訳）『経済表 原書第三版所収版』岩波書店、一九九〇年
小池基之『ケネー「経済表」再考』みすず書房、一九八六年
小泉義之『生と病の哲学　生存のポリティカルエコノミー』青土社、二〇一二年
河野健二『西洋経済史』岩波全書、一九八〇年
小林賢齋『マルクス「信用論」の解明　その成立史的視座から』八朔社、二〇一〇年
小林弥六『流通形態論の研究』青木書店、一九六九年
小林弥六「資本主義経済の基礎構造」、大島清（編）『現代経済入門』東京大学出版会、一九七六年
小室直樹「構造‐機能理論の論理と方法」、青井和夫編『社会学講座1 理論社会学』東京大学出版会、

一九七四年
小森謙一郎『デリダの政治経済学　労働・家族・世界』御茶の水書房、二〇〇四年
小山昭雄『新装版 経済数学教室 9 確率論』岩波書店、二〇一一年
向坂逸郎『マルクス経済学の基本問題』岩波書店、一九六二年
櫻井毅『生産価格の理論』東京大学出版会、一九六八年
櫻井毅・山口重克・柴垣和夫・伊藤誠（編）『宇野理論の現在と論点　マルクス経済学の展開』社会評論社、二〇一〇年
佐々木力「科学観からみたマルクス」、『別冊 経済セミナー マルクス死後一〇〇年』日本評論社、一九八三年
佐々木中『夜戦と永遠　フーコー・ラカン・ルジャンドル 下』河出文庫、二〇一一年
佐々木力『科学革命の歴史構造 上』岩波書店、一九八五年
佐々木力『マルクス主義科学論』みすず書房、一九九七年
佐々木雄大「交換の傷口」、熊野純彦・吉澤夏子編『差異のエチカ』ナカニシヤ出版、二〇〇四年
佐藤金三郎『マルクス遺稿物語』岩波新書、一九八九年
佐藤金三郎『『資本論』研究序説』岩波書店、一九九二年
サムエルソン、P.（都留重人訳）『経済学〔原書第九版〕』岩波書店、一九七四年
サムエルソン、P.／W・D・ノードハウス（都留重人訳）『経済学〔原書第一三版〕』岩波書店、一九九二年
サーリンズ、M.（山内昶訳）『石器時代の経済学』法政大学出版局、一九八四年
椎名重明『農学の思想　マルクスとリービヒ』東京大学出版会、一九七六年
椎名重明「自然観からみたマルクス」、『別冊 経済セミナー マルクス死後一〇〇年』、日本評論社、一九八三年

塩沢由典『近代経済学の反省』日本経済新聞社、一九八三年
城塚登『改訂版 若きマルクスの思想』勁草書房、一九七〇年
城塚登「人間の弁証法的存在構造　現象学と弁証法」、城塚編『講座 哲学3 人間の哲学』東京大学出版会、一九七三年
城塚登「自然のなかの人間」、金子武蔵編『自然　倫理学的考察』以文社、一九七九年
鈴木鴻一郎「「本源的蓄積」」、鈴木（編）、一九六八年a、所収
鈴木鴻一郎（編）『経済学原理論 上』東京大学出版会、一九六〇年
鈴木鴻一郎（編）『経済学原理論 下』東京大学出版会、一九六二年
鈴木鴻一郎（編）『マルクス経済学の研究 上』東京大学出版会、一九六八年a
鈴木鴻一郎（編）『マルクス経済学の研究 下』東京大学出版会、一九六八年b
鈴木鴻一郎（編）『恐慌史研究』日本評論社、一九七三年
須藤修「株式会社と資本の自律化」、伊藤他（編）、一九八四年、所収
須藤修「資本の循環・回転と資本流通のもたらす物神性」、廣松（編）、一九八六年、所収（一九八六年a）
須藤修「利子生み資本と資本制市場の拡充」、廣松（編）、一九八六年、所収（一九八六年b）
須藤修『ノイズと経済秩序　資本主義の自己組織化』日本評論社、一九八八年
須藤修『経済原論　資本制経済の基礎理論』新世社、一九九〇年
千田有紀（編）『上野千鶴子に挑む』勁草書房、二〇一一年
大黒弘慈「貨幣の〈際〉、資本の〈窮〉」、法政大学比較経済研究所／長原豊（編）『政治経済学の政治哲学的復権　理論の理論的〈臨界 - 外部〉にむけて』法政大学出版局、二〇一一年
高階秀爾『ルネッサンス夜話　近代の黎明を生きた人々』平凡社、一九七九年
高須賀義博『マルクスの競争・恐慌観』岩波書店、一九八五年
高橋順一『始源のトポス　経験の現象学と象徴作用の解釈学』エスエル出版会、一九八六年

高橋順一『市民社会の弁証法』弘文堂、一九八八年
高橋順一『ヴァルター・ベンヤミン解読　希望なき時代の希望の根源』社会評論社、二〇一〇年
高橋洋児『物神性の解読　資本主義にとって人間とは何か』勁草書房、一九八一年
高橋洋児『経済認識論序説』国文社、一九八四年
高橋洋児「収入の「三位一体範式」と階級関係」、廣松（編）、一九八六年、所収
田川建三『批判的主体の形成　キリスト教批判の現代的課題』三一書房、一九七一年
滝口清栄「ヘーゲル批判の思想圏　シェリング、バウアー、フォイエルバッハと疎外論」、石塚正英編『ヘーゲル左派　思想・運動・歴史』法政大学出版局、一九九二年
侘美光彦「『資本論』の流通費用」、鈴木（編）、一九六八年a、所収
侘美光彦『世界大恐慌　一九二九年恐慌の過程と原因』御茶の水書房、一九九四年
武隈愼一・石村直之『経済数学』新世社、二〇〇三年
武市健人『ヘーゲル論理學の世界上』福村書店、一九四七年
武市健人『ヘーゲル論理學の體系』岩波書店、一九五〇年
竹中労『決定版ルポライター事始』ちくま文庫、一九九九年
竹中労・平岡正明『「水滸伝」窮民革命のための序説』三一書房、一九七三年
竹永進『リカード経済学研究　価値と貨幣の理論』御茶の水書房、二〇〇〇年
田中吉六「「人間的自然」の叛乱」、田中他『全共闘　解体と現在』田畑書店、一九七八年
溪内謙『スターリン政治体制の成立 第一部』岩波書店、一九七〇年
田畑稔『マルクスとアソシエーション　マルクス再読の試み』新泉社、一九九四年
田畑稔「再読されるマルクス」、『哲學』第六一号、日本哲学会、二〇一〇年
玉野井芳郎『経済理論史』東京大学出版会、一九七七年
玉野井芳郎（編）『大恐慌の研究　一九二〇年代アメリカ経済の繁栄とその崩壊』東京大学出版会、一九

六四年
鶴見済『脱資本主義宣言　グローバル経済が蝕む暮らし』新潮社、二〇一二年
手塚博『ミシェル・フーコー　批判的実証主義と主体性の哲学』東信堂、二〇一一年
デリダ、J.（増田一夫訳）『マルクスの亡霊たち』藤原書店、二〇〇七年
時永淑『経済学史 改訂増補版』法政大学出版局、一九七一年
時永淑『古典派経済学と「資本論」』法政大学出版局、一九八二年
富塚良三『恐慌論研究』未来社、一九六二年
富塚良三・井村喜代子（編）『資本論体系4　資本の流通・再生産』有斐閣、一九九〇年
長岡克行『ルーマン／社会理論の革命』勁草書房、二〇〇六年
長崎浩『革命の哲学　一九六八叛乱への胎動』作品社、二〇一二年
中澤勝三『アルトウェルペン国際商業の世界』同文館、一九九一年
中沢新一『緑の資本論』集英社、二〇〇二年
長島誠一『現代マルクス経済学』桜井書店、二〇〇八年
長島誠一『エコロジカル・マルクス経済学』桜井書店、二〇一〇年
永谷清「価値形態論と物神性論　宇野経済学 対 廣松物象化論」、『思想』第八七五号、岩波書店、一九九七年
中野敏男「ルーマンにおける法理論の展開とその射程」、佐藤勉編『コミュニケーションと社会システム』恒星社厚生閣、一九九七年
中野敏男『大塚久雄と丸山眞男　動員、主体、戦争責任』青土社、二〇〇一年
長原豊『われら瑕疵ある者たち　反「資本」論のために』青土社、二〇〇八年
仲正昌樹『貨幣空間』情況出版、二〇〇〇年
中山智香子『経済戦争の理論　大戦間ウィーンとゲーム理論』勁草書房、二〇一〇年

二階堂副包『現代経済学の数学的方法』岩波書店、一九六〇年
新田滋『段階論の研究　マルクス・宇野経済学と〈現在〉』御茶の水書房、一九九八年
新田滋『恐慌と秩序　マルクス資本論と現代思想』情況出版、二〇〇一年
布村一夫『神話とマルクス』世界書院、一九八九年
根井雅弘（編）『現代経済思想　サムエルソンからクルーグマンまで』ミネルヴァ書房、二〇一一年
根岸隆『古典派経済学と近代経済学』岩波書店、一九八一年
ネグリ、A.（清水和巳・小倉利丸・大町慎浩・香内力訳）『マルクスを超えるマルクス「経済学批判要綱」研究』作品社、二〇〇三年
ハーヴェイ、D.（森田成也・中村好孝訳）『〈資本論〉入門』作品社、二〇一一年
ハーヴェイ、D.（森田成也・大屋定晴・中村好孝・新井田智幸訳）『資本の〈謎〉　世界金融恐慌と二一世紀資本主義』作品社、二〇一二年
バーキルッ＝サドル、M.（黒田壽郎訳）『イスラーム経済論』未知谷、一九九三年
服部文男・佐藤金三郎（編）『資本論体系1　資本論体系の成立』有斐閣、二〇〇〇年
花崎皋平『マルクスにおける科学と哲学』社会思想社、一九七二年
馬場宏二「『経済政策論』の成立」、櫻井他（編）、二〇一〇年、所収
浜野俊一郎・深町郁彌（編）『資本論体系6　利子・信用』有斐閣、一九八五年
ハワード、M.C.／キング、J.E.（振津純雄訳）『マルクス経済学の歴史　上』ナカニシヤ出版、一九九七年
ハワード、M.C.／キング、J.E.（振津純雄訳）『マルクス経済学の歴史　下』ナカニシヤ出版、一九九八年
檜垣立哉『ヴィータ・テクニカ　生命と技術の哲学』青土社、二〇一二年
日高普『経済原論』時潮社、一九六四年

日高普「剰余価値の流通について」、『経済志林』第四二‐二号、法政大学、一九七五年
日高普「再生産表式論の一論点」、日高他（編）、一九七八年、所収
日高普『経済学 改訂版』岩波全書、一九八八年
日高普『マルクスの夢の行方』青土社、一九九四年
日高普・大谷瑞郎・斎藤仁・戸原四郎（編）『マルクス経済学　理論と実証』東京大学出版会、一九七八年
ビデ、J．（今村仁司・竹永進・山田鋭夫・海老原明訳）『資本論をどう読むか』法政大学出版局、一九八九年
日山紀彦『「抽象的人間労働論」の哲学　二一世紀・マルクス可能性の地平』御茶の水書房、二〇〇六年
平石修『経済原論』北海道大学図書刊行会、一九七三年
平田清明『経済科学の創造　「経済表」とフランス革命』岩波書店、一九六五年
平田清明『市民社会と社会主義』岩波書店、一九六九年
平田清明『経済学と歴史認識』岩波書店、一九七一年
平田清明『経済学批判への方法序説』岩波書店、一九八二年
ヒルファーディング、R．（岡崎次郎訳）『金融資本論 上』岩波文庫、一九五五年
廣松渉『近代世界を剥ぐ』平凡社、一九九三年
廣松渉（編）『資本論を 物象化論を視軸にして 読む』岩波書店、一九八七年
深町郁彌『所有と信用』日本評論社、一九七一年
福留久大「一五・一六世紀英国農民の状態　マルクスの農業革命論」、日高他（編）、一九七八年、所収
降旗節雄「『資本論』体系における論理と歴史」、『北海道大學　經濟學研究』第一四巻第二号、一九六四年
降旗節雄『資本論体系の研究』青木書店、一九六五年

降旗節雄『マルクス経済学の理論構造』筑摩書房、一九七六年
ベイカー、J.（小山貞夫訳）『イングランド法制史』創文社、一九七五年
星野智『現代権力論の構図』情況出版、二〇〇〇年
ポストン、M.（白井聡・野尻英一訳）『時間・労働・支配　マルクス理論の新地平』筑摩書房、二〇一二年
ポランニー、K.（玉野井芳郎・中野忠訳）『人間の経済Ⅱ』岩波モダンクラシックス、二〇〇五年
本多謙三『現象学と弁証法』三一書房、一九七〇年
増谷英樹『ビラの中の革命　ウィーン・一八四八年』東京大学出版会、一九八七年
松井透『世界市場の形成』岩波モダンクラシックス、二〇〇一年
松尾秀雄「「利子生み資本」と株式会社」、伊藤他（編）一九八四年、所収
的場昭弘『トリーアの社会史　カール・マルクスとその背景 第二版』未来社、一九九二年
馬渕浩二『世界はなぜマルクス化するのか　資本主義と生命』ナカニシヤ出版、二〇一一年
丸山徹『新講 経済原論 第二版』岩波書店、二〇〇六年
ミーク、R・L.（時永淑訳）『スミス、マルクスおよび現代』法政大学出版局、一九八〇年
三島憲一『ベンヤミン　破壊・収集・記憶』講談社、一九九八年
ミッタイス、H.（世良晃志郎訳）『ドイツ法制史概説 改訂版』創文社、一九七一年
美濃口武雄『経済学史　近代経済学の生成と発展』有斐閣、一九七九年
メンガー、K.（安井琢磨・八木紀一郎訳）『国民経済学原理』日本経済評論社、一九九九年
モスト、J.原著／K・マルクス加筆・改訂（大谷禎之介訳）『マルクス自身の手による資本論入門』大月書店、二〇〇九年
望月清司『マルクス歴史理論の研究』岩波書店、一九七三年
森田成也『資本と剰余価値の理論　マルクス剰余価値論の再構成』作品社、二〇〇八年

森田成也『価値と剰余価値の理論　続・マルクス剰余価値論の再構成』作品社、二〇〇九年
森田團『ベンヤミン　媒質の哲学』水声社、二〇一一年
山内昶『経済人類学の対位法』世界書院、一九九二年
山口重克『競争と商業資本』岩波書店、一九八三年
山口重克『経済原論講義』東京大学出版会、一九八五年
山口重克『価値論の射程』東京大学出版会、一九八七年
山口重克『価値論・方法論の諸問題』御茶の水書房、一九九六年
山口重克「小幡道昭の宇野理論批判」、櫻井他（編）、二〇一〇年、所収
山崎カヲル「マルクスの労働概念」、『思想』第七〇五号、岩波書店、一九八三年
山崎カヲル（編訳）『マルクス主義と経済人類学』柘植書房、一九八〇年
山之内靖『マルクス・エンゲルスの世界史像』未来社、一九六九年
山之内靖『受苦者のまなざし　初期マルクス再興』青土社、二〇〇四年
山本耕一「行為主体と社会構造の変動」、浜井修（編）『現代倫理学の再検討』（科学研究費補助金 研究成果報告書）、東京大学文学部、一九八六年a
山本耕一「協働連関の諸相とその物象化」、廣松（編）、一九八六年、所収（一九八六年b）
山本耕一「協働・役割・国家」、廣松渉・山本耕一『唯物史観と国家論』講談社学術文庫、一九八九年
山本耕一『権力　社会的権威・イデオロギー・人間生態系』情況出版、一九九八年
山本啓『ハーバマスの社会科学論』勁草書房、一九八〇年
山本啓「マルクスと世界認識のパラダイム」、『思想』第七〇五号、岩波書店、一九八三年
山本義隆『一六世紀文化革命』みすず書房、二〇〇七年
吉田憲夫『資本論の思想　マルクスと廣松物象化論』情況出版、一九九五年
良知力『ドイツ社会思想史研究』未来社、一九六六年

良知力『向う岸からの世界史』未来社、一九七八年
良知力『青きドナウの乱痴気　ウィーン一八四八年』平凡社、一九八五年
良知力『マルクスと批判者群像』平凡社ライブラリー、二〇〇九年
ルクセンブルク、R.（太田哲男訳）『資本蓄積論（第三篇）』同時代社、二〇〇一年
ルーマン、N.『社会の経済』ズールカンプ叢書、一九八八年
レヴィナス、E.（熊野純彦訳）『全体性と無限 上』岩波文庫、二〇〇五年
レーニン、V・I.（宇高基輔訳）『帝国主義論』岩波文庫、一九五六年
ロスドルスキー、R.（時永淑・平林千牧・安田展敏・小黒佐和子・嶋田力夫訳）『資本論成立史　一八五七 - 五八年の「資本論」草案』法政大学出版局、一九七三 - 一九七四年
ロールズ、J.（川本隆史・福間聡・神島裕子訳）『正義論 改訂版』紀伊國屋書店、二〇一〇年
和田春樹『マルクス・エンゲルスと革命ロシア』勁草書房、一九七五年

＊

そのほか、以下の辞典類を参照している。

岡崎次郎（編）『現代マルクス＝レーニン主義辞典』社会思想社、一九八〇／八一年
大阪市立大学経済研究所（編）『経済学事典 第三版』岩波書店、一九九二年
石井伸男・伊藤誠・大藪龍介・田畑稔・正木八郎・渡辺憲正（編）『マルクス・カテゴリー事典』青木書店、一九九八年
的場昭弘・内田弘・石塚正英・柴田隆行（編）『新マルクス学事典』弘文堂、二〇〇一年

あとがき

ときおり、飯島耕一氏の詩を思いだし、ある種の感慨にとらわれてしまうことがある。ふとこころに浮かぶのは、たとえばこんな詩行なのだ。いたずらに歳をかさねて、それほど意味もなく感傷的になる夕暮れもある、たぶんそれだけのことなのだろう。

グラスをまえにして
ぼくはたつた一人だ
昔の女たち　昔の友だち
みんなどこへ　行つてしまつたのか
どこかへ出掛けてしまつたのか

わるい時代なのだろう　きつと
きみたちの姿がどうしてもよく見えないんだから　（「何処へ」より）

こんな詩句を想いうかべるほどの、とくべつな過去があるわけではない。離別にも、決別にも、永訣にすら、年齢相応には出遭ってきたけれど、ことさらに伝えなければならない経験をかさねてきたわけでは、さらにない。それでも、多くのひとがそうであるように、右に引いたような数行がふとこころに染みることもある。

どのようにしても「よく見えない」むかしの友人たちがいる。なかには、どのようにしても二度と語りあうこともできず、会うことすらかなわない旧知のひとびともある。あるひとはすでにこの世のものではなく、べつの者たちについては、わずかな消息もとだえてひさしい。

この一書ができあがるにあたってお世話になったかたがたのなまえを、そのきっかけにまでさかのぼって挙げていけば、それだけで長大なリストとなってしまう。しかもその多くのひとびとにはおそらく感謝の微衷すらとどかないことだろう。ここではただ担当編集者である武秀樹氏に対してだけ、こころからの謝意をしるしておく。たびかさなる酒席で、武さんと対話をくりかえすことがなかったなら、この本を執筆することもなく、書きあげることもありえなかったはずである。その席には、多くのばあい作品社の高木有氏が同席されていたことも、思うに、ここで書きそえておくべきことがらだろう。

いささか私事にわたる消息であるけれど、カントの新訳やハイデガーの改訳に手を出しながら、他方ではマルクスの『資本論』の全体と格闘することは、おそらくほとんど正気の沙汰ではない。著者にとっては、それでも必然性のないものではない、そうした錯乱のただなかで、いくにんかのすぐれた編集者のご厚意に恵まれたはこびを、やはり得がたい僥倖のように感じている。

＊

本書における引用についてひとこと付けくわえておく。マルクス／エンゲルスの文典からの引用にさいして、大月書店版の『マルクス・エンゲルス全集』、『資本論草稿集』を主として参照した。両者には、原書（MEWならびにMEGA）の頁づけが付されているので、とくべつ邦訳頁数をしるすことはせず、また訳文は適宜変更をくわえている。訳者各位にお礼とおわびを申しそえる。

『資本論』については、若いころから一貫して岡崎次郎訳に親しんできた。本書を準備する過程でも、勤務先との往復にさいして国民文庫版の一冊をつねに携えて、全巻をいくどか読みかえしている。朝倉喬司氏の遺著を引くと、一九八四年、岡崎さんは夫人とともに本郷の自宅マンションを引きはらい、旅にでて「春の霞ゆらめく野の途を、静かにその彼方へと消えて」、以来そのゆくえは知られていない（朝倉、二〇〇九年、二〇二頁）。ここに書きとめ、はるか後進の者のひとりとして永年のとおい学恩を謝しておく。

二〇一三年　八月

ふたたび、死者たちの季節に

熊野純彦

人名索引

著者紹介

熊野 純彦（くまの すみひこ）

1958年、神奈川県生まれ。1981年、東京大学文学部卒業。現在、東京大学文学部教授。専攻は、倫理学、哲学史。

著書に『レヴィナス入門』『ヘーゲル』（以上、筑摩書房）、『レヴィナス』『差異と隔たり』『西洋哲学史 古代から中世へ』『西洋哲学史 近代から現代へ』『和辻哲郎』『マルクス　資本論の哲学』（以上、岩波書店）、『カント』『メルロ＝ポンティ』（以上、ＮＨＫ出版）、『戦後思想の一断面』（ナカニシヤ出版）、『埴谷雄高』『カント―美と倫理のはざまで』（以上、講談社）、『本居宣長』『源氏物語＝反復と模倣』（以上、作品社）、『三島由紀夫人と思想 197』（清水書院）、『日本哲学小史』（編著、中央公論新社）など。

訳書として、レヴィナス『全体性と無限』、レーヴィット『共同存在の現象学』、ハイデガー『存在と時間』、ベルクソン『物質と記憶』（以上、岩波書店）、カント『純粋理性批判』、同『実践理性批判』、同『判断力批判』（以上、作品社）、G.W.F.ヘーゲル『精神現象学』（ちくま学芸文庫、上下）。

マルクス 資本論の思考

2013年 9月20日　第1刷発行
2020年 8月 7日　第4刷発行

著　者　熊野純彦
発行者　船橋純一郎
発行所　株式会社　せりか書房
〒112-0011　東京都文京区千石1-29-12　深沢ビル2F
電話03-5940-4700　振替00150-6-143601
http://www.serica.co.jp
印　刷　信毎書籍印刷株式会社
装　幀　木下弥

ISBN978-4-7967-0326-0